물리치료사를 위한
의료관계법규

 급변하는 시대를 살아가는 우리 사회에 무엇보다 필요한 것은 전문인력일 것이다. 이러한 전문인력은 사회의 여러 교육기관에서 배출되고 있으며 그 평가방법의 하나로 자격증 제도가 정착되어 가고 있다. 물리치료사 자격증 또한 가장 전문화된 자격증의 하나로서 학생들과 직장인들이 인력배양이라는 측면에서 수험생으로서 많은 시간과 노력을 기울이고 있는 실정이다.

 본 교재는 물리치료사 자격시험과목의 하나인 의료관련법령에 관한 전반적인 내용을 쉽게 이해할 수 있도록 구성하였다. 법제처로부터 2020년 개정된 법령까지 수록하였으며, 이를 근간으로 그 동안 강의노트로 활용하던 내용을 수험생들이 이해하는 데 도움이 되도록 법조문식 나열에서 벗어나 체계적으로 기술하였다.

 아무쪼록 시험을 앞둔 수험생 여러분들이 본 교재의 특성과 구성을 잘 이해하여 물리치료사자격을 취득하는 데 도움이 되길 기원하며, 부족한 부분이 지속적으로 수정 · 보완될 수 있도록 수험생 여러분들의 관심과 격려를 부탁드린다.

 끝으로 본 교재의 출판을 허락해 주신 메디컬스타 출판사와 편집 및 교정에 수고하신 편집부 여러분의 노고에 깊이 감사드린다.

2021년1월

저자일동

차례

제1부

의료법

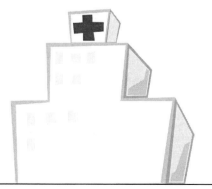

제1조 목적

이 법은 모든 국민이 수준 높은 의료 혜택을 받을 수 있도록 국민의료에 필요한 사항을 규정함으로써 국민의 건강을 보호하고 증진하는 데에 목적이 있다.

제2조 의료인

① 이 법에서 "의료인"이란 보건복지부장관의 면허를 받은 의사 · 치과의사 · 한의사 · 조산사 및 간호사를 말한다. 〈개정 2008. 2. 29., 2010. 1. 18.〉

② 의료인은 종별에 따라 다음 각 호의 임무를 수행하여 국민보건 향상을 이루고 국민의 건강한 생활 확보에 이바지할 사명을 가진다. 〈개정 2015. 12. 29., 2019. 4. 23.〉

1. 의사는 의료와 보건지도를 임무로 한다.

2. 치과의사는 치과 의료와 구강 보건지도를 임무로 한다.

3. 한의사는 한방 의료와 한방 보건지도를 임무로 한다.

4. 조산사는 조산(助産)과 임산부 및 신생아에 대한 보건과 양호지도를 임무로 한다.

5. 간호사는 다음 각 목의 업무를 임무로 한다.

가. 환자의 간호요구에 대한 관찰, 자료수집, 간호판단 및 요양을 위한 간호

나. 의사, 치과의사, 한의사의 지도하에 시행하는 진료의 보조

다. 간호 요구자에 대한 교육 · 상담 및 건강증진을 위한 활동의 기획과 수행, 그 밖의 대통령령으로 정하는 보건활동

라. 제80조에 따른 간호조무사가 수행하는 가목부터 다목까지의 업무보조에 대한 지도

제3조 의료기관

① 이 법에서 "의료기관"이란 의료인이 공중(公衆) 또는 특정 다수인을 위하여 의료 · 조산의 업(이하 "의료업"이라 한다)을 하는 곳을 말한다.

② 의료기관은 다음 각 호와 같이 구분한다. 〈개정 2009. 1. 30., 2011. 6. 7., 2016. 5. 29., 2019. 4. 23.〉

1. 의원급 의료기관: 의사, 치과의사 또는 한의사가 주로 외래환자를 대상으로 각각 그 의료행위를 하는 의료기관으로서 그 종류는 다음 각 목과 같다.

가. 의원

나. 치과의원

다. 한의원

2. 조산원: 조산사가 조산과 임산부 및 신생아를 대상으로 보건활동과 교육·상담을 하는 의료기관을 말한다.

3. 병원급 의료기관: 의사, 치과의사 또는 한의사가 주로 입원환자를 대상으로 의료행위를 하는 의료기관으로서 그 종류는 다음 각 목과 같다.

가. 병원

나. 치과병원

다. 한방병원

라. 요양병원(「정신건강증진 및 정신질환자 복지서비스 지원에 관한 법률」 제3조제5호에 따른 정신의료기관 중 정신병원, 「장애인복지법」 제58조제1항제4호에 따른 의료재활시설로서 제3조의2의 요건을 갖춘 의료기관을 포함한다. 이하 같다)

마. 종합병원

③ 보건복지부장관은 보건의료정책에 필요하다고 인정하는 경우에는 제2항제1호부터 제3호까지의 규정에 따른 의료기관의 종류별 표준업무를 정하여 고시할 수 있다.

〈개정 2009. 1. 30., 2010. 1. 18.〉

④ 삭제 〈2009. 1. 30.〉

⑤ 삭제 〈2009. 1. 30.〉

⑥ 삭제 〈2009. 1. 30.〉

⑦ 삭제 〈2009. 1. 30.〉

⑧ 삭제 〈2009. 1. 30.〉

제3조의2 병원등

병원·치과병원·한방병원 및 요양병원(이하 "병원등"이라 한다)은 30개 이상의 병상(병원·한방병원만 해당한다) 또는 요양병상(요양병원만 해당하며, 장기입원이 필요한 환자를 대상으로 의료행위를 하기 위하여 설치한 병상을 말한다)을 갖추어야 한다.

[본조신설 2009. 1. 30.]

제3조의3 종합병원

① 종합병원은 다음 각 호의 요건을 갖추어야 한다.　　　　　　　　〈개정 2011. 8. 4.〉

1. 100개 이상의 병상을 갖출 것

2. 100병상 이상 300병상 이하인 경우에는 내과 · 외과 · 소아청소년과 · 산부인과 중 3개 진료과목, 영상의학과, 마취통증의학과와 진단검사의학과 또는 병리과를 포함한 7개 이상의 진료과목을 갖추고 각 진료과목마다 전속하는 전문의를 둘 것

3. 300병상을 초과하는 경우에는 내과, 외과, 소아청소년과, 산부인과, 영상의학과, 마취통증의학과, 진단검사의학과 또는 병리과, 정신건강의학과 및 치과를 포함한 9개 이상의 진료과목을 갖추고 각 진료과목마다 전속하는 전문의를 둘 것

② 종합병원은 제1항제2호 또는 제3호에 따른 진료과목(이하 이 항에서 "필수진료과목"이라 한다) 외에 필요하면 추가로 진료과목을 설치 · 운영할 수 있다. 이 경우 필수진료과목 외의 진료과목에 대하여는 해당 의료기관에 전속하지 아니한 전문의를 둘 수 있다.

[본조신설 2009. 1. 30.]

제3조의4 상급종합병원 지정

① 보건복지부장관은 다음 각 호의 요건을 갖춘 종합병원 중에서 중증질환에 대하여 난이도가 높은 의료행위를 전문적으로 하는 종합병원을 상급종합병원으로 지정할 수 있다.

〈개정 2010. 1. 18.〉

1. 보건복지부령으로 정하는 20개 이상의 진료과목을 갖추고 각 진료과목마다 전속하는 전문의를 둘 것

2. 제77조제1항에 따라 전문의가 되려는 자를 수련시키는 기관일 것

3. 보건복지부령으로 정하는 인력 · 시설 · 장비 등을 갖출 것

4. 질병군별(疾病群別) 환자구성 비율이 보건복지부령으로 정하는 기준에 해당할 것

② 보건복지부장관은 제1항에 따른 지정을 하는 경우 제1항 각 호의 사항 및 전문성 등에 대하여 평가를 실시하여야 한다. 〈개정 2010. 1. 18.〉

③ 보건복지부장관은 제1항에 따라 상급종합병원으로 지정받은 종합병원에 대하여 3년마다 제2항에 따른 평가를 실시하여 재지정하거나 지정을 취소할 수 있다. 〈개정 2010. 1. 18.〉

④ 보건복지부장관은 제2항 및 제3항에 따른 평가업무를 관계 전문기관 또는 단체에 위탁할 수 있다. 〈개정 2010. 1. 18.〉

⑤ 상급종합병원 지정 · 재지정의 기준 · 절차 및 평가업무의 위탁 절차 등에 관하여 필요한 사항은 보건복지부령으로 정한다. 〈개정 2010. 1. 18.〉

[본조신설 2009. 1. 30.]

제3조의5 전문병원 지정

① 보건복지부장관은 병원급 의료기관 중에서 특정 진료과목이나 특정 질환 등에 대하여 난이도가 높은 의료행위를 하는 병원을 전문병원으로 지정할 수 있다. 〈개정 2010. 1. 18.〉

② 제1항에 따른 전문병원은 다음 각 호의 요건을 갖추어야 한다. 〈개정 2010. 1. 18.〉

  1. 특정 질환별·진료과목별 환자의 구성비율 등이 보건복지부령으로 정하는 기준에 해당할 것

  2. 보건복지부령으로 정하는 수 이상의 진료과목을 갖추고 각 진료과목마다 전속하는 전문의를 둘 것

③ 보건복지부장관은 제1항에 따라 전문병원으로 지정하는 경우 제2항 각 호의 사항 및 진료의 난이도 등에 대하여 평가를 실시하여야 한다. 〈개정 2010. 1. 18.〉

④ 보건복지부장관은 제1항에 따라 전문병원으로 지정받은 의료기관에 대하여 3년마다 제3항에 따른 평가를 실시하여 전문병원으로 재지정할 수 있다. 〈개정 2010. 1. 18., 2015. 1. 28.〉

⑤ 보건복지부장관은 제1항 또는 제4항에 따라 지정받거나 재지정받은 전문병원이 다음 각 호의 어느 하나에 해당하는 경우에는 그 지정 또는 재지정을 취소할 수 있다. 다만, 제1호에 해당하는 경우에는 그 지정 또는 재지정을 취소하여야 한다. 〈신설 2015. 1. 28.〉

  1. 거짓이나 그 밖의 부정한 방법으로 지정 또는 재지정을 받은 경우

  2. 지정 또는 재지정의 취소를 원하는 경우

  3. 제4항에 따른 평가 결과 제2항 각 호의 요건을 갖추지 못한 것으로 확인된 경우

⑥ 보건복지부장관은 제3항 및 제4항에 따른 평가업무를 관계 전문기관 또는 단체에 위탁할 수 있다. 〈개정 2010. 1. 18., 2015. 1. 28.〉

⑦ 전문병원 지정·재지정의 기준·절차 및 평가업무의 위탁 절차 등에 관하여 필요한 사항은 보건복지부령으로 정한다. 〈개정 2010. 1. 18., 2015. 1. 28.〉

[본조신설 2009. 1. 30.]

제2장 의료인

제1절 자격과 면허

제4조 의료인과 의료기관의 장의 의무

① 의료인과 의료기관의 장은 의료의 질을 높이고 병원감염을 예방하며 의료기술을 발전시키는 등 환자에게 최선의 의료서비스를 제공하기 위하여 노력하여야 한다.　　　　〈개정 2012. 2. 1.〉

② 의료인은 다른 의료인 또는 의료법인 등의 명의로 의료기관을 개설하거나 운영할 수 없다.

〈신설 2012. 2. 1., 2019. 8. 27.〉

③ 의료기관의 장은 「보건의료기본법」 제6조·제12조 및 제13조에 따른 환자의 권리 등 보건복지부령으로 정하는 사항을 환자가 쉽게 볼 수 있도록 의료기관 내에 게시하여야 한다. 이 경우 게시 방법, 게시 장소 등 게시에 필요한 사항은 보건복지부령으로 정한다.　　　〈신설 2012. 2. 1.〉

④ 의료인은 제5조 의사·치과의사 및 한의사를 말한다), 제6조 조산사를 말한다) 및 제7조 간호사를 말한다)에 따라 발급받은 면허증을 다른 사람에게 빌려주어서는 아니 된다.

〈신설 2015. 12. 29.〉

⑤ 의료기관의 장은 환자와 보호자가 의료행위를 하는 사람의 신분을 알 수 있도록 의료인, 제27조 제1항 각 호 외의 부분 단서에 따라 의료행위를 하는 같은 항 제3호에 따른 학생, 제80조에 따른 간호조무사 및 「의료기사 등에 관한 법률」 제2조에 따른 의료기사에게 의료기관 내에서 대통령령으로 정하는 바에 따라 명찰을 달도록 지시·감독하여야 한다. 다만, 응급의료상황, 수술실 내인 경우, 의료행위를 하지 아니할 때, 그 밖에 대통령령으로 정하는 경우에는 명찰을 달지 아니하도록 할 수 있다.　　　　〈신설 2016. 5. 29.〉

⑥ 의료인은 일회용 주사 의료용품(한 번 사용할 목적으로 제작되거나 한 번의 의료행위에서 한 환자에게 사용하여야 하는 의료용품으로서 사람의 신체에 의약품, 혈액, 지방 등을 투여·채취하기 위하여 사용하는 주사침, 주사기, 수액용기와 연결줄 등을 포함하는 수액세트 및 그 밖에 이에 준하는 의료용품을 말한다. 이하 같다)을 한 번 사용한 후 다시 사용하여서는 아니 된다.

〈신설 2016. 5. 29.〉

제4조의2 간호·간병통합서비스 제공 등

① 간호·간병통합서비스란 보건복지부령으로 정하는 입원 환자를 대상으로 보호자 등이 상주하

지 아니하고 간호사, 제80조에 따른 간호조무사 및 그 밖에 간병지원인력(이하 이 조에서 "간호 · 간병통합서비스 제공인력"이라 한다)에 의하여 포괄적으로 제공되는 입원서비스를 말한다.

② 보건복지부령으로 정하는 병원급 의료기관은 간호 · 간병통합서비스를 제공할 수 있도록 노력하여야 한다.

③ 제2항에 따라 간호 · 간병통합서비스를 제공하는 병원급 의료기관(이하 이 조에서 "간호 · 간병통합서비스 제공기관"이라 한다)은 보건복지부령으로 정하는 인력, 시설, 운영 등의 기준을 준수하여야 한다.

④ 「공공보건의료에 관한 법률」 제2조제3호에 따른 공공보건의료기관 중 보건복지부령으로 정하는 병원급 의료기관은 간호 · 간병통합서비스를 제공하여야 한다. 이 경우 국가 및 지방자치단체는 필요한 비용의 전부 또는 일부를 지원할 수 있다.

⑤ 간호 · 간병통합서비스 제공기관은 보호자 등의 입원실 내 상주를 제한하고 환자 병문안에 관한 기준을 마련하는 등 안전관리를 위하여 노력하여야 한다.

⑥ 간호 · 간병통합서비스 제공기관은 간호 · 간병통합서비스 제공인력의 근무환경 및 처우 개선을 위하여 필요한 지원을 하여야 한다.

⑦ 국가 및 지방자치단체는 간호 · 간병통합서비스의 제공 · 확대, 간호 · 간병통합서비스 제공인력의 원활한 수급 및 근무환경 개선을 위하여 필요한 시책을 수립하고 그에 따른 지원을 하여야 한다.

[본조신설 2015. 12. 29.]

제5조 의사 · 치과의사 및 한의사 면허

① 의사 · 치과의사 또는 한의사가 되려는 자는 다음 각 호의 어느 하나에 해당하는 자격을 가진 자로서 제9조에 따른 의사 · 치과의사 또는 한의사 국가시험에 합격한 후 보건복지부장관의 면허를 받아야 한다. 〈개정 2010. 1. 18., 2012. 2. 1., 2019. 8. 27.〉

1. 「고등교육법」 제11조의2에 따른 인정기관(이하 "평가인증기구"라 한다)의 인증(이하 "평가인증기구의 인증"이라 한다)을 받은 의학 · 치의학 또는 한의학을 전공하는 대학을 졸업하고 의학사 · 치의학사 또는 한의학사 학위를 받은 자

2. 평가인증기구의 인증을 받은 의학 · 치의학 또는 한의학을 전공하는 전문대학원을 졸업하고 석사학위 또는 박사학위를 받은 자

3. 외국의 제1호나 제2호에 해당하는 학교(보건복지부장관이 정하여 고시하는 인정기준에 해당하는 학교를 말한다)를 졸업하고 외국의 의사 · 치과의사 또는 한의사 면허를 받은 자

로서 제9조에 따른 예비시험에 합격한 자

② 평가인증기구의 인증을 받은 의학·치의학 또는 한의학을 전공하는 대학 또는 전문대학원을 6개월 이내에 졸업하고 해당 학위를 받을 것으로 예정된 자는 제1항제1호 및 제2호의 자격을 가진 자로 본다. 다만, 그 졸업예정시기에 졸업하고 해당 학위를 받아야 면허를 받을 수 있다.

〈개정 2012. 2. 1.〉

③ 제1항에도 불구하고 입학 당시 평가인증기구의 인증을 받은 의학·치의학 또는 한의학을 전공하는 대학 또는 전문대학원에 입학한 사람으로서 그 대학 또는 전문대학원을 졸업하고 해당 학위를 받은 사람은 같은 항 제1호 및 제2호의 자격을 가진 사람으로 본다.   〈신설 2012. 2. 1.〉

[전문개정 2008. 10. 14.]

제6조 조산사 면허

조산사가 되려는 자는 다음 각 호의 어느 하나에 해당하는 자로서 제9조에 따른 조산사 국가시험에 합격한 후 보건복지부장관의 면허를 받아야 한다.   〈개정 2008. 2. 29., 2010. 1. 18., 2019. 8. 27.〉

1. 간호사 면허를 가지고 보건복지부장관이 인정하는 의료기관에서 1년간 조산 수습과정을 마친 자

2. 외국의 조산사 면허(보건복지부장관이 정하여 고시하는 인정기준에 해당하는 면허를 말한다)를 받은 자

제7조 간호사 면허

① 간호사가 되려는 자는 다음 각 호의 어느 하나에 해당하는 자로서 제9조에 따른 간호사 국가시험에 합격한 후 보건복지부장관의 면허를 받아야 한다.

〈개정 2008. 2. 29., 2010. 1. 18., 2012. 2. 1., 2019. 8. 27.〉

1. 평가인증기구의 인증을 받은 간호학을 전공하는 대학이나 전문대학[구제(舊制) 전문학교와 간호학교를 포함한다]을 졸업한 자

2. 외국의 제1호에 해당하는 학교(보건복지부장관이 정하여 고시하는 인정기준에 해당하는 학교를 말한다)를 졸업하고 외국의 간호사 면허를 받은 자

② 제1항에도 불구하고 입학 당시 평가인증기구의 인증을 받은 간호학을 전공하는 대학 또는 전문대학에 입학한 사람으로서 그 대학 또는 전문대학을 졸업하고 해당 학위를 받은 사람은 같은 항 제1호에 해당하는 사람으로 본다.   〈신설 2012. 2. 1.〉

제8조 결격사유 등

다음 각 호의 어느 하나에 해당하는 자는 의료인이 될 수 없다.

〈개정 2007. 10. 17., 2018. 3. 27., 2018. 8. 14.〉

1. 「정신건강증진 및 정신질환자 복지서비스 지원에 관한 법률」 제3조제1호에 따른 정신질환자. 다만, 전문의가 의료인으로서 적합하다고 인정하는 사람은 그러하지 아니하다.
2. 마약 · 대마 · 향정신성의약품 중독자
3. 피성년후견인 · 피한정후견인
4. 이 법 또는 「형법」 제233조, 제234조, 제269조, 제270조, 제317조제1항 및 제347조 허위로 진료비를 청구하여 환자나 진료비를 지급하는 기관이나 단체를 속인 경우만을 말한다), 「보건범죄단속에 관한 특별조치법」, 「지역보건법」, 「후천성면역결핍증 예방법」, 「응급의료에 관한 법률」, 「농어촌 등 보건의료를 위한 특별 조치법」, 「시체해부 및 보존에 관한 법률」, 「혈액관리법」, 「마약류관리에 관한 법률」, 「약사법」, 「모자보건법」, 그 밖에 대통령령으로 정하는 의료 관련 법령을 위반하여 금고 이상의 형을 선고받고 그 형의 집행이 종료되지 아니하였거나 집행을 받지 아니하기로 확정되지 아니한 자

제9조 국가시험 등

① 의사 · 치과의사 · 한의사 · 조산사 또는 간호사 국가시험과 의사 · 치과의사 · 한의사 예비시험(이하 "국가시험등"이라 한다)은 매년 보건복지부장관이 시행한다. 〈개정 2008. 2. 29., 2010. 1. 18.〉
② 보건복지부장관은 국가시험등의 관리를 대통령령으로 정하는 바에 따라 「한국보건의료인국가시험원법」에 따른 한국보건의료인국가시험원에 맡길 수 있다.

〈개정 2008. 2. 29., 2010. 1. 18., 2015. 6. 22.〉

③ 보건복지부장관은 제2항에 따라 국가시험등의 관리를 맡긴 때에는 그 관리에 필요한 예산을 보조할 수 있다. 〈개정 2008. 2. 29., 2010. 1. 18.〉
④ 국가시험등에 필요한 사항은 대통령령으로 정한다.

제10조 응시자격 제한 등

① 제8조 각 호의 어느 하나에 해당하는 자는 국가시험등에 응시할 수 없다. 〈개정 2009. 1. 30.〉
② 부정한 방법으로 국가시험등에 응시한 자나 국가시험등에 관하여 부정행위를 한 자는 그 수험을 정지시키거나 합격을 무효로 한다.
③ 보건복지부장관은 제2항에 따라 수험이 정지되거나 합격이 무효가 된 사람에 대하여 처분의 사유와 위반 정도 등을 고려하여 대통령령으로 정하는 바에 따라 그 다음에 치러지는 이 법에 따

른 국가시험등의 응시를 3회의 범위에서 제한할 수 있다. 〈개정 2016. 12. 20.〉

제11조 면허 조건과 등록

① 보건복지부장관은 보건의료 시책에 필요하다고 인정하면 제5조에서 제7조까지의 규정에 따른 면허를 내줄 때 3년 이내의 기간을 정하여 특정 지역이나 특정 업무에 종사할 것을 면허의 조건으로 붙일 수 있다. 〈개정 2008. 2. 29., 2010. 1. 18.〉

② 보건복지부장관은 제5조부터 제7조까지의 규정에 따른 면허를 내줄 때에는 그 면허에 관한 사항을 등록대장에 등록하고 면허증을 내주어야 한다. 〈개정 2008. 2. 29., 2010. 1. 18.〉

③ 제2항의 등록대장은 의료인의 종별로 따로 작성 · 비치하여야 한다.

④ 면허등록과 면허증에 필요한 사항은 보건복지부령으로 정한다. 〈개정 2008. 2. 29., 2010. 1. 18.〉

제12조 의료기술 등에 대한 보호

① 의료인이 하는 의료 · 조산 · 간호 등 의료기술의 시행(이하 "의료행위"라 한다)에 대하여는 이 법이나 다른 법령에 따로 규정된 경우 외에는 누구든지 간섭하지 못한다.

② 누구든지 의료기관의 의료용 시설 · 기재 · 약품, 그 밖의 기물 등을 파괴 · 손상하거나 의료기관을 점거하여 진료를 방해하여서는 아니 되며, 이를 교사하거나 방조하여서는 아니 된다.

③ 누구든지 의료행위가 이루어지는 장소에서 의료행위를 행하는 의료인, 제80조에 따른 간호조무사 및 「의료기사 등에 관한 법률」 제2조에 따른 의료기사 또는 의료행위를 받는 사람을 폭행 · 협박하여서는 아니 된다. 〈신설 2016. 5. 29.〉

제13조 의료기재 압류 금지

의료인의 의료 업무에 필요한 기구 · 약품, 그 밖의 재료는 압류하지 못한다.

제14조 기구 등 우선공급

① 의료인은 의료행위에 필요한 기구 · 약품, 그 밖의 시설 및 재료를 우선적으로 공급받을 권리가 있다.

② 의료인은 제1항의 권리에 부수(附隨)되는 물품, 노력, 교통수단에 대하여서도 제1항과 같은 권리가 있다.

제15조 진료거부 금지 등

① 의료인 또는 의료기관 개설자는 진료나 조산 요청을 받으면 정당한 사유 없이 거부하지 못한

다. 〈개정 2016. 12. 20.〉

② 의료인은 응급환자에게 「응급의료에 관한 법률」에서 정하는 바에 따라 최선의 처치를 하여야 한다.

제16조 세탁물 처리

① 의료기관에서 나오는 세탁물은 의료인·의료기관 또는 특별자치시장·특별자치도지사·시장·군수·구청장(자치구의 구청장을 말한다. 이하 같다)에게 신고한 자가 아니면 처리할 수 없다. 〈개정 2015. 1. 28.〉

② 제1항에 따라 세탁물을 처리하는 자는 보건복지부령으로 정하는 바에 따라 위생적으로 보관·운반·처리하여야 한다. 〈개정 2008. 2. 29., 2010. 1. 18.〉

③ 의료기관의 개설자와 제1항에 따라 의료기관세탁물처리업 신고를 한 자(이하 이 조에서 "세탁물처리업자"라 한다)는 제1항에 따른 세탁물의 처리업무에 종사하는 사람에게 보건복지부령으로 정하는 바에 따라 감염 예방에 관한 교육을 실시하고 그 결과를 기록하고 유지하여야 한다. 〈신설 2015. 1. 28.〉

④ 세탁물처리업자가 보건복지부령으로 정하는 신고사항을 변경하거나 그 영업의 휴업(1개월 이상의 휴업을 말한다)·폐업 또는 재개업을 하려는 경우에는 보건복지부령으로 정하는 바에 따라 특별자치시장·특별자치도지사·시장·군수·구청장에게 신고하여야 한다. 〈신설 2015. 1. 28.〉

⑤ 제1항에 따른 세탁물을 처리하는 자의 시설·장비 기준, 신고 절차 및 지도·감독, 그 밖에 관리에 필요한 사항은 보건복지부령으로 정한다. 〈개정 2008. 2. 29., 2010. 1. 18., 2015. 1. 28.〉

제17조 진단서 등

① 의료업에 종사하고 직접 진찰하거나 검안(檢案)한 의사[이하 이 항에서는 검안서에 한하여 검시(檢屍)업무를 담당하는 국가기관에 종사하는 의사를 포함한다], 치과의사, 한의사가 아니면 진단서·검안서·증명서를 작성하여 환자(환자가 사망하거나 의식이 없는 경우에는 직계존속·비속, 배우자 또는 배우자의 직계존속을 말하며, 환자가 사망하거나 의식이 없는 경우로서 환자의 직계존속·비속, 배우자 및 배우자의 직계존속이 모두 없는 경우에는 형제자매를 말한다) 또는 「형사소송법」 제222조제1항에 따라 검시(檢屍)를 하는 지방검찰청검사(검안서에 한한다)에게 교부하지 못한다. 다만, 진료 중이던 환자가 최종 진료 시부터 48시간 이내에 사망한 경우에는 다시 진료하지 아니하더라도 진단서나 증명서를 내줄 수 있으며, 환자 또는 사망자를 직접 진찰하거나 검안한 의사·치과의사 또는 한의사가 부득이한 사유로 진단서·검안서

또는 증명서를 내줄 수 없으면 같은 의료기관에 종사하는 다른 의사·치과의사 또는 한의사가 환자의 진료기록부 등에 따라 내줄 수 있다. 〈개정 2009. 1. 30., 2016. 5. 29., 2019. 8. 27.〉

② 의료업에 종사하고 직접 조산한 의사·한의사 또는 조산사가 아니면 출생·사망 또는 사산 증명서를 내주지 못한다. 다만, 직접 조산한 의사·한의사 또는 조산사가 부득이한 사유로 증명서를 내줄 수 없으면 같은 의료기관에 종사하는 다른 의사·한의사 또는 조산사가 진료기록부 등에 따라 증명서를 내줄 수 있다.

③ 의사·치과의사 또는 한의사는 자신이 진찰하거나 검안한 자에 대한 진단서·검안서 또는 증명서 교부를 요구받은 때에는 정당한 사유 없이 거부하지 못한다.

④ 의사·한의사 또는 조산사는 자신이 조산(助産)한 것에 대한 출생·사망 또는 사산 증명서 교부를 요구받은 때에는 정당한 사유 없이 거부하지 못한다.

⑤ 제1항부터 제4항까지의 규정에 따른 진단서, 증명서의 서식·기재사항, 그 밖에 필요한 사항은 보건복지부령으로 정한다. 〈신설 2007. 7. 27., 2008. 2. 29., 2010. 1. 18.〉

제17조의2 처방전

① 의료업에 종사하고 직접 진찰한 의사, 치과의사 또는 한의사가 아니면 처방전[의사나 치과의사가 「전자서명법」에 따른 전자서명이 기재된 전자문서 형태로 작성한 처방전(이하 "전자처방전"이라 한다)을 포함한다. 이하 같다]을 작성하여 환자에게 교부하거나 발송(전자처방전에 한정한다. 이하 이 조에서 같다)하지 못하며, 의사, 치과의사 또는 한의사에게 직접 진찰을 받은 환자가 아니면 누구든지 그 의사, 치과의사 또는 한의사가 작성한 처방전을 수령하지 못한다.

② 제1항에도 불구하고 의사, 치과의사 또는 한의사는 다음 각 호의 어느 하나에 해당하는 경우로서 해당 환자 및 의약품에 대한 안전성을 인정하는 경우에는 환자의 직계존속·비속, 배우자 및 배우자의 직계존속, 형제자매 또는 「노인복지법」 제34조에 따른 노인의료복지시설에서 근무하는 사람 등 대통령령으로 정하는 사람(이하 이 조에서 "대리수령자"라 한다)에게 처방전을 교부하거나 발송할 수 있으며 대리수령자는 환자를 대리하여 그 처방전을 수령할 수 있다.

1. 환자의 의식이 없는 경우
2. 환자의 거동이 현저히 곤란하고 동일한 상병(傷病)에 대하여 장기간 동일한 처방이 이루어지는 경우

③ 처방전의 발급 방법·절차 등에 필요한 사항은 보건복지부령으로 정한다.

[본조신설 2019. 8. 27.]

제18조 처방전 작성과 교부

① 의사나 치과의사는 환자에게 의약품을 투여할 필요가 있다고 인정하면 「약사법」에 따라 자신이 직접 의약품을 조제할 수 있는 경우가 아니면 보건복지부령으로 정하는 바에 따라 처방전을 작성하여 환자에게 내주거나 발송(전자처방전만 해당된다)하여야 한다.

〈개정 2008. 2. 29., 2010. 1. 18.〉

② 제1항에 따른 처방전의 서식, 기재사항, 보존, 그 밖에 필요한 사항은 보건복지부령으로 정한다.

〈개정 2008. 2. 29., 2010. 1. 18.〉

③ 누구든지 정당한 사유 없이 전자처방전에 저장된 개인정보를 탐지하거나 누출·변조 또는 훼손하여서는 아니 된다.

④ 제1항에 따라 처방전을 발행한 의사 또는 치과의사(처방전을 발행한 한의사를 포함한다)는 처방전에 따라 의약품을 조제하는 약사 또는 한약사가 「약사법」 제26조제2항에 따라 문의한 때 즉시 이에 응하여야 한다. 다만, 다음 각 호의 어느 하나에 해당하는 사유로 약사 또는 한약사의 문의에 응할 수 없는 경우 사유가 종료된 때 즉시 이에 응하여야 한다. 〈신설 2007. 7. 27.〉

1. 「응급의료에 관한 법률」 제2조제1호에 따른 응급환자를 진료 중인 경우

2. 환자를 수술 또는 처치 중인 경우

3. 그 밖에 약사의 문의에 응할 수 없는 정당한 사유가 있는 경우

⑤ 의사, 치과의사 또는 한의사가 「약사법」에 따라 자신이 직접 의약품을 조제하여 환자에게 그 의약품을 내어주는 경우에는 그 약제의 용기 또는 포장에 환자의 이름, 용법 및 용량, 그 밖에 보건복지부령으로 정하는 사항을 적어야 한다. 다만, 급박한 응급의료상황 등 환자의 진료 상황이나 의약품의 성질상 그 약제의 용기 또는 포장에 적는 것이 어려운 경우로서 보건복지부령으로 정하는 경우에는 그러하지 아니하다.

〈신설 2016. 5. 29.〉

제18조의2 의약품정보의 확인

① 의사 및 치과의사는 제18조에 따른 처방전을 작성하거나 「약사법」 제23조제4항에 따라 의약품을 자신이 직접 조제하는 경우에는 다음 각 호의 정보(이하 "의약품정보"라 한다)를 미리 확인하여야 한다.

1. 환자에게 처방 또는 투여되고 있는 의약품과 동일한 성분의 의약품인지 여부

2. 식품의약품안전처장이 병용금기, 특정연령대 금기 또는 임부금기 등으로 고시한 성분이 포함되는지 여부

3. 그 밖에 보건복지부령으로 정하는 정보

② 제1항에도 불구하고 의사 및 치과의사는 급박한 응급의료상황 등 의약품정보를 확인할 수 없는

정당한 사유가 있을 때에는 이를 확인하지 아니할 수 있다.

③ 제1항에 따른 의약품정보의 확인방법 · 절차, 제2항에 따른 의약품정보를 확인할 수 없는 정당한 사유 등은 보건복지부령으로 정한다.

[본조신설 2015. 12. 29.]

제19조 정보 누설 금지

① 의료인이나 의료기관 종사자는 이 법이나 다른 법령에 특별히 규정된 경우 외에는 의료 · 조산 또는 간호업무나 제17조에 따른 진단서 · 검안서 · 증명서 작성 · 교부 업무, 제18조에 따른 처방전 작성 · 교부 업무, 제21조에 따른 진료기록 열람 · 사본 교부 업무, 제22조제2항에 따른 진료기록부등 보존 업무 및 제23조에 따른 전자의무기록 작성 · 보관 · 관리 업무를 하면서 알게 된 다른 사람의 정보를 누설하거나 발표하지 못한다. 〈개정 2016. 5. 29.〉

② 제58조제2항에 따라 의료기관 인증에 관한 업무에 종사하는 자 또는 종사하였던 자는 그 업무를 하면서 알게 된 정보를 다른 사람에게 누설하거나 부당한 목적으로 사용하여서는 아니 된다. 〈신설 2016. 5. 29.〉

[제목개정 2016. 5. 29.]

제20조 태아 성 감별 행위 등 금지

① 의료인은 태아 성 감별을 목적으로 임부를 진찰하거나 검사하여서는 아니 되며, 같은 목적을 위한 다른 사람의 행위를 도와서도 아니 된다.

② 의료인은 임신 32주 이전에 태아나 임부를 진찰하거나 검사하면서 알게 된 태아의 성(性)을 임부, 임부의 가족, 그 밖의 다른 사람이 알게 하여서는 아니 된다. 〈개정 2009. 12. 31.〉

[2009. 12. 31. 법률 제9906호에 의하여 2008. 7. 31. 헌법재판소에서 헌법불합치 결정된 이 조 제2항을 개정함.]

제21조 기록 열람 등

① 환자는 의료인, 의료기관의 장 및 의료기관 종사자에게 본인에 관한 기록(추가기재 · 수정된 경우 추가기재 · 수정된 기록 및 추가기재 · 수정 전의 원본을 모두 포함한다. 이하 같다)의 전부 또는 일부에 대하여 열람 또는 그 사본의 발급 등 내용의 확인을 요청할 수 있다. 이 경우 의료인, 의료기관의 장 및 의료기관 종사자는 정당한 사유가 없으면 이를 거부하여서는 아니 된다. 〈신설 2016. 12. 20., 2018. 3. 27.〉

② 의료인, 의료기관의 장 및 의료기관 종사자는 환자가 아닌 다른 사람에게 환자에 관한 기록을

열람하게 하거나 그 사본을 내주는 등 내용을 확인할 수 있게 하여서는 아니 된다.

〈개정 2009. 1. 30., 2016. 12. 20.〉

③ 제2항에도 불구하고 의료인, 의료기관의 장 및 의료기관 종사자는 다음 각 호의 어느 하나에 해당하면 그 기록을 열람하게 하거나 그 사본을 교부하는 등 그 내용을 확인할 수 있게 하여야 한다. 다만, 의사·치과의사 또는 한의사가 환자의 진료를 위하여 불가피하다고 인정한 경우에는 그러하지 아니하다. 〈개정 2009. 1. 30., 2010. 1. 18., 2011. 4. 7., 2011. 12. 31., 2012. 2. 1., 2015. 12. 22., 2015. 12. 29., 2016. 5. 29., 2016. 12. 20., 2018. 3. 20., 2018. 8. 14.〉

1. 환자의 배우자, 직계 존속·비속, 형제·자매(환자의 배우자 및 직계 존속·비속, 배우자의 직계존속이 모두 없는 경우에 한정한다) 또는 배우자의 직계 존속이 환자 본인의 동의서와 친족관계임을 나타내는 증명서 등을 첨부하는 등 보건복지부령으로 정하는 요건을 갖추어 요청한 경우

2. 환자가 지정하는 대리인이 환자 본인의 동의서와 대리권이 있음을 증명하는 서류를 첨부하는 등 보건복지부령으로 정하는 요건을 갖추어 요청한 경우

3. 환자가 사망하거나 의식이 없는 등 환자의 동의를 받을 수 없어 환자의 배우자, 직계 존속·비속, 형제·자매(환자의 배우자 및 직계 존속·비속, 배우자의 직계존속이 모두 없는 경우에 한정한다) 또는 배우자의 직계 존속이 친족관계임을 나타내는 증명서 등을 첨부하는 등 보건복지부령으로 정하는 요건을 갖추어 요청한 경우

4. 「국민건강보험법」 제14조, 제47조, 제48조 및 제63조에 따라 급여비용 심사·지급·대상여부 확인·사후관리 및 요양급여의 적정성 평가·가감지급 등을 위하여 국민건강보험공단 또는 건강보험심사평가원에 제공하는 경우

5. 「의료급여법」 제5조, 제11조, 제11조의3 및 제33조에 따라 의료급여 수급권자 확인, 급여비용의 심사·지급, 사후관리 등 의료급여 업무를 위하여 보장기관(시·군·구), 국민건강보험공단, 건강보험심사평가원에 제공하는 경우

6. 「형사소송법」 제106조, 제215조 또는 제218조에 따른 경우

7. 「민사소송법」 제347조에 따라 문서제출을 명한 경우

8. 「산업재해보상보험법」 제118조에 따라 근로복지공단이 보험급여를 받는 근로자를 진료한 산재보험 의료기관(의사를 포함한다)에 대하여 그 근로자의 진료에 관한 보고 또는 서류 등 제출을 요구하거나 조사하는 경우

9. 「자동차손해배상 보장법」 제12조제2항 및 제14조에 따라 의료기관으로부터 자동차보험진료수가를 청구받은 보험회사등이 그 의료기관에 대하여 관계 진료기록의 열람을 청구한 경우

10. 「병역법」 제11조의2에 따라 지방병무청장이 병역판정검사와 관련하여 질병 또는 심신 장애의 확인을 위하여 필요하다고 인정하여 의료기관의 장에게 병역판정검사대상자의 진료기록·치료 관련 기록의 제출을 요구한 경우

11. 「학교안전사고 예방 및 보상에 관한 법률」 제42조에 따라 공제회가 공제급여의 지급 여부를 결정하기 위하여 필요하다고 인정하여 「국민건강보험법」 제42조에 따른 요양 기관에 대하여 관계 진료기록의 열람 또는 필요한 자료의 제출을 요청하는 경우

12. 「고엽제후유의증 등 환자지원 및 단체설립에 관한 법률」 제7조제3항에 따라 의료기관 의 장이 진료기록 및 임상소견서를 보훈병원장에게 보내는 경우

13. 「의료사고 피해구제 및 의료분쟁 조정 등에 관한 법률」 제28조제1항 또는 제3항에 따 른 경우

14. 「국민연금법」 제123조에 따라 국민연금공단이 부양가족연금, 장애연금 및 유족연금 급여의 지급심사와 관련하여 가입자 또는 가입자였던 사람을 진료한 의료기관에 해당 진 료에 관한 사항의 열람 또는 사본 교부를 요청하는 경우

14의2. 다음 각 목의 어느 하나에 따라 공무원 또는 공무원이었던 사람을 진료한 의료기관에 해당 진료에 관한 사항의 열람 또는 사본 교부를 요청하는 경우

　가. 「공무원연금법」 제92조에 따라 인사혁신처장이 퇴직유족급여 및 비공무상장해급여 와 관련하여 요청하는 경우

　나. 「공무원연금법」 제93조에 따라 공무원연금공단이 퇴직유족급여 및 비공무상장해급 여와 관련하여 요청하는 경우

　다. 「공무원 재해보상법」 제57조 및 제58조에 따라 인사혁신처장(같은 법 제61조에 따라 업무를 위탁받은 자를 포함한다)이 요양급여, 재활급여, 장해급여, 간병급여 및 재해유 족급여와 관련하여 요청하는 경우

14의3. 「사립학교교직원 연금법」 제19조제4항제4호의2에 따라 사립학교교직원연금공단 이 요양급여, 장해급여 및 재해유족급여의 지급심사와 관련하여 교직원 또는 교직원 이었던 자를 진료한 의료기관에 해당 진료에 관한 사항의 열람 또는 사본 교부를 요청 하는 경우

15. 「장애인복지법」 제32조제7항에 따라 대통령령으로 정하는 공공기관의 장이 장애 정도 에 관한 심사와 관련하여 장애인 등록을 신청한 사람 및 장애인으로 등록한 사람을 진료 한 의료기관에 해당 진료에 관한 사항의 열람 또는 사본 교부를 요청하는 경우

16. 「감염병의 예방 및 관리에 관한 법률」 제18조의4 및 제29조에 따라 보건복지부장관, 질병관리본부장, 시·도지사 또는 시장·군수·구청장이 감염병의 역학조사 및 예방접

종에 관한 역학조사를 위하여 필요하다고 인정하여 의료기관의 장에게 감염병환자등의 진료기록 및 예방접종을 받은 사람의 예방접종 후 이상반응에 관한 진료기록의 제출을 요청하는 경우

④ 진료기록을 보관하고 있는 의료기관이나 진료기록이 이관된 보건소에 근무하는 의사·치과의사 또는 한의사는 자신이 직접 진료하지 아니한 환자의 과거 진료 내용의 확인 요청을 받은 경우에는 진료기록을 근거로 하여 사실을 확인하여 줄 수 있다. 〈신설 2009. 1. 30.〉

⑤ 삭제 〈2016. 12. 20.〉

[시행일:2016. 6. 30.] 제21조제2항제15호

제21조의2 진료기록의 송부 등

① 의료인 또는 의료기관의 장은 다른 의료인 또는 의료기관의 장으로부터 제22조 또는 제23조에 따른 진료기록의 내용 확인이나 진료기록의 사본 및 환자의 진료경과에 대한 소견 등을 송부 또는 전송할 것을 요청받은 경우 해당 환자나 환자 보호자의 동의를 받아 그 요청에 응하여야 한다. 다만, 해당 환자의 의식이 없거나 응급환자인 경우 또는 환자의 보호자가 없어 동의를 받을 수 없는 경우에는 환자나 환자 보호자의 동의 없이 송부 또는 전송할 수 있다.

② 의료인 또는 의료기관의 장이 응급환자를 다른 의료기관에 이송하는 경우에는 지체 없이 내원 당시 작성된 진료기록의 사본 등을 이송하여야 한다.

③ 보건복지부장관은 제1항 및 제2항에 따른 진료기록의 사본 및 진료경과에 대한 소견 등의 전송 업무를 지원하기 위하여 전자정보시스템(이하 이 조에서 "진료기록전송지원시스템"이라 한다)을 구축·운영할 수 있다.

④ 보건복지부장관은 진료기록전송지원시스템의 구축·운영을 대통령령으로 정하는 바에 따라 관계 전문기관에 위탁할 수 있다. 이 경우 보건복지부장관은 그 소요 비용의 전부 또는 일부를 지원할 수 있다.

⑤ 제4항에 따라 업무를 위탁받은 전문기관은 다음 각 호의 사항을 준수하여야 한다.

1. 진료기록전송지원시스템이 보유한 정보의 누출, 변조, 훼손 등을 방지하기 위하여 접근 권한자의 지정, 방화벽의 설치, 암호화 소프트웨어의 활용, 접속기록 보관 등 대통령령으로 정하는 바에 따라 안전성 확보에 필요한 기술적·관리적 조치를 할 것

2. 진료기록전송지원시스템 운영 업무를 다른 기관에 재위탁하지 아니할 것

3. 진료기록전송지원시스템이 보유한 정보를 제3자에게 임의로 제공하거나 유출하지 아니할 것

⑥ 보건복지부장관은 의료인 또는 의료기관의 장에게 보건복지부령으로 정하는 바에 따라 제1항

본문에 따른 환자나 환자 보호자의 동의에 관한 자료 등 진료기록전송지원시스템의 구축 · 운영에 필요한 자료의 제출을 요구하고 제출받은 목적의 범위에서 보유 · 이용할 수 있다. 이 경우 자료 제출을 요구받은 자는 정당한 사유가 없으면 이에 따라야 한다.

⑦ 그 밖에 진료기록전송지원시스템의 구축 · 운영 등에 필요한 사항은 보건복지부령으로 정한다.

⑧ 누구든지 정당한 사유 없이 진료기록전송지원시스템에 저장된 정보를 누출 · 변조 또는 훼손하여서는 아니 된다.

⑨ 진료기록전송지원시스템의 구축 · 운영에 관하여 이 법에서 규정된 것을 제외하고는 「개인정보 보호법」 에 따른다.

[본조신설 2016. 12. 20.]

제2절 권리와 의무

제22조 진료기록부 등

① 의료인은 각각 진료기록부, 조산기록부, 간호기록부, 그 밖의 진료에 관한 기록(이하 "진료기록부등"이라 한다)을 갖추어 두고 환자의 주된 증상, 진단 및 치료 내용 등 보건복지부령으로 정하는 의료행위에 관한 사항과 의견을 상세히 기록하고 서명하여야 한다.　　　　〈개정 2013. 4. 5.〉

② 의료인이나 의료기관 개설자는 진료기록부등[제23조제1항에 따른 전자의무기록(電子醫務記錄)을 포함하며, 추가기재 · 수정된 경우 추가기재 · 수정된 진료기록부등 및 추가기재 · 수정 전의 원본을 모두 포함한다. 이하 같다]을 보건복지부령으로 정하는 바에 따라 보존하여야 한다.　　　　〈개정 2008. 2. 29., 2010. 1. 18., 2018. 3. 27.〉

③ 의료인은 진료기록부등을 거짓으로 작성하거나 고의로 사실과 다르게 추가기재 · 수정하여서는 아니 된다.　　　　〈신설 2011. 4. 7.〉

④ 보건복지부장관은 의료인이 진료기록부등에 기록하는 질병명, 검사명, 약제명 등 의학용어와 진료기록부등의 서식 및 세부내용에 관한 표준을 마련하여 고시하고 의료인 또는 의료기관 개설자에게 그 준수를 권고할 수 있다.　　　　〈신설 2019. 8. 27.〉

제23조 전자의무기록

① 의료인이나 의료기관 개설자는 제22조의 규정에도 불구하고 진료기록부등을 「전자서명법」에 따른 전자서명이 기재된 전자문서(이하 "전자의무기록"이라 한다)로 작성 · 보관할 수 있다.

② 의료인이나 의료기관 개설자는 보건복지부령으로 정하는 바에 따라 전자의무기록을 안전하게

관리 · 보존하는 데에 필요한 시설과 장비를 갖추어야 한다.　　〈개정 2008. 2. 29., 2010. 1. 18.〉

③ 누구든지 정당한 사유 없이 전자의무기록에 저장된 개인정보를 탐지하거나 누출 · 변조 또는 훼손하여서는 아니 된다.

④ 의료인이나 의료기관 개설자는 전자의무기록에 추가기재 · 수정을 한 경우 보건복지부령으로 정하는 바에 따라 접속기록을 별도로 보관하여야 한다.　　〈신설 2018. 3. 27.〉

제23조의2 전자의무기록의 표준화 등

① 보건복지부장관은 전자의무기록이 효율적이고 통일적으로 관리 · 활용될 수 있도록 기록의 작성, 관리 및 보존에 필요한 전산정보처리시스템(이하 이 조에서 "전자의무기록시스템"이라 한다), 시설, 장비 및 기록 서식 등에 관한 표준을 정하여 고시하고 전자의무기록시스템을 제조 · 공급하는 자, 의료인 또는 의료기관 개설자에게 그 준수를 권고할 수 있다.

② 보건복지부장관은 전자의무기록시스템이 제1항에 따른 표준, 전자의무기록시스템 간 호환성, 정보 보안 등 대통령령으로 정하는 인증 기준에 적합한 경우에는 인증을 할 수 있다.

③ 제2항에 따라 인증을 받은 자는 대통령령으로 정하는 바에 따라 인증의 내용을 표시할 수 있다. 이 경우 인증을 받지 아니한 자는 인증의 표시 또는 이와 유사한 표시를 하여서는 아니 된다.

④ 보건복지부장관은 다음 각 호의 어느 하나에 해당하는 경우에는 제2항에 따른 인증을 취소할 수 있다. 다만, 제1호에 해당하는 경우에는 인증을 취소하여야 한다.

1. 거짓이나 그 밖의 부정한 방법으로 인증을 받은 경우

2. 제2항에 따른 인증 기준에 미달하게 된 경우

⑤ 보건복지부장관은 전자의무기록시스템의 기술 개발 및 활용을 촉진하기 위한 사업을 할 수 있다.

⑥ 제1항에 따른 표준의 대상, 제2항에 따른 인증의 방법 · 절차 등에 필요한 사항은 대통령령으로 정한다.

[본조신설 2016. 12. 20.]

[종전 제23조의2는 제23조의3으로 이동 〈2016. 12. 20.〉]

제23조의3 진료정보 침해사고의 통지

① 의료인 또는 의료기관 개설자는 전자의무기록에 대한 전자적 침해행위로 진료정보가 유출되거나 의료기관의 업무가 교란 · 마비되는 등 대통령령으로 정하는 사고(이하 "진료정보 침해사고"라 한다)가 발생한 때에는 보건복지부장관에게 즉시 그 사실을 통지하여야 한다.

② 보건복지부장관은 제1항에 따라 진료정보 침해사고의 통지를 받거나 진료정보 침해사고가 발생한 사실을 알게 되면 이를 관계 행정기관에 통보하여야 한다.

[본조신설 2019. 8. 27.]

[종전 제23조의3은 제23조의5로 이동 〈2019. 8. 27.〉]

제23조의4 진료정보 침해사고의 예방 및 대응 등

① 보건복지부장관은 진료정보 침해사고의 예방 및 대응을 위하여 다음 각 호의 업무를 수행한다.

    1. 진료정보 침해사고에 관한 정보의 수집 · 전파

    2. 진료정보 침해사고의 예보 · 경보

    3. 진료정보 침해사고에 대한 긴급조치

    4. 전자의무기록에 대한 전자적 침해행위의 탐지 · 분석

    5. 그 밖에 진료정보 침해사고 예방 및 대응을 위하여 대통령령으로 정하는 사항

② 보건복지부장관은 제1항에 따른 업무의 전부 또는 일부를 전문기관에 위탁할 수 있다.

③ 제1항에 따른 업무를 수행하는 데 필요한 절차 및 방법, 제2항에 따른 업무의 위탁 절차 등에 필요한 사항은 보건복지부령으로 정한다.

[본조신설 2019. 8. 27.]

제23조의5 부당한 경제적 이익등의 취득 금지

① 의료인, 의료기관 개설자(법인의 대표자, 이사, 그 밖에 이에 종사하는 자를 포함한다. 이하 이 조에서 같다) 및 의료기관 종사자는 「약사법」 제47조제2항에 따른 의약품공급자로부터 의약품 채택 · 처방유도 · 거래유지 등 판매촉진을 목적으로 제공되는 금전, 물품, 편익, 노무, 향응, 그 밖의 경제적 이익(이하 "경제적 이익등"이라 한다)을 받거나 의료기관으로 하여금 받게 하여서는 아니 된다. 다만, 견본품 제공, 학술대회 지원, 임상시험 지원, 제품설명회, 대금결제조건에 따른 비용할인, 시판 후 조사 등의 행위(이하 "견본품 제공등의 행위"라 한다)로서 보건복지부령으로 정하는 범위 안의 경제적 이익등인 경우에는 그러하지 아니하다. 〈개정 2015. 12. 29.〉

② 의료인, 의료기관 개설자 및 의료기관 종사자는 「의료기기법」 제6조에 따른 제조업자, 같은 법 제15조에 따른 의료기기 수입업자, 같은 법 제17조에 따른 의료기기 판매업자 또는 임대업자로부터 의료기기 채택 · 사용유도 · 거래유지 등 판매촉진을 목적으로 제공되는 경제적 이익등을 받거나 의료기관으로 하여금 받게 하여서는 아니 된다. 다만, 견본품 제공등의 행위로서 보건복지부령으로 정하는 범위 안의 경제적 이익등인 경우에는 그러하지 아니하다.

〈개정 2011. 4. 7., 2015. 12. 29.〉

[본조신설 2010. 5. 27.]

[제23조의3에서 이동 〈2019. 8. 27.〉]

제24조 요양방법 지도

의료인은 환자나 환자의 보호자에게 요양방법이나 그 밖에 건강관리에 필요한 사항을 지도하여야 한다.

제24조의2 의료행위에 관한 설명

① 의사·치과의사 또는 한의사는 사람의 생명 또는 신체에 중대한 위해를 발생하게 할 우려가 있는 수술, 수혈, 전신마취(이하 이 조에서 "수술등"이라 한다)를 하는 경우 제2항에 따른 사항을 환자(환자가 의사결정능력이 없는 경우 환자의 법정대리인을 말한다. 이하 이 조에서 같다)에게 설명하고 서면(전자문서를 포함한다. 이하 이 조에서 같다)으로 그 동의를 받아야 한다. 다만, 설명 및 동의 절차로 인하여 수술등이 지체되면 환자의 생명이 위험하여지거나 심신상의 중대한 장애를 가져오는 경우에는 그러하지 아니하다.

② 제1항에 따라 환자에게 설명하고 동의를 받아야 하는 사항은 다음 각 호와 같다.

1. 환자에게 발생하거나 발생 가능한 증상의 진단명
2. 수술등의 필요성, 방법 및 내용
3. 환자에게 설명을 하는 의사, 치과의사 또는 한의사 및 수술등에 참여하는 주된 의사, 치과의사 또는 한의사의 성명
4. 수술등에 따라 전형적으로 발생이 예상되는 후유증 또는 부작용
5. 수술등 전후 환자가 준수하여야 할 사항

③ 환자는 의사, 치과의사 또는 한의사에게 제1항에 따른 동의서 사본의 발급을 요청할 수 있다. 이 경우 요청을 받은 의사, 치과의사 또는 한의사는 정당한 사유가 없으면 이를 거부하여서는 아니 된다.

④ 제1항에 따라 동의를 받은 사항 중 수술등의 방법 및 내용, 수술등에 참여한 주된 의사, 치과의사 또는 한의사가 변경된 경우에는 변경 사유와 내용을 환자에게 서면으로 알려야 한다.

⑤ 제1항 및 제4항에 따른 설명, 동의 및 고지의 방법·절차 등 필요한 사항은 대통령령으로 정한다.

[본조신설 2016. 12. 20.]

제25조 신고

① 의료인은 대통령령으로 정하는 바에 따라 최초로 면허를 받은 후부터 3년마다 그 실태와 취업 상황 등을 보건복지부장관에게 신고하여야 한다. 〈개정 2008. 2. 29., 2010. 1. 18., 2011. 4. 28.〉

② 보건복지부장관은 제30조제3항의 보수교육을 이수하지 아니한 의료인에 대하여 제1항에 따른 신고를 반려할 수 있다. 〈신설 2011. 4. 28.〉

③ 보건복지부장관은 제1항에 따른 신고 수리 업무를 대통령령으로 정하는 바에 따라 관련 단체 등에 위탁할 수 있다. 〈신설 2011. 4. 28.〉

제26조 변사체 신고

의사 · 치과의사 · 한의사 및 조산사는 사체를 검안하여 변사(變死)한 것으로 의심되는 때에는 사체의 소재지를 관할하는 경찰서장에게 신고하여야 한다.

제3절 의료행위의 제한

제27조 무면허 의료행위 등 금지

① 의료인이 아니면 누구든지 의료행위를 할 수 없으며 의료인도 면허된 것 이외의 의료행위를 할 수 없다. 다만, 다음 각 호의 어느 하나에 해당하는 자는 보건복지부령으로 정하는 범위에서 의료행위를 할 수 있다. 〈개정 2008. 2. 29., 2009. 1. 30., 2010. 1. 18.〉

1. 외국의 의료인 면허를 가진 자로서 일정 기간 국내에 체류하는 자
2. 의과대학, 치과대학, 한의과대학, 의학전문대학원, 치의학전문대학원, 한의학전문대학원, 종합병원 또는 외국 의료원조기관의 의료봉사 또는 연구 및 시범사업을 위하여 의료행위를 하는 자
3. 의학 · 치과의학 · 한방의학 또는 간호학을 전공하는 학교의 학생

② 의료인이 아니면 의사 · 치과의사 · 한의사 · 조산사 또는 간호사 명칭이나 이와 비슷한 명칭을 사용하지 못한다.

③ 누구든지 「국민건강보험법」이나 「의료급여법」에 따른 본인부담금을 면제하거나 할인하는 행위, 금품 등을 제공하거나 불특정 다수인에게 교통편의를 제공하는 행위 등 영리를 목적으로 환자를 의료기관이나 의료인에게 소개 · 알선 · 유인하는 행위 및 이를 사주하는 행위를 하여서는 아니 된다. 다만, 다음 각 호의 어느 하나에 해당하는 행위는 할 수 있다.

〈개정 2009. 1. 30., 2010. 1. 18., 2011. 12. 31.〉

1. 환자의 경제적 사정 등을 이유로 개별적으로 관할 시장 · 군수 · 구청장의 사전승인을 받아 환자를 유치하는 행위
2. 「국민건강보험법」 제109조에 따른 가입자나 피부양자가 아닌 외국인(보건복지부령으로 정하는 바에 따라 국내에 거주하는 외국인은 제외한다)환자를 유치하기 위한 행위

④ 제3항제2호에도 불구하고 「보험업법」 제2조에 따른 보험회사, 상호회사, 보험설계사, 보험대

리점 또는 보험중개사는 외국인환자를 유치하기 위한 행위를 하여서는 아니 된다.

〈신설 2009. 1. 30.〉

⑤ 의료인, 의료기관 개설자 및 종사자는 무자격자에게 의료행위를 하게 하거나 의료인에게 면허
사항 외의 의료행위를 하게 하여서는 아니 된다. 〈신설 2019. 4. 23.〉

제27조의2 삭제 〈2015. 12. 22.〉

제4절 의료인 단체

제28조 중앙회와 지부)

① 의사·치과의사·한의사·조산사 및 간호사는 대통령령으로 정하는 바에 따라 각각 전국적 조
직을 두는 의사회·치과의사회·한의사회·조산사회 및 간호사회(이하 "중앙회"라 한다)를 각
각 설립하여야 한다.

② 중앙회는 법인으로 한다.

③ 제1항에 따라 중앙회가 설립된 경우에는 의료인은 당연히 해당하는 중앙회의 회원이 되며, 중
앙회의 정관을 지켜야 한다.

④ 중앙회에 관하여 이 법에 규정되지 아니한 사항에 대하여는 「민법」 중 사단법인에 관한 규정
을 준용한다.

⑤ 중앙회는 대통령령으로 정하는 바에 따라 특별시·광역시·도와 특별자치도(이하 "시·도"라
한다)에 지부를 설치하여야 하며, 시·군·구(자치구만을 말한다. 이하 같다)에 분회를 설치할
수 있다. 다만, 그 외의 지부나 외국에 의사회 지부를 설치하려면 보건복지부장관의 승인을 받
아야 한다. 〈개정 2008. 2. 29., 2010. 1. 18.〉

⑥ 중앙회가 지부나 분회를 설치한 때에는 그 지부나 분회의 책임자는 지체 없이 특별시장·광역
시장·도지사·특별자치도지사(이하 "시·도지사"라 한다) 또는 시장·군수·구청장에게 신
고하여야 한다.

⑦ 각 중앙회는 제66조의2에 따른 자격정지 처분 요구에 관한 사항 등을 심의·의결하기 위하여
윤리위원회를 둔다. 〈신설 2011. 4. 28.〉

⑧ 윤리위원회의 구성, 운영 등에 관한 사항은 대통령령으로 정한다. 〈신설 2011. 4. 28.〉

제29조 설립 허가 등

① 중앙회를 설립하려면 대표자는 대통령령으로 정하는 바에 따라 정관과 그 밖에 필요한 서류를 보건복지부장관에게 제출하여 설립 허가를 받아야 한다.　　　　〈개정 2008. 2. 29., 2010. 1. 18.〉

② 중앙회의 정관에 적을 사항은 대통령령으로 정한다.

③ 중앙회가 정관을 변경하려면 보건복지부장관의 허가를 받아야 한다. 〈개정 2008. 2. 29., 2010. 1. 18.〉

제30조 협조 의무)

① 중앙회는 보건복지부장관으로부터 의료와 국민보건 향상에 관한 협조 요청을 받으면 협조하여야 한다.　　　　〈개정 2008. 2. 29., 2010. 1. 18.〉

② 중앙회는 보건복지부령으로 정하는 바에 따라 회원의 자질 향상을 위하여 필요한 보수(補修)교육을 실시하여야 한다.　　　　〈개정 2008. 2. 29., 2010. 1. 18.〉

③ 의료인은 제2항에 따른 보수교육을 받아야 한다.

제31조 삭제 〈2011. 4. 7.〉

제32조 감독

보건복지부장관은 중앙회나 그 지부가 정관으로 정한 사업 외의 사업을 하거나 국민보건 향상에 장애가 되는 행위를 한 때 또는 제30조제1항에 따른 요청을 받고 협조하지 아니한 경우에는 정관을 변경하거나 임원을 새로 뽑을 것을 명할 수 있다.　　　　〈개정 2008. 2. 29., 2010. 1. 18.〉

제3장 의료기관의 개설

제1절 의료기관의 개설

제33조 개설 등

① 의료인은 이 법에 따른 의료기관을 개설하지 아니하고는 의료업을 할 수 없으며, 다음 각 호의 어느 하나에 해당하는 경우 외에는 그 의료기관 내에서 의료업을 하여야 한다.

1. 「응급의료에 관한 법률」 제2조제1호에 따른 응급환자를 진료하는 경우

2. 환자나 환자 보호자의 요청에 따라 진료하는 경우

3. 국가나 지방자치단체의 장이 공익상 필요하다고 인정하여 요청하는 경우

4. 보건복지부령으로 정하는 바에 따라 가정간호를 하는 경우

5. 그 밖에 이 법 또는 다른 법령으로 특별히 정한 경우나 환자가 있는 현장에서 진료를 하여 야 하는 부득이한 사유가 있는 경우

② 다음 각 호의 어느 하나에 해당하는 자가 아니면 의료기관을 개설할 수 없다. 이 경우 의사는 종 합병원·병원·요양병원 또는 의원을, 치과의사는 치과병원 또는 치과의원을, 한의사는 한방 병원·요양병원 또는 한의원을, 조산사는 조산원만을 개설할 수 있다.   〈개정 2009. 1. 30.〉

1. 의사, 치과의사, 한의사 또는 조산사

2. 국가나 지방자치단체

3. 의료업을 목적으로 설립된 법인(이하 "의료법인"이라 한다)

4. 「민법」이나 특별법에 따라 설립된 비영리법인

5. 「공공기관의 운영에 관한 법률」에 따른 준정부기관, 「지방의료원의 설립 및 운영에 관 한 법률」에 따른 지방의료원, 「한국보훈복지의료공단법」에 따른 한국보훈복지의료공단

③ 제2항에 따라 의원·치과의원·한의원 또는 조산원을 개설하려는 자는 보건복지부령으로 정 하는 바에 따라 시장·군수·구청장에게 신고하여야 한다.   〈개정 2008. 2. 29., 2010. 1. 18.〉

④ 제2항에 따라 종합병원·병원·치과병원·한방병원 또는 요양병원을 개설하려면 보건복지부 령으로 정하는 바에 따라 시·도지사의 허가를 받아야 한다. 이 경우 시·도지사는 개설하려는 의료기관이 다음 각 호의 어느 하나에 해당하는 경우에는 개설허가를 할 수 없다.

〈개정 2008. 2. 29., 2010. 1. 18., 2019. 8. 27.〉

1. 제36조에 따른 시설기준에 맞지 아니하는 경우

2. 제60조제1항에 따른 기본시책과 같은 조 제2항에 따른 수급 및 관리계획에 적합하지 아니 한 경우

⑤ 제3항과 제4항에 따라 개설된 의료기관이 개설 장소를 이전하거나 개설에 관한 신고 또는 허가 사항 중 보건복지부령으로 정하는 중요사항을 변경하려는 때에도 제3항 또는 제4항과 같다.

〈개정 2008. 2. 29., 2010. 1. 18.〉

⑥ 조산원을 개설하는 자는 반드시 지도의사(指導醫師)를 정하여야 한다.

⑦ 다음 각 호의 어느 하나에 해당하는 경우에는 의료기관을 개설할 수 없다.   〈개정 2019. 8. 27.〉

1. 약국 시설 안이나 구내인 경우

2. 약국의 시설이나 부지 일부를 분할·변경 또는 개수하여 의료기관을 개설하는 경우

3. 약국과 전용 복도·계단·승강기 또는 구름다리 등의 통로가 설치되어 있거나 이런 것들을 설치하여 의료기관을 개설하는 경우

4. 「건축법」 등 관계 법령에 따라 허가를 받지 아니하거나 신고를 하지 아니하고 건축 또는 증축·개축한 건축물에 의료기관을 개설하는 경우

⑧ 제2항제1호의 의료인은 어떠한 명목으로도 둘 이상의 의료기관을 개설·운영할 수 없다. 다만, 2 이상의 의료인 면허를 소지한 자가 의원급 의료기관을 개설하려는 경우에는 하나의 장소에 한하여 면허 종별에 따른 의료기관을 함께 개설할 수 있다. 〈신설 2009. 1. 30., 2012. 2. 1.〉

⑨ 의료법인 및 제2항제4호에 따른 비영리법인(이하 이 조에서 "의료법인등"이라 한다)이 의료기관을 개설하려면 그 법인의 정관에 개설하고자 하는 의료기관의 소재지를 기재하여 대통령령으로 정하는 바에 따라 정관의 변경허가를 얻어야 한다(의료법인등을 설립할 때에는 설립 허가를 말한다. 이하 이 항에서 같다). 이 경우 그 법인의 주무관청은 정관의 변경허가를 하기 전에 그 법인이 개설하고자 하는 의료기관이 소재하는 시·도지사 또는 시장·군수·구청장과 협의하여야 한다. 〈신설 2015. 12. 29.〉

⑩ 의료기관을 개설·운영하는 의료법인등은 다른 자에게 그 법인의 명의를 빌려주어서는 아니 된다. 〈신설 2015. 12. 29.〉

[제목개정 2012. 2. 1.]

[2007. 12. 27. 법률 제9386호에 의하여 2007. 12. 27. 헌법재판소에서 헌법불합치된 이 조 제2항을 개정함]

제34조 원격의료

① 의료인(의료업에 종사하는 의사·치과의사·한의사만 해당한다)은 제33조제1항에도 불구하고 컴퓨터·화상통신 등 정보통신기술을 활용하여 먼 곳에 있는 의료인에게 의료지식이나 기술을 지원하는 원격의료(이하 "원격의료"라 한다)를 할 수 있다.

② 원격의료를 행하거나 받으려는 자는 보건복지부령으로 정하는 시설과 장비를 갖추어야 한다. 〈개정 2008. 2. 29., 2010. 1. 18.〉

③ 원격의료를 하는 자(이하 "원격지의사"라 한다)는 환자를 직접 대면하여 진료하는 경우와 같은 책임을 진다.

④ 원격지의사의 원격의료에 따라 의료행위를 한 의료인이 의사·치과의사 또는 한의사(이하 "현지의사"라 한다)인 경우에는 그 의료행위에 대하여 원격지의사의 과실을 인정할 만한 명백한 근거가 없으면 환자에 대한 책임은 제3항에도 불구하고 현지의사에게 있는 것으로 본다.

제35조 의료기관 개설 특례

① 제33조제1항·제2항 및 제8항에 따른 자 외의 자가 그 소속 직원, 종업원, 그 밖의 구성원(수용자를 포함한다) 이나 그 가족의 건강관리를 위하여 부속 의료기관을 개설하려면 그 개설 장소를 관할하는 시장·군수·구청장에게 신고하여야 한다. 다만, 부속 의료기관으로 병원급 의료기관을 개설하려면 그 개설 장소를 관할하는 시·도지사의 허가를 받아야 한다.

〈개정 2009. 1. 30.〉

② 제1항에 따른 개설 신고 및 허가에 관한 절차·조건, 그 밖에 필요한 사항과 그 의료기관의 운영에 필요한 사항은 보건복지부령으로 정한다. 〈개정 2008. 2. 29., 2010. 1. 18.〉

제36조 준수사항

제33조제2항 및 제8항에 따라 의료기관을 개설하는 자는 보건복지부령으로 정하는 바에 따라 다음 각 호의 사항을 지켜야 한다.

〈개정 2008. 2. 29., 2009. 1. 30., 2010. 1. 18., 2016. 5. 29., 2019. 4. 23., 2019. 8. 27.〉

1. 의료기관의 종류에 따른 시설기준 및 규격에 관한 사항
2. 의료기관의 안전관리시설 기준에 관한 사항
3. 의료기관 및 요양병원의 운영 기준에 관한 사항
4. 고가의료장비의 설치·운영 기준에 관한 사항
5. 의료기관의 종류에 따른 의료인 등의 정원 기준에 관한 사항
6. 급식관리 기준에 관한 사항
7. 의료기관의 위생 관리에 관한 사항
8. 의료기관의 의약품 및 일회용 주사 의료용품의 사용에 관한 사항
9. 의료기관의 「감염병의 예방 및 관리에 관한 법률」 제41조제4항에 따른 감염병환자등의 진료 기준에 관한 사항
10. 의료기관 내 수술실, 분만실, 중환자실 등 감염관리가 필요한 시설의 출입 기준에 관한 사항
11. 의료인 및 환자 안전을 위한 보안장비 설치 및 보안인력 배치 등에 관한 사항
12. 의료기관의 신체보호대 사용에 관한 사항

제36조의2 공중보건의사 등의 고용금지

① 의료기관 개설자는 「농어촌 등 보건의료를 위한 특별조치법」 제5조의2에 따른 배치기관 및 배치시설이나 같은 법 제6조의2에 따른 파견근무기관 및 시설이 아니면 같은 법 제2조제1호의

공중보건의사에게 의료행위를 하게 하거나, 제41조제1항에 따른 당직의료인으로 두어서는 아니 된다. 〈개정 2016. 12. 20., 2018. 3. 27.〉

② 의료기관 개설자는 「병역법」 제34조의2제2항에 따라 군병원 또는 병무청장이 지정하는 병원에서 직무와 관련된 수련을 실시하는 경우가 아니면 같은 법 제2조제14호의 병역판정검사전담의사에게 의료행위를 하게 하거나 제41조제1항에 따른 당직의료인으로 두어서는 아니 된다.

〈신설 2018. 3. 27.〉

[본조신설 2015. 12. 29.]

[제목개정 2018. 3. 27.]

제37조 진단용 방사선 발생장치

① 진단용 방사선 발생장치를 설치ㆍ운영하려는 의료기관은 보건복지부령으로 정하는 바에 따라 시장ㆍ군수ㆍ구청장에게 신고하여야 하며, 보건복지부령으로 정하는 안전관리기준에 맞도록 설치ㆍ운영하여야 한다. 〈개정 2008. 2. 29., 2010. 1. 18.〉

② 의료기관 개설자나 관리자는 진단용 방사선 발생장치를 설치한 경우에는 보건복지부령으로 정하는 바에 따라 안전관리책임자를 선임하고, 정기적으로 검사와 측정을 받아야 하며, 방사선 관계 종사자에 대한 피폭관리(被曝管理)를 하여야 한다. 〈개정 2008. 2. 29., 2010. 1. 18.〉

③ 제1항과 제2항에 따른 진단용 방사선 발생장치의 범위ㆍ신고ㆍ검사ㆍ설치 및 측정기준 등에 필요한 사항은 보건복지부령으로 정한다. 〈개정 2008. 2. 29., 2010. 1. 18.〉

제38조 특수의료장비의 설치ㆍ운영

① 의료기관은 보건의료 시책상 적정한 설치와 활용이 필요하여 보건복지부장관이 정하여 고시하는 의료장비(이하 "특수의료장비"라 한다)를 설치ㆍ운영하려면 보건복지부령으로 정하는 바에 따라 시장ㆍ군수ㆍ구청장에게 등록하여야 하며, 보건복지부령으로 정하는 설치인정기준에 맞게 설치ㆍ운영하여야 한다. 〈개정 2008. 2. 29., 2010. 1. 18., 2012. 2. 1.〉

② 의료기관의 개설자나 관리자는 제1항에 따라 특수의료장비를 설치하면 보건복지부령으로 정하는 바에 따라 보건복지부장관에게 정기적인 품질관리검사를 받아야 한다.

〈개정 2008. 2. 29., 2010. 1. 18.〉

③ 의료기관의 개설자나 관리자는 제2항에 따른 품질관리검사에서 부적합하다고 판정받은 특수의료장비를 사용하여서는 아니 된다.

④ 보건복지부장관은 제2항에 따른 품질관리검사업무의 전부 또는 일부를 보건복지부령으로 정하는 바에 따라 관계 전문기관에 위탁할 수 있다. 〈개정 2008. 2. 29., 2010. 1. 18.〉

제39조 시설 등의 공동이용

① 의료인은 다른 의료기관의 장의 동의를 받아 그 의료기관의 시설 · 장비 및 인력 등을 이용하여 진료할 수 있다.

② 의료기관의 장은 그 의료기관의 환자를 진료하는 데에 필요하면 해당 의료기관에 소속되지 아니한 의료인에게 진료하도록 할 수 있다.

③ 의료인이 다른 의료기관의 시설 · 장비 및 인력 등을 이용하여 진료하는 과정에서 발생한 의료사고에 대하여는 진료를 한 의료인의 과실 때문이면 그 의료인에게, 의료기관의 시설 · 장비 및 인력 등의 결함 때문이면 그것을 제공한 의료기관 개설자에게 각각 책임이 있는 것으로 본다.

제40조 폐업 · 휴업 신고와 진료기록부등의 이관

① 의료기관 개설자는 의료업을 폐업하거나 1개월 이상 휴업(입원환자가 있는 경우에는 1개월 미만의 휴업도 포함한다. 이하 이 조에서 이와 같다)하려면 보건복지부령으로 정하는 바에 따라 관할 시장 · 군수 · 구청장에게 신고하여야 한다. 〈개정 2008. 2. 29., 2010. 1. 18., 2016. 12. 20.〉

② 의료기관 개설자는 제1항에 따라 폐업 또는 휴업 신고를 할 때 제22조나 제23조에 따라 기록 · 보존하고 있는 진료기록부등을 관할 보건소장에게 넘겨야 한다. 다만, 의료기관 개설자가 보건복지부령으로 정하는 바에 따라 진료기록부등의 보관계획서를 제출하여 관할 보건소장의 허가를 받은 경우에는 직접 보관할 수 있다. 〈개정 2008. 2. 29., 2010. 1. 18.〉

③ 시장 · 군수 · 구청장은 제1항에 따른 신고에도 불구하고 「감염병의 예방 및 관리에 관한 법률」 제18조 및 제29조에 따라 질병관리본부장, 시 · 도지사 또는 시장 · 군수 · 구청장이 감염병의 역학조사 및 예방접종에 관한 역학조사를 실시하거나 같은 법 제18조의2에 따라 의료인 또는 의료기관의 장이 보건복지부장관 또는 시 · 도지사에게 역학조사 실시를 요청한 경우로서 그 역학조사를 위하여 필요하다고 판단하는 때에는 의료기관 폐업 신고를 수리하지 아니할 수 있다. 〈신설 2016. 5. 29.〉

④ 의료기관 개설자는 의료업을 폐업 또는 휴업하는 경우 보건복지부령으로 정하는 바에 따라 해당 의료기관에 입원 중인 환자를 다른 의료기관으로 옮길 수 있도록 하는 등 환자의 권익을 보호하기 위한 조치를 하여야 한다. 〈신설 2016. 12. 20.〉

⑤ 시장 · 군수 · 구청장은 제1항에 따른 폐업 또는 휴업 신고를 받은 경우 의료기관 개설자가 제4항에 따른 환자의 권익을 보호하기 위한 조치를 취하였는지 여부를 확인하는 등 대통령령으로 정하는 조치를 하여야 한다. 〈신설 2016. 12. 20.〉

제41조 당직의료인

① 각종 병원에는 응급환자와 입원환자의 진료 등에 필요한 당직의료인을 두어야 한다.

〈개정 2016. 12. 20.〉

② 제1항에 따른 당직의료인의 수와 배치 기준은 병원의 종류, 입원환자의 수 등을 고려하여 보건복지부령으로 정한다. 〈신설 2016. 12. 20.〉

제42조 의료기관의 명칭

① 의료기관은 제3조제2항에 따른 의료기관의 종류에 따르는 명칭 외의 명칭을 사용하지 못한다. 다만, 다음 각 호의 어느 하나에 해당하는 경우에는 그러하지 아니하다.

〈개정 2008. 2. 29., 2009. 1. 30., 2010. 1. 18.〉

1. 종합병원이 그 명칭을 병원으로 표시하는 경우
2. 제3조의4제1항에 따라 상급종합병원으로 지정받거나 제3조의5제1항에 따라 전문병원으로 지정받은 의료기관이 지정받은 기간 동안 그 명칭을 사용하는 경우
3. 제33조제8항 단서에 따라 개설한 의원급 의료기관이 면허 종별에 따른 종별명칭을 함께 사용하는 경우
4. 국가나 지방자치단체에서 개설하는 의료기관이 보건복지부장관이나 시ㆍ도지사와 협의하여 정한 명칭을 사용하는 경우
5. 다른 법령으로 따로 정한 명칭을 사용하는 경우

② 의료기관의 명칭 표시에 관한 사항은 보건복지부령으로 정한다. 〈개정 2008. 2. 29., 2010. 1. 18.〉

③ 의료기관이 아니면 의료기관의 명칭이나 이와 비슷한 명칭을 사용하지 못한다.

제43조 진료과목 등

① 병원ㆍ치과병원 또는 종합병원은 한의사를 두어 한의과 진료과목을 추가로 설치ㆍ운영할 수 있다.

② 한방병원 또는 치과병원은 의사를 두어 의과 진료과목을 추가로 설치ㆍ운영할 수 있다.

③ 병원ㆍ한방병원 또는 요양병원은 치과의사를 두어 치과 진료과목을 추가로 설치ㆍ운영할 수 있다.

④ 제1항부터 제3항까지의 규정에 따라 추가로 진료과목을 설치ㆍ운영하는 경우에는 보건복지부령으로 정하는 바에 따라 진료에 필요한 시설ㆍ장비를 갖추어야 한다. 〈개정 2010. 1. 18.〉

⑤ 제1항부터 제3항까지의 규정에 따라 추가로 설치한 진료과목을 포함한 의료기관의 진료과목은 보건복지부령으로 정하는 바에 따라 표시하여야 한다. 다만, 치과의 진료과목은 종합병원과 제

77조제2항에 따라 보건복지부령으로 정하는 치과병원에 한하여 표시할 수 있다.

〈개정 2010. 1. 18.〉

[전문개정 2009. 1. 30.]

[법률 제9386호(2009. 1. 30.) 부칙 제2조의 규정에 의하여 이 조 제5항 단서의 개정규정 중 치과의사에 대한 부분은 2013년 12월 31일까지 유효함]

제44조 삭제　　　　　　　　　　　　　　　　　　　〈2009. 1. 30.〉

제45조 비급여 진료비용 등의 고지

① 의료기관 개설자는 「국민건강보험법」 제41조제4항에 따라 요양급여의 대상에서 제외되는 사항 또는 「의료급여법」 제7조제3항에 따라 의료급여의 대상에서 제외되는 사항의 비용(이하 "비급여 진료비용"이라 한다)을 환자 또는 환자의 보호자가 쉽게 알 수 있도록 보건복지부령으로 정하는 바에 따라 고지하여야 한다.　　〈개정 2010. 1. 18., 2011. 12. 31., 2016. 3. 22.〉

② 의료기관 개설자는 보건복지부령으로 정하는 바에 따라 의료기관이 환자로부터 징수하는 제증명수수료의 비용을 게시하여야 한다.　　　　　　　　　　　　　　　　〈개정 2010. 1. 18.〉

③ 의료기관 개설자는 제1항 및 제2항에서 고지 · 게시한 금액을 초과하여 징수할 수 없다.

[전문개정 2009. 1. 30.]

제45조의2 비급여 진료비용 등의 현황조사 등

① 보건복지부장관은 모든 의료기관에 대하여 비급여 진료비용 및 제45조제2항에 따른 제증명수수료(이하 이 조에서 "비급여진료비용등"이라 한다)의 항목, 기준 및 금액 등에 관한 현황을 조사 · 분석하여 그 결과를 공개할 수 있다. 다만, 병원급 의료기관에 대하여는 그 결과를 공개하여야 한다.　　　　　　　　　　　　　　　　　　　　　　　〈개정 2016. 12. 20.〉

② 보건복지부장관은 제1항에 따른 비급여진료비용등의 현황에 대한 조사 · 분석을 위하여 의료기관의 장에게 관련 자료의 제출을 명할 수 있다. 이 경우 해당 의료기관의 장은 특별한 사유가 없으면 그 명령에 따라야 한다.　　　　　　　　　　　　　　　　〈신설 2016. 12. 20.〉

③ 제1항에 따른 현황조사 · 분석 및 결과 공개의 범위 · 방법 · 절차 등에 필요한 사항은 보건복지부령으로 정한다.　　　　　　　　　　　　　　　　　　　　　　〈개정 2016. 12. 20.〉

[본조신설 2015. 12. 29.]

제45조의3 제증명수수료의 기준 고시

보건복지부장관은 제45조의2제1항에 따른 현황조사·분석의 결과를 고려하여 제증명수수료의 항목 및 금액에 관한 기준을 정하여 고시하여야 한다.

[본조신설 2016. 12. 20.]

제46조 환자의 진료의사 선택 등

① 환자나 환자의 보호자는 종합병원·병원·치과병원·한방병원 또는 요양병원의 특정한 의사·치과의사 또는 한의사를 선택하여 진료를 요청할 수 있다. 이 경우 의료기관의 장은 특별한 사유가 없으면 환자나 환자의 보호자가 요청한 의사·치과의사 또는 한의사가 진료하도록 하여야 한다. 〈개정 2008. 2. 29., 2010. 1. 18., 2018. 3. 27.〉

② 제1항에 따라 진료의사를 선택하여 진료를 받는 환자나 환자의 보호자는 진료의사의 변경을 요청할 수 있다. 이 경우 의료기관의 장은 정당한 사유가 없으면 이에 응하여야 한다.
〈개정 2018. 3. 27.〉

③ 의료기관의 장은 환자 또는 환자의 보호자에게 진료의사 선택을 위한 정보를 제공하여야 한다.
〈개정 2008. 2. 29., 2010. 1. 18., 2018. 3. 27.〉

④ 의료기관의 장은 제1항에 따라 진료하게 한 경우에도 환자나 환자의 보호자로부터 추가비용을 받을 수 없다. 〈개정 2018. 3. 27.〉

⑤ 삭제 〈2018. 3. 27.〉

⑥ 삭제 〈2018. 3. 27.〉

제47조 병원감염 예방

① 보건복지부령으로 정하는 일정 규모 이상의 병원급 의료기관의 장은 병원감염 예방을 위하여 감염관리위원회와 감염관리실을 설치·운영하고 보건복지부령으로 정하는 바에 따라 감염관리 업무를 수행하는 전담 인력을 두는 등 필요한 조치를 하여야 한다.
〈개정 2008. 2. 29., 2010. 1. 18., 2011. 8. 4.〉

② 의료기관의 장은 「감염병의 예방 및 관리에 관한 법률」 제2조제1호에 따른 감염병의 예방을 위하여 해당 의료기관에 소속된 의료인 및 의료기관 종사자에게 정기적으로 교육을 실시하여야 한다. 〈신설 2019. 4. 23.〉

③ 의료기관의 장은 「감염병의 예방 및 관리에 관한 법률」 제2조제1호에 따른 감염병이 유행하는 경우 환자, 환자의 보호자, 의료인, 의료기관 종사자 및 「경비업법」 제2조제3호에 따른 경비원 등 해당 의료기관 내에서 업무를 수행하는 사람에게 감염병의 확산 방지를 위하여 필요한

정보를 제공하여야 한다. 〈신설 2015. 12. 29., 2019. 4. 23.〉

④ 제1항에 따른 감염관리위원회의 구성과 운영, 감염관리실 운영, 제2항에 따른 교육 및 제3항에 따른 정보 제공 등에 필요한 사항은 보건복지부령으로 정한다.

〈개정 2008. 2. 29., 2010. 1. 18., 2011. 8. 4., 2015. 12. 29., 2019. 4. 23.〉

제47조의2 입원환자의 전원

의료기관의 장은 천재지변, 감염병 의심 상황, 집단 사망사고의 발생 등 입원환자를 긴급히 전원(轉院)시키지 않으면 입원환자의 생명·건강에 중대한 위험이 발생할 수 있음에도 환자나 보호자의 동의를 받을 수 없는 등 보건복지부령으로 정하는 불가피한 사유가 있는 경우에는 보건복지부령으로 정하는 바에 따라 시장·군수·구청장의 승인을 받아 입원환자를 다른 의료기관으로 전원시킬 수 있다.

[본조신설 2019. 1. 15.]

제2절 의료법인

제48조 설립 허가 등

① 제33조제2항에 따른 의료법인을 설립하려는 자는 대통령령으로 정하는 바에 따라 정관과 그 밖의 서류를 갖추어 그 법인의 주된 사무소의 소재지를 관할하는 시·도지사의 허가를 받아야 한다.

② 의료법인은 그 법인이 개설하는 의료기관에 필요한 시설이나 시설을 갖추는 데에 필요한 자금을 보유하여야 한다.

③ 의료법인이 재산을 처분하거나 정관을 변경하려면 시·도지사의 허가를 받아야 한다.

④ 이 법에 따른 의료법인이 아니면 의료법인이나 이와 비슷한 명칭을 사용할 수 없다.

제48조의2 임원

① 의료법인에는 5명 이상 15명 이하의 이사와 2명의 감사를 두되, 보건복지부장관의 승인을 받아 그 수를 증감할 수 있다.

② 이사와 감사의 임기는 정관으로 정하되, 이사는 4년, 감사는 2년을 초과할 수 없다. 다만, 이사와 감사는 각각 연임할 수 있다.

③ 이사회의 구성에 있어서 각 이사 상호 간에 「민법」 제777조에 규정된 친족관계에 있는 사람

이 그 정수의 4분의 1을 초과해서는 아니 된다.

④ 다음 각 호의 어느 하나에 해당하는 사람은 의료법인의 임원이 될 수 없다.

　1. 미성년자

　2. 피성년후견인 또는 피한정후견인

　3. 파산선고를 받은 사람으로서 복권되지 아니한 사람

　4. 금고 이상의 형을 받고 집행이 종료되거나 집행을 받지 아니하기로 확정된 후 3년이 지나지 아니한 사람

⑤ 감사는 이사와 제3항에 따른 특별한 관계에 있는 사람이 아니어야 한다.

[본조신설 2019. 8. 27.]

제49조 부대사업

① 의료법인은 그 법인이 개설하는 의료기관에서 의료업무 외에 다음의 부대사업을 할 수 있다. 이 경우 부대사업으로 얻은 수익에 관한 회계는 의료법인의 다른 회계와 구분하여 계산하여야 한다. 〈개정 2008. 2. 29., 2010. 1. 18., 2015. 1. 28.〉

　1. 의료인과 의료관계자 양성이나 보수교육

　2. 의료나 의학에 관한 조사 연구

　3. 「노인복지법」 제31조제2호에 따른 노인의료복지시설의 설치 · 운영

　4. 「장사 등에 관한 법률」 제29조제1항에 따른 장례식장의 설치 · 운영

　5. 「주차장법」 제19조제1항에 따른 부설주차장의 설치 · 운영

　6. 의료업 수행에 수반되는 의료정보시스템 개발 · 운영사업 중 대통령령으로 정하는 사업

　7. 그 밖에 휴게음식점영업, 일반음식점영업, 이용업, 미용업 등 환자 또는 의료법인이 개설한 의료기관 종사자 등의 편의를 위하여 보건복지부령으로 정하는 사업

② 제1항제4호 · 제5호 및 제7호의 부대사업을 하려는 의료법인은 타인에게 임대 또는 위탁하여 운영할 수 있다.

③ 제1항 및 제2항에 따라 부대사업을 하려는 의료법인은 보건복지부령으로 정하는 바에 따라 미리 의료기관의 소재지를 관할하는 시 · 도지사에게 신고하여야 한다. 신고사항을 변경하려는 경우에도 또한 같다. 〈개정 2008. 2. 29., 2010. 1. 18.〉

제50조 「민법」의 준용

의료법인에 대하여 이 법에 규정된 것 외에는 「민법」 중 재단법인에 관한 규정을 준용한다.

제51조 설립 허가 취소

보건복지부장관 또는 시·도지사는 의료법인이 다음 각 호의 어느 하나에 해당하면 그 설립 허가를 취소할 수 있다. 〈개정 2008. 2. 29., 2010. 1. 18.〉

1. 정관으로 정하지 아니한 사업을 한 때
2. 설립된 날부터 2년 안에 의료기관을 개설하지 아니한 때
3. 의료법인이 개설한 의료기관이 제64조에 따라 개설허가를 취소당한 때
4. 보건복지부장관 또는 시·도지사가 감독을 위하여 내린 명령을 위반한 때
5. 제49조제1항에 따른 부대사업 외의 사업을 한 때

제51조의2 임원 선임 관련 금품 등 수수의 금지

누구든지 의료법인의 임원 선임과 관련하여 금품, 향응 또는 그 밖의 재산상 이익을 주고받거나 주고받을 것을 약속해서는 아니 된다.

[본조신설 2019. 8. 27.]

제3절 의료기관 단체

제52조 의료기관단체 설립

① 병원급 의료기관의 장은 의료기관의 건전한 발전과 국민보건 향상에 기여하기 위하여 전국 조직을 두는 단체를 설립할 수 있다. 〈개정 2009. 1. 30.〉

② 제1항에 따른 단체는 법인으로 한다.

제52조의2 대한민국의학한림원

① 의료인에 관련되는 의학 및 관계 전문분야(이하 이 조에서 "의학등"이라 한다)의 연구·진흥기반을 조성하고 우수한 보건의료인을 발굴·활용하기 위하여 대한민국의학한림원(이하 이 조에서 "한림원"이라 한다)을 둔다.

② 한림원은 법인으로 한다.

③ 한림원은 다음 각 호의 사업을 한다.

1. 의학등의 연구진흥에 필요한 조사·연구 및 정책자문
2. 의학등의 분야별 중장기 연구 기획 및 건의
3. 의학등의 국내외 교류협력사업

4. 의학등 및 국민건강과 관련된 사회문제에 관한 정책자문 및 홍보

5. 보건의료인의 명예를 기리고 보전(保全)하는 사업

6. 보건복지부장관이 의학등의 발전을 위하여 지정 또는 위탁하는 사업

④ 보건복지부장관은 한림원의 사업수행에 필요한 경비의 전부 또는 일부를 예산의 범위에서 지원할 수 있다.

⑤ 한림원에 대하여 이 법에서 정하지 아니한 사항에 관하여는 「민법」 중 사단법인에 관한 규정을 준용한다.

⑥ 한림원이 아닌 자는 대한민국의학한림원 또는 이와 유사한 명칭을 사용하지 못한다.

⑦ 한림원의 운영 및 업무수행에 필요한 사항은 대통령령으로 정한다.

[본조신설 2015. 12. 29.]

제4장 신의료기술평가

제53조 신의료기술의 평가

① 보건복지부장관은 국민건강을 보호하고 의료기술의 발전을 촉진하기 위하여 대통령령으로 정하는 바에 따라 제54조에 따른 신의료기술평가위원회의 심의를 거쳐 신의료기술의 안전성·유효성 등에 관한 평가(이하 "신의료기술평가"라 한다)를 하여야 한다. 〈개정 2008. 2. 29., 2010. 1. 18.〉

② 제1항에 따른 신의료기술은 새로 개발된 의료기술로서 보건복지부장관이 안전성·유효성을 평가할 필요성이 있다고 인정하는 것을 말한다. 〈개정 2008. 2. 29., 2010. 1. 18.〉

③ 보건복지부장관은 신의료기술평가의 결과를 「국민건강보험법」 제64조에 따른 건강보험심사평가원의 장에게 알려야 한다. 이 경우 신의료기술평가의 결과를 보건복지부령으로 정하는 바에 따라 공표할 수 있다. 〈개정 2008. 2. 29., 2010. 1. 18., 2011. 12. 31.〉

④ 그 밖에 신의료기술평가의 대상 및 절차 등에 필요한 사항은 보건복지부령으로 정한다.

〈개정 2008. 2. 29., 2010. 1. 18.〉

제54조 신의료기술평가위원회의 설치 등

① 보건복지부장관은 신의료기술평가에 관한 사항을 심의하기 위하여 보건복지부에 신의료기술

평가위원회(이하 "위원회"라 한다)를 둔다.

〈개정 2008. 2. 29., 2010. 1. 18.〉

② 위원회는 위원장 1명을 포함하여 20명 이내의 위원으로 구성한다.

③ 위원은 다음 각 호의 자 중에서 보건복지부장관이 위촉하거나 임명한다. 다만, 위원장은 제1호
또는 제2호의 자 중에서 임명한다. 〈개정 2008. 2. 29., 2010. 1. 18.〉

1. 제28조제1항에 따른 의사회·치과의사회·한의사회에서 각각 추천하는 자

2. 보건의료에 관한 학식이 풍부한 자

3. 소비자단체에서 추천하는 자

4. 변호사의 자격을 가진 자로서 보건의료와 관련된 업무에 5년 이상 종사한 경력이 있는 자

5. 보건의료정책 관련 업무를 담당하고 있는 보건복지부 소속 5급 이상의 공무원

④ 위원장과 위원의 임기는 3년으로 하되, 연임할 수 있다. 다만, 제3항제5호에 따른 공무원의
경우에는 재임기간으로 한다.

⑤ 위원의 자리가 빈 때에는 새로 위원을 임명하고, 새로 임명된 위원의 임기는 임명된 날부터 기
산한다.

⑥ 위원회의 심의사항을 전문적으로 검토하기 위하여 위원회에 분야별 전문평가위원회를 둔다.

⑦ 그 밖에 위원회·전문평가위원회의 구성 및 운영 등에 필요한 사항은 보건복지부령으로 정한
다. 〈개정 2008. 2. 29., 2010. 1. 18.〉

제55조 자료의 수집 업무 등의 위탁

보건복지부장관은 신의료기술평가에 관한 업무를 수행하기 위하여 필요한 경우 보건복지부령으
로 정하는 바에 따라 자료 수집·조사 등 평가에 수반되는 업무를 관계 전문기관 또는 단체에 위탁할
수 있다. 〈개정 2008. 2. 29., 2010. 1. 18.〉

제5장 의료광고

제56조 의료광고의 금지 등

① 의료기관 개설자, 의료기관의 장 또는 의료인(이하 "의료인등"이라 한다)이 아닌 자는 의료에

관한 광고(의료인등이 신문·잡지·음성·음향·영상·인터넷·인쇄물·간판, 그 밖의 방법에 의하여 의료행위, 의료기관 및 의료인등에 대한 정보를 소비자에게 나타내거나 알리는 행위를 말한다. 이하 "의료광고"라 한다)를 하지 못한다. 〈개정 2018. 3. 27.〉

② 의료인등은 다음 각 호의 어느 하나에 해당하는 의료광고를 하지 못한다.

〈개정 2009. 1. 30., 2016. 5. 29., 2018. 3. 27.〉

1. 제53조에 따른 평가를 받지 아니한 신의료기술에 관한 광고
2. 환자에 관한 치료경험담 등 소비자로 하여금 치료 효과를 오인하게 할 우려가 있는 내용의 광고
3. 거짓된 내용을 표시하는 광고
4. 다른 의료인등의 기능 또는 진료 방법과 비교하는 내용의 광고
5. 다른 의료인등을 비방하는 내용의 광고
6. 수술 장면 등 직접적인 시술행위를 노출하는 내용의 광고
7. 의료인등의 기능, 진료 방법과 관련하여 심각한 부작용 등 중요한 정보를 누락하는 광고
8. 객관적인 사실을 과장하는 내용의 광고
9. 법적 근거가 없는 자격이나 명칭을 표방하는 내용의 광고
10. 신문, 방송, 잡지 등을 이용하여 기사(記事) 또는 전문가의 의견 형태로 표현되는 광고
11. 제57조에 따른 심의를 받지 아니하거나 심의받은 내용과 다른 내용의 광고
12. 제27조제3항에 따라 외국인환자를 유치하기 위한 국내광고
13. 소비자를 속이거나 소비자로 하여금 잘못 알게 할 우려가 있는 방법으로 제45조에 따른 비급여 진료비용을 할인하거나 면제하는 내용의 광고
14. 각종 상장·감사장 등을 이용하는 광고 또는 인증·보증·추천을 받았다는 내용을 사용하거나 이와 유사한 내용을 표현하는 광고. 다만, 다음 각 목의 어느 하나에 해당하는 경우는 제외한다.
    가. 제58조에 따른 의료기관 인증을 표시한 광고
    나. 「정부조직법」 제2조부터 제4조까지의 규정에 따른 중앙행정기관·특별지방행정기관 및 그 부속기관, 「지방자치법」 제2조에 따른 지방자치단체 또는 「공공기관의 운영에 관한 법률」 제4조에 따른 공공기관으로부터 받은 인증·보증을 표시한 광고
    다. 다른 법령에 따라 받은 인증·보증을 표시한 광고
    라. 세계보건기구와 협력을 맺은 국제평가기구로부터 받은 인증을 표시한 광고 등 대통령령으로 정하는 광고
15. 그 밖에 의료광고의 방법 또는 내용이 국민의 보건과 건전한 의료경쟁의 질서를 해치거

나 소비자에게 피해를 줄 우려가 있는 것으로서 대통령령으로 정하는 내용의 광고

③ 의료광고는 다음 각 호의 방법으로는 하지 못한다. 〈개정 2018. 3. 27.〉

1. 「방송법」 제2조제1호의 방송

2. 그 밖에 국민의 보건과 건전한 의료경쟁의 질서를 유지하기 위하여 제한할 필요가 있는 경우로서 대통령령으로 정하는 방법

④ 제2항에 따라 금지되는 의료광고의 구체적인 내용 등 의료광고에 관하여 필요한 사항은 대통령령으로 정한다. 〈개정 2018. 3. 27.〉

⑤ 보건복지부장관, 시장·군수·구청장은 제2항제2호부터 제5호까지 및 제7호부터 제9호까지를 위반한 의료인등에 대하여 제63조, 제64조 및 제67조에 따른 처분을 하려는 경우에는 지체 없이 그 내용을 공정거래위원회에 통보하여야 한다. 〈신설 2016. 5. 29., 2018. 3. 27.〉

[2018. 3. 27. 법률 제15540호에 의하여 2015. 12. 23. 헌법재판소에서 위헌 결정된 이 조를 개정함.]

제57조 의료광고의 심의

① 의료인등이 다음 각 호의 어느 하나에 해당하는 매체를 이용하여 의료광고를 하려는 경우 미리 의료광고가 제56조제1항부터 제3항까지의 규정에 위반되는지 여부에 관하여 제2항에 따른 기관 또는 단체의 심의를 받아야 한다.

〈개정 2008. 2. 29., 2010. 1. 18., 2011. 8. 4., 2016. 1. 6., 2018. 3. 27.〉

1. 「신문 등의 진흥에 관한 법률」 제2조에 따른 신문·인터넷신문 또는 「잡지 등 정기간행물의 진흥에 관한 법률」 제2조에 따른 정기간행물

2. 「옥외광고물 등의 관리와 옥외광고산업 진흥에 관한 법률」 제2조제1호에 따른 옥외광고물 중 현수막(懸垂幕), 벽보, 전단(傳單) 및 교통시설·교통수단에 표시(교통수단 내부에 표시되거나 영상·음성·음향 및 이들의 조합으로 이루어지는 광고를 포함한다)되는 것

3. 전광판

4. 대통령령으로 정하는 인터넷 매체[이동통신단말장치에서 사용되는 애플리케이션(Application)을 포함한다]

5. 그 밖에 매체의 성질, 영향력 등을 고려하여 대통령령으로 정하는 광고매체

② 다음 각 호의 기관 또는 단체는 대통령령으로 정하는 바에 따라 자율심의를 위한 조직 등을 갖추어 보건복지부장관에게 신고한 후 의료광고 심의 업무를 수행할 수 있다. 〈개정 2018. 3. 27.〉

1. 제28조제1항에 따른 의사회·치과의사회·한의사회

2. 「소비자기본법」 제29조에 따라 등록한 소비자단체로서 대통령령으로 정하는 기준을 충족하는 단체

③ 의료인등은 제1항에도 불구하고 다음 각 호의 사항으로만 구성된 의료광고에 대해서는 제2항에 따라 보건복지부장관에게 신고한 기관 또는 단체(이하 "자율심의기구"라 한다)의 심의를 받지 아니할 수 있다. 〈개정 2018. 3. 27.〉

　1. 의료기관의 명칭·소재지·전화번호

　2. 의료기관이 설치·운영하는 진료과목(제43조제5항에 따른 진료과목을 말한다)

　3. 의료기관에 소속된 의료인의 성명·성별 및 면허의 종류

　4. 그 밖에 대통령령으로 정하는 사항

④ 자율심의기구는 제1항에 따른 심의를 할 때 적용하는 심의 기준을 상호 협의하여 마련하여야 한다. 〈개정 2018. 3. 27.〉

⑤ 의료광고 심의를 받으려는 자는 자율심의기구가 정하는 수수료를 내야 한다. 〈신설 2018. 3. 27.〉

⑥ 제2항제1호에 따른 자율심의기구가 수행하는 의료광고 심의 업무 및 이와 관련된 업무의 수행에 관하여는 제29조제3항, 제30조제1항, 제32조, 제83조제1항 및 「민법」 제37조를 적용하지 아니하며, 제2항제2호에 따른 자율심의기구가 수행하는 의료광고 심의 업무 및 이와 관련된 업무의 수행에 관하여는 「민법」 제37조를 적용하지 아니한다. 〈신설 2018. 3. 27.〉

⑦ 자율심의기구는 의료광고 제도 및 법령의 개선에 관하여 보건복지부장관에게 의견을 제시할 수 있다. 〈신설 2018. 3. 27.〉

⑧ 제1항에 따른 심의의 유효기간은 심의를 신청하여 승인을 받은 날부터 3년으로 한다. 〈신설 2018. 3. 27.〉

⑨ 의료인등이 제8항에 따른 유효기간의 만료 후 계속하여 의료광고를 하려는 경우에는 유효기간 만료 6개월 전에 자율심의기구에 의료광고 심의를 신청하여야 한다. 〈신설 2018. 3. 27.〉

⑩ 제1항부터 제9항까지의 규정에서 정한 것 외에 자율심의기구의 구성·운영 및 심의에 필요한 사항은 자율심의기구가 정한다. 〈신설 2018. 3. 27.〉

⑪ 자율심의기구는 제1항 및 제4항에 따른 심의 관련 업무를 수행할 때에는 제56조제1항부터 제3항까지의 규정에 따라 공정하고 투명하게 하여야 한다. 〈신설 2018. 3. 27.〉

[제목개정 2018. 3. 27.]

[2018. 3. 27. 법률 제15540호에 의하여 2005. 12. 23. 헌법재판소에서 위한 결정된 이 조를 개정함.]

제57조의2 의료광고에 관한 심의위원회

① 자율심의기구는 의료광고를 심의하기 위하여 제2항 각 호의 구분에 따른 심의위원회(이하 이 조에서 "심의위원회"라 한다)를 설치·운영하여야 한다.

② 심의위원회의 종류와 심의 대상은 다음 각 호와 같다.

1. 의료광고심의위원회: 의사, 의원, 의원의 개설자, 병원, 병원의 개설자, 요양병원(한의사가 개설한 경우는 제외한다), 요양병원의 개설자, 종합병원(치과는 제외한다. 이하 이 호에서 같다), 종합병원의 개설자, 조산사, 조산원, 조산원의 개설자가 하는 의료광고의 심의

2. 치과의료광고심의위원회: 치과의사, 치과의원, 치과의원의 개설자, 치과병원, 치과병원의 개설자, 종합병원(치과만 해당한다. 이하 이 호에서 같다), 종합병원의 개설자가 하는 의료광고의 심의

3. 한방의료광고심의위원회: 한의사, 한의원, 한의원의 개설자, 한방병원, 한방병원의 개설자, 요양병원(한의사가 개설한 경우만 해당한다. 이하 이 호에서 같다), 요양병원의 개설자가 하는 의료광고의 심의

③ 제57조제2항제1호에 따른 자율심의기구 중 의사회는 제2항제1호에 따른 심의위원회만, 치과의사회는 같은 항 제2호에 따른 심의위원회만, 한의사회는 같은 항 제3호에 따른 심의위원회만 설치·운영하고, 제57조제2항제2호에 따른 자율심의기구는 제2항 각 호의 어느 하나에 해당하는 심의위원회만 설치·운영할 수 있다.

④ 심의위원회는 위원장 1명과 부위원장 1명을 포함하여 15명 이상 25명 이하의 위원으로 구성한다. 이 경우 제2항 각 호의 심의위원회 종류별로 다음 각 호의 구분에 따라 구성하여야 한다.

1. 의료광고심의위원회: 제5항제2호부터 제9호까지의 사람을 각각 1명 이상 포함하되, 같은 항 제4호부터 제9호까지의 사람이 전체 위원의 3분의 1 이상이 되도록 구성하여야 한다.

2. 치과의료광고심의위원회: 제5항제1호 및 제3호부터 제9호까지의 사람을 각각 1명 이상 포함하되, 같은 항 제4호부터 제9호까지의 사람이 전체 위원의 3분의 1 이상이 되도록 구성하여야 한다.

3. 한방의료광고심의위원회: 제5항제1호·제2호 및 제4호부터 제9호까지의 사람을 각각 1명 이상 포함하되, 같은 항 제4호부터 제9호까지의 사람이 전체 위원의 3분의 1 이상이 되도록 구성하여야 한다.

⑤ 심의위원회 위원은 다음 각 호의 어느 하나에 해당하는 사람 중에서 자율심의기구의 장이 위촉한다.

1. 의사
2. 치과의사
3. 한의사
4. 「약사법」 제2조제2호에 따른 약사
5. 「소비자기본법」 제2조제3호에 따른 소비자단체의 장이 추천하는 사람
6. 「변호사법」 제7조제1항에 따라 같은 법 제78조에 따른 대한변호사협회에 등록한 변호

사로서 대한변호사협회의 장이 추천하는 사람

7. 「민법」 제32조에 따라 설립된 법인 중 여성의 사회참여 확대 및 복지 증진을 주된 목적으로 설립된 법인의 장이 추천하는 사람

8. 「비영리민간단체 지원법」 제4조에 따라 등록된 단체로서 환자의 권익 보호를 주된 목적으로 하는 단체의 장이 추천하는 사람

9. 그 밖에 보건의료 또는 의료광고에 관한 학식과 경험이 풍부한 사람

⑥ 제1항부터 제5항까지의 규정에서 정한 것 외에 심의위원회의 구성 및 운영에 필요한 사항은 자율심의기구가 정한다.

[본조신설 2018. 3. 27.]

제57조의3(의료광고 모니터링) 자율심의기구는 의료광고가 제56조제1항부터 제3항까지의 규정을 준수하는지 여부에 관하여 모니터링하고, 보건복지부령으로 정하는 바에 따라 모니터링 결과를 보건복지부장관에게 제출하여야 한다.

[본조신설 2018. 3. 27.]

제6장 감독

제58조 의료기관 인증

① 보건복지부장관은 의료의 질과 환자 안전의 수준을 높이기 위하여 병원급 의료기관에 대한 인증(이하 "의료기관 인증"이라 한다)을 할 수 있다.

② 보건복지부장관은 대통령령으로 정하는 바에 따라 의료기관 인증에 관한 업무를 관계 전문기관(이하 "인증전담기관"이라 한다)에 위탁할 수 있다. 이 경우 인증전담기관에 대하여 필요한 예산을 지원할 수 있다.

③ 보건복지부장관은 다른 법률에 따라 의료기관을 대상으로 실시하는 평가를 통합하여 인증전담기관으로 하여금 시행하도록 할 수 있다.

[전문개정 2010. 7. 23.]

제58조의2 의료기관인증위원회

① 보건복지부장관은 의료기관 인증에 관한 주요 정책을 심의하기 위하여 보건복지부장관 소속으로 의료기관인증위원회(이하 이 조에서 "위원회"라 한다)를 둔다.

② 위원회는 위원장 1명을 포함한 15인 이내의 위원으로 구성한다.

③ 위원회의 위원장은 보건복지부차관으로 하고, 위원회의 위원은 다음 각 호의 사람 중에서 보건복지부장관이 임명 또는 위촉한다. 〈개정 2016. 5. 29.〉

　　1. 제28조에 따른 의료인 단체 및 제52조에 따른 의료기관단체에서 추천하는 자

　　2. 노동계, 시민단체(「비영리민간단체지원법」 제2조에 따른 비영리민간단체를 말한다), 소비자단체(「소비자기본법」 제29조에 따른 소비자단체를 말한다)에서 추천하는 자

　　3. 보건의료에 관한 학식과 경험이 풍부한 자

　　4. 시설물 안전진단에 관한 학식과 경험이 풍부한 자

　　5. 보건복지부 소속 3급 이상 공무원 또는 고위공무원단에 속하는 공무원

④ 위원회는 다음 각 호의 사항을 심의한다.

　　1. 인증기준 및 인증의 공표를 포함한 의료기관 인증과 관련된 주요 정책에 관한 사항

　　2. 제58조제3항에 따른 의료기관 대상 평가제도 통합에 관한 사항

　　3. 제58조의7제2항에 따른 의료기관 인증 활용에 관한 사항

　　4. 그 밖에 위원장이 심의에 부치는 사항

⑤ 위원회의 구성 및 운영, 그 밖에 필요한 사항은 대통령령으로 정한다.

[본조신설 2010. 7. 23.]

제58조의3 의료기관 인증기준 및 방법 등

① 의료기관 인증기준은 다음 각 호의 사항을 포함하여야 한다.

　　1. 환자의 권리와 안전

　　2. 의료기관의 의료서비스 질 향상 활동

　　3. 의료서비스의 제공과정 및 성과

　　4. 의료기관의 조직 · 인력관리 및 운영

　　5. 환자 만족도

② 보건복지부장관은 인증을 신청한 의료기관에 대하여 제1항에 따른 인증기준의 충족 여부를 평가하여야 한다.

③ 보건복지부장관은 제2항에 따라 평가한 결과와 인증등급을 지체 없이 해당 의료기관의 장에게 통보하여야 한다.

④ 인증등급은 인증, 조건부인증 및 불인증으로 구분한다.

⑤ 인증의 유효기간은 4년으로 한다. 다만, 조건부인증의 경우에는 유효기간을 1년으로 한다.

⑥ 조건부인증을 받은 의료기관의 장은 유효기간 내에 보건복지부령으로 정하는 바에 따라 재인증을 받아야 한다.

⑦ 제1항에 따른 인증기준의 세부 내용은 보건복지부장관이 정한다.

[본조신설 2010. 7. 23.]

제58조의4 의료기관 인증의 신청

① 의료기관 인증을 받고자 하는 의료기관의 장은 보건복지부령으로 정하는 바에 따라 보건복지부장관에게 신청할 수 있다.

② 제1항에도 불구하고 제3조제2항제3호에 따른 요양병원(「장애인복지법」 제58조제1항제2호에 따른 의료재활시설로서 제3조의2에 따른 요건을 갖춘 의료기관은 제외한다)의 장은 보건복지부령으로 정하는 바에 따라 보건복지부장관에게 인증을 신청하여야 한다.

③ 인증전담기관은 보건복지부장관의 승인을 받아 의료기관 인증을 신청한 의료기관의 장으로부터 인증에 소요되는 비용을 징수할 수 있다.

[본조신설 2010. 7. 23.]

제58조의5 이의신청

① 의료기관 인증을 신청한 의료기관의 장은 평가결과 또는 인증등급에 관하여 보건복지부장관에게 이의신청을 할 수 있다.

② 제1항에 따른 이의신청은 평가결과 또는 인증등급을 통보받은 날부터 30일 이내에 하여야 한다. 다만, 책임질 수 없는 사유로 그 기간을 지킬 수 없었던 경우에는 그 사유가 없어진 날부터 기산한다.

③ 제1항에 따른 이의신청의 방법 및 처리 결과의 통보 등에 필요한 사항은 보건복지부령으로 정한다.

[본조신설 2010. 7. 23.]

제58조의6 인증서와 인증마크

① 보건복지부장관은 인증을 받은 의료기관에 인증서를 교부하고 인증을 나타내는 표시(이하 "인증마크"라 한다)를 제작하여 인증을 받은 의료기관이 사용하도록 할 수 있다.

② 누구든지 제58조제1항에 따른 인증을 받지 아니하고 인증서나 인증마크를 제작·사용하거나 그 밖의 방법으로 인증을 사칭하여서는 아니 된다.

③ 인증마크의 도안 및 표시방법 등에 필요한 사항은 보건복지부령으로 정한다.

[본조신설 2010. 7. 23.]

제58조의7 인증의 공표 및 활용

① 보건복지부장관은 인증을 받은 의료기관에 관하여 인증기준, 인증 유효기간 및 제58조의3제2항에 따라 평가한 결과 등 보건복지부령으로 정하는 사항을 인터넷 홈페이지 등에 공표하여야 한다.

② 보건복지부장관은 제58조의3제3항에 따른 평가 결과와 인증등급을 활용하여 의료기관에 대하여 다음 각 호에 해당하는 행정적 · 재정적 지원 등 필요한 조치를 할 수 있다.

  1. 제3조의4에 따른 상급종합병원 지정

  2. 제3조의5에 따른 전문병원 지정

  3. 그 밖에 다른 법률에서 정하거나 보건복지부장관이 필요하다고 인정한 사항

③ 제1항에 따른 공표 등에 필요한 사항은 보건복지부령으로 정한다.

[본조신설 2010. 7. 23.]

제58조의8 자료의 제공요청

① 보건복지부장관은 인증과 관련하여 필요한 경우에는 관계 행정기관, 의료기관, 그 밖의 공공단체 등에 대하여 자료의 제공 및 협조를 요청할 수 있다.

② 제1항에 따른 자료의 제공과 협조를 요청받은 자는 정당한 사유가 없는 한 요청에 따라야 한다.

[본조신설 2010. 7. 23.]

제58조의9 의료기관 인증의 취소

① 보건복지부장관은 다음 각 호의 어느 하나에 해당하는 경우에는 의료기관 인증 또는 조건부인증을 취소할 수 있다. 다만, 제1호 및 제2호에 해당하는 경우에는 인증 또는 조건부인증을 취소하여야 한다.

  1. 거짓이나 그 밖의 부정한 방법으로 인증 또는 조건부인증을 받은 경우

  2. 제64조제1항에 따라 의료기관 개설 허가가 취소되거나 폐쇄명령을 받은 경우

  3. 의료기관의 종별 변경 등 인증 또는 조건부인증의 전제나 근거가 되는 중대한 사실이 변경된 경우

② 제1항제1호에 따라 인증이 취소된 의료기관은 인증 또는 조건부인증이 취소된 날부터 1년 이내에 인증 신청을 할 수 없다.

[본조신설 2010. 7. 23.]

제59조 지도와 명령

① 보건복지부장관 또는 시 · 도지사는 보건의료정책을 위하여 필요하거나 국민보건에 중대한 위해(危害)가 발생하거나 발생할 우려가 있으면 의료기관이나 의료인에게 필요한 지도와 명령을 할 수 있다. 〈개정 2008. 2. 29., 2010. 1. 18.〉

② 보건복지부장관, 시 · 도지사 또는 시장 · 군수 · 구청장은 의료인이 정당한 사유 없이 진료를 중단하거나 의료기관 개설자가 집단으로 휴업하거나 폐업하여 환자 진료에 막대한 지장을 초래하거나 초래할 우려가 있다고 인정할 만한 상당한 이유가 있으면 그 의료인이나 의료기관 개설자에게 업무개시 명령을 할 수 있다. 〈개정 2008. 2. 29., 2010. 1. 18.〉

③ 의료인과 의료기관 개설자는 정당한 사유 없이 제2항의 명령을 거부할 수 없다.

제60조 병상 수급계획의 수립 등

① 보건복지부장관은 병상의 합리적인 공급과 배치에 관한 기본시책을 5년마다 수립하여야 한다. 〈개정 2008. 2. 29., 2010. 1. 18., 2019. 8. 27.〉

② 시 · 도지사는 제1항에 따른 기본시책에 따라 지역 실정을 고려하여 특별시 · 광역시 또는 도 단위의 지역별 · 기능별 · 종별 의료기관 병상 수급 및 관리계획을 수립한 후 보건복지부장관에게 제출하여야 한다. 〈개정 2008. 2. 29., 2010. 1. 18., 2019. 8. 27.〉

③ 보건복지부장관은 제2항에 따라 제출된 병상 수급 및 관리계획이 제1항에 따른 기본시책에 맞지 아니하는 등 보건복지부령으로 정하는 사유가 있으면 시 · 도지사와 협의하여 보건복지부령으로 정하는 바에 따라 이를 조정하여야 한다. 〈개정 2008. 2. 29., 2010. 1. 18., 2019. 8. 27.〉

제60조의2 의료인 수급계획 등

① 보건복지부장관은 우수한 의료인의 확보와 적절한 공급을 위한 기본시책을 수립하여야 한다.

② 제1항에 따른 기본시책은 「보건의료기본법」 제15조에 따른 보건의료발전계획과 연계하여 수립한다.

[본조신설 2015. 12. 29.]

제60조의3 간호인력 취업교육센터 설치 및 운영

① 보건복지부장관은 간호 · 간병통합서비스 제공 · 확대 및 간호인력의 원활한 수급을 위하여 다음 각 호의 업무를 수행하는 간호인력 취업교육센터를 지역별로 설치 · 운영할 수 있다.

1. 지역별, 의료기관별 간호인력 확보에 관한 현황 조사

2. 제7조제1항제1호에 따른 간호학을 전공하는 대학이나 전문대학[구제(舊制) 전문학교와 간호학교를 포함한다] 졸업예정자와 신규 간호인력에 대한 취업교육 지원

3. 간호인력의 지속적인 근무를 위한 경력개발 지원

4. 유휴 및 이직 간호인력의 취업교육 지원

5. 그 밖에 간호인력의 취업교육 지원을 위하여 보건복지부령으로 정하는 사항

② 보건복지부장관은 간호인력 취업교육센터를 효율적으로 운영하기 위하여 그 운영에 관한 업무를 대통령령으로 정하는 절차 · 방식에 따라 관계 전문기관 또는 단체에 위탁할 수 있다.

③ 국가 및 지방자치단체는 제2항에 따라 간호인력 취업교육센터의 운영에 관한 업무를 위탁한 경우에는 그 운영에 드는 비용을 지원할 수 있다.

④ 그 밖에 간호인력 취업교육센터의 운영 등에 필요한 사항은 보건복지부령으로 정한다.

[본조신설 2015. 12. 29.]

제61조 보고와 업무 검사 등

① 보건복지부장관, 시 · 도지사 또는 시장 · 군수 · 구청장은 의료기관 개설자 또는 의료인에게 필요한 사항을 보고하도록 명할 수 있고, 관계 공무원을 시켜 그 업무 상황, 시설 또는 진료기록부 · 조산기록부 · 간호기록부 등 관계 서류를 검사하게 하거나 관계인에게서 진술을 들어 사실을 확인받게 할 수 있다. 이 경우 의료기관 개설자 또는 의료인은 정당한 사유 없이 이를 거부하지 못한다. 〈개정 2008. 2. 29., 2010. 1. 18., 2011. 8. 4., 2016. 12. 20., 2018. 3. 27., 2019. 8. 27.〉

② 제1항의 경우에 관계 공무원은 권한을 증명하는 증표 및 조사기간, 조사범위, 조사담당자, 관계 법령 등이 기재된 조사명령서를 지니고 이를 관계인에게 내보여야 한다. 〈개정 2011. 8. 4.〉

③ 제1항의 보고 및 제2항의 조사명령서에 관한 사항은 보건복지부령으로 정한다.

〈개정 2008. 2. 29., 2010. 1. 18., 2011. 8. 4.〉

제61조의2 자료제공의 요청

① 보건복지부장관은 이 법의 위반 사실을 확인하기 위한 경우 등 소관 업무를 수행하기 위하여 필요한 경우에는 의료인, 의료기관의 장, 「국민건강보험법」에 따른 국민건강보험공단 및 건강보험심사평가원, 그 밖의 관계 행정기관 및 단체 등에 대하여 필요한 자료의 제출이나 의견의 진술 등을 요청할 수 있다.

② 제1항에 따른 자료의 제공 또는 협조를 요청받은 자는 특별한 사유가 없으면 이에 따라야 한다.

[본조신설 2019. 8. 27.]

제62조 의료기관 회계기준

① 의료기관 개설자는 의료기관 회계를 투명하게 하도록 노력하여야 한다.

② 보건복지부령으로 정하는 일정 규모 이상의 종합병원 개설자는 회계를 투명하게 하기 위하여 의료기관 회계기준을 지켜야 한다. 〈개정 2008. 2. 29., 2010. 1. 18.〉

③ 제2항에 따른 의료기관 회계기준은 보건복지부령으로 정한다. 〈개정 2008. 2. 29., 2010. 1. 18.〉

제63조 시정 명령 등

① 보건복지부장관 또는 시장·군수·구청장은 의료기관이 제15조제1항, 제16조제2항, 제21조제 1항 후단 및 같은 조 제2항·제3항, 제23조제2항, 제34조제2항, 제35조제2항, 제36조, 제36조의 2, 제37조제1항·제2항, 제38조제1항·제2항, 제41조부터 제43조까지, 제45조, 제46조, 제47조 제1항, 제58조의4제2항, 제62조제2항을 위반한 때, 종합병원·상급종합병원·전문병원이 각각 제3조의3제1항·제3조의4제1항·제3조의5제2항에 따른 요건에 해당하지 아니하게 된 때, 의 료기관의 장이 제4조제5항을 위반한 때 또는 자율심의기구가 제57조제11항을 위반한 때에는 일정한 기간을 정하여 그 시설·장비 등의 전부 또는 일부의 사용을 제한 또는 금지하거나 위반 한 사항을 시정하도록 명할 수 있다. 〈개정 2008. 2. 29., 2009. 1. 30., 2010. 1. 18., 2010. 7. 23., 2011. 4. 28., 2015. 12. 22., 2015. 12. 29., 2016. 5. 29., 2016. 12. 20., 2018. 3. 27.〉

② 보건복지부장관 또는 시장·군수·구청장은 의료인등이 제56조제2항·제3항을 위반한 때에 는 다음 각 호의 조치를 명할 수 있다. 〈신설 2018. 3. 27.〉

1. 위반행위의 중지

2. 위반사실의 공표

3. 정정광고

③ 제2항제2호·제3호에 따른 조치에 필요한 사항은 대통령령으로 정한다. 〈신설 2018. 3. 27.〉

제64조 개설 허가 취소 등

① 보건복지부장관 또는 시장·군수·구청장은 의료기관이 다음 각 호의 어느 하나에 해당하면 그 의료업을 1년의 범위에서 정지시키거나 개설 허가의 취소 또는 의료기관 폐쇄를 명할 수 있 다. 다만, 제8호에 해당하는 경우에는 의료기관 개설 허가의 취소 또는 의료기관 폐쇄를 명하여 야 하며, 의료기관 폐쇄는 제33조제3항과 제35조제1항 본문에 따라 신고한 의료기관에만 명할 수 있다. 〈개정 2007. 7. 27., 2008. 2. 29., 2009. 1. 30., 2010. 1. 18., 2011. 8. 4., 2013. 8. 13., 2015. 12. 22., 2015. 12. 29., 2016. 5. 29., 2016. 12. 20., 2018. 8. 14., 2019. 4. 23., 2019. 8. 27.〉

1. 개설 신고나 개설 허가를 한 날부터 3개월 이내에 정당한 사유 없이 업무를 시작하지 아니한 때

2. 제27조제5항을 위반하여 무자격자에게 의료행위를 하게 하거나 의료인에게 면허 사항 외의 의료행위를 하게 한 때

3. 제61조에 따른 관계 공무원의 직무 수행을 기피 또는 방해하거나 제59조 또는 제63조에 따른 명령을 위반한 때

4. 제33조제2항제3호부터 제5호까지의 규정에 따른 의료법인·비영리법인, 준정부기관·지방의료원 또는 한국보훈복지의료공단의 설립허가가 취소되거나 해산된 때

4의2. 제33조제2항을 위반하여 의료기관을 개설한 때

5. 제33조제5항·제7항·제9항·제10항, 제40조 또는 제56조를 위반한 때. 다만, 의료기관 개설자 본인에게 책임이 없는 사유로 제33조제7항제4호를 위반한 때에는 그러하지 아니하다.

5의2. 정당한 사유 없이 제40조제1항에 따른 폐업·휴업 신고를 하지 아니하고 6개월 이상 의료업을 하지 아니한 때

6. 제63조에 따른 시정명령(제4조제5항 위반에 따른 시정명령을 제외한다)을 이행하지 아니한 때

7. 「약사법」 제24조제2항을 위반하여 담합행위를 한 때

8. 의료기관 개설자가 거짓으로 진료비를 청구하여 금고 이상의 형을 선고받고 그 형이 확정된 때

9. 제36조에 따른 준수사항을 위반하여 사람의 생명 또는 신체에 중대한 위해를 발생하게 한 때

② 제1항에 따라 개설 허가를 취소당하거나 폐쇄 명령을 받은 자는 그 취소된 날이나 폐쇄 명령을 받은 날부터 6개월 이내에, 의료업 정지처분을 받은 자는 그 업무 정지기간 중에 각각 의료기관을 개설·운영하지 못한다. 다만, 제1항제8호에 따라 의료기관 개설 허가를 취소당하거나 폐쇄 명령을 받은 자는 취소당한 날이나 폐쇄 명령을 받은 날부터 3년 안에는 의료기관을 개설·운영하지 못한다.

③ 보건복지부장관 또는 시장·군수·구청장은 의료기관이 제1항에 따라 그 의료업이 정지되거나 개설 허가의 취소 또는 폐쇄 명령을 받은 경우 해당 의료기관에 입원 중인 환자를 다른 의료기관으로 옮기도록 하는 등 환자의 권익을 보호하기 위하여 필요한 조치를 하여야 한다.

〈신설 2016. 12. 20.〉

제65조 면허 취소와 재교부

① 보건복지부장관은 의료인이 다음 각 호의 어느 하나에 해당할 경우에는 그 면허를 취소할 수 있다. 다만, 제1호의 경우에는 면허를 취소하여야 한다.

〈개정 2008. 2. 29., 2009. 1. 30., 2009. 12. 31., 2010. 1. 18., 2015. 12. 29., 2016. 5. 29.〉

1. 제8조 각 호의 어느 하나에 해당하게 된 경우

2. 제66조에 따른 자격 정지 처분 기간 중에 의료행위를 하거나 3회 이상 자격 정지 처분을 받은 경우

3. 제11조제1항에 따른 면허 조건을 이행하지 아니한 경우

4. 제4조제4항을 위반하여 면허증을 빌려준 경우

5. 삭제 〈2016. 12. 20.〉

6. 제4조제6항을 위반하여 사람의 생명 또는 신체에 중대한 위해를 발생하게 한 경우

② 보건복지부장관은 제1항에 따라 면허가 취소된 자라도 취소의 원인이 된 사유가 없어지거나 개전(改悛)의 정이 뚜렷하다고 인정되면 면허를 재교부할 수 있다. 다만, 제1항제3호에 따라 면허가 취소된 경우에는 취소된 날부터 1년 이내, 제1항제2호에 따라 면허가 취소된 경우에는 취소된 날부터 2년 이내, 제1항제4호 · 제6호 또는 제8조제4호에 따른 사유로 면허가 취소된 경우에는 취소된 날부터 3년 이내에는 재교부하지 못한다.   〈개정 2007. 7. 27., 2008. 2. 29., 2010. 1. 18., 2016. 5. 29., 2016. 12. 20., 2019. 8. 27.〉

제66조 자격정지 등

① 보건복지부장관은 의료인이 다음 각 호의 어느 하나에 해당하면 1년의 범위에서 면허자격을 정지시킬 수 있다. 이 경우 의료기술과 관련한 판단이 필요한 사항에 관하여는 관계 전문가의 의견을 들어 결정할 수 있다. 〈개정 2008. 2. 29., 2009. 12. 31., 2010. 1. 18., 2010. 5. 27., 2011. 4. 7., 2011. 8. 4., 2016. 5. 29., 2016. 12. 20., 2019. 4. 23., 2019. 8. 27.〉

1. 의료인의 품위를 심하게 손상시키는 행위를 한 때

2. 의료기관 개설자가 될 수 없는 자에게 고용되어 의료행위를 한 때

2의2. 제4조제6항을 위반한 때

3. 제17조제1항 및 제2항에 따른 진단서 · 검안서 또는 증명서를 거짓으로 작성하여 내주거나 제22조제1항에 따른 진료기록부등을 거짓으로 작성하거나 고의로 사실과 다르게 추가 기재 · 수정한 때

4. 제20조를 위반한 경우

5. 제27조제5항을 위반하여 의료인이 아닌 자로 하여금 의료행위를 하게 한 때

6. 의료기사가 아닌 자에게 의료기사의 업무를 하게 하거나 의료기사에게 그 업무 범위를 벗어나게 한 때

7. 관련 서류를 위조 · 변조하거나 속임수 등 부정한 방법으로 진료비를 거짓 청구한 때

8. 삭제 〈2011. 8. 4.〉

9. 제23조의5를 위반하여 경제적 이익등을 제공받은 때

10. 그 밖에 이 법 또는 이 법에 따른 명령을 위반한 때

② 제1항제1호에 따른 행위의 범위는 대통령령으로 정한다.

③ 의료기관은 그 의료기관 개설자가 제1항제7호에 따라 자격정지 처분을 받은 경우에는 그 자격
정지 기간 중 의료업을 할 수 없다. 〈개정 2010. 7. 23.〉

④ 보건복지부장관은 의료인이 제25조에 따른 신고를 하지 아니한 때에는 신고할 때까지 면허의
효력을 정지할 수 있다. 〈신설 2011. 4. 28.〉

⑤ 제1항제2호를 위반한 의료인이 자진하여 그 사실을 신고한 경우에는 제1항에도 불구하고 보건
복지부령으로 정하는 바에 따라 그 처분을 감경하거나 면제할 수 있다. 〈신설 2012. 2. 1.〉

⑥ 제1항에 따른 자격정지처분은 그 사유가 발생한 날부터 5년(제1항제5호·제7호에 따른 자격정
지처분의 경우에는 7년으로 한다)이 지나면 하지 못한다. 다만, 그 사유에 대하여 「형사소송
법」 제246조에 따른 공소가 제기된 경우에는 공소가 제기된 날부터 해당 사건의 재판이 확정
된 날까지의 기간은 시효 기간에 산입하지 아니 한다. 〈신설 2016. 5. 29.〉

제66조의2 중앙회의 자격정지 처분 요구 등

각 중앙회의 장은 의료인이 제66조제1항제1호에 해당하는 경우에는 각 중앙회의 윤리위원회의 심
의·의결을 거쳐 보건복지부장관에게 자격정지 처분을 요구할 수 있다.

[본조신설 2011. 4. 28.]

제67조 과징금 처분

① 보건복지부장관이나 시장·군수·구청장은 의료기관이 제64조제1항 각 호의 어느 하나에 해
당할 때에는 대통령령으로 정하는 바에 따라 의료업 정지 처분을 갈음하여 10억원 이하의 과징
금을 부과할 수 있으며, 이 경우 과징금은 3회까지만 부과할 수 있다. 다만, 동일한 위반행위에
대하여 「표시·광고의 공정화에 관한 법률」 제9조에 따른 과징금 부과처분이 이루어진 경우
에는 과징금(의료업 정지 처분을 포함한다)을 감경하여 부과하거나 부과하지 아니할 수 있다.
〈개정 2008. 2. 29., 2010. 1. 18., 2016. 5. 29., 2019. 8. 27.〉

② 제1항에 따른 과징금을 부과하는 위반 행위의 종류와 정도 등에 따른 과징금의 액수와 그 밖에
필요한 사항은 대통령령으로 정한다.

③ 보건복지부장관이나 시장·군수·구청장은 제1항에 따른 과징금을 기한 안에 내지 아니한 때
에는 지방세 체납처분의 예에 따라 징수한다. 〈개정 2008. 2. 29., 2010. 1. 18.〉

제68조 행정처분의 기준

제63조, 제64조제1항, 제65조제1항, 제66조제1항에 따른 행정처분의 세부적인 기준은 보건복지부령으로 정한다. 〈개정 2008. 2. 29., 2010. 1. 18.〉

제69조 의료지도원

①제61조에 따른 관계 공무원의 직무를 행하게 하기 위하여 보건복지부, 시 · 도 및 시 · 군 · 구에 의료지도원을 둔다. 〈개정 2008. 2. 29., 2010. 1. 18.〉

② 의료지도원은 보건복지부장관, 시 · 도지사 또는 시장 · 군수 · 구청장이 그 소속 공무원 중에서 임명하되, 자격과 임명 등에 필요한 사항은 보건복지부령으로 정한다. 〈개정 2008. 2. 29., 2010. 1. 18.〉

③ 의료지도원 및 그 밖의 공무원은 직무를 통하여 알게 된 의료기관, 의료인, 환자의 비밀을 누설하지 못한다.

제7장 보칙

제77조 전문의

① 의사 · 치과의사 또는 한의사로서 전문의가 되려는 자는 대통령령으로 정하는 수련을 거쳐 보건복지부장관에게 자격 인정을 받아야 한다. 〈개정 2008. 2. 29., 2010. 1. 18.〉

② 제1항에 따라 전문의 자격을 인정받은 자가 아니면 전문과목을 표시하지 못한다. 다만, 보건복지부장관은 의료체계를 효율적으로 운영하기 위하여 전문의 자격을 인정받은 치과의사와 한의사에 대하여 종합병원 · 치과병원 · 한방병원 중 보건복지부령으로 정하는 의료기관에 한하여 전문과목을 표시하도록 할 수 있다. 〈개정 2008. 2. 29., 2009. 1. 30., 2010. 1. 18.〉

③ 삭제 〈2016. 12. 20.〉

④ 전문의 자격 인정과 전문과목에 관한 사항은 대통령령으로 정한다. 〈개정 2011. 4. 28.〉

[법률 제9386호(2009. 1. 30.) 부칙 제2조의 규정에 의하여 이 조 제2항 단서의 개정규정 중 치과의사에 대한 부분은 2013년 12월 31일까지, 한의사에 대한 부분은 2009년 12월 31일까지 유효함]

[2016. 12. 20. 법률 제14438호에 의하여 2015. 5. 28. 헌법재판소에서 위헌 결정된 이 조 제3항을 삭제함.]

제78조 전문간호사

① 보건복지부장관은 간호사에게 간호사 면허 외에 전문간호사 자격을 인정할 수 있다.

〈개정 2008. 2. 29., 2010. 1. 18.〉

② 문간호사가 되려는 사람은 다음 각 호의 어느 하나에 해당하는 사람으로서 보건복지부장관이 실시하는 전문간호사 자격시험에 합격한 후 보건복지부장관의 자격인정을 받아야 한다.

〈개정 2018. 3. 27.〉

1. 보건복지부령으로 정하는 전문간호사 교육과정을 이수한 자
2. 보건복지부장관이 인정하는 외국의 해당 분야 전문간호사 자격이 있는 자

③ 전문간호사는 제2항에 따라 자격을 인정받은 해당 분야에서 간호 업무를 수행하여야 한다.

〈신설 2018. 3. 27.〉

④ 전문간호사의 자격 구분, 자격 기준, 자격 시험, 자격증, 업무 범위, 그 밖에 필요한 사항은 보건복지부령으로 정한다. 〈신설 2018. 3. 27.〉

제79조 한지 의료인

① 이 법이 시행되기 전의 규정에 따라 면허를 받은 한지 의사(限地 醫師), 한지 치과의사 및 한지 한의사는 허가받은 지역에서 의료업무에 종사하는 경우 의료인으로 본다.

② 보건복지부장관은 제1항에 따른 의료인이 허가받은 지역 밖에서 의료행위를 하는 경우에는 그 면허를 취소할 수 있다. 〈개정 2008. 2. 29., 2010. 1. 18.〉

③ 제1항에 따른 의료인의 허가지역 변경, 그 밖에 필요한 사항은 보건복지부령으로 정한다. 〈개정 2008. 2. 29., 2010. 1. 18.〉

④ 한지 의사, 한지 치과의사, 한지 한의사로서 허가받은 지역에서 10년 이상 의료업무에 종사한 경력이 있는 자 또는 이 법 시행 당시 의료업무에 종사하고 있는 자 중 경력이 5년 이상인 자에 게는 제5조에도 불구하고 보건복지부령으로 정하는 바에 따라 의사, 치과의사 또는 한의사의 면허를 줄 수 있다. 〈개정 2008. 2. 29., 2010. 1. 18.〉

제80조 간호조무사 자격

① 호조무사가 되려는 사람은 다음 각 호의 어느 하나에 해당하는 사람으로서 보건복지부령으로 정하는 교육과정을 이수하고 간호조무사 국가시험에 합격한 후 보건복지부장관의 자격인정을 받아야 한다. 이 경우 자격시험의 제한에 관하여는 제10조를 준용한다. 〈개정 2019. 8. 27.〉

1. 초·중등교육법령에 따른 특성화고등학교의 간호 관련 학과를 졸업한 사람(간호조무사 국가시험 응시일로부터 6개월 이내에 졸업이 예정된 사람을 포함한다)

2. 「초·중등교육법」 제2조에 따른 고등학교 졸업자(간호조무사 국가시험 응시일로부터 6개월 이내에 졸업이 예정된 사람을 포함한다) 또는 초·중등교육법령에 따라 같은 수준의 학력이 있다고 인정되는 사람(이하 이 조에서 "고등학교 졸업학력 인정자"라 한다)으로서 보건복지부령으로 정하는 국·공립 간호조무사양성소의 교육을 이수한 사람

3. 고등학교 졸업학력 인정자로서 평생교육법령에 따른 평생교육시설에서 고등학교 교과 과정에 상응하는 교육과정 중 간호 관련 학과를 졸업한 사람(간호조무사 국가시험 응시일로부터 6개월 이내에 졸업이 예정된 사람을 포함한다)

4. 고등학교 졸업학력 인정자로서 「학원의 설립·운영 및 과외교습에 관한 법률」 제2조의2제2항에 따른 학원의 간호조무사 교습과정을 이수한 사람

5. 고등학교 졸업학력 인정자로서 외국의 간호조무사 교육과정(보건복지부장관이 정하여 고시하는 인정기준에 해당하는 교육과정을 말한다)을 이수하고 해당 국가의 간호조무사 자격을 취득한 사람

6. 제7조제1항제1호 또는 제2호에 해당하는 사람

② 제1항제1호부터 제4호까지에 따른 간호조무사 교육훈련기관은 보건복지부장관의 지정·평가를 받아야 한다. 이 경우 보건복지부장관은 간호조무사 교육훈련기관의 지정을 위한 평가업무를 대통령령으로 정하는 절차·방식에 따라 관계 전문기관에 위탁할 수 있다.

③ 보건복지부장관은 제2항에 따른 간호조무사 교육훈련기관이 거짓이나 그 밖의 부정한 방법으로 지정받는 등 대통령령으로 정하는 사유에 해당하는 경우에는 그 지정을 취소할 수 있다.

④ 간호조무사는 최초로 자격을 받은 후부터 3년마다 그 실태와 취업상황 등을 보건복지부장관에게 신고하여야 한다.

⑤ 제1항에 따른 간호조무사의 국가시험·자격인정, 제2항에 따른 간호조무사 교육훈련기관의 지정·평가, 제4항에 따른 자격신고 및 간호조무사의 보수교육 등에 관하여 필요한 사항은 보건복지부령으로 정한다.

[전문개정 2015. 12. 29.]

[시행일:2019. 1. 1.] 제80조제2항의 개정규정(이 법 시행 당시 설치·운영 중인 간호조무사 교육훈련기관에 한한다)

제80조의2 간호조무사 업무

① 간호조무사는 제27조에도 불구하고 간호사를 보조하여 제2조제2항제5호가목부터 다목까지의 업무를 수행할 수 있다.

② 제1항에도 불구하고 간호조무사는 제3조제2항에 따른 의원급 의료기관에 한하여 의사, 치과의사, 한의사의 지도하에 환자의 요양을 위한 간호 및 진료의 보조를 수행할 수 있다.

③ 제1항 및 제2항에 따른 구체적인 업무의 범위와 한계에 대하여 필요한 사항은 보건복지부령으로 정한다.

[본조신설 2015. 12. 29.]

제80조의3 준용규정

간호조무사에 대하여는 제8조, 제9조, 제12조, 제16조, 제19조, 제20조, 제22조, 제23조, 제59조제1항, 제61조, 제65조, 제66조, 제68조, 제83조제1항, 제84조, 제85조, 제87조, 제87조의2, 제88조, 제88조의2 및 제91조를 준용하며, 이 경우 "면허"는 "자격"으로, "면허증"은 "자격증"으로 본다.

〈개정 2016. 12. 20., 2019. 8. 27.〉

[본조신설 2015. 12. 29.]

제81조 의료유사업자

① 이 법이 시행되기 전의 규정에 따라 자격을 받은 접골사(接骨士), 침사(鍼士), 구사(灸士)(이하 "의료유사업자"라 한다)는 제27조에도 불구하고 각 해당 시술소에서 시술(施術)을 업(業)으로 할 수 있다.

② 의료유사업자에 대하여는 이 법 중 의료인과 의료기관에 관한 규정을 준용한다. 이 경우 "의료인"은 "의료유사업자"로, "면허"는 "자격"으로, "면허증"은 "자격증"으로, "의료기관"은 "시술소"로 한다.

③ 의료유사업자의 시술행위, 시술업무의 한계 및 시술소의 기준 등에 관한 사항은 보건복지부령으로 정한다. 〈개정 2008. 2. 29., 2010. 1. 18.〉

제82조 안마사

① 안마사는 「장애인복지법」에 따른 시각장애인 중 다음 각 호의 어느 하나에 해당하는 자로서 시·도지사에게 자격인정을 받아야 한다. 〈개정 2008. 2. 29., 2010. 1. 18.〉

1. 「초·중등교육법」 제2조제5호에 따른 특수학교 중 고등학교에 준한 교육을 하는 학교에서 제4항에 따른 안마사의 업무한계에 따라 물리적 시술에 관한 교육과정을 마친 자

2. 중학교 과정 이상의 교육을 받고 보건복지부장관이 지정하는 안마수련기관에서 2년 이상의 안마수련과정을 마친 자

② 제1항의 안마사는 제27조에도 불구하고 안마업무를 할 수 있다.

③ 안마사에 대하여는 이 법 중 제8조, 제25조, 제28조부터 제32조까지, 제33조제2항제1호·제3항·제5항·제8항 본문, 제36조, 제40조, 제59조제1항, 제61조, 제63조 제36조를 위반한 경우만을 말한다), 제64조부터 제66조까지, 제68조, 제83조, 제84조를 준용한다. 이 경우 "의료인"은 "안마사"로, "면허"는 "자격"으로, "면허증"은 "자격증"으로, "의료기관"은 "안마시술소 또는 안마원"으로, "해당 의료관계단체의 장"은 "안마사회장"으로 한다. 〈개정 2009. 1. 30.〉

④ 안마사의 업무한계, 안마시술소나 안마원의 시설 기준 등에 관한 사항은 보건복지부령으로 정한다. 〈개정 2008. 2. 29., 2010. 1. 18.〉

제83조 경비 보조 등

① 보건복지부장관 또는 시·도지사는 국민보건 향상을 위하여 필요하다고 인정될 때에는 의료인·의료기관·중앙회 또는 의료 관련 단체에 대하여 시설, 운영 경비, 조사·연구 비용의 전부 또는 일부를 보조할 수 있다. 〈개정 2008. 2. 29., 2010. 1. 18., 2010. 7. 23.〉

② 보건복지부장관은 다음 각 호의 의료기관이 인증을 신청할 때 예산의 범위에서 인증에 소요되

는 비용의 전부 또는 일부를 보조할 수 있다. 〈신설 2010. 7. 23.〉

1. 제58조의4제2항에 따라 인증을 신청하여야 하는 의료기관

2. 300병상 미만인 의료기관(종합병원은 제외한다) 중 보건복지부장관이 정하는 기준에 해당하는 의료기관

제84조 청문

보건복지부장관, 시·도지사 또는 시장·군수·구청장은 다음 각 호의 어느 하나에 해당하는 처분을 하려면 청문을 실시하여야 한다. 〈개정 2008. 2. 29., 2010. 1. 18., 2010. 7. 23., 2016. 12. 20.〉

1. 제23조의2제4항에 따른 인증의 취소

2. 제51조에 따른 설립 허가의 취소

3. 제58조의9에 따른 의료기관 인증 또는 조건부인증의 취소

4. 제63조에 따른 시설·장비 등의 사용금지 명령

5. 제64조제1항에 따른 개설허가 취소나 의료기관 폐쇄 명령

6. 제65조제1항에 따른 면허의 취소

제85조 수수료

① 이 법에 따른 의료인의 면허나 면허증을 재교부 받으려는 자, 국가시험등에 응시하려는 자, 진단용 방사선 발생 장치의 검사를 받으려는 자는 보건복지부령으로 정하는 바에 따라 수수료를 내야 한다. 〈개정 2008. 2. 29., 2010. 1. 18.〉

② 제9조제2항에 따른 한국보건의료인국가시험원은 제1항에 따라 납부받은 국가시험등의 응시수수료를 보건복지부장관의 승인을 받아 시험 관리에 필요한 경비에 직접 충당할 수 있다.

〈개정 2008. 2. 29., 2010. 1. 18., 2015. 6. 22.〉

86조 권한의 위임 및 위탁

① 이 법에 따른 보건복지부장관 또는 시·도지사의 권한은 그 일부를 대통령령으로 정하는 바에 따라 시·도지사, 질병관리본부장 또는 시장·군수·구청장이나 보건소장에게 위임할 수 있다. 〈개정 2008. 2. 29., 2010. 1. 18.〉

② 보건복지부장관은 이 법에 따른 업무의 일부를 대통령령으로 정하는 바에 따라 관계 전문기관에 위탁할 수 있다. 〈개정 2008. 2. 29., 2010. 1. 18.〉

제86조의2 벌칙 적용에서 공무원 의제

제57조의2제4항에 따른 심의위원회 위원은 「형법」 제129조부터 제132조까지의 규정을 적용할 때에는 공무원으로 본다.

[본조신설 2018. 3. 27.]

제86조의3 기록의 보존 · 보관 의무에 대한 면책

제22조제2항, 제23조제1항 또는 제40조제2항에 따라 보존 · 보관하여야 하는 기록이 천재지변이나 그 밖의 불가항력으로 멸실된 경우에는 해당 기록의 보존 · 보관의무자는 제64조, 제66조 또는 제90조에 따른 책임을 면한다.

[본조신설 2019. 4. 23.]

제8장 벌칙

제87조 벌칙

제33조제2항을 위반하여 의료기관을 개설하거나 운영하는 자는 10년 이하의 징역이나 1억원 이하의 벌금에 처한다.

[본조신설 2019. 8. 27.]

[종전 제87조는 제87조의2로 이동 〈2019. 8. 27.〉]

제87조의2 벌칙

① 제12조제3항을 위반한 죄를 범하여 사람을 상해에 이르게 한 경우에는 7년 이하의 징역 또는 1천만원 이상 7천만원 이하의 벌금에 처하고, 중상해에 이르게 한 경우에는 3년 이상 10년 이하의 징역에 처하며, 사망에 이르게 한 경우에는 무기 또는 5년 이상의 징역에 처한다.

〈신설 2019. 4. 23.〉

② 다음 각 호의 어느 하나에 해당하는 자는 5년 이하의 징역이나 5천만원 이하의 벌금에 처한다.

〈개정 2009. 1. 30., 2015. 12. 29., 2016. 5. 29., 2016. 12. 20., 2019. 4. 23., 2019. 8. 27.〉

1. 제4조제4항을 위반하여 면허증을 빌려준 사람

2. 제12조제2항 및 제3항, 제18조제3항, 제21조의2제5항 · 제8항, 제23조제3항, 제27조제1항, 제33조제2항(제82조제3항에서 준용하는 경우만을 말한다) · 제8항(제82조제3항에서 준용하는 경우를 포함한다) · 제10항을 위반한 자. 다만, 제12조제3항의 죄는 피해자의 명시한 의사에 반하여 공소를 제기할 수 없다.

[제87조에서 이동 〈2019. 8. 27.〉]

제88조 벌칙

다음 각 호의 어느 하나에 해당하는 자는 3년 이하의 징역이나 3천만원 이하의 벌금에 처한다.

〈개정 2019. 8. 27.〉

1. 제19조, 제21조제2항, 제22조제3항, 제27조제3항 · 제4항, 제33조제4항, 제35조제1항 단서, 제38조제3항, 제59조제3항, 제64조제2항(제82조제3항에서 준용하는 경우를 포함한다), 제69조제3항을 위반한 자. 다만, 제19조, 제21조제2항 또는 제69조제3항을 위반한 자에 대한 공소는 고소가 있어야 한다.

2. 제23조의5를 위반한 자. 이 경우 취득한 경제적 이익등은 몰수하고, 몰수할 수 없을 때에는 그 가액을 추징한다.

3. 제82조제1항에 따른 안마사의 자격인정을 받지 아니하고 영리를 목적으로 안마를 한 자

[전문개정 2016. 12. 20.]

제88조의2 벌칙

제20조를 위반한 자는 2년 이하의 징역이나 2천만원 이하의 벌금에 처한다.　〈개정 2016. 12. 20.〉

[본조신설 2009. 12. 31.]

[제88조의3에서 이동, 종전 제88조의2는 삭제

제88조의3[제88조의2로 이동〈2016. 12. 20.〉]

제89조 벌칙

다음 각 호의 어느 하나에 해당하는 자는 1년 이하의 징역이나 1천만원 이하의 벌금에 처한다.

〈개정 2018. 3. 27., 2019. 8. 27.〉

1. 제15조제1항, 제17조제1항·제2항(제1항 단서 후단과 제2항 단서는 제외한다), 제17조의2 제1항·제2항(처방전을 교부하거나 발송한 경우만을 말한다), 제23조의2제3항 후단, 제33 조제9항, 제56조제1항부터 제3항까지 또는 제58조의6제2항을 위반한 자

2. 정당한 사유 없이 제40조제4항에 따른 권익보호조치를 하지 아니한 자

3. 제51조의2를 위반하여 의료법인의 임원 선임과 관련하여 금품 등을 주고받거나 주고받을 것을 약속한 자

4. 제61조제1항에 따른 검사를 거부·방해 또는 기피한 자(제33조제2항·제10항 위반 여부에 관한 조사임을 명시한 경우에 한정한다)

[전문개정 2016. 12. 20.]

[시행일:2017. 6. 21.] 제89조제1호(제23조의2제3항 후단을 위반한 자에 대한 벌칙에 한정한다), 제89조제2호

제90조 벌칙

제16조제1항·제2항, 제17조제3항·제4항, 제17조의2제1항·제2항(처방전을 수령한 경우만을 말한다), 제18조제4항, 제21조제1항 후단, 제21조의2제1항·제2항, 제22조제1항·제2항, 제23조제4항, 제26조, 제27조제2항, 제33조제1항·제3항(제82조제3항에서 준용하는 경우를 포함한다)·제5항(허가의 경우만을 말한다), 제35조제1항 본문, 제41조, 제42조제1항, 제48조제3항·제4항, 제77조제2항

을 위반한 자나 제63조에 따른 시정명령을 위반한 자와 의료기관 개설자가 될 수 없는 자에게 고용되어 의료행위를 한 자는 500만원 이하의 벌금에 처한다.

〈개정 2007. 7. 27., 2009. 1. 30., 2011. 4. 7., 2016. 12. 20., 2018. 3. 27., 2019. 8. 27.〉

제90조의2 「형법」상 감경규정에 관한 특례

음주로 인한 심신장애 상태에서 제12조제3항을 위반하는 죄를 범한 때에는 「형법」 제10조제1항을 적용하지 아니할 수 있다.

[본조신설 2019. 4. 23.]

제91조 양벌규정

법인의 대표자나 법인 또는 개인의 대리인, 사용인, 그 밖의 종업원이 그 법인 또는 개인의 업무에 관하여 제87조, 제87조의2, 제88조, 제88조의2, 제89조 또는 제90조의 위반행위를 하면 그 행위자를 벌하는 외에 그 법인 또는 개인에게도 해당 조문의 벌금형을 과(科)한다. 다만, 법인 또는 개인이 그 위반행위를 방지하기 위하여 해당 업무에 관하여 상당한 주의와 감독을 게을리하지 아니한 경우에는 그러하지 아니하다.

〈개정 2010. 5. 27., 2016. 12. 20., 2019. 8. 27.〉

[전문개정 2009. 12. 31.]

제92조 과태료

① 다음 각 호의 어느 하나에 해당하는 자에게는 300만원 이하의 과태료를 부과한다.

〈개정 2015. 1. 28., 2016. 12. 20., 2019. 8. 27.〉

1. 제16조제3항에 따른 교육을 실시하지 아니한 자

1의2. 제23조의3제1항을 위반하여 진료정보 침해사고를 통지하지 아니한 자

1의3. 제24조의2제1항을 위반하여 환자에게 설명을 하지 아니하거나 서면 동의를 받지 아니한 자

1의4. 제24조의2제4항을 위반하여 환자에게 변경 사유와 내용을 서면으로 알리지 아니한 자

2. 제37조제1항에 따른 신고를 하지 아니하고 진단용 방사선 발생장치를 설치·운영한 자

3. 제37조제2항에 따른 안전관리책임자를 선임하지 아니하거나 정기검사와 측정 또는 방사선 관계 종사자에 대한 피폭관리를 실시하지 아니한 자

4. 삭제 〈2018. 3. 27.〉

5. 제49조제3항을 위반하여 신고하지 아니한 자

② 다음 각 호의 어느 하나에 해당하는 자에게는 200만원 이하의 과태료를 부과한다.

1. 제21조의2제6항 후단을 위반하여 자료를 제출하지 아니하거나 거짓 자료를 제출한 자

2. 제45조의2제2항을 위반하여 자료를 제출하지 아니하거나 거짓으로 제출한 자

3. 제61조제1항에 따른 보고를 하지 아니하거나 검사를 거부·방해 또는 기피한 자(제89조 제4호에 해당하는 경우는 제외한다)

③ 다음 각 호의 어느 하나에 해당하는 자에게는 100만원 이하의 과태료를 부과한다.

〈개정 2009. 1. 30., 2012. 2. 1., 2015. 1. 28., 2015. 12. 29., 2016. 5. 29.〉

1. 제16조제3항에 따른 기록 및 유지를 하지 아니한 자

1의2. 제16조제4항에 따른 변경이나 휴업·폐업 또는 재개업을 신고하지 아니한 자

2. 제33조제5항(제82조제3항에서 준용하는 경우를 포함한다)에 따른 변경신고를 하지 아니한 자

3. 제40조제1항(제82조제3항에서 준용하는 경우를 포함한다)에 따른 휴업 또는 폐업 신고를 하지 아니하거나 제40조제2항을 위반하여 진료기록부등을 이관(移管)하지 아니한 자

4. 제42조제3항을 위반하여 의료기관의 명칭 또는 이와 비슷한 명칭을 사용한 자

5. 제43조제5항에 따른 진료과목 표시를 위반한 자

6. 제4조제3항에 따라 환자의 권리 등을 게시하지 아니한 자

7. 제52조의2제6항을 위반하여 대한민국의학한림원 또는 이와 유사한 명칭을 사용한 자

8. 제4조제5항을 위반하여 그 위반행위에 대하여 내려진 제63조에 따른 시정명령을 따르지 아니한 사람

④ 제1항부터 제3항까지의 과태료는 대통령령으로 정하는 바에 따라 보건복지부장관 또는 시장·군수·구청장이 부과·징수한다.　　　　　〈신설 2009. 1. 30., 2010. 1. 18.〉

[시행일:2017. 6. 21.] 제92조제1항제1호의2, 제92조제1항제1호의3, 제92조제2항제1호

제93조 삭제〈2009. 1. 30.〉

부칙〈제16555호, 2019. 8. 27.〉

제1조 시행일

이 법은 공포 후 6개월이 경과한 날부터 시행한다. 다만, 제51조의2, 제89조제3호의 개정규정은 공포한 날부터 시행하고, 제4조제2항, 제65조제2항 단서, 제87조, 제87조의2제2항제2호 본문, 제89조제

4호, 제92조제2항제3호의 개정규정은 공포 후 3개월이 경과한 날부터 시행한다.

　제2조 무허가 · 무신고 건축물에 의료기관 개설 금지에 관한 적용례

　제33조제7항제4호의 개정규정은 이 법 시행 후 최초로 제33조제3항 또는 제4항에 따라 시장 · 군수 · 구청장에게 신고하거나 시 · 도지사의 허가를 받은 의료기관부터 적용한다.

제3조 의료법인의 임원 선임에 관한 적용례

　제48조의2의 개정규정은 이 법 시행 후 최초로 의료법인의 임원을 선임하는 경우부터 적용한다.

제4조 면허 재교부 제한에 관한 적용례

　제65조제2항 단서의 개정규정(제1항제4호에 관한 개정부분만 해당한다)은 같은 개정규정 시행 후 최초로 의료인이 제4조제4항을 위반하여 면허증을 빌려준 경우부터 적용한다.

제5조 국가시험등의 응시자격에 관한 경과조치

　이 법 시행 당시 종전의 제5조제1항제3호, 제6조제2호, 제7조제1항제2호 및 제80조제1항제5호에 따라 국가시험등의 응시자격을 인정받은 사람은 이 법에 따른 응시자격이 있는 것으로 본다.

제6조 과징금에 관한 경과조치

　이 법 시행 전의 위반행위에 대한 과징금 부과는 제67조제1항의 개정규정에도 불구하고 종전의 규정에 따른다.

제7조 과태료에 관한 경과조치

　제92조제2항제3호의 개정규정 시행 전의 행위에 대한 과태료의 부과는 같은 개정규정에도 불구하고 종전의 규정에 따른다.

의료법 시행령

[시행 2019. 10. 8]
[대통령령 제30106호, 2019. 10. 8, 타법개정]

제1조 목적

이 영은 「의료법」에서 위임된 사항과 그 시행에 필요한 사항을 규정함을 목적으로 한다.

제2조 간호사의 보건활동

「의료법」(이하 "법"이라 한다) 제2조제2항제5호다목에서 "대통령령으로 정하는 보건활동"이란 다음의 보건활동을 말한다.

〈개정 2009. 4. 20., 2011. 2. 14., 2016. 9. 29., 2016. 12. 27., 2018. 3. 6.〉

1. 「농어촌 등 보건의료를 위한 특별조치법」 제19조에 따라 보건진료 전담공무원으로서 하는 보건활동
2. 「모자보건법」 제10조제1항에 따른 모자보건전문가가 행하는 모자보건 활동
3. 「결핵예방법」 제18조에 따른 보건활동
4. 그 밖의 법령에 따라 간호사의 보건활동으로 정한 업무

제2조의2 명찰의 표시 내용 등

① 법 제4조제5항 본문에 따라 의료행위를 하는 사람의 신분을 알 수 있도록 명찰을 달도록 하는 경우에는 다음 각 호의 구분에 따른다.

1. 명찰의 표시 내용: 다음 각 목의 구분에 따른 사항을 포함할 것
   가. 의료인: 의료인의 종류별 명칭 및 성명. 다만, 법 제77조제1항에 따른 전문의의 경우에는 전문과목별 명칭 및 성명을 표시할 수 있다.
   나. 법 제27조제1항제3호에 따른 학생: 학생의 전공분야 명칭 및 성명
   다. 법 제80조에 따른 간호조무사: 간호조무사의 명칭 및 성명
   라. 「의료기사 등에 관한 법률」 제2조에 따른 의료기사: 의료기사의 종류별 명칭 및 성명
2. 명찰의 표시 방법: 의복에 표시 또는 부착하거나 목에 거는 방식 그 밖에 이에 준하는 방식으로 표시할 것
3. 명찰의 제작 방법: 인쇄, 각인(刻印), 부착, 자수(刺繡) 또는 이에 준하는 방법으로 만들 것
4. 명찰의 규격 및 색상: 명찰의 표시 내용을 분명하게 알 수 있도록 할 것

② 제1항에 따른 명찰의 표시 내용, 표시 방법, 제작 방법 및 명찰의 규격·색상 등에 필요한 세부 사항은 보건복지부장관이 정하여 고시한다.

③ 법 제4조제5항 단서에서 "대통령령으로 정하는 경우"란 다음 각 호의 어느 하나에 해당하는 시설 내에 있는 경우를 말한다.

1. 격리병실

2. 무균치료실

3. 제1호 또는 제2호와 유사한 시설로서 보건복지부장관이 병원감염 예방에 필요하다고 인정하여 고시하는 시설

[본조신설 2017. 2. 28.]

제3조 국가시험 등의 범위

① 법 제9조제1항에 따른 의사 · 치과의사 · 한의사 · 조산사(助産師) 또는 간호사 국가시험(이하 "국가시험"이라 한다)은 각각 의학 · 치의학 · 한방의학 · 조산학 · 간호학 및 보건의약 관계 법규에 관하여 의사 · 치과의사 · 한의사 · 조산사 또는 간호사로서 갖추어야 할 지식과 기능에 관하여 행한다.

② 법 제9조제1항에 따른 의사 · 치과의사 · 한의사 예비시험(이하 "예비시험"이라 한다)은 법 제5조제1항제3호에 해당하는 자격을 가진 자가 제1항에 따른 국가시험에 응시하는 데에 필요한 지식과 기능에 관하여 실시하되, 1차 시험과 2차 시험으로 구분하여 실시한다.

〈개정 2009. 4. 20.〉

③ 예비시험에 합격한 자는 다음 회의 국가시험부터 그 예비시험(1차 시험과 2차 시험을 포함한다)을 면제한다.

제4조 국가시험등의 시행 및 공고 등

① 보건복지부장관은 매년 1회 이상 국가시험과 예비시험(이하 "국가시험등"이라 한다)을 시행하여야 한다. 〈개정 2008. 2. 29., 2010. 3. 15.〉

② 보건복지부장관은 국가시험등의 관리에 관한 업무를 「한국보건의료인국가시험원법」에 따른 한국보건의료인국가시험원(이하 "국가시험등관리기관"이라 한다)이 시행하도록 한다.

〈개정 2015. 12. 22.〉

③ 국가시험등관리기관의 장은 국가시험등을 실시하려면 미리 보건복지부장관의 승인을 받아 시험 일시, 시험 장소, 시험과목, 응시원서 제출기간, 그 밖에 시험의 실시에 관하여 필요한 사항을 시험 실시 90일 전까지 공고하여야 한다. 다만, 시험장소는 지역별 응시인원이 확정된 후 시험 실시 30일 전까지 공고할 수 있다. 〈개정 2008. 2. 29., 2010. 3. 15., 2012. 5. 1.〉

제5조 시험과목 등

국가시험등의 시험과목, 시험방법, 합격자 결정방법, 그 밖에 시험에 관하여 필요한 사항은 보건복지부령으로 정한다. 〈개정 2008. 2. 29., 2010. 3. 15.〉

제6조 시험위원

국가시험등관리기관의 장은 국가시험등을 실시할 때마다 시험과목별로 전문지식을 갖춘 자 중
에서 시험위원을 위촉한다.

제7조 국가시험등의 응시 및 합격자 발표

① 국가시험등에 응시하려는 자는 국가시험등관리기관의 장이 정하는 응시원서를 국가시험등
   관리기관의 장에게 제출하여야 한다.
② 국가시험등관리기관의 장은 국가시험등의 합격자를 결정하여 발표한다.

제8조 면허증 발급

① 국가시험에 합격한 자는 합격자 발표 후 보건복지부령으로 정하는 서류를 첨부하여 보건복
   지부장관에게 면허증 발급을 신청하여야 한다.   〈개정 2008. 2. 29., 2010. 3. 15.〉
② 제1항에 따라 면허증 발급을 신청한 자에게는 그 종류별로 보건복지부령으로 정하는 바에
   따라 면허증을 발급한다.   〈개정 2008. 2. 29., 2010. 3. 15.〉

제9조 관계 기관 등에의 협조 요청

국가시험등관리기관의 장은 국가시험등의 관리 업무를 원활하게 수행하기 위하여 필요한 경우
에는 국가 · 지방자치단체 또는 관계 기관 · 단체에 시험 장소 및 시험 감독의 지원 등 필요한 협조
를 요청할 수 있다.

제9조의2 국가시험등 응시제한

법 제10조제3항에 따른 국가시험등의 응시제한 기준은 별표 1과 같다.
[본조신설 2017. 6. 20.]

제10조 면허 조건

① 법 제11조제1항에서 "특정 지역"이란 보건복지부장관이 정하는 보건의료 취약지를 말하고, "
   특정 업무"란 국 · 공립 보건의료기관의 업무와 국 · 공 · 사립 보건의학연구기관의 기초의학
   분야에 속하는 업무를 말한다.   〈개정 2008. 2. 29., 2010. 3. 15.〉
② 법 제11조제1항에 따라 특정 지역이나 특정 업무에 종사하는 의료인에게는 예산의 범위에서
   수당을 지급한다.
③ 법 제11조제1항에 따른 면허 조건의 이행 방법과 종사명령의 절차 등에 관하여 필요한 사항

은 보건복지부령으로 정한다. 〈개정 2008. 2. 29., 2010. 3. 15.〉

제10조의2 환자에 관한 기록 열람 등

법 제21조제3항제15호에서 "대통령령으로 정하는 공공기관"이란 「국민연금법」 제24조에 따른 국민연금공단을 말한다. 〈개정 2017. 6. 20.〉

[본조신설 2016. 9. 29.]

제10조의3 진료기록전송지원시스템 구축 · 운영 업무의 위탁

① 보건복지부장관은 법 제21조의2제4항 전단에 따라 같은 조 제3항에 따른 진료기록전송지원
시스템(이하 "진료기록전송지원시스템"이라 한다)의 구축 · 운영에 관한 업무를 다음 각 호
의 전문기관에 위탁할 수 있다.

1. 「공공기관의 운영에 관한 법률」 제4조에 따른 공공기관 중 그 설립목적이 보건의료 또
는 사회보장과 관련되는 공공기관

2. 위탁 업무 수행에 필요한 조직 · 인력 및 전문성 등을 고려하여 보건복지부장관이 정하여
고시하는 전문기관

② 보건복지부장관은 법 제21조의2제4항 전단에 따라 진료기록전송지원시스템의 구축 · 운영
업무를 위탁하려는 경우에는 그 위탁 기준 · 절차 및 방법 등에 관한 사항을 미리 공고하여야
한다.

③ 건복지부장관은 법 제21조의2제4항 전단에 따라 진료기록전송지원시스템의 구축 · 운영 업
무를 위탁한 경우에는 그 위탁 내용 및 수탁자 등에 관한 사항을 관보에 고시하고, 보건복지
부의 인터넷 홈페이지에 게재하여야 한다.

④ 법 제21조의2제4항 전단에 따라 진료기록전송지원시스템의 구축 · 운영 업무를 위탁받은 전
문기관은 사업운영계획, 사업집행현황, 자금운용계획 및 자금집행내역 등에 관한 사항을 보
건복지부장관에게 보고하여야 한다.

⑤ 제2항부터 제4항까지의 규정에 따른 위탁 기준 등의 공고, 위탁 내용 등의 고시 또는 위탁 업
무의 보고 등에 필요한 세부 사항은 보건복지부장관이 정하여 고시한다.

[본조신설 2017. 6. 20.]

제10조의4 진료기록전송지원시스템 보유 정보의 안전성 확보 조치

① 법 제21조의2제4항 전단에 따라 진료기록전송지원시스템의 구축 · 운영 업무를 위탁받은 전
문기관은 법 제21조의2제5항제1호에 따라 진료기록전송지원시스템이 보유한 정보의 안전성

확보를 위하여 다음 각 호의 조치를 하여야 한다.

1. 진료기록전송지원시스템이 보유한 정보의 안전성 확보를 위한 관리계획의 수립·시행

2. 진료기록전송지원시스템이 보유한 정보에 대한 접근 통제 및 접근 권한의 제한

3. 진료기록전송지원시스템에의 불법 접근을 차단하기 위한 방화벽·침입차단시스템 및 침입탐지시스템의 설치·운영

4. 진료기록전송지원시스템이 보유한 정보를 안전하게 저장·전송할 수 있는 암호화 기술 등의 개발·관리

5. 진료기록전송지원시스템이 보유한 정보에 대한 보안프로그램의 설치·갱신

6. 진료기록전송지원시스템에 대한 접속기록의 보관·관리

7. 진료기록전송지원시스템이 보유한 정보에 대한 위·변조 방지 프로그램 등의 설치·갱신

8. 진료기록전송지원시스템과 연결되어 운영되는 다른 정보시스템에 대한 보안체제의 마련·실시

9. 그 밖에 제1호부터 제8호까지의 규정에 준하는 조치로서 진료기록전송지원시스템의 보유 정보에 대한 안전성 확보를 위하여 보건복지부장관이 특히 필요하다고 인정하는 조치

② 제1항에 따른 진료기록전송지원시스템 보유 정보의 안전성 확보 조치에 필요한 세부 사항은 보건복지부장관이 정하여 고시한다.

[본조신설 2017. 6. 20.]

제10조의5 전자의무기록의 표준화

법 제23조의2제1항에 따라 보건복지부장관이 정하여 고시하는 표준의 대상은 다음 각 호와 같다.

1. 법 제23조제1항에 따른 전자의무기록(電子醫務記錄)(이하 "전자의무기록"이라 한다)의 서식·용어 및 내용 등에 관한 사항

2. 법 제23조제2항에 따라 전자의무기록의 안전한 관리·보존에 필요한 시설 및 장비에 관한 사항

3. 법 제23조의2제1항에 따른 전자의무기록시스템(이하 "전자의무기록시스템"이라 한다)의 구조·형태 및 기능 등에 관한 사항

4. 밖에 제1호부터 제3호까지의 규정에 준하는 대상으로서 전자의무기록의 효율적·통일적 관리·활용을 위하여 보건복지부장관이 특히 필요하다고 인정하는 대상

[본조신설 2017. 6. 20.]

제10조의6 전자의무기록시스템의 인증

① 전자의무기록시스템의 인증 기준은 다음 각 호와 같다.

　1. 법 제23조의2제1항에 따라 보건복지부장관이 정하여 고시하는 표준에 적합할 것

　2. 전자의무기록시스템 간 전자적 전송에 필요한 호환성이 확보될 것

　3. 전자의무기록시스템에 대한 관리적 · 기술적 · 물리적 정보 보안이 확보될 것

　4. 그 밖에 제1호부터 제3호까지의 규정에 준하는 기준으로서 전자의무기록시스템의 기능 · 구조 및 형태 등을 고려하여 보건복지부장관이 특히 필요하다고 인정하는 기준

② 법 제23조의2제2항에 따라 전자의무기록시스템의 인증을 받으려는 자는 전자의무기록시스템 인증 신청서(전자문서로 된 신청서를 포함한다)에 다음 각 호의 서류(전자문서로 된 서류를 포함한다)를 첨부하여 보건복지부장관에게 제출하여야 한다.

　1. 제1항에 따른 인증 기준에 적합함을 증명하는 서류

　2. 전자의무기록시스템 설계서

　3. 전자의무기록시스템 설명서 및 성능진단 결과서

　4. 그 밖에 제1호부터 제3호까지의 규정에 준하는 서류로서 전자의무기록시스템의 인증을 위하여 보건복지부장관이 특히 필요하다고 인정하여 고시하는 서류

③ 보건복지부장관은 제2항에 따른 인증 신청의 전문적 검토를 위하여 필요하다고 인정하는 경우에는 보건의료 또는 정보통신 관련 기관 · 법인 · 단체 또는 전문가 등에게 자료 또는 의견의 제출을 요청할 수 있다.

④ 보건복지부장관은 제2항에 따른 인증 신청에 대하여 그 인증 여부를 결정한 경우에는 신청인에게 서면으로 그 결과를 알려야 한다.

⑤ 보건복지부장관은 법 제23조의2제2항에 따라 전자의무기록시스템의 인증을 한 경우에는 신청인에게 인증서를 발급하고, 그 인증 내용을 보건복지부의 인터넷 홈페이지 등에 게재하여야 한다.

⑥ 제1항부터 제5항까지에서 규정한 사항 외에 전자의무기록시스템의 인증 기준, 인증 절차, 인증 방법 및 변경 인증 등에 필요한 세부 사항은 보건복지부장관이 정하여 고시한다.

[본조신설 2017. 6. 20.]

제10조의7 전자의무기록시스템의 인증 표시

① 법 제23조의2제2항에 따라 전자의무기록시스템의 인증을 받은 자는 같은 조 제3항 전단에 따라 인증의 내용을 표시하려는 경우에는 그 표시 내용, 표시 크기, 표시 색상 및 표시 도안 등에 관하여 보건복지부장관이 정하여 고시하는 기준에 따라 표시하여야 한다.

② 보건복지부장관은 법 제23조의2제3항 전단에 따른 인증 내용의 표시 사항에 대하여 그 보완이나 개선이 필요하다고 인정하는 경우에는 전자의무기록시스템의 인증을 받은 자에 대하여 그 보완이나 개선에 필요한 사항을 권고할 수 있다.

[본조신설 2017. 6. 20.]

제10조의8 의료행위에 관한 설명

① 법 제24조의2제1항 본문에 따라 의사·치과의사 또는 한의사가 환자(환자가 의사결정능력이 없는 경우 환자의 법정대리인을 말한다. 이하 이 조에서 같다)로부터 받는 동의서에는 해당 환자의 서명 또는 기명날인이 있어야 한다.

② 법 제24조의2제4항에 따라 의사·치과의사 또는 한의사가 수술·수혈 또는 전신마취의 방법·내용 등의 변경 사유 및 변경 내용을 환자에게 서면으로 알리는 경우 환자의 보호를 위하여 필요하다고 인정하는 때에는 보건복지부장관이 정하는 바에 따라 구두의 방식을 병행하여 설명할 수 있다.

③ 의사·치과의사 또는 한의사는 법 제24조의2제1항 본문에 따른 서면의 경우에는 환자의 동의를 받은 날, 같은 조 제4항에 따른 서면은 환자에게 알린 날을 기준으로 각각 2년간 보존·관리하여야 한다.

[본조신설 2017. 6. 20.]

제11조 신고

① 법 제25조제1항에 따라 의료인은 그 실태와 취업상황 등을 제8조 또는 법 제65조에 따라 면허증을 발급 또는 재발급 받은 날부터 매 3년이 되는 해의 12월 31일까지 보건복지부장관에게 신고하여야 한다. 다만, 법률 제10609호 의료법 일부개정법률 부칙 제2조제1항에 따라 신고를 한 의료인의 경우에는 그 신고한 날부터 매 3년이 되는 해의 12월 31일까지 신고하여야 한다.

② 법 제25조제3항에 따라 보건복지부장관은 제1항에 따른 신고 수리 업무를 법 제28조에 따른 의사회·치과의사회·한의사회·조산사회 및 간호사회(이하 "중앙회"라 한다)에 위탁한다.

③ 제1항에 따른 신고의 방법 및 절차 등에 관하여 필요한 사항은 보건복지부령으로 정한다.

[전문개정 2012. 4. 27.]

제11조의2 윤리위원회의 구성

① 법 제28조제7항에 따른 윤리위원회(이하 "윤리위원회"라 한다)는 위원장 1명을 포함한 11명

의 위원으로 구성한다.

② 위원장은 위원 중에서 각 중앙회의 장이 위촉한다.

③ 위원은 다음 각 호의 사람 중에서 각 중앙회의 장이 성별을 고려하여 위촉하되, 제2호에 해당하는 사람이 4명 이상 포함되어야 한다. 〈개정 2017. 3. 20.〉

1. 각 중앙회 소속 회원으로서 의료인 경력이 10년 이상인 사람

2. 의료인이 아닌 사람으로서 법률, 보건, 언론, 소비자 권익 등에 관하여 경험과 학식이 풍부한 사람

④ 위원의 임기는 3년으로 하며, 한 번만 연임할 수 있다.

[본조신설 2012. 4. 27.]

제11조의3 윤리위원회의 운영 등

① 윤리위원회는 다음 각 호의 사항을 심의 · 의결한다.

1. 법 제66조의2에 따른 자격정지 처분 요구에 관한 사항

2. 각 중앙회 소속 회원에 대한 자격심사 및 징계에 관한 사항

3. 그 밖에 회원의 윤리 확립을 위해 필요한 사항으로서 각 중앙회의 정관으로 정하는 사항

② 윤리위원회의 회의는 위원장이 필요하다고 인정하는 경우나 각 중앙회의 장 또는 재적위원 3분의 1 이상이 요청하는 경우에 위원장이 소집한다. 이 경우 위원장은 회의 개최 7일 전까지 회의의 일시, 장소 및 안건을 각 위원에게 통보하여야 한다.

③ 윤리위원회의 회의는 재적위원 3분의 2 이상의 출석으로 개의(開議)하고, 출석위원 3분의 2 이상의 찬성으로 의결한다. 다만, 제1항제2호 및 제3호의 사항에 관한 정족수는 각 중앙회의 정관으로 달리 정할 수 있다.

④ 윤리위원회의 위원장은 제1항제1호 및 제2호의 사항에 관하여 심의 · 의결하려는 경우에는 해당 안건의 당사자에게 구술 또는 서면(전자문서를 포함한다)으로 의견을 진술할 기회를 주어야 한다.

⑤ 윤리위원회는 소관 심의 · 의결 사항을 전문적으로 검토하기 위하여 필요한 경우 보건복지부장관이 정하는 기준에 따라 분야별 전문자문단을 구성 · 운영할 수 있다. 〈신설 2017. 3. 20.〉

⑥ 제1항부터 제5항까지에서 규정한 사항 외에 윤리위원회 또는 제5항에 따른 분야별 전문자문단의 운영에 필요한 사항은 각 중앙회의 정관으로 정한다. 〈개정 2017. 3. 20.〉

[본조신설 2012. 4. 27.]

제11조의4 윤리위원회 위원의 제척 등

① 윤리위원회의 위원은 다음 각 호의 어느 하나에 해당하는 경우 윤리위원회의 심의ㆍ의결에서 제척된다.

　　1. 위원이 윤리위원회의 심의ㆍ의결 안건(이하 이 조에서 "해당 안건"이라 한다)의 당사자인 경우

　　2. 위원이 해당 안건의 당사자와 친족이거나 친족이었던 경우

　　3. 위원이 해당 안건의 당사자가 최근 3년 이내에 소속되어 있었던 기관에 종사하거나 종사하였던 경우

② 해당 안건의 당사자는 위원에게 제1항의 제척사유가 있거나 그 밖에 심의ㆍ의결의 공정을 기대하기 어려운 사정이 있는 경우에는 그 사유를 서면으로 밝혀 윤리위원회에 기피신청을 할 수 있다.

③ 윤리위원회는 제2항에 따른 기피신청을 받은 경우 재적위원 과반수의 출석과 출석위원 과반수의 찬성으로 기피 여부를 의결한다. 이 경우 기피신청을 당한 위원은 그 의결에 참여하지 못한다.

④ 윤리위원회의 위원은 제1항 또는 제2항의 사유에 해당하는 경우 스스로 심의ㆍ의결에서 회피할 수 있다.

[본조신설 2012. 4. 27.]

제12조 중앙회의 설립 허가신청

법 제29조제1항에 따라 중앙회 설립 허가를 받으려면 다음 각 호의 서류를 갖추어 보건복지부장관에게 제출하여야 한다. 〈개정 2008. 2. 29., 2010. 3. 15.〉

　　1. 정관

　　2. 사업계획서

　　3. 자산명세서

　　4. 설립결의서

　　5. 설립대표자의 선출 경위에 관한 서류

　　6. 임원의 취임승낙서와 이력서

제13조 정관의 기재 사항 등

법 제29조제2항에 따라 중앙회의 정관에 적어야 할 사항은 다음과 같다. 〈개정 2012. 4. 27.〉

　　1. 목적

2. 명칭

3. 중앙회ㆍ지부ㆍ분회의 소재지

4. 재산 또는 회계와 그 밖에 관리ㆍ운영에 관한 사항

5. 임원의 선임(選任)에 관한 사항

6. 회원의 자격 및 징계에 관한 사항

7. 정관 변경에 관한 사항

8. 공고 방법에 관한 사항

9. 윤리위원회의 운영 등에 관한 사항

제14조 정관 변경의 허가신청

법 제29조제3항에 따라 중앙회가 정관 변경의 허가를 받으려면 다음 각 호의 서류를 갖추어 보건복지부장관에게 제출하여야 한다. 〈개정 2008. 2. 29., 2010. 3. 15.〉

1. 정관 변경의 내용과 그 이유를 적은 서류

2. 정관 변경에 관한 회의록

3. 신구 정관대조표와 그 밖의 참고서류

제15조 중앙회의 지부

법 제28조제5항에 따라 중앙회는 그 설립등기를 끝낸 날부터 3주일 이내에 특별시ㆍ광역시ㆍ도와 특별자치도에 각각 지부를 설치하여야 한다. 다만, 외국에 두는 의사회 지부는 이에 관한 정관 변경허가를 받은 날부터 10주일 이내에 설치하여야 한다.

제16조 의료법인 등의 의료기관 개설을 위한 정관변경 허가 등

① 법 제33조제2항제3호에 따른 의료법인(이하 "의료법인"이라 한다) 및 같은 항 제4호에 따른 비영리법인이 같은 조 제9항 전단에 따라 법인 설립허가 또는 정관 변경허가를 받으려는 경우에는 다음 각 호의 구분에 따른 서류를 주무관청에 제출하여야 한다.

1. 법인 설립허가를 받으려는 경우: 다음 각 목의 서류

가. 의료기관의 개설ㆍ운영이 목적사업에 해당한다는 사실과 의료기관의 소재지가 반영된 정관안

나. 의료기관 개설ㆍ운영을 위한 사업계획서 및 자금조달계획서

다. 의료기관의 시설ㆍ장비 및 인력 등의 확보 계획서

라. 법 제33조제2항제4호에 따른 비영리법인이 법인 설립허가 시 관계 법령에 따라 필요한

서류(비영리법인만 해당한다)

    마. 법 제48조제1항에 따른 의료법인 설립허가에 필요한 서류(의료법인만 해당한다)

    바. 그 밖에 의료기관의 개설·운영과 관련하여 보건복지부장관이 필요하다고 인정하여 고시하는 서류

2. 정관 변경허가를 받으려는 경우: 다음 각 목의 서류

    가. 의료기관의 개설·운영이 목적사업에 해당한다는 사실과 의료기관의 소재지가 반영된 정관변경안

    나. 제1호나목 및 다목의 서류

    다. 법 제33조제2항제4호에 따른 비영리법인이 정관 변경허가 시 관계 법령에 따라 필요한 서류(비영리법인만 해당한다)

    라. 법 제48조제3항에 따른 정관 변경허가에 필요한 서류(의료법인만 해당한다)

    마. 그 밖에 의료기관의 개설·운영과 관련하여 보건복지부장관이 필요하다고 인정하여 고시하는 서류

② 제1항 각 호의 서류(제1호라목·마목 및 제2호다목·라목은 제외한다)에 대한 작성기준, 작성방법 및 세부내용 등에 관한 사항은 보건복지부장관이 정하여 고시한다.

[본조신설 2016. 9. 29.]

제17조 삭제 〈2012. 4. 27.〉

제17조의2 폐업·휴업 시 조치사항

시장·군수·구청장(자치구의 구청장을 말한다. 이하 같다)은 법 제40조제1항에 따라 의료업의 폐업 또는 휴업 신고를 받은 경우에는 같은 조 제5항에 따라 다음 각 호의 사항에 대한 확인 조치를 하여야 한다.

1. 법 제16조제1항에 따라 의료기관에서 나온 세탁물의 적정한 처리를 완료하였는지 여부

2. 법 제40조제2항에 따라 법 제22조제1항에 따른 진료기록부등(전자의무기록을 포함한다)을 적정하게 넘겼거나 직접 보관하고 있는지 여부

3. 법 제40조제4항에 따라 환자의 권익 보호를 위한 조치를 하였는지 여부

4. 그 밖에 제1호부터 제3호까지의 규정에 준하는 사항으로서 의료업의 폐업 또는 휴업의 적정한 관리를 위하여 보건복지부장관이 특히 필요하다고 인정하는 사항

[본조신설 2017. 6. 20.]

제18조 삭제 〈2017. 6. 20.〉

제19조 의료법인의 설립허가신청

법 제48조제1항에 따라 의료법인을 설립하려는 자는 보건복지부령으로 정하는 의료법인설립허가신청서 및 관계 서류를 그 법인의 주된 사무소의 소재지를 관할하는 특별시장·광역시장·도지사 또는 특별자치도지사(이하 "시·도지사"라 한다)에게 제출하여야 한다.

〈개정 2008. 2. 29., 2010. 3. 15., 2018. 9. 28.〉

제20조 의료법인 등의 사명

의료법인과 법 제33조제2항제4호에 따라 의료기관을 개설한 비영리법인은 의료업(법 제49조에 따라 의료법인이 하는 부대사업을 포함한다)을 할 때 공중위생에 이바지하여야 하며, 영리를 추구하여서는 아니 된다.

제21조 재산 처분 또는 정관 변경의 허가신청

법 제48조제3항에 따라 의료법인이 재산 처분이나 정관 변경에 대한 허가를 받으려면 보건복지부령으로 정하는 허가신청서 및 관계 서류를 그 법인의 주된 사무소의 소재지를 관할하는 시·도지사에게 제출하여야 한다. 다만, 법률 제4732호 의료법중개정법률 부칙 제11조에 해당하는 국가로부터 공공차관을 지원받은 의료법인의 경우에는 이를 시·도지사를 거쳐 보건복지부장관에게 제출하여야 한다. 〈개정 2008. 2. 29., 2010. 3. 15., 2018. 9. 28.〉

제22조 의료정보시스템 사업

법 제49조제1항제6호에서 "대통령령으로 정하는 사업"이란 다음 각 호의 사업을 말한다.

〈개정 2017. 6. 20.〉

1. 전자의무기록을 작성·관리하기 위한 시스템의 개발·운영사업
2. 전자처방전을 작성·관리하기 위한 시스템의 개발·운영사업
3. 영상기록을 저장·전송하기 위한 시스템의 개발·운영사업

제22조의2 대한민국의학한림원 운영 등

① 법 제52조의2제1항에 따른 대한민국의학한림원(이하 "한림원"이라 한다)의 사업연도는 정부의 회계연도에 따른다.

② 한림원은 보건복지부장관이 정하는 바에 따라 사업추진계획, 사업추진현황, 자금운용계획

및 자금집행내역 등에 관한 사항을 보건복지부장관에게 보고하여야 한다.

③ 한림원은 다양한 분야의 의료인과 관계 전문가 등이 그 조직 운영 및 업무수행 등에 균형있게 참여할 수 있도록 필요한 조치를 강구·시행하여야 한다.

[본조신설 2016. 9. 29.]

제23조 의료광고의 금지 기준

① 법 제56조제2항에 따라 금지되는 의료광고의 구체적인 기준은 다음 각 호와 같다.

〈개정 2008. 12. 3., 2010. 1. 27., 2012. 4. 27., 2017. 2. 28., 2018. 9. 28.〉

1. 법 제53조에 따른 신의료기술평가를 받지 아니한 신의료기술에 관하여 광고하는 것

2. 특정 의료기관·의료인의 기능 또는 진료 방법이 질병 치료에 반드시 효과가 있다고 표현하거나 환자의 치료경험담이나 6개월 이하의 임상경력을 광고하는 것

3. 의료인, 의료기관, 의료서비스 및 의료 관련 각종 사항에 대하여 객관적인 사실과 다른 내용 등 거짓된 내용을 광고하는 것

4. 특정 의료기관 개설자, 의료기관의 장 또는 의료인(이하 "의료인등"이라 한다)이 수행하거나 광고하는 기능 또는 진료 방법이 다른 의료인등의 것과 비교하여 우수하거나 효과가 있다는 내용으로 광고하는 것

5. 다른 의료인등을 비방할 목적으로 해당 의료인등이 수행하거나 광고하는 기능 또는 진료 방법에 관하여 불리한 사실을 광고하는 것

6. 의료인이 환자를 수술하는 장면이나 환자의 환부(患部) 등을 촬영한 동영상·사진으로서 일반인에게 혐오감을 일으키는 것을 게재하여 광고하는 것

7. 의료인등의 의료행위나 진료 방법 등을 광고하면서 예견할 수 있는 환자의 안전에 심각한 위해(危害)를 끼칠 우려가 있는 부작용 등 중요 정보를 빠뜨리거나 글씨 크기를 작게 하는 등의 방법으로 눈에 잘 띄지 않게 광고하는 것

8. 의료인, 의료기관, 의료서비스 및 의료 관련 각종 사항에 대하여 객관적인 사실을 과장하는 내용으로 광고하는 것

9. 법적 근거가 없는 자격이나 명칭을 표방하는 내용을 광고하는 것

10. 특정 의료기관·의료인의 기능 또는 진료 방법에 관한 기사나 전문가의 의견을 「신문 등의 진흥에 관한 법률」 제2조에 따른 신문·인터넷신문 또는 「잡지 등 정기간행물의 진흥에 관한 법률」에 따른 정기간행물이나 「방송법」 제2조제1호에 따른 방송에 싣거나 방송하면서 특정 의료기관·의료인의 연락처나 약도 등의 정보도 함께 싣거나 방송하여 광고하는 것

11. 법 제57조제1항에 따라 심의 대상이 되는 의료광고를 심의를 받지 아니하고 광고하거나 심의 받은 내용과 다르게 광고하는 것

12. 외국인환자를 유치할 목적으로 법 제27조제3항에 따른 행위를 하기 위하여 국내광고 하는 것

13. 법 제45조에 따른 비급여 진료비용의 할인·면제 금액, 대상, 기간이나 범위 또는 할인·면제 이전의 비급여 진료비용에 대하여 허위 또는 불명확한 내용이나 정보 등을 게재하여 광고하는 것

14. 각종 상장·감사장 등을 이용하여 광고하는 것 또는 인증·보증·추천을 받았다는 내용을 사용하거나 이와 유사한 내용을 표현하여 광고하는 것. 다만, 법 제56조제2항제14호 각 목의 어느 하나에 해당하는 경우는 제외한다.

② 법 제56조제2항제14호라목에서 "세계보건기구와 협력을 맺은 국제평가기구로부터 받은 인증을 표시한 광고 등 대통령령으로 정하는 광고"란 다음 각 호의 어느 하나에 해당하는 광고를 말한다. 〈신설 2018. 9. 28.〉

1. 세계보건기구와 협력을 맺은 국제평가기구로부터 받은 인증을 표시한 광고

2. 국제의료질관리학회(The International Society for Quality in Health Care)로부터 인증을 받은 각국의 인증기구의 인증을 표시한 광고

③ 보건복지부장관은 의료인등 자신이 운영하는 인터넷 홈페이지에 의료광고를 하는 경우에 제1항에 따라 금지되는 의료광고의 세부적인 기준을 정하여 고시할 수 있다.

〈개정 2008. 2. 29., 2010. 3. 15., 2018. 9. 28.〉

제24조 의료광고의 심의

① 법 제57조제1항제4호에서 "대통령령으로 정하는 인터넷 매체"란 다음 각 호의 매체를 말한다. 〈개정 2012. 4. 27.〉

1. 「신문 등의 진흥에 관한 법률」 제2조제5호에 따른 인터넷뉴스서비스

2. 「방송법」 제2조제3호에 따른 방송사업자가 운영하는 인터넷 홈페이지

3. 「방송법」 제2조제3호에 따른 방송사업자의 방송프로그램을 주된 서비스로 하여 '방송', 'TV' 또는 '라디오' 등의 명칭을 사용하면서 인터넷을 통하여 제공하는 인터넷 매체

4. 「정보통신망 이용촉진 및 정보보호 등에 관한 법률」 제2조제1항제3호에 따른 정보통신서비스 제공자 중 전년도 말 기준 직전 3개월 간 일일 평균 이용자 수가 10만명 이상인 자가 운영하는 인터넷 매체

② 법 제57조제1항제5호에서 "대통령령으로 정하는 광고매체"란 전년도 말 기준 직전 3개월 간 일일 평균 이용자 수가 10만명 이상인 사회 관계망 서비스(Social Network Service)를 제공하

는 광고매체를 말한다. 〈개정 2018. 9. 28.〉

③ 법 제57조제2항 각 호에 따른 기관 또는 단체는 자율심의를 위하여 다음 각 호의 조직 등을 모두 갖추어야 한다. 〈개정 2018. 9. 28.〉

　　1. 법 제57조 및 제57조의3에 따른 의료광고의 심의 및 모니터링에 관한 업무를 처리할 수 있는 1개 이상의 전담부서와 3명 이상의 상근인력(의료 또는 광고 관련 학식과 경험이 풍부한 사람이 포함되어야 한다)

　　2. 법 제57조 및 제57조의3에 따른 의료광고의 심의 및 모니터링에 관한 업무를 처리할 수 있는 전산장비와 사무실

④ 법 제57조제2항제2호에서 "대통령령으로 정하는 기준을 충족하는 단체"란 다음 각 호의 기준을 모두 갖춘 소비자단체를 말한다. 〈신설 2018. 9. 28.〉

　　1. 「소비자기본법」 제29조에 따라 공정거래위원회에 등록할 것

　　2. 단체의 설립 목적 및 업무범위에 의료 또는 광고 관련 내용을 포함할 것

⑤ 법 제57조제2항에 따라 신고하려는 기관 또는 단체는 보건복지부령으로 정하는 신고서 및 관계 서류를 보건복지부장관에게 제출하여야 한다. 〈신설 2018. 9. 28.〉

⑥ 보건복지부장관은 제5항에 따라 제출받은 신고 현황을 보건복지부 인터넷 홈페이지에 공개하여야 한다. 〈신설 2018. 9. 28.〉

⑦ 법 제57조제3항제4호에서 "대통령령으로 정하는 사항"이란 다음 각 호의 사항을 말한다.
〈신설 2018. 9. 28.〉

　　1. 의료기관 개설자 및 개설연도

　　2. 의료기관의 인터넷 홈페이지 주소

　　3. 의료기관의 진료일 및 진료시간

　　4. 의료기관이 법 제3조의5제1항에 따라 전문병원으로 지정받은 사실

　　5. 의료기관이 법 제58조제1항에 따라 의료기관 인증을 받은 사실

　　6. 의료기관 개설자 또는 소속 의료인이 법 제77조제1항에 따라 전문의 자격을 인정받은 사실 및 그 전문과목

[제목개정 2018. 9. 28.]

제25조 삭제 〈2018. 9. 28.〉

제26조 삭제 〈2018. 9. 28.〉

제27조 **삭제 〈2018. 9. 28.〉**

제27조의2 **삭제 〈2018. 9. 28.〉**

제28조 **삭제 〈2018. 9. 28.〉**

제28조의2 **삭제 〈2018. 9. 28.〉**

제29조 **의료기관 인증업무의 위탁**

① 법 제58조제2항에 따라 보건복지부장관은 의료기관 인증을 목적으로 보건복지부장관의 허가를 받아 설립된 비영리법인(이하 이 조에서 "인증전담기관"이라 한다)에 다음 각 호의 업무를 위탁한다.　　　　　　　　　　　　　　　　　　　　　　　〈개정 2018. 9. 28.〉

1. 법 제58조의3제1항에 따른 인증기준 개발

2. 법 제58조의3제2항에 따른 인증기준의 충족 여부 평가

3. 법 제58조의3제3항에 따른 평가결과와 인증등급의 통보

4. 법 제58조의3제6항에 따른 조건부인증을 받은 의료기관에 대한 재인증

5. 법 제58조의4제1항 및 제2항에 따른 인증신청의 접수

6. 법 제58조의5에 따른 이의신청의 접수 및 처리 결과의 통보

7. 법 제58조의6제1항에 따른 인증서 교부

8. 법 제58조의7제1항에 따른 인증을 받은 의료기관의 인증기준, 인증 유효기간 및 법 제58조의3제2항에 따라 평가한 결과 등의 인터넷 홈페이지 등에의 공표

② 인증전담기관의 장은 위탁받은 업무의 처리 내용을 보건복지부령으로 정하는 바에 따라 보건복지부장관에게 보고하여야 한다.

[전문개정 2011. 1. 24.]

제30조 **의료기관인증위원회의 구성**

법 제58조의2제1항에 따른 의료기관인증위원회(이하 "인증위원회"라 한다)의 위원은 다음 각 호의 구분에 따라 보건복지부장관이 임명하거나 위촉한다.　　　　　　　　　　〈개정 2018. 9. 28.〉

1. 법 제28조에 따른 의료인 단체 및 법 제52조에 따른 의료기관단체에서 추천하는 사람 5명

2. 노동계, 시민단체(「비영리민간단체지원법」 제2조에 따른 비영리민간단체를 말한다), 소비자단체(「소비자기본법」 제29조에 따른 소비자단체를 말한다)에서 추천하는 사람 5명

3. 보건의료 또는 의료기관 시설물 안전진단에 관한 학식과 경험이 풍부한 사람 3명

4. 보건복지부 소속 3급 이상 공무원 또는 고위공무원단에 속하는 공무원 1명

[전문개정 2011. 1. 24.]

제31조 위원의 임기

① 제30조제1호부터 제3호까지의 위원의 임기는 2년으로 한다.

② 위원의 사임 등으로 새로 위촉된 위원의 임기는 전임 위원 임기의 남은 기간으로 한다.

[전문개정 2011. 1. 24.]

제31조의2 인증위원회 위원의 해임 및 해촉

보건복지부장관은 인증위원회 위원이 다음 각 호의 어느 하나에 해당하는 경우에는 해당 위원을 해임하거나 해촉할 수 있다.

1. 심신장애로 인하여 직무를 수행할 수 없게 된 경우

2. 직무와 관련된 비위사실이 있는 경우

3. 직무태만, 품위손상, 그 밖의 사유로 인하여 위원으로 적합하지 아니하다고 인정되는 경우

4. 위원 스스로 직무를 수행하는 것이 곤란하다고 의사를 밝히는 경우

[본조신설 2016. 9. 29.]

[종전 제31조의2는 제31조의3으로 이동 〈2016. 9. 29.〉]

제31조의3 인증위원회의 운영

① 위원장은 인증위원회를 대표하고 인증위원회의 업무를 총괄한다.

② 인증위원회의 회의는 재적위원 3분의 1 이상의 요구가 있는 때 또는 위원장이 필요하다고 인정하는 때에 소집하고, 위원장이 그 의장이 된다.

③ 인증위원회의 회의는 재적위원 과반수의 출석으로 개의(開議)하고 출석위원 과반수의 찬성으로 의결한다.

④ 위원장이 부득이한 사유로 직무를 수행할 수 없을 때에는 위원장이 미리 지명한 위원이 그 직무를 대행한다.

⑤ 제1항부터 제4항까지에서 규정한 사항 외에 인증위원회의 운영 등에 필요한 사항은 인증위원회의 의결을 거쳐 위원장이 정한다.

[본조신설 2011. 1. 24.]

[제31조의2에서 이동, 종전 제31조의3은 제31조의4로 이동 〈2016. 9. 29.〉]

제31조의4 간사

① 인증위원회에 인증위원회의 사무를 처리하기 위하여 간사 1명을 둔다.

② 간사는 보건복지부 소속 공무원 중에서 보건복지부장관이 지명한다.

[본조신설 2011. 1. 24.]

[제31조의3에서 이동, 종전 제31조의4는 제31조의5로 이동 〈2016. 9. 29.〉]

제31조의5 수당 등

인증위원회의 회의에 출석한 공무원이 아닌 위원에게는 예산의 범위에서 수당 및 여비를 지급할 수 있다.

[본조신설 2011. 1. 24.]

[제31조의4에서 이동 〈2016. 9. 29.〉]

제31조의6 간호인력 취업교육센터 운영의 위탁

① 보건복지부장관은 법 제60조의3제2항에 따라 같은 조 제1항에 따른 간호인력 취업교육센터(이하 "간호인력 취업교육센터"라 한다)의 운영을 다음 각 호의 전문기관 또는 단체에 위탁할 수 있다.

  1. 법 제28조제1항 또는 제5항에 따른 간호사회 또는 간호사회의 지부

  2. 「공공기관의 운영에 관한 법률」 제4조에 따른 공공기관 중 그 설립 목적이 보건의료와 관련되는 공공기관

  3. 그 밖에 위탁 업무 수행에 필요한 조직·인력 및 전문성 등을 고려하여 보건복지부장관이 고시하는 전문기관 또는 단체

② 보건복지부장관은 법 제60조의3제2항에 따라 간호인력 취업교육센터의 운영을 위탁하려는 경우에는 그 위탁 기준·절차 및 방법 등에 관한 사항을 미리 공고하여야 한다.

③ 보건복지부장관은 법 제60조의3제2항에 따라 간호인력 취업교육센터의 운영을 위탁한 경우에는 그 위탁 내용 및 수탁자 등에 관한 사항을 관보에 고시하고, 보건복지부 인터넷 홈페이지에 게시하여야 한다.

④ 법 제60조의3제2항에 따라 간호인력 취업교육센터의 운영을 위탁받은 전문기관 또는 단체는 보건복지부장관이 정하는 바에 따라 사업운영계획, 사업집행현황, 자금운용계획 및 자금집행내역 등에 관한 사항을 보건복지부장관에게 보고하여야 한다.

⑤ 제2항부터 제4항까지의 규정에 따른 위탁 기준 등의 공고, 위탁 내용 등의 고시 또는 위탁 업무의 보고 등에 필요한 세부사항은 보건복지부장관이 정하여 고시한다.

[본조신설 2016. 9. 29.]

제31조의7 위반사실의 공표 및 정정광고

① 보건복지부장관 또는 시장·군수·구청장은 법 제63조제2항제2호 또는 제3호에 따라 의료인등에 대하여 위반사실의 공표 또는 정정광고를 명할 때에는 다음 각 호의 사항을 고려하여 공표 또는 정정광고의 내용과 횟수·크기·매체 등을 정하여 명하여야 한다.

1. 위반행위의 내용 및 정도

2. 위반행위의 기간 및 횟수

② 보건복지부장관 또는 시장·군수·구청장은 제1항에 따라 위반사실의 공표 또는 정정광고를 명할 때에는 법 제57조의2제2항 각 호에 따른 심의위원회와 협의하여 공표 또는 정정광고의 내용과 횟수·크기·매체 등을 정할 수 있다.

[본조신설 2018. 9. 28.]

제32조 의료인의 품위 손상 행위의 범위

① 법 제66조제2항에 따른 의료인의 품위 손상 행위의 범위는 다음 각 호와 같다.

〈개정 2015. 9. 15.〉

1. 학문적으로 인정되지 아니하는 진료행위(조산 업무와 간호 업무를 포함한다. 이하 같다)

2. 비도덕적 진료행위

3. 거짓 또는 과대 광고행위

3의2. 「방송법」 제2조제1호에 따른 방송, 「신문 등의 진흥에 관한 법률」 제2조제1호·제2호에 따른 신문·인터넷신문 또는 「잡지 등 정기간행물의 진흥에 관한 법률」 제2조제1호에 따른 정기간행물의 매체에서 다음 각 목의 건강·의학정보(의학, 치의학, 한의학, 조산학 및 간호학의 정보를 말한다. 이하 같다)에 대하여 거짓 또는 과장하여 제공하는 행위

　가. 「식품위생법」 제2조제1호에 따른 식품에 대한 건강·의학정보

　나. 「건강기능식품에 관한 법률」 제3조제1호에 따른 건강기능식품에 대한 건강·의학정보

　다. 「약사법」 제2조제4호부터 제7호까지의 규정에 따른 의약품, 한약, 한약제제 또는 의약외품에 대한 건강·의학정보

　라. 「의료기기법」 제2조제1항에 따른 의료기기에 대한 건강·의학정보

　마. 「화장품법」 제2조제1호부터 제3호까지의 규정에 따른 화장품, 기능성화장품 또는

유기농화장품에 대한 건강·의학정보

4. 불필요한 검사·투약(投藥)·수술 등 지나친 진료행위를 하거나 부당하게 많은 진료비를 요구하는 행위

5. 전공의(專攻醫)의 선발 등 직무와 관련하여 부당하게 금품을 수수하는 행위

6. 다른 의료기관을 이용하려는 환자를 영리를 목적으로 자신이 종사하거나 개설한 의료기관으로 유인하거나 유인하게 하는 행위

7. 자신이 처방전을 발급하여 준 환자를 영리를 목적으로 특정 약국에 유치하기 위하여 약국개설자나 약국에 종사하는 자와 담합하는 행위

② 삭제 〈2012. 4. 27.〉

제33조 중앙회의 자격정지 처분 요구

법 제66조의2에 따른 자격정지 처분 요구는 윤리위원회의 회의 개최 일시 및 장소와 자격정지 처분 요구의 이유 및 근거 등을 기재한 서류를 보건복지부장관에게 제출하는 방식으로 한다.

[전문개정 2012. 4. 27.]

제34조 삭제 〈2012. 4. 27.〉

제35조 삭제 〈2012. 4. 27.〉

제36조 삭제 〈2012. 4. 27.〉

제37조 삭제 〈2012. 4. 27.〉

제38조 삭제 〈2012. 4. 27.〉

제39조 삭제 〈2012. 4. 27.〉

제40조 간호조무사 교육훈련기관 지정을 위한 평가업무 위탁

① 보건복지부장관은 법 제80조제2항 후단에 따라 간호조무사 교육훈련기관의 지정을 위한 평가업무를 다음 각 호의 기관에 위탁할 수 있다.

1. 「공공기관의 운영에 관한 법률」 제4조에 따른 공공기관 중 그 설립 목적이 보건의료 또

는 인력개발과 관련되는 공공기관

2. 위탁업무 수행에 필요한 조직·인력 및 전문성 등을 갖춘 전문기관으로서 보건복지부장관이 정하여 고시하는 기관

② 보건복지부장관은 법 제80조제2항 후단에 따라 간호조무사 교육훈련기관 지정을 위한 평가 업무를 위탁하는 경우 위탁 기준 등의 공고, 위탁 내용 등의 고시 또는 위탁 업무의 보고 등에 관하여는 제31조의6제2항부터 제5항까지의 규정을 준용한다.

[본조신설 2016. 12. 27.]

제41조 간호조무사 교육훈련기관 지정 취소사유

법 제80조제3항에서 "거짓이나 그 밖의 부정한 방법으로 지정받는 등 대통령령으로 정하는 사유"란 다음 각 호의 사유를 말한다.

1. 거짓이나 그 밖의 부정한 방법으로 지정받는 경우

2. 간호조무사 교육훈련기관의 지정 기준에 미달하는 경우

3. 정당한 사유 없이 교육훈련 업무를 거부하거나 3개월 이상 교육훈련을 실시하지 아니한 경우

4. 거짓이나 그 밖의 부정한 방법으로 교육훈련 졸업증명서 또는 이수증명서를 발급한 경우

5. 교육과정 및 교육내용이 법령에 위반되거나 교육훈련기관의 지정 목적을 달성하기 어렵다고 인정되는 경우

[본조신설 2016. 12. 27.]

제42조 업무의 위탁

① 보건복지부장관은 법 제86조제2항에 따라 법 제23조의2제2항에 따른 전자의무기록시스템의 인증 신청 접수, 인증 결과 통보 및 인증서 발급에 관한 업무와 같은 조 제5항에 따른 전자의무기록시스템의 기술 개발 및 활용 촉진에 관한 업무를 다음 각 호의 기관에 위탁할 수 있다. ⟨신설 2017. 6. 20.⟩

1. 「공공기관의 운영에 관한 법률」 제4조에 따른 공공기관 중 그 설립목적이 보건의료 또는 사회보장과 관련되는 공공기관

2. 위탁 업무 수행에 필요한 조직·인력 및 전문성 등을 고려하여 보건복지부장관이 정하여 고시하는 기관

② 보건복지부장관은 법 제86조제2항에 따라 법 제45조의2제1항에 따른 비급여 진료비용 및 제증명수수료에 대한 조사·분석 및 그 결과 공개에 관한 업무를 다음 각 호의 전문기관에 위

탁할 수 있다. 〈개정 2017. 6. 20.〉

1. 법 제28조에 따른 의사회, 치과의사회 또는 한의사회

2. 「공공기관의 운영에 관한 법률」 제4조에 따른 공공기관 중 그 설립 목적이 보건의료와 관련되는 공공기관

3. 그 밖에 위탁 업무 수행에 필요한 조직ㆍ인력 및 전문성 등을 고려하여 보건복지부장관이 고시하는 기관

③ 보건복지부장관은 법 제86조제2항에 따라 법 제62조제2항에 따른 의료기관 회계기준의 운영에 관한 업무를 다음 각 호의 기관에 위탁할 수 있다. 〈신설 2018. 9. 28.〉

1. 「공공기관의 운영에 관한 법률」 제4조에 따른 공공기관 중 그 설립 목적이 보건의료 또는 보건산업과 관련되는 공공기관

2. 위탁업무 수행에 필요한 조직ㆍ인력 및 전문성 등을 갖춘 전문기관으로서 보건복지부장관이 정하여 고시하는 기관

④ 보건복지부장관은 법 제86조제2항에 따라 법 제80조제2항에 따른 간호조무사 교육훈련기관의 지정 신청 접수 및 지정서 발급에 관한 업무를 다음 각 호의 기관에 위탁할 수 있다.

〈신설 2016. 12. 27., 2017. 6. 20., 2018. 9. 28.〉

1. 「공공기관의 운영에 관한 법률」 제4조에 따른 공공기관 중 그 설립 목적이 보건의료 또는 인력개발과 관련되는 공공기관

2. 위탁업무 수행에 필요한 조직ㆍ인력 및 전문성 등을 갖춘 전문기관으로서 보건복지부장관이 정하여 고시하는 기관

⑤ 보건복지부장관은 법 제86조제2항에 따라 법 제80조제4항에 따른 간호조무사 실태ㆍ취업상황 등에 관한 신고 및 법 제80조제5항에 따른 간호조무사 보수교육에 관한 업무를 다음 각 호의 기관에 위탁할 수 있다. 〈신설 2016. 12. 27., 2017. 6. 20., 2018. 9. 28.〉

1. 「공공기관의 운영에 관한 법률」 제4조에 따른 공공기관 중 그 설립 목적이 보건의료 또는 인력개발과 관련되는 공공기관

2. 간호조무사를 구성원으로 하여 설립된 기관으로서 전국적 조직을 갖추고 있는 기관

3. 위탁 업무 수행에 필요한 조직ㆍ인력 및 전문성 등을 갖춘 전문기관으로서 보건복지부장관이 정하여 고시하는 기관(법 제80조제5항에 따른 간호조무사 보수교육만 해당한다)

⑥ 보건복지부장관이 법 제86조제2항에 따라 제1항부터 제5항까지의 규정에 따른 업무를 위탁하는 경우에 그 위탁 기준 등의 공고, 위탁 내용 등의 고시 또는 위탁 업무의 보고 등에 대해서는 제31조의6제2항부터 제5항까지의 규정을 준용한다.

〈개정 2016. 12. 27., 2017. 6. 20., 2018. 9. 28.〉

[본조신설 2016. 9. 29.]

제42조의2 민감정보 및 고유식별정보의 처리

보건복지부장관(제10조의3제1항, 제11조제2항, 제31조의6제1항 및 제42조제1항부터 제4항까지의 규정에 따라 보건복지부장관의 업무를 위탁받은 자를 포함한다), 시·도지사 및 시장·군수·구청장(해당 권한이 위임·위탁된 경우에는 그 권한을 위임·위탁받은 자를 포함한다), 의료인, 의료기관의 장, 의료기관 종사자, 법 제37조에 따른 의료기관 개설자·관리자 또는 국가시험 등관리기관은 다음 각 호의 사무를 수행하기 위하여 불가피한 경우 「개인정보 보호법」 제23조에 따른 건강에 관한 정보, 같은 법 시행령 제18조제2호에 따른 범죄경력자료에 해당하는 정보, 같은 영 제19조제1호 또는 제4호에 따른 주민등록번호 또는 외국인등록번호가 포함된 자료를 처리할 수 있다. 〈개정 2012. 4. 27., 2016. 9. 29., 2016. 12. 27., 2017. 2. 28., 2017. 6. 20.〉

1. 법 제9조 법 제80조의3에서 준용하는 경우를 포함한다)에 따른 국가시험등의 관리에 관한 사무

2. 법 제10조 법 제80조의3에서 준용하는 경우를 포함한다)에 따른 국가시험등의 응시자격의 확인에 관한 사무

3. 법 제11조에 따른 면허증 발급에 관한 사무

3의2. 법 제17조 및 제18조에 따른 진단서·검안서·증명서 또는 처방전의 작성, 교부 또는 발송(전자처방전만 해당한다)에 관한 사무

3의3. 법 제21조에 따른 환자에 관한 기록의 내용 확인에 관한 사무

3의4. 법 제21조의2제1항에 따른 진료기록의 내용 확인이나 진료기록의 사본 및 환자의 진료경과에 대한 소견 등의 송부 또는 전송에 관한 사무

3의5. 법 제21조의2제2항에 따른 진료기록의 사본 등의 이송에 관한 사무

3의6. 법 제22조에 따른 진료기록부등(전자의무기록을 포함한다)의 기록에 관한 사무

4. 법 제25조에 따른 의료인의 실태와 취업상황 등의 신고에 관한 사무

4의2. 법 제33조 및 제35조에 따른 의료기관의 개설 등에 관한 사무

5. 법 제37조에 따른 진단용 방사선 발생장치의 방사선 관계 종사자에 대한 피폭관리(被曝管理)에 관한 사무

5의2. 법 제45조의2제1항에 따른 비급여 진료비용 및 제증명수수료의 현황 조사·분석 및 결과 공개에 관한 사무

5의3. 법 제60조의3제1항제1호부터 제5호까지의 규정에 따른 간호인력 확보에 관한 현황 조사와 간호인력에 대한 취업교육 및 경력개발 지원에 관한 사무

6. 법 제63조부터 제66조까지의 규정에 따른 행정처분에 관한 사무

7. 법 제67조에 따른 과징금의 부과 · 징수에 관한 사무

8. 법 제77조에 따른 전문의의 자격 인정에 관한 사무

9. 법 제78조에 따른 전문간호사의 자격 인정에 관한 사무

10. 법 제80조제1항에 따른 간호조무사의 자격 인정에 관한 사무

11. 법 제80조제4항에 따른 간호조무사의 실태 및 취업상황 등의 신고에 관한 사무

[본조신설 2012. 1. 6.]

제43조 과징금의 산정 기준

법 제67조에 따른 과징금의 금액은 위반행위의 종류와 위반 정도 등을 고려하여 보건복지부령으로 정하는 의료업 정지처분 기준에 따라 별표 1의2의 과징금 산정 기준을 적용하여 산정한다.

〈개정 2008. 2. 29., 2009. 4. 20., 2010. 3. 15., 2017. 6. 20.〉

제44조 과징금의 부과 · 징수 절차

① 보건복지부장관, 시 · 도지사 또는 시장 · 군수 · 구청장은 법 제67조에 따라 과징금을 부과하려면 그 위반행위의 종류와 과징금의 금액을 서면으로 명시하여 이를 낼 것을 통지하여야 한다.
〈개정 2008. 2. 29., 2010. 3. 15.〉

② 과징금의 징수 절차는 보건복지부령으로 정한다.　　　　　　〈개정 2008. 2. 29., 2010. 3. 15.〉

제44조의2 규제의 재검토

① 보건복지부장관은 다음 각 호의 사항에 대하여 다음 각 호의 기준일을 기준으로 3년마다(매 3년이 되는 해의 기준일과 같은 날 전까지를 말한다) 그 타당성을 검토하여 개선 등의 조치를 하여야 한다.　　　　　　〈개정 2014. 12. 9., 2015. 9. 15., 2017. 6. 20.〉

　　1. 제43조 및 별표 1의2에 따른 과징금 산정 기준: 2014년 1월 1일

　　2. 제45조 및 별표 2에 따른 과태료의 부과기준: 2014년 1월 1일

② 보건복지부장관은 제23조에 따른 의료광고 금지기준에 대하여 2015년 1월 1일을 기준으로 2년마다(매 2년이 되는 해의 1월 1일 전까지를 말한다) 그 타당성을 검토하여 개선 등의 조치를 하여야 한다.　　　　　　〈신설 2014. 12. 9.〉

[본조신설 2013. 12. 30.]

제45조 과태료의 부과기준

법 제92조에 따른 과태료의 부과기준은 별표 2와 같다.

[전문개정 2015. 9. 15.]

부칙 〈제30106호, 2019. 10. 8.〉

(과태료 금액 정비를 위한 41개 법령의 일부개정에 관한 대통령령)

제1조 시행일

이 영은 공포한 날부터 시행한다.

제2조부터 제5조까지 생략

의료법 시행규칙

[시행 2021. 3. 1]
[보건복지부령 제511호, 2017. 8. 4, 일부개정]

제1조 목적

이 규칙은 「의료법」 및 같은 법 시행령에서 위임된 사항과 그 시행에 필요한 사항을 규정함을 목적으로 한다.　　　　　　　　　　　　　　　　　　　　　〈개정 2015. 5. 29.〉

제1조의2 입원 환자의 방문 기준

의료기관의 장은 법 제4조제1항에 따라 입원 환자를 보호하고 병원감염을 예방하기 위하여 필요하다고 인정하는 경우에는 외부인의 입원 환자에 대한 방문 기준을 별도로 마련하여 운영할 수 있다.

[본조신설 2016. 10. 6.]

[종전 제1조의2는 제1조의3으로 이동 〈2016. 10. 6.〉]

제1조의3 환자의 권리 등의 게시

① 「의료법」(이하 "법"이라 한다) 제4조제3항 전단에서 "「보건의료기본법」 제6조 · 제12조 및 제13조에 따른 환자의 권리 등 보건복지부령으로 정하는 사항"이란 별표 1과 같다.

② 의료기관의 장은 법 제4조제3항 후단에 따라 제1항에 따른 사항을 접수창구나 대기실 등 환자 또는 환자의 보호자가 쉽게 볼 수 있는 장소에 게시하여야 한다.

[본조신설 2012. 8. 2.]

[제1조의2에서 이동 〈2016. 10. 6.〉]

제1조의4 간호 · 간병통합서비스의 제공 환자 및 제공 기관

① 법 제4조의2제1항에서 "보건복지부령으로 정하는 입원 환자"란 다음 각 호의 어느 하나에 해당하는 입원 환자를 말한다.

1. 환자에 대한 진료 성격이나 질병 특성상 보호자 등의 간병을 제한할 필요가 있는 입원 환자

2. 환자의 생활 여건이나 경제 상황 등에 비추어 보호자 등의 간병이 현저히 곤란하다고 인정되는 입원 환자

3. 그 밖에 환자에 대한 의료관리상 의사 · 치과의사 또는 한의사가 간호 · 간병통합서비스가 필요하다고 인정하는 입원 환자

② 법 제4조의2제2항에서 "보건복지부령으로 정하는 병원급 의료기관"이란 병원, 치과병원, 한방병원 및 종합병원을 말한다.

③ 법 제4조의2제3항에서 "보건복지부령으로 정하는 인력, 시설, 운영 등의 기준"이란 별표 1의 2에 따른 기준을 말한다.

④ 법 제4조의2제4항 전단에서 "보건복지부령으로 정하는 병원급 의료기관"이란 병원, 치과병원, 한방병원 및 종합병원을 말한다. 다만, 다음 각 호의 어느 하나에 해당하는 의료기관은 제외한다.

1. 「군보건의료에 관한 법률」 제2조제4호에 따른 군보건의료기관
2. 「치료감호법」 제16조의2제1항제2호에 따라 법무부장관이 지정하는 국립정신의료기관
[본조신설 2016. 10. 6.]

제1조의5 간호·간병통합서비스의 제공 절차

① 법 제4조의2에 따라 간호·간병통합서비스를 제공받으려는 경우에는 간호·간병통합서비스에 대한 의사·치과의사 또는 한의사의 의견서 및 환자의 동의서(환자가 동의할 수 없는 불가피한 사유가 있는 경우에는 보호자의 동의서를 말한다)를 첨부하여 의료기관의 장에게 신청하여야 한다.

② 제1항에도 불구하고 의료기관의 장은 입원 환자에 대한 진료 및 관리의 특성상 간호·간병통합서비스가 특히 필요하다고 인정하는 경우에는 입원 환자의 동의(환자가 동의할 수 없는 불가피한 사유가 있는 경우에는 보호자의 동의를 말한다)를 받아 간호·간병통합서비스를 제공할 수 있다.

③ 제1항 및 제2항에 따른 간호·간병통합서비스의 제공 절차 및 방법 등에 필요한 세부 사항은 보건복지부장관이 정하여 고시한다.

[본조신설 2016. 10. 6.]

제2조 시험과목·시험방법 등

「의료법 시행령」(이하 "영"이라 한다) 제5조에 따른 의사·치과의사·한의사·조산사(助産師) 또는 간호사 국가시험(이하 "국가시험"이라 한다)의 시험과목, 시험방법 및 합격자 결정방법은 별표 1의3과 같고, 의사·치과의사·한의사 예비시험(이하 "예비시험"이라 한다)의 시험과목, 시험방법 및 합격자 결정방법은 별표 2와 같다. 〈개정 2012. 8. 2., 2016. 10. 6.〉

제3조 조산 수습의료기관 및 수습생 정원

① 법 제6조제1호에 따른 조산(助産) 수습의료기관으로 보건복지부장관의 인정을 받을 수 있는 의료기관은 「전문의의 수련 및 자격인정 등에 관한 규정」에 따른 산부인과 수련병원 및 소아청소년과 수련병원으로서 월평균 분만 건수가 100건 이상 되는 의료기관이어야 한다.

〈개정 2010. 3. 19., 2012. 8. 2.〉

② 제1항에 따라 수습의료기관으로 인정받으려는 자는 별지 제1호서식의 조산 수습의료기관 인정신청서에 다음 각 호의 서류를 첨부하여 보건복지부장관에게 제출하여야 한다.

〈개정 2010. 3. 19.〉

1. 수습생 모집계획서 및 수습계획서와 수습과정의 개요를 적은 서류
2. 신청일이 속하는 달의 전달부터 소급하여 1년간의 월별 분만 실적을 적은 서류

③ 수습생의 정원은 제2항제2호의 월별 분만 실적에 따라 산출된 월평균 분만 건수의 10분의 1 이내로 한다.

④ 수습의료기관은 매년 1월 15일까지 전년도 분만 실적을 보건복지부장관에게 보고하여야 한다.

〈개정 2010. 3. 19.〉

⑤ 보건복지부장관은 제4항에 따라 보고된 연간 분만 실적이 제1항에 따른 기준에 미치지 못하는 경우에는 그 수습의료기관의 인정을 철회할 수 있고 제3항에 따른 기준에 미치지 못하는 경우에는 그 수습생의 정원을 조정할 수 있다.

〈개정 2010. 3. 19.〉

제4조 면허증 발급

① 영 제8조제1항에서 "보건복지부령으로 정하는 서류"란 다음 각 호의 서류를 말한다.

〈개정 2008. 9. 5., 2009. 4. 29., 2010. 3. 19., 2016. 12. 30.〉

1. 다음 각 목의 구분에 따른 서류. 다만, 법률 제8366호 의료법 전부개정법률 부칙 제9조에 해당하는 자는 이를 증명할 수 있는 서류를 추가하여 제출하여야 한다.

　가. 법 제5조제1항제1호 또는 제2호에 해당하는 자: 의학사 · 치과의학사 · 한의학사의 학위증 사본 또는 의학 · 치의학 · 한의학전문대학원의 석사학위증이나 박사학위증 사본

　나. 법 제5조제1항제3호에 해당하는 자: 의학사 · 치과의학사 · 한의학사의 학위증 사본 또는 의학 · 치의학 · 한의학전문대학원의 석사학위증이나 박사학위증 사본과 그 면허증 사본

　다. 법 제6조제1호에 해당하는 자 : 조산수습과정 이수증명서

　라. 법 제6조제2호에 해당하는 자 : 면허증 사본

　마. 법 제7조제1호에 해당하는 자 : 졸업증명서

　바. 법 제7조제2호에 해당하는 자 : 졸업증명서와 그 면허증 사본

2. 법 제8조제1호 본문에 해당하는 자가 아님을 증명하는 의사의 진단서 또는 법 제8조제1호 단서에 해당하는 자임을 증명하는 전문의의 진단서

3. 법 제8조제2호에 해당하는 자가 아님을 증명하는 의사의 진단서

4. 응시원서의 사진과 같은 사진(가로 3.5센티미터, 세로 4.5센티미터) 2장

② 보건복지부장관은 영 제8조제2항에 따라 면허증 발급을 신청한 자에게 그 종류에 따라 별지 제2호서식의 면허증을 발급한다. 〈개정 2010. 3. 19.〉

③ 제2항에 따른 면허증은 영 제8조제1항에 따른 면허증 발급을 신청한 날부터 14일 이내에 발급하여야 한다. 다만, 법 제5조제1항제3호 및 법 제7조제2호에 해당하는 자의 경우에는 외국에서 면허를 받은 사실 등에 대한 조회가 끝난 날부터 14일 이내에 면허증을 발급한다. 〈개정 2009. 4. 29.〉

④ 영 제4조제2항에 따라 보건복지부장관이 시험관리능력이 있다고 인정하여 지정·고시하는 관계 전문기관(이하 "국가시험등관리기관"이라 한다)의 장은 법 제9조에 따른 국가시험등(이하 "국가시험등"이라 한다)을 실시하면 합격자 발표를 한 후 그 합격자에 대한 다음 각 호의 사항을 보건복지부장관에게 보고하여야 한다. 〈개정 2010. 3. 19.〉

1. 성명, 성별 및 주민등록번호
2. 출신 학교 및 졸업 연월일
3. 합격번호 및 합격 연월일
4. 국적(외국인만 해당한다)

제5조 면허등록대장 등

① 법 제11조제2항에 따른 등록대장은 별지 제3호서식의 면허등록대장에 따른다.

② 의료인은 제1항의 등록대장의 기재 사항이나 면허증의 기재 사항이 변경될 때에는 등록대장의 기재 사항 정정이나 면허증 갱신을 신청하여야 한다.

③ 제2항에 따라 등록대장의 기재 사항 정정 등을 신청하려는 자는 별지 제4호서식의 면허등록대장 정정(면허증 갱신) 신청서에 다음 각 호의 서류를 첨부하여 보건복지부장관에게 제출하여야 한다. 〈개정 2010. 3. 19., 2016. 12. 30.〉

1. 면허증
2. 사진(신청 전 6개월 이내에 모자 등을 쓰지 않고 촬영한 천연색 상반신 정면사진으로 가로 3.5센티미터, 세로 4.5센티미터의 사진을 말한다) 2장(면허증 갱신을 신청하는 경우에만 첨부한다)
3. 변경 사실을 증명할 수 있는 서류

제6조 면허증 재발급

① 의료인이 면허증을 잃어버렸거나 면허증이 헐어 못쓰게 되어 재발급받으려는 경우에는 별지 제5호서식의 신청서(전자문서로 된 신청서를 포함한다)에 다음 각 호의 서류를 첨부하여

보건복지부장관에게 제출하여야 한다. 〈개정 2010. 3. 19., 2016. 12. 30.〉

1. 면허증이 헐어 못쓰게 된 경우에는 그 면허증

2. 사진(신청 전 6개월 이내에 모자 등을 쓰지 않고 촬영한 천연색 상반신 정면사진으로 가로 3.5센티미터, 세로 4.5센티미터의 사진을 말한다) 2장

② 법 제65조제2항에 따라 취소된 면허를 재발급받으려는 자는 별지 제5호서식의 신청서에 면허취소의 원인이 된 사유가 소멸하거나 개전의 정이 현저하다고 인정될 수 있는 서류와 사진(신청 전 6개월 이내에 모자 등을 쓰지 않고 촬영한 천연색 상반신 정면사진으로 가로 3.5센티미터, 세로 4.5센티미터의 사진을 말한다) 2장을 첨부하여 특별시장·광역시장·도지사 또는 특별자치도지사(이하 "시·도지사"라 한다)를 거쳐 보건복지부장관에게 제출하여야 한다. 〈개정 2010. 3. 19., 2016. 12. 30.〉

제7조 수수료 등

① 의료인의 면허에 관한 수수료는 다음 각 호와 같다. 〈개정 2013. 4. 17.〉

1. 면허증 발급 수수료 : 2천원

2. 면허증의 갱신 또는 재발급 수수료 : 2천원

3. 등록증명 수수료 : 500원(정보통신망을 이용하여 발급받는 경우 무료)

② 제4조에 따라 면허증을 발급하는 경우에는 제1항제1호의 수수료를 징수하지 아니한다.

③ 국가시험등에 응시하려는 자는 법 제85조제1항에 따라 국가시험등관리기관의 장이 보건복지부장관의 승인을 받아 결정한 수수료를 현금으로 내야 한다. 이 경우 수수료의 금액 및 납부방법 등은 영 제4조제3항에 따라 국가시험등관리기관의 장이 공고한다. 〈개정 2010. 3. 19.〉

④ 제1항의 수수료는 면허관청이 보건복지부장관인 경우에는 수입인지로 내고, 시·도지사인 경우에는 해당 지방자치단체의 수입증지로 내야 한다. 〈개정 2010. 3. 19.〉

⑤ 제3항 및 제4항에 따른 수수료는 정보통신망을 이용하여 전자화폐나 전자결제 등의 방법으로 낼 수 있다.

제8조 삭제 〈2015. 1. 2.〉

제9조 진단서의 기재 사항

① 법 제17조제1항에 따라 의사·치과의사 또는 한의사가 발급하는 진단서에는 별지 제5호의2서식에 따라 다음 각 호의 사항을 적고 서명날인하여야 한다. 〈개정 2012. 4. 27., 2015. 12. 23.〉

1. 환자의 성명, 주민등록번호 및 주소

2. 병명 및 「통계법」 제22조제1항 전단에 따른 한국표준질병·사인 분류에 따른 질병분류 기호(이하 "질병분류기호"라 한다)

3. 발병 연월일 및 진단 연월일

4. 치료 내용 및 향후 치료에 대한 소견

5. 입원·퇴원 연월일

6. 의료기관의 명칭·주소, 진찰한 의사·치과의사 또는 한의사(부득이한 사유로 다른 의사 등이 발급하는 경우에는 발급한 의사 등을 말한다)의 성명·면허자격·면허번호

② 질병의 원인이 상해(傷害)로 인한 것인 경우에는 별지 제5호의3서식에 따라 제1항 각 호의 사항 외에 다음 각 호의 사항을 적어야 한다.   〈개정 2012. 4. 27., 2015. 12. 23.〉

1. 상해의 원인 또는 추정되는 상해의 원인

2. 상해의 부위 및 정도

3. 입원의 필요 여부

4. 외과적 수술 여부

5. 합병증의 발생 가능 여부

6. 통상 활동의 가능 여부

7. 식사의 가능 여부

8. 상해에 대한 소견

9. 치료기간

③ 제1항의 병명 기재는 「통계법」 제22조제1항 전단에 따라 고시된 한국표준질병·사인 분류에 따른다.

④ 진단서에는 연도별로 그 종류에 따라 일련번호를 붙이고 진단서를 발급한 경우에는 그 부본(副本)을 갖추어 두어야 한다.

제10조 사망진단서 등

법 제17조제1항에 따라 의사·치과의사 또는 한의사가 발급하는 사망진단서 또는 시체검안서는 별지 제6호서식에 따른다.   〈개정 2015. 12. 23.〉

제11조 출생증명서, 사산 또는 사태증명서

법 제17조제2항에 따라 의사·한의사 또는 조산사가 발급하는 출생증명서는 별지 제7호서식에 따르고, 사산(死産) 또는 사태(死胎) 증명서는 별지 제8호서식에 따른다.   〈개정 2015. 12. 23.〉

제12조 처방전의 기재 사항 등

① 법 제18조에 따라 의사나 치과의사는 환자에게 처방전을 발급하는 경우에는 별지 제9호서식의 처방전에 다음 각 호의 사항을 적은 후 서명(「전자서명법」에 따른 공인전자서명을 포함한다)하거나 도장을 찍어야 한다. 다만, 제3호의 사항은 환자가 요구한 경우에는 적지 아니한다. 〈개정 2015. 1. 2., 2015. 12. 23., 2016. 10. 6., 2017. 3. 7.〉

1. 환자의 성명 및 주민등록번호
2. 의료기관의 명칭, 전화번호 및 팩스번호
3. 질병분류기호
4. 의료인의 성명·면허종류 및 번호
5. 처방 의약품의 명칭(일반명칭, 제품명이나 「약사법」 제51조에 따른 대한민국약전에서 정한 명칭을 말한다)·분량·용법 및 용량
6. 처방전 발급 연월일 및 사용기간
7. 의약품 조제시 참고 사항
8. 「국민건강보험법 시행령」 별표 2에 따라 건강보험 가입자 또는 피부양자가 요양급여 비용의 일부를 부담하는 행위·약제 및 치료재료에 대하여 보건복지부장관이 정하여 고시하는 본인부담 구분기호
9. 「의료급여법 시행령」 별표 1 및 「의료급여법 시행규칙」 별표 1의2에 따라 수급자가 의료급여 비용의 전부 또는 일부를 부담하는 행위·약제 및 치료재료에 대하여 보건복지부장관이 정하여 고시하는 본인부담 구분기호

② 의사나 치과의사는 환자에게 처방전 2부를 발급하여야 한다. 다만, 환자가 그 처방전을 추가로 발급하여 줄 것을 요구하는 경우에는 환자가 원하는 약국으로 팩스·컴퓨터통신 등을 이용하여 송부할 수 있다.

③ 의사나 치과의사는 환자를 치료하기 위하여 필요하다고 인정되면 다음 내원일(內院日)에 사용할 의약품에 대하여 미리 처방전을 발급할 수 있다.

④ 제1항부터 제3항까지의 규정은 「약사법」 제23조제4항에 따라 의사나 치과의사 자신이 직접 조제할 수 있음에도 불구하고 처방전을 발행하여 환자에게 발급하려는 경우에 준용한다.

제13조 약제용기 등의 기재사항

① 법 제18조제5항 본문에서 "보건복지부령으로 정하는 사항"이란 다음 각 호의 사항을 말한다.
1. 약제의 내용·외용의 구분에 관한 사항
2. 조제자의 면허 종류 및 성명

3. 조제 연월일

4. 조제자가 근무하는 의료기관의 명칭 · 소재지

② 법 제18조제5항 단서에서 "보건복지부령으로 정하는 경우"란 다음 각 호의 경우를 말한다.

1. 급박한 응급의료상황으로서 환자에 대한 신속한 약제 사용이 필요한 경우

2. 주사제의 주사 등 해당 약제의 성질상 환자에 대한 즉각적 사용이 이루어지는 경우

[전문개정 2017. 3. 7.]

제13조의2 **의약품정보의 확인**

① 법 제18조의2제1항제3호에서 "보건복지부령으로 정하는 정보"란 다음 각 호의 어느 하나에 해당하는 정보를 말한다.

1. 「약사법」 제39조 및 제71조에 따른 회수 또는 폐기 등의 대상이 되는 의약품인지 여부

2. 「의약품 등의 안전에 관한 규칙」 별표 제4의3 제14호에 따라 안전성 속보 또는 안전성 서한을 전파한 의약품인지 여부

3. 그 밖에 제1호 및 제2호에 준하는 의약품으로서 보건복지부장관 또는 식품의약품안전처 장이 의약품의 안전한 사용을 위하여 그 확인이 필요하다고 공고한 의약품인지 여부

② 의사 및 치과의사는 법 제18조의2제1항에 따라 같은 항 각 호의 정보(이하 이 조에서 "의약품 정보"라 한다)를 미리 확인하려는 경우에는 보건복지부장관이 정하는 바에 따라 「약사법」 제23조의3제1항에 따른 의약품안전사용정보시스템(이하 "정보시스템"이라 한다)을 통하여 확인할 수 있다. 다만, 정보시스템의 물리적 결함이나 손상, 그 밖의 불가피한 사유로 해당 정보시스템을 사용할 수 없는 경우에는 보건복지부장관이 정하는 방법으로 확인할 수 있다.

③ 의사 및 치과의사는 법 제18조의2제2항에 따라 다음 각 호의 어느 하나에 해당하는 경우에는 의약품정보를 확인하지 아니할 수 있다.

1. 급박한 응급의료상황인 경우

2. 긴급한 재해구호상황인 경우

3. 그 밖에 제1호 및 제2호에 준하는 경우로서 보건복지부장관이 정하여 고시하는 경우

[본조신설 2016. 12. 29.]

[종전 제13조의2는 제13조의3으로 이동 〈2016. 12. 29.〉]

제13조의3 **기록 열람 등의 요건**

① 법 제21조제3항제1호에 따라 환자의 배우자, 직계 존속 · 비속, 형제 · 자매(환자의 배우자 및 직계 존속 · 비속, 배우자의 직계존속이 모두 없는 경우에 한정한다. 이하 같다) 또는 배우자

의 직계 존속(이하 이 조에서 "친족"이라 한다)이 환자에 관한 기록의 열람이나 그 사본의 발급을 요청할 경우에는 다음 각 호의 서류(전자문서를 포함한다. 이하 이 조에서 같다)를 갖추어 의료인, 의료기관의 장 및 의료기관 종사자에게 제출하여야 한다.

〈개정 2017. 3. 7., 2017. 6. 21., 2018. 9. 27.〉

1. 기록 열람이나 사본 발급을 요청하는 자의 신분증(주민등록증, 여권, 운전면허증 그 밖에 공공기관에서 발행한 본인임을 확인할 수 있는 신분증을 말한다. 이하 이 조에서 같다) 사본

2. 가족관계증명서, 주민등록표 등본 등 친족관계임을 확인할 수 있는 서류. 다만, 환자의 형제·자매가 요청하는 경우에는 환자의 배우자 및 직계존속·비속, 배우자의 직계 존속이 모두 없음을 증명하는 자료를 함께 제출하여야 한다.

3. 환자가 자필서명한 별지 제9호의2서식의 동의서. 다만, 환자가 만 14세 미만의 미성년자인 경우에는 제외한다.

4. 환자의 신분증 사본. 다만, 환자가 만 17세 미만으로 「주민등록법」 제24조제1항에 따른 주민등록증이 발급되지 아니한 경우에는 제외한다.

② 법 제21조제3항제2호에 따라 환자가 지정하는 대리인이 환자에 관한 기록의 열람이나 그 사본의 발급을 요청할 경우에는 다음 각 호의 서류를 갖추어 의료인, 의료기관의 장 및 의료기관 종사자에게 제출하여야 한다. 〈개정 2017. 6. 21., 2018. 9. 27.〉

1. 기록열람이나 사본발급을 요청하는 자의 신분증 사본

2. 환자가 자필 서명한 별지 제9호의2서식의 동의서 및 별지 제9호의3서식의 위임장. 이 경우 환자가 만 14세 미만의 미성년자인 경우에는 환자의 법정대리인이 작성하여야 하며, 가족관계증명서 등 법정대리인임을 확인할 수 있는 서류를 첨부하여야 한다.

3. 환자의 신분증 사본. 다만, 환자가 만 17세 미만으로 「주민등록법」 제24조제1항에 따른 주민등록증이 발급되지 아니한 자는 제외한다.

③ 법 제21조제3항제3호에 따라 환자의 동의를 받을 수 없는 상황에서 환자의 친족이 환자에 관한 기록의 열람이나 그 사본 발급을 요청할 경우에는 별표 2의2에서 정하는 바에 따라 서류를 갖추어 의료인, 의료기관의 장 및 의료기관 종사자에게 제출하여야 한다. 〈개정 2017. 6. 21., 2018. 9. 27.〉

④ 환자가 본인에 관한 진료기록 등을 열람하거나 그 사본의 발급을 원하는 경우에는 본인임을 확인할 수 있는 신분증을 의료인, 의료기관의 장 및 의료기관 종사자에게 제시하거나 신분증 사본을 제출하여야 한다. 〈개정 2018. 9. 27.〉

⑤ 제1항, 제3항 및 제4항에 따라 친족 또는 환자(법정대리인을 포함한다)가 환자 또는 본인에 관한 기록의 열람이나 그 사본의 발급을 「정보통신망 이용촉진 및 정보보호 등에 관한 법

률」에 따른 정보통신망을 이용하여 요청하는 경우에 그 요청자는 신분증의 제시 또는 신분증 사본의 제출을 갈음하여 다음 각 호의 어느 하나에 해당하는 방법으로 본인확인 절차를 거쳐야 한다. 〈신설 2018. 9. 27.〉

1. 휴대전화를 통한 본인인증 등 「정보통신망 이용촉진 및 정보보호 등에 관한 법률」 제23조의3에 따른 본인확인기관에서 제공하는 본인확인의 방법
2. 「전자서명법」 제2조제3호에 따른 공인전자서명 또는 같은 법 제2조제8호에 따른 공인인증서를 통한 본인확인의 방법

[본조신설 2010. 1. 29.]

[제13조의2에서 이동 〈2016. 12. 29.〉]

제13조의4 진료기록전송지원시스템의 구축 · 운영

① 보건복지부장관은 법 제21조의2제3항에 따른 진료기록전송지원시스템(이하 "진료기록전송지원시스템"이라 한다)의 효율적 운영을 위하여 필요하다고 인정하는 경우에는 다음 각 호의 조치를 할 수 있다.

1. 진료기록전송지원시스템과 연결되어 있는 다른 정보시스템과의 호환성 및 보안성에 대한 점검 · 관리
2. 진료기록전송지원시스템의 평가 및 개선에 관한 기준의 수립 · 시행
3. 진료기록전송지원시스템에 관한 이용매뉴얼의 작성 · 배포
4. 그 밖에 제1호부터 제3호까지의 조치에 준하는 것으로서 진료기록전송지원시스템의 효율적 운영에 특히 필요하다고 보건복지부장관이 인정하는 조치

② 보건복지부장관은 법 제21조의2제6항 전단에 따라 의료인 또는 의료기관의 장에게 자료제출을 요구하는 경우에는 제출자료의 범위, 이용목적, 이용범위 및 제출방법 등이 포함된 서면(전자문서를 포함한다)으로 하여야 한다.

[본조신설 2017. 6. 21.]

제14조 진료기록부 등의 기재 사항

① 법 제22조제1항에 따라 진료기록부 · 조산기록부와 간호기록부(이하 "진료기록부등"이라 한다)에 기록해야 할 의료행위에 관한 사항과 의견은 다음 각 호와 같다. 〈개정 2013. 10. 4.〉

1. 진료기록부

   가. 진료를 받은 사람의 주소 · 성명 · 연락처 · 주민등록번호 등 인적사항

   나. 주된 증상. 이 경우 의사가 필요하다고 인정하면 주된 증상과 관련한 병력(病歷) · 가족

력(家族歷)을 추가로 기록할 수 있다.

다. 진단결과 또는 진단명

라. 진료경과(외래환자는 재진환자로서 증상·상태, 치료내용이 변동되어 의사가 그 변동을 기록할 필요가 있다고 인정하는 환자만 해당한다)

마. 치료 내용(주사·투약·처치 등)

바. 진료 일시(日時)

2. 조산기록부

가. 조산을 받은 자의 주소·성명·연락처·주민등록번호 등 인적사항

나. 생·사산별(生·死産別) 분만 횟수

다. 임신 후의 경과와 그에 대한 소견

라. 임신 중 의사에 의한 건강진단의 유무(결핵·성병에 관한 검사를 포함한다)

마. 분만 장소 및 분만 연월일시분(年月日時分)

바. 분만의 경과 및 그 처치

사. 산아(産兒) 수와 그 성별 및 생·사의 구별

아. 산아와 태아부속물에 대한 소견

자. 삭제 〈2013. 10. 4.〉

차. 산후의 의사의 건강진단 유무

3. 간호기록부

가. 간호를 받는 사람의 성명

나. 체온·맥박·호흡·혈압에 관한 사항

다. 투약에 관한 사항

라. 섭취 및 배설물에 관한 사항

마. 처치와 간호에 관한 사항

바. 간호 일시(日時)

② 의료인은 진료기록부등을 한글로 기록하도록 노력하여야 한다.　　　　　　　　　〈신설 2013. 10. 4.〉

③ 삭제 〈2019. 10. 24.〉

제15조 진료기록부 등의 보존

① 의료인이나 의료기관 개설자는 법 제22조제2항에 따른 진료기록부등을 다음 각 호에 정하는 기간 동안 보존하여야 한다. 다만, 계속적인 진료를 위하여 필요한 경우에는 1회에 한정하여 다음 각 호에 정하는 기간의 범위에서 그 기간을 연장하여 보존할 수 있다. 〈개정 2015. 5. 29., 2016. 10. 6.,

2016. 12. 29.)

    1. 환자 명부 : 5년

    2. 진료기록부 : 10년

    3. 처방전 : 2년

    4. 수술기록 : 10년

    5. 검사내용 및 검사소견기록 : 5년

    6. 방사선 사진(영상물을 포함한다) 및 그 소견서 : 5년

    7. 간호기록부 : 5년

    8. 조산기록부 : 5년

    9. 진단서 등의 부본(진단서 · 사망진단서 및 시체검안서 등을 따로 구분하여 보존할 것) : 3년

② 제1항의 진료에 관한 기록은 마이크로필름이나 광디스크 등(이하 이 조에서 "필름"이라 한다)에 원본대로 수록하여 보존할 수 있다.

③ 제2항에 따른 방법으로 진료에 관한 기록을 보존하는 경우에는 필름촬영책임자가 필름의 표지에 촬영 일시와 본인의 성명을 적고, 서명 또는 날인하여야 한다.

[제목개정 2016. 10. 6.]

제16조 전자의무기록의 관리 · 보존에 필요한 시설과 장비 등

① 의료인이나 의료기관의 개설자는 법 제23조제2항에 따라 전자의무기록(電子醫務記錄)을 안전하게 관리 · 보존하기 위하여 다음 각 호의 시설과 장비를 갖추어야 한다.

    1. 전자의무기록의 생성 · 저장과 전자서명을 검증할 수 있는 장비

    2. 전자서명이 있은 후 전자의무기록의 변경 여부 확인 등 전자의무기록의 이력관리를 위하여 필요한 장비

    3. 전자의무기록의 백업저장장비

    4. 네트워크 보안에 관한 시설과 장비(제1호부터 제3호까지에 따른 장비가 유무선 인터넷과 연결된 경우에 한정한다)

    5. 전자의무기록 시스템(전자의무기록의 관리 · 보존과 관련되는 서버, 소프트웨어 및 데이터베이스 등이 전자적으로 조직화된 체계를 말한다. 이하 이 조에서 같다) 보안에 관한 시설과 장비

    6. 전자의무기록 보존장소에 대한 다음 각 목의 어느 하나에 해당하는 물리적 접근 방지 시설과 장비

      가. 출입통제구역 등 통제 시설

나. 잠금장치

　7. 의료기관(법 제49조에 따라 부대사업을 하는 장소를 포함한다) 외의 장소에 제1호에 따른 전자의무기록의 저장장비 또는 제3호에 따른 백업저장장비를 설치하는 경우에는 다음 각 목의 시설과 장비

　　　가. 전자의무기록 시스템의 동작 여부와 상태를 실시간으로 점검할 수 있는 시설과 장비

　　　나. 전자의무기록 시스템에 장애가 발생한 경우 제1호 및 제2호에 따른 장비를 대체할 수 있는 예비 장비

　　　다. 폐쇄회로 텔레비전 등의 감시 장비

　　　라. 재해예방시설

②의료인이나 의료기관 개설자는 법 제23조제4항에 따라 전자의무기록에 추가기재·수정을 한 경우 제1항제2호에 따른 장비에 접속 기록을 별도로 보관하여야 한다. 〈신설 2018. 9. 27.〉

③제1항 각 호에 따라 갖추어야 하는 시설과 장비 및 제2항에 따른 접속 기록 보관에 관한 구체적인 사항은 보건복지부장관이 정하여 고시한다. 〈개정 2018. 9. 27.〉

[전문개정 2016. 2. 5.]

[제목개정 2018. 9. 27.]

제16조의2 경제적 이익 등의 범위

　법 제23조의3제1항 단서 및 제2항 단서에서 "보건복지부령으로 정하는 경제적 이익등"이란 별표 2의3과 같다. 〈개정 2017. 6. 21.〉

[본조신설 2010. 12. 13.]

제17조 의료인의 실태 등의 신고 및 보고

①법 제25조제1항 및 영 제11조제1항에 따라 의료인의 실태와 취업상황 등을 신고하려는 사람은 별지 제10호서식의 의료인의 실태 등 신고서를 작성하여 법 제28조에 따른 중앙회(이하 "중앙회"라 한다)의 장(이하 "각 중앙회장"이라 한다)에게 제출하여야 한다.

②제1항에 따른 신고를 받은 각 중앙회장은 신고인이 제20조에 따른 보수교육(補修敎育)을 이수하였는지 여부를 확인하여야 한다.

③각 중앙회장은 제1항에 따른 신고 내용과 결과를 반기별로 보건복지부장관에게 보고하여야 한다. 다만, 법 제66조제4항에 따라 면허의 효력이 정지된 의료인이 제1항에 따른 신고를 한 경우에는 그 내용과 결과를 지체 없이 보건복지부장관에게 보고하여야 한다.

[전문개정 2012. 4. 27.]

제18조 외국면허 소지자의 의료행위

법 제27조제1항제1호에 따라 외국의 의료인 면허를 가진 자로서 다음 각 호의 어느 하나에 해당하는 업무를 수행하기 위하여 국내에 체류하는 자는 그 업무를 수행하기 위하여 필요한 범위에서 보건복지부장관의 승인을 받아 의료행위를 할 수 있다. 〈개정 2010. 3. 19.〉

1. 외국과의 교육 또는 기술협력에 따른 교환교수의 업무
2. 교육연구사업을 위한 업무
3. 국제의료봉사단의 의료봉사 업무

제19조 의과대학생 등의 의료행위

① 법 제27조제1항제2호에 따른 의료행위의 범위는 다음 각 호와 같다.

1. 국민에 대한 의료봉사활동을 위한 의료행위
2. 전시 · 사변이나 그 밖에 이에 준하는 국가비상사태 시에 국가나 지방자치단체의 요청에 따라 행하는 의료행위
3. 일정한 기간의 연구 또는 시범 사업을 위한 의료행위

② 법 제27조제1항제3호에 따라 의학 · 치과의학 · 한방의학 또는 간호학을 전공하는 학교의 학생은 다음 각 호의 의료행위를 할 수 있다.

1. 전공 분야와 관련되는 실습을 하기 위하여 지도교수의 지도 · 감독을 받아 행하는 의료행위
2. 국민에 대한 의료봉사활동으로서 의료인의 지도 · 감독을 받아 행하는 의료행위
3. 전시 · 사변이나 그 밖에 이에 준하는 국가비상사태 시에 국가나 지방자치단체의 요청에 따라 의료인의 지도 · 감독을 받아 행하는 의료행위

제19조의2 유치행위를 할 수 없는 국내 거주 외국인의 범위

법 제27조제3항제2호에 따라 외국인환자를 유치할 수 있는 대상에서 제외되는 국내에 거주하는 외국인은 「국민건강보험법」 제93조에 따른 가입자나 피부양자가 아닌 국내에 거주하는 외국인으로서 다음 각 호의 어느 하나에 해당하는 외국인을 말한다.

1. 「출입국관리법」 제31조에 따라 외국인등록을 한 사람[「출입국관리법 시행령」 제12조 및 별표 1에 따른 기타(G-1)의 체류자격을 가진 사람은 제외한다]
2. 「재외동포의 출입국과 법적지위에 관한 법률」 제6조에 따라 국내거소신고를 한 외국국적동포

[본조신설 2009. 4. 29.]

제19조의3 **삭제** 〈2016. 6. 23.〉

제19조의4 **삭제** 〈2016. 6. 23.〉

제19조의5 **삭제** 〈2016. 6. 23.〉

제19조의6 **삭제** 〈2016. 6. 23.〉

제19조의7 **삭제** 〈2016. 6. 23.〉

제19조의8 **삭제** 〈2016. 6. 23.〉

제19조의9 **삭제** 〈2016. 6. 23.〉

제20조 **보수교육**

① 중앙회는 법 제30조제2항에 따라 다음 각 호의 사항이 포함된 보수교육을 매년 실시하여야 한다. 〈개정 2017. 3. 7.〉

1. 직업윤리에 관한 사항
2. 업무 전문성 향상 및 업무 개선에 관한 사항
3. 의료 관계 법령의 준수에 관한 사항
4. 선진 의료기술 등의 동향 및 추세 등에 관한 사항
5. 그 밖에 보건복지부장관이 의료인의 자질 향상을 위하여 필요하다고 인정하는 사항

② 의료인은 제1항에 따른 보수교육을 연간 8시간 이상 이수하여야 한다.

③ 보건복지부장관은 제1항에 따른 보수교육의 내용을 평가할 수 있다.

④ 각 중앙회장은 제1항에 따른 보수교육을 다음 각 호의 기관으로 하여금 실시하게 할 수 있다.

1. 법 제28조제5항에 따라 설치된 지부(이하 "지부"라 한다) 또는 중앙회의 정관에 따라 설치된 의학·치의학·한의학·간호학 분야별 전문학회 및 전문단체
2. 의과대학·치과대학·한의과대학·의학전문대학원·치의학전문대학원·한의학전문대학원·간호대학 및 그 부속병원
3. 수련병원

4. 「한국보건복지인력개발원법」에 따른 한국보건복지인력개발원

5. 다른 법률에 따른 보수교육 실시기관

⑤ 각 중앙회장은 의료인이 제4항제5호의 기관에서 보수교육을 받은 경우 그 교육이수 시간의 전부 또는 일부를 보수교육 이수시간으로 인정할 수 있다.

⑥ 다음 각 호의 어느 하나에 해당하는 사람에 대하여는 해당 연도의 보수교육을 면제한다.

1. 전공의

2. 의과대학·치과대학·한의과대학·간호대학의 대학원 재학생

3. 영 제8조에 따라 면허증을 발급받은 신규 면허취득자

4. 보건복지부장관이 보수교육을 받을 필요가 없다고 인정하는 사람

⑦ 다음 각 호의 어느 하나에 해당하는 사람에 대하여는 해당 연도의 보수교육을 유예할 수 있다.

1. 해당 연도에 6개월 이상 환자진료 업무에 종사하지 아니한 사람

2. 보건복지부장관이 보수교육을 받기가 곤란하다고 인정하는 사람

⑧ 제6항 또는 제7항에 따라 보수교육이 면제 또는 유예되는 사람은 해당 연도의 보수교육 실시 전에 별지 제10호의2서식의 보수교육 면제·유예 신청서에 보수교육 면제 또는 유예 대상자 임을 증명할 수 있는 서류를 첨부하여 각 중앙회장에게 제출하여야 한다.

⑨ 제8항에 따른 신청을 받은 각 중앙회장은 보수교육 면제 또는 유예 대상자 여부를 확인하고, 보수교육 면제 또는 유예 대상자에게 별지 제10호의3서식의 보수교육 면제·유예 확인서를 교부하여야 한다.

[전문개정 2012. 4. 27.]

제21조 보수교육계획 및 실적보고 등

① 각 중앙회장은 보건복지부장관에게 매년 12월 말일까지 다음 연도의 별지 제11호서식의 보수교육계획서를 제출하고, 매년 4월 말일까지 전년도의 별지 제12호서식의 보수교육실적보고서를 제출하여야 한다. 〈개정 2012. 4. 27.〉

② 각 중앙회장은 보수교육을 받은 자에게 별지 제13호서식의 보수교육이수증을 발급하여야 한다. 〈개정 2012. 4. 27.〉

제22조 보수교육 실시 방법 등

보수교육의 교과과정, 실시 방법과 그 밖에 보수교육을 실시하는 데에 필요한 사항은 각 중앙회장이 정한다. 〈개정 2012. 4. 27.〉

제23조 보수교육 관계 서류의 보존

제20조에 따라 보수교육을 실시하는 중앙회 등은 다음 각 호의 서류를 3년간 보존하여야 한다.

1. 보수교육 대상자명단(대상자의 교육 이수 여부가 명시되어야 한다)

2. 보수교육 면제자명단

3. 그 밖에 이수자의 교육 이수를 확인할 수 있는 서류

제24조 가정간호

① 법 제33조제1항제4호에 따라 의료기관이 실시하는 가정간호의 범위는 다음 각 호와 같다.

〈개정 2010. 3. 19.〉

1. 간호

2. 검체의 채취(보건복지부장관이 정하는 현장검사를 포함한다. 이하 같다) 및 운반

3. 투약

4. 주사

5. 응급처치 등에 대한 교육 및 훈련

6. 상담

7. 다른 보건의료기관 등에 대한 건강관리에 관한 의뢰

② 가정간호를 실시하는 간호사는 「전문간호사 자격인정 등에 관한 규칙」에 따른 가정전문 간호사이어야 한다.

③ 가정간호는 의사나 한의사가 의료기관 외의 장소에서 계속적인 치료와 관리가 필요하다고 판단하여 가정전문간호사에게 치료나 관리를 의뢰한 자에 대하여만 실시하여야 한다.

④ 가정전문간호사는 가정간호 중 검체의 채취 및 운반, 투약, 주사 또는 치료적 의료행위인 간 호를 하는 경우에는 의사나 한의사의 진단과 처방에 따라야 한다. 이 경우 의사 및 한의사 처 방의 유효기간은 처방일부터 90일까지로 한다.

⑤ 가정간호를 실시하는 의료기관의 장은 가정전문간호사를 2명 이상 두어야 한다.

⑥ 가정간호를 실시하는 의료기관의 장은 가정간호에 관한 기록을 5년간 보존하여야 한다.

⑦ 이 규칙에서 정한 것 외에 가정간호의 질 관리 등 가정간호의 실시에 필요한 사항은 보건복 지부장관이 따로 정한다.

〈개정 2010. 3. 19.〉

제25조 의료기관 개설신고

① 법 제33조제3항에 따라 의원 · 치과의원 · 한의원 또는 조산원을 개설하려는 자는 별지 제14 호서식의 의료기관 개설신고서(전자문서로 된 신고서를 포함한다)에 다음 각 호의 서류(전

자문서를 포함한다)를 첨부하여 시장·군수·구청장(자치구의 구청장을 말한다. 이하 같다)에게 신고하여야 한다. 이 경우 시장·군수·구청장은 「전자정부법」 제36조제1항에 따른 행정정보의 공동이용을 통하여 법인 등기사항증명서를 확인하여야 한다.

〈개정 2009. 4. 29., 2010. 1. 29., 2010. 9. 1., 2015. 7. 24., 2016. 10. 6., 2017. 6. 21.〉

1. 개설하려는 자가 법인인 경우: 법인 설립 허가증 사본(「공공기관의 운영에 관한 법률」에 따른 준정부기관은 제외한다), 정관 사본 및 사업계획서 사본

2. 개설하려는 자가 의료인인 경우: 면허증 사본

3. 건물평면도 사본 및 그 구조설명서 사본

4. 의료인 등 근무인원에 대한 확인이 필요한 경우: 면허(자격)증 사본 1부

5. 법 제36조제1호·제2호·제4호 및 제5호의 준수사항에 적합함을 증명하는 서류

② 시장·군수·구청장은 제1항에 따른 의료기관 개설신고를 받은 경우에는 다음 각 호의 사항을 확인하여야 한다. 이 경우 제3호에 대해서는 「화재예방, 소방시설 설치·유지 및 안전관리에 관한 법률」 제7조제6항 전단에 따라 그 확인을 요청하여야 한다. 〈개정 2017. 6. 21.〉

1. 법 제4조제2항, 제33조제2항, 같은 조 제6항부터 제8항까지 및 제64조제2항에 따른 의료기관의 개설기준에 위배되는지 여부

2. 법 제36조제1호·제2호·제4호 및 제5호의 준수사항에 적합한지 여부

3. 「화재예방, 소방시설 설치·유지 및 안전관리에 관한 법률 시행령」 별표 5에 따라 의료기관이 갖추어야 하는 소방시설에 적합한지 여부

4. 그 밖에 다른 법령에 따라 의료기관의 개설이 제한되거나 금지되는지 여부

③ 시장·군수·구청장은 제1항에 따른 의료기관 개설신고가 적법하다고 인정하는 경우에는 해당 신고를 수리하고, 별지 제15호서식의 의료기관 개설신고증명서를 발급하여야 한다.

〈개정 2015. 5. 29., 2017. 6. 21.〉

④ 시장·군수·구청장은 분기별 의료기관의 개설신고 수리 상황을 매 분기가 끝난 후 15일까지 시·도지사를 거쳐 보건복지부장관에게 보고하여야 한다. 〈개정 2010. 3. 19., 2015. 5. 29.〉

⑤ 시장·군수·구청장은 제3항에 따라 의료기관 개설신고증명서를 발급한 경우에는 의료기관 별로 관리카드를 작성·비치하여 신고 사항의 변경신고 및 행정처분 내용 등을 기록·관리하여야 한다. 〈개정 2015. 5. 29.〉

제26조 의료기관 개설신고사항의 변경신고

① 법 제33조제5항에 따라 의원·치과의원·한의원 또는 조산원 개설자가 그 개설 장소를 이전하거나 다음 각 호의 어느 하나에 해당하는 개설신고사항의 변경신고를 하려면 의료기관 개

설신고증명서와 변경 사항을 확인할 수 있는 서류의 사본을 첨부하여 별지 제14호서식의 신고사항 변경신고서(전자문서로 된 신고서를 포함한다)를 시장·군수·구청장에게 제출하여야 한다. 〈개정 2008. 9. 5., 2010. 1. 29., 2015. 7. 24.〉

1. 의료기관 개설자의 변경 사항

2. 의료기관 개설자가 입원, 해외 출장 등으로 다른 의사·치과의사·한의사 또는 조산사에게 진료하게 할 경우 그 기간 및 해당 의사 등의 인적 사항

3. 의료기관의 진료과목의 변동 사항

4. 진료과목 증감이나 입원실 등 주요 시설의 변경에 따른 시설 변동 내용

5. 의료기관의 명칭 변경 사항

6. 의료기관의 의료인 수

② 제1항에 따른 변경신고와 관련하여 그 변경사항에 대한 확인 방법 및 기준에 관하여는 제25조제2항을 준용한다. 다만, 같은 항 제3호의 경우에는 의료기관 개설장소의 이전이나 제1항 제4호에 따른 시설 변동만 해당한다. 〈개정 2017. 6. 21.〉

③ 시장·군수·구청장은 제1항에 따른 변경신고를 수리한 경우에 의료기관개설신고증명서의 기재사항을 고쳐쓸 필요가 있으면 이를 개서(改書)하여 주거나 재발급하여야 한다. 〈개정 2008. 9. 5., 2015. 5. 29.〉

제27조 의료기관 개설허가

① 법 제33조제4항에 따라 종합병원·병원·치과병원·한방병원 또는 요양병원의 개설허가를 받으려는 자는 별지 제16호서식의 의료기관 개설허가신청서(전자문서로 된 신청서를 포함한다)에 다음 각 호의 서류(전자문서를 포함한다)를 첨부하여 시·도지사에게 제출하여야 한다. 이 경우 시·도지사는 「전자정부법」 제36조제1항에 따른 행정정보의 공동이용을 통하여 법인 등기사항증명서를 확인하여야 한다.

〈개정 2009. 4. 29., 2010. 1. 29., 2010. 9. 1., 2015. 7. 24., 2016. 10. 6., 2016. 12. 29., 2017. 6. 21.〉

1. 개설하려는 자가 법인인 경우: 법인설립허가증 사본(「공공기관의 운영에 관한 법률」에 따른 준정부기관은 제외한다), 정관 사본 및 사업계획서 사본

2. 개설하려는 자가 의료인인 경우: 면허증 사본과 사업계획서 사본

3. 건물평면도 사본 및 그 구조설명서 사본

4. 의료인 등 근무인원에 대한 확인이 필요한 경우: 면허(자격)증 사본 1부

5. 「전기사업법 시행규칙」 제38조제3항 본문에 따른 전기안전점검확인서(종합병원만 해당한다)

6. 법 제36조제1호 · 제2호 · 제4호 및 제5호의 준수사항에 적합함을 증명하는 서류

② 제1항에 따른 개설허가 신청과 관련하여 그 신청사항에 대한 확인 방법 및 기준에 관하여는 제25조제2항을 준용한다. 〈개정 2017. 6. 21.〉

③ 시 · 도지사는 제1항에 따라 의료기관의 개설허가를 한 때에는 지체 없이 별지 제17호서식의 의료기관 개설허가증을 발급하여야 한다. 〈개정 2015. 5. 29.〉

④ 시 · 도지사는 분기별 의료기관의 개설허가 상황을 매 분기가 끝난 후 15일까지 보건복지부 장관에게 보고하여야 한다. 〈개정 2010. 3. 19., 2015. 5. 29.〉

⑤ 시 · 도지사는 제3항에 따라 의료기관의 개설허가증을 발급한 때에는 의료기관별로 관리카드를 작성 · 비치하여 허가 사항의 변경허가 및 행정처분 내용 등을 기록 · 관리하여야 한다. 〈개정 2015. 5. 29.〉

제28조 의료기관 개설허가 사항의 변경허가

① 법 제33조제5항에 따라 의료기관의 개설허가를 받은 자가 그 개설 장소를 이전하거나 다음 각 호의 어느 하나에 해당하는 개설허가 사항의 변경허가를 받으려면 의료기관 개설허가증과 변경 사항을 확인할 수 있는 서류의 사본을 첨부하여 별지 제16호서식의 허가사항 변경 신청서(전자문서로 된 신청서를 포함한다)를 시 · 도지사에게 제출하여야 한다. 다만, 종합병원의 개설 장소가 이전되는 경우, 제2호에 따라 종합병원으로 변경되는 경우 또는 제3호에 따라 종합병원의 주요시설 변경이 있는 경우에는 「전기사업법 시행규칙」 제38조제3항 본문에 따른 전기안전점검확인서를 함께 제출하여야 한다.

〈개정 2008. 9. 5., 2010. 1. 29., 2015. 7. 24., 2016. 10. 6., 2016. 12. 29.〉

1. 의료기관 개설자의 변경 사항

2. 법 제3조제2항에 따른 의료기관의 종류 변경 또는 진료과목의 변동 사항

3. 진료과목 증감이나 입원실 등 주요시설 변경에 따른 시설 변동 내용

4. 의료기관의 명칭 변경 사항

5. 의료기관의 의료인 수

② 제1항에 따른 개설허가 변경신청과 관련하여 그 변경사항에 대한 확인 방법 및 기준에 관하여는 제25조제2항을 준용한다. 다만, 같은 항 제3호의 경우에는 의료기관 개설장소의 이전, 제1항제2호 및 제3호에 따른 의료기관의 종류 변경 및 시설 변동만 해당한다.

〈개정 2017. 6. 21.〉

③ 시 · 도지사는 제1항에 따라 변경허가를 한 때에 의료기관 개설허가증을 고쳐쓸 필요가 있으면 이를 개서하여 주거나 재발급하여야 한다. 〈개정 2008. 9. 5., 2015. 5. 29.〉

제29조 원격의료의 시설 및 장비

법 제34조제2항에 따라 원격의료를 행하거나 받으려는 자가 갖추어야 할 시설과 장비는 다음 각 호와 같다.

1. 원격진료실
2. 데이터 및 화상(畵像)을 전송·수신할 수 있는 단말기, 서버, 정보통신망 등의 장비

제30조 폐업·휴업의 신고

① 법 제40조에 따라 의료기관의 개설자가 의료업을 폐업하거나 휴업하려면 별지 제18호서식의 의료기관 휴업(폐업) 신고서에 다음 각 호의 서류를 첨부하여 관할 시장·군수·구청장에게 제출하여야 한다. 〈개정 2017. 6. 21.〉

1. 의료업의 폐업 또는 휴업에 대한 결의서(법인만 해당한다) 1부
2. 영 제17조의2 각 호의 조치에 관한 서류

② 시장·군수·구청장은 매월의 의료기관 폐업신고의 수리 상황을 그 다음달 15일까지 보건복지부장관에게 보고하여야 한다. 〈개정 2010. 3. 19.〉

③ 법 제33조제2항 및 제8항에 따라 의원·치과의원·한의원 또는 조산원을 개설한 의료인이 부득이한 사유로 6개월을 초과하여 그 의료기관을 관리할 수 없는 경우 그 개설자는 폐업 또는 휴업 신고를 하여야 한다. 〈개정 2009. 4. 29., 2015. 12. 23.〉

④ 법 제40조제2항 단서에 따라 폐업 또는 휴업의 신고를 하는 의료기관 개설자가 진료기록부 등을 직접 보관하려면 별지 제19호서식의 진료기록 보관계획서에 다음 각 호의 서류를 첨부하여 폐업 또는 휴업 예정일 전까지 관할 보건소장의 허가를 받아야 한다. 〈개정 2008. 9. 5.〉

1. 진료기록부등의 종류별 수량 및 목록
2. 진료기록부등에 대한 체계적이고 안전한 보관계획에 관한 서류

제30조의2 보건의료자원 통합신고포털을 통한 신고 등

① 시·도지사 및 시장·군수·구청장은 「국민건강보험법 시행규칙」 제12조의2제1항에 따른 전자민원창구(이하 "보건의료자원 통합신고포털"이라 한다)를 통하여 제25조부터 제28조까지의 규정, 제30조 및 제32조에 따른 의료기관 개설(변경)신고·개설(변경)허가 및 폐업·휴업의 신고 등에 관한 사무를 처리할 수 있다.

② 시·도지사 및 시장·군수·구청장은 제1항에 따라 처리한 사항(서면으로 신고 받거나 허가 신청 받아 처리한 사항을 포함한다)을 「국민건강보험법」 제62조에 따른 건강보험심사평가원(이하 "심사평가원"이라 한다)에 「국민건강보험법 시행규칙」 제12조의2제3항에 따른

방법으로 통보하여야 한다. 이 경우 시 · 도지사 또는 시장 · 군수 · 구청장은 제25조제4항, 제27조제4항, 제30조제2항 및 제32조제2항에 따라 보건복지부장관에게 보고한 것으로 본다.

〈개정 2017. 6. 21.〉

③ 시 · 도지사 및 시장 · 군수 · 구청장은 심사평가원으로부터 「국민건강보험법 시행규칙」 제12조제4항제1호 또는 제2호에 따른 통보를 받은 경우에는 해당 의료기관의 개설자가 제26조제1항에 따른 의료기관 개설신고사항의 변경신고한 것으로 본다.

④ 시 · 도지사 및 시장 · 군수 · 구청장은 심사평가원으로부터 「국민건강보험법 시행규칙」 제12조제4항제3호에 따른 통보를 받은 경우에는 해당 의료기관의 개설허가를 받은 자가 제28조제1항에 따른 개설허가사항 변경신청서를 제출한 것으로 본다.

⑤ 의료기관의 개설자 또는 개설허가를 받은 자가 보건의료자원 통합신고포털을 통하여 변경신고를 하거나 변경허가를 신청하는 경우에는 제26조제1항 및 제28조제1항에도 불구하고 다음 각 호의 구분에 따라 서류의 제출을 생략할 수 있다.

1. 제26조제1항에 따른 개설신고사항의 변경신고(제32조제2항 전단에 따라 준용하는 경우를 포함한다)를 하는 경우: 의료기관 개설신고증명서

2. 제28조제1항에 따른 허가사항 변경신청(제32조제2항 전단에 따라 준용하는 경우를 포함한다)을 하는 경우: 의료기관 개설허가증

⑥ 시 · 도지사, 시장 · 군수 · 구청장 및 심사평가원은 제1항부터 제5항까지의 규정에 따른 업무를 위하여 불가피한 경우 「개인정보 보호법 시행령」 제19조제1호 또는 제4호에 따른 주민등록번호 또는 외국인등록번호가 포함된 자료를 처리할 수 있다.

[본조신설 2015. 7. 24.]

제30조의3 폐업 · 휴업 시 조치사항

법 제40조제4항에 따라 의료기관 개설자는 의료업을 폐업 또는 휴업하려는 때에는 폐업 또는 휴업 신고예정일 14일 전까지 환자 및 환자 보호자가 쉽게 볼 수 있는 장소 및 인터넷 홈페이지(인터넷 홈페이지를 운영하고 있는 자만 해당한다)에 다음 각 호의 사항을 기재한 안내문을 각각 게시하여야 한다. 다만, 입원 환자에 대해서는 폐업 또는 휴업 신고예정일 30일 전까지 환자 또는 그 보호자에게 직접 안내문의 내용을 알려야 한다.

1. 폐업 또는 휴업 개시 예정일자

2. 법 제22조제1항에 따른 진료기록부등(전자의무기록을 포함한다)의 이관 · 보관 또는 사본 발급 등에 관한 사항

3. 진료비 등의 정산 및 반환 등에 관한 사항

4. 입원 중인 환자의 다른 의료기관으로의 전원(轉院)에 관한 사항

5. 그 밖에 제1호부터 제4호까지에 준하는 사항으로서 환자의 권익 보호를 위하여 보건복지
부장관이 특히 필요하다고 인정하여 고시하는 사항

[본조신설 2017. 6. 21.]

제31조 조산원의 지도의사

조산원의 개설자는 법 제33조제6항에 따라 지도의사(指導醫師)를 정하거나 변경한 경우에는 지
도의사신고서에 그 지도의사의 승낙서 및 면허증 사본을 첨부하여 관할 시장·군수·구청장에게
제출하여야 한다.

제32조 부속 의료기관의 개설 특례

① 법 제35조제1항에 따라 의료인·의료법인·국가·지방자치단체·비영리법인 또는 「공공
기관의 운영에 관한 법률」에 따른 준정부기관 외의 자가 그 종업원 및 가족의 건강관리를
위하여 부속 의료기관을 개설하려면 별지 제20호서식의 부속 의료기관 개설신고서 또는 개
설허가신청서에 다음 각 호의 서류를 첨부하여 시·도지사나 시장·군수·구청장에게 제출
하여야 한다.   〈개정 2015. 7. 24., 2017. 6. 21.〉

1. 건물평면도 사본 및 그 구조설명서 사본

2. 의료인 등 근무인원에 대한 확인이 필요한 경우: 면허(자격)증 사본 1부

3. 법 제36조제1호·제2호·제4호 및 제5호의 준수사항에 적합함을 증명하는 서류

② 부속 의료기관의 개설신고 및 개설허가에 따른 신고 수리 등에 관하여는 제25조제2항부터
제5항까지, 제26조, 제27조제2항부터 제5항까지 및 제28조의 규정을 각각 준용한다. 이 경우
"별지 15호서식"은 "별지 제15호의2서식"으로, "별지 제17호서식"은 "별지 제17호의2서식"으
로 본다.   〈개정 2015. 5. 29.〉

[전문개정 2010. 1. 29.]

제33조 삭제 〈2017. 3. 7.〉

제34조 의료기관의 시설기준 및 규격

법 제36조제1호에 따른 의료기관의 종류별 시설기준은 별표 3과 같고, 그 시설규격은 별표 4와
같다.

제35조 의료기관의 안전관리시설

의료기관을 개설하는 자는 법 제36조제2호에 따라 환자, 의료관계인, 그 밖의 의료기관 종사자의 안전을 위하여 다음 각 호의 시설을 갖추어야 한다. 〈개정 2017. 3. 7., 2019. 9. 27.〉

1. 화재나 그 밖의 긴급한 상황에 대처하기 위하여 필요한 시설

2. 방충, 쥐막기, 세균오염 방지에 관한 시설

3. 채광 · 환기에 관한 시설

4. 전기 · 가스 등의 위해 방지에 관한 시설

5. 방사선 위해 방지에 관한 시설

6. 그 밖에 진료과목별로 안전관리를 위하여 필수적으로 갖추어야 할 시설

제35조의2 의료기관의 운영 기준

의료기관을 개설하는 자는 법 제36조제3호에 따라 다음 각 호의 운영 기준을 지켜야 한다.

1. 입원실의 정원을 초과하여 환자를 입원시키지 말 것

2. 입원실은 남 · 여별로 구별하여 운영할 것

3. 입원실이 아닌 장소에 환자를 입원시키지 말 것

4. 외래진료실에는 진료 중인 환자 외에 다른 환자를 대기시키지 말 것

[본조신설 2017. 3. 7.]

제36조 요양병원의 운영

① 법 제36조제3호에 따른 요양병원의 입원 대상은 다음 각 호의 어느 하나에 해당하는 자로서 주로 요양이 필요한 자로 한다. 〈개정 2010. 1. 29.〉

1. 노인성 질환자

2. 만성질환자

3. 외과적 수술 후 또는 상해 후 회복기간에 있는 자

② 제1항에도 불구하고 「감염병의 예방 및 관리에 관한 법률」 제41조제1항에 따라 보건복지부장관이 고시한 감염병에 걸린 같은 법 제2조제13호부터 제15호까지에 따른 감염병환자, 감염병의사환자 또는 병원체보유자(이하 "감염병환자등"이라 한다) 및 같은 법 제42조제1항 각 호의 어느 하나에 해당하는 감염병환자등은 요양병원의 입원 대상으로 하지 아니한다.

〈개정 2015. 12. 23.〉

③ 제1항에도 불구하고 「정신건강증진 및 정신질환자 복지서비스 지원에 관한 법률」 제3조제1호에 따른 정신질환자(노인성 치매환자는 제외한다)는 같은 법 제3조제5호에 따른 정신

의료기관 외의 요양병원의 입원 대상으로 하지 아니한다.　　〈신설 2015. 12. 23., 2017. 5. 30.〉

④ 각급 의료기관은 제1항에 따른 환자를 요양병원으로 옮긴 경우에는 환자 이송과 동시에 진료기록 사본 등을 그 요양병원에 송부하여야 한다.　　〈개정 2010. 1. 29., 2015. 12. 23.〉

⑤ 요양병원 개설자는 요양환자의 상태가 악화되는 경우에 적절한 조치를 할 수 있도록 환자 후송 등에 관하여 다른 의료기관과 협약을 맺거나 자체 시설 및 인력 등을 확보하여야 한다.

　　〈개정 2010. 1. 29., 2015. 12. 23.〉

⑥ 요양병원 개설자가 요양병원에 입원한 환자의 안전을 위하여 환자의 움직임을 제한하거나 신체를 묶는 경우에 준수하여야 하는 사항은 별표 4의2와 같다. 〈신설 2015. 5. 29., 2015. 12. 23.〉

⑦ 요양병원 개설자는 휴일이나 야간에 입원환자의 안전 및 적절한 진료 등을 위하여 소속 의료인 및 직원에 대한 비상연락체계를 구축·유지하여야 한다.　　〈신설 2017. 6. 21.〉

제37조 삭제 〈2015. 1. 2.〉

제38조 의료인 등의 정원

① 법 제36조제5호에 따른 의료기관의 종류에 따른 의료인의 정원 기준에 관한 사항은 별표 5와 같다.

② 의료기관은 제1항의 의료인 외에 다음의 기준에 따라 필요한 인원을 두어야 한다.

　　〈개정 2008. 9. 5., 2010. 1. 29., 2010. 3. 19., 2015. 5. 29., 2018. 12. 20.〉

1. 병원급 의료기관에는 별표 5의2에 따른 약사 또는 한약사(법률 제8365호 약사법 전부개정법률 부칙 제9조에 따라 한약을 조제할 수 있는 약사를 포함한다. 이하 같다)를 두어야 한다.

2. 입원시설을 갖춘 종합병원·병원·치과병원·한방병원 또는 요양병원에는 1명 이상의 영양사를 둔다.

3. 의료기관에는 보건복지부장관이 정하는 바에 따라 각 진료과목별로 필요한 수의 의료기사를 둔다.

4. 종합병원에는 보건복지부장관이 정하는 바에 따라 필요한 수의 보건의료정보관리사를 둔다.

5. 의료기관에는 보건복지부장관이 정하는 바에 따라 필요한 수의 간호조무사를 둔다.

6. 종합병원에는 「사회복지사업법」에 따른 사회복지사 자격을 가진 자 중에서 환자의 갱생·재활과 사회복귀를 위한 상담 및 지도 업무를 담당하는 요원을 1명 이상 둔다.

7. 요양병원에는 시설 안전관리를 담당하는 당직근무자를 1명 이상 둔다.

③ 보건복지부장관은 간호사나 치과위생사의 인력 수급상 필요하다고 인정할 때에는 제1항에

따른 간호사 또는 치과위생사 정원의 일부를 간호조무사로 충당하게 할 수 있다.

〈개정 2010. 3. 19.〉

제39조 급식관리

입원시설을 갖춘 종합병원 · 병원 · 치과병원 · 한방병원 또는 요양병원을 개설하는 자는 법 제36조제6호에 따라 별표 6에서 정하는 바에 따라 환자의 식사를 위생적으로 관리 · 제공하여야 한다.

〈개정 2017. 3. 7.〉

제39조의2 의료기관의 위생관리 기준

의료기관을 개설하는 자는 법 제36조제7호에 따라 다음 각 호의 위생관리 기준을 지켜야 한다.

1. 환자의 처치에 사용되는 기구 및 물품(1회용 기구 및 물품은 제외한다)은 보건복지부장관이 정하여 고시하는 방법에 따라 소독하여 사용할 것
2. 감염의 우려가 있는 환자가 입원하였던 입원실 및 그 옷 · 침구 · 식기 등은 완전히 소독하여 사용할 것
3. 의료기관에서 업무를 수행하는 보건의료인에 대하여 손 위생에 대한 교육을 실시할 것

[본조신설 2017. 3. 7.]

제39조의3 의약품 및 일회용 주사 의료용품의 사용 기준

의료기관을 개설하는 자는 법 제36조제8호에 따라 의약품 및 일회용 주사 의료용품의 사용에 관한 다음 각 호의 기준을 지켜야 한다.

1. 변질 · 오염 · 손상되었거나 유효기한 · 사용기한이 지난 의약품을 진열하거나 사용하지 말 것
2. 「의약품 등의 안전에 관한 규칙」 제62조제5호에 따라 규격품으로 판매하도록 지정 · 고시된 한약을 조제하는 경우에는 같은 조 제8호에 따른 품질관리에 관한 사항을 준수할 것 (한의원 또는 한방병원만 해당한다)
3. 포장이 개봉되거나 손상된 일회용 주사 의료용품은 사용하지 말고 폐기할 것
4. 일회용 주사기에 주입된 주사제는 지체 없이 환자에게 사용할 것
5. 한 번 사용한 일회용 주사 의료용품은 다시 사용하지 말고 폐기할 것

[본조신설 2017. 3. 7.]

제39조의4 감염병환자등의 진료 기준

의료기관을 개설하는 자는 법 제36조제9호에 따라 「감염병의 예방 및 관리에 관한 법률 시행

령」 별표 2 제3호 및 제4호에 따른 입원 치료의 방법 및 절차를 지켜야 한다.

[본조신설 2017. 3. 7.]

제39조의5 감염관리가 필요한 시설의 출입 기준

① 의료기관을 개설하는 자는 법 제36조제10호에 따라 수술실, 분만실, 중환자실(이하 이 조에서 "수술실등"이라 한다)에서 의료행위가 이루어지는 동안 다음 각 호에 해당하는 사람 외에는 수술실등에 출입하는 사람이 없도록 관리해야 한다.

1. 환자

2. 의료행위를 하는 의료인 · 간호조무사 · 의료기사

3. 환자의 보호자 등 의료기관의 장이 출입이 필요하다고 인정하여 승인한 사람으로서 감염관리 등 출입에 필요한 안내를 받은 사람

② 의료기관을 개설하는 자는 수술실등에 출입하는 사람의 이름, 출입 목적, 입실 · 퇴실 일시, 연락처 및 출입 승인 사실(제1항제3호의 사람만 해당한다) 등을 기록(전자기록을 포함한다)하여 관리하고 1년 동안 보존해야 한다. 다만, 환자의 경우 진료기록부, 조산기록부 및 간호기록부 등으로 해당 사실을 확인할 수 있으면 기록, 관리 및 보존을 생략할 수 있다.

③ 의료기관을 개설하는 자는 수술실등의 입구 등 눈에 띄기 쉬운 곳에 출입에 관한 구체적인 사항을 게시해야 한다.

[본조신설 2019. 10. 24.]

[종전 제39조의5는 제39조의6으로 이동 〈2019. 10. 24.〉]

제39조의6 당직의료인

① 법 제41조제2항에 따라 각종 병원에 두어야 하는 당직의료인의 수는 입원환자 200명까지는 의사 · 치과의사 또는 한의사의 경우에는 1명, 간호사의 경우에는 2명을 두되, 입원환자 200명을 초과하는 200명마다 의사 · 치과의사 또는 한의사의 경우에는 1명, 간호사의 경우에는 2명을 추가한 인원 수로 한다.

② 제1항에도 불구하고 법 제3조제2항제3호라목에 따른 요양병원에 두어야 하는 당직의료인의 수는 다음 각 호의 기준에 따른다.

1. 의사 · 치과의사 또는 한의사의 경우에는 입원환자 300명까지는 1명, 입원환자 300명을 초과하는 300명마다 1명을 추가한 인원 수

2. 간호사의 경우에는 입원환자 80명까지는 1명, 입원환자 80명을 초과하는 80명마다 1명을 추가한 인원 수

③ 제1항 및 제2항에도 불구하고 다음 각 호의 어느 하나에 해당하는 의료기관은 입원환자를 진료하는 데에 지장이 없도록 해당 병원의 자체 기준에 따라 당직의료인을 배치할 수 있다.

1. 「정신건강증진 및 정신질환자 복지서비스 지원에 관한 법률」 제3조제5호가목에 따른 정신병원

2. 「장애인복지법」 제58조제1항제4호에 따른 의료재활시설로서 법 제3조의2에 따른 요건을 갖춘 의료기관

3. 국립정신건강센터, 국립정신병원, 국립소록도병원, 국립결핵병원 및 국립재활원

4. 그 밖에 제1호부터 제3호까지에 준하는 의료기관으로서 보건복지부장관이 당직의료인의 배치 기준을 자체적으로 정할 필요가 있다고 인정하여 고시하는 의료기관

[본조신설 2017. 6. 21.]

[제39조의5에서 이동 〈2019. 10. 24.〉]

제40조 의료기관의 명칭 표시

법 제42조제2항에 따라 의료기관의 명칭 표시는 다음 각 호에 정하는 바에 따른다.

〈개정 2010. 1. 29., 2011. 2. 10., 2012. 4. 27., 2017. 3. 7., 2017. 6. 21., 2019. 10. 24.〉

1. 의료기관이 명칭을 표시하는 경우에는 법 제3조제2항에 따른 의료기관의 종류에 따르는 명칭(종합병원의 경우에는 종합병원 또는 병원) 앞에 고유명칭을 붙인다. 이 경우 그 고유명칭은 의료기관의 종류 명칭과 동일한 크기로 하되, 의료기관의 종류 명칭과 혼동할 우려가 있거나 특정 진료과목 또는 질환명과 비슷한 명칭을 사용하지 못한다.

2. 제1호에도 불구하고 법 제3조의4제1항에 따라 상급종합병원으로 지정받은 종합병원은 의료기관의 종류에 따른 명칭 대신 상급종합병원의 명칭을 표시할 수 있다.

3. 제1호에도 불구하고 법 제3조의5제1항에 따라 전문병원으로 지정받은 병원은 지정받은 특정 진료과목 또는 질환명을 표시할 수 있으며, 의료기관의 종류에 따른 명칭 대신 전문병원의 명칭을 표시할 수 있다.

4. 병원·한방병원·치과병원·의원·한의원 또는 치과의원의 개설자가 전문의인 경우에는 그 의료기관의 고유명칭과 의료기관의 종류 명칭 사이에 인정받은 전문과목을 삽입하여 표시할 수 있다. 이 경우 의료기관의 고유명칭 앞에 전문과목 및 전문의를 함께 표시할 수 있다.

5. 제32조에 따른 부속 의료기관이 명칭을 표시하는 경우에는 의료기관의 종류에 따르는 명칭 앞에 그 개설기관의 명칭과 "부속"이라는 문자를 붙여야 한다.

6. 의료기관의 명칭표시판에는 다음 각 목의 사항만을 표시할 수 있다. 다만, 장소가 좁거나

그 밖에 부득이한 사유가 있는 경우에는 제41조제4항에도 불구하고 같은 조 제1항에 따른 진료과목을 명칭표시판에 함께 표시할 수 있다.

가. 의료기관의 명칭

나. 전화번호

다. 진료에 종사하는 의료인의 면허 종류 및 성명

라. 상급종합병원으로 지정받은 사실(법 제3조의4제1항에 따라 상급종합병원으로 지정받은 종합병원만 해당한다)

마. 전문병원으로 지정받은 사실(법 제3조의5제1항에 따라 전문병원으로 지정받은 병원만 해당한다)

바. 병원 · 한방병원 · 치과병원 · 의원 · 한의원 또는 치과의원의 개설자가 전문의인 경우에는 해당 개설자의 전문의 자격 및 전문과목

사. 법 제58조제1항에 따라 의료기관 인증을 받은 사실

7. 제6호가목에 따른 의료기관의 명칭은 한글로 표시하되, 외국어를 함께 표시할 수 있다.

제41조 진료과목의 표시

① 법 제43조에 따라 의료기관이 표시할 수 있는 진료과목은 다음 각 호와 같다.

〈개정 2011. 12. 7., 2015. 5. 29., 2017. 6. 21., 2017. 11. 28., 2019. 10. 24.〉

1. 종합병원 : 제2호 및 제3호의 진료과목

2. 병원이나 의원 : 내과, 신경과, 정신건강의학과, 외과, 정형외과, 신경외과, 흉부외과, 성형외과, 마취통증의학과, 산부인과, 소아청소년과, 안과, 이비인후과, 피부과, 비뇨의학과, 영상의학과, 방사선종양학과, 병리과, 진단검사의학과, 재활의학과, 결핵과, 예방의학과, 가정의학과, 핵의학과, 직업환경의학과 및 응급의학과

3. 치과병원이나 치과의원 : 구강악안면외과, 치과보철과, 치과교정과, 소아치과, 치주과, 치과보존과, 구강내과, 영상치의학과, 구강병리과, 예방치과 및 통합치의학과

4. 한방병원이나 한의원 : 한방내과, 한방부인과, 한방소아과, 한방안 · 이비인후 · 피부과, 한방신경정신과, 한방재활의학과, 사상체질과 및 침구과

5. 요양병원 : 제2호 및 제4호의 진료과목

② 법 제43조제1항부터 제3항까지의 규정에 따라 추가로 진료과목을 설치한 의료기관이 표시할 수 있는 진료과목과 법 제43조제4항에 따라 추가로 설치한 진료과목의 진료에 필요한 시설 · 장비는 별표 8과 같다. 〈신설 2010. 1. 29.〉

③ 의료기관이 진료과목을 표시하는 경우에는 제1항 및 제2항의 진료과목 중 그 의료기관이 확

보하고 있는 시설 · 장비 및 의료관계인에 해당하는 과목만을 표시할 수 있다.

〈개정 2010. 1. 29.〉

④ 의료기관의 진료과목 표시판에는 "진료과목"이라는 글자와 진료과목의 명칭을 표시하여야 한다.

〈개정 2010. 1. 29.〉

제42조 의료기관의 명칭과 진료과목의 병행 표시 방법

제40조제6호 각 목 외의 부분 단서에 따라 의료기관의 명칭 표시판에 진료과목을 함께 표시하는 경우에는 진료과목을 표시하는 글자의 크기를 의료기관의 명칭을 표시하는 글자 크기의 2분의 1 이내로 하여야 한다.

〈개정 2011. 2. 10.〉

제42조의2 비급여 진료비용 등의 고지

① 법 제45조제1항에 따라 의료기관 개설자는 비급여 대상의 항목과 그 가격을 적은 책자 등을 접수창구 등 환자 또는 환자의 보호자가 쉽게 볼 수 있는 장소에 갖추어 두어야 한다. 이 경우 비급여 대상의 항목을 묶어 1회 비용으로 정하여 총액을 표기할 수 있다. 〈개정 2016. 10. 6.〉

② 법 제45조제2항에 따라 의료기관 개설자는 진료기록부 사본 · 진단서 등 제증명수수료의 비용을 접수창구 등 환자 및 환자의 보호자가 쉽게 볼 수 있는 장소에 게시하여야 한다.

③ 인터넷 홈페이지를 운영하는 의료기관은 제1항 및 제2항의 사항을 제1항 및 제2항의 방법 외에 이용자가 알아보기 쉽도록 인터넷 홈페이지에 따로 표시하여야 한다. 〈개정 2015. 5. 29.〉

④ 제1항부터 제3항까지에서 규정한 사항 외에 비급여 진료비용 등의 고지방법의 세부적인 사항은 보건복지부장관이 정하여 고시한다. 〈신설 2015. 5. 29.〉

[본조신설 2010. 1. 29.]

제42조의3 비급여 진료비용 등의 현황 조사 등

① 법 제45조의2제1항에 따라 보건복지부장관이 법 제45조제1항 및 제2항의 비급여 진료비용 및 제증명수수료(이하 이 조에서 "비급여 진료비용등"이라 한다)에 대한 현황 조사 · 분석을 하는 의료기관은 병원급 의료기관 중 병상규모 및 입원 환자의 수 등을 고려하여 보건복지부장관이 정하여 고시하는 의료기관으로 한다.

② 비급여 진료비용등의 현황에 대한 조사 · 분석 항목은 다음 각 호의 구분에 따른다.

1. 법 제45조제1항에 따른 비급여 진료비용: 「국민건강보험 요양급여의 기준에 관한 규칙」 별표 2에 따라 비급여 대상이 되는 행위 · 약제 및 치료재료 중 의료기관에서 실시 · 사용 · 조제하는 빈도 및 의료기관의 징수비용 등을 고려하여 보건복지부장관이 고시하는

항목

2. 법 제45조제2항에 따른 제증명수수료: 의료기관에서 발급하는 진단서·증명서 또는 검안서 등의 제증명서류 중 발급 빈도 및 발급 비용 등을 고려하여 보건복지부장관이 고시하는 서류

③ 보건복지부장관은 비급여 진료비용등의 현황에 대한 조사·분석을 위하여 의료기관의 장에게 관련 서류 또는 의견의 제출을 명할 수 있다. 이 경우 해당 의료기관의 장은 특별한 사유가 없으면 그 명령에 따라야 한다.

④ 보건복지부장관은 비급여 진료비용 등에 대한 심층적 조사·분석을 위하여 필요하다고 인정하는 경우에는 관계 전문기관이나 전문가 등에게 필요한 자료 또는 의견의 제출을 요청할 수 있다.

⑤ 보건복지부장관은 법 제45조의2제1항에 따라 비급여 진료비용등의 현황에 대한 조사·분석 결과를 모두 공개한다. 이 경우 공개방법은 보건복지부장관이 지정하는 정보시스템에 게시하는 방법으로 한다.

⑥ 제1항부터 제5항까지의 규정에 따른 비급여 진료비용등의 현황에 대한 조사·분석 및 공개 등의 방법 및 절차 등에 관하여 필요한 세부 사항은 보건복지부장관이 정하여 고시한다.

[본조신설 2016. 10. 6.]

제43조 감염관리위원회 및 감염관리실의 설치 등

① 법 제47조제1항에서 "보건복지부령으로 정하는 일정 규모 이상의 병원급 의료기관"이란 다음 각 호의 구분에 따른 의료기관을 말한다.　　　　　　　　　　　　　　〈개정 2016. 10. 6.〉

1. 2017년 3월 31일까지의 기간: 종합병원 및 200개 이상의 병상을 갖춘 병원으로서 중환자실을 운영하는 의료기관

2. 2017년 4월 1일부터 2018년 9월 30일까지의 기간: 종합병원 및 200개 이상의 병상을 갖춘 병원

3. 2018년 10월 1일부터의 기간: 종합병원 및 150개 이상의 병상을 갖춘 병원

② 법 제47조제1항에 따른 감염관리위원회(이하 "위원회"라 한다)는 다음 각 호의 업무를 심의한다.　　　　　　　　　　〈개정 2009. 4. 29., 2010. 12. 30., 2015. 12. 23., 2016. 10. 6.〉

1. 병원감염에 대한 대책, 연간 감염예방계획의 수립 및 시행에 관한 사항

2. 감염관리요원의 선정 및 배치에 관한 사항

3. 감염병환자등의 처리에 관한 사항

4. 병원의 전반적인 위생관리에 관한 사항

5. 병원감염관리에 관한 자체 규정의 제정 및 개정에 관한 사항

6. 삭제 〈2012. 8. 2.〉

7. 삭제 〈2012. 8. 2.〉

8. 삭제 〈2012. 8. 2.〉

9. 그 밖에 병원감염관리에 관한 중요한 사항

③ 법 제47조제1항에 따른 감염관리실(이하 "감염관리실"이라 한다)은 다음 각 호의 업무를 수행한다. 〈신설 2012. 8. 2., 2016. 10. 6.〉

1. 병원감염의 발생 감시

2. 병원감염관리 실적의 분석 및 평가

3. 직원의 감염관리교육 및 감염과 관련된 직원의 건강관리에 관한 사항

4. 그 밖에 감염 관리에 필요한 사항

[제목개정 2012. 8. 2.]

제44조 위원회의 구성

① 위원회는 위원장 1명을 포함한 7명 이상 15명 이하의 위원으로 구성한다.

② 위원장은 해당 의료기관의 장으로 하고, 부위원장은 위원 중에서 위원장이 지명한다.

〈개정 2012. 8. 2.〉

③ 위원은 다음 각 호의 어느 하나에 해당하는 사람과 해당 의료기관의 장이 위촉하는 외부 전문가로 한다. 〈개정 2012. 8. 2.〉

1. 감염관리실장

2. 진료부서의 장

3. 간호부서의 장

4. 진단검사부서의 장

5. 감염 관련 의사 및 해당 의료기관의 장이 필요하다고 인정하는 사람

④ 제3항 각 호에 해당하는 자는 당연직 위원으로 하되 그 임기는 해당 부서의 재직기간으로 하고, 위촉하는 위원의 임기는 2년으로 한다.

제45조 위원회의 운영

① 위원회는 정기회의와 임시회의로 운영한다.

② 정기회의는 연 2회 개최하고, 임시회의는 위원장이 필요하다고 인정하는 때 또는 위원 과반수가 소집을 요구할 때에 개최할 수 있다.

③ 회의는 재적위원 과반수의 출석과 출석위원 과반수의 찬성으로 의결한다.

④ 위원장은 위원회를 대표하며 업무를 총괄한다.

⑤ 위원회는 회의록을 작성하여 참석자의 확인을 받은 후 비치하여야 한다.

⑥ 그 밖에 위원회의 운영에 필요한 사항은 위원장이 정한다.

제46조 감염관리실의 운영 등

① 법 제47조제1항에 따라 감염관리실에서 감염관리 업무를 수행하는 사람의 인력기준 및 배치 기준은 별표 8의2와 같다. 〈개정 2016. 10. 6.〉

② 제1항에 따라 감염관리실에 두는 인력 중 1명 이상은 감염관리실에서 전담 근무하여야 한다.

③ 제1항에 따라 감염관리실에서 근무하는 사람은 별표 8의3에서 정한 교육기준에 따라 교육을 받아야 한다. 〈개정 2016. 10. 6.〉

[전문개정 2012. 8. 2.]

제46조의2 감염병 예방을 위한 정보 제공 등

① 의료기관의 장은 법 제47조제2항에 따라 「감염병의 예방 및 관리에 관한 법률」 제2조제1호에 따른 감염병(이하 이 조에서 "감염병"이라 한다) 예방을 위하여 다음 각 호의 사항에 관한 교육을 실시해야 한다. 〈개정 2019. 10. 24.〉

1. 감염병의 감염 원인, 감염 경로 및 감염 증상 등 감염병의 내용 및 성격에 관한 사항

2. 감염병에 대한 대응조치, 진료방법 및 예방방법 등 감염병의 예방 및 진료에 관한 사항

3. 감염병 환자의 관리, 감염 물건의 처리, 감염 장소의 소독 및 감염병 보호장비 사용 등 감염병의 관리에 관한 사항

4. 「감염병의 예방 및 관리에 관한 법률」에 따른 의료기관, 보건의료인 또는 의료기관 종사자의 보고 · 신고 및 협조 등에 관한 사항

5. 그 밖에 감염병 예방 및 관리 등을 위하여 보건복지부장관이 특히 필요하다고 인정하는 사항

② 의료기관의 장은 법 제47조제3항에 따라 감염병이 유행하는 경우 해당 의료기관 내에서 업무를 수행하는 사람에게 제1항의 교육을 2회 이상 실시해야 한다. 〈개정 2019. 10. 24.〉

③ 의료기관의 장은 법 제47조제3항에 따라 감염병의 확산 및 방지에 필요한 정보를 다음 각 호의 방법으로 제공해야 한다. 〈개정 2019. 10. 24.〉

1. 의료기관의 인터넷 홈페이지 게시

2. 매뉴얼 · 게시물 또는 안내문 등의 작성 · 비치

3. 그 밖에 보건복지부장관이 신속하고 정확한 정보 제공을 위하여 적합하다고 인정하여 고

시하는 방법

④ 의료기관의 장은 법 제47조제2항 및 제3항에 따라 교육 및 정보 제공을 위하여 필요하다고 인정하는 경우에는 질병관리본부 또는 관할 보건소에 필요한 협조를 요청할 수 있다.

〈개정 2019. 10. 24.〉

⑤ 제1항부터 제4항까지의 규정에 따른 감염병 예방 정보 교육 및 정보 제공의 내용ㆍ방법 및 절차 등에 필요한 세부 사항은 보건복지부장관이 정하여 고시한다. 〈개정 2019. 10. 24.〉

[본조신설 2016. 10. 6.]

제47조 입원환자의 전원

① 법 제47조의2에서 "환자나 보호자의 동의를 받을 수 없는 등 보건복지부령으로 정하는 불가피한 사유"란 환자가 의사표시를 할 수 없는 상태에 있거나 보호자와 연락이 되지 않아 환자나 보호자의 동의를 받을 수 없는 경우를 말한다.

② 의료기관의 장은 법 제47조의2에 따라 환자를 다른 의료기관으로 전원(轉院)시키려면 시장ㆍ군수ㆍ구청장에게 다음 각 호의 사항을 알리고 승인을 요청해야 한다.

1. 환자가 현재 입원 중인 의료기관과 전원시키려는 의료기관의 명칭ㆍ주소ㆍ전화번호

2. 환자 또는 보호자의 성명ㆍ주민등록번호ㆍ주소ㆍ전화번호

3. 전원일자

4. 전원사유

③ 제2항에 따라 승인을 요청받은 시장ㆍ군수ㆍ구청장은 지체 없이 승인 여부를 의료기관의 장에게 통보해야 한다.

④ 제3항에 따라 통보를 받은 의료기관의 장은 환자를 전원시키고 구두, 유선 또는 서면 등으로 제2항 각 호의 사항을 환자의 보호자에게 지체 없이 알려야 한다.

[본조신설 2019. 7. 16.]

제48조 설립허가신청서의 첨부서류

영 제19조에서 "보건복지부령으로 정하는 의료법인설립허가신청서 및 관계 서류"란 별지 제29호서식의 의료법인 설립허가신청서 및 다음 각 호의 서류를 말한다. 이 경우 시ㆍ도지사는 「전자정부법」 제36조제1항에 따른 행정정보의 공동이용을 통하여 건물 등기사항증명서와 토지 등기사항증명서를 확인하여야 한다. 〈개정 2009. 4. 29., 2010. 9. 1., 2018. 9. 27., 2019. 10. 24.〉

1. 의료법인을 설립하려는 자(이하 "설립발기인"이라 한다)의 성명ㆍ주소ㆍ약력(설립발기인이 법인 또는 조합인 경우에는 그 명칭ㆍ소재지, 대표자의 성명ㆍ주소와 정관 또는 조합

규약 및 최근의 사업활동)을 적은 서류

2. 설립취지서

3. 정관

4. 재산의 종류·수량·금액 및 권리관계를 적은 재산목록(기본재산과 보통재산으로 구분하여 기재한다) 및 기부신청서(기부자의 재산을 확인할 수 있는 서류를 첨부하되, 시·도지사가 「전자정부법」 제36조제1항에 따른 행정정보의 공동이용을 통하여 첨부서류에 대한 정보를 확인할 수 있는 경우에는 그 확인으로 이를 갈음한다)

5. 부동산·예금·유가증권 등 주된 재산에 관한 등기소·금융기관 등의 증명서

6. 사업 시작 예정 연월일과 해당 사업연도 분(分)의 사업계획서 및 수지예산서

7. 임원 취임 예정자의 이력서(가로 3.5센티미터, 세로 4.5센티미터의 사진을 첨부한다)·취임승낙서 및 「가족관계의 등록 등에 관한 법률」 제15조제1항제2호에 따른 기본증명서

8. 설립 발기인이 둘 이상인 경우 그 대표자가 신청하는 경우에는 나머지 설립 발기인의 위임장

제49조 신청 서류의 보정 등

① 시·도지사는 별지 제29호서식의 의료법인 설립허가신청서에 첨부된 서류를 심사하면서 필요하다고 인정될 때에는 신청인에게 기간을 정하여 필요한 자료를 제출하게 하거나 설명을 요구할 수 있다. 〈개정 2018. 9. 27.〉

② 시·도지사는 법 제48조제1항에 따른 의료법인 설립허가를 한 때에는 별지 제30호서식의 의료법인 설립허가증을 발급하여야 한다. 〈신설 2018. 9. 27.〉

[제목개정 2018. 9. 27.]

제50조 설립등기 등의 보고

의료법인은 「민법」 제49조부터 제52조까지의 규정에 따라 법인 설립 등기 등의 등기를 한 때에는 각 등기를 한 날부터 7일 이내에 해당 등기보고서를 시·도지사에게 제출하여야 한다. 이 경우 시·도지사는 「전자정부법」 제36조제1항에 따른 행정정보의 공동이용을 통하여 법인 등기사항증명서를 확인하여야 한다. 〈개정 2009. 4. 29., 2010. 9. 1.〉

제51조 정관변경허가신청

영 제21조에서 "보건복지부령으로 정하는 허가신청서 및 관계 서류"란 별지 제31호서식의 의료법인 정관변경 허가신청서 및 다음 각 호의 서류를 말한다. 〈개정 2018. 9. 27.〉

1. 정관 변경 이유서

2. 정관개정안(신 · 구 정관의 조문대비표를 첨부하여야 한다.)

3. 정관 변경에 관한 이사회의 회의록

4. 정관 변경에 따라 사업계획 및 수지예산에 변동이 있는 경우에는 그 변동된 사업계획서 및 수지예산서(신 · 구 대비표를 첨부하여야 한다)

제52조 임원 선임의 보고 등

① 의료법인은 임원을 선임(選任)한 경우에는 선임한 날부터 7일 이내에 임원선임보고서(전자문서로 된 보고서를 포함한다)에 선임된 자에 관한 다음 각 호의 서류(전자문서를 포함한다)를 첨부하여 시 · 도지사에게 제출하여야 한다. 다만, 재임(再任)된 경우에는 제1호와 제3호의 서류만을 첨부하여 제출할 수 있다. 〈개정 2008. 9. 5., 2009. 4. 29., 2018. 9. 27.〉

1. 임원 선임을 의결한 이사회의 회의록

2. 이력서(가로 3.5센티미터, 세로 4.5센티미터의 사진을 첨부한다)

3. 취임승낙서

② 삭제 〈2008. 9. 5.〉

제53조 재산의 증가 보고

의료법인은 매수(買受) · 기부수령이나 그 밖의 방법으로 재산을 취득한 경우에는 재산을 취득한 날부터 7일 이내에 그 법인의 재산에 편입시키고 재산증가보고서에 다음 각 호의 서류를 첨부하여 시 · 도지사에게 제출하여야 한다. 이 경우 시 · 도지사는 「전자정부법」 제36조제1항에 따른 행정정보의 공동이용을 통하여 건물 등기사항증명서와 토지 등기사항증명서를 확인(부동산 재산 증가의 경우에만 해당한다)하여야 한다. 〈개정 2009. 4. 29., 2010. 9. 1., 2018. 9. 27., 2019. 9. 27.〉

1. 취득사유서

2. 취득한 재산의 종류 · 수량 및 금액을 적은 서류

3. 재산 취득을 확인할 수 있는 서류(건물 등기사항증명서와 토지 등기사항증명서로 확인할 수 있는 경우에는 그 확인으로 첨부서류를 갈음한다) 또는 금융기관의 증명서

제54조 기본재산의 처분허가신청

① 영 제21조에 따라 의료법인이 기본재산을 매도 · 증여 · 임대 또는 교환하거나 담보로 제공(이하 "처분"이라 한다)하려는 경우에는 별지 제32호서식의 기본재산 처분허가신청서에 다음 각 호의 서류를 첨부하여 처분 1개월 전에 보건복지부장관 또는 시 · 도지사에게 제출하여야 한다. 이 경우 보건복지부장관 또는 시 · 도지사는 「전자정부법」 제36조제1항에 따른

행정정보의 공동이용을 통하여 건물 등기사항증명서와 토지 등기사항증명서를 확인하여야

한다. 〈개정 2018. 9. 27.〉

② 제1항에도 불구하고 의료법인이 기본재산을 담보로 제공하려는 경우에는 제1항 각 호의 서

류 외에 다음 각 호의 서류를 추가로 첨부하여 보건복지부장관 또는 시·도지사에게 제출하

여야 한다. 〈신설 2018. 9. 27.〉

1. 상환방법 및 상환계획

2. 피담보채권액 및 담보권자

3. 법인 부채현황 및 부채잔액증명원

③ 보건복지부장관 또는 시·도지사는 제1항의 신청에 따라 허가를 할 때에는 필요한 조건을

붙일 수 있다. 〈개정 2018. 9. 27.〉

제55조 서류 및 장부의 비치

① 의료법인은 「민법」 제55조에 규정된 것 외에 다음 각 호의 서류와 장부를 갖추어 두어야

한다.

1. 정관

2. 임직원의 명부와 이력서

3. 이사회 회의록

4. 재산대장 및 부채대장

5. 보조금을 받은 경우에는 보조금관리대장

6. 수입·지출에 관한 장부 및 증명서류

7. 업무일지

8. 주무관청 및 관계 기관과 주고받은 서류

② 재산목록과 제1항제1호부터 제5호까지의 서류는 영구 보존하고, 제6호의 서류는 10년 보존

하며, 그 밖의 서류는 3년 이상 보존하여야 한다.

제56조 법인사무의 검사 · 감독

① 시·도지사는 의료법인을 감독하는 데에 필요하다고 인정될 때에는 의료법인에 관계되는

서류, 장부, 참고자료를 제출할 것을 명하거나, 소속 공무원에게 의료법인의 사무 및 재산 상

황을 검사하게 할 수 있다.

② 제1항에 따라 의료법인의 사무 및 재산 상황을 검사하는 공무원은 그 권한을 증명하는 증표

를 지니고 관계인에게 제시하여야 한다.

제57조 해산신고

① 의료법인이 해산(파산의 경우는 제외한다)한 경우 그 청산인은 법 제50조 및 「민법」 제86 조에 따라 다음 각 호의 사항을 적은 의료법인 해산신고서를 시ㆍ도지사에게 제출하여야 한다. 〈개정 2009. 4. 29., 2018. 9. 27.〉

1. 해산 연월일

2. 해산 사유

3. 청산인의 성명 및 주소

4. 청산인의 대표권을 제한한 경우에는 그 제한 사항

② 청산인이 제1항의 신고를 할 때에는 그 신고서에 다음 각 호의 서류를 첨부하여야 한다. 이 경우 시ㆍ도지사는 「전자정부법」 제36조제1항에 따른 행정정보의 공동이용을 통하여 법 인 등기사항증명서를 확인하여야 한다. 〈개정 2009. 4. 29., 2010. 9. 1.〉

1. 해산 당시의 재산목록

2. 잔여재산의 처분 방법의 개요를 적은 서류

3. 해산 당시의 정관

4. 삭제 〈2009. 4. 29.〉

5. 해산을 의결한 이사회의 회의록

③ 의료법인은 정관에서 정하는 바에 따라 그 해산에 관하여 시ㆍ도지사의 허가를 받아야 하는 경우에는 해산 예정 기일, 해산의 원인 및 청산인이 될 자의 성명 및 주소를 적은 의료법인 해산허가신청서에 다음 각 호의 서류를 첨부하여 시ㆍ도지사에게 제출하여야 한다.

〈개정 2018. 9. 27.〉

1. 신청 당시의 재산목록 및 감정평가서

2. 잔여재산의 처분 방법의 개요를 적은 서류

3. 신청당시의 정관

4. 해산을 의결한 이사회의 회의록

제58조 잔여재산 처분의 허가

의료법인의 대표자 또는 청산인이 「민법」 제80조제2항에 따라 잔여재산의 처분에 대한 허가 를 받으려면 다음 각 호의 사항을 적은 잔여재산 처분허가신청서에 해산 당시의 정관을 첨부하여 시ㆍ도지사에게 제출하여야 한다. 〈개정 2018. 9. 27.〉

1. 처분 사유

2. 처분하려는 재산의 종류ㆍ수량 및 금액

3. 재산의 처분 방법 및 처분계획서

제59조 삭제 〈2015. 1. 2.〉

제60조 부대사업

법 제49조제1항제7호에서 "휴게음식점영업, 일반음식점영업, 이용업, 미용업 등 환자 또는 의료법인이 개설한 의료기관 종사자 등의 편의를 위하여 보건복지부령으로 정하는 사업"이란 다음 각 호의 사업을 말한다. 〈개정 2009. 7. 1., 2010. 3. 19., 2014. 9. 19.〉

1. 휴게음식점영업, 일반음식점영업, 제과점영업, 위탁급식영업

2. 소매업 중 편의점, 슈퍼마켓, 자동판매기영업 및 서점

2의2. 의류 등 생활용품 판매업 및 식품판매업(건강기능식품 판매업은 제외한다). 다만, 의료법인이 직접 영위하는 경우는 제외한다.

3. 산후조리업

4. 목욕장업

5. 의료기기 임대 · 판매업. 다만, 의료법인이 직접 영위하는 경우는 제외한다.

6. 숙박업, 여행업 및 외국인환자 유치업

7. 수영장업, 체력단련장업 및 종합체육시설업

8. 장애인보조기구의 제조 · 개조 · 수리업

9. 다음 각 목의 어느 하나에 해당하는 업무를 하려는 자에게 의료법인이 개설하는 의료기관의 건물을 임대하는 사업

　가. 이용업 및 미용업

　나. 안경 조제 · 판매업

　다. 은행업

　라. 의원급 의료기관 개설 · 운영(의료관광호텔에 부대시설로 설치하는 경우로서 진료과목이 의료법인이 개설하는 의료기관과 동일하지 아니한 경우로 한정한다)

제61조 부대사업의 신고 등

① 법 제49조제3항 전단에 따라 부대사업을 신고하려는 의료법인은 별지 제22호서식의 신고서에 다음 각 호의 서류를 첨부하여 관할 시 · 도지사에게 제출하여야 한다.

1. 의료기관 개설허가증 사본

2. 부대사업의 내용을 적은 서류

3. 부대사업을 하려는 건물의 평면도 및 구조설명서

② 제1항에 따른 신고를 받은 시·도지사는 별지 제23호서식의 신고증명서를 발급하여야 한다.

③ 제1항에 따라 신고한 내용을 변경하려는 자는 별지 제22호서식의 변경신고서에 다음 각 호의 서류를 첨부하여 관할 시·도지사에게 제출하여야 한다.

1. 제2항에 따라 발급받은 신고증명서

2. 변경 사항을 증명하는 서류

④ 제3항에 따라 변경신고를 받은 시·도지사는 부대사업 신고증명서에 제3항에 따라 변경한 사항을 적은 후 해당 의료법인에 발급하여야 한다.

제61조의2 자율심의기구 신고

① 법 제57조제2항제1호에 따른 의사회·치과의사회·한의사회가 법 제57조제2항 및 영 제24조제5항에 따라 신고하려는 경우에는 별지 제23호의2서식의 의료광고 자율심의기구 신고서에 다음 각 호의 서류를 첨부하여 보건복지부장관에게 제출하여야 한다.

1. 영 제24조제3항제1호에 따른 전담부서와 상근인력 현황

2. 영 제24조제3항제2호에 따른 전산장비와 사무실 현황

② 법 제57조제2항제2호의 단체가 법 제57조제2항 및 영 제24조제5항에 따라 신고하려는 경우에는 별지 제23호의2서식의 의료광고 자율심의기구 신고서에 다음 각 호의 서류를 첨부하여 보건복지부장관에게 제출하여야 한다.

1. 제1항 각 호의 서류

2. 「소비자기본법」 제29조에 따라 공정거래위원회에 등록한 소비자단체의 등록증 사본

3. 소비자단체의 정관 사본

[본조신설 2018. 9. 27.]

제61조의3 의료광고 모니터링

자율심의기구(법 제57조제2항에 따라 보건복지부장관에게 신고한 기관 또는 단체를 말한다)는 법 제57조의3에 따라 의료광고가 법 제56조제1항부터 제3항까지의 규정을 준수하는지 여부에 관한 모니터링 결과를 매 분기별로 분기가 끝난 후 30일 이내에 보건복지부장관에게 제출하여야 한다.

[본조신설 2018. 9. 27.]

제62조 수탁사업 실적 보고

① 법 제58조제2항 및 영 제29조제1항에 따라 업무를 위탁받은 인증전담기관(이하 "인증전담기관"이라 한다)의 장은 영 제29조제2항에 따라 인증신청 접수·평가결과 등 인증업무의 처리내용을 별지 제23호의3서식에 따라, 이의신청 처리결과에 관한 내용을 별지 제23호의4서식에 따라 매 분기마다 보건복지부장관에게 보고하여야 한다. 〈개정 2018. 9. 27.〉

② 영 제29조제2항에 따라 인증전담기관의 장은 법 제58조의3제2항 및 제4항에 따른 의료기관별 인증기준의 충족 여부에 대한 평가결과와 인증등급을 지체없이 보건복지부장관에게 보고하여야 한다.

[전문개정 2011. 2. 10.]

제63조 의료기관의 재인증

① 법 제58조의3제6항에 따라 재인증을 받으려는 의료기관의 장은 별지 제23호의5서식의 인증신청서와 별지 제23호의6서식의 의료기관 운영현황을 인증전담기관의 장에게 제출하여야 한다. 〈개정 2018. 9. 27.〉

② 의료기관의 재인증 절차는 다음 각 호와 같으며, 재인증 절차의 세부적인 사항은 보건복지부장관의 승인을 받아 인증전담기관의 장이 정한다.

　1. 인증신청

　2. 조사계획 수립

　3. 서면 및 현지조사 실시

　4. 평가결과 분석 및 인증등급 결정

　5. 이의신청 심의 및 처리결과 통보

　6. 평가결과 및 인증등급 확정 및 공표

[전문개정 2011. 2. 10.]

제64조 의료기관 인증의 신청 등

① 법 제58조의4제1항에 따라 인증을 받으려는 의료기관의 장은 별지 제23호의5서식의 인증신청서와 별지 제23호의6서식의 의료기관 운영현황을 인증전담기관의 장에게 제출하여야 한다. 〈개정 2018. 9. 27.〉

② 제1항에 따른 인증 절차는 제63조제2항을 준용한다.

③ 보건복지부장관은 법 제58조의4제2항에 따른 요양병원의 장에게 인증신청기간 1개월 전에 인증신청 대상 및 기간 등 조사계획을 수립·통보하여야 한다.

④ 제3항에 따라 조사계획을 통보받은 요양병원의 장은 신청기간 내에 인증전담기관의 장에게 별지 제23호의5서식의 인증신청서와 별지 제23호의6서식의 의료기관 운영현황을 인증전담기관의 장에게 제출하여야 한다. 〈개정 2018. 9. 27.〉

⑤ 인증전담기관의 장은 별지 제23호의7서식의 인증신청 접수대장과 별지 제23호의8서식의 인증서 교부대장을 작성하여 최종 기재일로부터 5년간 보관하여야 한다. 이 경우 해당 기록은 전자문서로 작성·보관할 수 있다. 〈개정 2018. 9. 27.〉

[전문개정 2011. 2. 10.]

제64조의2 조사일정 통보

인증전담기관의 장은 제64조제1항에 따른 의료기관 인증 신청을 접수한 날부터 30일 내에 해당 의료기관의 장과 협의하여 조사일정을 정하고 이를 통보하여야 한다.

[본조신설 2011. 2. 10.]

제64조의3 인증비용의 승인

법 제58조의4제3항에 따라 인증전담기관의 장은 의료기관의 종류 및 규모별로 인증에 소요되는 비용을 다음 각 호에 따라 산정하여 보건복지부장관의 승인을 받아야 한다.

1. 조사수당, 여비 등 현지조사에 드는 직접비용
2. 인건비, 기관운영비 등 인증전담기관 운영에 드는 간접비용
3. 그 밖에 의료기관 인증기준을 충족하도록 지원하는 전문가의 진단 및 기술 지원 등에 드는 컨설팅 비용

[본조신설 2011. 2. 10.]

제64조의4 이의신청의 방법 및 처리 결과 통보

① 의료기관의 장은 법 제58조의3제3항에 따라 통보받은 평가결과 및 인증등급에 대하여 이의가 있는 경우에는 그 통보받은 날부터 30일 내에 이의신청의 내용 및 사유가 포함된 별지 제23호의9서식의 이의신청서에 주장하는 사실을 증명할 수 있는 서류를 첨부하여 인증전담기관의 장에게 제출하여야 한다. 〈개정 2018. 9. 27.〉

② 인증전담기관의 장은 제1항에 따른 이의신청을 받은 경우 그 이의신청 내용을 조사한 후 처리 결과를 이의신청을 받은 날부터 30일 내에 해당 의료기관의 장에게 통보하여야 한다.

[본조신설 2011. 2. 10.]

제64조의5 인증서 교부 및 재교부

① 인증전담기관의 장은 법 제58조의6제1항에 따라 의료기관 인증을 받은 의료기관에 별지 제23호의10서식의 의료기관 인증서를 교부하여야 한다. 〈개정 2018. 9. 27.〉

② 제1항에 따라 의료기관 인증서를 교부받은 자가 다음 각 호의 어느 하나의 사유로 의료기관 인증서의 재교부를 받으려는 경우에는 별지 제23호의11서식의 의료기관 인증서 재발급 신청서에 의료기관 인증서(의료기관 인증서를 잃어버린 경우는 제외한다)와 증명서류(제2호의 경우만 해당한다)를 첨부하여 인증전담기관의 장에게 제출하여야 한다.

〈개정 2015. 5. 29., 2018. 9. 27.〉

1. 인증서를 잃어버리거나 헐어 사용하지 못하게 된 경우
2. 개설자 변경

③ 제2항에 따른 의료기관 인증서 재교부 신청을 받은 인증전담기관의 장이 의료기관 인증서를 재교부한 때에는 별지 제23호의8서식의 인증서 교부대장에 그 내용을 적어야 한다.

〈개정 2018. 9. 27.〉

[본조신설 2011. 2. 10.]

제64조의6 인증마크의 도안 및 표시방법

① 제58조의6제3항에 따른 인증을 나타내는 표시(이하 "인증마크"라 한다)의 도안 및 표시방법은 별표 9와 같다.

② 인증마크의 사용기간은 법 제58조의3제5항에 따른 의료기관 인증의 유효기간으로 한다.

[본조신설 2011. 2. 10.]

제64조의7 의료기관 인증의 공표

인증전담기관의 장은 법 제58조의7제1항에 따라 다음 각 호의 사항을 인터넷 홈페이지 등에 공표하여야 한다.

1. 해당 의료기관의 명칭, 종별, 진료과목 등 일반현황
2. 인증등급 및 인증의 유효기간
3. 인증기준에 따른 평가결과
4. 그 밖에 의료의 질과 환자 안전의 수준을 높이기 위하여 보건복지부장관이 정하는 사항

[본조신설 2011. 2. 10.]

제64조의8 의료기관 인증서의 반납

법 제58조의9에 따라 의료기관 인증 또는 조건부인증이 취소된 의료기관의 장은 지체없이 인증서를 인증전담기관의 장에게 반납하여야 한다.

[본조신설 2011. 2. 10.]

제64조의9 간호인력 취업교육센터 운영 등

① 법 제60조의3제1항제5호에서 "보건복지부령으로 정하는 사항"이란 다음 각 호의 사항을 말한다.

1. 간호인력에 대한 취업 상담 및 관련 정보 제공

2. 간호인력의 고용 및 처우에 관한 조사·분석 및 연구

3. 간호인력 취업교육 프로그램의 개발·운영 및 홍보

4. 의료기관 및 간호대학 등 관련 기관 간 협력체계 구축·운영

5. 그 밖에 간호인력의 취업교육 지원을 위하여 보건복지부장관이 특히 필요하다고 인정하는 사항

② 법 제60조의3제4항에 따른 간호인력 취업교육센터의 사업연도는 정부의 회계연도에 따른다.

[본조신설 2016. 10. 6.]

제65조 의료지도원의 자격

법 제69조제2항에 따라 보건복지부장관, 시·도지사 또는 시장·군수·구청장이 의료지도원을 임명하려는 경우에는 다음 각 호의 어느 하나에 해당하는 자 중에서 하여야 한다. 〈개정 2010. 3. 19.〉

1. 의료인 면허를 가진 자

2. 의료 관계 업무에 관한 지식과 경험이 풍부한 자

제66조 의료지도원의 담당 구역

① 보건복지부 소속 의료지도원의 담당 구역은 전국으로 한다.　　　　　　　〈개정 2010. 3. 19.〉

② 특별시·광역시·도·특별자치도(이하 "시·도"라 한다) 또는 시·군·구(자치구를 말한다) 소속 의료지도원의 담당 구역은 해당 행정구역으로 한다.

제67조 의료지도기록부 비치

의료지도원은 의료지도기록부를 갖추어 두고 그 직무집행 상황을 기록하여야 한다.

제68조 의료지도에 관한 보고

의료지도원이 의료지도를 한 결과 법령에 위반된 사실을 발견한 경우에는 지체 없이 이를 그 소속 기관의 장에게 보고하여야 한다.

제69조 의료지도원의 증표

의료지도원임을 증명하는 증표는 별지 제24호서식에 따른다.

제70조 삭제 〈2012. 4. 27.〉

제71조 삭제 〈2012. 4. 27.〉

제72조 삭제 〈2012. 4. 27.〉

제73조 삭제 〈2015. 1. 2.〉

제74조 치과의사 및 한의사 전문과목 표시

법 제77조제2항 단서에 따라 치과의사전문의 또는 한의사전문의 자격을 인정받은 자에 대하여 전문과목을 표시할 수 있는 의료기관은 다음 각 호와 같다.

1. 병상이 300개 이상인 종합병원
2. 「치과의사전문의의 수련 및 자격인정 등에 관한 규정」에 따른 수련치과병원
3. 「한의사전문의의 수련 및 자격인정 등에 관한 규정」에 따른 수련한방병원

제75조 한지 의료인의 허가지역 변경

① 법 제79조제3항에 따라 한지(限地) 의료인이 그 허가지역을 변경하려는 경우에는 그 소재지를 관할하는 시 · 도지사의 허가를 받아야 한다. 다만, 다른 시 · 도로 변경하거나 2개 시 · 도 이상에 걸쳐있는 지역으로 변경하려는 경우에는 보건복지부장관의 허가를 받아야 한다.

〈개정 2010. 3. 19.〉

② 제1항에 따른 한지 의료인의 허가지역 변경에 관한 허가를 할 때에는 다음 각 호에서 정하는 바에 따라야 한다. 〈개정 2010. 3. 19., 2019. 9. 27.〉

1. 의료취약지인 읍 · 면으로 한정하여 허가하되, 인구 · 교통, 그 밖의 지리적 여건에 따라 그 진료구역을 제한할 수 있다.

2. 허가 대상은 변경 전의 허가지역에서 3년 이상 계속하여 의료기관을 개설하고 의료행위를 한 자로 한정한다. 다만, 허가지역에 같은 업종에 해당하는 다른 의료인이 있거나 벽지(僻地), 오지(奧地) 또는 섬 등 보건복지부장관이 정하는 지역으로 변경하려는 경우에는 그 기간의 제한을 받지 아니한다.

③ 제1항에 따라 허가지역 변경허가를 받으려는 자는 변경 희망지와 그 사유를 적은 신청서에 면허증을 첨부하여 허가관청에 제출하여야 한다.

제76조 한지 의료인의 허가지역 변경 보고 등

① 시·도지사가 한지의료인에 대하여 그 허가지역의 변경허가를 한 경우에는 그 사실을 해당 면허증에 적어 신청인에게 발급하고, 허가한 날부터 5일 이내에 변경허가사항을 보건복지부장관에게 보고하여야 한다. 〈개정 2010. 3. 19.〉

② 시·도지사는 한지 의료인별 허가지역 일람표를 작성하여 갖추어 두어야 한다.

제77조 한지 의료인의 의사면허 등의 신청

① 법 제79조제4항에 따라 한지 의료인이 의사, 치과의사 또는 한의사 면허를 받으려는 경우에는 별지 제28호서식의 신청서(전자문서로 된 신청서를 포함한다)에 다음 각 호의 서류(전자문서를 포함한다)를 첨부하여 현재의 근무지 또는 최종 근무지의 관할 시·도지사를 거쳐 보건복지부장관에게 제출하여야 한다. 〈개정 2008. 9. 5., 2010. 3. 19., 2016. 12. 30.〉

1. 한지 의료인 면허증

2. 법 제79조제4항에 따른 경력을 증명하는 서류 각 1부

3. 법 제8조제1호 본문에 해당하는 자가 아님을 증명하는 의사의 진단서 또는 법 제8조제1호 단서에 해당하는 자임을 증명하는 전문의의 진단서

4. 법 제8조제2호에 해당하는 자가 아님을 증명하는 의사의 진단서

5. 사진(신청 전 6개월 이내에 모자 등을 쓰지 않고 촬영한 천연색 상반신 정면사진으로 가로 3.5센티미터, 세로 4.5센티미터의 사진을 말한다) 5장

② 삭제 〈2008. 9. 5.〉

③ 제1항의 신청서를 받은 시·도지사는 신청인에게 별지 제28호서식의 접수증을 발급하여야 한다.

④ 제1항에 따라 면허증 발급신청을 한 자는 그 신청일부터 면허증을 받는 날까지 제3항의 접수증을 한지 의료인 면허증을 갈음하여 사용할 수 있다.

제78조 면허증 등의 갱신신청

① 법률 제2533호 의료법중개정법률 부칙 제2조 단서 및 같은 법률 부칙 제7조에 따른 갱신기간이 지난 후에 의사, 치과의사, 한의사, 조산사, 간호사, 전문의 또는 한지 의료인의 면허증 또는 자격증을 갱신하려는 자는 별지 제28호서식의 신청서(전자문서로 된 신청서를 포함한다)에 다음 각 호의 서류를 첨부하여 소속 중앙회의 확인을 받아 해당 면허증 또는 자격증을 발급한 기관(보건복지부장관 또는 시 · 도지사)에 제출하여야 한다. 이 경우, 보건복지부장관에게 제출하는 신청서는 관할 시 · 도지사를 거쳐야 한다.   〈개정 2010. 3. 19., 2016. 12. 30.〉

1. 구 면허증 또는 자격증(분실 시 분실사유서)

2. 건강진단서

3. 사진(신청 전 6개월 이내에 모자 등을 쓰지 않고 촬영한 천연색 상반신 정면사진으로 가로 3.5센티미터, 세로 4.5센티미터의 사진을 말한다) 2장

4. 갱신 지연사유서

5. 시민확인서 및 여권사본(외국인만 첨부한다)

② 제1항의 신청서를 받은 시 · 도지사는 신청인에게 별지 제28호서식의 접수증을 발급하여야 한다.

제79조 과징금의 징수 절차

영 제44조제2항에 따른 과징금의 징수 절차에 관하여는 「국고금관리법 시행규칙」을 준용한다. 이 경우 납입고지서에는 이의 제기 방법 및 이의 제기 기간을 함께 적어 넣어야 한다.

〈개정 2008. 9. 5.〉

[제목개정 2008. 9. 5.]

제79조의2 규제의 재검토

① 보건복지부장관은 다음 각 호의 사항에 대하여 다음 각 호의 기준일을 기준으로 3년마다(매 3년이 되는 해의 기준일과 같은 날 전까지를 말한다) 그 타당성을 검토하여 개선 등의 조치를 하여야 한다.   〈개정 2015. 1. 5., 2015. 5. 29., 2017. 6. 21.〉

1. 제4조에 따른 면허증 발급: 2016년 1월 1일

1의2. 제16조의3 및 별표 2의3에 따른 허용되는 경제적 이익등의 범위: 2014년 1월 1일

2. 삭제 〈2017. 6. 21.〉

3. 삭제 〈2017. 6. 21.〉

4. 제29조에 따른 원격의료의 시설 및 장비: 2014년 1월 1일

5. 제32조에 따른 부속 의료기관의 개설 특례: 2014년 1월 1일

6. 제60조에 따른 부대사업: 2014년 1월 1일

7. 제75조에 따른 한지 의료인의 허가지역 변경: 2014년 1월 1일

② 보건복지부장관은 다음 각 호의 사항에 대하여 다음 각 호의 기준일을 기준으로 2년마다(매 2년이 되는 해의 기준일과 같은 날 전까지를 말한다) 그 타당성을 검토하여 개선 등의 조치를 하여야 한다. 〈신설 2015. 1. 5., 2016. 12. 29., 2018. 12. 28.〉

1. 제13조의3에 따른 기록 열람 등의 요건: 2015년 1월 1일

2. 제17조에 따른 의료인의 실태 등의 신고 및 보고: 2015년 1월 1일

3. 제18조에 따라 외국면허 소지자에게 허용되는 의료행위: 2015년 1월 1일

4. 제34조, 별표 3 및 별표 4에 따른 의료기관의 시설기준 및 규격: 2015년 1월 1일

5. 제38조, 별표 5 및 별표 5의2에 따른 의료인 등의 정원: 2015년 1월 1일

6. 제47조에 따른 의료광고 심의 신청 시 제출서류: 2015년 1월 1일

[본조신설 2013. 12. 31.]

제80조 과태료의 부과기준

영 별표 2 제2호가목에서 "보건복지부령으로 정하는 사항"이란 제26조제1항제1호·제2호 또는 제4호에 해당하는 변경사항을 말한다. 〈개정 2010. 3. 19.〉

[전문개정 2009. 4. 29.]

부칙 〈제673호, 2019. 10. 24.〉

이 규칙은 2019년 10월 24일부터 시행한다. 다만, 제14조제3항의 개정규정은 2020년 2월 28일부터 시행한다.

제2부

의료기사 등에 관한 법률

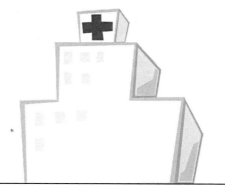

제1장 총칙

제1조 목적

이 법은 의료기사, 보건의료정보관리사 및 안경사의 자격 · 면허 등에 관하여 필요한 사항을 정함으로써 국민의 보건 및 의료 향상에 이바지함을 목적으로 한다. 〈개정 2017. 12. 19.〉

[전문개정 2011. 11. 22.]

제1조의2(정의) 이 법에서 사용하는 용어의 뜻은 다음과 같다. 〈개정 2016. 5. 29., 2017. 12. 19.〉

1. "의료기사"란 의사 또는 치과의사의 지도 아래 진료나 의화학적(醫化學的) 검사에 종사하는 사람을 말한다.
2. "보건의료정보관리사"란 의료 및 보건지도 등에 관한 기록 및 정보의 분류 · 확인 · 유지 · 관리를 주된 업무로 하는 사람을 말한다.
3. "안경사"란 안경(시력보정용에 한정한다. 이하 같다)의 조제 및 판매와 콘택트렌즈(시력보정용이 아닌 경우를 포함한다. 이하 같다)의 판매를 주된 업무로 하는 사람을 말한다.

[본조신설 2011. 11. 22.]

제2조 의료기사의 종류 및 업무

① 의료기사의 종류는 임상병리사, 방사선사, 물리치료사, 작업치료사, 치과기공사 및 치과위생사로 한다. 〈개정 2016. 5. 29.〉

② 의료기사는 종별에 따라 다음 각 호의 업무 및 이와 관련하여 대통령령으로 정하는 업무를 수행한다. 〈신설 2016. 5. 29.〉

1. 임상병리사: 각종 화학적 또는 생리학적 검사
2. 방사선사: 방사선 등의 취급 또는 검사 및 방사선 등 관련 기기의 취급 또는 관리
3. 물리치료사: 신체의 교정 및 재활을 위한 물리요법적 치료
4. 작업치료사: 신체적 · 정신적 기능장애를 회복시키기 위한 작업요법적 치료
5. 치과기공사: 보철물의 제작, 수리 또는 가공
6. 치과위생사: 치아 및 구강질환의 예방과 위생 관리 등

[전문개정 2011. 11. 22.]

[제목개정 2016. 5. 29.]

제3조 업무 범위와 한계

의료기사, 보건의료정보관리사 및 안경사(이하 "의료기사등"이라 한다)의 구체적인 업무의 범위와 한계는 대통령령으로 정한다.　　　　　　　　　　　〈개정 2016. 5. 29., 2017. 12. 19.〉

[전문개정 2011. 11. 22.]

제4조 면허

① 의료기사등이 되려면 다음 각 호의 어느 하나에 해당하는 사람으로서 의료기사등의 국가시험(이하 "국가시험"이라 한다)에 합격한 후 보건복지부장관의 면허를 받아야 한다.

〈개정 1997. 12. 13., 1999. 2. 8., 2003. 5. 15., 2008. 2. 29., 2010. 1. 18., 2011. 11. 22., 2016. 5. 29., 2017. 12. 19., 2018. 12. 11.〉

1. 「고등교육법」 제2조에 따른 대학·산업대학·전문대학(이하 "대학등"이라 한다)에서 취득하려는 면허에 상응하는 보건의료에 관한 학문을 전공하고 졸업한 사람. 다만, 보건의료정보관리사의 경우 「고등교육법」 제11조의2에 따른 인정기관(이하 "인정기관"이라 한다)의 보건의료정보관리사 교육과정 인증을 받은 대학등에서 보건의료정보 관련 학문을 전공하고 보건복지부령으로 정하는 교과목을 이수하여 졸업한 사람이어야 한다.

2. 삭제 〈1999. 2. 8.〉

3. 삭제 〈1999. 2. 8.〉

4. 외국의 제1호에 해당하는 학교(보건복지부장관이 정하여 고시하는 인정기준에 해당하는 학교를 말한다)와 같은 수준 이상의 교육과정을 이수하고 외국의 해당 의료기사등의 면허를 받은 사람

② 제1항제1호 단서에도 불구하고 입학 당시 인정기관의 인증을 받은 대학등에 입학한 사람으로서 그 대학등에서 보건의료정보 관련 학문을 전공하고 보건복지부령으로 정하는 교과목을 이수하여 졸업한 사람은 졸업 당시 해당 대학등이 인정기관의 인증을 받지 못한 경우라 하더라도 보건의료정보관리사 국가시험 응시자격을 갖춘 것으로 본다.　　　　　　　　〈신설 2017. 12. 19.〉

[제목개정 2011. 11. 22.]

제5조 결격사유

다음 각 호의 어느 하나에 해당하는 사람에 대하여는 의료기사등의 면허를 하지 아니한다.　〈개정 1999. 2. 8., 2001. 12. 19., 2007. 10. 17., 2007. 12. 14., 2011. 11. 22., 2013. 6. 4., 2017. 9. 19., 2017. 12. 19.〉

1. 「정신건강증진 및 정신질환자 복지서비스 지원에 관한 법률」 제3조제1호에 따른 정신질환자. 다만, 전문의가 의료기사등으로서 적합하다고 인정하는 사람의 경우에는 그러하

지 아니하다.

2. 「마약류 관리에 관한 법률」에 따른 마약류 중독자

3. 피성년후견인, 피한정후견인

4. 이 법 또는 「형법」 중 제234조, 제269조, 제270조제2항부터 제4항까지, 제317조제1항, 「보건범죄 단속에 관한 특별조치법」, 「지역보건법」, 「국민건강증진법」, 「후천성 면역결핍증 예방법」, 「의료법」, 「응급의료에 관한 법률」, 「시체해부 및 보존에 관한 법률」, 「혈액관리법」, 「마약류 관리에 관한 법률」, 「모자보건법」 또는 「국민건강보험법」을 위반하여 금고 이상의 실형을 선고받고 그 집행이 끝나지 아니하거나 면제되지 아니한 사람

[제목개정 2011. 11. 22.]

제6조 국가시험

① 국가시험은 대통령령으로 정하는 바에 따라 해마다 1회 이상 보건복지부장관이 실시한다.

② 보건복지부장관은 대통령령으로 정하는 바에 따라 「한국보건의료인국가시험원법」에 따른 한국보건의료인국가시험원으로 하여금 국가시험을 관리하게 할 수 있다. 〈개정 2015. 6. 22.〉

[전문개정 2011. 11. 22.]

제7조 응시자격의 제한 등

① 제5조 각 호의 어느 하나에 해당하는 사람은 국가시험에 응시할 수 없다.

② 부정한 방법으로 국가시험에 응시한 사람 또는 국가시험에 관하여 부정행위를 한 사람에 대하여는 그 시험을 정지시키거나 합격을 무효로 한다.

③ 보건복지부장관은 제2항에 따라 시험이 정지되거나 합격이 무효가 된 사람에 대하여 처분의 사유와 위반 정도 등을 고려하여 보건복지부령으로 정하는 바에 따라 그 다음에 치러지는 국가시험 응시를 3회의 범위에서 제한할 수 있다. 〈개정 2013. 6. 4.〉

[전문개정 2011. 11. 22.]

제8조 면허의 등록 등

① 보건복지부장관은 의료기사등의 면허를 할 때에는 그 종류에 따르는 면허대장에 그 면허에 관한 사항을 등록하고 그 면허증을 발급하여야 한다.

② 제1항에 따른 면허의 등록과 면허증에 관하여 필요한 사항은 보건복지부령으로 정한다.

[전문개정 2011. 11. 22.]

제9조 무면허자의 업무금지 등

① 의료기사등이 아니면 의료기사등의 업무를 하지 못한다. 다만, 대학등에서 취득하려는 면허에 상응하는 교육과정을 이수하기 위하여 실습 중에 있는 사람의 실습에 필요한 경우에는 그러하지 아니하다. 〈개정 2017. 12. 19.〉

② 의료기사등이 아니면 의료기사등의 명칭 또는 이와 유사한 명칭을 사용하지 못한다.

③ 의료기사등은 제4조에 따라 받은 면허를 다른 사람에게 대여하여서는 아니 된다.

〈개정 2020. 4. 7.〉

④ 누구든지 제4조에 따라 받은 면허를 대여받아서는 아니 되며 면허 대여를 알선하여서도 아니 된다. 〈신설 2020. 4. 7.〉

[전문개정 2011. 11. 22.]

제10조 비밀누설의 금지

의료기사등은 이 법 또는 다른 법령에 특별히 규정된 경우를 제외하고는 업무상 알게 된 비밀을 누설하여서는 아니 된다.

[전문개정 2011. 11. 22.]

제11조 실태 등의 신고

① 의료기사등은 대통령령으로 정하는 바에 따라 최초로 면허를 받은 후부터 3년마다 그 실태와 취업상황을 보건복지부장관에게 신고하여야 한다.

② 보건복지부장관은 제20조의 보수교육을 받지 아니한 의료기사등에 대하여 제1항에 따른 신고를 반려할 수 있다.

③ 보건복지부장관은 대통령령으로 정하는 바에 따라 제1항에 따른 신고 업무를 전자적으로 처리할 수 있는 전자정보처리시스템(이하 "신고시스템"이라 한다)을 구축 · 운영할 수 있다.

〈신설 2016. 5. 29.〉

[전문개정 2011. 11. 22.]

제11조의2 치과기공소의 개설등록 등

① 치과의사 또는 치과기공사가 아니면 치과기공소를 개설할 수 없다.

② 치과의사 또는 치과기공사는 1개소의 치과기공소만을 개설할 수 있다.

③ 치과기공소를 개설하려는 자는 보건복지부령으로 정하는 바에 따라 특별자치시장 · 특별자치도지사 · 시장 · 군수 · 구청장(자치구의 구청장에 한한다. 이하 같다)에게 개설등록을 하여야

한다. 〈개정 2011. 11. 22., 2013. 6. 4.〉

④ 제3항에 따라 치과기공소를 개설하고자 하는 자는 보건복지부령으로 정하는 시설 및 장비를 갖추어야 한다.

[본조신설 2011. 4. 28.]

제11조의3 치과기공사 등의 준수사항

① 치과기공사는 제3조에 따른 업무(이하 "치과기공물제작등 업무"라 한다)를 수행할 때 치과의사가 발행한 치과기공물제작의뢰서에 따라야 한다.

② 치과기공물제작등 업무를 의뢰한 치과의사 및 치과기공소 개설자는 보건복지부령으로 정하는 바에 따라 치과기공물제작의뢰서를 보존하여야 한다.

③ 치과기공물제작등 업무를 의뢰한 치과의사는 실제 기공물 제작 등이 치과기공물제작의뢰서에 따라 적합하게 이루어지고 있는지 여부를 확인할 수 있으며 해당 치과기공소 개설자는 이에 따라야 한다.

[본조신설 2011. 4. 28.]

제12조 안경업소의 개설등록 등

① 안경사가 아니면 안경을 조제하거나 안경 및 콘택트렌즈의 판매업소(이하 "안경업소"라 한다)를 개설할 수 없다.

② 안경사는 1개의 안경업소만을 개설할 수 있다.

③ 안경업소를 개설하려는 사람은 보건복지부령으로 정하는 바에 따라 특별자치시장 · 특별자치도지사 · 시장 · 군수 · 구청장에게 개설등록을 하여야 한다. 〈개정 2013. 6. 4.〉

④ 제3항에 따라 안경업소를 개설하려는 사람은 보건복지부령으로 정하는 시설 및 장비를 갖추어야 한다.

⑤ 누구든지 안경 및 콘택트렌즈를 다음 각 호의 어느 하나에 해당하는 방법으로 판매 등을 하여서는 아니 된다. 〈개정 2011. 11. 22., 2016. 5. 29.〉

1. 「전자상거래 등에서의 소비자보호에 관한 법률」 제2조에 따른 전자상거래 및 통신판매의 방법

2. 판매자의 사이버몰(컴퓨터 등과 정보통신설비를 이용하여 재화 등을 거래할 수 있도록 설정된 가상의 영업장을 말한다) 등으로부터 구매 또는 배송을 대행하는 등 보건복지부령으로 정하는 방법

⑥ 안경사는 안경 및 콘택트렌즈를 안경업소에서만 판매하여야 한다. 〈신설 2011. 11. 22.〉

⑦안경사는 콘택트렌즈를 판매하는 경우 콘택트렌즈의 사용방법과 유통기한 및 부작용에 관한
정보를 제공하여야 한다.　　　　　　　　　　　　　　　〈신설 2011. 11. 22., 2016. 5. 29.〉

[전문개정 2011. 11. 22.]

제13조 폐업 등의 신고

치과기공소 또는 안경업소의 개설자는 폐업을 하거나 등록사항을 변경한 경우에는 보건복지부령
으로 정하는 바에 따라 지체 없이 특별자치시장·특별자치도지사·시장·군수·구청장에게 신고
하여야 한다.　　　　　　　　　　　　　　　　　　　　　　　　〈개정 2013. 6. 4.〉

[전문개정 2011. 11. 22.]

제14조 과장광고 등의 금지

①치과기공소 또는 안경업소는 해당 업무에 관하여 거짓광고 또는 과장광고를 하지 못한다.

〈개정 2016. 5. 29.〉

②누구든지 영리를 목적으로 특정 치과기공소·안경업소 또는 치과기공사·안경사에게 고객을
알선·소개 또는 유인하여서는 아니 된다.

③제1항 및 제2항에 따른 과장광고 등의 금지와 관련하여 필요한 사항은 「표시·광고의 공정화
에 관한 법률」 및 「독점규제 및 공정거래에 관한 법률」에서 정하는 바에 따른다.

〈개정 2016. 5. 29.〉

[전문개정 2011. 11. 22.]
[제목개정 2016. 5. 29.]

제15조 보고와 검사 등

①특별자치시장·특별자치도지사·시장·군수·구청장은 치과기공소 또는 안경업소의 개설자
에게 그 지도·감독에 필요한 범위에서 보고를 명하거나 소속 공무원으로 하여금 업무 상황, 시
설 등을 검사하게 할 수 있다.　　　　　　　　　　　　　　　　　　〈개정 2013. 6. 4.〉

②제1항의 경우에 소속 공무원은 그 권한을 나타내는 증표 및 조사기간, 조사범위, 조사담당자 및
관계 법령 등 보건복지부령으로 정하는 사항이 기재된 서류를 지니고 이를 관계인에게 보여주
어야 한다.　　　　　　　　　　　　　　　　　　　　　　　　〈개정 2016. 5. 29.〉

③소속 공무원이 제1항에 따라 업무 상황, 시설 등을 검사하는 경우 그 절차·방법 등에 관하여는
이 법에서 정하는 사항을 제외하고는 「행정조사기본법」에서 정하는 바에 따른다.

〈신설 2016. 5. 29.〉

[전문개정 2011. 11. 22.]

제16조 중앙회

① 의료기사등은 대통령령으로 정하는 바에 따라 그 면허의 종류에 따라 전국적으로 조직을 가지는 단체(이하 "중앙회"라 한다)를 설립하여야 한다. 〈개정 2017. 12. 19.〉

② 중앙회는 법인으로 한다. 〈개정 2011. 11. 22., 2017. 12. 19.〉

③ 중앙회에 관하여 이 법에 규정되지 아니한 사항은 「민법」 중 사단법인에 관한 규정을 준용한다. 〈개정 2011. 11. 22., 2017. 12. 19.〉

④ 중앙회는 대통령령으로 정하는 바에 따라 특별시·광역시·도 및 특별자치도에 지부를 설치하여야 하며, 시·군·구(자치구를 말한다)에 분회를 설치할 수 있다. 다만, 그 외의 지부나 외국에 지부를 설치하려면 보건복지부장관의 승인을 받아야 한다. 〈신설 2017. 12. 19.〉

⑤ 중앙회가 지부나 분회를 설치한 때에는 그 지부나 분회의 책임자는 지체 없이 특별시장·광역시장·도지사·특별자치도지사 또는 시장·군수·구청장에게 신고하여야 한다. 〈신설 2017. 12. 19.〉

⑥ 각 중앙회는 제22조의2에 따른 자격정지 처분 요구에 관한 사항을 심의·의결하기 위하여 윤리위원회를 둔다. 〈신설 2017. 12. 19.〉

⑦ 제6항에 따른 윤리위원회의 구성, 운영 등에 필요한 사항은 대통령령으로 정한다. 〈신설 2017. 12. 19.〉

[제목개정 2017. 12. 19.]

제17조 설립 인가 등

① 중앙회를 설립하려면 대통령령으로 정하는 바에 따라 정관과 그 밖에 필요한 서류를 보건복지부장관에게 제출하여 설립 인가를 받아야 한다. 중앙회가 정관을 변경하고자 하는 때에도 또한 같다.

② 보건복지부장관은 제1항에 따른 인가를 하였을 때에는 그 사실을 공고하여야 한다.

③ 중앙회의 업무, 정관에 기재할 사항 및 그 밖에 필요한 사항은 대통령령으로 정한다.

[본조신설 2017. 12. 19.]

제18조 협조 의무

중앙회는 보건복지부장관으로부터 국민의 보건 및 의료 향상에 관한 협조 요청을 받으면 협조하여야 한다.

[본조신설 2017. 12. 19.]

제19조 감독

① 보건복지부장관은 중앙회나 그 지부가 다음 각 호의 어느 하나에 해당하는 때에는 정관의 변경 또는 시정을 명할 수 있다.

1. 정관이 정하는 사업 외의 사업을 한 때

2. 국민의 보건 및 의료향상에 장애가 되는 행위를 한 때

3. 제18조에 따른 요청을 받고 협조하지 아니한 때

② 보건복지부장관은 감독상 필요한 경우 중앙회나 그 지부에 대하여 그 업무에 관한 사항을 보고하게 할 수 있다.

[본조신설 2017. 12. 19.]

제20조 보수교육

① 보건기관·의료기관·치과기공소·안경업소 등에서 각각 그 업무에 종사하는 의료기사등(1년 이상 그 업무에 종사하지 아니하다가 다시 업무에 종사하려는 의료기사등을 포함한다)은 보건복지부령으로 정하는 바에 따라 보수(補修)교육을 받아야 한다. 〈개정 2016. 5. 29.〉

② 제1항에 따른 보수교육의 시간·방법·내용 등에 필요한 사항은 대통령령으로 정한다.

〈신설 2016. 5. 29.〉

[전문개정 2011. 11. 22.]

제21조 면허의 취소 등

① 보건복지부장관은 의료기사등이 다음 각 호의 어느 하나에 해당하면 그 면허를 취소할 수 있다. 다만, 제1호의 경우에는 면허를 취소하여야 한다. 〈개정 1995. 12. 29., 1997. 12. 13., 1999. 2. 8., 2008. 2. 29., 2010. 1. 18., 2011. 4. 28., 2011. 11. 22., 2016. 5. 29., 2020. 4. 7.〉

1. 제5조제1호부터 제4호까지의 규정에 해당하게 된 경우

2. 삭제 〈1999. 2. 8.〉

3. 제9조제3항을 위반하여 다른 사람에게 면허를 대여한 경우

3의2. 제11조의3제1항을 위반하여 치과의사가 발행하는 치과기공물제작의뢰서에 따르지 아니하고 치과기공물제작등 업무를 한 때

4. 제22조제1항 또는 제3항에 따른 면허자격정지 또는 면허효력정지 기간에 의료기사등의 업무를 하거나 3회 이상 면허자격정지 또는 면허효력정지 처분을 받은 경우

② 의료기사등이 제1항에 따라 면허가 취소된 후 그 처분의 원인이 된 사유가 소멸되는 등 대통령령으로 정하는 사유가 있다고 인정될 때에는 보건복지부장관은 그 면허증을 재발급할 수 있다. 다만, 제1항제3호 및 제4호에 따라 면허가 취소된 경우와 제5조제4호에 따른 사유로 면허가 취소된 경우에는 그 취소된 날부터 1년 이내에는 재발급하지 못한다. 〈개정 2011. 11. 22.〉

[제목개정 2011. 11. 22.]

제22조 자격의 정지

① 보건복지부장관은 의료기사등이 다음 각 호의 어느 하나에 해당하는 경우에는 6개월 이내의 기간을 정하여 그 면허자격을 정지시킬 수 있다.

〈개정 1997. 12. 13., 2008. 2. 29., 2010. 1. 18., 2011. 4. 28., 2011. 11. 22.〉

1. 품위를 현저히 손상시키는 행위를 한 경우
2. 치과기공소 또는 안경업소의 개설자가 될 수 없는 사람에게 고용되어 치과기공사 또는 안경사의 업무를 한 경우
2의2. 치과진료를 행하는 의료기관 또는 제11조의2제3항에 따라 등록한 치과기공소가 아닌 곳에서 치과기공사의 업무를 행한 때
2의3. 제11조의2제3항을 위반하여 개설등록을 하지 아니하고 치과기공소를 개설·운영한 때
2의4. 제11조의3제2항을 위반하여 치과기공물제작의뢰서를 보존하지 아니한 때
2의5. 제11조의3제3항을 위반한 때
3. 그 밖에 이 법 또는 이 법에 따른 명령을 위반한 경우

② 제1항제1호에 따른 품위손상행위의 범위에 관하여는 대통령령으로 정한다. 〈개정 2011. 11. 22.〉
③ 보건복지부장관은 의료기사등이 제11조에 따른 신고를 하지 아니한 때에는 신고할 때까지 면허의 효력을 정지할 수 있다. 〈신설 2011. 11. 22.〉
④ 제1항에 따른 자격정지처분은 그 사유가 발생한 날부터 5년이 지나면 하지 못한다. 다만, 그 사유에 대하여 「형사소송법」 제246조에 따른 공소가 제기된 경우에는 공소가 제기된 날부터 해당 사건의 재판이 확정된 날까지의 기간은 시효기간에 산입하지 아니한다. 〈신설 2016. 12. 2.〉

[제목개정 2011. 11. 22.]

제22조의2 중앙회의 자격정지 처분의 요구

각 중앙회의 장은 의료기사등이 제22조제1항제1호에 해당하는 행위를 한 경우에는 제16조제6항에 따른 윤리위원회의 심의·의결을 거쳐 보건복지부장관에게 자격정지 처분을 요구할 수 있다.

[본조신설 2017. 12. 19.]

제23조 시정명령

① 특별자치시장·특별자치도지사·시장·군수·구청장은 치과기공소 또는 안경업소의 개설자가 다음 각 호의 어느 하나에 해당되는 때에는 위반된 사항의 시정을 명할 수 있다.

〈개정 2011. 4. 28., 2011. 11. 22., 2013. 6. 4., 2016. 5. 29.〉

1. 제11조의2제4항 및 제12조제4항에 따른 시설 및 장비를 갖추지 못한 때

1의2. 제12조제7항을 위반하여 안경사가 콘택트렌즈의 사용방법과 유통기한 및 부작용에 관한 정보를 제공하지 아니한 경우

2. 제13조에 따라 폐업 또는 등록의 변경사항을 신고하지 아니한 때

② 보건복지부장관은 제28조제2항에 따른 업무의 수탁기관이 제20조제2항에 따른 보수교육의 시간·방법·내용 등에 관한 사항을 위반하여 보수교육을 실시하거나 실시하지 아니한 경우에는 시정을 명할 수 있다. 〈신설 2016. 5. 29.〉

[제목개정 2011. 11. 22.]

제24조 개설등록의 취소 등

① 특별자치시장·특별자치도지사·시장·군수·구청장은 치과기공소 또는 안경업소의 개설자가 다음 각 호의 어느 하나에 해당할 때에는 6개월 이내의 기간을 정하여 영업을 정지시키거나 등록을 취소할 수 있다. 〈개정 2011. 4. 28., 2011. 11. 22., 2013. 6. 4., 2016. 5. 29.〉

1. 제11조의2제2항 또는 제12조제2항을 위반하여 2개 이상의 치과기공소 또는 안경업소를 개설한 경우

2. 제14조제1항을 위반하여 거짓광고 또는 과장광고를 한 경우

3. 안경사의 면허가 없는 사람으로 하여금 안경의 조제 및 판매와 콘택트렌즈의 판매를 하게 한 경우

4. 이 법에 따라 영업정지처분을 받은 치과기공소 또는 안경업소의 개설자가 영업정지기간에 영업을 한 경우

5. 치과기공사가 아닌 자로 하여금 치과기공사의 업무를 하게 한 때

6. 제23조에 따른 시정명령을 이행하지 아니한 경우

② 제1항에 따라 개설등록의 취소처분을 받은 사람은 그 등록취소처분을 받은 날부터 6개월 이내에 치과기공소 또는 안경업소를 개설하지 못한다. 〈개정 2011. 11. 22.〉

③ 치과기공소 또는 안경업소의 개설자가 제22조에 따른 면허자격정지처분을 받은 경우에는 그

면허자격정지기간 동안 해당 치과기공소 또는 안경업소는 영업을 하지 못한다. 다만, 치과기공소의 개설자가 제22조제1항제2호의4 및 제2호의5에 따른 면허자격정지처분을 받은 경우로서 해당 치과기공소에 그 개설자가 아닌 치과의사 또는 치과기공사가 종사하고 있는 경우에는 그러하지 아니하다.　　　　　　　　　　　　　　　　　〈개정 2011. 4. 28., 2011. 11. 22., 2013. 6. 4.〉

④ 제1항에 따른 치과기공소 및 안경업소의 업무정지처분의 효과는 그 처분이 확정된 치과기공소 및 안경업소를 양수한 자에게 승계되고, 업무정지처분절차가 진행 중인 때에는 양수인에 대하여 그 절차를 계속 진행할 수 있다. 다만, 양수인이 그 처분 또는 위반사실을 알지 못하였음을 증명하는 때에는 그러하지 아니하다.　　　　　　　　　　　　　　　　　　　　　　　〈신설 2011. 4. 28.〉

⑤ 제1항에 따른 업무정지처분을 받았거나 업무정지처분의 절차가 진행 중인 자는 행정처분을 받은 사실 또는 행정처분 절차가 진행 중인 사실을 보건복지부령으로 정하는 바에 따라 양수인에게 지체 없이 통지하여야 한다.　　　　　　　　　　　　　　　　　　　〈신설 2011. 4. 28.〉

[제목개정 2011. 11. 22.]

제25조 행정처분의 기준

제21조부터 제24조까지의 규정에 따른 행정처분의 세부적인 사항은 보건복지부령으로 정한다.

[전문개정 2011. 11. 22.]

제26조 청문

보건복지부장관 또는 특별자치시장·특별자치도지사·시장·군수·구청장은 다음 각 호의 어느 하나에 해당하는 처분을 하려면 청문을 하여야 한다.　　　　　　　　　　〈개정 2013. 6. 4.〉

　　1. 제21조제1항에 따른 면허의 취소

　　2. 제24조제1항에 따른 등록의 취소

[전문개정 2011. 11. 22.]

제26조의2 자료 제공의 요청 등

보건복지부장관은 이 법에 따른 업무를 수행하기 위하여 필요한 경우에는 지방자치단체의 장에게 치과기공소 또는 안경업소의 설치 및 운영 현황에 관한 자료 제공을 요청할 수 있다. 이 경우 요청을 받은 지방자치단체의 장은 특별한 사유가 없으면 이에 따라야 한다.

[본조신설 2013. 6. 4.]

제27조 수수료

다음 각 호의 어느 하나에 해당하는 사람은 보건복지부령으로 정하는 바에 따라 수수료를 내야 한다.

1. 의료기사등의 면허를 받으려는 사람

2. 면허증을 재발급받으려는 사람

3. 국가시험에 응시하려는 사람

[전문개정 2011. 11. 22.]

제28조 권한의 위임 또는 위탁

① 이 법에 따른 보건복지부장관의 권한은 그 일부를 대통령령으로 정하는 바에 따라 소속 기관의 장, 특별시장·광역시장·특별자치시장·도지사·특별자치도지사, 시장·군수·구청장 또는 보건소장에게 위임할 수 있다. 〈개정 2013. 6. 4.〉

② 보건복지부장관은 의료기사등의 실태 등의 신고 수리, 의료기사등에 대한 교육 등 업무의 일부를 대통령령으로 정하는 바에 따라 관계 전문기관 또는 단체 등에 위탁할 수 있다.

[전문개정 2011. 11. 22.]

제29조 다른 법률과의 관계

이 법에 따른 안경업소의 등록 및 그 취소 등에 대하여는 「의료기기법」 제17조와 제36조를 적용하지 아니한다.

[전문개정 2011. 11. 22.]

제30조 벌칙

① 다음 각 호의 어느 하나에 해당하는 사람은 3년 이하의 징역 또는 3천만원 이하의 벌금에 처한다. 〈개정 2011. 4. 28., 2011. 11. 22., 2016. 12. 2., 2020. 4. 7.〉

1. 제9조제1항 본문을 위반하여 의료기사등의 면허 없이 의료기사등의 업무를 한 사람

2. 제9조제3항을 위반하여 다른 사람에게 면허를 대여한 사람

2의2. 제9조제4항을 위반하여 면허를 대여받거나 면허 대여를 알선한 사람

3. 제10조를 위반하여 업무상 알게 된 비밀을 누설한 사람

4. 제11조의2제1항을 위반하여 치과기공사의 면허 없이 치과기공소를 개설한 자. 다만, 제11조의2제1항에 따라 개설등록을 한 치과의사는 제외한다.

5. 제11조의3제1항을 위반하여 치과의사가 발행한 치과기공물제작의뢰서에 따르지 아니하고 치과기공물제작등 업무를 행한 자

6. 제12조제1항을 위반하여 안경사의 면허 없이 안경업소를 개설한 사람

② 제1항제3호의 죄는 고소가 있어야 공소를 제기할 수 있다. 〈개정 2011. 11. 22.〉

[제목개정 2011. 11. 22.]

제31조 벌칙

다음 각 호의 어느 하나에 해당하는 자는 500만원 이하의 벌금에 처한다.

〈개정 2011. 4. 28., 2011. 7. 14., 2011. 11. 22., 2016. 5. 29., 2016. 12. 2.〉

1. 제9조제2항을 위반하여 의료기사등의 면허 없이 의료기사등의 명칭 또는 이와 유사한 명칭을 사용한 자

1의2. 제11조의2제2항을 위반하여 2개소 이상의 치과기공소를 개설한 자

2. 제12조제2항을 위반하여 2개 이상의 안경업소를 개설한 자

2의2. 제11조의2제3항을 위반하여 등록을 하지 아니하고 치과기공소를 개설한 자

3. 제12조제3항을 위반하여 등록을 하지 아니하고 안경업소를 개설한 자

3의2. 제12조제5항을 위반한 사람

3의3. 제12조제6항을 위반하여 안경 및 콘택트렌즈를 안경업소 외의 장소에서 판매한 안경사

4. 제14조제2항을 위반하여 영리를 목적으로 특정 치과기공소·안경업소 또는 치과기공사·안경사에게 고객을 알선·소개 또는 유인한 자

[제목개정 2011. 11. 22.]

제32조 양벌규정

법인의 대표자나 법인 또는 개인의 대리인, 사용인, 그 밖의 종업원이 그 법인 또는 개인의 업무에 관하여 제30조 또는 제31조의 위반행위를 하면 그 행위자를 벌하는 외에 그 법인 또는 개인에게도 해당 조문의 벌금형을 과(科)한다. 다만, 법인 또는 개인이 그 위반행위를 방지하기 위하여 해당 업무에 관하여 상당한 주의와 감독을 게을리하지 아니한 경우에는 그러하지 아니하다.

[전문개정 2011. 11. 22.]

제33조 과태료

① 제23조제2항에 따른 시정명령을 이행하지 아니한 자에게는 500만원 이하의 과태료를 부과한다. 〈신설 2016. 5. 29.〉

② 다음 각 호의 어느 하나에 해당하는 자에게는 100만원 이하의 과태료를 부과한다.

〈개정 1999. 2. 8., 2011. 11. 22., 2016. 5. 29.〉

1. 제11조에 따른 실태와 취업 상황을 허위로 신고한 사람

2. 제13조에 따른 폐업신고를 하지 아니하거나 등록사항의 변경신고를 하지 아니한 사람

3. 제15조제1항에 따른 보고를 하지 아니하거나 검사를 거부 · 기피 또는 방해한 자

4. 삭제 〈1999. 2. 8.〉

5. 삭제 〈1999. 2. 8.〉

③ 제1항 및 제2항에 따른 과태료는 대통령령으로 정하는 바에 따라 다음 각 호의 자가 부과 · 징수한다. 〈개정 2016. 5. 29.〉

1. 보건복지부장관: 제1항에 따른 과태료

2. 특별자치시장 · 특별자치도지사 · 시장 · 군수 · 구청장: 제2항에 따른 과태료

④ 삭제 〈2011. 7. 14.〉

⑤ 삭제 〈2011. 7. 14.〉

[제목개정 2011. 11. 22.]

부칙 〈제17211호, 2020. 4. 7.〉

이 법은 공포 후 3개월이 경과한 날부터 시행한다.

의료기사 등에 관한 법률 시행령

[시행 2019. 7. 2]
[대통령령 제29950호, 2019. 7. 2, 타법개정]

제1조 목적

이 영은 「의료기사 등에 관한 법률」에서 위임된 사항과 그 시행에 필요한 사항을 규정함을 목적으로 한다.

[전문개정 2012. 5. 22.]

제1조의2 삭제 〈2018. 12. 18.〉

제2조 의료기사, 보건의료정보관리사 및 안경사의 업무 범위 등

① 「의료기사 등에 관한 법률」(이하 "법"이라 한다) 제2조제2항에 따른 의료기사의 종류에 따른 업무 및 법 제3조에 따른 의료기사, 보건의료정보관리사 및 안경사(이하 "의료기사등"이라 한다)의 구체적인 업무범위는 별표 1에 따른다.

② 의료기사는 의사 또는 치과의사의 지도를 받아 별표 1에 따른 업무를 수행한다.

[전문개정 2018. 12. 18.]

제3조 국가시험의 범위

① 법 제6조에 따른 의료기사등의 국가시험(이하 "국가시험"이라 한다)은 의료기사등의 종류에 따라 임상병리 · 방사선 · 물리치료 · 작업치료 · 치과기공 · 치과위생 · 보건의료정보관리 · 안경광학 및 보건의료 관계 법규에 대하여 의료기사등이 갖추어야 할 지식과 기능에 관하여 실시한다.　　　　　　　　　　　　　　　　　　　　　　　　〈개정 2018. 12. 18.〉

② 국가시험은 필기시험과 실기시험으로 구분하여 실시하되, 실기시험은 필기시험 합격자에 대해서만 실시한다. 다만, 보건복지부장관이 필요하다고 인정하는 경우에는 필기시험과 실기시험을 병합하여 실시할 수 있다.

③ 제2항의 필기시험의 과목, 실기시험의 범위 및 합격자 결정, 그 밖에 필요한 사항은 보건복지부령으로 정한다.

[전문개정 2012. 5. 22.]

제4조 국가시험의 시행과 공고

① 보건복지부장관은 법 제6조제2항에 따라 「한국보건의료인국가시험원법」에 따른 한국보건의료인국가시험원(이하 "국가시험관리기관"이라 한다)으로 하여금 국가시험을 관리하도록 한다.　　　　　　　　　　　　　　　　　　　　　　　　　　〈개정 2015. 12. 22.〉

② 국가시험관리기관의 장은 국가시험을 실시하려는 경우에는 미리 보건복지부장관의 승인을

받아 시험일시·시험장소·시험과목, 응시원서 제출기간, 그 밖에 시험 실시에 필요한 사항을 시험일 90일 전까지 공고하여야 한다. 다만, 시험장소는 지역별 응시인원이 확정된 후 시험일 30일 전까지 공고할 수 있다.

[전문개정 2012. 5. 22.]

제5조 시험위원

국가시험관리기관의 장은 국가시험을 실시할 때마다 시험과목별로 전문지식을 갖춘 사람 중에서 시험위원을 위촉한다.

[전문개정 2012. 5. 22.]

제6조 국가시험의 응시

국가시험에 응시하려는 사람은 국가시험관리기관의 장이 정하는 응시원서를 국가시험관리기관의 장에게 제출하여야 한다.

[전문개정 2012. 5. 22.]

제7조 면허증의 발급

① 국가시험에 합격한 사람은 보건복지부령으로 정하는 서류를 첨부하여 보건복지부장관에게 면허증 발급을 신청하여야 한다.

② 보건복지부장관은 제1항에 따라 면허증 발급을 신청한 사람에게 보건복지부령으로 정하는 바에 따라 면허증을 발급한다.

[전문개정 2012. 5. 22.]

제8조 실태 등의 신고

의료기사등은 법 제11조제1항에 따라 그 실태와 취업상황을 제7조에 따른 면허증을 발급받은 날부터 매 3년이 되는 해의 12월 31일까지 보건복지부령으로 정하는 바에 따라 보건복지부장관에게 신고하여야 한다. 다만, 다음 각 호의 어느 하나에 해당하는 경우에는 그 구분에 따른 날부터 매 3년이 되는 해의 12월 31일까지 신고하여야 한다.

    1. 법 제21조에 따라 면허가 취소된 후 면허증을 재발급받은 경우: 면허증을 재발급받은 날

    2. 법률 제11102호 의료기사 등에 관한 법률 일부개정법률 부칙 제3조제1항에 따라 신고를 한 경우: 신고를 한 날

[전문개정 2014. 11. 19.]

제8조의2 신고시스템의 구축 · 운영

① 법 제11조제3항에 따른 전자정보처리시스템(이하 "신고시스템"이라 한다)에서 처리할 수 있는 업무는 다음 각 호와 같다.　　　　　　　　　　　　　　　〈개정 2016. 11. 29.〉

1. 법 제11조제1항에 따른 의료기사등의 실태와 취업상황에 관한 다음 각 목의 업무

　가. 의료기사등의 실태와 취업상황에 관한 신고 접수 및 신고 자료의 확인 · 관리

　나. 의료기사등의 실태와 취업상황에 대한 각종 통계의 생산 · 분석 및 제공

2. 법 제20조에 따른 보수교육의 이수 여부 확인 및 이수 자료 관리

3. 그 밖에 법 제11조제1항에 따른 의료기사등의 실태와 취업상황의 신고와 관련된 업무로서 보건복지부장관이 특별히 필요하다고 인정하는 업무

② 보건복지부장관은 신고시스템의 구축 · 운영을 위하여 필요하다고 인정하는 경우에는 관계 기관, 법인 또는 단체 등에 자료 또는 의견의 제출을 요청할 수 있다.　　〈신설 2016. 11. 29.〉

③ 보건복지부장관은 신고시스템의 구축 · 운영에 관한 업무를 국가시험관리기관으로 하여금 수행하게 할 수 있다.　　　　　　　　　　　　　　　　　　　　〈개정 2016. 11. 29.〉

[본조신설 2014. 11. 19.]

제9조 중앙회의 설립 등

① 법 제16조제1항에 따른 중앙회(이하 "중앙회"라 한다)를 설립하려는 자는 다음 각 호의 서류(전자문서를 포함한다)를 보건복지부장관에게 제출해 설립 인가를 받아야 한다.

　1. 정관

　2. 사업계획서

　3. 자산명세서

　4. 설립결의서

　5. 설립대표자의 선출 경위에 관한 서류

　6. 임원의 취임승낙서와 이력서

② 중앙회는 설립 등기를 한 날부터 3주일 이내에 특별시 · 광역시 · 도 및 특별자치도에 각각 지부를 설치해야 한다.

③ 중앙회의 정관에 기재할 사항은 다음 각 호와 같다.

　1. 목적

　2. 명칭

　3. 업무

　4. 중앙회 · 지부 · 분회의 소재지

5. 재산 또는 회계와 그 밖에 관리 · 운영에 관한 사항

6. 임원의 선임(選任)에 관한 사항

7. 회원의 자격 및 징계에 관한 사항

8. 정관 변경에 관한 사항

9. 공고 방법에 관한 사항

10. 법 제16조제6항에 따른 윤리위원회(이하 "윤리위원회"라 한다)의 운영 등에 관한 사항

④ 중앙회는 정관을 변경하려면 다음 각 호의 서류(전자문서를 포함한다)를 보건복지부장관에게 제출해 변경 인가를 받아야 한다.

1. 정관 변경 이유서

2. 정관 변경에 관한 중앙회 회의록 사본

3. 개정될 정관(신 · 구조문대비표를 포함한다)

4. 그 밖에 보건복지부장관이 필요하다고 인정하는 서류

⑤ 중앙회의 업무는 다음 각 호와 같다.

1. 의료기사등의 권익 보호

2. 국내외 관련 기관 · 단체 등과의 정보 · 기술 교류

3. 의료기사등의 업무에 대한 연구개발

4. 그 밖에 보건복지부장관이 필요하다고 인정하는 업무

[본조신설 2018. 12. 18.]

제10조 윤리위원회의 구성

① 윤리위원회는 위원장을 포함해 11명의 위원으로 구성한다.

② 위원은 다음 각 호의 어느 하나에 해당하는 사람 중에서 중앙회의 장이 성별을 고려해 위촉하되, 제2호에 해당하는 사람이 4명 이상 포함되어야 한다.

1. 중앙회 소속 회원으로서 의료기사등의 경력이 10년 이상인 사람

2. 의료기사등이 아닌 사람으로서 법률, 보건, 언론, 소비자 권익 등에 관한 학식과 경험이 풍부한 사람

③ 위원장은 위원 중에서 중앙회의 장이 위촉한다.

④ 위원의 임기는 3년으로 하며, 한 차례만 연임할 수 있다.

[본조신설 2018. 12. 18.]

제10조의2 윤리위원회의 운영

① 윤리위원회는 다음 각 호의 사항을 심의·의결한다.

  1. 법 제22조의2에 따른 자격정지 처분의 요구에 관한 사항

  2. 중앙회 소속 회원에 대한 자격심사 및 징계에 관한 사항

  3. 그 밖에 회원의 윤리 확립을 위해 필요한 사항으로서 중앙회의 정관으로 정하는 사항

② 윤리위원회의 회의는 제1항제1호 및 제2호의 사항이 있는 경우 및 같은 항 제3호의 사항을 심의·의결하기 위해 위원장이 필요하다고 인정하거나 중앙회의 장 또는 재적위원 3분의 1 이상이 요청하는 경우에 위원장이 소집한다.

③ 위원장은 회의 개최 7일 전까지 회의의 일시·장소 및 안건을 각 위원에게 통보해야 한다. 다만, 긴급히 개최해야 하거나 부득이한 사유가 있을 때에는 회의 개최 전날까지 통보할 수 있다.

④ 윤리위원회의 회의는 재적위원 3분의 2 이상의 출석으로 개의(開議)하고, 출석위원 3분의 2 이상의 찬성으로 의결한다. 다만, 제1항제2호 및 제3호의 사항에 대한 심의·의결에 필요한 정족수는 중앙회의 정관으로 정할 수 있다.

⑤ 위원장은 제1항제1호 및 제2호의 사항에 관하여 심의·의결하려는 경우에는 해당 안건의 당사자에게 구술 또는 서면(전자문서를 포함한다)으로 의견을 진술할 기회를 줘야 한다.

⑥ 윤리위원회는 소관 심의·의결 사항을 전문적으로 검토하기 위해 필요한 경우 보건복지부장관이 정하여 고시하는 기준에 따라 분야별 전문자문단을 구성·운영할 수 있다.

⑦ 제1항부터 제6항까지에서 규정한 사항 외에 윤리위원회 또는 제6항에 따른 분야별 전문자문단의 운영에 필요한 사항은 중앙회의 정관으로 정한다.

[본조신설 2018. 12. 18.]

제10조의3 위원의 제척·기피·회피

① 위원이 다음 각 호의 어느 하나에 해당하는 경우에는 윤리위원회의 심의·의결에서 제척(除斥)된다.

  1. 위원 또는 배우자나 배우자였던 사람이 윤리위원회의 심의·의결 안건(이하 이 조에서 "해당 안건"이라 한다)의 당사자가 되거나 그 안건의 당사자와 공동권리자 또는 공동의무자인 경우

  2. 위원이 해당 안건의 당사자와 친족이거나 친족이었던 경우

  3. 위원이 해당 안건에 대해 증언, 진술 또는 자문한 경우

  4. 위원이 현재 소속되어 있거나 소속되었던 기관에 해당 안건의 당사자가 최근 3년 이내에

소속되었던 경우

② 당사자는 위원에게 공정한 심의·의결을 기대하기 어려운 사정이 있는 경우에는 윤리위원회에 기피 신청을 할 수 있고, 윤리위원회는 재적위원 과반수의 출석과 출석위원 과반수의 찬성으로 이를 의결한다. 이 경우 기피 신청의 대상인 위원은 그 의결에 참여하지 못한다.

③ 위원이 제1항 각 호에 따른 제척 사유에 해당하는 경우에는 스스로 해당 안건의 심의·의결에서 회피(回避)해야 한다.

[본조신설 2018. 12. 18.]

제10조의4 위원의 해촉

중앙회의 장은 위원이 다음 각 호의 어느 하나에 해당하는 경우에는 해당 위원을 해촉(解囑)할 수 있다.

1. 심신장애로 직무를 수행할 수 없게 된 경우

2. 직무와 관련된 비위사실이 있는 경우

3. 직무태만, 품위손상이나 그 밖의 사유로 위원으로 적합하지 않다고 인정되는 경우

4. 제10조의3제1항 각 호의 어느 하나에 해당하는데도 불구하고 회피하지 않은 경우

5. 위원 스스로 직무를 수행하기 어렵다는 의사를 밝히는 경우

[본조신설 2018. 12. 18.]

제11조 보수교육

① 법 제20조제1항에 따른 보수교육(이하 "보수교육"이라 한다)의 시간·방법 및 내용은 다음 각 호의 구분에 따른다. 〈개정 2018. 12. 18.〉

1. 보수교육의 시간: 매년 8시간 이상

2. 보수교육의 방법: 대면 교육 또는 정보통신망을 활용한 온라인 교육

3. 보수교육의 내용: 다음 각 목의 사항

　가. 직업윤리에 관한 사항

　나. 업무 전문성 향상 및 업무 개선에 관한 사항

　다. 의료 관계 법령의 준수에 관한 사항

　라. 그 밖에 가목부터 다목까지와 유사한 사항으로서 보건복지부장관이 보수교육에 필요하다고 인정하는 사항

② 보건복지부장관은 제1항제1호에 따른 교육시간의 인정과 관련하여 그 인정기준, 운영기준 및 평가기준 등에 관한 사항을 정하여 고시하여야 한다.

[본조신설 2016. 11. 29.]

제12조 면허증의 재발급

① 법 제21조제2항에 따른 면허증의 재발급 사유는 다음 각 호의 구분에 따른다.

　1. 법 제5조제1호부터 제3호까지의 사유로 면허가 취소된 경우: 취소의 원인이 된 사유가 소멸되었을 때

　2. 법 제5조제4호의 사유로 면허가 취소된 경우: 해당 형의 집행이 끝나거나 면제된 후 1년이 지난 사람으로서 뉘우치는 빛이 뚜렷할 때

　3. 법 제21조제1항제3호 또는 제4호에 따라 면허가 취소된 경우: 면허가 취소된 후 1년이 지난 사람으로서 뉘우치는 빛이 뚜렷할 때

　4. 법 제21조제1항제3호의2에 따라 면허가 취소된 경우: 면허가 취소된 후 6개월이 지난 사람으로서 뉘우치는 빛이 뚜렷할 때

② 제1항에 따른 면허증 재발급의 절차·방법 등에 관하여 필요한 사항은 보건복지부령으로 정한다.

[전문개정 2012. 5. 22.]

제13조 의료기사등의 품위손상행위의 범위

법 제22조제1항제1호에 따른 품위손상행위의 범위는 다음 각 호와 같다.　　〈개정 2018. 12. 18.〉

　1. 제2조에 따른 의료기사등의 업무 범위를 벗어나는 행위

　2. 의사나 치과의사의 지도를 받지 아니하고 제2조의 업무를 하는 행위(보건의료정보관리사와 안경사의 경우는 제외한다)

　3. 학문적으로 인정되지 아니하거나 윤리적으로 허용되지 아니하는 방법으로 업무를 하는 행위

　4. 검사 결과를 사실과 다르게 판시하는 행위

[전문개정 2012. 5. 22.]

제14조 업무의 위탁

① 법 제28조제2항에 따라 보건복지부장관은 법 제11조제1항에 따른 신고 수리 업무를 법 제16조에 따라 의료기사등의 면허 종류별로 설립된 단체(이하 이 조에서 "중앙회"라 한다)에 위탁한다.　　〈개정 2018. 12. 18.〉

② 제1항에 따라 업무를 위탁받은 중앙회는 위탁받은 업무의 처리 내용을 보건복지부령으로 정

하는 바에 따라 보건복지부장관에게 보고하여야 한다. 〈개정 2018. 12. 18.〉

③ 법 제28조제2항에 따라 보건복지부장관은 법 제20조에 따른 의료기사등에 대한 보수교육을 다음 각 호의 어느 하나에 해당하는 기관 중 교육 능력을 갖춘 것으로 인정되는 기관에 위탁 한다. 〈개정 2018. 12. 18.〉

1. 「고등교육법」 제2조에 따른 학교로서 해당 의료기사등의 면허에 관련된 학과가 개설된 전문대학 이상의 학교

2. 중앙회

3. 해당 의료기사등의 업무와 관련된 연구기관

④ 보건복지부장관은 제3항에 따라 보수교육을 위탁한 때에는 수탁기관 및 위탁업무의 내용을 고시하여야 한다.

[전문개정 2014. 11. 19.]

제14조의2 민감정보 및 고유식별정보의 처리

보건복지부장관, 특별자치시장, 특별자치도지사, 시장, 군수, 자치구의 구청장(해당 권한이 위임·위탁된 경우에는 그 권한을 위임·위탁받은 자를 포함한다) 또는 국가시험관리기관은 다음 각 호의 사무를 수행하기 위하여 불가피한 경우 「개인정보 보호법」 제23조에 따른 건강에 관한 정보, 같은 법 시행령 제18조제2호에 따른 범죄경력자료에 해당하는 정보, 같은 법 시행령 제19조 제1호 또는 제4호에 따른 주민등록번호 또는 외국인등록번호가 포함된 자료를 처리할 수 있다.

〈개정 2014. 11. 19., 2015. 3. 3.〉

1. 법 제6조에 따른 국가시험의 관리

2. 법 제7조에 따른 국가시험 응시자격의 확인

3. 법 제8조에 따른 의료기사등의 면허의 등록과 면허증 발급

3의2. 법 제11조에 따른 의료기사등의 실태와 취업상황의 신고

4. 법 제11조의2에 따른 치과기공소의 개설등록

5. 법 제12조에 따른 안경업소의 개설등록

6. 법 제13조에 따른 치과기공소 및 안경업소의 폐업 및 등록사항 변경 신고

7. 법 제21조부터 제26조까지의 규정에 따른 행정처분 등

8. 제12조에 따른 면허증 재발급

[전문개정 2012. 5. 22.]

제15조 과태료의 부과기준

법 제33조제1항 및 제2항에 따른 과태료의 부과기준은 별표 2와 같다.

<개정 2016. 11. 29., 2018. 12. 18.>

[전문개정 2011. 11. 16.]

부칙 〈제29950호, 2019. 7. 2.〉

(어려운 법령용어 정비를 위한 210개 법령의 일부개정에 관한 대통령령)

이 영은 공포한 날부터 시행한다. 〈단서 생략〉

의료기사 등에 관한 법률 시행규칙

[시행 2019. 9. 27]
[보건복지부령 제672호, 2019. 9. 27, 타법개정]

제1조 목적

이 규칙은 「의료기사 등에 관한 법률」 및 같은 법 시행령에서 위임된 사항과 그 시행에 필요한 사항을 규정함을 목적으로 한다.

[전문개정 2012. 5. 23.]

제2조 삭제 〈2011. 10. 31.〉

제3조 삭제 〈2011. 10. 31.〉

제4조 삭제 〈2011. 10. 31.〉

제5조 삭제 〈2011. 10. 31.〉

제6조 삭제 〈1999. 8. 13.〉

제7조 보건의료정보관리사 국가시험 응시 요건

「의료기사 등에 관한 법률」(이하 "법"이라 한다) 제4조제1항제1호에 따라 보건의료정보관리사 국가시험에 응시하려는 경우에는 별표 1에 따른 보건의료정보 관련 과목을 모두 이수해야 한다.　　　　　　　　　　　　　　　　　　　　　　　　　　　　　　　　〈개정 2018. 12. 20.〉

[본조신설 2016. 11. 30.]

[제목개정 2018. 12. 20.]

제8조 시험과목

「의료기사 등에 관한 법률 시행령」(이하 "영"이라 한다) 제3조제1항에 따른 의료기사·보건의료정보관리사 및 안경사(이하 "의료기사등"이라 한다) 국가시험의 필기시험과목과 실기시험의 범위는 별표 1의2와 같다.　　　　　　　　　　　　　　　　　　　〈개정 2016. 11. 30., 2018. 12. 20.〉

[전문개정 2012. 5. 23.]

제9조 합격자 결정 등

① 영 제3조제1항에 따른 의료기사등의 국가시험(이하 "국가시험"이라 한다)의 합격자는 필기시험에서는 각 과목 만점의 40퍼센트 이상 및 전 과목 총점의 60퍼센트 이상 득점한 사람으

로 하고, 실기시험에서는 만점의 60퍼센트 이상 득점한 사람으로 한다.

② 국가시험의 출제방법, 과목별 배점비율, 그 밖에 시험 시행에 필요한 사항은 영 제4조제1항에 따라 보건복지부장관이 지정·고시하는 관계 전문기관(이하 "국가시험관리기관"이라 한다)의 장이 정한다.

[전문개정 2012. 5. 23.]

제10조 부정행위자의 국가시험 응시제한

법 제7조제3항에 따른 국가시험 응시제한의 기준은 별표 2와 같다.　　　　〈개정 2016. 11. 30.〉

[본조신설 2013. 12. 5.]

제11조 면허대장

법 제8조제1항의 의료기사등의 면허대장은 별지 제1호서식에 따른다.　　　　〈개정 2013. 12. 5.〉

[전문개정 2012. 5. 23.]

제12조 면허증의 발급

① 영 제7조제1항에 따라 의료기사등의 면허증 발급을 신청하려는 사람은 별지 제2호서식의 의료기사등 면허증 발급신청서(전자문서로 된 신청서를 포함한다)에 다음 각 호의 서류를 첨부하여 국가시험관리기관을 거쳐 보건복지부장관에게 제출하여야 한다.

〈개정 2012. 5. 23., 2015. 2. 3., 2016. 12. 30.〉

1. 졸업증명서 또는 이수증명서. 다만, 법 제4조제1항제4호에 해당하는 사람의 경우에는 졸업증명서 또는 이수증명서 및 해당 면허증 사본

2. 법 제5조제1호 및 제2호의 결격사유에 해당하지 아니함을 증명하는 의사의 진단서

3. 응시원서의 사진과 같은 사진(가로 3.5센티미터, 세로 4.5센티미터) 1장

② 삭제 〈1998. 9. 23.〉

③ 보건복지부장관은 제1항에 따라 면허증의 발급 신청을 받았을 때에는 그 신청인에게 면허증 발급을 신청받은 날부터 14일 이내에 종류에 따라 각각 별지 제3호서식의 면허증을 발급하여야 한다. 다만, 법 제4조제1항제4호에 해당하는 사람의 경우에는 외국에서 면허를 받은 사실 등에 대한 조회가 끝난 날부터 14일 이내에 발급하여야 한다.　　　　〈개정 2012. 5. 23.〉

[제목개정 2012. 5. 23.]

제12조의2 실태 등의 신고

① 법 제11조제1항 및 영 제8조에 따라 의료기사등의 실태와 취업상황을 신고하려는 사람은 별지 제3호의2서식의 의료기사등의 실태 신고서(전자문서로 된 신고서를 포함한다)에 다음 각호의 서류를 첨부하여 법 제16조제1항에 따른 중앙회의 장(이하 "각 중앙회의 장"이라 한다)에게 제출해야 한다. 〈개정 2018. 12. 20.〉

    1. 제19조제3항에 따른 보수교육 이수증(이수한 사람만 해당한다)

    2. 제18조제7항에 따른 보수교육 면제 · 유예 확인서(면제 · 유예된 사람만 해당한다)

② 제1항에 따라 신고서를 제출받은 각 중앙회의 장은 법 제20조에 따른 신고인의 보수교육 이수 여부 등을 확인해야 한다. 〈개정 2018. 12. 20.〉

③ 각 중앙회의 장은 제1항에 따른 신고 내용과 결과를 분기별로 보건복지부장관에게 보고해야 한다. 다만, 법 제22조제3항에 따라 면허의 효력이 정지된 의료기사등이 제1항에 따른 신고를 한 경우에는 그 내용과 결과를 지체 없이 보건복지부장관에게 보고해야 한다.

〈개정 2018. 12. 20.〉

[본조신설 2014. 11. 21.]
[종전 제12조의2는 제12조의3으로 이동 〈2014. 11. 21.〉]

제12조의3 치과기공소의 개설등록 등

① 법 제11조의2제3항에 따라 치과기공소를 개설하려는 사람은 별지 제4호서식의 치과기공소 개설등록 신청서에 시설 및 장비 개요서를 첨부하여 특별자치시장 · 특별자치도지사 · 시장 · 군수 · 구청장(자치구의 구청장을 말한다. 이하 같다)에게 제출하여야 한다.

〈개정 2013. 12. 5., 2014. 11. 21.〉

    1. 삭제 〈2014. 11. 21.〉

    2. 삭제 〈2014. 11. 21.〉

② 제1항에 따른 신청을 받은 특별자치시장 · 특별자치도지사 · 시장 · 군수 · 구청장은 「전자정부법」 제36조제1항에 따른 행정정보의 공동이용(이하 "행정정보의 공동이용"이라 한다)을 통하여 치과의사 면허증(개설자가 치과의사인 경우만 해당한다) 또는 치과기공사 면허증(개설자가 치과기공사인 경우만 해당한다)을 확인하여야 한다. 다만, 신청인이 확인에 동의하지 아니하는 경우에는 신청인이 면허증 사본을 첨부하도록 하여야 하며, 신청인이 면허증 원본을 제시하는 경우에는 담당 공무원의 확인으로 사본 제출을 갈음할 수 있다.

〈개정 2013. 12. 5., 2014. 11. 21.〉

③ 특별자치시장 · 특별자치도지사 · 시장 · 군수 · 구청장은 제1항에 따라 개설등록 신청을 받

았을 때에는 치과기공소 등록대장에 다음 각 호의 사항을 적고 신청인에게 별지 제5호서식의 치과기공소 개설등록증을 발급하여야 한다. 〈개정 2013. 12. 5.〉

1. 개설등록번호와 개설등록 연월일

2. 개설자의 성명, 주소 및 주민등록번호

3. 치과기공소의 명칭과 소재지

[전문개정 2012. 5. 23.]

[제12조의2에서 이동, 종전 제12조의3은 제12조의4로 이동 〈2014. 11. 21.〉]

제12조의4 치과기공소의 시설 및 장비

법 제11조의2제4항에서 "보건복지부령으로 정하는 시설 및 장비"란 다음 각 호의 시설 및 장비를 말한다. 〈개정 2018. 12. 20.〉

1. 기공용 레이드(lathe) 1대 이상

2. 전산설계(CAD/CAM), 삼차원(3D)프린터 또는 주조기 1대 이상

3. 기공용 모터 1대 이상

4. 기공용 컴프레서 1대 이상

5. 치과용 프레스 1대 이상

6. 전기로(電氣爐) 1대 이상

7. 포설린로(porcelain furnace) 1대 이상

8. 초음파 청소기 1대 이상

9. 서베이어(surveyor) 1대 이상

10. 진동기 1대 이상

11. 트리머(trimmer) 1대 이상

12. 샌드기(sand blast machine) 1대 이상

13. 진공 매몰기 1대 이상

14. 삭제 〈2018. 12. 20.〉

[전문개정 2012. 5. 23.]

[제12조의3에서 이동, 종전 제12조의4는 제12조의5로 이동 〈2014. 11. 21.〉]

제12조의5 치과기공물제작의뢰서

① 법 제11조의3제1항의 치과기공물제작의뢰서는 별지 제6호서식에 따른다.

② 법 제11조의3제2항에 따라 치과의사 및 치과기공소 개설자는 치과기공물제작의뢰서를 각자

2년 동안 보존하여야 한다.

[전문개정 2012. 5. 23.]

[제12조의4에서 이동 〈2014. 11. 21.〉]

제13조 안경업소의 개설등록 등

① 법 제12조제3항에 따라 같은 조 제1항에 따른 안경업소(이하 "안경업소"라 한다)를 개설하려는 사람은 별지 제7호서식의 안경업소 개설등록 신청서에 시설 · 장비 개요서를 첨부하여 특별자치시장 · 특별자치도지사 · 시장 · 군수 · 구청장에게 제출하여야 한다.

〈개정 2013. 12. 5., 2015. 2. 3., 2018. 12. 20.〉

② 제1항에 따른 신청을 받은 특별자치시장 · 특별자치도지사 · 시장 · 군수 · 구청장은 행정정보의 공동이용을 통하여 안경사 면허증을 확인하여야 한다. 다만, 신청인이 확인에 동의하지 아니하는 경우에는 신청인이 면허증 사본을 첨부하도록 하여야 하며, 신청인이 면허증 원본을 제시하는 경우에는 담당 공무원의 확인으로 사본 제출을 갈음할 수 있다. 〈개정 2013. 12. 5.〉

[전문개정 2012. 5. 23.]

제14조 안경업소 등록대장과 등록증

특별자치시장 · 특별자치도지사 · 시장 · 군수 · 구청장은 제13조에 따라 안경업소 개설등록 신청을 받았을 때에는 안경업소 등록대장에 다음 각 호의 사항을 적고 신청인에게 별지 제8호서식의 안경업소 개설등록증을 발급하여야 한다. 〈개정 2013. 12. 5.〉

1. 개설등록번호 및 개설등록 연월일

2. 개설자의 성명, 주소 및 주민등록번호

3. 안경업소의 명칭과 소재지

[전문개정 2012. 5. 23.]

제15조 안경업소의 시설기준 등

법 제12조제4항에서 "보건복지부령으로 정하는 시설 및 장비"란 채광과 환기가 잘 되고 청결하며 안경(시력보정용으로 한정한다)의 조제 및 판매와 콘택트렌즈(시력보정용이 아닌 것을 포함한다)의 판매에 적합한 시설과 다음 각 호의 장비를 말한다. 〈개정 2018. 12. 20.〉

1. 시력표(vision chart)

2. 시력검사 세트(phoroptor and unit set)

3. 시험테와 시험렌즈 세트(trial frame and trial lens set)

4. 동공거리계(PD meter)

5. 자동굴절검사기(auto refractor meter)

6. 렌즈 정점굴절력계(lens meter)

[전문개정 2015. 2. 3.]

제15조의2 안경 및 콘택트렌즈의 판매 제한

법 제12조제5항제2호에서 "구매 또는 배송을 대행하는 등 보건복지부령으로 정하는 방법"이란 해외로부터 구매를 대행하는 방법으로서 다음 각 호의 요건을 모두 충족하는 방법을 말한다.

〈개정 2019. 9. 27.〉

1. 판매자가 법 제12조제5항제2호에 따른 사이버몰에 안경 또는 콘택트렌즈에 대한 상품정보와 가격 등을 게시할 것

2. 판매자가 국내 구매자의 구매요청을 받아 해외 판매자로부터 안경 또는 콘택트렌즈를 수입할 것

3. 판매자가 제2호에 따른 수입거래에 대하여 손익의 위험을 부담하는 수입화물주의 지위에 해당할 것

4. 판매자가 제2호 및 제3호에 따라 수입한 안경 또는 콘택트렌즈를 국내 구매자에게 판매할 것

[본조신설 2016. 11. 30.]

제16조 폐업 등의 신고

① 법 제13조에 따라 치과기공소 또는 안경업소의 폐업 또는 등록사항 변경 신고를 하려는 사람은 별지 제9호서식의 치과기공소 · 안경업소 폐업 또는 등록사항 변경 신고서에 개설등록증을 첨부하여 폐업하거나 등록사항을 변경한 날부터 14일 이내에 특별자치시장 · 특별자치도지사 · 시장 · 군수 · 구청장에게 제출하여야 한다. 〈개정 2013. 12. 5.〉

② 치과기공소를 양도 · 양수하여 개설자가 변경된 경우에는 제1항에도 불구하고 양수인이 별지 제10호서식의 치과기공소 양도 · 양수 신고서에 다음 각 호의 서류를 첨부하여 양도 · 양수한 날부터 14일 이내에 특별자치시장 · 특별자치도지사 · 시장 · 군수 · 구청장에게 신고하여야 한다. 〈개정 2013. 12. 5., 2014. 11. 21.〉

1. 치과기공소 개설등록증

2. 양도계약서 사본 등 양도 · 양수 사실을 증명할 수 있는 서류

③ 제2항에 따른 신고를 받은 특별자치시장 · 특별자치도지사 · 시장 · 군수 · 구청장은 행정정

보의 공동이용을 통하여 양수인의 치과의사 면허증(양수인이 치과의사인 경우만 해당한다) 또는 치과기공사 면허증(양수인이 치과기공사인 경우만 해당한다)을 확인하여야 한다. 다만, 신고인이 확인에 동의하지 아니하는 경우에는 신고인이 면허증 사본을 첨부하도록 하여야 하며, 신고인이 면허증 원본을 제시하는 경우에는 담당 공무원의 확인으로 사본 제출을 갈음할 수 있다.　　　　　　　　　　　　　〈개정 2013. 12. 5., 2014. 11. 21.〉

④ 안경업소를 양도·양수하여 개설자가 변경된 경우에는 제1항에도 불구하고 양수인이 별지 제11호서식의 안경업소 양도·양수 신고서에 다음 각 호의 서류를 첨부하여 양도·양수한 날부터 14일 이내에 특별자치시장·특별자치도지사·시장·군수·구청장에게 신고하여야 한다.　　　　　　　　　　　　　　　　　　　　　　　　　　〈개정 2013. 12. 5.〉

1. 안경업소 개설등록증

2. 양도계약서 사본 등 양도·양수 사실을 증명할 수 있는 서류

⑤ 제4항에 따른 신고를 받은 특별자치시장·특별자치도지사·시장·군수·구청장은 행정정보의 공동이용을 통하여 양수인의 안경사 면허증을 확인하여야 한다. 다만, 신고인이 확인에 동의하지 아니하는 경우에는 신고인이 면허증 사본을 첨부하도록 하여야 하며, 신고인이 면허증 원본을 제시하는 경우에는 담당 공무원의 확인으로 사본 제출을 갈음할 수 있다.

〈개정 2013. 12. 5.〉

[전문개정 2012. 5. 23.]

제17조 출입·검사를 위한 현장 조사서류

법 제15조제2항에서 "조사기간, 조사범위, 조사담당자 및 관계 법령 등 보건복지부령으로 정하는 사항"이란 다음 각 호의 사항을 말한다.

1. 조사목적·조사기간·조사범위 및 조사내용

2. 조사담당자의 성명 및 직위

3. 제출자료 목록

4. 조사에 대한 근거 법령

5. 조사의 거부·방해·기피 등에 대한 행정처분 또는 벌칙 등의 내용 및 근거 법령

6. 그 밖에 제1호부터 제5호까지에 준하는 사항으로서 보건복지부장관이 해당 조사를 위하여 필요하다고 인정하는 사항

[본조신설 2016. 11. 30.]

제18조 보수교육

① 영 제14조제3항에 따라 의료기사등에 대한 보수교육 업무를 위탁받은 기관(이하 "보수교육 실시기관"이라 한다)은 매년 법 제20조 및 영 제11조에 따른 보수교육(이하 "보수교육"이라 한다)을 실시하여야 한다. 〈개정 2016. 11. 30.〉

② 보건복지부장관은 다음 각 호의 어느 하나에 해당하는 사람에 대해서는 해당 연도의 보수교육을 면제할 수 있다. 〈신설 2018. 12. 20.〉

1. 대학원 및 의학전문대학원·치의학전문대학원에서 해당 의료기사등의 면허에 상응하는 보건의료에 관한 학문을 전공하고 있는 사람

2. 군 복무 중인 사람(군에서 해당 업무에 종사하는 의료기사등은 제외한다)

3. 해당 연도에 법 제4조에 따라 의료기사등의 신규 면허를 받은 사람

4. 보건복지부장관이 해당 연도에 보수교육을 받을 필요가 없다고 인정하는 요건을 갖춘 사람

③ 보건복지부장관은 다음 각 호의 어느 하나에 해당하는 사람에 대해서는 해당 연도의 보수교육을 유예할 수 있다. 〈신설 2018. 12. 20.〉

1. 해당 연도에 보건기관·의료기관·치과기공소 또는 안경업소 등에서 그 업무에 종사하지 않은 기간이 6개월 이상인 사람

2. 보건복지부장관이 해당 연도에 보수교육을 받기가 어렵다고 인정하는 요건을 갖춘 사람

④ 보건기관·의료기관·치과기공소 또는 안경업소 등에서 그 업무에 종사하지 않다가 다시 그 업무에 종사하려는 사람은 제3항제1호에 따라 보수교육이 유예된 연도(보수교육이 2년 이상 유예된 경우에는 마지막 연도를 말한다)의 다음 연도에 다음 각 목의 구분에 따른 보수교육을 받아야 한다. 〈개정 2018. 12. 20.〉

　가. 제3항에 따라 보수교육이 1년 유예된 경우: 12시간 이상

　나. 제3항에 따라 보수교육이 2년 유예된 경우: 16시간 이상

　다. 제3항에 따라 보수교육이 3년 이상 유예된 경우: 20시간 이상

⑤ 보건복지부장관은 보수교육실시기관의 보수교육 내용과 그 운영에 대하여 평가할 수 있다. 〈개정 2018. 12. 20.〉

⑥ 제2항 또는 제3항에 따라 보수교육을 면제받거나 유예받으려는 사람은 해당 연도의 보수교육 실시 전에 별지 제12호서식의 보수교육 면제·유예 신청서에 보수교육 면제 또는 유예의 사유를 증명할 수 있는 서류를 첨부하여 보수교육실시기관의 장에게 제출해야 한다. 〈개정 2018. 12. 20.〉

⑦ 제6항에 따른 신청을 받은 보수교육실시기관의 장은 보수교육 면제 또는 유예 대상자 여부를 확인하고, 신청인에게 별지 제12호의2서식의 보수교육 면제·유예 확인서를 발급해야 한

다. ⟨개정 2018. 12. 20.⟩

[전문개정 2014. 11. 21.]

제19조 보수교육 계획서 및 실적보고서 제출 등

① 보수교육실시기관의 장은 매년 12월 31일까지 별지 제13호서식의 다음 연도 보수교육 계획서(전자문서로 된 보수교육 계획서를 포함한다)에 다음 각 호의 서류를 첨부하여 보건복지부장관에게 제출하여야 한다. 이 경우 보수교육 계획서에는 교과과정, 실시방법, 교육받는 사람의 경비부담액 및 보수교육 이수 인정기준 등 보수교육의 운영에 필요한 사항이 포함되어야 한다. ⟨개정 2019. 9. 27.⟩

1. 교육받는 사람의 경비부담액 산출근거

2. 과목별 보수교육 인정기준

② 보수교육실시기관의 장은 매년 3월 31일까지 별지 제13호의2서식의 전년도 보수교육 실적보고서(전자문서로 된 보수교육 실적보고서를 포함한다)를 보건복지부장관에게 제출하여야 한다.

③ 보수교육실시기관의 장은 보수교육을 받은 사람에게 별지 제14호서식의 보수교육 이수증을 발급하여야 한다.

[전문개정 2014. 11. 21.]

제20조 보수교육 실시방법 등

보수교육의 교과과정, 실시방법, 그 밖에 보수교육의 실시에 필요한 사항은 제18조제5항에 따른 평가 결과를 반영하여 보수교육실시기관의 장이 정한다. ⟨개정 2018. 12. 20.⟩

[본조신설 2014. 11. 21.]

제21조 보수교육 관계 서류의 보존

보수교육실시기관의 장은 다음 각 호의 서류를 3년 동안 보존하여야 한다.

1. 보수교육 대상자 명단(대상자의 교육 이수 여부가 적혀 있어야 한다)

2. 보수교육 면제자 명단

3. 그 밖에 교육 이수자가 교육을 이수하였다는 사실을 확인할 수 있는 서류

[전문개정 2012. 5. 23.]

제22조 면허증의 재발급 신청

① 의료기사등이 면허증을 분실 또는 훼손하였거나 면허증의 기재사항이 변경되어 면허증의 재발급을 신청하려는 경우에는 별지 제15호서식의 의료기사등 면허증 재발급 신청서(전자문서로 된 신청서를 포함한다)에 다음 각 호의 서류 또는 자료를 첨부하여 보건복지부장관에게 제출하여야 한다.　　　　　　　　　　　　　　　　〈개정 2015. 2. 3., 2016. 12. 30.〉

　1. 면허증(면허증을 분실한 경우에는 그 사유설명서)

　2. 사진(신청 전 6개월 이내에 모자 등을 쓰지 않고 촬영한 천연색 상반신 정면사진으로 가로 3.5센티미터, 세로 4.5센티미터의 사진을 말한다) 1장

　3. 변경 사실을 증명할 수 있는 서류(면허증 기재사항이 변경되어 재발급을 신청하는 경우만 해당한다)

② 영 제12조제1항에 따른 사유로 면허증을 재발급받으려는 사람은 별지 제15호서식의 의료기사등 면허증 재발급 신청서에 다음 각 호의 서류 또는 자료를 첨부하여 주소지를 관할하는 특별시장 · 광역시장 · 특별자치시장 · 도지사 및 특별자치도지사(이하 "시 · 도지사"라 한다)를 거쳐 보건복지부장관에게 제출하여야 한다.　　〈개정 2013. 12. 5., 2015. 2. 3., 2016. 12. 30.〉

　1. 사진(신청 전 6개월 이내에 모자 등을 쓰지 않고 촬영한 천연색 상반신 정면사진으로 가로 3.5센티미터, 세로 4.5센티미터의 사진을 말한다) 1장

　2. 면허취소의 원인이 된 사유가 소멸하였음을 증명할 수 있는 서류(영 제12조제1항제1호의 사유에 해당하는 경우에만 제출한다)

　3. 뉘우치는 빛이 뚜렷하다고 인정될 수 있는 서류(영 제12조제1항제2호부터 제4호까지의 사유에 해당하는 경우에만 제출한다)

③ 의료기사등이 제1항에 따라 면허증을 재발급받은 후 분실된 면허증을 발견하였을 때에는 지체 없이 그 면허증을 보건복지부장관에게 반납하여야 한다.

[전문개정 2012. 5. 23.]

제23조 면허증을 갈음하는 증서

의료기사등이 제22조제1항에 따라 면허증의 재발급을 신청한 경우에는 면허증을 재발급받을 때까지 그 신청서에 대한 보건복지부장관의 접수증으로 면허증을 갈음할 수 있다.

[전문개정 2012. 5. 23.]

제24조 면허증의 회수

① 보건복지부장관은 법 제21조제1항 또는 제22조제1항에 따라 면허의 취소 또는 면허자격의

정지처분을 하였을 때에는 그 사실을 주소지를 관할하는 시·도지사에게 통보하여야 하며, 시·도지사(특별자치시장 및 특별자치도지사는 제외한다)는 지체 없이 시장·군수·구청장에게 통보하여야 한다. 〈개정 2013. 12. 5.〉

② 제1항에 따른 통보를 받은 특별자치시장·특별자치도지사·시장·군수·구청장은 지체 없이 면허의 취소처분을 받은 해당 의료기사등의 면허증을 회수하여 보건복지부장관에게 제출하여야 한다. 이 경우 시장·군수·구청장은 시·도지사를 거쳐 제출하여야 한다. 〈개정 2013. 12. 5.〉

[전문개정 2012. 5. 23.]

제24조의2 행정처분 사실 등의 통지

법 제24조제5항에 따라 같은 조 제1항에 따른 영업정지처분을 받았거나 영업정지처분의 절차가 진행 중인 사람은 행정처분을 받은 사실이나 행정처분절차가 진행 중인 사실을 「우편법 시행규칙」 제25조제1항제4호가목에 따른 내용증명으로 양수인에게 지체 없이 알려야 한다.

[전문개정 2012. 5. 23.]

제25조 수수료 등

① 국가시험에 응시하려는 사람은 법 제27조제3호에 따라 국가시험관리기관의 장이 보건복지부장관의 승인을 받아 결정한 수수료를 현금이나 정보통신망을 이용한 전자화폐 또는 전자결제 등의 방법으로 내야 한다. 이 경우 수수료의 금액 및 납부방법 등은 영 제4조제2항에 따라 국가시험관리기관의 장이 공고한다.

② 제22조에 따른 면허증의 재발급 신청을 하거나 면허사항에 관한 증명 신청을 하는 사람은 다음 각 호의 구분에 따른 수수료를 수입인지나 정보통신망을 이용한 전자화폐 또는 전자결제 등의 방법으로 내야 한다. 〈개정 2013. 4. 17.〉

1. 면허증의 재발급 수수료: 2천원
2. 면허사항에 관한 증명 수수료: 500원(정보통신망을 이용하여 발급받는 경우 무료)

[전문개정 2012. 5. 23.]

제26조 규제의 재검토

보건복지부장관은 다음 각 호의 사항에 대하여 다음 각 호의 기준일을 기준으로 2년마다(매 2년이 되는 해의 기준일과 같은 날 전까지를 말한다) 그 타당성을 검토하여 개선 등의 조치를 하여야 한다.

1. 제10조 및 별표 2에 따른 국가시험 응시제한의 기준: 2015년 1월 1일

2. 제13조에 따른 안경업소 개설등록 시 제출서류: 2015년 1월 1일

[본조신설 2015. 1. 5.]

부칙 〈제672호, 2019. 9. 27.〉

어려운 법령용어 정비를 위한 48개 법령의 일부개정에 관한 보건복지부령

이 규칙은 공포한 날부터 시행한다.

제3부

장애인복지법

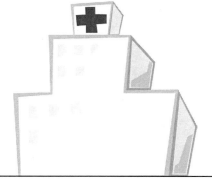

제1장 총칙

제1조 목적

이 법은 장애인의 인간다운 삶과 권리보장을 위한 국가와 지방자치단체 등의 책임을 명백히 하고, 장애발생 예방과 장애인의 의료 · 교육 · 직업재활 · 생활환경개선 등에 관한 사업을 정하여 장애인 복지대책을 종합적으로 추진하며, 장애인의 자립생활 · 보호 및 수당지급 등에 관하여 필요한 사항을 정하여 장애인의 생활안정에 기여하는 등 장애인의 복지와 사회활동 참여증진을 통하여 사회통합에 이바지함을 목적으로 한다.

제2조 장애인의 정의 등

① "장애인"이란 신체적 · 정신적 장애로 오랫동안 일상생활이나 사회생활에서 상당한 제약을 받는 자를 말한다.

② 이 법을 적용받는 장애인은 제1항에 따른 장애인 중 다음 각 호의 어느 하나에 해당하는 장애가 있는 자로서 대통령령으로 정하는 장애의 종류 및 기준에 해당하는 자를 말한다.

　1. "신체적 장애"란 주요 외부 신체 기능의 장애, 내부기관의 장애 등을 말한다.

　2. "정신적 장애"란 발달장애 또는 정신 질환으로 발생하는 장애를 말한다.

③ "장애인학대"란 장애인에 대하여 신체적 · 정신적 · 정서적 · 언어적 · 성적 폭력이나 가혹행위, 경제적 착취, 유기 또는 방임을 하는 것을 말한다. 〈신설 2012. 10. 22., 2015. 6. 22.〉

제3조 기본이념

장애인복지의 기본이념은 장애인의 완전한 사회 참여와 평등을 통하여 사회통합을 이루는 데에 있다.

제4조 장애인의 권리

① 장애인은 인간으로서 존엄과 가치를 존중받으며, 그에 걸맞은 대우를 받는다.

② 장애인은 국가 · 사회의 구성원으로서 정치 · 경제 · 사회 · 문화, 그 밖의 모든 분야의 활동에 참여할 권리를 가진다.

③ 장애인은 장애인 관련 정책결정과정에 우선적으로 참여할 권리가 있다.

제5조 장애인 및 보호자 등에 대한 의견수렴과 참여

국가 및 지방자치단체는 장애인 정책의 결정과 그 실시에 있어서 장애인 및 장애인의 부모, 배우자, 그 밖에 장애인을 보호하는 자의 의견을 수렴하여야 한다. 이 경우 당사자의 의견수렴을 위한 참여를 보장하여야 한다.

제6조 중증장애인의 보호

국가와 지방자치단체는 장애 정도가 심하여 자립하기가 매우 곤란한 장애인(이하 "중증장애인"이라 한다)이 필요한 보호 등을 평생 받을 수 있도록 알맞은 정책을 강구하여야 한다.

제7조 여성장애인의 권익보호 등

국가와 지방자치단체는 여성장애인의 권익을 보호하고 사회참여를 확대하기 위하여 기초학습과 직업교육 등 필요한 시책을 강구하여야 한다.

제8조 차별금지 등

①누구든지 장애를 이유로 정치·경제·사회·문화 생활의 모든 영역에서 차별을 받지 아니하고, 누구든지 장애를 이유로 정치·경제·사회·문화 생활의 모든 영역에서 장애인을 차별하여서는 아니 된다.

②누구든지 장애인을 비하·모욕하거나 장애인을 이용하여 부당한 영리행위를 하여서는 아니 되며, 장애인의 장애를 이해하기 위하여 노력하여야 한다.

제9조 국가와 지방자치단체의 책임

①국가와 지방자치단체는 장애 발생을 예방하고, 장애의 조기 발견에 대한 국민의 관심을 높이며, 장애인의 자립을 지원하고, 보호가 필요한 장애인을 보호하여 장애인의 복지를 향상시킬 책임을 진다.

②국가와 지방자치단체는 여성 장애인의 권익을 보호하기 위하여 정책을 강구하여야 한다.

③국가와 지방자치단체는 장애인복지정책을 장애인과 그 보호자에게 적극적으로 홍보하여야 하며, 국민이 장애인을 올바르게 이해하도록 하는 데에 필요한 정책을 강구하여야 한다.

제10조 국민의 책임

모든 국민은 장애 발생의 예방과 장애의 조기 발견을 위하여 노력하여야 하며, 장애인의 인격을 존중하고 사회통합의 이념에 기초하여 장애인의 복지향상에 협력하여야 한다.

제10조의2 장애인정책종합계획

① 보건복지부장관은 장애인의 권익과 복지증진을 위하여 관계 중앙행정기관의 장과 협의하여 5년마다 장애인정책종합계획(이하 "종합계획"이라 한다)을 수립·시행하여야 한다.

② 종합계획에는 다음 각 호의 사항이 포함되어야 한다.

　　1. 장애인의 복지에 관한 사항

　　2. 장애인의 교육문화에 관한 사항

　　3. 장애인의 경제활동에 관한 사항

　　4. 장애인의 사회참여에 관한 사항

　　5. 그 밖에 장애인의 권익과 복지증진을 위하여 필요한 사항

③ 관계 중앙행정기관의 장은 장애인의 권익과 복지증진을 위하여 관련 업무에 대한 사업계획을 매년 수립·시행하여야 하고, 그 사업계획과 전년도의 사업계획 추진실적을 매년 보건복지부장관에게 제출하여야 한다.

④ 보건복지부장관은 제3항에 따라 제출된 사업계획과 추진실적을 종합하여 종합계획을 수립하되, 제11조에 따른 장애인정책조정위원회의 심의를 미리 거쳐야 한다. 종합계획을 변경하는 경우에도 또한 같다.

⑤ 보건복지부장관은 종합계획의 추진성과를 매년 평가하고, 그 결과를 종합계획에 반영할 필요가 있는 경우에는 제4항 후단에 따라 종합계획을 변경하거나 다음 종합계획을 수립할 때에 반영하여야 한다.

⑥ 제1항부터 제5항까지에서 규정한 사항 외에 종합계획의 수립 시기, 절차 및 방법 등에 관하여 필요한 사항은 대통령령으로 정한다.

[본조신설 2012. 1. 26.]

제10조의3 국회에 대한 보고

보건복지부장관은 종합계획을 수립하거나 해당 연도의 사업계획, 전년도 사업계획의 추진실적, 추진성과의 평가를 확정한 때에는 이를 지체 없이 국회 소관 상임위원회에 보고하여야 한다.

[본조신설 2015. 6. 22.]

제11조 장애인정책조정위원회

① 장애인 종합정책을 수립하고 관계 부처 간의 의견을 조정하며 그 정책의 이행을 감독·평가하기 위하여 국무총리 소속하에 장애인정책조정위원회(이하 "위원회"라 한다)를 둔다.

② 위원회는 다음 각 호의 사항을 심의·조정한다.

1. 장애인복지정책의 기본방향에 관한 사항

2. 장애인복지 향상을 위한 제도개선과 예산지원에 관한 사항

3. 중요한 특수교육정책의 조정에 관한 사항

4. 장애인 고용촉진정책의 중요한 조정에 관한 사항

5. 장애인 이동보장 정책조정에 관한 사항

6. 장애인정책 추진과 관련한 재원조달에 관한 사항

7. 장애인복지에 관한 관련 부처의 협조에 관한 사항

8. 그 밖에 장애인복지와 관련하여 대통령령으로 정하는 사항

③ 위원회는 필요하다고 인정되면 관계 행정기관에 그 직원의 출석·설명과 자료 제출을 요구할 수 있다.

④ 위원회는 제2항의 사항을 미리 검토하고 관계 기관 사이의 협조 사항을 정리하기 위하여 위원회에 장애인정책조정실무위원회(이하 "실무위원회"라 한다)를 둔다.

⑤ 위원회와 실무위원회의 구성·운영에 관하여 필요한 사항은 대통령령으로 정한다.

제12조 장애인정책책임관의 지정 등

① 중앙행정기관의 장은 해당 기관의 장애인정책을 효율적으로 수립·시행하기 위하여 소속공무원 중에서 장애인정책책임관을 지정할 수 있다.

② 제1항에 따른 장애인정책책임관의 지정 및 임무 등에 관하여 필요한 사항은 대통령령으로 정한다.

제13조 지방장애인복지위원회

① 장애인복지 관련 사업의 기획·조사·실시 등을 하는 데에 필요한 사항을 심의하기 위하여 지방자치단체에 지방장애인복지위원회를 둔다.

② 제1항의 지방장애인복지위원회를 조직·운영하는 데에 필요한 사항은 대통령령으로 정하는 기준에 따라 지방자치단체의 조례로 정한다.

제14조 장애인의 날

① 장애인에 대한 국민의 이해를 깊게 하고 장애인의 재활의욕을 높이기 위하여 매년 4월 20일을 장애인의 날로 하며, 장애인의 날부터 1주간을 장애인 주간으로 한다.

② 국가와 지방자치단체는 장애인의 날의 취지에 맞는 행사 등 사업을 하도록 노력하여야 한다.

제15조 다른 법률과의 관계

제2조에 따른 장애인 중 「정신건강증진 및 정신질환자 복지서비스 지원에 관한 법률」과 「국가유공자 등 예우 및 지원에 관한 법률」 등 대통령령으로 정하는 다른 법률을 적용 받는 장애인에 대하여는 대통령령으로 정하는 바에 따라 이 법의 적용을 제한할 수 있다. 〈개정 2016. 5. 29.〉

제16조 법제와 관련된 조치 등

국가와 지방자치단체는 이 법의 목적을 달성하기 위하여 필요한 법제(法制)·재정과 관련된 조치를 강구하여야 한다.

제2장 기본정책의 강구

제17조 장애발생 예방

① 국가와 지방자치단체는 장애의 발생 원인과 예방에 관한 조사 연구를 촉진하여야 하며, 모자보건사업의 강화, 장애의 원인이 되는 질병의 조기 발견과 조기 치료, 그 밖에 필요한 정책을 강구하여야 한다.

② 국가와 지방자치단체는 교통사고·산업재해·약물중독 및 환경오염 등에 의한 장애발생을 예방하기 위하여 필요한 조치를 강구하여야 한다.

제18조 의료와 재활치료

국가와 지방자치단체는 장애인이 생활기능을 익히거나 되찾을 수 있도록 필요한 기능치료와 심리치료 등 재활의료를 제공하고 장애인의 장애를 보완할 수 있는 장애인보조기구를 제공하는 등 필요한 정책을 강구하여야 한다.

제19조 사회적응 훈련

국가와 지방자치단체는 장애인이 재활치료를 마치고 일상생활이나 사회생활을 원활히 할 수 있도록 사회적응 훈련을 실시하여야 한다.

제20조 교육

① 국가와 지방자치단체는 사회통합의 이념에 따라 장애인이 연령 · 능력 · 장애의 종류 및 정도에 따라 충분히 교육받을 수 있도록 교육 내용과 방법을 개선하는 등 필요한 정책을 강구하여야 한다.

② 국가와 지방자치단체는 장애인의 교육에 관한 조사 · 연구를 촉진하여야 한다.

③ 국가와 지방자치단체는 장애인에게 전문 진로교육을 실시하는 제도를 강구하여야 한다.

④ 각급 학교의 장은 교육을 필요로 하는 장애인이 그 학교에 입학하려는 경우 장애를 이유로 입학 지원을 거부하거나 입학시험 합격자의 입학을 거부하는 등의 불리한 조치를 하여서는 아니 된다.

⑤ 모든 교육기관은 교육 대상인 장애인의 입학과 수학(修學) 등에 편리하도록 장애의 종류와 정도에 맞추어 시설을 정비하거나 그 밖에 필요한 조치를 강구하여야 한다.

제21조 직업

① 국가와 지방자치단체는 장애인이 적성과 능력에 맞는 직업에 종사할 수 있도록 직업 지도, 직업 능력 평가, 직업 적응훈련, 직업훈련, 취업 알선, 고용 및 취업 후 지도 등 필요한 정책을 강구하여야 한다.

② 국가와 지방자치단체는 장애인 직업재활훈련이 원활히 이루어질 수 있도록 장애인에게 적합한 직종과 재활사업에 관한 조사 · 연구를 촉진하여야 한다.

제22조 정보에의 접근

① 국가와 지방자치단체는 장애인이 정보에 원활하게 접근하고 자신의 의사를 표시할 수 있도록 전기통신 · 방송시설 등을 개선하기 위하여 노력하여야 한다.

② 국가와 지방자치단체는 방송국의 장 등 민간 사업자에게 뉴스와 국가적 주요 사항의 중계 등 대통령령으로 정하는 방송 프로그램에 청각장애인을 위한 한국수어 또는 폐쇄자막과 시각장애인을 위한 화면해설 또는 자막해설 등을 방영하도록 요청하여야 한다. 〈개정 2016. 2. 3.〉

③ 국가와 지방자치단체는 국가적인 행사, 그 밖의 교육 · 집회 등 대통령령으로 정하는 행사를 개최하는 경우에는 청각장애인을 위한 한국수어 통역 및 시각장애인을 위한 점자 및 인쇄물 접근성바코드(음성변환용 코드 등 대통령령으로 정하는 전자적 표시를 말한다. 이하 이 조에서 같다)가 삽입된 자료 등을 제공하여야 하며 민간이 주최하는 행사의 경우에는 한국수어 통역과 점자 및 인쇄물 접근성바코드가 삽입된 자료 등을 제공하도록 요청할 수 있다.

〈개정 2012. 1. 26., 2016. 2. 3., 2017. 12. 19.〉

④ 제2항과 제3항의 요청을 받은 방송국의 장 등 민간 사업자와 민간 행사 주최자는 정당한 사유가 없으면 그 요청에 따라야 한다.

⑤ 국가와 지방자치단체는 시각장애인과 시청각장애인(시각 및 청각 기능이 손상된 장애인을 말한다. 이하 같다)이 정보에 쉽게 접근하고 의사소통을 원활하게 할 수 있도록 점자도서, 음성도서, 점자정보단말기 및 무지점자단말기 등 의사소통 보조기구를 개발·보급하고, 시청각장애인을 위한 의사소통 지원 전문인력을 양성·파견하기 위하여 노력하여야 한다.

〈개정 2019. 12. 3.〉

⑥ 국가와 지방자치단체는 장애인의 특성을 고려하여 정보통신망 및 정보통신기기의 접근·이용에 필요한 지원 및 도구의 개발·보급 등 필요한 시책을 강구하여야 한다.

제23조 편의시설

① 국가와 지방자치단체는 장애인이 공공시설과 교통수단 등을 안전하고 편리하게 이용할 수 있도록 편의시설의 설치와 운영에 필요한 정책을 강구하여야 한다.

② 국가와 지방자치단체는 공공시설 등 이용편의를 위하여 한국수어 통역·안내보조 등 인적서비스 제공에 관하여 필요한 시책을 강구하여야 한다.　　　　　　　　　〈개정 2016. 2. 3.〉

제24조 안전대책 강구

국가와 지방자치단체는 추락사고 등 장애로 인하여 일어날 수 있는 안전사고와 비상재해 등에 대비하여 시각·청각 장애인과 이동이 불편한 장애인을 위하여 피난용 통로를 확보하고, 점자·음성·문자 안내판을 설치하며, 긴급 통보체계를 마련하는 등 장애인의 특성을 배려한 안전대책 등 필요한 조치를 강구하여야 한다.

제25조 사회적 인식개선 등

① 국가와 지방자치단체는 학생, 공무원, 근로자, 그 밖의 일반국민 등을 대상으로 장애인에 대한 인식개선을 위한 교육 및 공익광고 등 홍보사업을 실시하여야 한다.

② 국가기관 및 지방자치단체의 장, 「영유아보육법」에 따른 어린이집, 「유아교육법」·「초·중등교육법」·「고등교육법」에 따른 각급 학교의 장, 그 밖에 대통령령으로 정하는 교육기관 및 공공단체(이하 "국가기관등"이라 한다)의 장은 매년 소속 직원·학생을 대상으로 장애인에 대한 인식개선을 위한 교육(이하 "인식개선교육"이라 한다)을 실시하고, 그 결과를 보건복지부장관에게 제출하여야 한다.　　　　　　　　　〈신설 2015. 12. 29., 2019. 12. 3.〉

③ 보건복지부장관은 인식개선교육의 실시 결과에 대한 점검을 대통령령으로 정하는 바에 따라

매년 실시하여야 한다. 〈신설 2019. 12. 3.〉

④ 보건복지부장관은 제3항에 따른 점검 결과 인식개선교육 이수율 등이 보건복지부장관이 정한 기준에 미치지 못하는 국가기관등에 대하여 대통령령으로 정하는 바에 따라 관리자(인식개선교육에 관한 업무를 총괄하여 책임지는 사람을 말한다. 이하 같다) 특별교육 등 필요한 조치를 하여야 한다. 〈신설 2019. 12. 3.〉

⑤ 보건복지부장관은 제3항에 따른 점검 결과를 대통령령으로 정하는 바에 따라 언론 등에 공표하여야 한다. 다만, 다른 법률에서 공표를 제한하고 있는 경우에는 그러하지 아니하다.
〈신설 2019. 12. 3.〉

⑥ 보건복지부장관은 제3항에 따른 점검 결과를 다음 각 호의 평가에 반영하도록 해당 평가를 실시하는 기관·단체의 장에게 요구할 수 있다. 〈신설 2019. 12. 3.〉

  1. 「정부업무평가 기본법」 제14조제1항 및 제18조제1항에 따른 중앙행정기관 및 지방자치단체의 자체평가

  2. 「공공기관의 운영에 관한 법률」 제48조제1항에 따른 공기업·준정부기관의 경영실적평가

  3. 「지방공기업법」 제78조제1항에 따른 지방공기업의 경영평가

  4. 「초·중등교육법」 제9조제2항에 따른 학교 평가

⑦ 보건복지부장관은 인식개선교육을 효과적으로 실시하기 위하여 전문강사를 양성하고 교육프로그램을 개발·보급하여야 한다. 〈신설 2019. 12. 3.〉

⑧ 보건복지부장관은 인식개선교육의 효율적 지원 및 실시 결과의 관리 등을 위하여 인식개선교육 정보시스템을 구축·운영할 수 있다. 〈신설 2019. 12. 3.〉

⑨ 국가는 「초·중등교육법」에 따른 학교에서 사용하는 교과용도서에 장애인에 대한 인식개선을 위한 내용이 포함되도록 하여야 한다. 〈개정 2015. 12. 29., 2019. 12. 3.〉

⑩ 보건복지부장관은 대통령령으로 정하는 바에 따라 다음 각 호의 업무를 「공공기관의 운영에 관한 법률」 제4조에 따른 공공기관 중 장애인 복지향상을 설립목적으로 하는 공공기관에 위탁할 수 있다. 이 경우 보건복지부장관은 예산의 범위에서 업무 수행에 필요한 비용의 전부 또는 일부를 지원할 수 있다. 〈신설 2019. 12. 3.〉

  1. 제3항 및 제4항에 따른 인식개선교육 실시 결과에 대한 점검과 관리자 특별교육

  2. 제7항에 따른 전문강사 양성 및 교육프로그램 개발·보급

  3. 제8항에 따른 인식개선교육 정보시스템 구축·운영

⑪ 제1항 및 제9항의 사업, 인식개선교육의 내용과 방법, 결과 제출 및 제8항에 따른 인식개선교육 정보시스템의 구축·운영 등에 필요한 사항은 대통령령으로 정한다.

[제목개정 2019. 12. 3.]

제25조의2 인식개선교육의 위탁 등

① 국가기관등의 장은 인식개선교육을 보건복지부장관이 지정하는 기관(이하 "인식개선교육기관"이라 한다)에 위탁할 수 있다.

② 인식개선교육기관의 장은 보건복지부령으로 정하는 바에 따라 인식개선교육을 실시하여야 하며, 국가기관등의 장 및 인식개선교육기관의 장은 교육 실시 관련 자료를 3년간 보관하고 국가기관등의 장이나 피교육자가 원하는 경우 그 자료를 내주어야 한다.

③ 인식개선교육기관은 보건복지부령으로 정하는 자격을 가진 전문강사를 1명 이상 두어야 한다.

④ 보건복지부장관은 인식개선교육기관이 다음 각 호의 어느 하나에 해당하면 그 지정을 취소할 수 있다. 다만, 제1호에 해당하는 경우에는 그 지정을 취소하여야 한다.

  1. 거짓이나 그 밖의 부정한 방법으로 지정을 받은 경우

  2. 정당한 사유 없이 제3항에 따른 전문강사를 6개월 이상 계속하여 두지 아니한 경우

⑤ 보건복지부장관은 제4항에 따라 인식개선교육기관의 지정을 취소하려면 청문을 하여야 한다.

⑥ 인식개선교육기관의 지정 기준 및 절차는 보건복지부령으로 정한다.

[본조신설 2019. 12. 3.]

제26조 선거권 행사를 위한 편의 제공

국가와 지방자치단체는 장애인이 선거권을 행사하는 데에 불편함이 없도록 편의시설·설비를 설치하고, 선거권 행사에 관하여 홍보하며, 선거용 보조기구를 개발·보급하는 등 필요한 조치를 강구하여야 한다.

제27조 주택 보급

① 국가와 지방자치단체는 공공주택등 주택을 건설할 경우에는 장애인에게 장애 정도를 고려하여 우선 분양 또는 임대할 수 있도록 노력하여야 한다.

② 국가와 지방자치단체는 주택의 구입자금·임차자금 또는 개·보수비용의 지원 등 장애인의 일상생활에 적합한 주택의 보급·개선에 필요한 시책을 강구하여야 한다.

제28조 문화환경 정비 등

국가와 지방자치단체는 장애인의 문화생활, 체육활동 및 관광활동에 대한 장애인의 접근을 보장

하기 위하여 관련 시설 및 설비, 그 밖의 환경을 정비하고 문화생활, 체육활동 및 관광활동 등을 지원하도록 노력하여야 한다.　　　　　　　　　　　　　　　　　　　　　〈개정 2017. 9. 19.〉

제29조 복지 연구 등의 진흥

① 국가와 지방자치단체는 장애인복지의 종합적이고 체계적인 조사 · 연구 · 평가 및 장애인 체육활동 등 장애인정책개발 등을 위하여 필요한 정책을 강구하여야 한다.

② 삭제 〈2018. 6. 12.〉

③ 삭제 〈2018. 6. 12.〉

④ 삭제 〈2018. 6. 12.〉

제29조의2 한국장애인개발원의 설립 등

① 제29조제1항에 따른 장애인 관련 조사 · 연구 및 정책개발 · 복지진흥 등을 위하여 한국장애인개발원(이하 "개발원"이라 한다)을 설립한다.

② 개발원은 법인으로 한다.

③ 개발원은 다음 각 호의 사업을 수행한다.

　　1. 장애인복지에 관한 정보의 수집 · 분석 · 관리, 조사 · 연구 · 정책개발 및 국제개발 등의 국제협력 사업

　　2. 장애인에 대한 사회적 인식개선 등 장애인복지 관련 교육, 홍보, 컨설팅

　　3. 중증장애인 직업재활지원 및 재정지원 장애인일자리 개발 · 지원

　　4. 중증장애인생산품에 대한 공공기관의 우선구매 촉진 지원

　　5. 편의시설 설치 기술지원, 장애물 없는 생활환경 조성 등 장애인 편의증진 사업 지원

　　6. 장애인 재난안전 대응 지침 개발 · 보급 등 장애인 안전대책 강화를 위한 사업

　　7. 그 밖에 장애인복지와 관련하여 국가 또는 지방자치단체로부터 위탁받은 사업

④ 국가와 지방자치단체는 개발원의 운영 및 사업에 필요한 비용을 보조할 수 있다.

⑤ 개발원에 대하여 이 법과 「공공기관의 운영에 관한 법률」에서 규정한 사항을 제외하고는 「민법」중 재단법인에 관한 규정을 준용한다.

[본조신설 2018. 6. 12.]

제30조 경제적 부담의 경감

① 국가와 지방자치단체, 「공공기관의 운영에 관한 법률」제4조에 따른 공공기관, 「지방공기업법」에 따른 지방공사 또는 지방공단은 장애인과 장애인을 부양하는 자의 경제적 부담을 줄이

고 장애인의 자립을 촉진하기 위하여 세제상의 조치, 공공시설 이용료 감면, 그 밖에 필요한 정책을 강구하여야 한다.

② 국가와 지방자치단체, 「공공기관의 운영에 관한 법률」 제4조에 따른 공공기관, 「지방공기업법」에 따른 지방공사 또는 지방공단이 운영하는 운송사업자는 장애인과 장애인을 부양하는 자의 경제적 부담을 줄이고 장애인의 자립을 돕기 위하여 장애인과 장애인을 보호하기 위하여 동행하는 자의 운임 등을 감면하는 정책을 강구하여야 한다.

제30조의2 장애인 가족 지원

① 국가와 지방자치단체는 장애인 가족의 삶의 질 향상 및 안정적인 가정생활 영위를 위하여 다음 각 호의 필요한 시책을 수립 · 시행하여야 한다.

1. 장애인 가족에 대한 인식개선 사업

2. 장애인 가족 돌봄 지원

3. 장애인 가족 휴식 지원

4. 장애인 가족 사례관리 지원

5. 장애인 가족 역량강화 지원

6. 장애인 가족 상담 지원

7. 그 밖에 보건복지부장관이 장애인 가족을 위하여 필요하다고 인정하는 지원

② 국가와 지방자치단체는 장애인 가족 지원 사업을 효율적으로 추진하기 위하여 장애인 관련 사업을 수행하는 기관 · 단체 등을 장애인 가족 지원 사업 수행기관(이하 "수행기관"이라 한다)으로 지정할 수 있다.

③ 국가와 지방자치단체는 수행기관이 다음 각 호의 어느 하나에 해당하는 경우에는 지정을 취소할 수 있다. 다만, 제1호에 해당하는 경우에는 지정을 취소하여야 한다.

1. 거짓이나 그 밖의 부정한 방법으로 지정을 받은 경우

2. 제4항에 따른 지정 기준에 적합하지 아니하게 된 경우

3. 정당한 사유 없이 장애인 가족 지원 사업을 수행하지 아니한 경우

④ 수행기관의 지정 기준 · 절차 등에 필요한 사항은 보건복지부령으로 정한다.

[본조신설 2017. 2. 8.]

제3장 복지 조치

제31조 실태조사

① 보건복지부장관은 장애인 복지정책의 수립에 필요한 기초 자료로 활용하기 위하여 3년마다 장애실태조사를 실시하여야 한다.

② 제1항에 따른 장애실태조사의 방법, 대상 및 내용 등에 관하여 필요한 사항은 대통령령으로 정한다.

[전문개정 2012. 1. 26.]

제32조 장애인 등록

① 장애인, 그 법정대리인 또는 대통령령으로 정하는 보호자(이하 "법정대리인등"이라 한다)는 장애 상태와 그 밖에 보건복지부령이 정하는 사항을 특별자치시장·특별자치도지사·시장·군수 또는 구청장(자치구의 구청장을 말한다. 이하 같다)에게 등록하여야 하며, 특별자치시장·특별자치도지사·시장·군수·구청장은 등록을 신청한 장애인이 제2조에 따른 기준에 맞으면 장애인등록증(이하 "등록증"이라 한다)을 내주어야 한다.

〈개정 2008. 2. 29., 2010. 1. 18., 2010. 5. 27., 2015. 6. 22., 2017. 2. 8.〉

② 삭제 〈2017. 2. 8.〉

③ 특별자치시장·특별자치도지사·시장·군수·구청장은 제1항에 따라 등록증을 받은 장애인의 장애 상태의 변화에 따른 장애 정도 조정을 위하여 장애 진단을 받게 하는 등 장애인이나 법정대리인등에게 필요한 조치를 할 수 있다. 〈개정 2017. 2. 8., 2017. 12. 19.〉

④ 장애인의 장애 인정과 장애 정도 사정(査定)에 관한 업무를 담당하게 하기 위하여 보건복지부에 장애판정위원회를 둘 수 있다. 〈개정 2008. 2. 29., 2010. 1. 18., 2017. 12. 19.〉

⑤ 등록증은 양도하거나 대여하지 못하며, 등록증과 비슷한 명칭이나 표시를 사용하여서는 아니 된다.

⑥ 특별자치시장·특별자치도지사·시장·군수·구청장은 제1항에 따른 장애인 등록 및 제3항에 따른 장애 상태의 변화에 따른 장애 정도를 조정함에 있어 장애인의 장애 인정과 장애 정도 사정이 적정한지를 확인하기 위하여 필요한 경우 대통령령으로 정하는 「공공기관의 운영에 관한 법률」 제4조에 따른 공공기관에 장애 정도에 관한 정밀심사를 의뢰할 수 있다.

〈신설 2010. 5. 27., 2015. 6. 22., 2015. 12. 29., 2017. 12. 19.〉

⑦ 제6항에 따라 장애 정도에 관한 정밀심사를 의뢰받은 공공기관은 필요한 경우 심사를 받으려는 본인이나 법정대리인등으로부터 동의를 받아 「의료법」에 따른 의료기관에 그 사람의 해당 진료에 관한 사항의 열람 또는 사본 교부를 요청할 수 있다. 이 경우 요청을 받은 의료기관은 특별한 사유가 없으면 요청에 따라야 하며, 국가 및 지방자치단체는 예산의 범위에서 공공기관에 제공되는 자료에 대한 사용료, 수수료 등을 지원할 수 있다.　　　　〈신설 2015. 12. 29., 2017. 2. 8.〉

⑧ 제1항 및 제3항부터 제7항까지에서 규정한 사항 외에 장애인의 등록, 등록증의 발급, 장애 진단 및 장애 정도에 관한 정밀심사, 장애판정위원회, 진료에 관한 사항의 열람 또는 사본교부 요청 등에 관하여 필요한 사항은 보건복지부령으로 정한다.

〈개정 2008. 2. 29., 2010. 1. 18., 2010. 5. 27., 2015. 12. 29., 2017. 2. 8.〉

제32조의2 재외동포 및 외국인의 장애인 등록

① 재외동포 및 외국인 중 다음 각 호의 어느 하나에 해당하는 사람은 제32조에 따라 장애인 등록을 할 수 있다.　　　　〈개정 2015. 12. 29., 2017. 12. 19.〉

1. 「재외동포의 출입국과 법적 지위에 관한 법률」 제6조에 따라 국내거소신고를 한 사람

2. 「주민등록법」 제6조에 따라 재외국민으로 주민등록을 한 사람

3. 「출입국관리법」 제31조에 따라 외국인등록을 한 사람으로서 같은 법 제10조제1항에 따른 체류자격 중 대한민국에 영주할 수 있는 체류자격을 가진 사람

4. 「재한외국인 처우 기본법」 제2조제3호에 따른 결혼이민자

5. 「난민법」 제2조제2호에 따른 난민인정자

② 국가와 지방자치단체는 제1항에 따라 등록한 장애인에 대하여는 예산 등을 고려하여 장애인복지사업의 지원을 제한할 수 있다.

[본조신설 2012. 1. 26.]

제32조의3 장애인 등록 취소 등

① 특별자치시장·특별자치도지사·시장·군수·구청장은 제32조제1항에 따라 등록증을 받은 사람(제3호의 경우에는 법정대리인등을 포함한다)이 다음 각 호의 어느 하나에 해당하는 경우에는 장애인 등록을 취소하여야 한다.

1. 사망한 경우

2. 제2조에 따른 기준에 맞지 아니하게 된 경우

3. 정당한 사유 없이 보건복지부령으로 정하는 기간 동안 제32조제3항에 따른 장애 진단 명령 등 필요한 조치를 따르지 아니한 경우

4. 장애인 등록 취소를 신청하는 경우

②특별자치시장 · 특별자치도지사 · 시장 · 군수 · 구청장은 다음 각 호의 어느 하나에 해당하는 경우에는 제32조제1항에 따라 등록증을 받은 사람과 법정대리인등 및 부정한 방법으로 등록증을 취득한 사람 등에게 등록증의 반환을 명하여야 한다.

1. 제1항에 따라 장애인 등록이 취소된 경우

2. 중복발급 및 양도 · 대여 등 부정한 방법으로 등록증을 취득한 경우

③제2항에 따라 등록증 반환 명령을 받은 사람은 정당한 사유가 없으면 이에 따라야 한다.

④제1항 및 제2항에서 규정한 사항 외에 장애인 등록의 취소, 등록증의 반환 등에 필요한 사항은 보건복지부령으로 정한다.

[본조신설 2017. 2. 8.]

[종전 제32조의3은 제32조의4로 이동 〈2017. 2. 8.〉]

제32조의4 서비스 지원 종합조사

①보건복지부장관 또는 특별자치시장 · 특별자치도지사 · 시장 · 군수 · 구청장은 다음 각 호의 서비스 신청에 대하여 서비스의 수급자격, 양 및 내용 등의 결정에 필요한 서비스 지원 종합조사를 실시할 수 있다.

1. 「장애인활동 지원에 관한 법률」 제6조에 따른 활동지원급여 신청

2. 「장애인 · 노인 등을 위한 보조기기 지원 및 활용촉진에 관한 법률」 제8조에 따른 장애인 보조기기 교부 신청

3. 제60조의2에 따른 장애인 거주시설 이용 신청

4. 그 밖에 대통령령으로 정하는 서비스의 신청

②보건복지부장관 또는 특별자치시장 · 특별자치도지사 · 시장 · 군수 · 구청장은 제1항에 따른 서비스 지원 종합조사를 실시하는 경우 보건복지부령으로 정하는 바에 따라 다음 각 호의 사항을 조사하고, 조사결과서를 작성하여야 한다. 다만, 제5호의 사항은 수급자격 결정 및 본인부담금 산정 등을 위하여 필요한 경우에만 조사하여야 한다.

1. 신청인의 서비스 이용현황 및 욕구

2. 신청인의 일상생활 수행능력 및 인지 · 행동 등 장애특성

3. 신청인의 가구특성, 거주환경, 사회활동 등 사회적 환경

4. 신청인에게 필요한 서비스의 종류 및 내용

5. 신청인과 그 부양의무자의 소득 및 재산 등 생활수준에 관한 사항

6. 그 밖에 신청인에게 서비스를 지원하기 위하여 필요한 사항으로서 보건복지부령으로 정

하는 사항

③ 보건복지부장관 또는 특별자치시장 · 특별자치도지사 · 시장 · 군수 · 구청장은 제2항 각 호의 사항을 조사하기 위하여 필요한 자료를 확보하기 곤란한 경우에는 보건복지부령으로 정하는 바에 따라 신청인, 그 부양의무자 또는 그 밖의 관계인에게 소득 · 재산, 건강상태 및 장애 정도 등의 확인에 필요한 자료의 제출을 요구할 수 있다.

④ 보건복지부장관 또는 특별자치시장 · 특별자치도지사 · 시장 · 군수 · 구청장은 제1항 및 제2항에 따라 서비스 지원 종합조사를 실시하기 위하여 필요하다고 인정하는 경우에 국세 · 지방세, 토지 · 주택 · 건축물 · 자동차 · 선박 · 항공기, 국민건강보험 · 국민연금 · 고용보험 · 산업재해보상보험 · 보훈급여 · 군인연금 · 사립학교교직원연금 · 공무원연금 · 별정우체국연금 · 기초연금 · 장애인연금, 출국 또는 입국, 교정시설 · 치료감호시설의 입소 또는 출소, 병무, 매장 · 화장 · 장례, 주민등록 · 가족관계등록 등에 관한 자료의 제공을 관계 기관의 장에게 요청할 수 있다. 이 경우 자료 제공을 요청받은 관계 기관의 장은 정당한 사유가 없으면 요청에 따라야 한다.

⑤ 제1항 및 제2항에 따라 서비스 지원 종합조사를 하는 사람은 그 권한을 표시하는 증표 및 조사 기간, 조사범위, 조사담당자, 관계 법령 등 보건복지부령으로 정하는 사항이 기재된 서류를 지니고 이를 관계인에게 보여주어야 한다.

⑥ 보건복지부장관 또는 특별자치시장 · 특별자치도지사 · 시장 · 군수 · 구청장은 제1항 각 호의 서비스 신청과 관련하여 신청인과 그 밖의 관계인이 제2항에 따른 조사에 필요한 서류 · 자료의 제출 및 조사 · 질문 또는 제3항에 따른 자료 제출 요구를 두 번 이상 거부 · 방해 또는 기피하는 경우에는 제1항 각 호의 서비스 신청을 각하할 수 있다. 이 경우 서면으로 그 이유를 분명하게 밝혀 신청인과 그 밖의 관계인에게 통지하여야 한다.

⑦ 제2항에 따른 조사의 절차 등에 관하여 필요한 사항은 대통령령으로 정한다.

[본조신설 2017. 12. 19.]

[종전 제32조의4는 제32조의6으로 이동 〈2017. 12. 19.〉]

제32조의5 업무의 위탁

① 보건복지부장관 또는 특별자치시장 · 특별자치도지사 · 시장 · 군수 · 구청장은 제32조의4에 따른 서비스 지원 종합조사 업무 중 일부를 대통령령으로 정하는 바에 따라 「공공기관의 운영에 관한 법률」 제4조에 따른 공공기관에 위탁할 수 있다.

② 국가와 지방자치단체는 제1항에 따라 업무를 위탁받은 공공기관에 대하여 예산의 범위에서 사업 수행에 필요한 비용의 전부 또는 일부를 지원할 수 있다.

[본조신설 2017. 12. 19.]

[종전 제32조의5는 제32조의8로 이동 〈2017. 12. 19.〉]

제32조의6 복지서비스에 관한 장애인 지원 사업

① 국가와 지방자치단체는 제32조제1항에 따라 등록한 장애인에게 필요한 복지서비스가 적시에 제공될 수 있도록 다음 각 호의 장애인 지원 사업을 실시한다. 〈개정 2017. 12. 19.〉

  1. 복지서비스에 관한 상담 및 정보 제공

  2. 장애인학대 등 안전문제 또는 생계곤란 등 위기상황에 놓여있을 가능성이 높은 장애인에 대한 방문 상담

  3. 복지서비스 신청의 대행

  4. 장애인 개인별로 필요한 욕구의 조사 및 복지서비스 제공 계획의 수립 지원

  5. 장애인과 복지서비스 제공 기관 · 법인 · 단체 · 시설과의 연계

  6. 복지서비스 등 복지자원의 발굴 및 데이터베이스 구축

  7. 그 밖에 복지서비스의 제공에 필요한 사업

② 국가와 지방자치단체는 제1항 각 호의 장애인 지원 사업을 수행하기 위하여 제58조의 장애인복지시설, 「발달장애인 권리보장 및 지원에 관한 법률」 제33조에 따른 발달장애인지원센터 등 관계 기관에 협력을 요청할 수 있다. 이 경우 국가와 지방자치단체는 예산의 범위에서 필요한 비용을 지원할 수 있다. 〈신설 2017. 12. 19.〉

③ 국가와 지방자치단체는 제1항에 따른 장애인 지원 사업을 대통령령으로 정하는 바에 따라 「공공기관의 운영에 관한 법률」 제4조에 따른 공공기관에 위탁할 수 있다. 이 경우 국가와 지방자치단체는 예산의 범위에서 사업 수행에 필요한 비용의 전부 또는 일부를 지원할 수 있다.

〈개정 2017. 12. 19.〉

④ 제1항부터 제3항까지에 규정된 사항 외에 장애인 지원 사업과 그 사업에 필요한 사항은 보건복지부령으로 정한다. 〈개정 2017. 12. 19.〉

[본조신설 2015. 6. 22.]

[제32조의4에서 이동 〈2017. 12. 19.〉]

제32조의7 민관협력을 통한 사례관리

① 특별자치시장 · 특별자치도지사 · 시장 · 군수 · 구청장은 복지서비스가 필요한 장애인을 발굴하고 공공 및 민간의 복지서비스를 연계 · 제공하기 위하여 민관협력을 통한 사례관리를 실시할 수 있다.

② 제1항의 사례관리를 실시하기 위하여 민관협의체를 둘 수 있으며, 해당 지방자치단체에 「사회

보장급여의 이용·제공 및 수급권자 발굴에 관한 법률」 제42조의2제1항의 통합사례관리를 수행하기 위한 민관협의체가 이미 설치되어 있는 경우 그 소속의 전문분과로 운영할 수 있다.

③ 민관협의체는 지역사회 내 관계 기관·법인·단체·시설이나 개인 등 민간부문과의 협력을 강화하기 위하여 노력하여야 하며, 특별자치시장·특별자치도지사·시장·군수·구청장은 민관협의체의 효율적 운영을 위하여 필요한 지원을 할 수 있다.

[본조신설 2017. 12. 19.]

제32조의8 장애 정도가 변동된 장애인 등에 대한 정보 제공

① 특별자치시장·특별자치도지사·시장·군수·구청장은 제32조에 따른 장애인 등록 과정에서 장애 정도가 변동된 장애인, 제2조제2항에 따른 장애의 기준에 맞지 아니하게 된 장애인과 장애인으로 등록되지 못한 신청인에게 장애 정도의 변동, 장애인 자격의 상실 등에 따른 지원의 변화에 대한 정보와 재활 및 자립에 필요한 각종 정보를 제공하여야 한다.　　〈개정 2017. 12. 19.〉

② 제1항에 따른 정보 제공의 대상·기준 및 내용과 방법 등에 필요한 사항은 보건복지부령으로 정한다.

[본조신설 2015. 12. 29.]

[제목개정 2017. 12. 19.]

[제32조의5에서 이동 〈2017. 12. 19.〉]

제33조 장애인복지상담원

① 장애인 복지 향상을 위한 상담 및 지원 업무를 맡기기 위하여 시·군·구(자치구를 말한다. 이하 같다)에 장애인복지상담원을 둔다.

② 장애인복지상담원은 그 업무를 할 때 개인의 인격을 존중하여야 한다.　　〈개정 2017. 12. 19.〉

③ 장애인복지상담원의 임용·직무·보수와 그 밖에 필요한 사항은 대통령령으로 정한다.

제34조 재활상담 등의 조치

① 보건복지부장관, 특별시장·광역시장·특별자치시장·도지사·특별자치도지사 또는 시장·군수·구청장(이하 "장애인복지실시기관"이라 한다)은 장애인에 대한 검진 및 재활상담을 하고, 필요하다고 인정되면 다음 각 호의 조치를 하여야 한다.

〈개정 2008. 2. 29., 2010. 1. 18., 2015. 6. 22.〉

1. 국·공립병원, 보건소, 보건지소, 그 밖의 의료기관(이하 "의료기관"이라 한다)에 의뢰하여 의료와 보건지도를 받게 하는 것

2. 국가 또는 지방자치단체가 설치한 장애인복지시설에서 주거편의 · 상담 · 치료 · 훈련 등의 필요한 서비스를 받도록 하는 것

3. 제59조에 따라 설치된 장애인복지시설에 위탁하여 그 시설에서 주거편의 · 상담 · 치료 · 훈련 등의 필요한 서비스를 받도록 하는 것

4. 공공직업능력개발훈련시설이나 사업장 내 직업훈련시설에서 하는 직업훈련 또는 취업알선을 필요로 하는 자를 관련 시설이나 직업안정업무기관에 소개하는 것

② 장애인복지실시기관은 제1항의 재활 상담을 하는 데에 필요하다고 인정되면 제33조에 따른 장애인복지상담원을 해당 장애인의 가정 또는 장애인이 주거편의 · 상담 · 치료 · 훈련 등의 서비스를 받는 시설이나 의료기관을 방문하여 상담하게 하거나 필요한 지도를 하게 할 수 있다.

[제목개정 2011. 3. 30.]

제35조 장애 유형 · 장애 정도별 재활 및 자립지원 서비스 제공 등

① 국가와 지방자치단체는 장애인의 일상생활을 편리하게 하고 사회활동 참여를 높이기 위하여 장애 유형 · 장애 정도별로 재활 및 자립지원 서비스를 제공하는 등 필요한 정책을 강구하여야 하며, 예산의 범위 안에서 지원할 수 있다.　　　　　　　　　　　〈개정 2019. 12. 3.〉

② 국가와 지방자치단체는 시청각장애인을 대상으로 직업재활 · 의사소통 · 보행 · 이동 훈련, 심리상담, 문화 · 여가 활동 참여 및 가족 · 자조 모임 등을 지원하기 위하여 전담기관을 설치 · 운영하는 등 필요한 시책을 강구하여야 한다.　　　　　　　　　　〈신설 2019. 12. 3.〉

제36조 삭제 〈2015. 12. 29.〉

37조 산후조리도우미 지원 등

① 국가 및 지방자치단체는 임산부인 여성장애인과 신생아의 건강관리를 위하여 경제적 부담능력 등을 감안하여 여성장애인의 가정을 방문하여 산전 · 산후 조리를 돕는 도우미(이하 "산후조리도우미"라 한다)를 지원할 수 있다.

② 국가 및 지방자치단체는 제1항의 규정에 따른 산후조리도우미 지원사업에 대하여 보건복지부령이 정하는 바에 따라 정기적으로 모니터링(산후조리도우미 지원사업의 실효성 등을 확보하기 위한 정기적인 점검활동을 말한다)을 실시하여야 한다.　　〈개정 2008. 2. 29., 2010. 1. 18.〉

③ 산후조리도우미 지원의 기준 및 방법 등에 관하여 필요한 사항은 대통령령으로 정한다.

제38조 자녀교육비 지급

① 장애인복지실시기관은 경제적 부담능력 등을 고려하여 장애인이 부양하는 자녀 또는 장애인인 자녀의 교육비를 지급할 수 있다.

② 제1항에 따른 교육비 지급 대상 · 기준 및 방법 등에 관하여 필요한 사항은 보건복지부령으로 정한다. 〈개정 2008. 2. 29., 2010. 1. 18.〉

제39조 장애인이 사용하는 자동차 등에 대한 지원 등

① 국가와 지방자치단체, 그 밖의 공공단체는 장애인이 이동수단인 자동차 등을 편리하게 사용할 수 있도록 하고 경제적 부담을 줄여 주기 위하여 조세감면 등 필요한 지원정책을 강구하여야 한다.

② 시장 · 군수 · 구청장은 장애인이 이용하는 자동차 등을 지원하는 데에 편리하도록 장애인이 사용하는 자동차 등임을 알아 볼 수 있는 표지(이하 "장애인사용자동차등표지"라 한다)를 발급하여야 한다.

③ 장애인사용자동차등표지를 대여하거나 보건복지부령이 정하는 자 외의 자에게 양도하는 등 부당한 방법으로 사용하여서는 아니 되며, 이와 비슷한 표지 · 명칭 등을 사용하여서는 아니 된다. 〈개정 2008. 2. 29., 2010. 1. 18.〉

④ 장애인사용자동차등표지의 발급 대상과 발급 절차 등에 관하여 필요한 사항은 보건복지부령으로 정한다. 〈개정 2008. 2. 29., 2010. 1. 18.〉

제40조 장애인 보조견의 훈련 · 보급 지원 등

① 국가와 지방자치단체는 장애인의 복지 향상을 위하여 장애인을 보조할 장애인 보조견(補助犬)의 훈련 · 보급을 지원하는 방안을 강구하여야 한다.

② 보건복지부장관은 장애인 보조견에 대하여 장애인 보조견표지(이하 "보조견표지"라 한다)를 발급할 수 있다. 〈개정 2008. 2. 29., 2010. 1. 18.〉

③ 누구든지 보조견표지를 붙인 장애인 보조견을 동반한 장애인이 대중교통수단을 이용하거나 공공장소, 숙박시설 및 식품접객업소 등 여러 사람이 다니거나 모이는 곳에 출입하려는 때에는 정당한 사유 없이 거부하여서는 아니 된다. 제4항에 따라 지정된 전문훈련기관에 종사하는 장애인 보조견 훈련자 또는 장애인 보조견 훈련 관련 자원봉사자가 보조견표지를 붙인 장애인 보조견을 동반한 경우에도 또한 같다. 〈개정 2012. 1. 26.〉

④ 보건복지부장관은 장애인보조견의 훈련 · 보급을 위하여 전문훈련기관을 지정할 수 있다. 〈개정 2008. 2. 29., 2010. 1. 18.〉

⑤ 보조견표지의 발급대상, 발급절차 및 전문훈련기관의 지정에 관하여 필요한 사항은 보건복지부령으로 정한다. 〈개정 2008. 2. 29., 2010. 1. 18.〉

제41조 자금 대여 등

국가와 지방자치단체는 장애인이 사업을 시작하거나 필요한 지식과 기능을 익히는 것 등을 지원하기 위하여 대통령령으로 정하는 바에 따라 자금을 대여할 수 있다.

제42조 생업 지원

① 국가와 지방자치단체, 그 밖의 공공단체는 소관 공공시설 안에 식료품 · 사무용품 · 신문 등 일상생활용품을 판매하는 매점이나 자동판매기의 설치를 허가하거나 위탁할 때에는 장애인이 신청하면 우선적으로 반영하도록 노력하여야 한다.

② 시장 · 군수 또는 구청장은 장애인이 「담배사업법」에 따라 담배소매인으로 지정받기 위하여 신청하면 그 장애인을 우선적으로 지정하도록 노력하여야 한다.

③ 장애인이 우편법령에 따라 국내 우표류 판매업 계약 신청을 하면 우편관서는 그 장애인이 우선적으로 계약할 수 있도록 노력하여야 한다.

④ 제1항부터 제3항까지의 규정에 따른 허가 · 위탁 또는 지정 등을 받은 자는 특별한 사유가 없으면 직접 그 사업을 하여야 한다.

⑤ 제1항에 따른 설치 허가권자는 매점 · 자동판매기 설치를 허가하기 위하여 설치 장소와 판매할 물건의 종류 등을 조사하고 그 결과를 장애인에게 알리는 조치를 강구하여야 한다.

제43조 자립훈련비 지급

① 장애인복지실시기관은 제34조제1항제2호 또는 제3호에 따라 장애인복지시설에서 주거편의 · 상담 · 치료 · 훈련 등을 받도록 하거나 위탁한 장애인에 대하여 그 시설에서 훈련을 효과적으로 받는 데 필요하다고 인정되면 자립훈련비를 지급할 수 있으며, 특별한 사정이 있으면 훈련비 지급을 대신하여 물건을 지급할 수 있다.

② 제1항에 따른 자립훈련비의 지급과 물건의 지급 등에 관하여 필요한 사항은 보건복지부령으로 정한다. 〈개정 2008. 2. 29., 2010. 1. 18.〉

제44조 생산품 구매

국가, 지방자치단체 및 그 밖의 공공단체는 장애인복지시설과 장애인복지단체에서 생산한 물품의 우선 구매에 필요한 조치를 마련하여야 한다.

[전문개정 2012. 1. 26.]

제45조 삭제 〈2017. 12. 19.〉

제45조의2 삭제 〈2017. 12. 19.〉

제46조 고용 촉진

　국가와 지방자치단체는 직접 경영하는 사업에 능력과 적성이 맞는 장애인을 고용하도록 노력하여야 하며, 장애인에게 적합한 사업을 경영하는 자에게 장애인의 능력과 적성에 따라 장애인을 고용하도록 권유할 수 있다.

제46조의2 장애인 응시자에 대한 편의제공

　① 국가, 지방자치단체 및 대통령령으로 정하는 기관·단체의 장은 해당 기관·단체가 실시하는 자격시험 및 채용시험 등에 있어서 장애인 응시자가 비장애인 응시자와 동등한 조건에서 시험을 치를 수 있도록 편의를 제공하여야 한다.

　② 제1항에 따른 편의제공 대상 시험의 범위는 대통령령으로 정하고, 편의제공의 내용·기준·방법 등에 필요한 사항은 보건복지부령으로 정한다.

[본조신설 2015. 12. 29.]

제47조 공공시설의 우선 이용

　국가와 지방자치단체, 그 밖의 공공단체는 장애인의 자립을 지원하는 데에 필요하다고 인정되면 그 공공시설의 일부를 장애인이 우선 이용하게 할 수 있다.

제48조 국유·공유 재산의 우선매각이나 유상·무상 대여

　① 국가와 지방자치단체는 이 법에 따른 장애인복지시설을 설치하거나 장애인복지단체가 장애인 복지사업과 관련한 시설을 설치하는 데에 필요할 경우 「국유재산법」 또는 「공유재산 및 물품 관리법」에도 불구하고 국유재산 또는 공유재산을 우선 매각할 수 있고 유상 또는 무상으로 대부하거나 사용·수익하게 할 수 있다.　　　　　　　　　　〈개정 2013. 7. 30.〉

　② 국가와 지방자치단체는 제1항에 따라 국가나 지방자치단체로부터 토지와 시설을 매수·임차하거나 대부받은 자가 그 매수·임차 또는 대부한 날부터 2년 이내에 장애인복지시설을 설치하지 아니하거나 장애인복지단체의 장애인복지사업 관련 시설을 설치하지 아니할 때에는 토지와

시설을 환수하거나 임차계약을 취소할 수 있다.

제49조 장애수당

① 국가와 지방자치단체는 장애인의 장애 정도와 경제적 수준을 고려하여 장애로 인한 추가적 비용을 보전(補塡)하게 하기 위하여 장애수당을 지급할 수 있다. 다만, 「국민기초생활 보장법」 제7조제1항제1호에 따른 생계급여 또는 같은 항 제3호에 따른 의료급여를 받는 장애인에게는 장애수당을 반드시 지급하여야 한다. 〈개정 2012. 1. 26., 2015. 12. 29.〉

② 제1항에도 불구하고 「장애인연금법」 제2조제1호에 따른 중증장애인에게는 제1항에 따른 장애수당을 지급하지 아니한다. 〈신설 2010. 4. 12.〉

③ 국가와 지방자치단체는 제1항에 따라 장애수당을 지급하려는 경우에는 장애수당을 받으려는 사람의 장애 정도에 대하여 심사할 수 있다. 〈신설 2017. 2. 8.〉

④ 국가와 지방자치단체는 장애수당을 지급받으려는 사람이 제3항에 따른 장애 정도의 심사를 거부·방해 또는 기피하는 경우에는 제1항에도 불구하고 장애수당을 지급하지 아니할 수 있다. 〈신설 2017. 2. 8.〉

⑤ 제1항에 따른 장애수당의 지급 대상·기준·방법 및 제3항에 따른 심사 대상·절차·방법 등에 관하여 필요한 사항은 대통령령으로 정한다. 〈개정 2010. 4. 12., 2017. 2. 8.〉

제50조 장애아동수당과 보호수당

① 국가와 지방자치단체는 장애아동에게 보호자의 경제적 생활수준 및 장애아동의 장애 정도를 고려하여 장애로 인한 추가적 비용을 보전(補塡)하게 하기 위하여 장애아동수당을 지급할 수 있다.

② 국가와 지방자치단체는 장애인을 보호하는 보호자에게 그의 경제적 수준과 장애인의 장애 정도를 고려하여 장애로 인한 추가적 비용을 보전하게 하기 위하여 보호수당을 지급할 수 있다.

③ 제1항과 제2항에 따른 장애아동수당과 보호수당의 지급 대상·기준 및 방법 등에 관하여 필요한 사항은 대통령령으로 정한다.

제50조의2 자녀교육비 및 장애수당 등의 지급 신청

① 제38조에 따른 자녀교육비(이하 "자녀교육비"라 한다), 제49조 및 제50조에 따른 장애수당, 장애아동수당 및 보호수당(이하 "장애수당등"이라 한다)을 지급받으려는 사람은 보건복지부령으로 정하는 바에 따라 특별자치시장·특별자치도지사·시장·군수·구청장에게 자녀교육비 및 장애수당등의 지급을 신청할 수 있다. 〈개정 2015. 6. 22.〉

② 제1항에 따라 신청을 할 때에 신청인과 그 가구원(「국민기초생활 보장법」 제2조제8호에 따른 개별가구의 가구원을 말한다. 이하 같다)은 대통령령으로 정하는 바에 따라 다음 각 호의 자료 또는 정보의 제공에 동의한다는 서면을 제출하여야 한다.　　　　　　　〈개정 2017. 2. 8.〉

1. 「금융실명거래 및 비밀보장에 관한 법률」 제2조제2호 및 제3호에 따른 금융자산 및 금융거래의 내용에 대한 자료 또는 정보 중 예금의 평균잔액과 그 밖에 대통령령으로 정하는 자료 또는 정보(이하 "금융정보"라 한다)

2. 「신용정보의 이용 및 보호에 관한 법률」 제2조제1호에 따른 신용정보 중 채무액과 그 밖에 대통령령으로 정하는 자료 또는 정보(이하 "신용정보"라 한다)

3. 「보험업법」 제4조제1항 각 호에 따른 보험에 가입하여 납부한 보험료와 그 밖에 대통령령으로 정하는 자료 또는 정보(이하 "보험정보"라 한다)

[본조신설 2012. 1. 26.]

제50조의3 금융정보등의 제공

① 보건복지부장관은 「금융실명거래 및 비밀보장에 관한 법률」 제4조와 「신용정보의 이용 및 보호에 관한 법률」 제32조에도 불구하고 제50조의2제2항에 따라 신청인과 그 가구원이 제출한 동의 서면을 전자적 형태로 바꾼 문서로 「금융실명거래 및 비밀보장에 관한 법률」 제2조제1호에 따른 금융회사등이나 「신용정보의 이용 및 보호에 관한 법률」 제2조제6호에 따른 신용정보집중기관(이하 "금융기관등"이라 한다)의 장에게 금융정보·신용정보 또는 보험정보(이하 "금융정보등"이라 한다)의 제공을 요청할 수 있다.

② 보건복지부장관은 자녀교육비 및 장애수당등을 받고 있는 사람(이하 "수급자"라 한다)에 대한 그 지급의 적정성을 확인하기 위하여 필요하다고 인정하는 경우 「금융실명거래 및 비밀보장에 관한 법률」 제4조와 「신용정보의 이용 및 보호에 관한 법률」 제32조에도 불구하고 대통령령으로 정하는 기준에 따라 인적 사항을 기재한 문서(전자문서를 포함한다)로 금융기관등의 장에게 수급자와 그 가구원의 금융정보등의 제공을 요청할 수 있다.

③ 제1항 및 제2항에 따라 금융정보등의 제공을 요청받은 금융기관등의 장은 「금융실명거래 및 비밀보장에 관한 법률」 제4조와 「신용정보의 이용 및 보호에 관한 법률」 제32조에도 불구하고 명의인의 금융정보등을 제공하여야 한다.

④ 제3항에 따라 금융정보등을 제공한 금융기관등의 장은 금융정보등의 제공 사실을 명의인에게 통보하여야 한다. 다만, 명의인이 동의하는 경우에는 「금융실명거래 및 비밀보장에 관한 법률」 제4조의2제1항과 「신용정보의 이용 및 보호에 관한 법률」 제32조제7항에도 불구하고 통보하지 아니할 수 있다.　　　　　　　〈개정 2015. 3. 11.〉

⑤ 제1항부터 제3항까지의 규정에 따른 금융정보등의 제공 요청 및 제공은 「정보통신망 이용촉진 및 정보보호 등에 관한 법률」 제2조제1항제1호에 따른 정보통신망을 이용하여야 한다. 다만, 정보통신망이 손상되는 등 불가피한 경우에는 그러하지 아니하다.

⑥ 제1항부터 제3항까지의 규정에 따른 업무에 종사하거나 종사하였던 사람은 업무를 수행하면서 취득한 금융정보등을 이 법에서 정한 목적 외의 다른 용도로 사용하거나 다른 사람 또는 기관에 제공하거나 누설하여서는 아니 된다.

⑦ 제1항부터 제3항까지 및 제5항에 따른 금융정보등의 제공 요청 및 제공 등에 필요한 사항은 대통령령으로 정한다.

[본조신설 2012. 1. 26.]

제50조의4 장애인복지급여수급계좌

① 특별자치시장·특별자치도지사·시장·군수·구청장은 수급자의 신청이 있는 경우에는 자녀교육비 및 장애수당등을 수급자 명의의 지정된 계좌(이하 "장애인복지급여수급계좌"라 한다)로 입금하여야 한다. 다만, 정보통신장애나 그 밖에 대통령령으로 정하는 불가피한 사유로 장애인복지급여수급계좌로 이체할 수 없을 때에는 현금 지급 등 대통령령으로 정하는 바에 따라 자녀교육비 및 장애수당등을 지급할 수 있다.

② 장애인복지급여수급계좌가 개설된 금융기관은 이 법에 따른 자녀교육비 및 장애수당등만이 장애인복지급여수급계좌에 입금되도록 관리하여야 한다.

③ 제1항에 따른 신청 방법·절차와 제2항에 따른 장애인복지급여수급계좌의 관리에 필요한 사항은 대통령령으로 정한다.

[본조신설 2016. 5. 29.]

제51조 자녀교육비 및 장애수당등의 환수

① 특별자치시장·특별자치도지사·시장·군수·구청장은 자녀교육비 및 장애수당등을 받은 사람이 다음 각 호의 어느 하나에 해당하면 그가 받은 자녀교육비 및 장애수당등의 전부 또는 일부를 환수하여야 한다.   〈개정 2015. 6. 22.〉

1. 거짓이나 그 밖의 부정한 방법으로 자녀교육비 및 장애수당등을 받은 경우

2. 자녀교육비 및 장애수당등을 받은 후 그 자녀교육비 및 장애수당등을 받게 된 사유가 소급하여 소멸된 경우

3. 잘못 지급된 경우

② 특별자치시장·특별자치도지사·시장·군수·구청장은 자녀교육비 및 장애수당등을 받은 사

람이 제1항 각 호의 사유에 해당하여 일정한 기간을 정하여 반환요청을 하였으나 그 기간 내에 반환하지 아니하면 국세 또는 지방세 체납처분의 예에 따라 징수할 수 있다. 〈개정 2015. 6. 22.〉

③ 특별자치시장·특별자치도지사·시장·군수·구청장은 제2항에 따라 자녀교육비 및 장애수당등을 징수할 때 반환하여야 할 사람이 행방불명되거나 재산이 없거나 그 밖에 대통령령으로 정하는 사유가 있어 환수가 불가능하다고 인정할 때에는 결손처분할 수 있다. 〈개정 2015. 6. 22.〉

④ 제3항에 따른 결손처분의 대상, 방법, 그 밖의 필요한 사항은 대통령령으로 정한다.

[전문개정 2012. 1. 26.]

제52조 장애인의 재활 및 자립생활의 연구

① 국가와 지방자치단체는 장애인 재활 및 자립생활에 대하여 종합적이고 체계적으로 조사·연구·평가하기 위하여 전문 연구기관에 장애예방·의료·교육·직업재활 및 자립생활 등에 관한 연구 과제를 선정하여 의뢰할 수 있다.

② 국가와 지방자치단체는 제1항에 따른 연구과제를 수행하는 데에 들어가는 비용을 예산의 범위 안에서 보조할 수 있다.

제4장 자립생활의 지원

제53조 자립생활지원

국가와 지방자치단체는 장애인의 자기결정에 의한 자립생활을 위하여 활동지원사의 파견 등 활동보조서비스 또는 장애인보조기구의 제공, 그 밖의 각종 편의 및 정보제공 등 필요한 시책을 강구하여야 한다.　　　　　　　　　　　　　　　　　　　　　　　　　　　　〈개정 2017. 12. 19., 2018. 12. 11.〉

제54조 장애인자립생활지원센터

① 국가와 지방자치단체는 장애인의 자립생활을 실현하기 위하여 장애인자립생활지원센터를 통하여 필요한 각종 지원서비스를 제공한다.　　　　　　　　　　　　　　　　　〈개정 2017. 12. 19.〉

② 제1항의 규정에 따른 장애인자립생활지원센터에 관하여 필요한 사항은 보건복지부령으로 정한다.　　　　　　　　　　　　　　　　　　　〈개정 2008. 2. 29., 2010. 1. 18., 2017. 12. 19.〉

③ 국가와 지방자치단체는 장애인자립생활지원센터에 예산의 범위에서 운영비 또는 사업비의 일부를 지원할 수 있다. 〈신설 2015. 12. 29., 2017. 12. 19.〉

[제목개정 2017. 12. 19.]

제55조 활동지원급여의 지원

① 국가와 지방자치단체는 장애인이 일상생활 또는 사회생활을 원활히 할 수 있도록 활동지원급여를 지원할 수 있다. 〈개정 2011. 1. 4., 2017. 12. 19.〉

② 국가 및 지방자치단체는 임신 등으로 인하여 이동이 불편한 여성장애인에게 임신 및 출산과 관련한 진료 등을 위하여 경제적 부담능력 등을 감안하여 활동지원사의 파견 등 활동보조서비스를 지원할 수 있다. 〈개정 2018. 12. 11.〉

③ 삭제 〈2011. 1. 4.〉

[제목개정 2011. 1. 4.]

제56조 장애동료간 상담

① 국가와 지방자치단체는 장애인이 장애를 극복하는 데 도움이 되도록 장애동료 간 상호대화나 상담의 기회를 제공하도록 노력하여야 한다.

② 제1항에 따른 장애동료 간의 대화나 상담의 기회를 제공하기 위한 구체적인 사업 등에 관하여 필요한 사항은 보건복지부령으로 정한다. 〈개정 2008. 2. 29., 2010. 1. 18.〉

제5장 복지시설과 단체

제57조 장애인복지시설의 이용 등

① 국가와 지방자치단체는 장애인이 제58조에 따른 장애인복지시설의 이용을 통하여 기능회복과 사회적 향상을 도모할 수 있도록 필요한 정책을 강구하여야 한다.

② 국가와 지방자치단체는 제58조에 따른 장애인복지시설을 이용하는 장애인의 인권을 보호하기 위하여 필요한 정책을 마련하고 관련 프로그램을 실시할 수 있는 기반을 조성하여야 한다.

③ 장애인복지실시기관은 제58조에 따른 장애인복지시설에 대한 장애인의 선택권을 최대한 보장

하여야 한다.

④ 장애인복지실시기관은 장애인의 선택권을 보장하기 위하여 제58조에 따른 장애인복지시설을 이용하려는 장애인에게 시설의 선택에 필요한 정보를 충분히 제공하여야 한다.

⑤ 제58조에 따른 장애인복지시설의 선택에 필요한 정보 제공과 서비스 제공 시에는 장애인의 성별·연령 및 장애의 유형과 정도를 고려하여야 한다.

[전문개정 2011. 3. 30.]

제58조 장애인복지시설

① 장애인복지시설의 종류는 다음 각 호와 같다.   〈개정 2011. 3. 30.〉

1. 장애인 거주시설: 거주공간을 활용하여 일반가정에서 생활하기 어려운 장애인에게 일정 기간 동안 거주·요양·지원 등의 서비스를 제공하는 동시에 지역사회생활을 지원하는 시설

2. 장애인 지역사회재활시설 : 장애인을 전문적으로 상담·치료·훈련하거나 장애인의 일상생활, 여가활동 및 사회참여활동 등을 지원하는 시설

3. 장애인 직업재활시설 : 일반 작업환경에서는 일하기 어려운 장애인이 특별히 준비된 작업환경에서 직업훈련을 받거나 직업 생활을 할 수 있도록 하는 시설

4. 장애인 의료재활시설: 장애인을 입원 또는 통원하게 하여 상담, 진단·판정, 치료 등 의료재활서비스를 제공하는 시설

5. 그 밖에 대통령령으로 정하는 시설

② 제1항 각 호에 따른 장애인복지시설의 구체적인 종류와 사업 등에 관한 사항은 보건복지부령으로 정한다.   〈개정 2008. 2. 29., 2010. 1. 18.〉

제59조 장애인복지시설 설치

① 국가와 지방자치단체는 장애인복지시설을 설치할 수 있다.

② 제1항에 규정된 자 외의 자가 장애인복지시설을 설치·운영하려면 해당 시설 소재지 관할 시장·군수·구청장에게 신고하여야 하며, 신고한 사항 중 보건복지부령으로 정하는 중요한 사항을 변경할 때에도 신고하여야 한다. 다만, 제62조에 따른 폐쇄 명령을 받고 1년이 지나지 아니한 자는 시설의 설치·운영 신고를 할 수 없다.   〈개정 2008. 2. 29., 2010. 1. 18.〉

③ 시장·군수·구청장은 제2항에 따른 신고 또는 변경신고를 받은 경우 그 내용을 검토하여 이 법에 적합하면 신고 또는 변경신고를 수리하여야 한다.   〈신설 2019. 1. 15.〉

④ 제58조제1항제1호에 따른 장애인 거주시설의 정원은 30명을 초과할 수 없다. 다만, 특수한 서

비스를 위하여 일정 규모 이상이 필요한 시설 등 대통령령으로 정하는 경우에는 그러하지 아니하다. 〈신설 2011. 3. 30., 2019. 1. 15.〉

⑤ 제58조제1항제4호에 따른 의료재활시설의 설치는 「의료법」에 따른다.

〈개정 2011. 3. 30., 2019. 1. 15.〉

⑥ 제2항에 따른 장애인복지시설의 시설기준·신고·변경신고 및 이용 등에 관하여 필요한 사항은 보건복지부령으로 정한다. 〈개정 2008. 2. 29., 2010. 1. 18., 2011. 3. 30., 2019. 1. 15.〉

제59조의2 삭제 〈2015. 12. 29.〉

제59조의3 성범죄자의 취업제한 등

① 법원은 성범죄(「성폭력범죄의 처벌 등에 관한 특례법」 제2조제1항에 따른 성폭력범죄 또는 「아동·청소년의 성보호에 관한 법률」 제2조제2호에 따른 아동·청소년대상 성범죄를 말한다. 이하 같다)로 형 또는 치료감호를 선고하는 경우에는 판결(약식명령을 포함한다. 이하 같다)로 그 형 또는 치료감호의 전부 또는 일부의 집행을 종료하거나 집행이 유예·면제된 날(벌금형을 선고받은 경우에는 그 형이 확정된 날을 말한다)부터 일정기간(이하 "취업제한기간"이라 한다) 동안 장애인복지시설을 운영하거나 장애인복지시설에 취업 또는 사실상 노무를 제공할 수 없도록 하는 명령(이하 "취업제한명령"이라 한다)을 성범죄 사건의 판결과 동시에 선고(약식명령의 경우에는 고지를 말한다)하여야 한다. 다만, 재범의 위험성이 현저히 낮은 경우, 그 밖에 취업을 제한하여서는 아니 되는 특별한 사정이 있다고 판단하는 경우에는 그러하지 아니한다. 〈개정 2018. 12. 11.〉

② 취업제한기간은 10년을 초과하지 못한다. 〈신설 2018. 12. 11.〉

③ 법원은 제1항에 따라 취업제한명령을 선고하려는 경우에는 정신건강의학과 의사, 심리학자, 사회복지학자, 성범죄 관련 전문가, 장애인단체가 추천하는 장애인 전문가, 그 밖의 관련 전문가로부터 취업제한명령 대상자의 재범 위험성 등에 관한 의견을 들을 수 있다. 〈신설 2018. 12. 11.〉

④ 시장·군수·구청장은 제59조제2항에 따라 장애인복지시설을 운영하려는 자에 대하여 본인의 동의를 받아 관계 기관의 장에게 성범죄의 경력 조회를 요청하여야 한다. 다만, 장애인복지시설을 운영하려는 자가 성범죄 경력 조회 회신서를 시장·군수·구청장에게 직접 제출한 경우에는 성범죄의 경력 조회를 한 것으로 본다. 〈개정 2018. 12. 11.〉

⑤ 장애인복지시설 운영자는 그 시설에 취업 중이거나 사실상 노무를 제공 중인 사람 또는 취업하려 하거나 사실상 노무를 제공하려는 사람(이하 "취업자등"이라 한다)에 대하여 성범죄의 경력을 확인하여야 하며, 이 경우 본인의 동의를 받아 관계 기관의 장에게 성범죄의 경력 조회를 요

청하여야 한다. 다만, 취업자등이 성범죄 경력 조회 회신서를 장애인복지시설 운영자에게 직접 제출한 경우에는 성범죄의 경력 조회를 한 것으로 본다. 〈개정 2018. 12. 11.〉

⑥ 시장·군수·구청장은 성범죄로 취업제한명령을 선고받은 사람이 장애인복지시설을 운영하거나 장애인복지시설에 취업 또는 사실상 노무를 제공하고 있는지를 직접 또는 관계 기관 조회 등의 방법으로 연 1회 이상 확인·점검하여야 한다. 〈개정 2018. 12. 11.〉

⑦ 시장·군수·구청장은 제6항에 따른 확인·점검을 위하여 필요한 경우에는 장애인복지시설 운영자에게 관련 자료의 제출을 요구할 수 있다. 〈신설 2018. 12. 11.〉

⑧ 보건복지부장관은 시장·군수·구청장에게 제6항에 따른 확인·점검 결과를 제출하도록 요구할 수 있다. 〈신설 2018. 12. 11.〉

⑨ 시장·군수·구청장은 취업제한명령을 위반하여 장애인복지시설을 운영 중인 장애인복지시설 운영자에게 운영 중인 장애인복지시설의 폐쇄를 요구하여야 한다. 〈신설 2018. 12. 11.〉

⑩ 시장·군수·구청장은 취업제한명령을 위반하여 취업하거나 사실상 노무를 제공하는 사람이 있으면 해당 장애인복지시설 운영자에게 그의 해임을 요구하여야 한다. 〈신설 2018. 12. 11.〉

⑪ 시장·군수·구청장은 장애인복지시설 운영자가 정당한 사유 없이 제9항에 따른 폐쇄요구를 거부하거나 3개월 이내에 요구사항을 이행하지 아니하는 경우에는 대통령령으로 정하는 바에 따라 해당 장애인복지시설을 폐쇄하거나 관계 행정기관의 장에게 이를 요구할 수 있다. 〈신설 2018. 12. 11.〉

⑫ 제4항부터 제6항까지의 규정에 따라 성범죄의 경력 조회를 요청받은 관계 기관의 장은 성범죄 경력 조회 회신서를 발급하여야 한다. 〈개정 2018. 12. 11.〉

⑬ 제4항부터 제6항까지에 따른 성범죄경력 조회의 요청 절차·범위 등에 관하여 필요한 사항은 대통령령으로 정한다. 〈개정 2018. 12. 11.〉

[본조신설 2012. 1. 26.]

[2018. 12. 11. 법률 제15904호에 의하여 2016. 7. 28. 헌법재판소에서 위헌 결정된 이 조제1항을 개정함.]

제59조의4 장애인학대 및 장애인 대상 성범죄 신고의무와 절차

① 누구든지 장애인학대 및 장애인 대상 성범죄를 알게 된 때에는 제59조의11에 따른 중앙장애인권익옹호기관 또는 지역장애인권익옹호기관(이하 "장애인권익옹호기관"이라 한다)이나 수사 기관에 신고할 수 있다. 〈개정 2015. 6. 22., 2015. 12. 29., 2017. 12. 19.〉

② 다음 각 호의 어느 하나에 해당하는 사람은 그 직무상 장애인학대 및 장애인 대상 성범죄를 알게 된 경우에는 지체 없이 장애인권익옹호기관 또는 수사기관에 신고하여야 한다.

1. 「사회복지사업법」 제14조에 따른 사회복지 전담공무원 및 같은 법 제34조에 따른 사회
   복지시설의 장과 그 종사자

2. 「장애인활동 지원에 관한 법률」 제16조에 따른 활동지원인력 및 같은 법 제20조에 따른
   활동지원기관의 장과 그 종사자

3. 「의료법」 제2조제1항의 의료인 및 같은 법 제3조제1항의 의료기관의 장

4. 「의료기사 등에 관한 법률」 제1조의2의 의료기사

5. 「응급의료에 관한 법률」 제36조의 응급구조사

6. 「소방기본법」 제34조에 따른 구급대의 대원

7. 「정신건강증진 및 정신질환자 복지서비스 지원에 관한 법률」 제3조제3호에 따른 정신
   건강복지센터의 장과 그 종사자

8. 「영유아보육법」 제10조에 따른 어린이집의 원장 등 보육교직원

9. 「유아교육법」 제20조에 따른 교직원 및 같은 법 제23조에 따른 강사 등

10. 「초·중등교육법」 제19조에 따른 교직원, 같은 법 제19조의2에 따른 전문상담교사 등
    및 같은 법 제22조에 따른 산학겸임교사 등

11. 「학원의 설립·운영 및 과외교습에 관한 법률」 제6조에 따른 학원의 운영자·강
    사·직원 및 같은 법 제14조에 따른 교습소의 교습자·직원

12. 「성폭력방지 및 피해자보호 등에 관한 법률」 제10조에 따른 성폭력피해상담소의 장과
    그 종사자 및 같은 법 제12조에 따른 성폭력피해자보호시설의 장과 그 종사자

13. 「성매매방지 및 피해자보호 등에 관한 법률」 제9조에 따른 지원시설의 장과 그 종사자
    및 같은 법 제17조에 따른 성매매피해상담소의 장과 그 종사자

14. 「가정폭력방지 및 피해자보호 등에 관한 법률」 제5조에 따른 가정폭력 관련 상담소의
    장과 그 종사자 및 같은 법 제7조의2에 따른 가정폭력피해자 보호시설의 장과 그 종사자

15. 「건강가정기본법」 제35조에 따른 건강가정지원센터의 장과 그 종사자

16. 「다문화가족지원법」 제12조에 따른 다문화가족지원센터의 장과 그 종사자

17. 「아동복지법」 제10조의2에 따른 아동권리보장원 및 「아동복지법」 제48조에 따른 가
    정위탁지원센터의 장과 그 종사자

18. 「한부모가족지원법」 제19조의 한부모가족복지시설의 장과 그 종사자

19. 「청소년 기본법」 제3조제6호의 청소년시설의 장과 그 종사자 및 같은 조 제8호의 청소
    년단체의 장과 그 종사자

20. 「청소년 보호법」 제35조에 따른 청소년 보호·재활센터의 장과 그 종사자

21. 「노인장기요양보험법」 제2조제5호의 장기요양요원

③ 삭제 〈2017. 12. 19.〉

④ 보건복지부장관은 제2항에 따른 신고의무자에게 장애인학대 및 장애인 대상 성범죄의 신고 절차와 방법 등을 안내하여야 한다. 〈신설 2015. 6. 22., 2015. 12. 29.〉

⑤ 국가와 지방자치단체는 장애인학대 및 장애인 대상 성범죄를 예방하고 수시로 신고를 받을 수 있도록 필요한 조치를 하여야 한다. 〈신설 2015. 6. 22., 2015. 12. 29.〉

⑥ 제2항 각 호에 따른 소관 중앙행정기관의 장은 제2항 각 호의 어느 하나에 해당하는 사람의 자격 취득 과정이나 보수교육 과정에 장애인학대 및 장애인 대상 성범죄 예방 및 신고의무에 관한 교육 내용을 포함하도록 하여야 한다. 〈신설 2015. 6. 22., 2015. 12. 29.〉

⑦ 제4항에 따른 신고 절차 · 방법 등의 안내, 제5항에 따른 조치 및 제6항에 따른 교육 내용 · 시간 · 방법 등은 대통령령으로 정한다. 〈신설 2015. 6. 22.〉

[본조신설 2012. 10. 22.]

[제목개정 2015. 12. 29.]

제59조의5 불이익조치의 금지

누구든지 장애인학대 및 장애인 대상 성범죄 신고인에게 장애인학대범죄 신고 등을 이유로 다음 각 호의 불이익조치를 하여서는 아니 된다.

1. 파면, 해임, 해고, 그 밖에 이에 준하는 신분상실의 조치

2. 징계, 정직, 감봉, 강등, 승진 제한, 그 밖에 이에 준하는 부당한 인사조치

3. 전보, 전근, 직무 미부여, 직무 재배치, 그 밖에 이에 준하는 인사조치

4. 성과평가 또는 동료평가 등을 통한 임금, 상여금 등의 차별적 지급

5. 교육 · 훈련 등 자기계발 기회의 박탈 및 예산 · 인력 등에 대한 업무상 제한, 그 밖에 이에 준하는 근무 조건의 차별적 조치

6. 요주의 대상자 명단의 작성 · 공개, 집단 따돌림 및 폭행 · 폭언, 그 밖에 이에 준하는 정신적 · 신체적 위해 행위

7. 직무에 대한 부당한 감사, 조사 및 그 결과의 공표

[본조신설 2017. 12. 19.]

[종전 제59조의5는 제59조의7로 이동 〈2017. 12. 19.〉]

제59조의6 장애인학대범죄신고인에 대한 보호조치

장애인학대 및 장애인 대상 성범죄 신고인에 대하여는 「특정범죄신고자 등 보호법」 제7조부터

제13조까지의 규정을 준용한다.

[본조신설 2017. 12. 19.]

[종전 제59조의6은 제59조의8로 이동 〈2017. 12. 19.〉]

제59조의7 응급조치의무 등

① 제59조의4에 따라 장애인학대 신고를 접수한 장애인권익옹호기관의 직원이나 사법경찰관리는 지체 없이 장애인학대현장에 출동하여야 한다. 이 경우 장애인권익옹호기관의 장이나 수사기관의 장은 서로 동행하여 줄 것을 요청할 수 있으며, 그 요청을 받은 장애인권익옹호기관의 장이나 수사기관의 장은 정당한 사유가 없으면 소속 직원이나 사법경찰관리가 현장에 동행하도록 하여야 한다. 〈개정 2015. 6. 22., 2017. 12. 19.〉

② 제1항에 따라 장애인학대현장에 출동한 자는 학대받은 장애인을 학대행위자로부터 분리하거나 치료가 필요하다고 인정할 때에는 장애인권익옹호기관 또는 의료기관에 인도하여야 한다. 〈개정 2015. 6. 22.〉

③ 제1항에 따라 장애인 학대 현장에 출동한 자는 학대받은 장애인을 보호하기 위하여 신고된 현장에 출입하여 관계인에 대하여 조사를 하거나 질문을 할 수 있다. 이 경우 장애인권익옹호기관의 직원은 학대받은 장애인의 보호를 위한 범위에서만 조사 또는 질문을 할 수 있다. 〈신설 2017. 12. 19.〉

④ 제3항에 따라 출입, 조사 또는 질문을 하는 자는 그 권한을 표시하는 증표를 지니고 이를 관계인에게 보여주어야 한다. 〈신설 2017. 12. 19.〉

⑤ 제3항에 따라 조사 또는 질문을 하는 자는 학대받은 장애인 · 신고자 · 목격자 등이 자유롭게 진술할 수 있도록 장애인학대행위자로부터 분리된 곳에서 조사하는 등 필요한 조치를 하여야 한다. 〈신설 2017. 12. 19.〉

⑥ 누구든지 장애인학대현장에 출동한 자에 대하여 현장조사를 거부하거나 업무를 방해하여서는 아니 된다. 〈개정 2017. 12. 19.〉

[본조신설 2012. 10. 22.]

[제59조의5에서 이동, 종전 제59조의7은 제59조의9로 이동 〈2017. 12. 19.〉]

제59조의8 보조인의 선임 등

① 학대받은 장애인의 법정대리인, 직계친족, 형제자매, 장애인권익옹호기관의 상담원 또는 변호사는 장애인학대사건의 심리에 있어서 보조인이 될 수 있다. 다만, 변호사가 아닌 경우에는 법원의 허가를 받아야 한다. 〈개정 2017. 12. 19.〉

② 법원은 학대받은 장애인을 증인으로 신문하는 경우 본인 또는 검사의 신청이 있는 때에는 본인과 신뢰관계에 있는 사람의 동석을 허가할 수 있다.

③ 수사기관이 학대받은 장애인을 조사하는 경우에도 제1항 및 제2항의 절차를 준용한다.

[본조신설 2012. 10. 22.]

[제59조의6에서 이동, 종전 제59조의8은 제59조의10으로 이동 〈2017. 12. 19.〉]

제59조의9 금지행위

누구든지 다음 각 호의 어느 하나에 해당하는 행위를 하여서는 아니 된다.　　　　　〈개정 2017. 2. 8.〉

　　1. 장애인에게 성적 수치심을 주는 성희롱 · 성폭력 등의 행위

　　2. 장애인의 신체에 폭행을 가하거나 상해를 입히는 행위

　　2의2. 장애인을 폭행, 협박, 감금, 그 밖에 정신상 또는 신체상의 자유를 부당하게 구속하는 수단으로써 장애인의 자유의사에 어긋나는 노동을 강요하는 행위

　　3. 자신의 보호 · 감독을 받는 장애인을 유기하거나 의식주를 포함한 기본적 보호 및 치료를 소홀히 하는 방임행위

　　4. 장애인에게 구걸을 하게 하거나 장애인을 이용하여 구걸하는 행위

　　5. 장애인을 체포 또는 감금하는 행위

　　6. 장애인의 정신건강 및 발달에 해를 끼치는 정서적 학대행위

　　7. 장애인을 위하여 증여 또는 급여된 금품을 그 목적 외의 용도에 사용하는 행위

　　8. 공중의 오락 또는 흥행을 목적으로 장애인의 건강 또는 안전에 유해한 곡예를 시키는 행위

[전문개정 2015. 6. 22.]

[제59조의7에서 이동, 종전 제59조의9는 제59조의11로 이동 〈2017. 12. 19.〉]

제59조의10 장애인학대의 예방과 방지 의무

국가와 지방자치단체는 장애인학대의 예방과 방지를 위하여 다음 각 호의 조치를 취하여야 한다.

　1. 장애인학대의 예방과 방지를 위한 각종 정책의 수립 및 시행

　　2. 장애인학대의 예방과 방지를 위한 연구 · 교육 · 홍보와 장애인학대 현황 조사

　　3. 장애인학대에 관한 신고체계의 구축 · 운영

　　4. 장애인학대로 인하여 피해를 입은 장애인(이하 "피해장애인"이라 한다)의 보호 및 치료와 피해장애인의 가정에 대한 지원

　　5. 장애인학대 예방 관계 기관 · 법인 · 단체 · 시설 등에 대한 지원

　　6. 그 밖에 대통령령으로 정하는 장애인학대의 예방과 방지를 위한 사항

[본조신설 2015. 6. 22.]

[제59조의8에서 이동, 종전 제59조의10은 제59조의12로 이동 〈2017. 12. 19.〉]

제59조의11 장애인권익옹호기관의 설치 등

① 국가는 지역 간의 연계체계를 구축하고 장애인학대를 예방하기 위하여 다음 각 호의 업무를 담당하는 중앙장애인권익옹호기관을 설치·운영하여야 한다.

1. 제2항에 따른 지역장애인권익옹호기관에 대한 지원

2. 장애인학대 예방 관련 연구 및 실태조사

3. 장애인학대 예방 관련 프로그램의 개발·보급

4. 장애인학대 예방 관련 교육 및 홍보

5. 장애인학대 예방 관련 전문인력의 양성 및 능력개발

6. 관계 기관·법인·단체·시설 간 협력체계의 구축 및 교류

7. 장애인학대 신고접수와 그 밖에 보건복지부령으로 정하는 장애인학대 예방과 관련된 업무

② 학대받은 장애인을 신속히 발견·보호·치료하고 장애인학대를 예방하기 위하여 다음 각 호의 업무를 담당하는 지역장애인권익옹호기관을 특별시·광역시·특별자치시·도·특별자치도에 둔다.

1. 장애인학대의 신고접수, 현장조사 및 응급보호

2. 피해장애인과 그 가족, 장애인학대행위자에 대한 상담 및 사후관리

3. 장애인학대 예방 관련 교육 및 홍보

4. 장애인학대사례판정위원회 설치·운영

5. 그 밖에 보건복지부령으로 정하는 장애인학대 예방과 관련된 업무

③ 장애인권익옹호기관의 장은 제1항 및 제2항에 따른 업무를 수행하기 위하여 필요한 경우 관계 기관의 장에게 사실 확인이나 관련 자료의 제공을 요청할 수 있다. 이 경우 자료 제공을 요청받은 관계 기관의 장은 정당한 사유가 없으면 요청에 따라야 한다. 〈신설 2017. 12. 19.〉

④ 보건복지부장관, 특별시장·광역시장·특별자치시장·도지사·특별자치도지사는 「공공기관의 운영에 관한 법률」 제4조에 따른 공공기관 또는 장애인 학대의 예방 및 방지를 목적으로 하는 비영리법인을 지정하여 장애인권익옹호기관의 운영을 위탁할 수 있다. 이 경우 보건복지부장관, 특별시장·광역시장·특별자치시장·특별자치도지사는 그 운영에 드는 비용을 지원할 수 있다. 〈개정 2017. 12. 19.〉

⑤ 장애인권익옹호기관의 설치기준·운영, 상담원의 자격·배치기준, 운영 수탁기관 등의 지정, 위탁 및 비용지원 등에 필요한 사항은 대통령령으로 정한다. 〈개정 2017. 12. 19.〉

제59조의12 사후관리 등

① 장애인권익옹호기관의 장은 장애인학대가 종료된 후에도 가정방문, 시설방문, 전화상담 등을 통하여 장애인학대의 재발 여부를 확인하여야 한다.

② 장애인권익옹호기관의 장은 장애인학대가 종료된 후에도 피해장애인의 안전 확보, 장애인학대의 재발 방지, 건전한 가정기능의 유지 등을 위하여 피해장애인, 피해장애인의 보호자(친권자, 「민법」에 따른 후견인, 장애인을 보호·양육·교육하거나 그러한 의무가 있는 사람 또는 업무·고용 등의 관계로 사실상 장애인을 보호·감독하는 사람을 말한다. 이하 이 조에서 같다)·가족에게 상담, 교육 및 의료적·심리적 치료 등의 지원을 하여야 한다.

③ 장애인권익옹호기관의 장은 제2항에 따른 지원을 하기 위하여 관계 기관·법인·단체·시설에 협조를 요청할 수 있다.

④ 장애인권익옹호기관의 장은 제2항에 따른 지원을 할 때에는 피해장애인의 이익을 최우선으로 고려하여야 한다.

⑤ 피해장애인의 보호자·가족은 제2항에 따른 장애인권익옹호기관의 지원에 참여하여야 하고, 제1항 및 제2항에 따른 장애인권익옹호기관의 업무 수행을 정당한 사유 없이 거부하거나 방해하여서는 아니 된다. 〈개정 2017. 12. 19.〉

[본조신설 2015. 6. 22.]

[제59조의10에서 이동 〈2017. 12. 19.〉]

제59조의13 피해장애인 쉼터

① 특별시장·광역시장·특별자치시장·도지사·특별자치도지사는 피해장애인의 임시 보호 및 사회복귀 지원을 위하여 장애인 쉼터를 설치·운영할 수 있다.

② 제1항에 따른 장애인 쉼터의 설치·운영 등에 필요한 사항은 보건복지부령으로 정한다.

[본조신설 2017. 2. 8.]

[제59조의11에서 이동 〈2017. 12. 19.〉]

제59조의14 장애인학대 등의 통보

① 사법경찰관리는 장애인 사망 및 상해 사건, 가정폭력 사건 등에 관한 직무를 수행하는 경우 장애인학대가 있었다고 의심할 만한 사유가 있는 때에는 장애인권익옹호기관에 그 사실을 통보

하여야 한다.

② 제1항의 통보를 받은 장애인권익옹호기관은 피해장애인 보호조치 등 필요한 조치를 하여야 한다.

[본조신설 2019. 12. 3.]

제60조 장애인복지시설 운영의 개시 등

① 제59조제2항에 따라 신고한 자는 지체 없이 시설 운영을 시작하여야 한다.

② 시설 운영자가 시설 운영을 중단 또는 재개하거나 시설을 폐지하려는 때에는 보건복지부령이 정하는 바에 따라 미리 시장·군수·구청장에게 신고하여야 한다.

〈개정 2008. 2. 29., 2010. 1. 18., 2011. 3. 30.〉

③ 시설 운영자가 제2항에 따라 시설 운영을 중단하거나 시설을 폐지할 때에는 보건복지부령이 정하는 바에 따라 시설 이용자의 권익을 보호하기 위하여 다음 각 호의 조치를 하여야 한다. 이 경우 시장·군수·구청장은 그 조치 내용을 확인하고 제2항에 따른 신고를 수리하여야 한다.

〈개정 2008. 2. 29., 2010. 1. 18., 2011. 3. 30., 2019. 1. 15.〉

1. 시장·군수·구청장의 협조를 받아 시설 이용자가 다른 시설을 선택할 수 있도록 하고 그 이행을 확인하는 조치

2. 시설 이용자가 이용료·사용료 등의 비용을 부담하는 경우 납부한 비용 중 사용하지 아니한 금액을 반환하게 하고 그 이행을 확인하는 조치

3. 보조금·후원금 등의 사용 실태 확인과 이를 재원으로 조성한 재산 중 남은 재산의 회수조치

4. 그 밖에 시설 이용자의 권익 보호를 위하여 필요하다고 인정되는 조치

④ 시설 운영자가 제2항에 따라 시설운영을 재개하려고 할 때에는 보건복지부령으로 정하는 바에 따라 시설 이용자의 권익을 보호하기 위하여 다음 각 호의 조치를 하여야 한다. 이 경우 시장·군수·구청장은 그 조치 내용을 확인하고 제2항에 따른 신고를 수리하여야 한다.

〈신설 2011. 3. 30., 2019. 1. 15.〉

1. 운영 중단 사유의 해소

2. 향후 안정적 운영계획의 수립

3. 그 밖에 시설 이용자의 권익 보호를 위하여 보건복지부장관이 필요하다고 인정하는 조치

⑤ 제1항과 제2항에 따른 시설 운영의 개시·중단·재개 및 시설 폐지의 신고 등에 관하여 필요한 사항은 보건복지부령으로 정한다. 〈개정 2008. 2. 29., 2010. 1. 18., 2011. 3. 30.〉

[제목개정 2011. 3. 30.]

제60조의2 장애인 거주시설 이용절차

① 장애인 거주시설을 이용하려는 자와 그 친족, 그 밖의 관계인은 보건복지부령으로 정하는 서류를 갖추어 시장·군수·구청장에게 장애인의 시설 이용을 신청하여야 한다.

② 제1항에 따라 시설 이용을 신청받은 시장·군수·구청장은 제32조의4에 따른 서비스 지원 종합조사 결과 등을 활용하여 이용 신청자의 시설 이용 적격성 여부를 심사하고 그 결과에 따라 시설 이용 여부를 결정하여야 한다. 〈개정 2017. 12. 19.〉

③ 시장·군수·구청장은 제2항에 따른 이용 신청자의 시설 이용 적격성 및 제79조제2항에 따른 본인부담금을 결정하여 이용 신청자와 시설 운영자에게 통보한다.

④ 시설 이용자가 제1항부터 제3항까지의 절차를 거치지 아니하고 시설을 이용하는 경우, 시설 운영자는 보건복지부령으로 정하는 바에 따라 해당 사례를 시장·군수·구청장에게 보고하여야 하며, 시장·군수·구청장은 이용 적격성 여부의 확인 등 필요한 조치를 취하여야 한다.

⑤ 시설 운영자는 이용 신청자와 서비스 이용조건, 본인부담금 등의 사항을 포함하여 계약을 체결하고, 그 결과를 시장·군수·구청장에게 보고하여야 한다. 〈개정 2017. 12. 19.〉

⑥ 제5항에 따른 계약은 시설을 이용할 장애인 본인이 체결하는 것을 원칙으로 하되, 지적 능력 등의 이유로 장애인 본인이 계약을 체결하기 어려운 경우에 한하여, 대통령령으로 정하는 자가 계약절차의 전부 또는 일부를 대행할 수 있다.

⑦ 시설 이용자가 시설 이용을 중단하려는 경우에는 보건복지부령으로 정하는 기간 전에 시설 이용을 중단할 의사를 시설 운영자에게 밝혀야 한다. 이 경우 시설 운영자는 이용 중단과 관련하여 필요한 조치를 하여야 하고, 이용 중단 희망자에 대하여 이용 중단에 따른 어떠한 불이익한 처분이나 차별도 하여서는 아니 된다.

⑧ 제2항에 따른 서비스 지원 종합조사 결과의 활용방법 등에 필요한 구체적인 사항과 제5항에 따른 계약에 관한 세부적인 사항은 보건복지부령으로 정한다. 〈신설 2017. 12. 19.〉

[본조신설 2011. 3. 30.]

제60조의3 장애인 거주시설의 서비스 최저기준

① 보건복지부장관은 장애인 거주시설에서 제공하여야 하는 서비스의 최저기준을 마련하여야 하며, 장애인복지실시기관은 그 기준이 충족될 수 있도록 필요한 조치를 취하여야 한다.

② 시설 운영자는 제1항에 따른 서비스의 최저기준 이상으로 서비스의 수준을 유지하여야 한다.

③ 제1항에 따른 서비스 최저기준의 구체적인 내용과 시행에 관하여 필요한 사항은 보건복지부령으로 정한다.

[본조신설 2011. 3. 30.]

제60조의4 장애인 거주시설 운영자의 의무

① 시설 운영자는 시설 이용자의 인권을 보호하고, 인권이 침해된 경우에는 즉각적인 회복조치를 취하여야 한다.

② 시설 운영자는 시설 이용자의 거주, 요양, 생활지원, 지역사회생활 지원 등을 위하여 필요한 서비스를 제공하여야 한다.

③ 시설 운영자는 시설 이용자의 사생활 및 자기결정권의 보장을 위하여 노력하여야 한다.

〈개정 2017. 2. 8.〉

④ 시설 운영자는 시설 이용자의 인권을 보호하기 위하여 장애인 거주시설에 시설 이용 장애인 인권지킴이단을 두어야 한다.

〈신설 2017. 2. 8.〉

⑤ 제4항에 따른 시설 이용 장애인 인권지킴이단의 구성 · 운영에 관한 구체적인 사항은 보건복지부령으로 정한다.

〈신설 2017. 2. 8.〉

[본조신설 2011. 3. 30.]

제61조 감독

① 장애인복지실시기관은 장애인복지시설을 설치 · 운영하는 자의 소관업무 및 시설이용자의 인권실태 등을 지도 · 감독하며, 필요한 경우 그 시설에 관한 보고 또는 관련 서류 제출을 명하거나 소속 공무원에게 그 시설의 운영상황 · 장부, 그 밖의 서류를 조사 · 검사하거나 질문하게 할 수 있다.

② 제1항에 따라 관계 공무원이 그 직무를 할 때에는 권한을 표시하는 증표 및 조사기간, 조사범위, 조사담당자, 관계 법령 등 보건복지부령으로 정하는 사항이 기재된 서류를 관계인에게 내보여야 한다.

〈개정 2015. 12. 29.〉

제62조 시설의 개선, 사업의 정지, 폐쇄 등

① 장애인복지실시기관은 장애인복지시설이 다음 각 호의 어느 하나에 해당하는 때에는 그 시설의 개선, 사업의 정지, 시설의 장의 교체를 명하거나 해당 시설의 폐쇄를 명할 수 있다.

〈개정 2011. 3. 30., 2019. 1. 15.〉

1. 제59조제6항에 따른 시설기준에 미치지 못한 때
2. 정당한 사유 없이 제61조에 따른 보고를 하지 아니하거나 거짓으로 보고한 때 또는 조사 · 검사 및 질문을 거부 · 방해하거나 기피한 때
3. 사회복지법인이나 비영리법인이 설치 · 운영하는 시설인 경우 그 사회복지법인이나 비영리법인의 설립 허가가 취소된 때

4. 시설의 회계 부정이나 시설이용자에 대한 인권침해 등 불법행위, 그 밖의 부당행위 등이 발견된 때

5. 설치 목적을 이루었거나 그 밖의 사유로 계속하여 운영할 필요가 없다고 인정되는 때

6. 이 법 또는 이 법에 따른 명령이나 처분을 위반한 경우

② 장애인복지시설시기관은 제58조제1항제1호에 따른 장애인 거주시설이 제60조의3에 따른 서비스 최저기준을 유지하지 못할 때에는 그 시설의 개선, 사업의 정지, 시설의 장의 교체를 명하거나 해당 시설의 폐쇄를 명할 수 있다. 〈신설 2011. 3. 30.〉

③ 제1항 및 제2항에 따른 처분 기준은 위반행위의 유형 및 그 사유와 위반의 정도 등을 고려하여 보건복지부령으로 정한다. 〈신설 2017. 2. 8.〉

제63조 단체의 보호 · 육성

① 국가와 지방자치단체는 장애인의 복지를 향상하고 자립을 돕기 위하여 장애인복지단체를 보호 · 육성하도록 노력하여야 한다.

② 국가와 지방자치단체는 예산의 범위 안에서 제1항에 따른 단체의 사업 · 활동 또는 운영이나 그 시설에 필요한 경비의 전부 또는 일부를 보조할 수 있다. 〈개정 2015. 12. 29.〉

제64조 장애인복지단체협의회

① 장애인복지단체의 활동을 지원하고 장애인의 복지를 향상하기 위하여 장애인복지단체협의회(이하 "협의회"라 한다)를 설립할 수 있다.

② 협의회는 「사회복지사업법」에 따른 사회복지법인으로 하되, 「사회복지사업법」 제23조제1항은 적용하지 아니한다.

③ 협의회의 조직과 운영 등에 관하여 필요한 사항은 정관으로 정한다.

제6장 장애인보조기구

제65조 장애인보조기구

① "장애인보조기구"란 장애인이 장애의 예방 · 보완과 기능 향상을 위하여 사용하는 의지(義肢)

· 보조기 및 그 밖에 보건복지부장관이 정하는 보장구와 일상생활의 편의 증진을 위하여 사용하는 생활용품을 말한다.　　　　　　　　　　　　〈개정 2008. 2. 29., 2010. 1. 18.〉

② 보건복지부장관은 장애인의 일상생활의 편의증진 등을 위하여 다른 법률이 정하는 바에 따라 제1항에 따른 장애인보조기구의 지원 및 활용촉진 등에 관한 사업을 실시할 수 있다.

〈개정 2015. 12. 29.〉

제66조 삭제 〈2015. 12. 29.〉

제67조 삭제 〈2015. 12. 29.〉

제68조 삭제 〈2015. 12. 29.〉

제69조 의지 · 보조기제조업의 개설사실의 통보 등

① 의지 · 보조기를 제조 · 개조 · 수리하거나 신체에 장착하는 사업(이하 "의지 · 보조기제조업"이라 한다)을 하는 자는 그 제조업소를 개설한 후 7일 이내에 보건복지부령이 정하는 바에 따라 시장 · 군수 · 구청장에게 제조업소의 개설사실을 알려야 한다. 제조업소의 소재지 변경 등 보건복지부령이 정하는 중요 사항을 변경한 때에도 또한 같다.　　〈개정 2008. 2. 29., 2010. 1. 18.〉

② 의지 · 보조기 제조업자는 제72조에 따른 의지 · 보조기 기사(補助器 技士)를 1명 이상 두어야 한다. 다만, 의지 · 보조기 제조업자 자신이 의지 · 보조기 기사인 경우에는 따로 기사를 두지 아니하여도 된다.

③ 의지 · 보조기 제조업자가 제70조에 따른 폐쇄 명령을 받은 후 6개월이 지나지 아니하면 같은 장소에서 같은 제조업을 하여서는 아니 된다.

④ 의지 · 보조기 제조업자는 의사의 처방에 따라 의지 · 보조기를 제조하거나 개조하여야 한다.

제70조 의지 · 보조기 제조업소의 폐쇄 등

① 시장 · 군수 · 구청장은 의지 · 보조기 제조업자가 다음 각 호의 어느 하나에 해당하는 경우에는 그 제조업소의 폐쇄를 명할 수 있다.

1. 제69조제2항을 위반하여 의지 · 보조기 기사를 두지 아니하고 의지 · 보조기제조업을 한 경우

2. 영업정지처분 기간에 영업을 하거나 3회 이상 영업정지처분을 받은 경우

② 시장 · 군수 · 구청장은 의지 · 보조기제조업자가 의지 · 보조기 제조업을 하면서 고의나 중대한 과실로 의지 · 보조기를 착용하는 사람의 신체에 손상을 입힌 사실이 있는 때에는 6개월의

범위 안에서 보건복지부령으로 정하는 바에 따라 영업정지를 명할 수 있다.

〈개정 2008. 2. 29., 2010. 1. 18.〉

제7장 장애인복지 전문인력

제71조 장애인복지 전문인력 양성 등

① 국가와 지방자치단체 그 밖의 공공단체는 의지ㆍ보조기 기사, 언어재활사, 장애인재활상담사, 한국수어 통역사, 점역(點譯)ㆍ교정사 등 장애인복지 전문인력, 그 밖에 장애인복지에 관한 업무에 종사하는 자를 양성ㆍ훈련하는 데에 노력해야 한다.

〈개정 2011. 8. 4., 2015. 12. 29., 2016. 2. 3.〉

② 제1항에 따른 장애인복지전문인력의 범위 등에 관한 사항은 보건복지부령으로 정한다.

〈개정 2008. 2. 29., 2010. 1. 18.〉

③ 국가와 지방자치단체는 제1항에 따른 장애인복지전문인력의 양성업무를 관계 전문기관 등에 위탁할 수 있다.

④ 국가와 지방자치단체는 제1항에 따른 장애인복지전문인력의 양성에 소요되는 비용을 예산의 범위 안에서 보조할 수 있다.

제72조 의지ㆍ보조기 기사자격증 교부 등

① 보건복지부장관은 다음 각 호의 어느 하나에 해당하는 자로서 제73조에 따른 국가시험에 합격한 자(이하 "의지ㆍ보조기 기사"라 한다)에게 의지ㆍ보조기 기사자격증을 내주어야 한다.

〈개정 2008. 2. 29., 2010. 1. 18., 2013. 3. 23., 2018. 12. 11.〉

1. 「고등교육법」에 따른 전문대학이나 교육부장관이 이와 같은 수준 이상의 학력이 있다고 인정하는 학교에서 보건복지부령으로 정하는 의지ㆍ보조기 관련 교과목을 이수하고 졸업한 자
2. 보건복지부장관이 인정하는 외국에서 제1호에 해당하는 학교(보건복지부장관이 정하여 고시하는 인정기준에 해당하는 학교를 말한다)와 같은 수준 이상의 교육과정을 마치고 외국의 해당 의지ㆍ보조기 기사자격증을 받은 자

② 의지 · 보조기 기사자격증을 분실하거나 훼손한 자에게는 신청에 따라 자격증을 재교부한다.

③ 의지 · 보조기 기사자격증은 다른 자에게 대여하지 못한다.

④ 제1항과 제2항에 따른 자격증의 교부 · 재교부 절차와 그 밖에 그 관리에 관하여 필요한 사항은 보건복지부령으로 정한다. 〈개정 2008. 2. 29., 2010. 1. 18.〉

제72조의2 언어재활사 자격증 교부 등

① 보건복지부장관은 제2항에 따른 자격요건을 갖춘 사람으로서 제73조에 따른 국가시험에 합격한 사람(이하 "언어재활사"라 한다)에게 언어재활사 자격증을 내주어야 한다.

② 언어재활사의 종류 및 국가시험 응시자격 요건은 다음 각 호의 구분과 같다. 이 경우 외국의 대학원 · 대학 · 전문대학(보건복지부장관이 정하여 고시하는 인정기준에 해당하는 학교를 말한다)에서 언어재활 분야의 학위를 취득한 사람으로서 등급별 자격기준과 동등한 학력이 있다고 보건복지부장관이 인정하는 경우에는 해당 등급의 응시자격을 갖춘 것으로 본다.

〈개정 2018. 12. 11.〉

1. 1급 언어재활사: 2급 언어재활사 자격증을 가진 사람으로서 다음 각 목의 어느 하나에 해당하는 사람

   가. 「고등교육법」에 따른 대학원에서 언어재활 분야의 박사학위 또는 석사학위를 취득한 사람으로서 언어재활기관에 1년 이상 재직한 사람

   나. 「고등교육법」에 따른 대학에서 언어재활 관련 학과의 학사학위를 취득한 사람으로서 언어재활기관에 3년 이상 재직한 사람

2. 2급 언어재활사: 「고등교육법」에 따른 대학원 · 대학 · 전문대학의 언어재활 관련 교과목을 이수하고 관련 학과의 석사학위 · 학사학위 · 전문학사학위를 취득한 사람

③ 언어재활사 자격증을 분실하거나 훼손한 사람에게는 신청에 따라 자격증을 재교부한다.

④ 언어재활사 자격증은 다른 사람에게 대여하지 못한다.

⑤ 제1항과 제3항에 따른 자격증의 교부 · 재교부 절차와 관리 및 제2항에 따른 언어재활기관의 범위, 대학원 · 대학 · 전문대학의 언어재활 관련 학과와 언어재활사로서 이수하여야 하는 관련 교과목의 범위 등에 필요한 사항은 보건복지부령으로 정한다.

[본조신설 2011. 8. 4.]

제72조의3 장애인재활상담사 자격증 교부 등

① 보건복지부장관은 장애인의 직업재활 등을 지원하기 위하여 제2항에 따른 자격요건을 갖춘 사람으로서 제73조에 따른 국가시험에 합격한 사람(이하 "장애인재활상담사"라 한다)에게 장애

인재활상담사 자격증을 내주어야 한다.

② 장애인재활상담사의 종류 및 국가시험 응시자격 요건은 다음 각 호의 구분과 같다. 이 경우 외국의 대학원 · 대학 · 전문대학(보건복지부장관이 정하여 고시하는 인정기준에 해당하는 학교를 말한다)에서 장애인재활 분야의 학위를 취득한 사람으로서 등급별 자격기준과 동등한 학력이 있다고 보건복지부장관이 인정하는 경우에는 해당 등급의 응시자격을 갖춘 것으로 본다.

〈개정 2018. 12. 11., 2019. 12. 3.〉

1. 1급 장애인재활상담사: 다음 각 목의 어느 하나에 해당하는 사람

가. 「고등교육법」에 따른 대학원에서 장애인재활 분야의 박사학위를 취득한 사람

나. 「고등교육법」에 따른 대학원 · 대학 · 원격대학에서 보건복지부령으로 정하는 장애인재활 관련 교과목을 이수하고 관련 학과의 석사학위 또는 학사학위를 취득한 사람

다. 2급 장애인재활상담사 자격증을 가진 사람으로서 장애인재활 관련 기관에서 3년 이상 재직한 사람

라. 사회복지사 자격증을 가진 사람으로서 장애인재활 관련 기관에서 5년 이상 재직한 사람

2. 2급 장애인재활상담사: 다음 각 목의 어느 하나에 해당하는 사람

가. 「고등교육법」에 따른 전문대학 · 원격대학에서 보건복지부령으로 정하는 장애인재활 관련 교과목을 이수하고 관련 학과의 전문학사학위를 취득한 사람

나. 삭제 〈2019. 12. 3.〉

다. 사회복지사 자격증을 가진 사람으로서 장애인재활 관련 기관에서 3년 이상 재직한 사람

3. 삭제 〈2019. 12. 3.〉

③ 장애인재활상담사 자격증을 분실하거나 훼손한 사람에게는 신청에 따라 자격증을 재교부한다.

④ 장애인재활상담사 자격증은 다른 사람에게 대여하지 못한다.

⑤ 제1항과 제3항에 따른 자격증의 교부 · 재교부 절차와 관리, 제2항에 따른 장애인재활 분야 · 관련 기관 · 관련 학과 · 관련 교과목의 범위 등에 필요한 사항은 보건복지부령으로 정한다.

〈개정 2019. 12. 3.〉

[본조신설 2015. 12. 29.]

제73조 국가시험의 실시 등

① 의지 · 보조기 기사, 언어재활사 및 장애인재활상담사(이하 "의지 · 보조기 기사등"이라 한다)의 국가시험은 보건복지부장관이 실시하되, 실시시기 · 실시방법 · 시험과목, 그 밖에 시험 실시에 관하여 필요한 사항은 대통령령으로 정한다.

〈개정 2008. 2. 29., 2010. 1. 18., 2011. 8. 4., 2015. 12. 29.〉

② 보건복지부장관은 제1항에 따른 국가시험의 실시에 관한 업무를 대통령령으로 정하는 바에 따라 「한국보건의료인국가시험원법」에 따른 한국보건의료인국가시험원에 위탁할 수 있다.

〈개정 2008. 2. 29., 2010. 1. 18., 2015. 6. 22.〉

[제목개정 2011. 8. 4.]

제74조 응시자격 제한 등

① 다음 각 호의 어느 하나에 해당하는 자는 제73조에 따른 국가시험에 응시할 수 없다.

〈개정 2007. 10. 17., 2011. 8. 4., 2017. 2. 8., 2017. 9. 19., 2017. 12. 19.〉

1. 「정신건강증진 및 정신질환자 복지서비스 지원에 관한 법률」 제3조제1호에 따른 정신질환자. 다만, 전문의가 의지·보조기 기사등으로서 적합하다고 인정하는 사람은 그러하지 아니하다.
2. 마약·대마 또는 향정신성의약품 중독자
3. 피성년후견인
4. 이 법이나 「형법」 제234조·제317조제1항, 「의료법」, 「국민건강보험법」, 「의료급여법」, 「보건범죄단속에 관한 특별조치법」, 「마약류 관리에 관한 법률」 또는 「후천성면역결핍증 예방법」을 위반하여 금고 이상의 형을 선고받고 그 형의 집행이 끝나지 아니하였거나 집행을 받지 아니하기로 확정되지 아니한 자

② 부정한 방법으로 제73조에 따른 국가시험에 응시한 자나 국가시험에 관하여 부정행위를 한 자는 그 수험을 정지시키거나 합격을 무효로 한다.

③ 제2항에 따라 수험이 정지되거나 합격이 무효가 된 자는 그 후 2회에 한하여 제73조에 따른 국가시험에 응시할 수 없다.

제75조 보수교육

① 보건복지부장관은 의지·보조기 기사등에 대하여 자질 향상을 위하여 필요한 보수(補修) 교육을 받도록 명할 수 있다. 〈개정 2008. 2. 29., 2010. 1. 18., 2011. 8. 4.〉

② 제1항에 따른 보수교육의 실시 시기와 방법 등 필요한 사항은 보건복지부령으로 정한다

〈개정 2008. 2. 29., 2010. 1. 18.〉

제76조 자격취소

보건복지부장관은 의지·보조기 기사등이 다음 각 호의 어느 하나에 해당한 때에는 그 자격을 취소해야 한다. 〈개정 2008. 2. 29., 2010. 1. 18., 2011. 8. 4., 2015. 12. 29.〉

1. 제72조제3항을 위반해서 타인에게 의지·보조기 기사자격증을 대여한 때

1의2. 제72조의2제4항을 위반하여 타인에게 언어재활사 자격증을 대여하였을 때

1의3. 제72조의3제4항을 위반하여 타인에게 장애인재활상담사 자격증을 대여하였을 때

2. 제74조제1항 각 호의 어느 하나에 해당하게 된 때

3. 제77조에 따른 자격정지처분 기간에 그 업무를 하거나 자격정지 처분을 3회 받은 때

제77조 자격정지

보건복지부장관은 의지·보조기 기사등이 다음 각 호의 어느 하나에 해당하면 6개월 이내의 범위 안에서 보건복지부령으로 정하는 바에 따라 자격을 정지시킬 수 있다.

〈개정 2008. 2. 29., 2010. 1. 18., 2011. 8. 4., 2015. 12. 29.〉

1. 의지·보조기 기사의 업무를 하면서 고의 또는 중대한 과실로 의지·보조기 착용자의 신체에 손상을 입힌 사실이 있는 때

1의2. 언어재활사의 업무를 하면서 고의 또는 중대한 과실로 언어재활 대상자의 기능에 손상을 입힌 사실이 있을 때

1의3. 장애인재활상담사의 업무를 하면서 고의 또는 중대한 과실로 재활 대상자에게 손해를 입힌 사실이 있을 때

2. 제75조에 따른 보수교육을 연속하여 2회 이상 받지 아니한 때

제78조 수수료

의지·보조기 기사등의 국가시험에 응시하려고 하거나 의지·보조기 기사등의 자격증을 교부 또는 재교부받으려 하는 자는 보건복지부령으로 정하는 바에 따라 수수료를 내야 한다.

〈개정 2008. 2. 29., 2010. 1. 18., 2011. 8. 4.〉

제8장 보 칙

제79조 비용 부담

① 제38조제1항, 제43조제1항, 제49조제1항, 제50조제1항·제2항 및 제55조제1항에 따른 조치와

제59조제1항에 따른 장애인복지시설의 설치·운영에 드는 비용은 예산의 범위 안에서 대통령령으로 정하는 바에 따라 장애인복지실시기관이 부담하게 할 수 있다.

〈개정 2011. 3. 30., 2015. 12. 29.〉

② 국가와 지방자치단체는 장애인이 제58조의 장애인복지시설을 이용하는 데 드는 비용의 전부 또는 일부를 부담할 수 있으며, 시설 이용자의 자산과 소득을 고려하여 본인부담금을 부과할 수 있다. 이 경우 본인부담금에 관한 사항은 대통령령으로 정한다.　　　　〈신설 2011. 3. 30.〉

제80조 비용 수납

① 제34조제1항제1호에 따른 조치에 필요한 비용을 부담한 장애인복지실시기관은 해당 장애인 또는 그 부양의무자로부터 대통령령으로 정하는 바에 따라 장애인복지실시기관이 부담한 비용의 전부 또는 일부를 받을 수 있다.

② 삭제 〈2011. 3. 30.〉

제80조의2 한국언어재활사협회

① 언어재활사는 언어재활에 관한 전문지식과 기술을 개발·보급하고 언어재활사의 자질향상을 위한 교육훈련 및 언어재활사의 복지증진을 도모하기 위하여 한국언어재활사협회를 설립할 수 있다.　　　　〈개정 2019. 12. 3.〉

② 제1항에 따른 한국언어재활사협회는 법인으로 한다.　　　　〈개정 2019. 12. 3.〉

③ 제1항에 따른 한국언어재활사협회에 관하여 이 법에서 규정한 것을 제외하고는 「민법」 중 사단법인에 관한 규정을 준용한다.　　　　〈개정 2019. 12. 3.〉

[본조신설 2011. 8. 4.]

제80조의3 한국장애인재활상담사협회

① 장애인재활상담사는 장애인재활에 관한 전문지식과 기술을 개발·보급하고 장애인재활상담사의 자질향상을 위한 교육훈련 및 장애인재활상담사의 복지증진을 도모하기 위하여 한국장애인재활상담사협회를 설립할 수 있다.

② 제1항에 따른 한국장애인재활상담사협회는 법인으로 한다.

③ 제1항에 따른 한국장애인재활상담사협회에 관하여 이 법에서 규정한 것을 제외하고는 「민법」 중 사단법인에 관한 규정을 준용한다.

[본조신설 2019. 12. 3.]

제81조 비용 보조

국가와 지방자치단체는 대통령령으로 정하는 바에 따라 장애인복지시설의 설치·운영에 필요한 비용의 전부 또는 일부를 보조할 수 있다.

제82조 압류 금지

① 이 법에 따라 장애인에게 지급되는 금품은 압류하지 못한다. 〈개정 2016. 5. 29.〉

② 제50조의4제1항에 따른 장애인복지급여수급계좌의 예금에 관한 채권은 압류할 수 없다.

〈신설 2016. 5. 29.〉

제83조 조세감면

① 이 법에 따라 지급되는 금품, 제58조에 따른 장애인복지시설 및 제63조에 따른 장애인복지단체에서 장애인이 제작한 물품에는 「조세특례제한법」 과 「지방세특례제한법」, 그 밖의 조세 관계법령이 정하는 바에 따라 조세를 감면한다. 〈개정 2010. 3. 31.〉

② 삭제 〈2012. 1. 26.〉

제83조의2 청문

장애인복지실시기관은 다음 각 호의 어느 하나에 해당하는 조치를 하려면 청문을 하여야 한다.

〈개정 2015. 12. 29., 2017. 2. 8.〉

1. 제30조의2제3항에 따른 수행기관의 지정 취소
2. 제32조의3제1항제2호 및 제3호에 따른 장애인 등록의 취소
3. 제62조에 따른 장애인복지시설의 폐쇄 명령
4. 제70조제1항에 따른 의지·보조기 제조업소의 폐쇄 명령
5. 제76조에 따른 의지·보조기 기사등의 자격취소

[본조신설 2012. 1. 26.]

제84조 이의신청

① 장애인이나 법정대리인등은 이 법에 따른 복지조치에 이의가 있으면 해당 장애인복지실시기관에 이의신청을 할 수 있다. 〈개정 2017. 2. 8., 2017. 12. 19.〉

② 제1항에 따른 이의신청은 복지조치가 있음을 안 날부터 90일 이내에 문서로 하여야 한다. 다만, 정당한 사유로 인하여 그 기간 이내에 이의신청을 할 수 없었음을 증명한 때에는 그 사유가 소멸한 날부터 60일 이내에 이의신청을 할 수 있다. 〈신설 2017. 12. 19.〉

③ 장애인복지실시기관은 제1항에 따른 이의신청을 받은 때에는 30일 이내에 심사 · 결정하여 신청인에게 통보하여야 한다. 〈개정 2017. 12. 19.〉

④ 제3항에 따른 심사 · 결정에 이의가 있는 자는 「행정심판법」에 따라 행정심판을 제기할 수 있다. 〈개정 2017. 12. 19.〉

[제목개정 2017. 12. 19.]

제85조 권한위임 등

① 이 법에 따른 보건복지부장관 및 특별시장 · 광역시장 · 특별자치시장 · 도지사 · 특별자치도지사(이하 이 조에서 "시 · 도지사"라 한다)의 권한은 대통령령으로 정하는 바에 따라 국립재활원장, 시 · 도지사 또는 시장 · 군수 · 구청장에게 그 일부를 위임할 수 있다. 〈개정 2015. 6. 22.〉

② 이 법에 따른 보건복지부장관 및 시 · 도지사의 업무는 대통령령으로 정하는 바에 따라 장애인 관련 단체 또는 법인에 그 일부를 위탁할 수 있다.

[전문개정 2012. 1. 26.]

제85조의2 비밀 누설 등의 금지

보건복지부 및 특별자치시 · 특별자치도 · 시 · 군 · 구 소속 공무원과 소속 공무원이었던 사람, 제32조제6항에 따른 정밀심사 의뢰기관의 종사자와 종사자였던 사람, 제32조의5제1항 · 제32조의6제3항 · 제59조의11제4항에 따른 수탁기관의 종사자와 종사자였던 사람은 업무 수행 중 알게 된 정보 또는 비밀 등을 이 법에서 정한 목적 외에 다른 용도로 사용하거나 다른 사람 또는 기관에 제공 · 누설하여서는 아니 된다.

[본조신설 2017. 12. 19.]

제9장 벌 칙

제86조 벌칙

① 제59조의9제1호의 행위를 한 사람은 10년 이하의 징역 또는 1억원 이하의 벌금에 처한다. 〈개정 2017. 2. 8., 2017. 12. 19.〉

② 다음 각 호의 어느 하나에 해당하는 사람은 7년 이하의 징역 또는 7천만원 이하의 벌금에 처한다. 〈개정 2017. 2. 8., 2017. 12. 19.〉

1. 제59조의9제2호(상해에 한정한다)의 행위를 한 사람

2. 제59조의9제2호의2의 행위를 한 사람

③ 다음 각 호의 어느 하나에 해당하는 사람은 5년 이하의 징역 또는 5천만원 이하의 벌금에 처한다. 〈개정 2017. 2. 8., 2017. 12. 19., 2018. 12. 11.〉

1. 제50조의3제6항을 위반하여 금융정보등을 이 법에서 정한 목적 외의 용도로 사용하거나 다른 사람 또는 기관에 제공 또는 누설한 사람

2. 제59조의7제3항 또는 제6항에 따른 업무를 수행 중인 장애인권익옹호기관의 직원에 대하여 폭행 또는 협박하거나 위계 또는 위력으로써 그 업무를 방해한 사람

3. 제59조의9제2호(폭행에 한정한다)부터 제6호까지에 해당하는 행위를 한 사람

④ 다음 각 호의 어느 하나에 해당하는 사람은 3년 이하의 징역 또는 3천만원 이하의 벌금에 처한다. 〈개정 2017. 2. 8., 2017. 12. 19.〉

1. 제59조의6에 따라 준용되는 「특정범죄신고자 등 보호법」 제8조를 위반하여 신고자의 인적사항 또는 신고자임을 미루어 알 수 있는 사실을 다른 사람에게 알려주거나 공개 또는 보도한 사람

2. 제59조의9제7호에 해당하는 행위를 한 사람

3. 제85조의2를 위반하여 업무 수행 중 알게 된 정보 또는 비밀 등을 이 법에서 정한 목적 외에 다른 용도로 사용하거나 다른 사람 또는 기관에 제공 또는 누설한 사람

⑤ 제59조의9제8호의 행위를 한 사람은 1년 이하의 징역 또는 1천만원 이하의 벌금에 처한다.

〈개정 2017. 2. 8., 2017. 12. 19.〉

[전문개정 2015. 6. 22.]

제86조의2 벌칙

① 제59조의5제1호에 해당하는 불이익조치를 한 자는 2년 이하의 징역 또는 2천만원 이하의 벌금에 처한다.

② 제59조의5제2호부터 제7호까지의 어느 하나에 해당하는 불이익조치를 한 자는 1년 이하의 징역 또는 1천만원 이하의 벌금에 처한다.

[본조신설 2017. 12. 19.]

제87조 벌칙

다음 각 호의 어느 하나에 해당하는 자는 1년 이하의 징역 또는 1천만원 이하의 벌금에 처한다.

〈개정 2011. 3. 30., 2013. 7. 30., 2017. 2. 8.〉

1. 제8조제2항을 위반하여 장애인을 이용하여 부당한 영리행위를 한 자
2. 제32조제5항을 위반하여 등록증을 양도 또는 대여하거나 양도 또는 대여를 받은 자 및 유사한 명칭 또는 표시를 사용한 자
3. 삭제 〈2017. 12. 19.〉
4. 삭제 〈2017. 12. 19.〉
5. 삭제 〈2017. 12. 19.〉
6. 제59조제2항에 따른 신고 또는 변경신고를 하지 아니하고 장애인복지시설을 설치·운영한 자
7. 제60조제3항에 따른 시설 이용자의 권익 보호조치를 위반한 시설 운영자
8. 정당한 사유 없이 제61조제1항에 따른 보고를 하지 아니하거나 거짓의 보고를 한 자, 자료를 제출하지 아니하거나 거짓 자료를 제출한 자, 조사·검사·질문을 거부·방해 또는 기피한 자
9. 제62조에 따른 명령 등을 받고 이행하지 아니한 자
10. 제69조제2항을 위반하여 의지·보조기 기사를 두지 아니하고 의지·보조기제조업을 한 자
11. 제69조제3항을 위반하여 폐쇄 명령을 받은 후 6개월이 지나지 아니하였음에도 불구하고 같은 장소에서 같은 제조업을 한 자
12. 제70조제1항에 따른 제조업소 폐쇄 명령을 받고도 영업을 한 자

[제86조에서 이동, 종전 제87조는 제88조로 이동 〈2012. 1. 26.〉]

제88조 벌칙

다음 각 호의 어느 하나에 해당하는 자는 500만원 이하의 벌금에 처한다.　　　　〈개정 2017. 2. 8.〉

1. 제20조제4항을 위반하여 장애인의 입학 지원을 거부하거나 입학시험 합격자의 입학을 거부하는 등 불리한 조치를 한 자
2. 제72조제3항을 위반하여 타인에게 의지·보조기 기사자격증을 대여한 자
3. 삭제 〈2012. 1. 26.〉

[제87조에서 이동, 종전 제88조는 제89조로 이동 〈2012. 1. 26.〉]

제89조 양벌규정

법인의 대표자나 법인 또는 개인의 대리인, 사용인, 그 밖의 종업원이 그 법인 또는 개인의 업무에 관하여 제86조부터 제88조까지의 어느 하나에 해당하는 위반행위를 하면 그 행위자를 벌하는 외에 그 법인 또는 개인에게도 해당 조문의 벌금형을 과(科)한다. 다만, 법인 또는 개인이 그 위반행위를 방지하기 위하여 해당 업무에 관하여 상당한 주의와 감독을 게을리하지 아니한 경우에는 그러하지 아니하다. 〈개정 2012. 1. 26.〉

[전문개정 2011. 8. 4.]

[제88조에서 이동, 종전 제89조는 제90조로 이동 〈2012. 1. 26.〉]

제90조 과태료

① 장애인복지시설의 운영자가 제59조의3제10항에 따른 해임요구를 정당한 사유 없이 거부하거나 1개월 이내에 이행하지 아니하는 경우에는 1천만원 이하의 과태료를 부과한다.〈신설 2012. 1. 26., 2018. 12. 11.〉

② 장애인복지시설의 운영자가 제59조의3제5항을 위반하여 취업자등에 대하여 성범죄 경력을 확인하지 아니한 경우에는 500만원 이하의 과태료를 부과한다. 〈신설 2012. 1. 26., 2018. 12. 11.〉

③ 다음 각 호의 어느 하나에 해당하는 자에게는 300만원 이하의 과태료를 부과한다. 〈개정 2008. 2. 29., 2010. 1. 18., 2012. 1. 26., 2012. 10. 22., 2015. 6. 22., 2015. 12. 29., 2017. 2. 8., 2017. 12. 19.〉

1. 제32조의3제3항을 위반하여 정당한 사유 없이 등록증 반환 명령을 따르지 아니한 사람

2. 39조제3항을 위반하여 장애인사용자동차등표지를 대여하거나 보건복지부령으로 정하는 자 외의 자에게 양도한 자 또는 부당하게 사용하거나 이와 비슷한 표지·명칭 등을 사용한 자

3. 제40조제3항을 위반하여 보조견표지를 붙인 장애인 보조견을 동반한 장애인, 장애인 보조견 훈련자 또는 장애인 보조견 훈련 관련 자원봉사자의 출입을 정당한 사유 없이 거부한 자

3의2. 삭제 〈2015. 12. 29.〉

3의3. 삭제 〈2015. 12. 29.〉

3의4. 제59조의4제2항을 위반하여 직무상 장애인학대 및 장애인 대상 성범죄의 발생사실을 알고도 장애인권익옹호기관 또는 수사기관에 신고하지 아니한 사람

3의5. 제59조의7제6항을 위반하여 현장조사를 거부·기피하거나 업무를 방해한 자

4. 제60조제1항에 따른 시설 운영 개시 의무를 위반한 자

5. 제60조제2항에 따른 시설의 운영 중단·재운영·시설폐지 등의 신고의무를 위반한 자

6. 제69조제1항을 위반하여 의지·보조기 제조업소의 개설 또는 변경 사실을 통보하지 아니

한 자

7. 제69조제4항을 위반하여 의사의 처방에 의하지 아니하고 의지·보조기를 제조하거나 개조한 의지·보조기 제조업자

④ 제1항부터 제3항까지의 과태료는 대통령령으로 정하는 바에 따라 특별자치시장·특별자치도지사 또는 시장·군수·구청장이 부과·징수한다.　　　　　〈개정 2012. 1. 26., 2015. 6. 22.〉

⑤ 삭제 〈2012. 1. 26.〉

[제89조에서 이동 〈2012. 1. 26.〉]

부칙 〈제16733호, 2019. 12. 3.〉

제1조 시행일

이 법은 공포 후 3개월이 경과한 날부터 시행한다. 다만, 제22조제5항, 제35조, 제80조의2 및 제80조의3의 개정규정은 공포 후 6개월이 경과한 날부터, 제25조 및 제25조의2의 개정규정은 공포 후 1년 6개월이 경과한 날부터, 제72조의3의 개정규정은 공포 후 2년이 경과한 날부터 시행한다.

제2조 3급 장애인재활상담사 자격 폐지에 관한 경과조치

① 제72조의3의 개정규정 시행 당시 종전의 규정에 따라 3급 장애인재활상담사 자격증을 발급받은 자는 같은 개정규정에도 불구하고 종전의 규정에 따라 3급 장애인재활상담사 자격증을 유효하게 취득한 것으로 본다.

② 제72조의3의 개정규정 시행 당시 종전의 규정에 따라 3급 장애인재활상담사 자격증을 발급받은 자는 같은 개정규정에도 불구하고 종전의 규정에 따라 2급 장애인재활상담사 국가시험에 응시할 수 있는 경력을 인정받은 경우에는 이 법에 따른 2급 장애인재활상담사 국가시험에 응시할 수 있다.

장애인복지법 시행령

[시행 2020. 8. 5]
[대통령령 제30893호, 2020. 8. 4, 타법개정]

제1조 목적

이 영은 「장애인복지법」에서 위임된 사항과 그 시행에 필요한 사항을 규정함을 목적으로 한다.

제2조 장애의 종류 및 기준

① 「장애인복지법」(이하 "법"이라 한다) 제2조제2항 각 호 외의 부분에서 "대통령령으로 정하는 장애의 종류 및 기준에 해당하는 자"란 별표 1에서 정한 사람을 말한다. 〈개정 2018. 12. 31.〉

② 장애의 정도는 보건복지부령으로 정한다.　　　　　　　　　　　　〈개정 2018. 12. 31.〉

[제목개정 2018. 12. 31.]

제2조의2 사업계획의 제출 등

① 관계 중앙행정기관의 장은 법 제10조의2제3항에 따라 장애인의 권익과 복지증진을 위하여 관련 업무에 대하여 수립한 해당 연도 사업계획 및 전년도의 사업계획 추진실적을 매년 1월 31일까지 보건복지부장관에게 제출하여야 한다.

② 보건복지부장관은 법 제10조의2제4항에 따라 장애인정책종합계획을 수립하거나 변경하였을 때에는 관계 중앙행정기관의 장에게 통보하여야 한다.

③ 보건복지부장관은 제1항에 따라 관계 중앙행정기관의 장이 제출한 전년도 사업계획 추진실적을 매년 평가하여 그 결과를 관계 중앙행정기관의 장에게 통보하여야 한다.

[본조신설 2012. 7. 24.]

제3조 장애인정책조정위원회의 구성

① 법 제11조에 따른 장애인정책조정위원회(이하 "위원회"라 한다)는 위원장 및 부위원장 각 1명을 포함한 30명 이내의 위원으로 구성한다.

② 위원장은 국무총리가 되고, 부위원장은 보건복지부장관이 되며, 위원은 당연직 위원과 위촉위원으로 한다.　　　　　　　　　　　　　　〈개정 2008. 2. 29., 2010. 3. 15.〉

③ 당연직 위원은 기획재정부장관, 교육부장관, 행정안전부장관, 문화체육관광부장관, 산업통상자원부장관, 고용노동부장관, 여성가족부장관, 국토교통부장관, 국무조정실장, 국가보훈처장, 법제처장 및 위원회의 심의사항과 관련되어 위원장이 지정하는 중앙행정기관의 장이 된다.　〈개정 2008. 2. 29., 2010. 3. 15., 2010. 7. 12., 2013. 3. 23., 2014. 11. 19., 2017. 7. 26.〉

④ 위촉위원은 장애인 관련 단체의 장이나 장애인 문제에 관한 학식과 경험이 풍부한 자 중에서 위원장이 위촉하되, 위촉위원 중 2분의 1 이상은 장애인으로 한다.

제3조의2 위원회 위촉위원의 해촉

위원장은 제3조제4항에 따른 위촉위원이 다음 각 호의 어느 하나에 해당하는 경우에는 해당 위촉위원을 해촉(解囑)할 수 있다.

1. 심신장애로 인하여 직무를 수행할 수 없게 된 경우
2. 직무와 관련된 비위사실이 있는 경우
3. 직무태만, 품위손상이나 그 밖의 사유로 인하여 위원으로 적합하지 아니하다고 인정되는 경우
4. 위원 스스로 직무를 수행하는 것이 곤란하다고 의사를 밝히는 경우

[본조신설 2015. 12. 31.]

제4조 위촉위원의 임기

위촉위원의 임기는 3년으로 하되, 연임할 수 있다.

제5조 위원장 등의 직무

① 위원장은 위원회를 대표하며, 위원회의 업무를 총괄한다.
② 부위원장은 위원장을 보좌하며, 위원장이 부득이한 사유로 직무를 수행할 수 없을 때에는 그 직무를 대행한다.

제6조 회의

① 위원회의 회의는 위원장이 필요하다고 인정할 때 또는 재적위원 3분의 1 이상이 회의 소집을 요청한 때에 위원장이 소집한다.
② 위원회의 회의는 재적위원 과반수의 출석으로 열고, 출석위원 과반수의 찬성으로 의결한다.

제7조 간사

위원회의 사무를 처리하기 위하여 위원회에 간사 2명을 두되, 국무조정실 사회조정실장과 보건복지부 사회복지정책실장으로 한다.　〈개정 2008. 2. 29., 2008. 12. 31., 2010. 3. 15., 2013. 3. 23.〉

제8조 수당 및 여비

위원회의 회의에 출석한 위원에게는 예산의 범위에서 수당과 여비를 지급할 수 있다. 다만, 공무원인 위원이 그 소관 업무와 직접 관련되어 출석하는 경우에는 그러하지 아니하다.

제9조 운영세칙

이 영에서 정한 것 외에 위원회의 운영에 필요한 사항은 위원회의 의결을 거쳐 위원장이 정한다.

제10조 장애인정책조정실무위원회의 구성 등

① 법 제11조제4항에 따른 장애인정책조정실무위원회(이하 "실무위원회"라 한다)는 위원장 1명과 부위원장 1명을 포함한 30명 이내의 위원으로 구성한다.

② 실무위원회의 위원장(이하 "실무위원장"이라 한다)은 보건복지부차관이 되고, 부위원장은 보건복지부 소속 장애인 관련 업무를 담당하는 고위공무원단 소속 공무원이 되며, 위원은 당연직 위원과 위촉 위원으로 한다. 〈개정 2008. 2. 29., 2010. 3. 15.〉

③ 당연직 위원은 기획재정부, 교육부, 행정안전부, 문화체육관광부, 산업통상자원부, 고용노동부, 여성가족부, 국토교통부, 국무조정실, 국가보훈처, 법제처의 고위공무원단 소속 공무원 및 위원회의 심의사항과 관련된 중앙행정기관의 고위공무원단 소속 공무원 중에서 실무위원장이 지정하는 자가 된다.

〈개정 2008. 2. 29., 2010. 3. 15., 2010. 7. 12., 2013. 3. 23., 2014. 11. 19., 2017. 7. 26.〉

④ 위촉위원은 장애인 관련 단체의 장이나 장애인 문제에 관한 학식과 경험이 풍부한 자 중에서 실무위원장이 위촉하되, 위촉위원 중 2분의 1 이상은 장애인으로 한다.

⑤ 실무위원회는 법 제11조제4항에 따른 업무를 효율적으로 수행하기 위하여 장애인이동편의분과, 장애인고용확대분과 등 분야별 분과위원회를 둘 수 있다.

⑥ 실무위원회의 사무를 처리하기 위하여 실무위원회에 간사 2명을 두되, 국무조정실 및 보건복지부 소속 공무원 중에서 실무위원장이 지정하는 자로 한다.

〈개정 2008. 2. 29., 2010. 3. 15., 2013. 3. 23.〉

⑦ 실무위원회의 운영에 관하여는 제4조부터 제6조까지, 제8조 및 제9조를 준용한다. 이 경우 "위원회"는 "실무위원회"로, "위원장"은 "실무위원장"으로 본다.

제10조의2 실무위원회 위원의 해촉

실무위원장은 제10조제3항 또는 제4항에 따른 위원이 다음 각 호의 어느 하나에 해당하는 경우에는 해당 위원을 지정 철회하거나 해촉(解囑)할 수 있다.

1. 심신장애로 인하여 직무를 수행할 수 없게 된 경우
2. 직무와 관련된 비위사실이 있는 경우
3. 직무태만, 품위손상이나 그 밖의 사유로 인하여 위원으로 적합하지 아니하다고 인정되는

경우

4. 위원 스스로 직무를 수행하는 것이 곤란하다고 의사를 밝히는 경우

[본조신설 2015. 12. 31.]

제11조 장애인정책책임관의 지정 등

① 법 제12조제2항에 따른 장애인정책책임관은 중앙행정기관의 장이 해당 기관의 장애인 정책 수립·시행을 담당하는 고위공무원단 소속 공무원 또는 이에 상당하는 공무원 중에서 지정한다.

② 제1항에 따라 지정된 장애인정책책임관의 임무는 다음 각 호와 같다.

1. 장애인정책 추진계획의 수립에 관한 사항

2. 장애인정책 추진상황의 점검 및 평가에 관한 사항

3. 장애인정책 추진 관련 대외협력 업무

4. 그 밖에 장애인의 권익증진과 장애인에 대한 사회적 인식 개선을 위한 사항으로서 중앙행정기관의 장이 정하는 업무

제12조 지방장애인복지위원회의 구성

① 법 제13조에 따른 지방장애인복지위원회(이하 "지방위원회"라 한다)는 위원장 1명을 포함한 30명 이내의 위원으로 구성한다.

② 지방위원회의 위원장은 그 지방자치단체의 장이 되고, 위원은 다음 각 호의 어느 하나에 해당하는 자 중에서 지방자치단체의 장이 위촉하거나 임명하는 자로 하되, 위촉위원 중 2분의 1 이상은 장애인으로 한다.

1. 장애인 관련 단체의 장

2. 장애인 문제에 관한 학식과 경험이 풍부한 자

3. 해당 지방자치단체 소속 공무원으로서 장애인정책 관련 업무를 수행하는 자

제13조 다른 법률과의 관계

① 법 제2조에 따른 장애인 중 다음 각 호의 어느 하나에 해당하는 사람으로서 「국가유공자 등 예우 및 지원에 관한 법률」 제6조의4에 따른 상이등급을 판정받은 사람에 대해서는 법 제15조에 따라 법 제27조, 제30조, 제34조제1항제1호 및 제4호, 제38조, 제39조, 제41조, 제42조, 제46조, 제49조 및 제55조를 적용하지 아니한다. 〈개정 2014. 11. 4., 2018. 6. 19.〉

1. 「국가유공자 등 예우 및 지원에 관한 법률」 제4조에 따른 국가유공자

2. 「국가유공자 등 예우 및 지원에 관한 법률」 제73조 또는 제74조에 따라 국가유공자에
　　준하여 보상받는 사람
② 법 제2조에 따른 장애인 중 다음 각 호의 어느 하나에 해당하는 사람에 대해서는 법 제15조에
　 따라 법 제34조제1항제1호 및 제4호, 제38조, 제41조, 제46조, 제49조 및 제55조를 적용하지
　 아니한다.　　　　　　　　　　　　　　　　　　　　　　　　　　　〈신설 2014. 11. 4., 2018. 6. 19.〉
1. 「국가유공자 등 예우 및 지원에 관한 법률」(법률 제11041호 국가유공자 등 예우 및 지원
　　에 관한 법률 일부개정법률로 개정되기 전의 것을 말한다) 제73조의2에 따른 국가유공자
　　에 준하는 군경 등으로서 같은 법 제6조의4에 따른 상이등급을 판정받은 사람
2. 「보훈보상대상자 지원에 관한 법률」 제2조에 따른 보훈보상대상자로서 같은 법 제6조
　　에 따른 상이등급을 판정받은 사람
③ 법 제2조에 따른 장애인 중 「정신건강증진 및 정신질환자 복지서비스 지원에 관한 법률」
　 의 적용을 받는 장애인에 대하여는 법 제15조에 따라 법 제34조제1항제2호 및 제3호를 적용
　 하지 아니한다.　　　　　　　　　　　　　　　　　　　　　　　　〈개정 2014. 11. 4., 2017. 5. 29.〉

제13조의2 장애인일자리사업 실시

① 보건복지부장관은 법 제21조제1항에 따라 장애인의 사회참여 기회를 확대하고 적성과 능력
　 에 맞는 일자리를 발굴하여 소득보장을 지원하는 장애인일자리사업을 실시할 수 있다.
② 보건복지부장관은 제1항에 따른 장애인일자리사업을 관리하기 위하여 전산시스템을 구
　 축 · 운영할 수 있다.
③ 제1항에 따른 장애인일자리사업의 종류 및 운영, 제2항에 따른 전산시스템의 구축 · 운영 등
　 에 필요한 사항은 보건복지부령으로 정한다.
[본조신설 2014. 11. 4.]

제14조 한국수어 · 폐쇄자막 또는 화면해설방영 방송프로그램의 범위

법 제22조제2항에서 "대통령령으로 정하는 방송 프로그램"이란 다음 각 호의 어느 하나에 해당
하는 방송프로그램을 말한다.　　　　　　　　　　　　　　　　　　　〈개정 2008. 2. 29., 2010. 3. 15.〉
1. 「방송법 시행령」 제50조제2항에 따른 보도에 관한 방송프로그램
2. 「공직선거법」 제70조부터 제74조까지, 제82조 및 제82조의2에 따른 선거에 관한 방송프
　　로그램
3. 「국경일에 관한 법률」에 따른 국경일 및 「각종 기념일 등에 관한 규정」에 따른 기념일
　　의 의식과 그에 부수되는 행사의 중계방송

4. 그 밖에 청각장애인이나 시각장애인이 정보에 접근하는 데에 필요하다고 인정하여 보건
복지부장관이 정하여 고시하는 방송

[제목개정 2016. 8. 2.]

제15조 한국수어 통역 또는 점자자료 등의 제공

① 법 제22조제3항에서 "대통령령으로 정하는 행사"란 다음 각 호의 어느 하나에 해당하는 국경
일 또는 기념일의 의식과 그에 부수되는 행사로 한다. 〈개정 2018. 6. 19.〉

1. 「국경일에 관한 법률」에 따른 국경일

2. 「각종 기념일 등에 관한 규정」에 따른 기념일 중 보건의날, 장애인의날, 어린이날, 어버
이날, 스승의날, 현충일, 국군의날 및 노인의날

② 법 제22조제3항에서 "음성변환용 코드 등 대통령령으로 정하는 전자적 표시"란 다음 각 호의
어느 하나에 해당하는 전자적 표시를 말한다. 〈신설 2018. 6. 19.〉

1. 음성변환용 코드

2. 청각, 촉각 등의 감각을 통하여 습득할 수 있도록 인쇄물 정보를 변환시켜주는 전자적 표시

[제목개정 2016. 8. 2.]

제16조 장애 인식개선 교육

① 법 제25조제2항에서 "대통령령으로 정하는 교육기관 및 공공단체"란 다음 각 호의 기관 또는
단체를 말한다.

1. 「공공기관의 운영에 관한 법률」에 따른 공공기관

2. 「지방공기업법」에 따른 지방공사 및 지방공단

3. 특별법에 따라 설립된 특수법인

② 법 제25조제2항에 따른 기관 또는 단체의 장은 소속 직원 · 학생을 대상으로 장애인에 대한
인식개선을 위한 교육(이하 "장애 인식개선 교육"이라 한다)을 1년에 1회 이상 실시하여야
한다.

③ 장애 인식개선 교육에는 각 호의 사항이 포함되어야 한다.

1. 장애의 정의

2. 장애인의 인권과 관련된 법과 제도

3. 장애인의 행동특성 및 능력

4. 장애인과 의사소통하는 방법

5. 장애인보조기구 및 장애인 편의시설

6. 그 밖에 장애인에 대한 인식을 개선할 수 있는 내용

④ 장애 인식개선 교육은 집합 교육 또는 인터넷 강의 등을 활용한 원격 교육, 체험 교육 등의 방법으로 할 수 있다.

⑤ 법 제25조제2항에 따른 기관 또는 단체의 장은 장애 인식개선 교육을 실시한 경우 교육 내용, 방법, 참가인원 등의 교육 결과를 보건복지부령으로 정하는 바에 따라 보건복지부장관에게 제출하여야 한다.

[전문개정 2016. 6. 28.]

제17조 감면대상시설의 종류 등

① 법 제30조에 따라 장애인에게 이용요금을 감면할 수 있는 공공시설과 그 감면율은 별표 2와 같다.

② 제1항에 따라 공공시설의 이용요금을 감면받으려는 자는 법 제32조제1항에 따라 발급받은 장애인등록증을 이용하려는 시설의 관리자에게 내보여야 한다.

제18조 실태조사의 방법 등

① 법 제31조에 따른 장애실태조사는 전수조사 또는 표본조사로 실시하되, 전수조사는 보건복지부장관이 정하는 바에 따라 특별시장 · 광역시장 · 특별자치시장 · 도지사 · 특별자치도지사(이하 "시 · 도지사"라 한다)가 실시하고, 표본조사는 보건복지부장관이 전문연구기관에 의뢰하여 실시한다. ⟨개정 2008. 2. 29., 2010. 3. 15., 2012. 7. 24., 2015. 12. 15.⟩

② 제1항에 따른 장애실태조사에서 조사할 사항은 다음 각 호와 같다. 이 경우 제2호부터 제7호까지, 제9호 및 제10호에 따른 사항에 대하여 조사할 때에는 성별을 고려하여야 한다. ⟨개정 2008. 2. 29., 2010. 3. 15., 2012. 7. 24., 2014. 11. 4.⟩

1. 성별, 연령, 학력, 가족사항 등 장애인의 일반특성에 관한 사항

2. 장애 유형, 장애 정도 및 장애 발생 원인 등 장애 특성에 관한 사항

3. 취업 · 직업훈련, 소득과 소비, 주거 등 경제 상태에 관한 사항

4. 장애인보조기구의 사용, 복지시설의 이용, 재활서비스 및 편의시설의 설치욕구 등 복지욕구에 관한 사항

5. 장애인연금 · 장애수당 · 장애인보조기구의 지급 및 장애인등록제도 등 복지지원상황에 관한 사항

6. 일상생활과 여가 및 사회활동 등 사회참여상황에 관한 사항

7. 생활만족도와 생활환경에 대한 태도 등 장애인의 의식에 관한 사항

8. 여성장애인의 임신 · 출산 · 육아 등을 위한 복지욕구에 관한 사항

9. 가구유형 · 가구소득 등 장애인과 비장애인의 비교조사를 위하여 필요한 사항

10. 그 밖에 보건복지부장관이 장애인의 복지를 위하여 필요하다고 인정하는 사항

[제목개정 2012. 7. 24.]

제19조 조사연도

① 제18조에 따른 실태조사는 2005년을 기준연도로 하여 3년마다 1회씩 실시하되, 조사의 일시
는 보건복지부장관이 정한다. 〈개정 2008. 2. 29., 2010. 3. 15.〉

② 보건복지부장관은 제1항에 따른 실태조사 외에 임시조사를 실시할 수 있다.
〈개정 2008. 2. 29., 2010. 3. 15.〉

제20조 보호자 범위

법 제32조제1항에서 "대통령령으로 정하는 보호자"란 장애인을 보호하고 있는 장애인복지시설
의 장, 그 밖에 장애인을 사실상 보호하고 있는 자를 말한다. 〈개정 2016. 6. 28., 2017. 7. 24.〉

제20조의2 정밀심사 의뢰기관

① 법 제32조제6항에서 "대통령령으로 정하는 「공공기관의 운영에 관한 법률」 제4조에 따른
공공기관"이란 「국민연금법」 제24조에 따른 국민연금공단(이하 "국민연금공단"이라 한
다)을 말한다. 〈개정 2018. 12. 31.〉

② 국민연금공단은 법 제32조제6항에 따른 장애 정도에 관한 정밀심사를 실시하기 위해 필요한
전산시스템을 구축 · 운영할 수 있다. 〈신설 2018. 12. 31.〉

[본조신설 2016. 6. 28.]

제20조의3 서비스 지원 종합조사

① 법 제32조의4제1항제4호에서 "대통령령으로 정하는 서비스"란 「장애인활동 지원에 관한
법률」 제19조의2제1항에 따른 활동지원 응급안전서비스를 말한다.

② 보건복지부장관 또는 특별자치시장 · 특별자치도지사 · 시장 · 군수 · 구청장(자치구의 구청
장을 말한다. 이하 같다)은 법 제32조의4제2항 각 호의 사항을 조사하려면 조사의 일시 · 장
소 · 목적 · 내용 및 담당자의 인적 사항 등을 미리 신청인에게 서면으로 알려야 한다.

③ 보건복지부장관 또는 특별자치시장 · 특별자치도지사 · 시장 · 군수 · 구청장은 법 제32조의
5제1항에 따라 법 제32조의4에 따른 서비스 지원 종합조사 업무 중 다음 각 호의 업무를 국

민연금공단에 위탁한다.

1. 법 제32조의4제2항 각 호의 사항에 대한 현장조사를 실시하고 그 결과서를 작성하는 업무

2. 법 제32조의4에 따른 서비스 지원 종합조사에 대한 연구 · 개발 업무

④ 국민연금공단은 제3항 각 호의 업무를 수행하기 위해 필요한 전산시스템을 구축 · 운영할 수 있다.

[본조신설 2018. 12. 31.]

제20조의4 복지서비스에 관한 장애인 지원 사업의 위탁

국가와 지방자치단체는 법 제32조의6제3항에 따라 같은 조 제1항에 따른 장애인 지원 사업을 법 제29조의2제1항에 따른 한국장애인개발원에 위탁한다.

[본조신설 2019. 6. 11.]

제21조 장애인복지상담원 임용

① 법 제33조에 따른 장애인복지상담원(이하 "상담원"이라 한다)은 다음 각 호의 어느 하나에 해당하는 사람 중에서 특별자치시장 · 특별자치도지사 · 시장 · 군수 · 구청장이 지방공무원으로 임용한다. 〈개정 2016. 12. 30., 2018. 12. 31.〉

1. 「사회복지사업법」 제11조에 따른 사회복지사 자격증의 소지자

2. 「초 · 중등교육법」 제21조에 따른 특수학교의 교사자격증 소지자

3. 장애인복지 관련 직무 분야에서 근무한 경력이 3년 이상인 사람으로서 해당 지방자치단체의 규칙으로 정하는 임용예정 계급에 상당하는 경력기준에 상응하는 사람

4. 임용예정 직급과 같은 직급에서 공무원으로 2년 이상 근무한 사람

② 특별자치시장 · 특별자치도지사 · 시장 · 군수 · 구청장은 제1항에도 불구하고 해당 지방자치단체의 인력 운용상 부득이한 경우에는 소속 공무원 중 「사회보장급여의 이용 · 제공 및 수급권자 발굴에 관한 법률 시행령」 제23조에 따라 임용한 사회복지전담공무원에게 상담원의 직무를 수행하게 할 수 있다. 〈개정 2016. 12. 30., 2018. 6. 19.〉

제22조 상담원의 직무

상담원은 다음 각 호의 직무를 수행한다.

1. 장애인과 그 가족 또는 관계인에 대한 상담 및 지도

2. 장애인에 대한 진단 · 진료 또는 보건 등에 관한 지도와 관계 전문기관에 대한 진단 · 진료 또는 보건지도 등의 의뢰

3. 장애인복지시설에 대한 장애인의 입소·통원 또는 그 이용의 알선

4. 장애인에 대한 장애인보조기구의 지급과 사용·수리 등에 관한 지도

5. 장애인에 대한 직업훈련·취업알선과 관계 전문기관에 대한 직업훈련·취업알선의 의뢰

6. 장애인을 위한 지역사회자원의 개발·조직·활용 및 알선

7. 장애인복지시설이나 장애인에 관한 조사 및 지도

8. 그 밖에 장애인의 복지증진에 관한 사항

제23조 산후조리도우미 지원 기준 및 방법

① 국가와 지방자치단체는 법 제37조제3항에 따라 다음 각 호의 요건을 고려하여 산후조리도우미 지원대상자(이하 "지원대상자"라 한다)를 선정한다.

1. 임산부인 여성장애인의 장애 정도

2. 배우자의 유무, 자녀 수 등의 가구 구성

3. 소득·재산 상태

② 국가와 지방자치단체는 제1항에 따라 선정된 지원대상자에게 임신과 출산에 필요한 건강관리와 신생아의 건강관리에 필요한 서비스를 제공하여야 한다.

제24조 자금 대여의 용도 및 대여한도 등

① 법 제41조에 따라 자금을 대여할 수 있는 대상 용도는 다음 각 호와 같다.

〈개정 2008. 2. 29., 2009. 12. 31., 2010. 3. 15.〉

1. 생업자금

2. 생업이나 출퇴근을 위한 자동차 구입비

3. 취업에 필요한 지도 및 기술훈련비

4. 기능회복 훈련에 필요한 장애인보조기구 구입비

5. 사무보조기기 구입비

6. 그 밖에 보건복지부장관이 장애인 재활에 필요하다고 인정하는 비용

② 제1항에 따른 자금 대여의 한도, 이율 및 거치기간은 보건복지부장관이 관계 중앙행정기관의 장과 협의하여 정한다. 〈개정 2008. 2. 29., 2010. 3. 15.〉

제25조 자금 대여절차 등

① 법 제41조에 따른 자금의 대여를 받으려는 자는 보건복지부령으로 정하는 바에 따라 자금대여신청서(전자문서를 포함한다)를 신청인의 주소지를 관할하는 특별자치시장·특별자치도

지사 · 시장 · 군수 · 구청장에게 제출하여야 한다. 〈개정 2008. 2. 29., 2010. 3. 15., 2015. 12. 15.〉

② 특별자치시장 · 특별자치도지사 · 시장 · 군수 · 구청장은 제1항에 따른 자금 대여신청을 받으면 지체 없이 대여여부를 결정하여 신청인에게 통지하고, 그 내용을 자금 대여를 취급하는 금융기관 또는 우편관서에 통보하여야 한다. 이 경우 자금 대여를 신청한 자가 「국민기초생활 보장법」 및 「한부모가족지원법」 등 다른 법령에 따라 제24조제1항 각 호의 자금을 대여받은 경우에는 같은 목적으로 자금을 대여하여서는 아니 된다.

〈개정 2010. 3. 15., 2015. 12. 15.〉

제26조 대여자금 상환방법 등

① 법 제41조에 따라 자금을 대여받은 자는 보건복지부장관이 정하는 상환기준에 따라 상환하여야 한다. 〈개정 2008. 2. 29., 2010. 3. 15.〉

② 특별자치시장 · 특별자치도지사 · 시장 · 군수 · 구청장은 자금을 대여받은 자에 대한 대여내용을 보건복지부령으로 정하는 바에 따라 기록 · 관리하여야 한다.

〈개정 2008. 2. 29., 2010. 3. 15., 2015. 12. 15.〉

③ 제1항에 따라 자금을 상환하여야 할 자가 거주지를 다른 특별자치시 · 특별자치도 · 시 · 군 · 구로 이전한 경우에는 전거주지를 관할하는 특별자치시장 · 특별자치도지사 · 시장 · 군수 · 구청장은 제2항에 따른 서류를 지체 없이 신거주지를 관할하는 특별자치시장 · 특별자치도지사 · 시장 · 군수 · 구청장에게 송부하여야 한다. 〈개정 2015. 12. 15.〉

④ 특별자치시장 · 특별자치도지사 · 시장 · 군수 · 구청장은 자금을 대여받은 사람이 대여 신청 당시의 용도대로 자금을 사용하지 아니하는 경우에는 시정을 요구할 수 있으며, 자금을 대여받은 사람이 정당한 사유 없이 시정 요구를 이행하지 아니한 경우에는 대여한 자금을 회수할 수 있다. 〈신설 2012. 7. 24., 2015. 12. 15.〉

제27조 생업 지원

① 국가와 지방자치단체, 그 밖의 공공단체(이하 "국가등"이라 한다)가 법 제42조제1항에 따라 소관 공공시설에서 매점이나 자동판매기의 설치 · 운영을 장애인에게 허가하기 위하여 소관 행정재산의 사용 · 수익을 허가하려는 경우에는 「국유재산법 시행령」 제27조제3항 또는 「공유재산 및 물품관리법 시행령」 제13조제3항에 따라 수의계약의 방법으로 사용 · 수익자를 결정할 수 있다. 〈개정 2009. 7. 27., 2013. 4. 22.〉

② 제1항에서 "그 밖의 공공단체"란 다음 각 호의 어느 하나에 해당하는 기관을 말한다.

1. 「공공기관의 운영에 관한 법률」 제4조에 따른 공공기관

2. 「지방공기업법」에 따른 지방공사 또는 지방공단

3. 특별법에 따라 설립된 법인

③ 국가등은 제1항에 따라 사용·수익의 허가를 하려는 경우에는 다음 각 호의 어느 하나에 해당하는 자에게 우선적으로 허가할 수 있다.

1. 20세 이상으로서 세대주인 장애인

2. 20세 이상으로서 배우자가 세대주인 장애인

제28조 장애인 응시자에 대한 편의제공

법 제46조의2에 따라 장애인 응시자에 대하여 편의를 제공하여야 하는 기관·단체 및 대상 시험은 다음 각 호와 같다.

1. 국가 및 지방자치단체가 실시하는 채용시험

2. 「공공기관의 운영에 관한 법률」에 따른 공공기관이 실시하는 채용시험

3. 특별법에 따라 설립된 특수법인이 실시하는 채용시험

4. 「유아교육법」, 「초·중등교육법」 또는 「고등교육법」에 따른 각급 학교가 실시하는 채용시험

5. 국가가 실시하는 「자격기본법」 제2조제4호에 따른 국가자격 취득을 위한 시험

6. 「자격기본법」 제20조제3항에 따른 공인자격관리자가 실시하는 같은 법 제2조제5호의3에 따른 공인자격 취득을 위한 시험

[본조신설 2016. 6. 28.]

제29조 삭제 〈2012. 7. 24.〉

제30조 장애수당 등의 지급대상자

① 법 제49조에 따른 장애수당을 지급받을 수 있는 사람은 18세 이상으로서 장애인으로 등록한 사람 중 「국민기초생활 보장법」에 따른 수급자 또는 차상위계층으로서 장애로 인한 추가적 비용 보전(補塡)이 필요한 사람으로 한다. 다만, 제2항에 따라 장애아동수당을 지급받는 사람은 제외한다. 〈개정 2019. 12. 31.〉

② 법 제50조제1항에 따른 장애아동수당을 지급받을 수 있는 사람은 다음 각 호의 요건을 모두 갖춘 사람으로 한다. 〈개정 2019. 12. 31.〉

1. 18세 미만(해당 장애인이 「초·중등교육법」 제2조에 따른 학교에 재학 중인 사람으로서 「장애인연금법」에 따른 수급자가 아닌 경우에는 20세 이하의 경우를 포함한다)일 것

2. 장애인으로 등록하였을 것

3. 「국민기초생활 보장법」에 따른 수급자 또는 차상위계층으로서 장애로 인한 추가적 비용 보전이 필요할 것

③ 법 제50조제2항에 따른 보호수당을 지급받을 수 있는 사람은 다음 각 호의 요건을 모두 갖춘 사람으로 한다. 〈개정 2019. 12. 31.〉

1. 「국민기초생활 보장법」에 따른 수급자일 것

2. 중증 장애로 다른 사람의 도움이 없이는 일상생활을 영위하기 어려운 18세 이상(해당 장애인이 20세 이하로서 「초ㆍ중등교육법」에 따른 고등학교와 이에 준하는 특수학교 또는 각종학교에 재학 중인 경우는 제외한다)의 장애인을 보호하거나 부양할 것

제31조 장애 정도의 심사 대상 등

① 법 제49조제3항에 따라 특별자치시장ㆍ특별자치도지사ㆍ시장ㆍ군수ㆍ구청장은 법 제50조의2제1항에 따라 장애수당의 지급을 신청한 사람의 장애 정도에 대하여 심사할 수 있다. 다만, 다음 각 호의 어느 하나에 해당하는 사람은 제외한다. 〈개정 2018. 12. 31.〉

1. 법 제32조제6항에 따라 장애 정도에 관한 정밀심사를 받아 장애 정도가 정해진 사람. 다만, 법 제32조제3항에 따라 특별자치시장ㆍ특별자치도지사ㆍ시장ㆍ군수ㆍ구청장이 해당 신청인의 장애 상태의 변화에 따른 장애 정도 조정을 위하여 장애 진단을 받게 하는 등의 조치가 필요하다고 인정하는 사람은 제외한다.

2. 65세 이상인 사람

3. 그 밖에 장애 상태의 변화 가능성이 현저하게 낮아 장애 정도를 심사하지 아니할 타당한 사유가 있는 것으로 보건복지부장관이 인정하는 사람

② 특별자치시장ㆍ특별자치도지사ㆍ시장ㆍ군수ㆍ구청장은 제1항에 따라 심사 대상자의 장애 정도에 대하여 심사를 하는 경우 국민연금공단에 의뢰하여 심사 대상자의 장애 정도가 제2조에 따른 장애의 종류 및 기준 등에 해당하는지를 심사하여야 한다. 〈개정 2018. 12. 31.〉

③ 제1항 및 제2항에서 규정한 사항 외에 장애 정도 심사의 세부적인 방법 및 기준에 관하여 필요한 사항은 보건복지부장관이 정하여 고시하는 장애 정도에 관한 심사 방법 및 기준에 따른다.

[본조신설 2017. 7. 24.]

제32조 장애수당등의 지급 시기 및 방법

① 제30조에 따른 장애수당ㆍ장애아동수당 및 보호수당(이하 "장애수당등"이라 한다)은 그 신

청일이 속한 달부터 지급하되, 장애수당등을 지급하지 아니하기로 결정한 달(해당 월분의 수당은 전부를 지급한다. 다만, 「국민기초생활 보장법」상의 부양의무자가 없는 장애수당등의 수급자가 사망한 경우 특별자치시장·특별자치도지사·시장·군수·구청장의 급여 결정 전에 이미 사망사실을 확인한 경우에는 지급하지 아니한다)까지 지급한다.

〈개정 2012. 7. 24., 2015. 12. 15.〉

② 장애수당등은 매월 20일(토요일이거나 공휴일인 경우에는 그 전날로 한다)에 금융기관이나 우편관서의 지급대상자 계좌에 입금하는 방법으로 지급한다. 이 경우 지급대상자로 결정된 사람이 다음 각 호의 어느 하나에 해당하는 경우에는 지급대상자의 배우자, 직계혈족 또는 3촌 이내의 방계혈족 명의 계좌에 입금할 수 있다. 〈개정 2009. 12. 31., 2010. 3. 15., 2015. 12. 15.〉

1. 성년후견개시의 심판, 한정후견개시의 심판 또는 특정후견의 심판이 확정된 경우

2. 채무불이행으로 인하여 금전채권이 압류된 경우

3. 치매 또는 보건복지부장관이 정하는 거동불가의 사유로 인하여 본인 명의의 계좌를 개설하기 어려운 경우

③ 제2항 후단에 따른 계좌에 장애수당등을 지급하려는 특별자치시장·특별자치도지사·시장·군수·구청장은 보건복지부장관이 정하는 바에 따라 미리 그 사유, 입금한 장애수당등의 사용목적 및 다른 용도 사용금지 등에 관한 사항을 안내하여야 한다.

〈신설 2009. 12. 31., 2010. 3. 15., 2015. 12. 15.〉

④ 제3항의 안내를 받고 제2항 후단에 따른 계좌로 장애수당등을 받으려는 자는 보건복지부령으로 정하는 서류를 특별자치시장·특별자치도지사·시장·군수·구청장에게 제출하여야 한다. 〈신설 2009. 12. 31., 2010. 3. 15., 2015. 12. 15.〉

⑤ 제2항에도 불구하고 지급대상자 또는 같은 항 후단에 따른 계좌로 입금받을 자가 금융기관 또는 우편관서가 없는 지역에 거주하는 등 부득이 한 사유가 있는 경우에는 해당 금전을 지급대상자 또는 같은 항 후단에 따른 계좌로 입금받을 자에게 직접 지급할 수 있다.

〈신설 2009. 12. 31.〉

제33조 장애수당등의 지급방법 및 지급기준

① 장애수당등의 구체적인 지급대상과 지급기준은 장애인의 보호에 드는 비용을 고려하여 매년 예산의 범위에서 보건복지부장관이 정한다. 〈개정 2008. 2. 29., 2010. 3. 15.〉

② 장애수당등은 현금으로 지급한다.

제33조의2 금융정보 등의 범위

① 법 제50조의2제2항제1호에서 "대통령령으로 정하는 자료 또는 정보"란 다음 각 호의 자료 또

는 정보를 말한다. 〈개정 2015. 12. 15.〉

1. 보통예금, 저축예금, 자유저축예금 등 요구불예금: 최근 3개월 이내의 평균잔액

2. 정기예금, 정기적금, 정기저축 등 저축성예금: 잔액 또는 총납입금

3. 주식, 수익증권, 출자금, 출자지분: 최종 시세가액. 이 경우 비상장주식의 가액 평가에 관하여는 「상속세 및 증여세법 시행령」 제54조제1항을 준용한다.

4. 채권, 어음, 수표, 채무증서, 신주인수권 증서: 액면가액

5. 연금저축: 정기적으로 지급된 금액 또는 최종 잔액

6. 제1호부터 제5호까지의 규정에 따른 금융재산에서 발생하는 이자액과 배당액 또는 할인액

② 법 제50조의2제2항제2호에서 "대통령령으로 정하는 자료 또는 정보"란 다음 각 호의 자료 또는 정보를 말한다.

1. 대출 현황 및 연체 내용

2. 신용카드 미결제금액

③ 법 제50조의2제2항제3호에서 "대통령령으로 정하는 자료 또는 정보"란 다음 각 호의 자료 또는 정보를 말한다.

1. 보험증권: 해약하는 경우 지급받게 될 환급금 또는 최근 1년 이내에 지급된 보험금

2. 연금보험: 해약하는 경우 지급받게 될 환급금 또는 정기적으로 지급되는 금액

[본조신설 2012. 7. 24.]

제33조의3 금융정보 등의 요청 및 제공

① 특별자치시장·특별자치도지사·시장·군수·구청장은 법 제50조의2제2항에 따라 제출받은 동의 서면을 「사회복지사업법」 제6조의2제2항에 따른 정보시스템(이하 "정보시스템"이라 한다)을 통하여 보건복지부장관에게 제출하여야 한다. 〈개정 2015. 12. 15.〉

② 제1항에 따른 동의 서면을 제출받은 보건복지부장관은 법 제50조의3제1항에 따라 「금융실명거래 및 비밀보장에 관한 법률」 제2조제1호에 따른 금융회사등이나 「신용정보의 이용 및 보호에 관한 법률」 제25조제2항제1호에 따른 종합신용정보집중기관(이하 "금융기관등"이라 한다)의 장에게 신청인과 그 가구원에 대한 법 제50조의2제2항제1호부터 제3호까지의 금융정보, 신용정보 및 보험정보(이하 "금융정보등"이라 한다)의 제공을 요청하는 경우에는 요청 내용에 다음 각 호의 사항을 포함하여야 한다. 〈개정 2020. 8. 4.〉

1. 신청인과 그 가구원의 성명과 주민등록번호

2. 제공을 요청하는 금융정보등의 범위와 조회기준일 및 조회기간

③ 제2항에 따라 금융정보등의 제공을 요청받은 금융기관등의 장이 보건복지부장관에게 해당

금융정보등을 제공할 때에는 제공 내용에 다음 각 호의 사항을 포함하여야 한다.

1. 신청인과 그 가구원의 성명과 주민등록번호

2. 금융정보등을 제공하는 금융기관등의 명칭

3. 제공대상 금융상품명과 계좌번호

4. 금융정보등의 내용

④ 보건복지부장관은 금융기관등의 장에게 해당 금융기관등이 가입한 협회, 연합회 또는 중앙회 등의 정보통신망을 이용하여 제2항에 따른 금융정보등을 제공하도록 요청할 수 있다.

⑤ 보건복지부장관은 제3항에 따라 금융기관등의 장으로부터 제공받은 금융정보등을 정보시스템을 통하여 특별자치시장 · 특별자치도지사 · 시장 · 군수 · 구청장에게 통보하여야 한다.

〈개정 2015. 12. 15.〉

⑥ 법 제50조의3제2항에 따른 수급자와 그 가구원에 대한 금융정보등의 제공 요청에 관하여는 제2항부터 제4항까지의 규정을 준용한다. 이 경우 "신청인"은 "수급자"로 본다.

[본조신설 2012. 7. 24.]

제33조의4 장애인복지급여수급계좌의 신청 방법 등

① 법 제50조의4제1항 본문에 따라 자녀교육비 및 장애수당등을 수급자 명의의 지정된 계좌(이하 "장애인복지급여수급계좌"라 한다)로 받으려는 사람은 보건복지부령으로 정하는 장애인복지급여수급계좌 입금 신청서에 예금통장(계좌번호가 기록되어 있는 면을 말한다) 사본을 첨부하여 관할 특별자치시장 · 특별자치도지사 · 시장 · 군수 · 구청장에게 제출하여야 한다. 장애인복지급여수급계좌를 변경하는 경우에도 또한 같다.

② 특별자치시장 · 특별자치도지사 · 시장 · 군수 · 구청장은 법 제50조의4제1항 단서에 따라 다음 각 호의 어느 하나에 해당하는 경우에는 자녀교육비 및 장애수당등을 직접 현금으로 지급할 수 있다.

1. 장애인복지급여수급계좌가 개설된 금융기관이 폐업, 업무정지 또는 정보통신장애 등으로 인하여 정상영업을 못하는 경우

2. 수급자가 금융기관을 쉽게 이용할 수 없는 지역에 거주하는 경우

3. 그 밖에 이에 준하는 불가피한 사유로 자녀교육비 및 장애수당등을 장애인복지급여수급계좌로 이체할 수 없는 경우

③ 특별자치시장 · 특별자치도지사 · 시장 · 군수 · 구청장은 법 제50조의2제1항에 따라 자녀교육비 및 장애수당등의 지급을 신청하는 사람에게 제1항에 따른 장애인복지급여수급계좌의 신청 방법 등을 안내하여야 한다.

[본조신설 2016. 11. 22.]

제34조 자녀교육비 및 장애수당등의 환수

① 특별자치시장·특별자치도지사·시장·군수·구청장은 법 제51조제1항에 따라 자녀교육비 및 장애수당등을 환수하려는 경우에는 자녀교육비 및 장애수당등을 받은 사람에게 자녀교육비 및 장애수당등의 환수 사유, 환수금액, 납부기간, 납부기관 및 이의신청방법 등을 구체적으로 밝혀 자녀교육비 및 장애수당등의 환수금을 납부할 것을 보건복지부령으로 정하는 자녀교육비 및 장애수당등의 환수결정 통지서에 따라 통지하여야 한다. 이 경우 납부기한은 통지일부터 30일 이상으로 하여야 한다. 〈개정 2015. 12. 15.〉

② 제1항에 따라 통지를 받은 사람은 해당 납부기관에 자녀교육비 및 장애수당등의 환수금을 납부하여야 하며, 환수금을 납부받은 기관의 장은 자녀교육비 및 장애수당등의 환수금을 납부받았음을 관할 특별자치시장·특별자치도지사·시장·군수·구청장에게 지체 없이 통지하여야 한다. 〈개정 2015. 12. 15.〉

③ 특별자치시장·특별자치도지사·시장·군수·구청장은 제1항에 따라 통지를 받은 사람이 납부기간에 자녀교육비 및 장애수당등의 환수금을 납부하지 아니한 경우에는 30일 이상의 기간을 정하여 납부를 독촉하여야 한다. 〈개정 2015. 12. 15.〉

[전문개정 2012. 7. 10.]

제35조 결손처분

특별자치시장·특별자치도지사·시장·군수·구청장은 법 제51조제4항에 따라 결손처분을 하려는 경우에는 관할 세무서 등 관계 행정기관 및 「국민건강보험법」에 따른 국민건강보험공단 등 관련 기관을 통하여 체납자의 행방 또는 재산 유무를 조사·확인하여야 한다. 다만, 체납된 금액이 10만원 미만인 경우에는 그러하지 아니하다. 〈개정 2015. 12. 15.〉

[본조신설 2012. 7. 10.]

제36조 장애인복지시설

법 제58조제1항제5호에서 "대통령령으로 정하는 시설"이란 장애인생산품 판매시설 및 법 제59조의13제1항에 따른 장애인 쉼터를 말한다. 〈개정 2019. 6. 11.〉

제36조의2 성범죄의 경력 조회

① 시장·군수·구청장 및 장애인복지시설 운영자는 법 제59조의3제4항 본문 및 같은 조 제5항

본문에 따라 성범죄의 경력 조회를 요청하려면 성범죄 경력 조회 요청서에 다음 각 호의 구분에 따른 서류를 첨부하여 관할 경찰관서의 장에게 제출해야 한다. 이 경우 경찰관서가 운영하는 정보통신망을 통하여 해당 서류를 제출할 수 있고, 관할 경찰관서의 장이 「전자정부법」 제36조제1항에 따른 행정정보의 공동이용을 통하여 제출서류에 대한 정보를 확인할 수 있는 경우에는 그 확인으로 서류제출을 갈음할 수 있다.

1. 시장·군수·구청장이 요청하는 경우: 성범죄 경력 조회 대상자의 동의서

2. 장애인복지시설 운영자가 요청하는 경우: 다음 각 목의 서류

   가. 장애인복지시설 운영자임을 증명하는 서류

   나. 성범죄 경력 조회 대상자의 동의서

② 장애인복지시설을 운영하려는 자와 장애인복지시설에 취업 중이거나 사실상 노무를 제공 중인 사람 또는 취업하려 하거나 사실상 노무를 제공하려는 사람(이하 "취업자등"이라 한다)은 법 제59조의3제4항 단서 및 같은 조 제5항 단서에 따른 성범죄 경력 조회 회신서의 발급을 요청하려면 성범죄 경력 조회 요청서에 다음 각 호의 구분에 따른 서류를 첨부하여 관할 경찰관서의 장에게 제출해야 한다. 이 경우 경찰관서가 운영하는 정보통신망을 통하여 해당 서류를 제출할 수 있고, 관할 경찰관서의 장이 「전자정부법」 제36조제1항에 따른 행정정보의 공동이용을 통하여 제출서류에 대한 정보를 확인할 수 있는 경우에는 그 확인으로 서류제출을 갈음할 수 있다.

1. 장애인복지시설을 운영하려는 자가 요청하는 경우: 다음 각 목의 서류

   가. 운영하려는 시설이 장애인복지시설임을 증명하는 서류

   나. 본인의 신분을 증명하는 서류

2. 취업자등이 요청하는 경우: 다음 각 목의 서류

   가. 장애인복지시설의 취업자등임을 증명하는 서류

   나. 본인의 신분을 증명하는 서류

③ 제1항 또는 제2항에 따라 성범죄의 경력 조회를 요청받은 경찰관서의 장은 성범죄 경력 조회 대상자가 법 제59조의3제1항에 따라 장애인복지시설의 운영이나 장애인복지시설에 취업 또는 사실상 노무의 제공이 제한되는 사람(이하 "취업제한등대상자"라 한다)인지 여부를 확인하여 회신해야 한다.

[전문개정 2019. 6. 11.]

제36조의3 폐쇄 또는 해임의 요구

① 시장·군수·구청장은 법 제59조의3제9항 또는 제10항에 따라 장애인복지시설의 운영자에

게 장애인복지시설의 폐쇄 또는 취업제한등대상자의 해임을 요구하려면 법 위반사실, 요구 내용 및 이행시한 등을 명시한 서면으로 해야 한다. 〈개정 2019. 6. 11.〉

② 시장·군수·구청장은 제1항에 따라 해임을 요구할 때에는 해당 취업제한등대상자에게도 그 사실을 알려야 한다. 〈개정 2019. 6. 11.〉

③ 제1항에 따른 해임 요구를 받은 장애인복지시설 운영자와 제2항에 따른 통지를 받은 취업자 는 해임 요구 또는 해임 요구의 통지를 받은 날부터 10일 이내에 시장·군수·구청장에게 이의를 신청할 수 있다.

④ 시장·군수·구청장은 제3항에 따른 이의신청을 받으면 2주일 이내에 심사하여 그 결과를 해당 장애인복지시설 운영자와 취업자에게 알려야 한다.

⑤ 시장·군수·구청장 또는 시장·군수·구청장으로부터 장애인복지시설의 폐쇄를 요구받은 관계 행정기관의 장은 법 제59조의3제11항에 따라 장애인복지시설을 폐쇄하려면 미리 그 사실을 해당 장애인복지시설의 운영자에게 알려야 한다. 〈신설 2019. 6. 11.〉

⑥ 시장·군수·구청장 또는 시장·군수·구청장으로부터 장애인복지시설의 폐쇄를 요구받은 관계 행정기관의 장은 법 제59조의3제11항에 따라 장애인복지시설을 폐쇄하는 경우에는 해 당 시설을 이용하는 사람을 다른 시설로 옮기도록 하는 등 시설을 이용하는 사람의 권익을 보호하기 위하여 필요한 조치를 해야 한다. 〈신설 2019. 6. 11.〉

[본조신설 2012. 7. 24.]

[제목개정 2019. 6. 11.]

제36조의4 장애인학대 및 장애인 대상 성범죄의 신고 절차와 방법 등의 안내

보건복지부장관은 법 제59조의4제4항에 따른 장애인학대 및 장애인 대상 성범죄의 신고 절 차·방법 등을 안내하기 위하여 장애인학대 및 장애인 대상 성범죄 예방, 신고 의무, 신고 절차 및 신고 방법에 관한 교육 자료를 작성하여 같은 조 제2항 각 호에 따른 신고의무자에게 배포하여야 한다. 〈개정 2016. 6. 28.〉

[본조신설 2015. 12. 15.]

[제목개정 2016. 6. 28.]

[종전 제36조의4는 제36조의8로 이동 〈2015. 12. 15.〉]

제36조의5 장애인학대 및 장애인 대상 성범죄의 예방 및 신고를 위한 조치

① 보건복지부장관은 법 제59조의4제5항에 따라 장애인학대 및 장애인 대상 성범죄를 예방하 고 수시로 신고를 받을 수 있도록 하기 위하여 제36조의4에 따른 교육 자료에 장애인학대 및

장애인 대상 성범죄의 예방 및 방지와 관련된 기관이 신고를 위하여 설치한 전화번호(이하 "신고전화번호"라 한다)를 포함시켜야 한다. 〈개정 2016. 6. 28.〉

② 지방자치단체의 장은 법 제59조의4제5항에 따라 장애인학대 및 장애인 대상 성범죄를 예방하고 수시로 신고를 받을 수 있도록 하기 위하여 신고전화번호를 지방자치단체의 청사 출입구 등 해당 청사 안에서 잘 보이는 곳에 게시하여야 한다. 〈개정 2016. 6. 28.〉

③ 지방자치단체의 장은 법 제59조의4제5항에 따라 장애인학대 및 장애인 대상 성범죄를 예방하고 수시로 신고를 받을 수 있도록 하기 위하여 법 제58조에 따른 장애인복지시설의 장에게 신고전화번호를 해당 시설의 출입구 등에 게시하도록 안내하여야 한다. 〈개정 2016. 6. 28.〉

[본조신설 2015. 12. 15.]

[제목개정 2016. 6. 28.]

제36조의6 신고의무자에 대한 교육 내용 등

① 법 제59조의4제6항에 따른 장애인학대 및 장애인 대상 성범죄의 예방 및 신고의무와 관련된 교육(이하 "장애인학대 및 장애인 대상 성범죄 예방 교육"이라 한다)에는 다음 각 호의 사항이 포함되어야 한다. 〈개정 2016. 6. 28.〉

1. 장애인학대 및 장애인 대상 성범죄의 예방 및 신고의무에 관한 법령

2. 장애인학대 및 장애인 대상 성범죄의 발견 시 신고 방법

3. 피해장애인 보호 절차

4. 장애인학대 및 장애인 대상 성범죄 사례

② 법 제59조의4제2항 각 호에 따른 소관 중앙행정기관의 장(이하 이 조에서 "소관 중앙행정기관의 장"이라 한다)은 같은 항 각 호의 어느 하나에 해당하는 사람의 자격 취득 과정이나 보수교육 과정에 장애인학대 및 장애인 대상 성범죄 예방 교육을 1시간 이상 포함시켜야 한다. 이 경우 소관 중앙행정기관의 장은 장애인학대 및 장애인 대상 성범죄 예방 교육을 「아동복지법」 제26조제1항에 따라 아동학대 신고의무자에 대한 자격 취득 과정이나 보수교육 과정에 포함된 아동학대 예방 및 신고의무와 관련된 교육과 함께 실시할 수 있다.

〈개정 2016. 6. 28.〉

③ 장애인학대 및 장애인 대상 성범죄 예방 교육은 집합 교육 또는 인터넷 강의 등을 활용한 원격 교육으로 할 수 있다. 〈개정 2016. 6. 28.〉

④ 제2항에도 불구하고 소관 중앙행정기관의 장은 법 제59조의4제2항 각 호의 사람 중 해당 자격 취득 과정이나 보수교육 과정이 없는 사람에 대해서는 제1항 각 호의 내용이 포함된 교육 자료를 제공하여야 한다.

[본조신설 2015. 12. 15.]

제36조의7 장애인학대의 예방 및 방지 의무

법 제59조의10제6호에서 "대통령령으로 정하는 장애인학대의 예방과 방지를 위한 사항"이란 다음 각 호의 사항을 말한다. 〈개정 2018. 6. 19.〉

1. 장애인학대의 예방과 방지를 위한 관계 기관 간의 협력체계 구축
2. 법 제58조에 따른 장애인복지시설 등 장애인학대 예방 및 방지 관련 기관에 대한 지도·감독

[본조신설 2015. 12. 15.]

제36조의8 장애인권익옹호기관의 설치·운영기준

① 법 제59조의11제1항 및 제2항에 따른 중앙장애인권익옹호기관 및 지역장애인권익옹호기관 (이하 "장애인권익옹호기관"이라 한다)은 업무에 필요한 사무실, 상담실, 교육실 및 대기실 등을 갖추어야 한다. 〈개정 2018. 6. 19.〉

② 장애인권익옹호기관의 장은 다음 각 호의 사항이 포함된 운영관리 규정을 마련하여야 한다.

1. 운영방침 및 업무분장
2. 운영시간
3. 상담자 관리 방법
4. 재무·회계 등의 장부 작성 및 비치
5. 그 밖에 장애인권익옹호기관의 적정한 운영을 위하여 필요한 사항

③ 제1항 및 제2항에서 규정한 사항 외에 장애인권익옹호기관의 설치·운영기준에 관한 세부적인 사항은 보건복지부령으로 정한다.

[본조신설 2016. 12. 30.]

[종전 제36조의8은 제36조의11로 이동 〈2016. 12. 30.〉]

제36조의9 장애인권익옹호기관 상담원의 자격기준 등

장애인권익옹호기관의 상담원은 다음 각 호의 어느 하나에 해당하는 자격을 가진 사람이어야 한다. 〈개정 2017. 5. 29.〉

1. 「사회복지사업법」 제11조제1항에 따른 사회복지사
2. 「장애인 등에 대한 특수교육법」 제2조제4호에 따른 특수교육교원
3. 「국가기술자격법」 제9조제2호 및 같은 법 시행령 제12조의2제1항·별표 1에 따른 임상 심리사

4. 「정신건강증진 및 정신질환자 복지서비스 지원에 관한 법률」 제17조제1항에 따른 정신 건강전문요원

5. 변호사

6. 그 밖에 장애인복지 또는 인권 분야에 종사한 경험이 있는 사람으로서 장애인권익옹호에 필요한 전문성을 가지고 있다고 인정하여 보건복지부장관이 정하는 사람

[본조신설 2016. 12. 30.]

제36조의10 장애인권익옹호기관의 운영 위탁

① 보건복지부장관 또는 시·도지사는 법 제59조의11제4항에 따라 장애인권익옹호기관의 운영을 위탁하려면 「공공기관의 운영에 관한 법률」 제4조에 따른 공공기관 또는 장애인학대의 예방 및 방지를 목적으로 하는 비영리법인을 대상으로 공개모집을 실시하여야 한다. 이 경우 다음 각 호의 기준을 종합적으로 고려하여 수탁기관을 지정하여야 한다. 〈개정 2018. 6. 19.〉

1. 제36조의8 및 제36조의9에 따른 장애인권익옹호기관의 설치·운영기준 및 상담원 자격기준의 충족 여부

2. 장애인권익옹호 관련 업무의 수행실적 및 운영계획

② 보건복지부장관 또는 시·도지사는 법 제59조의11제4항에 따라 장애인권익옹호기관의 운영을 위탁하는 경우에는 위탁받는 공공기관이나 비영리법인 및 위탁업무의 내용 등을 고시하여야 한다. 〈개정 2018. 6. 19.〉

③ 제1항 및 제2항에서 규정한 사항 외에 장애인권익옹호기관의 운영 위탁에 필요한 사항은 보건복지부장관이 정하여 고시한다.

[본조신설 2016. 12. 30.]

제36조의11 장애인 거주시설 이용계약절차의 대행자

법 제60조의2제6항에서 "대통령령으로 정하는 자"란 다음 각 호의 순서에 따른 자를 말한다.
 〈개정 2015. 12. 15.〉

1. 「민법」에 따른 장애인의 후견인

2. 장애인의 배우자 또는 부양의무자인 1촌의 직계혈족

3. 장애인의 주소지(주소지가 없거나 알 수 없는 경우에는 현재지)를 관할하는 특별자치시장·특별자치도지사·시장·군수·구청장이 지명하는 사람

[본조신설 2012. 3. 26.]

[제36조의8에서 이동 〈2016. 12. 30.〉]

제37조 국가시험의 시행 및 공고 등

① 보건복지부장관은 법 제73조제1항에 따른 의지ㆍ보조기 기사, 언어재활사 및 장애인재활상담사의 국가시험(이하 "국가시험"이라 한다)을 매년 1회 이상 시행하여야 한다.

〈개정 2008. 2. 29., 2010. 3. 15., 2012. 7. 24., 2017. 10. 31.〉

② 보건복지부장관은 법 제73조제2항에 따라 국가시험의 실시에 관한 업무를 「한국보건의료인국가시험원법」에 따른 한국보건의료인국가시험원(이하 "국가시험관리기관"이라 한다)에 위탁한다. 〈개정 2015. 12. 22.〉

③ 국가시험관리기관의 장은 국가시험을 실시하려면 미리 보건복지부장관의 승인을 받아 시험일시, 시험장소, 시험과목, 응시수수료 및 응시원서의 제출기간, 그 밖에 시험의 실시에 필요한 사항을 시험 실시 90일전까지 공고하여야 한다. 다만, 시험장소는 지역별 응시인원이 확정된 후 시험 실시 30일 전까지 공고할 수 있다. 〈개정 2008. 2. 29., 2010. 3. 15., 2012. 5. 1.〉

④ 국가시험관리기관의 장은 장애인이 시험에 응시하는 경우 장애의 종류 및 정도에 따라 필요한 편의를 제공하여야 한다. 〈신설 2012. 7. 24.〉

제38조 시험과목 및 합격자 결정방법

① 국가시험의 방법은 다음 각 호의 구분에 따른다. 〈개정 2012. 7. 24., 2017. 10. 31.〉

1. 의지ㆍ보조기 기사 국가시험: 필기시험 및 실기시험

2. 언어재활사 국가시험: 필기시험

3. 장애인재활상담사 국가시험: 필기시험

② 제1항에 따른 필기시험 과목은 별표 4와 같다. 〈개정 2012. 7. 24.〉

③ 제1항제1호에 따른 실기시험에는 필기시험에 합격한 사람만이 응시할 수 있으며, 실기시험은 의지ㆍ보조기의 제작능력을 측정하는 것을 내용으로 한다. 〈신설 2012. 7. 24.〉

④ 국가시험의 합격자 결정은 필기시험의 경우에는 전 과목 총점의 6할 이상, 각 과목 4할 이상을 득점한 자를 합격자로 하며, 실기시험의 경우에는 총점의 6할 이상을 득점한 자를 합격자로 한다. 〈개정 2012. 7. 24.〉

제39조 시험위원

① 국가시험관리기관의 장은 국가시험을 시행하려면 시험과목별로 전문지식을 갖춘 자 중에서 시험위원을 위촉한다.

② 제1항에 따른 시험위원에게는 예산의 범위에서 수당과 여비를 지급할 수 있다.

제40조 국가시험의 응시 및 합격자 발표

① 국가시험에 응시하려는 자는 국가시험관리기관의 장이 정하는 응시원서를 국가시험관리기관의 장에게 제출하여야 한다.

② 국가시험관리기관의 장은 국가시험의 합격자를 결정·발표하고, 그 합격자에 대한 다음 각 호의 사항을 보건복지부장관에게 보고하여야 한다. 〈개정 2008. 2. 29., 2010. 3. 15.〉

1. 성명 및 주민등록번호

2. 국가시험 합격번호 및 합격 연월일

제41조 관계 기관 등에의 협조 요청

국가시험관리기관의 장은 국가시험관리업무를 원활히 수행하기 위하여 필요하면 국가·지방자치단체 또는 관계 기관이나 단체에 시험장소 및 시험감독의 지원 등 필요한 사항에 관하여 협조를 요청할 수 있다.

제42조 비용 부담

① 법 제79조제1항에 따라 법 제38조제1항, 제43조제1항, 제49조제1항, 제50조제1항·제2항 및 제55조제1항에 따른 조치에 드는 비용은 국가와 지방자치단체가 부담하되, 그 부담 비율은 「보조금 관리에 관한 법률 시행령」으로 정하는 바에 따른다.

〈개정 2011. 10. 26., 2012. 3. 26., 2018. 6. 19.〉

② 법 제59조제1항에 따른 장애인복지시설의 설치·운영에 드는 비용은 해당 시설을 설치한 국가나 지방자치단체가 부담한다.

③ 법 제79조제2항에 따른 본인부담금은 「국민기초생활 보장법」 제2조제11호에 따른 기준 중위소득 및 법 제79조제1항에 따라 장애인복지실시기관이 매년 지원하는 시설운영비 등을 고려하여 매년 보건복지부장관이 정한다. 〈신설 2012. 3. 26., 2015. 11. 30.〉

④ 제3항에 따른 본인부담금은 시설 이용자의 자산 및 소득 등에 따라 감면할 수 있다. 이 경우 자산 및 소득 등의 산정에 관하여는 「국민기초생활 보장법」 제2조 및 같은 법 시행령 제2조 및 제3조를 준용한다. 〈신설 2012. 3. 26.〉

⑤ 제3항 및 제4항에 따른 본인부담금의 금액, 감면 대상 및 감면 금액 등은 매년 보건복지부장관이 정하여 고시한다. 〈신설 2012. 3. 26.〉

제43조 비용 수납

보건복지부장관, 시·도지사 또는 시장·군수·구청장은 법 제80조제1항에 따라 복지조치에 든 비용을 받으려면 해당 장애인 또는 그 부양의무자로부터 실비(實費)에 해당하는 금액을 받아야 한다. 다만, 해당 장애인이나 그 부양의무자가 「국민기초생활 보장법」 제7조제1항제1호에 따른 생계급여 수급자 또는 같은 항 제3호에 따른 의료급여 수급자인 경우에는 그 금액을 경감하거나 면제할 수 있다. 〈개정 2008. 2. 29., 2010. 3. 15., 2015. 11. 30.〉

제44조 비용 보조

① 국가나 지방자치단체는 법 제81조에 따라 장애인복지시설의 설치 · 운영에 필요한 비용의 일부를 매년 예산의 범위에서 보조한다. 이 경우 장애인복지시설의 운영에 필요한 비용의 보조 비율은 「보조금 관리에 관한 법률 시행령」으로 정하는 바에 따른다. 〈개정 2011. 10. 26.〉

② 제1항에 따라 국가나 지방자치단체가 장애인복지시설의 운영에 드는 비용을 보조하는 경우에는 「사회복지사업법」 제43조의2에 따른 시설 평가의 결과 등 해당 장애인복지시설의 운영 실적을 고려하여 차등을 두어 보조할 수 있다. 〈개정 2012. 8. 3.〉

제45조 삭제 〈2012. 7. 24.〉

제45조의2 민감정보 및 고유식별정보의 처리

① 국가, 지방자치단체(해당 권한이 위임 · 위탁된 경우에는 그 권한을 위임 · 위탁받은 자를 포함한다) 또는 국민연금공단(제1호 및 제1호의2의 사무만 해당한다)은 다음 각 호의 사무를 수행하기 위하여 불가피한 경우 「개인정보 보호법」 제23조에 따른 건강에 관한 정보나 같은 법 시행령 제19조에 따른 주민등록번호, 여권번호, 운전면허의 면허번호 또는 외국인등록 번호가 포함된 자료를 처리할 수 있다.

〈개정 2012. 7. 24., 2014. 11. 4., 2016. 12. 30., 2017. 3. 27., 2018. 6. 19., 2018. 12. 31.〉

1. 법 제32조에 따른 장애인 등록 등에 관한 사무

1의2. 법 제32조의4에 따른 서비스 지원 종합조사에 관한 사무

1의3. 법 제34조에 따른 재활상담 등의 조치에 관한 사무

1의4. 법 제38조에 따른 자녀교육비 지급에 관한 사무

2. 법 제39조에 따른 장애인사용자동차등표지의 발급에 관한 사무

2의2. 법 제41조에 따른 자금 대여에 관한 사무

3. 법 제49조에 따른 장애수당 지급에 관한 사무

4. 법 제50조에 따른 장애아동수당과 보호수당의 지급에 관한 사무

4의2. 법 제59조의3에 따른 성범죄자의 취업제한 등에 관한 사무

4의3. 법 제59조의10에 따른 장애인학대의 예방과 방지에 관한 사무

5. 삭제 〈2018. 6. 19.〉

6. 제13조의2에 따른 장애인일자리사업에 관한 사무

7. 제17조에 따른 이용요금 감면에 관한 사무

② 보건복지부장관 또는 국가시험관리기관은 다음 각 호의 사무를 수행하기 위하여 불가피한 경우 「개인정보 보호법」 제23조에 따른 건강에 관한 정보, 같은 법 시행령 제18조제2호에 따른 범죄경력자료에 해당하는 정보, 같은 영 제19조제1호 또는 제4호에 따른 주민등록번호 또는 외국인등록번호가 포함된 자료를 처리할 수 있다. 〈개정 2012. 7. 24., 2017. 10. 31.〉

1. 법 제72조에 따른 의지 · 보조기 기사자격증, 법 제72조의2에 따른 언어재활사 자격증 및 법 제72조의3에 따른 장애인재활상담사 자격증 교부에 관한 사무

2. 법 제73조에 따른 국가시험의 관리에 관한 사무

3. 법 제74조에 따른 국가시험 응시자격의 확인에 관한 사무

[본조신설 2012. 1. 6.]

제45조의3 규제의 재검토

보건복지부장관은 다음 각 호의 사항에 대하여 다음 각 호의 기준일을 기준으로 2년마다(매 2년이 되는 해의 기준일과 같은 날 전까지를 말한다) 그 타당성을 검토하여 개선 등의 조치를 하여야 한다. 〈개정 2016. 8. 2.〉

1. 제14조에 따른 한국수어 · 폐쇄자막 또는 화면해설방영 방송프로그램의 범위: 2015년 1월 1일

2. 제21조제1항에 따른 장애인복지상담원의 자격 기준: 2015년 1월 1일

3. 삭제 〈2018. 12. 24.〉

[본조신설 2014. 12. 9.]

제46조 과태료의 부과기준

법 제90조에 따른 과태료의 부과기준은 별표 5와 같다.

[전문개정 2012. 7. 24.]

부칙 〈제30893호, 2020. 8. 4.〉

제1조 시행일

① 이 영은 2020년 8월 5일부터 시행한다. 〈단서 생략〉

② 및 ③ 생략

제2조 생략

제3조 다른 법령의 개정

① 부터 ④까지 생략

42 장애인복지법 시행령 일부를 다음과 같이 개정한다.

제33조의3제2항 각 호 외의 부분 중 "「신용정보의 이용 및 보호에 관한 법률」 제2조제6호에 따른 신용정보집중기관"을 "「신용정보의 이용 및 보호에 관한 법률」 제25조제2항제1호에 따른 종합신용정보집중기관"으로 한다.

43부터 〈65〉까지 생략

제4조 생략

장애인복지법
시행규칙

[시행 2020. 9. 12]
[보건복지부령 제749호, 2020. 9. 11, 타법개정]

제1조 목적

이 규칙은 「장애인복지법」 및 같은 법 시행령에서 위임된 사항과 그 시행에 필요한 사항을 규정함을 목적으로 한다.

제2조 장애인의 장애 정도 등

① 「장애인복지법 시행령」(이하 "영"이라 한다) 제2조제2항에 따른 장애 정도는 별표 1과 같다. 〈개정 2019. 6. 4.〉

② 보건복지부장관은 제1항에 따른 장애 정도의 구체적인 판정기준을 정하여 고시할 수 있다. 〈개정 2008. 3. 3., 2010. 3. 19., 2019. 6. 4.〉

[제목개정 2019. 6. 4.]

제2조의2 장애 인식개선 교육

「장애인복지법」(이하 "법"이라 한다) 제25조제2항에 따라 장애 인식개선 교육을 실시한 기관 또는 단체의 장은 별지 제1호서식의 장애 인식개선 교육 결과보고를 작성하여 교육이 끝난 후 30일 이내에 보건복지부장관에게 제출하여야 한다.

[본조신설 2016. 6. 30.]

제2조의3 수행기관의 지정 기준

법 제30조의2제2항에 따른 장애인 가족 지원 사업 수행기관(이하 "수행기관"이라 한다)의 지정기준은 별표 1의2와 같다.

[본조신설 2017. 8. 9.]

제2조의4 수행기관의 지정 절차 등

① 보건복지부장관 또는 지방자치단체의 장은 수행기관을 지정하려면 관보 또는 인터넷 홈페이지에 다음 각 호의 사항을 10일 이상 공고하여야 한다.

1. 지정 요건

2. 수행사업의 종류 및 내용

3. 그 밖에 수행기관 지정 신청에 필요한 사항

② 수행기관으로 지정받으려는 기관 또는 단체는 별지 제11호의2서식의 수행기관 지정신청서에 다음 각 호의 서류를 첨부하여 보건복지부장관 또는 해당 지방자치단체의 장에게 제출하여야 한다. 이 경우 보건복지부장관 또는 지방자치단체의 장은 「전자정부법」 제36조제1항

에 따른 행정정보의 공동이용을 통하여 법인 등기사항증명서(법인의 경우에만 해당한다)를 확인하여야 한다.

1. 기관 또는 단체의 정관이나 이에 준하는 약정

2. 사업계획서

3. 제2조의3에 따른 지정 기준을 충족하였음을 확인할 수 있는 서류

③ 보건복지부장관 또는 지방자치단체의 장은 제2항에 따른 신청을 받으면 현지조사를 실시한 후 다음 각 호의 사항을 종합적으로 고려하여 수행기관을 지정하여야 한다.

1. 사업목적의 비영리성

2. 사업계획(재정·시설·인력 운용계획서를 포함한다)의 타당성

3. 제1항제3호에 따른 수행사업의 이행능력

④ 보건복지부장관 또는 지방자치단체의 장은 수행기관을 지정하는 경우에는 별지 제11호의3 서식의 수행기관 지정서(전자문서를 포함하다)를 해당 수행기관에게 발급하여야 한다.

⑤ 제3항에 따라 지정을 받은 수행기관은 해당 연도의 사업운영계획을 매년 1월 31일까지 보건복지부장관 또는 해당 지방자치단체의 장에게 제출하여야 하며, 반기별 사업운영실적을 매 반기 종료 후 1개월 이내에 보건복지부장관 또는 해당 지방자치단체의 장에게 제출하여야 한다.

⑥ 제3항에 따라 지정을 받은 수행기관은 제2항 각 호의 어느 하나에 해당하는 사항이 변경되는 경우에는 보건복지부장관 또는 해당 지방자치단체의 장에게 그 사실을 통지하여야 한다.

[본조신설 2017. 8. 9.]

제3조 장애인의 등록신청 및 장애 진단

① 법 제32조제1항에 따라 장애인의 등록을 신청하려는 자는 별지 제1호의2서식의 장애인 등록 및 서비스 신청서에 다음 각 호의 서류를 첨부하여 관할 읍·면·동장을 거쳐 특별자치시장·특별자치도지사·시장·군수·구청장(자치구의 구청장을 말하며, 이하 "시장·군수·구청장"이라 한다)에게 제출해야 한다. 다만, 시장·군수·구청장은 법 제32조의2에 따라 장애인 등록을 하려는 사람에 대해서는 「전자정부법」 제36조제1항에 따른 행정정보의 공동이용을 통하여 재외동포 및 외국인임을 증명하는 서류를 확인해야 하며, 신청인이 확인에 동의하지 않은 경우에는 이를 첨부하도록 해야 한다.

〈개정 2011. 2. 1., 2013. 1. 25., 2015. 8. 3., 2016. 6. 30., 2016. 12. 30., 2019. 6. 4.〉

1. 사진(신청 전 6개월 이내에 모자 등을 쓰지 않고 촬영한 천연색 상반신 정면사진으로 가로 3.5센티미터, 세로 4.5센티미터의 사진을 말한다) 1장

2. 등록대상자의 장애 상태를 확인할 수 있는 서류

② 제1항에 따른 등록신청을 받은 시장·군수·구청장은 등록대상자와의 상담을 통하여 그 장애 상태가 영 제2조에 따른 장애의 기준에 명백하게 해당되지 않는 경우 외에는 지체 없이 별지 제2호서식의 의뢰서에 따라 「의료법」 제3조에 따른 의료기관 또는 「지역보건법」 제10조 및 제13조에 따른 보건소와 보건지소(이하 "의료기관"이라 한다) 중 보건복지부장관이 정하는 장애유형별 해당 전문의가 있는 의료기관에 장애 진단을 의뢰할 수 있다.

〈개정 2008. 3. 3., 2010. 3. 19., 2015. 11. 18., 2019. 6. 4.〉

③ 제2항에 따라 장애 진단을 의뢰받은 의료기관은 장애인의 장애 상태를 진단한 후 별지 제3호서식의 진단서를 장애 진단을 의뢰한 시장·군수·구청장에게 통보해야 한다. 〈개정 2019. 6. 4.〉

④ 시장·군수·구청장은 제3항에 따라 통보받은 진단 결과에 대하여 보다 정밀한 심사가 필요하다고 인정되는 경우에는 국민연금공단에 장애 정도에 관한 심사를 의뢰할 수 있다. 이 경우 장애 정도에 관한 국민연금공단의 심사 방법 및 기준 등에 필요한 사항은 보건복지부장관이 정하여 고시한다. 〈개정 2008. 3. 3., 2010. 3. 12., 2010. 3. 19., 2011. 2. 1., 2019. 6. 4.〉

[제목개정 2019. 6. 4.]

제3조의2 진료기록 열람 등의 동의

① 법 제32조제6항에 따라 장애 정도에 관한 정밀심사를 의뢰받은 공공기관이 같은 조 제7항 전단에 따른 동의를 받으려는 경우에는 별지 제1호의2서식의 신청서 또는 별지 제1호의3서식의 진료기록 열람 및 사본 교부 요청 동의서에 따른다.

② 법 제32조제7항에 따라 열람 또는 사본 교부를 요청할 수 있는 진료에 관한 사항은 진료기록 자료, 검사결과 자료 등 「의료법」에 따른 의료기관의 진료관련 기록으로 한다.

③ 제1항에 따른 공공기관이 법 제32조제7항에 따라 의료기관으로부터 해당 진료에 관한 사항을 열람하거나 사본을 교부받은 경우에는 심사를 받으려는 본인이나 법정대리인 또는 영 제20조에 따른 보호자(이하 "법정대리인등"이라 한다)에게 우편이나 휴대전화 문자전송 등의 방법으로 그 사실을 통보하여야 한다. 〈개정 2017. 8. 9.〉

[본조신설 2016. 6. 30.]

제4조 장애인등록증 교부 등

① 시장·군수·구청장은 제3조에 따라 진단 결과나 장애 정도에 관한 심사 결과를 통보받은 경우에는 제2조에 따른 장애 정도에 해당하는지를 확인하여 장애인으로 등록해야 한다. 이

경우 해당 장애인에 대한 장애인등록카드를 작성하고, 장애인등록증(이하 "등록증"이라 한다)을 발급해야 한다. 〈개정 2019. 6. 4.〉

② 장애인은 등록증을 잃어버리거나 그 등록증이 훼손되어 못 쓰게 되었을 때 또는 제3항에 따라 「여신전문금융업법」 제2조에 따른 신용카드나 직불카드(이하 "신용카드등"이라 한다)와 통합된 등록증으로 재발급 받으려는 경우에는 별지 제1호의2서식의 신청서에 등록증(등록증을 잃어버린 경우는 제외한다)을 첨부하여 관할 읍·면·동장을 거쳐 시장·군수·구청장에게 재발급을 신청하여야 한다. 〈개정 2009. 12. 31., 2016. 6. 30.〉

③ 시장·군수·구청장은 제2항에 따라 장애인이 신용카드등과 통합된 등록증의 발급을 신청하는 경우에는 이를 발급할 수 있다.

④ 장애인은 등록증의 기재사항을 변경하려면 별지 제5호서식의 신청서에 장애인등록증과 기재사항의 변경내용을 증명할 수 있는 서류를 첨부하여 관할 읍·면·동장을 거쳐 시장·군수·구청장에게 신청하여야 한다. 이 경우 시장·군수·구청장이 「전자정부법」 제36조제1항에 따른 행정정보의 공동이용을 통하여 기재사항의 변경내용을 증명할 수 있는 서류에 대한 정보를 확인할 수 있는 경우에는 그 확인으로 첨부서류를 갈음하되, 신청인이 확인에 동의하지 않는 경우에는 그 서류를 첨부하여야 한다. 〈개정 2010. 9. 1.〉

제5조 등록증 서식 등

① 등록증의 재질·규격 및 표기사항은 다음 각 호와 같으며, 표기사항의 위치와 그 밖에 필요한 사항은 보건복지부장관이 따로 정한다. 〈개정 2008. 3. 3., 2010. 3. 19., 2019. 6. 4.〉

1. 재질 : 플라스틱
2. 규격 : 가로 8.6센티미터, 세로 5.4센티미터
3. 표기사항 : 장애인의 성명·주소·사진·주민등록번호·장애종류·장애 정도·등록일, 보호자 연락처, 기재사항 변경란, 발급일, 발급기관, 발급기관의 직인. 다만, 제4조제3항에 따라 신용카드등과 통합된 등록증의 경우에는 보건복지부장관이 정하는 바에 따라 표기사항의 일부를 생략할 수 있다.

② 제1항에 따른 등록증 발급기관의 직인은 그 직인의 인영(印影: 도장을 찍은 모양)을 인쇄함으로써 날인을 대신할 수 있다. 〈개정 2019. 9. 27.〉

제6조 장애 정도의 조정

① 장애인은 장애 상태가 현저하게 변화되어 장애 정도의 조정이 필요한 경우에는 별지 제1호의2서식의 신청서에 등록증과 등록대상자의 장애 상태를 확인할 수 있는 서류를 첨부하여

시장·군수·구청장에게 장애 정도의 조정을 신청할 수 있다. 〈개정 2019. 6. 4.〉

② 제1항에 따라 장애 정도의 조정신청을 받은 시장·군수·구청장은 의료기관에 장애 진단을 의뢰할 수 있다. 〈개정 2019. 6. 4.〉

③ 제2항에 따라 장애 진단을 의뢰받은 의료기관은 장애인의 장애 상태를 진단한 후 별지 제3호 서식의 진단서를 장애 진단을 의뢰한 시장·군수·구청장에게 통보해야 한다.

〈개정 2019. 6. 4.〉

④ 시장·군수·구청장은 제3항에 따라 통보받은 진단결과에 대하여 보다 정밀한 심사가 필요하다고 인정되는 경우에는 국민연금공단에 장애 정도에 관한 심사를 의뢰할 수 있다. 이 경우 장애 정도에 관한 국민연금공단의 심사 방법 및 기준 등에 필요한 사항은 보건복지부장관이 정하여 고시한다. 〈개정 2008. 3. 3., 2010. 3. 12., 2010. 3. 19., 2011. 2. 1., 2019. 6. 4.〉

⑤ 제3항과 제4항에 따라 진단 결과나 장애 정도 심사결과를 통보받은 시장·군수·구청장은 통보받은 내용을 토대로 장애 정도를 조정하고, 그 결과를 신청인에게 통지해야 한다.

〈개정 2019. 6. 4.〉

[제목개정 2019. 6. 4.]

제7조 장애 상태 확인

① 시장·군수·구청장은 법 제32조제3항에 따라 장애인의 장애 상태를 확인하여 장애 상태에 맞는 장애 정도를 유지하도록 해야 한다. 다만, 장애 상태에 현저한 변화 가능성이 없다고 판단되는 장애인에 대해서는 그렇지 않다. 〈개정 2019. 6. 4.〉

② 시장·군수·구청장은 제1항에 따라 장애인의 장애 상태를 확인하려는 경우에는 별지 제7호서식의 통보서를 해당 장애인에게 송부해야 한다. 〈개정 2019. 6. 4.〉

③ 장애 상태를 확인하기 위한 장애 진단 및 장애 정도의 조정에 관하여는 제6조제2항부터 제5항까지의 규정을 준용한다. 〈개정 2010. 3. 12., 2019. 6. 4.〉

[제목개정 2019. 6. 4.]

제7조의2 장애인 등록 취소

① 법 제32조의3제1항제1호에 따라 장애인이 사망한 경우에는 사망한 날의 다음 날, 같은 항 제2호부터 제4호까지의 규정에 따라 장애인 등록이 취소되는 경우에는 장애인 등록이 취소된 날의 다음 날에 법 제32조제1항에 따라 등록된 장애인의 자격이 상실되는 것으로 본다.

② 법 제32조의3제1항제3호에 따른 기간은 해당 장애인이 제7조제2항에 따른 통보서를 송부받은 날부터 90일로 한다.

③ 법 제32조의3제1항제4호에 따라 장애인이 장애인 등록 취소를 신청하려면 별지 제7호의2서식의 장애인 등록 취소 신청서에 등록증을 첨부하여 시장 · 군수 · 구청장에게 제출하여야 한다.

④ 제3항에 따라 장애인 등록 취소를 신청하려는 사람이 지적장애인, 자폐성장애인, 정신장애인 및 미성년자인 경우에는 법정대리인등의 동의가 있어야 한다. 이 경우 시장 · 군수 · 구청장은 「전자정부법」 제36조제1항에 따른 행정정보의 공동이용을 통하여 법정대리인등임을 증명하는 서류를 확인하여야 하며, 신청인이 확인에 동의하지 아니하는 경우에는 이를 첨부하도록 하여야 한다.

⑤ 시장 · 군수 · 구청장은 제3항에 따른 장애인 등록 취소 신청을 받은 경우에는 그 신청일부터 7일 이내에, 제4항에 따른 장애인 등록 취소 신청을 받은 경우에는 그 신청일부터 14일 이내에 해당 신청인의 장애인 등록을 취소하여야 한다.

⑥ 시장 · 군수 · 구청장은 부득이한 사유로 제5항에 따른 기간 내에 해당 신청을 처리하기 어렵다고 인정되는 경우에는 7일 이내의 범위에서 한 번만 그 처리기간을 연장할 수 있다. 이 경우 시장 · 군수 · 구청장은 처리기간의 연장 사유와 처리 예정 기한을 지체 없이 신청인에게 통지하여야 한다.

[본조신설 2017. 8. 9.]

제8조 등록증 반환통보

시장 · 군수 · 구청장은 법 제32조의3제2항에 따라 등록증의 반환을 명하는 경우에는 별지 제8호서식의 등록증 반환통보서를 반환기한 2주전까지 해당 처분의 상대방에게 송달하여야 한다.

〈개정 2009. 12. 31., 2017. 8. 9.〉

[제목개정 2009. 12. 31.]

제9조 장애인 증명서 발급

① 시장 · 군수 · 구청장은 신청에 따라 장애인 증명서를 발급할 수 있다.

② 제1항에 따른 장애인 증명서는 별지 제9호서식에 따른다.

제10조 등록현황의 기록 및 관리

① 시장 · 군수 · 구청장은 장애인등록현황을 별지 제10호서식에 따라 기록 · 관리하여야 한다.

② 시장 · 군수 · 구청장은 장애인이 주소를 이전한 경우에는 장애인등록 관계서류를 신주소지를 관할하는 시장 · 군수 · 구청장에게 이송하여야 한다.

제11조 장애판정위원회의 심의사항

법 제32조제4항에 따른 장애판정위원회(이하 "위원회"라 한다)는 다음 각 호의 사항을 심의한다. 〈개정 2008. 3. 3., 2010. 3. 19., 2019. 6. 4.〉

    1. 장애 인정 · 장애 정도 사정(査定)기준과 장애 진단 방법에 관한 사항

    2. 그 밖에 장애 인정 · 장애 정도 사정과 관련하여 보건복지부장관이 회의에 부치는 사항

제12조 위원회의 구성

① 위원회의 위원은 위원장 1명을 포함한 10명 이상 20명 이하의 위원으로 구성한다.

② 위원장은 위원 중에서 호선한다.

③ 위원은 다음 각 호의 어느 하나에 해당하는 자 중에서 보건복지부장관이 임명하거나 위촉한다. 〈개정 2008. 3. 3., 2010. 3. 19.〉

    1. 장애인에 대한 진단 · 재활 · 치료 · 교육 및 훈련 등에 관한 학식과 경험이 풍부한 자

    2. 장애인복지업무에 종사하는 공무원

제13조 위촉위원 임기

위촉위원의 임기는 3년으로 하되, 연임할 수 있다.

제13조의2 위원의 해임 및 해촉

보건복지부장관은 위원회의 위원이 다음 각 호의 어느 하나에 해당하는 경우에는 해당 위원을 해임하거나 해촉(解囑)할 수 있다.

    1. 심신장애로 인하여 직무를 수행할 수 없게 된 경우

    2. 직무와 관련된 비위사실이 있는 경우

    3. 직무태만, 품위손상이나 그 밖의 사유로 인하여 위원으로 적합하지 아니하다고 인정되는 경우

    4. 위원 스스로 직무를 수행하는 것이 곤란하다고 의사를 밝히는 경우

[본조신설 2016. 6. 30.]

제14조 위원장 직무

위원장은 위원회를 대표하며, 위원회의 업무를 총괄한다.

제15조 회의

① 위원회의 회의는 보건복지부장관 또는 재적위원 3분의 1 이상의 회의소집 요청이 있거나 위원장이 필요하다고 인정할 때에 소집한다. 〈개정 2008. 3. 3., 2010. 3. 19.〉

② 위원회의 회의는 재적위원 과반수의 출석으로 열고, 출석위원 과반수의 찬성으로 의결한다.

제16조 간사

위원회의 사무를 처리하기 위하여 위원회에 간사 1명을 두되, 보건복지부 장애인정책과장으로 한다. 〈개정 2008. 3. 3., 2010. 3. 19.〉

제17조 수당 및 여비

위원회의 회의에 출석한 위원에게는 예산의 범위에서 수당과 여비를 지급할 수 있다. 다만, 공무원인 위원이 그 소관업무에 직접 관련되어 출석하는 경우에는 그러하지 아니하다.

제18조 운영세칙

이 규칙에서 정한 것 외에 위원회의 운영에 필요한 사항은 위원회의 의결을 거쳐 위원장이 정한다.

제19조 서비스 지원 종합조사

① 보건복지부장관, 시장·군수·구청장 또는 국민연금공단은 법 제32조의4제2항 각 호의 사항을 보건복지부장관이 정하여 고시하는 서비스 지원 종합조사표에 따라 조사해야 한다.

② 보건복지부장관, 시장·군수·구청장 또는 국민연금공단은 법 제32조의4제2항제5호에 따른 신청인과 그 부양의무자의 소득 및 재산 등 생활수준에 관한 사항을 조사하기 위하여 다음 각 호의 사항을 확인할 수 있다.

1. 신청인, 그 배우자 및 부양의무자의 「국민건강보험법」 제69조에 따른 월별 보험료액에 관한 사항

2. 신청인이 「장애인 활동지원에 관한 법률」 제33조제3항 각 호 또는 같은 조 제4항에 해당하는지 여부

③ 보건복지부장관, 시장·군수·구청장 또는 국민연금공단의 장은 신청인의 건강상태 및 장애 정도를 확인하기 위하여 신청인, 그 부양의무자 또는 그 밖의 관계인에게 별지 제3호서식의 장애 정도 심사용 진단서 및 보건복지부장관이 정하는 자료의 제출을 요구할 수 있다.

④ 법 제32조의4제5항에서 "보건복지부령으로 정하는 사항"이란 다음 각 호의 사항을 말한다.

1. 조사기간

2. 조사범위

3. 조사담당자

4. 관계 법령

5. 제출자료

6. 그 밖에 해당 서비스 지원 종합조사와 관련하여 필요한 사항

[본조신설 2019. 6. 4.]

[종전 제19조는 제21조로 이동 〈2019. 6. 4.〉]

제20조 복지서비스에 관한 장애인 지원 사업

법 제32조의6제2항에 따라 같은 법 제1항에 따른 장애인 지원 사업을 위탁받은 기관은 그 사업에 필요한 다음 각 호의 업무를 수행한다.

1. 장애인 지원 사업 지침 개발 및 교육

2. 장애인 지원 사업 홍보

3. 장애인 지원 사업을 위한 민관협력 촉진 및 지원

4. 신규 장애인 지원 서비스 연구 및 개발

5. 장애인 지원 사업 모니터링 및 컨설팅

6. 그 밖에 장애인 지원 사업에 필요하다고 보건복지부장관이 인정하는 업무

[본조신설 2019. 6. 4.]

제20조의2 장애 정도가 변동·상실된 장애인 등에 대한 정보 제공

① 법 제32조의8제1항에 따른 대상자별 정보 제공의 내용은 별표 1의3과 같다.

〈개정 2017. 8. 9., 2019. 6. 4.〉

② 제1항에 따른 정보의 제공은 우편, 전화 등의 방법으로 할 수 있다.

③ 제1항에 따른 정보의 제공에 필요한 세부적인 내용, 기준과 방법 등에 관한 사항은 보건복지부장관이 정한다.

[본조신설 2016. 6. 30.]

[제목개정 2019. 6. 4.]

[제18조의2에서 이동 〈2019. 6. 4.〉]

제21조 장애인복지시설의 이용 등

시장·군수·구청장은 법 제34조제1항제3호에 따라 장애인을 장애인복지시설에 위탁하여 주거편의·상담·치료 및 훈련 등의 서비스를 받도록 하려는 경우에는 별지 제11호서식의 의뢰서를 그 시설의 장에게 송부하여야 한다. 〈개정 2012. 4. 10.〉

[제19조에서 이동 〈2019. 6. 4.〉]

제22조 산후조리도우미 지원사업에 대한 모니터링

국가 및 지방자치단체는 법 제37조제2항에 따라 산후조리도우미 지원사업의 현황, 지원대상자의 만족도 등에 관한 사항을 매년 점검하여야 한다.

제23조 자녀교육비 지급대상 및 기준

① 법 제38조에 따른 자녀교육비의 지급대상은 다음 각 호의 어느 하나에 해당하는 자 중 소득과 재산을 고려하여 매년 예산의 범위에서 보건복지부장관이 정한다. 다만, 「국민기초생활보장법」 등 다른 법령에 따라 교육비를 받는 자에게는 그 받은 금액만큼 감액하여 지급한다. 〈개정 2008. 3. 3., 2010. 3. 19.〉

1. 학교에 입학하거나 재학하는 자녀를 둔 장애인

2. 학교에 입학하거나 재학하는 장애인을 부양하는 자

② 제1항에 따른 교육비는 다음 각 호의 어느 하나에 해당하는 「초·중등교육법」에 따른 학교에 입학 또는 재학하는 자의 입학금·수업료와 그 밖에 교육에 드는 비용으로 한다. 〈개정 2012. 7. 27.〉

1. 초등학교·공민학교

2. 중학교·고등공민학교

3. 고등학교·고등기술학교

4. 특수학교

5. 각종학교

③ 제1항에 따른 자녀교육비의 지급대상별 지급액 등 지급의 세부기준은 매년 예산의 범위에서 보건복지부장관이 정한다. 〈개정 2008. 3. 3., 2010. 3. 19.〉

제24조 자녀교육비 지급대상자 선정

① 제23조에 따라 자녀교육비를 지급받으려는 자는 학비지급신청서에 소득·재산신고서, 금융정보등의 제공 동의서와 재학증명서나 입학을 증명할 수 있는 서류를 첨부하여 시장·군

수 · 구청장에게 제출하여야 한다. 〈개정 2009. 12. 31., 2012. 7. 27.〉

② 제1항에 따라 자녀교육비 지급신청을 받은 시장 · 군수 · 구청장은 제23조제1항에 따른 자녀교육비 지급대상자의 해당여부를 결정하여 신청인에게 통보하여야 한다.

③ 시장 · 군수 · 구청장은 제2항에 따른 자녀교육비의 지급대상자 결정을 위하여 관계공무원으로 하여금 신청한 장애인가구의 소득과 재산을 확인하게 할 수 있다. 〈개정 2009. 12. 31.〉

제25조 자녀교육비 지급방법 및 시기

자녀교육비는 다음 각 호의 구분에 따라 제24조제2항에 따른 자녀교육비 지급대상자에게 전분기(前分期) 말까지 지급한다 〈개정 2012. 7. 27.〉

1. 제1분기 : 3월 1일부터 5월 31일까지

2. 제2분기 : 6월 1일부터 8월 31일까지

3. 제3분기 : 9월 1일부터 11월 30일까지

4. 제4분기 : 12월 1일부터 그 다음 해의 2월 말일까지

제26조 장애인 사용 자동차 등 표지의 발급대

법 제39조에 따라 장애인이 사용하는 자동차 등임을 알아 볼 수 있는 표지(이하 "장애인사용자동차등표지"라 한다)의 발급 대상은 「자동차관리법」에 따른 자동차로서 다음 각 호의 어느 하나에 해당하는 것으로 한다.

〈개정 2009. 12. 31., 2011. 2. 1., 2011. 4. 7., 2011. 5. 20., 2011. 12. 8., 2012. 7. 27.〉

1. 법 제58조에 따른 장애인복지시설(이하 "장애인복지시설"이라 한다)이나 법 제63조에 따른 장애인복지단체(이하 "장애인복지단체"라 한다)의 명의로 등록하여 장애인복지사업에 사용되는 자동차 또는 지방자치단체의 명의로 등록하여 장애인복지시설이나 장애인복지단체가 장애인복지사업에 사용하는 자동차

2. 다음 각 목의 어느 하나에 해당하는 자의 명의로 등록하여 장애인이 사용하는 자동차

   가. 법 제32조에 따라 등록한 장애인

   나. 가목에 따른 장애인과 주민등록표상의 주소를 같이 하면서 함께 거주하는 장애인의 배우자, 직계존 · 비속, 직계비속의 배우자, 형제 · 자매, 형제 · 자매의 배우자 및 자녀

   다. 「재외동포의 출입국과 법적 지위에 관한 법률」에 따라 국내거소신고를 한 재외동포나 「출입국관리법」에 따라 외국인등록을 한 외국인으로서 제28조제1항 각 호의 어느 하나에 해당하는 장애가 있는 자

3. 제2호가목에 해당하는 장애인이 1년 이상의 기간을 정하여 시설대여를 받거나 임차하여

사용하는 자동차

4. 「노인복지법」 제34조에 따른 노인의료복지시설의 명의로 등록하여 노인복지사업에 사용되는 자동차

5. 「장애인 등에 대한 특수교육법」 제28조제5항에 따라 장애인의 통학을 위하여 사용되는 자동차

6. 「영유아보육법」 제26조에 따라 장애아를 전담하는 어린이집의 명의로 등록하여 장애아보육사업에 사용되는 자동차

7. 「교통약자의 이동편의 증진법」 제16조에 따른 특별교통수단으로서 장애인의 이동편의를 위해 사용되는 자동차

[제목개정 2012. 7. 27.]

제27조 장애인사용자동차등표지의 발급 등

① 제26조 각 호의 어느 하나에 해당하여 장애인사용자동차등표지를 발급받으려는 자는 별지 제1호의2서식의 신청서에 다음 각 호의 서류를 첨부하여 주소지(재외동포와 외국인의 경우에는 각각 국내거소지나 체류지를 말한다) 관할 읍ㆍ면ㆍ동장을 거쳐 시장ㆍ군수ㆍ구청장에게 제출하여야 한다. 이 경우 시장ㆍ군수ㆍ구청장은 「전자정부법」 제36조제1항에 따른 행정정보의 공동이용을 통하여 국내거소신고 또는 외국인등록 사실증명(신청인이 재외동포나 외국인인 경우에만 해당한다)과 자동차등록증을 확인하여야 하며, 신청인이 동의하지 아니하는 경우에는 각 해당서류의 사본을 첨부하도록 하여야 한다.

〈개정 2009. 12. 31., 2010. 9. 1., 2012. 7. 27., 2016. 6. 30.〉

1. 제28조제1항 각 호의 어느 하나에 해당하는 장애가 있음을 증명하는 의사의 진단서 1부 (재외동포나 외국인의 경우에만 해당한다)

2. 시설대여계약서 또는 임차계약서 사본 1부(자동차를 시설대여 받거나 임차한 경우에만 해당한다)

② 제1항에 따른 장애인사용자동차등표지의 발급신청을 받은 시장ㆍ군수ㆍ구청장은 해당 사실의 여부를 확인한 후 보건복지부장관이 정하는 장애인사용자동차등표지를 발급하여야 한다. 〈개정 2008. 3. 3., 2010. 3. 19., 2012. 7. 27.〉

③ 사용 중인 장애인사용자동차등표지를 잃어버리거나 그 표지가 훼손되어 못 쓰게 된 경우 또는 장애인사용자동차등표지의 기재사항을 변경하려는 경우에는 별지 제1호의2서식의 신청서에 다음 각 호의 서류를 첨부하여 관할 읍ㆍ면ㆍ동장을 거쳐 시장ㆍ군수ㆍ구청장에게 재발급을 신청하여야 한다. 〈개정 2009. 12. 31., 2012. 7. 27., 2016. 6. 30.〉

1. 장애인사용자동차등표지(잃어버린 경우는 제외한다)

2. 변경 사실을 증명할 수 있는 서류 1부(기재사항 변경의 경우에만 해당한다)

④ 장애인사용자동차의 소유자는 그 자동차를 다른 사람에게 양도·증여하거나 폐차 또는 등록말소를 하려는 경우에는 즉시 그 자동차에 사용 중인 장애인사용자동차등표지를 관할 읍·면·동장을 거쳐 시장·군수·구청장에게 반납하여야 한다. 〈개정 2012. 7. 27.〉

⑤ 시장·군수·구청장은 장애인사용자동차등표지 발급현황을 별지 제14호서식에 따라 기록·관리하여야 한다 〈개정 2012. 7. 27.〉

[제목개정 2012. 7. 27.]

제28조 보행상 장애가 있는 자에 대한 배려

① 시장·군수·구청장은 법 제39조제1항에 따른 장애인의 자동차 사용의 편의를 위하여 보건복지부장관이 정하여 고시하는 보행상의 장애가 있는 사람이 자동차를 이용할 때에 그 장애로 말미암아 부득이하게 관계 법령에 따른 정차 또는 주차의 방법 등을 위반한 경우에는 그 원인과 결과 등을 고려하여 교통소통 및 안전에 지장을 주지 않는 범위에서 최대한 계도 위주의 단속이 이루어지도록 배려해야 한다. 〈개정 2019. 6. 4.〉

1. 삭제 〈2019. 6. 4.〉

2. 삭제 〈2019. 6. 4.〉

3. 삭제 〈2019. 6. 4.〉

4. 삭제 〈2019. 6. 4.〉

② 제1항에 따른 계도 위주의 단속이 원활하게 이루어지도록 하기 위하여 시장·군수·구청장은 장애인사용자동차등표지를 발급할 때에 보행상 장애가 있음을 장애인사용자동차등표지에 따로 표시해야 한다. 〈개정 2012. 7. 27., 2019. 6. 4.〉

제29조 장애인 보조견표지 발급대상

법 제40조에 따른 장애인 보조견표지(이하 "보조견표지"라 한다)의 발급대상은 보건복지부장관이 정하여 고시하는 시설기준에 해당하는 장애인 보조견 전문훈련기관(이하 "전문훈련기관"이라 한다)에서 훈련 중이거나 훈련을 이수한 장애인 보조견으로 한다. 〈개정 2008. 3. 3., 2010. 3. 19.〉

제30조 보조견표지 발급 등

① 제29조에 따른 전문훈련기관의 장은 해당 훈련기관에서 훈련 중이거나 훈련을 이수한 장애인 보조견에 대하여 보조견표지의 발급을 신청할 수 있다.

② 전문훈련기관의 장이 제1항에 따라 보조견표지의 발급을 신청하려면 별지 제15호서식의 신청서에 다음 각 호의 서류를 첨부하여 보건복지부장관에게 제출하여야 한다.

〈개정 2008. 3. 3., 2010. 3. 19.〉

1. 장애인 보조견의 전신사진 1장

2. 장애인 보조견이 훈련 중이거나 훈련을 이수하였음을 증명하는 서류 1부

③ 보건복지부장관은 제1항에 따라 보조견표지의 발급을 신청받으면 신청내용의 사실 여부를 확인한 후 별표 2에 따른 보조견표지를 발급하여야 한다.　　〈개정 2008. 3. 3., 2010. 3. 19.〉

④ 전문훈련기관의 장은 사용 중인 보조견표지를 잃어버리거나 그 표지가 훼손되어 못 쓰게 된 경우에는 별지 제15호서식의 신청서에 다음 각 호의 서류를 첨부하여 보건복지부장관에게 재발급을 신청하여야 한다.　　〈개정 2008. 3. 3., 2010. 3. 19.〉

1. 재발급 사유를 증명하는 서류 1부

2. 보조견표지(훼손되어 못 쓰게 된 경우에만 해당한다)

⑤ 전문훈련기관의 장은 장애인 보조견이 사망하거나 장애인 보조견으로서 활동을 계속할 수 없다고 판단되는 경우에는 그 장애인 보조견에 사용 중인 보조견표지를 보건복지부장관에게 반납하여야 한다.　　〈개정 2008. 3. 3., 2010. 3. 19.〉

⑥ 보건복지부장관은 보조견표지 발급현황을 별지 제16호서식에 따라 기록·관리하여야 한다.

〈개정 2008. 3. 3., 2010. 3. 19.〉

제31조 자금대여 신청

영 제25조제1항에 따라 자금을 대여받으려는 자는 자금대여신청서에 다음 각 호의 구분에 따른 서류를 첨부하여 관할 읍·면·동장을 거쳐 시장·군수·구청장에게 제출하여야 한다.

〈개정 2012. 4. 10.〉

1. 생업자금 : 사업의 종류, 사업장의 소재지 및 사업의 내용 등을 적은 사업계획서

2. 생업을 위한 자동차 구입비 : 차량매매계약서

3. 취업에 필요한 지도 및 기술훈련비 : 지도 및 기술훈련 시설의 장이 발급하는 훈련증명서

4. 기능회복 훈련에 필요한 장애인보조기구 구입비 : 용도를 명시한 매매계약서

5. 사무보조기기 구입비 : 사용처·용도 등을 명시한 매매계약서

제32조 자금대여 관리카드

① 시장·군수·구청장은 영 제25조제2항에 따라 자금대여 대상자를 결정하면 자금대여 결정통지서(전자문서를 포함한다)로 통지하고 자금대여 내용을 자금대여 관리카드에 기록·관리하여야 한다.　　〈개정 2009. 12. 31., 2012. 4. 10.〉

② 영 제25조제2항에 따른 금융기관 또는 체신관서는 시장·군수·구청장의 자금대여 결정통지를 받으면 자금을 대여하고 그 대여내용 및 상환방법 등을 관할 시장·군수·구청장에게 통보하여야 한다. 〈개정 2012. 4. 10.〉

제33조 자립훈련비 지급 등

① 법 제43조제1항에 따른 자립훈련비의 지급대상자는 장애인복지시설에서 자립을 목적으로 훈련을 받는 장애인으로 한다.

② 자립훈련비의 지급대상과 종류별 지급금액 등에 관한 세부기준은 매년 예산의 범위에서 보건복지부장관이 정한다. 〈개정 2008. 3. 3., 2010. 3. 19.〉

제34조 삭제 〈2018. 6. 20.〉

제35조 삭제 〈2018. 6. 20.〉

제36조 삭제 〈2018. 6. 20.〉

제37조 삭제 〈2018. 6. 20.〉

제37조의2 장애인 응시자에 대한 편의제공

① 법 제46조의2에 따른 편의제공의 내용 및 방법은 다음 각 호와 같다. 다만, 시험의 특성, 장애인 응시자의 장애의 종류 및 장애 정도에 따라 편의제공의 내용 및 방법을 달리할 수 있다. 〈개정 2019. 6. 4.〉

1. 장애인 보조기구 지참 허용
2. 시험시간 연장
3. 확대 문제지 및 확대 답안지 제공
4. 시험실 별도 배정
5. 그 밖에 보건복지부장관이 정하여 고시하는 사항

② 영 제28조 각 호에 따른 시험을 실시하려는 국가, 지방자치단체 및 기관·단체의 장은 편의제공의 기준을 마련하여 시험 공고와 함께 게시하여야 한다.

③ 제1항 및 제2항에서 규정한 사항 외에 장애인 응시자에 대한 편의제공에 필요한 사항은 보건복지부장관이 정하여 고시한다.

[본조신설 2016. 6. 30.]

제38조 장애수당 등의 지급신청

① 법 제50조의2제1항에 따라 장애수당·장애아동수당 및 보호수당(이하 "장애수당등"이라 한다)을 지급받으려는 자는 장애수당등 지급신청서에 소득·재산신고서 및 금융정보등의 제공 동의서를 첨부하여 관할 읍·면·동장을 거쳐 시장·군수·구청장에게 제출하여야 한다. 〈개정 2009. 12. 31., 2012. 4. 10., 2012. 7. 27.〉

② 시장·군수·구청장은 제1항에 따른 장애수당등의 지급신청을 받으면 영 제30조에 따른 지급대상인지를 조사·확인한 후 그 결과를 신청인에게 통지하여야 한다.

〈개정 2012. 4. 10., 2012. 7. 27.〉

③ 제2항에 따라 조사를 하는 공무원은 그 권한을 표시하는 증표를 지니고 관계인에게 내보여야 한다. 〈신설 2012. 7. 27.〉

④ 영 제32조제2항 후단에 따라 지급대상자의 배우자 등의 계좌로 장애수당등을 받으려는 자는 별지 제41호서식의 장애수당등 대리수령 신청서(전자문서로 된 신청서를 포함한다)에 다음 각 호의 서류(전자문서를 포함한다)를 첨부하여 시장·군수·구청장에게 제출하여야 한다. 〈신설 2009. 12. 31., 2012. 4. 10., 2012. 7. 27.〉

1. 지급대상자의 인적 사항을 확인할 수 있는 서류
2. 영 제32조제2항 각 호의 사유 중 어느 하나에 해당함을 증명할 수 있는 서류 1부
3. 대리수령인이 지급대상자의 배우자, 직계혈족 또는 3촌 이내의 방계혈족임을 확인할 수 있는 서류

제39조 장애수당등의 수급희망 이력관리

① 법 제50조의2제1항에 따라 장애수당등의 지급을 신청한 사람은 장애수당등 수급권을 가지지 못한 경우에 시장·군수·구청장에게 영 제30조에 따른 장애수당등 수급권자의 범위에 포함될 가능성을 확인받을 수 있다.

② 제1항에 따라 장애수당등 지급대상자의 범위에 포함될 가능성을 확인받으려는 사람(영 제32조제2항 후단에 따른 지급대상자의 배우자 등을 포함한다. 이하 같다)은 별지 제1호의2서식의 신청서를 작성하여 시장·군수·구청장에게 제출해야 한다.

③ 시장·군수·구청장은 제2항에 따라 신청서를 제출한 사람이 영 제30조에 따른 장애수당등 지급대상자의 범위에 포함될 가능성을 다음 각 호의 어느 하나에 해당하는 때에 확인한다.

1. 보건복지부장관이 영 제33조제1항에 따라 장애수당등의 지급대상과 지급기준을 정했을

때

2. 「사회보장기본법」 제37조에 따른 사회보장정보시스템으로 제38조의2제3항 각 호의 사항이 변경되었음을 확인했을 때

④ 시장·군수·구청장은 제3항에 따른 확인 결과 영 제30조에 따른 장애수당등 지급대상자의 범위에 포함될 가능성을 확인한 경우에는 그 사람에게 제38조에 따른 장애수당등 지급의 신청 방법 및 절차를 안내해야 한다.

⑤ 제2항에 따라 제출한 신청서의 유효기간은 신청서를 제출한 날부터 5년으로 한다. 다만, 신청서를 제출한 이후 영 제30조에 따른 장애수당등의 수급권이 발생한 경우에는 그 수급권이 발생한 날에 신청서의 유효기간이 만료된 것으로 본다.

[본조신설 2019. 6. 4.]

제39조의2 장애인자립생활지원센터의 운영기준

① 법 제54조제2항에 따른 장애인자립생활지원센터(이하 "자립생활센터"라 한다)의 의사결정, 서비스제공 및 운영 등은 장애인 주도로 이루어져야 하며, 그 운영기준은 다음 각 호와 같다.

〈개정 2019. 6. 4.〉

1. 자립생활센터는 의사결정기구의 과반수를 장애인으로 구성하여야 한다.

2. 자립생활센터는 장애동료 상담전문가 1명 이상의 인력을 갖추어야 하며, 전체 인력 중 1명 이상은 장애인이어야 한다.

3. 자립생활센터는 법 제54조제1항의 목적을 실현하기 위하여 다음 업무를 주로 수행하여야 한다.

가. 장애인의 자립생활 역량 강화 및 동료상담 등 장애인 동료에 의한 서비스 지원

나. 모든 유형의 장애인이 지역사회에서 참여적이고 통합적인 생활이 가능하도록 정보제공 및 의뢰 등 다양한 서비스의 제공과 이를 실현할 수 있는 지역사회의 물리적·사회적 환경개선 사업

다. 장애인이 지역사회에 참여하고 생활하는 데 있어서의 차별 해소 및 장애인 인권의 옹호·증진

라. 장애인에게 적합한 서비스의 제공

② 지방자치단체는 보조금을 지원하는 자립생활센터를 정기적으로 평가하여야 하고, 평가 시 제1항의 운영기준에 대한 성과를 중시해야 한다.

③ 자립생활센터는 조직 운영, 사업 수행, 재정 확보, 운용 등에 대해 객관적으로 평가받을 수 있도록 관련 기록 및 자료를 관리하여야 한다.

④ 그 밖에 자립생활센터의 운영에 관하여 필요한 사항은 보건복지부장관이 정한다.

[본조신설 2011. 4. 7.]

[제목개정 2019. 6. 4.]

제40조 삭제 〈2011. 8. 17.〉

제40조의2 장애동료 간 상담의 제공기관 및 내용

① 법 제56조에 따른 장애동료 간 상담은 장애인에 의해 장애인에게 제공되는 상담이나 정보제공 활동으로 다음 각 호의 내용을 포함한다.

1. 장애인의 심리적인 고충

2. 가족 및 사회적인 관계에서 발생하는 문제

3. 지역사회 자원의 활용방법

4. 기타 장애인이 처한 곤란한 문제 등의 대처방법

② 국가와 지방자치단체는 자립생활센터로 하여금 장애동료 간 상담사업을 실시하도록 하여야 한다.

③ 국가와 지방자치단체는 제39조의2제1항제2호의 장애동료 상담전문가를 양성하기 위하여 일정 요건을 갖춘 기관을 지정하여 운영할 수 있다.

④ 그 밖에 장애동료 간 상담 및 장애동료 상담전문가 양성기관의 지정에 관하여 필요한 사항은 보건복지부장관이 정한다.

[본조신설 2011. 4. 7.]

제41조 장애인복지시설의 종류와 사업

법 제58조제2항에 따른 장애인복지시설의 구체적인 종류는 별표 4와 같이 구분하고, 장애인복지시설의 종류별 사업은 별표 5에서 정하는 바에 따른다.

제42조(시설의 설치·운영기준) 법 제59조에 따른 장애인복지시설의 설치·운영기준은 별표 5와 같다.

제43조 시설의 설치·운영신고 등

① 법 제59조제2항 본문에 따라 국가 또는 지방자치단체 외의 자가 장애인복지시설을 설치·운영하려는 경우에는 별지 제20호서식의 신고서(전자문서로 된 신고서를 포함한다)에 다음 각 호의 서류(전자문서를 포함한다)를 첨부하여 관할 시장·군수·구청장에게 제출하여야 한

다.

1. 정관 1부(법인인 경우에만 해당한다)

2. 시설운영에 필요한 재산목록 1부

3. 사업계획서 및 예산서 각 1부

4. 시설의 운영에 관한 규정 각 1부

5. 시설의 평면도(시설의 층별 및 구조별 면적을 표시하여야 한다)와 설비구조 내역서 각 1부

② 제1항에 따라 신고서를 받은 시장·군수·구청장은 「소방시설 설치·유지 및 안전관리에 관한 법률 시행령」 별표 5에 따라 장애인복지시설이 갖추어야 하는 소방시설에 대하여 「소방시설 설치·유지 및 안전관리에 관한 법률」 제7조제6항 전단에 따라 그 장애인복지시설의 소재지를 관할하는 소방본부장이나 소방서장에게 그 장애인복지시설이 같은 법 또는 같은 법에 따른 명령을 따르고 있는지에 대한 확인을 요청하여야 하고, 「전자정부법」 제36조제1항에 따른 행정정보의 공동이용을 통하여 다음 각 호의 서류를 확인하여야 한다.

〈개정 2010. 9. 1., 2012. 4. 10., 2015. 8. 3., 2017. 3. 28.〉

1. 법인 등기사항증명서(법인인 경우만 해당한다)

2. 삭제 〈2017. 3. 28.〉

3. 건물등기부 등본

4. 토지등기부 등본

③ 법 제59조제2항 본문에 따라 장애인복지시설의 설치·운영을 신고한 자가 신고한 사항을 변경하려면 다음 각 호에서 정하는 바에 따라 해당하는 서류를 관할 시장·군수·구청장에게 제출하여야 한다. 〈개정 2012. 4. 10., 2015. 8. 3.〉

1. 시설의 명칭이나 시설의 장을 변경하는 경우 : 별지 제21호서식의 신고서에 장애인복지시설 신고증을 첨부할 것

2. 시설의 종류를 변경하는 경우 : 별지 제21호서식의 신고서에 제1항 각 호의 서류와 장애인복지시설 신고증을 첨부할 것

3. 시설의 소재지나 이용정원을 변경하는 경우 : 별지 제22호서식의 신고서에 다음 각 목의 서류를 첨부할 것

가. 시설의 소재지나 이용정원의 변경 사유서

나. 시설거주자에 대한 조치계획서

다. 시설의 운영에 필요한 재산목록·사업계획서 및 예산서

라. 시설의 운영에 필요한 재산의 평가 조서(이용정원이 변경되는 경우에만 해당한다)

마. 시설의 평면도(시설의 층별 및 구조별 면적을 표시하여야 한다)와 설비구조 내역서(시

설의 소재지가 변경되는 경우에만 해당한다)

바. 장애인복지시설 신고증

④ 제3항제2호에 따라 시설 종류의 변경신고서를 받거나 같은 항 제3호에 따라 시설 소재지의 변경신고서를 받은 시장 · 군수 · 구청장은 「소방시설 설치 · 유지 및 안전관리에 관한 법률 시행령」 별표 5에 따라 장애인복지시설이 갖추어야 하는 소방시설에 대하여 「소방시설 설치 · 유지 및 안전관리에 관한 법률」 제7조제6항 전단에 따라 그 장애인복지시설의 소재지를 관할하는 소방본부장이나 소방서장에게 그 장애인복지시설이 같은 법 또는 같은 법에 따른 명령을 따르고 있는지를 확인하여 줄 것을 요청하여야 하고, 「전자정부법」 제36조제1항에 따른 행정정보의 공동이용을 통하여 다음 각 호의 서류를 확인하여야 한다.

〈개정 2010. 9. 1., 2012. 4. 10., 2015. 8. 3.〉

1. 법인 등기사항증명서(법인인 경우만 해당한다)

2. 건물등기부 등본

3. 토지등기부 등본

⑤ 시장 · 군수 · 구청장은 제1항에 따른 신고를 받으면 별지 제23호서식의 장애인복지시설신고증을 발급하여야 하며, 제3항에 따른 변경신고를 받은 경우에는 장애인복지시설 신고증에 그 변경사항을 적어 발급하여야 한다.

⑥ 시장 · 군수 · 구청장은 별지 제24호서식의 장애인복지시설신고관리대장을 작성 · 관리하여야 한다.

제43조의2 삭제 〈2016. 6. 30.〉

제43조의3 성범죄경력 조회 등

① 영 제36조의2제1항에 따른 성범죄경력 조회 요청서는 별지 제24호의2서식에 따른다.

② 영 제36조의2제1항에 따른 성범죄경력 조회 동의서는 별지 제24호의3서식에 따른다.

③ 영 제36조의2제2항에 따른 성범죄경력 조회 회신서는 별지 제24호의4서식에 따른다.

[본조신설 2012. 7. 27.]

제43조의4 중앙장애인권익옹호기관의 업무

법 제59조의11제1항제7호에서 "보건복지부령으로 정하는 장애인학대 예방과 관련된 업무"란 다음 각 호의 업무를 말한다.

〈개정 2018. 6. 20.〉

1. 장애인학대 예방 관련 정책의 개발

2. 장애인학대 신고접수 및 관리를 위한 전산시스템의 구축 및 운영

3. 장애인학대 관련 통계의 생산 및 제공

4. 장애인권익옹호에 관한 국제 교류

[본조신설 2016. 12. 30.]

제43조의5 지역장애인권익옹호기관의 업무

법 제59조의11제2항제5호에서 "보건복지부령으로 정하는 장애인학대 예방과 관련된 업무"란 다음 각 호의 업무를 말한다.　　　　　　　　　　　　　　　　　　　　〈개정 2018. 6. 20.〉

1. 피해장애인의 보호 및 피해 회복

2. 관계 기관 · 법인 · 단체 · 시설 간 협력체계의 구축 및 교류

3. 장애인학대 사건 조사 현황 및 결과 등에 관한 정보제공 요청 등 중앙장애인권익옹호기관의 요청에 따른 업무

[본조신설 2016. 12. 30.]

제43조의6 장애인권익옹호기관의 세부 설치 · 운영기준

① 영 제36조의8제3항에 따른 장애인권익옹호기관의 세부 설치기준은 별표 5의2와 같다.

② 영 제36조의8제3항에 따른 장애인권익옹호기관의 세부 운영기준은 별표 5의3과 같다.

[본조신설 2016. 12. 30.]

제43조의7 피해장애인 쉼터의 설치 · 운영 기준

법 제59조의13에 따른 피해장애인 쉼터의 설치 · 운영기준은 별표 5의4와 같다.

　　　　　　　　　　　　　　　　　　　　　　　　　　　　〈개정 2018. 6. 20.〉

[본조신설 2017. 8. 9.]

제44조 시설운영의 중단 · 재개 · 폐지 신고 등

① 장애인복지시설을 설치 · 운영하는 자는 법 제60조제2항에 따라 시설 운영을 일시중단또는 재개하거나 시설을 폐지하려는 경우에는 별지 제25호서식의 신고서에 다음 각 호의 서류를 첨부하여 시설 운영을 중단 · 재개 또는 폐지하기 3개월 전까지 관할 시장 · 군수 · 구청장에게 제출하여야 한다.　　　　　　　　　　　　　　　　　　　〈개정 2012. 4. 10.〉

1. 시설 운영의 중단 · 재개 또는 폐지 사유서(법인인 경우에는 중단 · 재개 · 폐지를 결의한 이사회의 회의록 사본) 1부

2. 시설 이용자에 대한 조치계획서 1부(시설 운영 재개의 경우는 제외한다)

3. 시설 이용자가 납부한 시설 이용료 및 사용료의 반환조치계획서 1부(시설 운영 재개의 경우는 제외한다)

4. 보조금·후원금의 사용 결과 보고서와 이를 재원으로 조성한 잔여재산 반환조치계획서 1부(시설 운영 재개의 경우는 제외한다)

5. 시설 재산에 관한 사용 또는 처분계획서 1부(시설 운영 재개의 경우는 제외한다)

6. 운영 중단 사유의 해소조치 결과보고서 1부(시설 운영 재개의 경우에만 해당한다)

7. 향후 안정적 운영을 위한 운영계획서 1부(시설 운영 재개의 경우에만 해당한다)

8. 장애인복지시설 신고증 1부(시설 폐지의 경우에만 해당한다)

② 시장·군수·구청장은 제1항에 따른 시설 운영의 중단·재개 또는 폐지의 신고를 받은 경우에는 제1항제2호·제3호·제6호 및 제7호의 조치계획 등에 따라 시설 이용자에 대한 조치가 적절히 이루어지는지를 확인하는 등 시설 이용자의 권익을 보호하기 위한 조치를 하여야 하며, 해당 장애인복지시설을 설치·운영하는 자는 법 제60조제3항 각 호 및 같은 조 제4항 각 호의 사항을 성실히 이행하여 시설 이용자의 권익이 침해받지 아니하도록 하여야 한다.

〈개정 2012. 4. 10.〉

③ 시장·군수·구청장은 제1항에 따른 시설 운영의 재개 신고를 받은 경우에 「소방시설 설치·유지 및 안전관리에 관한 법률 시행령」 별표 5에 따라 장애인복지시설이 갖추어야 하는 소방시설에 대하여 「소방시설 설치·유지 및 안전관리에 관한 법률」 제7조제6항 전단에 따라 그 장애인복지시설의 소재지를 관할하는 소방본부장이나 소방서장에게 그 장애인복지시설이 같은 법 또는 같은 법에 따른 명령을 따르고 있는지를 확인하여 줄 것을 요청하여야 한다.

〈신설 2015. 8. 3.〉

제44조의2 장애인 거주시설 이용 절차 등

① 법 제60조의2제1항에서 "보건복지부령으로 정하는 서류"란 장애인 거주시설 이용신청서, 소득·재산 신고서, 소득·재산 상태 및 부양관계를 확인할 수 있는 서류, 건강진단서 등 건강상태를 확인할 수 있는 서류를 말한다.

② 법 제60조의2제2항에 따라 시장·군수·구청장은 법 제32조제1항에 따른 장애인 등록 여부, 장애 유형, 법 제32조의4에 따른 서비스 지원 종합조사의 결과, 장애인 및 그 배우자 또는 부양의무자인 1촌의 직계혈족의 소득·재산 및 생활환경 등을 고려하여 장애인 거주시설 이용 적격성을 심사하고, 그 시설 이용 여부를 결정해야 한다. 〈개정 2019. 6. 4.〉

③ 법 제60조의2제3항에 따라 시장·군수·구청장은 법 제60조의2제1항에 따른 신청을 받은

날부터 20일 내에 제2항에 따른 시설 이용 여부 결정을 장애인 거주시설 이용 적격성 및 본인 부담금 결정 통보서에 따라 이용 신청자와 시설 운영자에게 통보하여야 한다. 다만, 심사에 상당한 시간이 소요되는 등 특별한 사유가 있는 경우에는 그 사유를 명시하여 신청을 받은 날부터 30일 내에 통보하여야 한다.

④ 시설 이용자가 법 제60조의2제1항부터 제3항까지의 절차를 거치지 아니하고 장애인거주시설을 이용하는 경우 시설 운영자는 법 제60조의2제4항에 따라 다음 각 호의 사항을 시장·군수·구청장에게 보고하여야 한다. 이 경우 시설 운영자는 시설 이용자, 그 친족 또는 그 밖의 관계인에게 법 제60조의2제1항에 따른 신청절차를 안내하여야 한다.

1. 시설 이용자, 그 친족 또는 그 밖의 관계인의 인적사항

2. 시설이용 개시일

3. 법 제60조의2제1항에 따른 신청절차를 거치지 아니한 이유

⑤ 법 제60조의2제5항에 따라 시설 운영자는 장애인 거주시설 이용에 관한 계약을 체결한 경우 별지 제26호서식의 장애인거주시설 이용계약 체결 결과 보고서에 장애인 거주시설 이용계약서를 첨부하여 시장·군수·구청장에게 보고하여야 한다.

⑥ 법 제60조의2제5항에 따른 계약에는 다음 각 호의 사항이 포함되어야 한다. 〈개정 2017. 8. 9.〉

1. 법 제60조의4제1항부터 제4항까지의 규정에 따른 시설 운영자의 의무에 관한 사항

2. 시설 이용자가 본인 또는 다른 사람의 신체에 위해(危害)를 가하거나 가할 우려가 있는 경우 시설 운영자가 할 수 있는 제한조치의 내용, 절차, 한계 및 이의제기에 관한 사항

3. 시설 이용자의 권리와 의무에 관한 사항

4. 법 제60조의2제6항에 따른 계약절차의 대행자의 권리와 의무에 관한 사항

5. 시설 이용 중단절차에 관한 사항

6. 시설이용에 따른 비용과 본인부담금에 관한 사항

7. 계약기간

8. 계약 위반에 따른 조치사항

⑦ 시장·군수·구청장은 관할 지역의 환경 및 시설의 특성 등을 고려하여 제6항에 따른 계약에 관한 계약서 견본을 마련하고, 시설 운영자에게 그 이용을 권장할 수 있다.

⑧ 법 제60조의2제7항 전단에서 "보건복지부령으로 정하는 기간"이란 20일을 말한다.

[본조신설 2012. 4. 10.]

제44조의3 장애인 거주시설의 서비스 최저기준 등

① 법 제60조의3제1항에 따른 장애인 거주시설의 서비스 최저기준(이하 "서비스 최저기준"이라

한다)에 다음 각 호의 사항이 포함되어야 한다.

1. 서비스 안내 및 상담

2. 개인의 욕구와 선택

3. 이용자의 참여와 권리

4. 능력개발

5. 일상생활

6. 개별지원

7. 환경

8. 직원관리

9. 시설운영

10. 그 밖에 서비스 최저기준으로서 필요한 사항

② 보건복지부장관은 법 제60조의3제1항에 따라 다음 해에 시행할 서비스 최저기준을 정하여 매년 1월 31일까지 고시하여야 한다.

[본조신설 2012. 4. 10.]

제44조의4 인권지킴이단의 구성·운영

① 법 제60조의4제4항에 따른 시설 이용 장애인 인권지킴이단(이하 "인권지킴이단"이라 한다)은 단장 1명과 간사 1명을 포함하여 5명 이상 11명 이내의 단원으로 구성한다.

② 인권지킴이단은 관할 시장·군수·구청장이 추천하는 다음 각 호의 어느 하나에 해당하는 사람 중에서 시설 운영자가 성별을 고려하여 위촉한다.

1. 해당 시설을 이용하는 장애인 및 법정대리인등

2. 해당 시설에서 종사하는 사람(시설 운영자 및 해당 시설이 속한 법인의 임직원은 제외한다)

3. 해당 시설의 지역에 거주하는 주민

4. 해당 시설을 후원하는 기관의 대표자 또는 장애인복지 관련 공익단체에서 추천하는 사람

5. 장애인복지 업무 담당 공무원

6. 그 밖에 장애인 인권에 관한 학식과 경험이 풍부한 사람

③ 단장은 단원 중에서 호선하고, 간사는 단원 중에서 단장이 지명하는 자로 한다.

④ 단장은 매 분기 1회 이상 회의를 소집하고, 단원·시설 이용 장애인·법정대리인등·시설 종사자의 요청에 따라 회의를 소집할 수 있다.

⑤ 제1항부터 제4항까지에서 규정한 사항 외에 인권지킴이단의 구성·운영에 필요한 사항은

보건복지부장관이 정한다.

[본조신설 2017. 8. 9.]

[종전 제44조의4는 제44조의5로 이동 〈2017. 8. 9.〉]

제44조의5 현장조사서

법 제61조제2항에서 "보건복지부령으로 정하는 사항이 기재된 서류"란 다음 각 호의 사항이 기재된 현장조사서를 말한다.

1. 조사기간

2. 조사범위

3. 조사담당자

4. 관계법령

5. 제출자료

6. 그 밖에 해당 현장조사와 관련하여 필요한 사항

[본조신설 2016. 5. 25.]

[제44조의4에서 이동 〈2017. 8. 9.〉]

제44조의6 장애인복지시설 등에 대한 행정처분 기준

법 제62조제3항에 따른 행정처분의 기준은 별표 5의5와 같다.

[본조신설 2017. 8. 9.]

제45조 삭제 〈2017. 8. 9.〉

제46조 삭제 〈2017. 8. 9.〉

제47조 삭제 〈2017. 8. 9.〉

제48조 삭제 〈2017. 8. 9.〉

제49조 삭제 〈2017. 8. 9.〉

제50조 삭제 〈2017. 8. 9.〉

제51조 삭제 〈2017. 8. 9.〉

제52조 삭제 〈2017. 8. 9.〉

제53조 삭제 〈2017. 8. 9.〉

제54조 의지·보조기 제조업소의 개설사실 통보 등

① 법 제69조제1항에 따른 의지·보조기제조업소를 개설한 자는 그 제조업소를 개설한 후 7일 이내에 별지 제31호서식의 통보서에 다음 각 호의 서류를 첨부하여 시장·군수·구청장에게 제출하여야 한다.

1. 시설 및 장비내역서 1부

2. 제조·수리를 담당할 의지·보조기 기사자격증 사본 1부

② 제1항에 따라 의지·보조기 제조업소의 개설사실을 통보한 후 제조하거나 수리하여야 하는 의지·보조기는 법 제65조제2항에 따라 보건복지부장관이 고시하는 의지·보조기로 한다.

〈개정 2008. 3. 3., 2010. 3. 19.〉

③ 제1항에 따른 의지·보조기 제조업소의 개설 사실 통보 후 다음 각 호의 어느 하나에 해당하는 변경사항이 있으면 그 변경사항을 별지 제31호서식의 통보서에 변경내용을 증명하는 서류를 첨부하여 시장·군수·구청장에게 통보하여야 한다. 다만, 그 제조업소의 소재지 변경으로 관할 관청이 다르게 되는 경우에는 별지 제31호서식의 통보서를 변경된 소재지를 관할하는 시장·군수·구청장에게 제출하여야 한다. 〈개정 2014. 8. 6.〉

1. 제조업소의 명칭, 개설자 또는 소재지가 변경된 경우

2. 법 제69조제2항에 따른 의지·보조기 기사가 변경된 경우

3. 휴업, 폐업 또는 재개업을 하는 경우

④ 시장·군수·구청장은 제1항과 제3항에 따라 의지·보조기 제조업소의 개설 사실이나 변경사실을 통보받은 경우에는 별지 제32호서식의 의지·보조기 제조업소 관리대장을 작성·관리하여야 한다.

제55조 장애인복지전문인력의 범위

법 제71조제2항에 따른 전문인력의 범위는 다음 각 호로 한다.

〈개정 2012. 7. 27., 2017. 11. 23., 2019. 6. 4., 2019. 9. 27.〉

1. 의지·보조기 기사

2. 언어재활사

3. 장애인재활상담사

4. 한국수어 통역사

5. 점역 · 교정사(點譯 · 矯正士)

제56조 의지 · 보조기 관련 교과목

법 제72조제1항에 따른 의지 · 보조기 관련 교과목은 별표 6과 같다.

제57조 의지 · 보조기 기사 자격증 발급신청 등

① 법 제72조제1항에 따른 의지 · 보조기 기사 자격증을 발급받으려는 자는 별지 제33호서식의 신청서에 다음 각 호의 서류를 첨부하여 보건복지부장관에게 제출하여야 한다.

〈개정 2008. 3. 3., 2010. 3. 19., 2012. 7. 27., 2016. 12. 30.〉

1. 졸업증명서 또는 이수증명서 1부. 다만, 법 제72조제1항제2호에 해당하는 자의 경우에는 외국학교의 졸업증명서 또는 이수증명서 1부와 의지 · 보조기 기사자격증 사본 1부

2. 법 제74조제1항제1호 및 제2호에 해당되지 아니함을 증명하는 의사의 진단서 1부

3. 응시원서의 사진과 같은 사진(가로 3.5센티미터, 세로 4.5센티미터) 2장

② 보건복지부장관은 제1항에 따라 의지 · 보조기 기사 자격증의 발급신청을 받으면 그 신청일부터 14일 이내에 신청인에게 별지 제34호서식의 의지 · 보조기 기사 자격증을 발급하여야 한다. 〈개정 2008. 3. 3., 2009. 12. 31., 2010. 3. 19., 2012. 7. 27.〉

[제목개정 2012. 7. 27.]

제57조의2 언어재활사 자격증 발급신청 등

① 법 제72조의2제1항에 따른 언어재활사 자격증을 발급받으려는 사람은 별지 제34호의2서식의 신청서에 다음 각 호의 서류를 첨부하여 보건복지부장관에게 제출하여야 한다. 다만, 법률 제11010호 장애인복지법 일부개정법률 부칙 제2조에 따른 특례시험을 거쳐 언어재활사 자격증을 취득하려는 사람은 제1호 및 제2호의 서류를 제출하지 아니한다.

〈개정 2016. 12. 30.〉

1. 다음 각 목의 구분에 따른 서류

가. 1급 언어재활사 자격증을 발급받으려는 경우: 2급 언어재활사 자격증 사본 및 언어재활사 경력증명서 각 1부

나. 2급 언어재활사 자격증을 발급받으려는 경우: 「고등교육법」에 따른 대학원 · 대학

또는 전문대학의 성적증명서 및 언어재활관찰 · 언어진단실습 · 언어재활실습 이수확

인서(법 제72조의2제2항 후단에 해당하는 사람은 제출하지 아니한다) 각 1부

2. 「고등교육법」에 따른 대학원 · 대학 또는 전문대학의 졸업증명서 1부

3. 법 제74조제1항제1호 및 제2호에 해당되지 아니함을 증명하는 의사의 진단서 1부

4. 사진(신청 전 6개월 이내에 모자 등을 쓰지 않고 촬영한 천연색 상반신 정면사진으로 가로
3.5센티미터, 세로 4.5센티미터의 사진을 말한다) 2장

② 제1항에 따른 발급 신청을 받은 보건복지부장관은 그 신청일부터 14일 이내에 신청인에게
별지 제34호의3서식의 1급 언어재활사 자격증 또는 별지 제34호의4서식의 2급 언어재활사
자격증을 발급하여야 한다.

[본조신설 2012. 7. 27.]

제57조의3 언어재활기관

법 제72조의2제2항제1호에 따른 언어재활기관은 언어재활기관의 장 1명과 상근(常勤) 언어재
활사 1명 이상을 보유하여야 한다. 〈개정 2015. 12. 31.〉

[본조신설 2012. 7. 27.]

제57조의4 언어재활 관련 학과 등

① 법 제72조의2제2항제1호나목 및 제2호에 따른 언어재활 관련 학과는 학과명, 과정명 또는 전
공명에 언어치료, 언어병리 또는 언어재활이 포함된 학과와 영 제37조제2항에 따른 국가시
험관리기관이 언어재활 분야에 해당한다고 인정하는 학과를 말한다.

② 법 제72조의2제2항제2호에 따른 언어재활 관련 교과목은 별표 6의2와 같다.

[본조신설 2012. 7. 27.]

제57조의5 장애인재활상담사 자격증의 발급 신청 등

① 법 제72조의3제1항에 따른 장애인재활상담사 자격증을 발급받으려는 사람은 별지 제34호의
5서식의 신청서에 다음 각 호의 서류를 첨부하여 보건복지부장관에게 제출하여야 한다. 다
만, 법률 제13663호 장애인복지법 일부개정법률 부칙 제3조 또는 제4조에 따른 특례시험을
거쳐 장애인재활상담사 자격증을 발급받으려는 사람은 제2호의 서류를 제출하지 아니한다.

1. 다음 각 목의 구분에 따른 서류

가. 1급 장애인재활상담사 자격증을 발급받으려는 경우: 2급 장애인재활상담사 자격증 사
본 또는 2급 사회복지사 자격증 사본, 별표 6의3에 따른 장애인재활 관련 기관(이하 "장

애인재활 관련 기관"이라 한다)에서 재직한 사실을 증명할 수 있는 경력증명서 각 1부

　나. 2급 장애인재활상담사 자격증을 발급받으려는 경우 다음의 구분에 따른 서류

　　1) 「고등교육법」에 따른 대학에서 별표 6의4에 따른 장애인재활 관련 교과목(이하 "장애인재활 관련 교과목"이라 한다)을 이수한 사람은 별지 제43호서식의 이수증명서 1부

　　2) 3급 장애인재활상담사 자격증 또는 2급 사회복지사 자격증을 가진 사람으로서 장애인재활 관련 기관에서 재직한 사람은 해당 자격증 사본 및 장애인재활 관련 기관에서 재직한 사실을 증명할 수 있는 경력증명서 각 1부

　다. 3급 장애인재활상담사 자격증을 발급받으려는 경우: 「고등교육법」에 따른 전문대학에서 장애인재활 관련 교과목을 이수한 사실을 증명할 수 있는 별지 제43호서식의 이수증명서 1부

　라. 법률 제13663호 장애인복지법 일부개정법률 부칙 제3조 또는 제4조에 따른 특례시험을 거쳐 장애인재활상담사 자격증을 발급받으려는 경우 다음의 구분에 따른 서류

　　1) 보건복지부장관이 인정하는 단체에서 발급한 장애인재활상담사 관련 자격증을 가진 사람은 해당 자격증 사본 1부

　　2) 사회복지사 자격증을 가진 사람으로서 장애인재활 관련 기관에서 재직한 사람은 해당 자격증 사본 및 장애인재활 관련 기관에서 재직한 사실을 증명할 수 있는 경력증명서 각 1부

2. 「고등교육법」에 따른 대학원·대학 또는 전문대학의 졸업증명서 1부

3. 법 제74조제1항제1호 및 제2호에 해당되지 아니함을 증명하는 의사의 진단서 1부

4. 사진(신청 전 6개월 이내에 모자 등을 쓰지 않고 촬영한 천연색 상반신 정면사진으로 가로 3.5센티미터, 세로 4.5센티미터의 사진을 말한다) 2장

② 제1항에 따른 발급 신청을 받은 보건복지부장관은 그 신청일부터 14일 이내에 신청인에게 별지 제34호의6서식의 장애인재활상담사 자격증을 발급하여야 한다. 다만, 법 제72조의3제2항에 따라 외국의 대학원·대학·전문대학에서 제57조의6제1호에 따른 장애인재활 분야의 학위를 취득한 사람의 신청에 대해서는 외국에서 학위를 취득한 사실에 대한 조회가 끝난 날부터 14일 이내에 자격증을 발급한다.

[본조신설 2017. 11. 23.]

제57조의6 장애인재활 분야 등

법 제72조의3제2항에 따른 장애인재활 분야·관련 기관·관련 교과목의 범위는 다음 각 호와

같다.

1. 장애인재활 분야는 직업재활, 재활상담, 재활복지, 재활학이 포함된 학과 · 과정 · 전공 및 영 제37조제2항에 따른 국가시험관리기관이 인정하는 장애인재활 관련 분야를 말한다.

2. 장애인재활 관련 기관은 별표 6의3과 같다.

3. 장애인재활 관련 교과목은 별표 6의4와 같다.

[본조신설 2017. 11. 23.]

제58조 자격등록대장

보건복지부장관은 제57조제2항, 제57조의2제2항 또는 제57조의5제2항에 따라 의지 · 보조기 기사 자격증, 언어재활사 자격증 또는 장애인재활상담사 자격증(이하 "자격증"이라 한다)을 발급한 경우에는 별지 제35호서식의 의지 · 보조기 기사 자격등록대장, 별지 제35호의2서식의 언어재활사 자격등록대장 또는 별지 제35호의3서식의 장애인재활상담사 자격등록대장에 그 자격에 관한 사항을 등록하여야 한다.

[전문개정 2017. 11. 23.]

제59조 자격증 재발급신청 등

① 의지 · 보조기 기사, 언어재활사 또는 장애인재활상담사(이하 "의지 · 보조기 기사등"이라 한다)는 자격증을 잃어버리거나 그 자격증이 헐어 못 쓰게 된 경우 또는 자격증의 기재사항이 변경되어 재발급을 받으려는 경우에는 별지 제33호서식, 별지 제34호의2서식 또는 별지 제34호의5서식의 신청서에 다음 각 호의 서류를 첨부하여 보건복지부장관에게 제출하여야 한다. 〈개정 2008. 3. 3., 2010. 3. 19., 2012. 7. 27., 2016. 12. 30., 2017. 11. 23.〉

1. 자격증(자격증을 잃어버린 경우에는 그 사유 설명서) 1부

2. 사진(신청 전 6개월 이내에 모자 등을 쓰지 않고 촬영한 천연색 상반신 정면사진으로 가로 3.5센티미터, 세로 4.5센티미터의 사진을 말한다)2장

3. 변경 사실을 증명할 수 있는 서류(자격증의 기재사항이 변경되어 재발급을 신청하는 경우에만 해당한다) 1부

② 보건복지부장관은 제1항에 따른 재발급 신청을 받으면 별지 제35호서식의 의지 · 보조기 기사 자격등록대장, 별지 제35호의2서식의 언어재활사 자격등록대장 또는 별지 제35호의3서식의 장애인재활상담사 자격등록대장에 그 사유를 적고 자격증을 재발급하여야 한다.

〈개정 2017. 11. 23.〉

제60조 자격증의 회수 · 반환 등

① 보건복지부장관은 의지 · 보조기 기사등에 대한 자격취소 또는 자격정지처분을 한 때에는 지체 없이 그 사실을 해당 의지 · 보조기 기사등의 주소지를 관할하는 시 · 도지사에게 알려 시 · 도지사로 하여금 해당 자격증을 회수하여 보건복지부장관에게 제출하게 하여야 한다.

〈개정 2008. 3. 3., 2010. 3. 19., 2012. 7. 27.〉

② 보건복지부장관은 의지 · 보조기 기사등의 자격정지기간이 끝나면 제1항에 따라 회수된 자격증을 관할 시 · 도지사를 거쳐 그 의지 · 보조기 기사등에게 돌려주어야 한다.

〈개정 2008. 3. 3., 2010. 3. 19., 2012. 7. 27.〉

제61조 보수교육의 대상 및 실시방법 등

① 법 제75조에 따른 보수교육은 다음 각 호의 어느 하나에 해당하는 자에 대하여 명할 수 있다.

〈개정 2012. 7. 27., 2015. 5. 4., 2017. 11. 23.〉

1. 의지 · 보조기 기사 자격을 취득한 후 의지 · 보조기제조업에 종사하는 자(5년 이상 의지 · 보조기제조업에 종사하지 아니한 사람으로서 다시 의지 · 보조기제조업에 종사하려는 사람을 포함한다)

1의2. 언어재활사 자격을 취득한 후 언어재활 분야에 종사하는 사람(5년 이상 언어재활 분야에 종사하지 아니한 사람으로서 다시 언어재활 분야에 종사하려는 사람을 포함한다)

1의3. 장애인재활상담사 자격을 취득한 후 장애인재활 분야에 종사하는 사람(5년 이상 장애인재활 분야에 종사하지 아니한 사람으로서 다시 장애인재활 분야에 종사하려는 사람을 포함한다)

2. 법 제77조에 따른 자격정지처분을 받은 자

② 제1항에 따른 보수교육은 다음 각 호의 구분에 따라 실시한다.

〈개정 2012. 7. 27., 2014. 12. 16., 2015. 5. 4., 2017. 11. 23.〉

1. 의지 · 보조기 기사: 의지 · 보조기 기사를 회원으로 하여 의지 · 보조기 관련 학문 · 기술의 장려, 연구개발 및 교육을 목적으로 「민법」에 따라 설립된 비영리법인이 실시하고, 교육시간은 2년간 8시간 이상으로 한다.

2. 언어재활사: 법 제80조의2에 따른 한국언어재활사협회(이하 "한국언어재활사협회"라 한다)가 실시하고, 교육시간은 연간 8시간 이상으로 한다.

3. 장애인재활상담사: 장애인재활상담사를 회원으로 하여 장애인재활 관련 교육을 목적으로 「민법」에 따라 설립된 비영리법인이 실시하고, 교육시간은 연간 8시간 이상으로 한다.

③ 보수교육의 실시시기, 교과과정, 실시방법, 그 밖에 보수교육의 실시에 필요한 사항은 제2항

각 호에 따른 보수교육 실시기관의 장(이하 "보수교육실시기관장"이라 한다)이 정한다.

〈개정 2012. 7. 27., 2015. 5. 4.〉

제62조 보수교육계획 및 실적 보고 등

① 보수교육실시기관장은 매년 1월 31일까지 별지 제37호서식의 해당 연도 의지 · 보조기 기사 보수교육계획서, 별지 제37호의2서식의 해당 연도 언어재활사 보수교육계획서 또는 별지 제37호의3서식의 해당 연도 장애인재활상담사 보수교육계획서를 보건복지부장관에게 제출하고, 매년 3월 31일까지 별지 제38호서식의 전년도 의지 · 보조기 기사 보수교육실적 보고서, 별지 제38호의2서식의 전년도 언어재활사 보수교육실적 보고서 또는 별지 제38호의3서식의 전년도 장애인재활상담사 보수교육실적 보고서를 보건복지부장관에게 제출하여야 한다.

〈개정 2017. 11. 23.〉

② 보건복지부장관은 제61조제2항 각 호에 따른 보수교육 실시기관의 보수교육 내용 및 운영 등에 대하여 평가할 수 있다. 〈신설 2015. 5. 4.〉

③ 보수교육실시기관장은 보수교육을 받은 자에 대하여 별지 제39호서식의 의지 · 보조기 기사 보수교육 이수증, 별지 제39호의2서식의 언어재활사 보수교육 이수증 또는 별지 제39호의3서식의 장애인재활상담사 보수교육 이수증을 발급하여야 한다. 〈개정 2017. 11. 23.〉

[제목개정 2015. 5. 4.]

제63조 보수교육 관계서류의 보존

보수교육실시기관장은 다음 각 호의 서류를 3년간 보존하여야 한다.

1. 보수교육 대상자 명단(대상자의 교육 이수 여부가 명시되어야 한다)
2. 그 밖에 이수자의 교육 이수를 확인할 수 있는 서류

제64조 행정처분기준

법 제70조제2항 및 법 제77조에 따른 행정처분의 기준은 별표 7과 같다.

제65조 수수료

① 의지 · 보조기 기사등 국가시험에 응시하려는 자는 법 제78조에 따라 영 제37조제2항에 따른 국가시험관리기관의 장이 보건복지부장관의 승인을 받아 결정한 수수료를 현금으로 내거나 정보통신망을 이용한 전자화폐 · 전자결제 등의 방법으로 내야 한다. 이 경우 수수료의 금액 및 납부방법 등은 영 제37조제3항에 따라 국가시험관리기관의 장이 공고한다.

② 자격증의 발급 또는 재발급을 받으려는 자는 법 제78조에 따라 수수료를 2천원에 해당하는 수입인지로 내거나 정보통신망을 이용하여 전자화폐 · 전자결제 등의 방법으로 내야 한다.

③ 삭제 〈2012. 7. 27.〉

제66조 삭제 〈2012. 7. 27.〉

제67조 규제의 재검토

보건복지부장관은 다음 각 호의 사항에 대하여 다음 각 호의 기준일을 기준으로 2년마다(매 2년이 되는 해의 기준일과 같은 날 전까지를 말한다) 그 타당성을 검토하여 개선 등의 조치를 하여야 한다. 〈개정 2018. 12. 28.〉

1. 제41조 및 별표 4에 따른 장애인복지시설의 종류: 2015년 1월 1일

2. 제42조 및 별표 5에 따른 장애인복지시설의 설치 · 운영기준: 2015년 1월 1일

3. 제44조의2에 따른 장애인 거주시설 이용 절차 등: 2015년 1월 1일

4. 제52조에 따른 우수업체 지정 시 제출서류: 2015년 1월 1일

5. 제57조의2에 따른 언어재활사 자격증 발급신청 시 제출서류: 2015년 1월 1일

6. 제61조에 따른 보수교육의 대상 및 실시방법: 2015년 1월 1일

7. 제64조 및 별표 7에 따른 행정처분기준: 2015년 1월 1일

[본조신설 2015. 1. 5.]

제68조 서식

① 제4조제1항에 따른 장애인등록카드, 제24조제1항에 따른 학비지급신청서, 제24조제1항 및 제38조제1항에 따른 소득 · 재산신고서 및 금융정보등의 제공 동의서, 제31조에 따른 자금대여신청서, 제32조제1항에 따른 자금대여 결정통지서 및 자금대여 관리카드, 제38조제1항에 따른 장애수당등 지급신청서, 영 제34조제1항에 따른 자녀교육비 및 장애수당등의 환수결정통지서, 제44조의2의제1항에 따른 장애인 거주시설 이용신청서 및 소득 · 재산신고서, 같은 조 제2항에 따른 장애인 거주시설 이용 적격성 및 본인부담금 결정 통보서, 제44조의5에 따른 현장조사서는 사회보장급여와 관련하여 보건복지부장관이 정하여 고시하는 공통 서식에 따른다. 〈개정 2010. 3. 19., 2012. 4. 10., 2012. 7. 27., 2016. 5. 25., 2016. 11. 24., 2017. 8. 9.〉

② 영 제33조의4제1항에 따른 장애인복지급여수급계좌 입금 신청서는 별지 제42호서식에 따른다. 〈신설 2016. 11. 24.〉

[전문개정 2009. 12. 31.]

[제목개정 2016. 11. 24.]

부칙 〈제749호, 2020. 9. 11.〉

제1조 시행일

이 규칙은 2020년 9월 12일부터 시행한다.

제2조 생략

제3조 다른 법령의 개정

① 부터 ⑬ 까지 생략

⑭ 장애인복지법 시행규칙 일부를 다음과 같이 개정한다.

별지 제1호의2서식 제3쪽 안내 및 동의사항란 제8호 중 "질병관리본부"를 각각 "보건복지부"로 한다.

⑮ 부터 20까지 생략

제4부

노인복지법

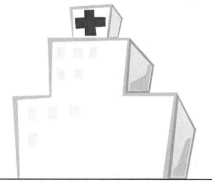

제1장 총칙

제1조 목적

이 법은 노인의 질환을 사전예방 또는 조기발견하고 질환상태에 따른 적절한 치료 · 요양으로 심신의 건강을 유지하고, 노후의 생활안정을 위하여 필요한 조치를 강구함으로써 노인의 보건복지증진에 기여함을 목적으로 한다.

제1조의2 정의

이 법에서 사용하는 용어의 정의는 다음과 같다.

〈개정 2007. 1. 3., 2011. 8. 4., 2015. 12. 29., 2016. 12. 2.〉

1. "부양의무자"라 함은 배우자(사실상의 혼인관계에 있는 자를 포함한다)와 직계비속 및 그 배우자(사실상의 혼인관계에 있는 자를 포함한다)를 말한다.
2. "보호자"라 함은 부양의무자 또는 업무 · 고용 등의 관계로 사실상 노인을 보호하는 자를 말한다.
3. "치매"란 「치매관리법」 제2조제1호에 따른 치매를 말한다.
4. "노인학대"라 함은 노인에 대하여 신체적 · 정신적 · 정서적 · 성적 폭력 및 경제적 착취 또는 가혹행위를 하거나 유기 또는 방임을 하는 것을 말한다.
5. "노인학대관련범죄"란 보호자에 의한 65세 이상 노인에 대한 노인학대로서 다음 각 목의 어느 하나에 해당되는 죄를 말한다.
   가. 「형법」 제2편제25장 상해와 폭행의 죄 중 제257조(상해, 존속상해), 제258조(중상해, 존속중상해), 제260조(폭행, 존속폭행)제1항 · 제2항, 제261조(특수폭행) 및 제264조(상습범)의 죄
   나. 「형법」 제2편제28장 유기와 학대의 죄 중 제271조(유기, 존속유기)제1항 · 제2항, 제273조(학대, 존속학대)의 죄
   다. 「형법」 제2편제29장 체포와 감금의 죄 중 제276조(체포, 감금, 존속체포, 존속감금), 제277조(중체포, 중감금, 존속중체포, 존속중감금), 제278조(특수체포, 특수감금), 제279조(상습범), 제280조(미수범) 및 제281조(체포 · 감금등의 치사상)(상해에 이르게 한 때에만 해당한다)의 죄
   라. 「형법」 제2편제30장 협박의 죄 중 제283조(협박, 존속협박)제1항 · 제2항, 제284조

(특수협박), 제285조(상습범)(제283조의 죄에만 해당한다) 및 제286조(미수범)의 죄

마. 「형법」 제2편제32장 강간과 추행의 죄 중 제297조(강간), 제297조의2(유사강간), 제298조(강제추행), 제299조(준강간, 준강제추행), 제300조(미수범), 제301조(강간등 상해 · 치상), 제301조의2(강간등 살인 · 치사), 제305조의2(상습범)(제297조, 제297조의2, 제298조부터 제300조까지의 죄에 한정한다)의 죄

바. 「형법」 제2편제33장 명예에 관한 죄 중 제307조(명예훼손), 제309조(출판물등에 의한 명예훼손) 및 제311조(모욕)의 죄

사. 「형법」 제2편제36장 주거침입의 죄 중 제321조(주거 · 신체 수색)의 죄

아. 「형법」 제2편제37장 권리행사를 방해하는 죄 중 제324조(강요) 및 제324조의5(미수범)(제324조의 죄에만 해당한다)의 죄

자. 「형법」 제2편제39장 사기와 공갈의 죄 중 제350조(공갈) 및 제352조(미수범)(제350조의 죄에만 해당한다)의 죄

차. 「형법」 제2편제42장 손괴의 죄 중 제366조(재물손괴등)의 죄

카. 제55조의2, 제55조의3제1항제2호, 제55조의4제1호, 제59조의2의 죄

타. 가목부터 차목까지의 죄로서 다른 법률에 따라 가중처벌되는 죄

[본조신설 2004. 1. 29.]

제2조 기본이념

① 노인은 후손의 양육과 국가 및 사회의 발전에 기여하여 온 자로서 존경받으며 건전하고 안정된 생활을 보장받는다.

② 노인은 그 능력에 따라 적당한 일에 종사하고 사회적 활동에 참여할 기회를 보장 받는다.

③ 노인은 노령에 따르는 심신의 변화를 자각하여 항상 심신의 건강을 유지하고 그 지식과 경험을 활용하여 사회의 발전에 기여하도록 노력하여야 한다.

제3조 가족제도의 유지 · 발전

국가와 국민은 경로효친의 미풍양속에 따른 건전한 가족제도가 유지 · 발전되도록 노력하여야 한다.

제4조 보건복지증진의 책임

① 국가와 지방자치단체는 노인의 보건 및 복지증진의 책임이 있으며, 이를 위한 시책을 강구하여 추진하여야 한다.

②국가와 지방자치단체는 제1항의 규정에 의한 시책을 강구함에 있어 제2조에 규정된 기본이념이 구현되도록 노력하여야 한다.

③노인의 일상생활에 관련되는 사업을 경영하는 자는 그 사업을 경영함에 있어 노인의 보건복지가 증진되도록 노력하여야 한다.

제4조의2 안전사고 예방

①국가와 지방자치단체는 노인의 안전을 보장하고 낙상사고 등 노인에게 치명적인 사고를 예방하기 위하여 필요한 시책을 수립·시행하여야 한다. 이 경우 안전사고 예방 시책은 「재난 및 안전관리 기본법」에 따른 국가안전관리기본계획, 시·도안전관리계획 및 시·군·구안전관리계획과 연계되어야 한다.

②제1항에 따른 안전사고 예방 시책의 수립·시행에 필요한 사항은 대통령령으로 정한다.

[본조신설 2018. 12. 11.]

제5조 노인실태조사

①보건복지부장관은 노인의 보건 및 복지에 관한 실태조사를 3년마다 실시하고 그 결과를 공표하여야 한다. 〈개정 2008. 2. 29., 2010. 1. 18.〉

②보건복지부장관은 제1항에 따른 실태조사를 위하여 관계 기관·법인·단체·시설의 장에게 필요한 자료의 제출 또는 의견의 진술을 요청할 수 있다. 이 경우 관계 기관·법인·단체·시설의 장은 정당한 사유가 없으면 그 요청에 따라야 한다. 〈신설 2015. 1. 28.〉

③제1항의 규정에 따른 조사의 방법과 내용 등에 관하여 필요한 사항은 보건복지부령으로 정한다. 〈개정 2008. 2. 29., 2010. 1. 18., 2015. 1. 28.〉

[본조신설 2007. 1. 3.]

제6조 노인의 날 등

①노인에 대한 사회적 관심과 공경의식을 높이기 위하여 매년 10월 2일을 노인의 날로, 매년 10월을 경로의 달로 한다.

②부모에 대한 효사상을 앙양하기 위하여 매년 5월 8일을 어버이날로 한다.

③삭제 〈2011. 8. 4.〉

④범국민적으로 노인학대에 대한 인식을 높이고 관심을 유도하기 위하여 매년 6월 15일을 노인학대예방의 날로 지정하고, 국가와 지방자치단체는 노인학대예방의 날의 취지에 맞는 행사와 홍보를 실시하도록 노력하여야 한다. 〈신설 2015. 12. 29.〉

제6조의2 홍보영상의 제작 · 배포 · 송출

① 보건복지부장관은 노인학대의 예방과 방지, 노인학대의 위해성, 신고방법 등에 관한 홍보영상을 제작하여 「방송법」 제2조제23호의 방송편성책임자에게 배포하여야 한다.

② 보건복지부장관은 「방송법」 제2조제3호에 따른 방송사업자에게 같은 법 제73조제4항에 따라 대통령령으로 정하는 비상업적 공익광고 편성비율의 범위에서 제1항의 홍보영상을 채널별로 송출하도록 요청할 수 있다. ⟨개정 2020. 4. 7.⟩

③ 보건복지부장관은 「방송법」 제2조제12호의 전광판방송사업자에게 같은 법 제73조제4항에 따라 대통령령으로 정하는 비상업적 공익광고 편성비율의 범위에서 제1항의 홍보영상을 전광판으로 송출하도록 요청할 수 있다.

④ 제2항에 따른 방송사업자와 제3항에 따른 전광판방송사업자는 제1항의 홍보영상 외에 독자적인 홍보영상을 제작하여 송출할 수 있다. 이 경우 보건복지부장관에게 필요한 협조 및 지원을 요청할 수 있다. ⟨개정 2020. 4. 7.⟩

[본조신설 2015. 12. 29.]

제6조의3 인권교육

① 제31조의 노인복지시설 중 대통령령으로 정하는 시설을 설치 · 운영하는 자와 그 종사자는 인권에 관한 교육(이하 이 조에서 "인권교육"이라 한다)을 받아야 한다.

② 제31조의 노인복지시설 중 대통령령으로 정하는 시설을 설치 · 운영하는 자는 해당 시설을 이용하고 있는 노인들에게 인권교육을 실시할 수 있다.

③ 보건복지부장관은 제1항 및 제2항에 따른 인권교육을 효율적으로 실시하기 위하여 인권교육기관을 지정할 수 있다. 이 경우 예산의 범위에서 인권교육에 소요되는 비용을 지원할 수 있으며, 지정을 받은 인권교육기관은 보건복지부장관의 승인을 받아 인권교육에 필요한 비용을 교육대상자로부터 징수할 수 있다.

④ 보건복지부장관은 제3항에 따라 지정을 받은 인권교육기관이 다음 각 호의 어느 하나에 해당하면 그 지정을 취소하거나 6개월 이내의 기간을 정하여 업무를 정지할 수 있다. 다만, 제1호에 해당하면 그 지정을 취소하여야 한다.

1. 거짓이나 그 밖의 부정한 방법으로 지정을 받은 경우

2. 제5항에 따라 보건복지부령으로 정하는 지정요건을 갖추지 못하게 된 경우

3. 인권교육의 수행능력이 현저히 부족하다고 인정되는 경우

⑤ 제1항 및 제2항에 따른 인권교육의 대상 · 내용 · 방법, 제3항에 따른 인권교육기관의 지정 및 제4항에 따른 인권교육기관의 지정취소 · 업무정지 처분의 기준 등에 필요한 사항은 보건복지

부령으로 정한다.

[본조신설 2017. 10. 24.]

제7조 노인복지상담원

① 노인의 복지를 담당하게 하기 위하여 특별자치도와 시·군·구(자치구를 말한다. 이하 같다)에
노인복지상담원을 둔다. 〈개정 2007. 8. 3.〉

② 노인복지상담원의 임용 또는 위촉, 직무 및 보수 등에 관하여 필요한 사항은 대통령령으로 정한
다. 〈개정 1999. 2. 8.〉

제8조 노인전용주거시설

국가 또는 지방자치단체는 노인의 주거에 적합한 기능 및 설비를 갖춘 주거용시설의 공급을 조장
하여야 하며, 그 주거용시설의 공급자에 대하여 적절한 지원을 할 수 있다.

제2장 삭제 〈2007. 4. 25.〉

제9조 삭제 〈2007. 4. 25.〉

제10조 삭제 〈2007. 4. 25.〉

제11조 삭제 〈2007. 4. 25.〉

제12조 삭제 〈2007. 4. 25.〉

제13조 삭제 〈2007. 4. 25.〉

제14조 삭제 〈2007. 4. 25.〉

제15조 **삭제** 〈2007. 4. 25.〉

제16조 **삭제** 〈2007. 4. 25.〉

제17조 **삭제** 〈2007. 4. 25.〉

제18조 **삭제** 〈2007. 4. 25.〉

제19조 **삭제** 〈2007. 4. 25.〉

제20조 **삭제** 〈2007. 4. 25.〉

제21조 **삭제** 〈2007. 4. 25.〉

제22조 **삭제** 〈2007. 4. 25.〉

제3장 보건·복지조치

제23조 **노인사회참여 지원**

① 국가 또는 지방자치단체는 노인의 사회참여 확대를 위하여 노인의 지역봉사 활동기회를 넓히고 노인에게 적합한 직종의 개발과 그 보급을 위한 시책을 강구하며 근로능력있는 노인에게 일할 기회를 우선적으로 제공하도록 노력하여야 한다.

② 국가 또는 지방자치단체는 노인의 지역봉사 활동 및 취업의 활성화를 기하기 위하여 노인지역봉사기관, 노인취업알선기관 등 노인복지관계기관에 대하여 필요한 지원을 할 수 있다.

제23조의2 **노인일자리전담기관의 설치·운영 등**

① 노인의 능력과 적성에 맞는 일자리지원사업을 전문적·체계적으로 수행하기 위한 전담기관(이

하 "노인일자리전담기관"이라 한다)은 다음 각 호의 기관으로 한다. 〈개정 2011. 4. 7.〉

1. 노인인력개발기관: 노인일자리개발·보급사업, 조사사업, 교육·홍보 및 협력사업, 프로그램인증·평가사업 등을 지원하는 기관

2. 노인일자리지원기관: 지역사회 등에서 노인일자리의 개발·지원, 창업·육성 및 노인에 의한 재화의 생산·판매 등을 직접 담당하는 기관

3. 노인취업알선기관: 노인에게 취업 상담 및 정보를 제공하거나 노인일자리를 알선하는 기관

② 국가 또는 지방자치단체는 노인일자리전담기관을 설치·운영하거나 그 운영의 전부 또는 일부를 법인·단체 등에 위탁할 수 있다. 〈신설 2011. 4. 7.〉

③ 노인일자리전담기관의 설치·운영 또는 위탁에 관하여 필요한 사항은 대통령령으로 정한다.
〈개정 2011. 4. 7.〉

④ 제1항제2호의 노인일자리지원기관의 시설 및 인력에 관한 기준 등은 보건복지부령으로 정한다. 〈신설 2013. 6. 4.〉

[본조신설 2005. 7. 13.]

제23조의3 생산품 우선구매

국가, 지방자치단체 및 그 밖의 공공단체는 제23조의2제1항제2호의 노인일자리지원기관에서 생산한 물품의 우선구매에 필요한 조치를 마련하여야 한다.

[본조신설 2019. 1. 15.]

제24조 지역봉사지도원 위촉 및 업무

① 국가 또는 지방자치단체는 사회적 신망과 경험이 있는 노인으로서 지역봉사를 희망하는 경우에는 이를 지역봉사지도원으로 위촉할 수 있다.

② 제1항의 규정에 의한 지역봉사지도원의 업무는 다음 각호와 같다. 〈개정 2015. 1. 28.〉

1. 국가 또는 지방자치단체가 행하는 업무중 민원인에 대한 상담 및 조언

2. 도로의 교통정리, 주·정차단속의 보조, 자연보호 및 환경침해 행위단속의 보조와 청소년 선도

3. 충효사상, 전통의례 등 전통문화의 전수교육

4. 문화재의 보호 및 안내

4의2. 노인에 대한 교통안전 및 교통사고예방 교육

5. 기타 대통령령이 정하는 업무

제25조 생업지원

① 국가, 지방자치단체, 그 밖의 공공단체 중 대통령령으로 정하는 기관은 소관 공공시설에 식료품 · 사무용품 · 신문 등 일상생활용품의 판매를 위한 매점이나 자동판매기의 설치를 허가 또는 위탁할 때에는 65세 이상 노인의 신청이 있는 경우 이를 우선적으로 반영하여야 한다.

〈개정 2018. 3. 13.〉

② 국가, 지방자치단체, 그 밖의 공공단체 중 대통령령으로 정하는 기관은 소관 공공시설에 청소, 주차관리, 매표 등의 사업을 위탁하는 경우에는 65세 이상 노인을 100분의 20 이상 채용한 사업체를 우선적으로 고려할 수 있다.

〈신설 2018. 3. 13.〉

③ 제2항에 따른 위탁사업의 종류 및 절차 등에 필요한 사항은 대통령령으로 정한다.

〈신설 2018. 3. 13.〉

[제목개정 2018. 3. 13.]

제26조 경로우대

① 국가 또는 지방자치단체는 65세 이상의 자에 대하여 대통령령이 정하는 바에 의하여 국가 또는 지방자치단체의 수송시설 및 고궁 · 능원 · 박물관 · 공원 등의 공공시설을 무료로 또는 그 이용요금을 할인하여 이용하게 할 수 있다.

② 국가 또는 지방자치단체는 노인의 일상생활에 관련된 사업을 경영하는 자에게 65세 이상의 자에 대하여 그 이용요금을 할인하여 주도록 권유할 수 있다.

③ 국가 또는 지방자치단체는 제2항의 규정에 의하여 노인에게 이용요금을 할인하여 주는 자에 대하여 적절한 지원을 할 수 있다.

제27조 건강진단 등

① 국가 또는 지방자치단체는 대통령령이 정하는 바에 의하여 65세 이상의 자에 대하여 건강진단과 보건교육을 실시할 수 있다. 이 경우 보건복지부령으로 정하는 바에 따라 성별 다빈도질환 등을 반영하여야 한다.

〈개정 2015. 1. 28.〉

② 국가 또는 지방자치단체는 제1항의 규정에 의한 건강진단 결과 필요하다고 인정한 때에는 그 건강진단을 받은 자에 대하여 필요한 지도를 하여야 한다.

제27조의2 홀로 사는 노인에 대한 지원

① 국가 또는 지방자치단체는 홀로 사는 노인에 대하여 방문요양과 돌봄 등의 서비스와 안전확인 등의 보호조치를 취하여야 한다.

〈개정 2017. 10. 24.〉

② 국가 또는 지방자치단체는 제1항에 따른 사업을 노인 관련 기관·단체에 위탁할 수 있으며, 예산의 범위에서 그 사업 및 운영에 필요한 비용을 지원할 수 있다. 〈신설 2017. 10. 24.〉

③ 제1항의 서비스 및 보호조치의 구체적인 내용 등에 관하여는 보건복지부장관이 정한다.

〈개정 2017. 10. 24.〉

[본조신설 2007. 8. 3.]

제27조의3 독거노인종합지원센터

① 보건복지부장관은 홀로 사는 노인에 대한 돌봄과 관련된 다음 각 호의 사업을 수행하기 위하여 독거노인종합지원센터를 설치·운영할 수 있다.

1. 홀로 사는 노인에 대한 정책 연구 및 프로그램의 개발

2. 홀로 사는 노인에 대한 현황조사 및 관리

3. 홀로 사는 노인 돌봄사업 종사자에 대한 교육

4. 홀로 사는 노인에 대한 돌봄사업의 홍보, 교육교재 개발 및 보급

5. 홀로 사는 노인에 대한 돌봄사업의 수행기관 지원 및 평가

6. 관련 기관 협력체계의 구축 및 교류

7. 홀로 사는 노인에 대한 기부문화 조성을 위한 기부금품의 모집, 접수 및 배부

8. 그 밖에 홀로 사는 노인의 돌봄을 위하여 보건복지부장관이 위탁하는 업무

② 보건복지부장관은 제1항에 따른 독거노인종합지원센터의 운영을 전문 인력과 시설을 갖춘 법인 또는 단체에 위탁할 수 있다.

③ 그 밖에 독거노인종합지원센터의 설치·운영 등에 필요한 사항은 보건복지부령으로 정한다.

[본조신설 2017. 10. 24.]

제27조의4 노인성 질환에 대한 의료지원

① 국가 또는 지방자치단체는 노인성 질환자의 경제적 부담능력 등을 고려하여 노인성 질환의 예방교육, 조기발견 및 치료 등에 필요한 비용의 전부 또는 일부를 지원할 수 있다.

② 제1항에 따른 노인성 질환의 범위, 지원의 대상·기준 및 방법 등에 필요한 사항은 대통령령으로 정한다.

[본조신설 2017. 10. 24.]

제28조 상담·입소 등의 조치

① 보건복지부장관, 특별시장·광역시장·특별자치시장·도지사·특별자치도지사(이하 "시·도

지사"라 한다), 시장 · 군수 · 구청장(자치구의 구청장을 말한다. 이하 같다)은 노인에 대한 복지를 도모하기 위하여 필요하다고 인정한 때에는 다음 각 호의 조치를 하여야 한다.

〈개정 1999. 2. 8., 2007. 8. 3., 2008. 2. 29., 2010. 1. 18., 2018. 3. 13.〉

1. 65세 이상의 자 또는 그를 보호하고 있는 자를 관계공무원 또는 노인복지상담원으로 하여금 상담 · 지도하게 하는 것

2. 65세 이상의 자로서 신체적 · 정신적 · 경제적 이유 또는 환경상의 이유로 거택에서 보호받기가 곤란한 자를 노인주거복지시설 또는 재가노인복지시설에 입소시키거나 입소를 위탁하는 것

3. 65세 이상의 자로서 신체 또는 정신상의 현저한 결함으로 인하여 항상 보호를 필요로 하고 경제적 이유로 거택에서 보호받기가 곤란한 자를 노인의료복지시설에 입소시키거나 입소를 위탁하는 것

② 보건복지부장관, 시 · 도지사 또는 시장 · 군수 · 구청장(이하 "福祉實施機關"이라 한다)은 65세 미만의 자에 대하여도 그 노쇠현상이 현저하여 특별히 보호할 필요가 있다고 인정할 때에는 제1항 각호의 조치를 할 수 있다. 〈개정 2008. 2. 29., 2010. 1. 18.〉

③ 복지실시기관은 제1항 또는 제2항에 따라 입소조치된 자가 사망한 경우에 그 자에 대한 장례를 행할 자가 없을 때에는 그 장례를 행하거나 해당 시설의 장으로 하여금 그 장례를 행하게 할 수 있다. 〈개정 2019. 1. 15.〉

[제목개정 2019. 1. 15.]

제29조 삭제 〈2011. 8. 4.〉

제29조의2 삭제 〈2011. 8. 4.〉

제30조 노인재활요양사업

① 국가 또는 지방자치단체는 신체적 · 정신적으로 재활요양을 필요로 하는 노인을 위한 재활요양사업을 실시할 수 있다.

② 제1항의 노인재활요양사업의 내용 및 기타 필요한 사항은 보건복지부령으로 정한다.

〈개정 2008. 2. 29., 2010. 1. 18.〉

제4장 노인복지시설의 설치·운영

제31조 노인복지시설의 종류

노인복지시설의 종류는 다음 각호와 같다. 〈개정 2004. 1. 29., 2013. 6. 4., 2017. 3. 14.〉

1. 노인주거복지시설
2. 노인의료복지시설
3. 노인여가복지시설
4. 재가노인복지시설
5. 노인보호전문기관
6. 제23조의2제1항제2호의 노인일자리지원기관
7. 제39조의19에 따른 학대피해노인 전용쉼터

제31조의2 「사회복지사업법」에 따른 신고와의 관계

제33조제2항, 제35조제2항, 제37조제2항 및 제39조제2항에 따라 노인복지시설의 설치신고를 한 경우 「사회복지사업법」 제34조제2항에 따른 사회복지시설 설치신고를 한 것으로 본다.

〈개정 2011. 6. 7.〉

[본조신설 2007. 8. 3.]

제32조 노인주거복지시설

①노인주거복지시설은 다음 각 호의 시설로 한다. 〈개정 2007. 8. 3., 2015. 1. 28.〉

1. 양로시설 : 노인을 입소시켜 급식과 그 밖에 일상생활에 필요한 편의를 제공함을 목적으로 하는 시설
2. 노인공동생활가정 : 노인들에게 가정과 같은 주거여건과 급식, 그 밖에 일상생활에 필요한 편의를 제공함을 목적으로 하는 시설
3. 노인복지주택 : 노인에게 주거시설을 임대하여 주거의 편의 · 생활지도 · 상담 및 안전관리 등 일상생활에 필요한 편의를 제공함을 목적으로 하는 시설

②노인주거복지시설의 입소대상 · 입소절차 · 입소비용 및 임대 등에 관하여 필요한 사항은 보건복지부령으로 정한다. 〈개정 2007. 8. 3., 2008. 2. 29., 2010. 1. 18., 2015. 1. 28.〉

③노인복지주택의 설치 · 관리 및 공급 등에 관하여 이 법에서 규정된 사항을 제외하고는 「주택

법」 및 「공동주택관리법」의 관련규정을 준용한다.

〈신설 1999. 2. 8., 2003. 5. 29., 2007. 8. 3., 2015. 8. 11.〉

제33조 노인주거복지시설의 설치

① 국가 또는 지방자치단체는 노인주거복지시설을 설치할 수 있다.

② 국가 또는 지방자치단체외의 자가 노인주거복지시설을 설치하고자 하는 경우에는 특별자치시
장·특별자치도지사·시장·군수·구청장(이하 "시장·군수·구청장"이라 한다)에게 신고하
여야 한다. 〈개정 2005. 3. 31., 2007. 8. 3., 2018. 3. 13.〉

③ 시장·군수·구청장은 제2항에 따른 신고를 받은 경우 그 내용을 검토하여 이 법에 적합하면
신고를 수리하여야 한다. 〈신설 2018. 3. 13.〉

④ 노인주거복지시설의 시설, 인력 및 운영에 관한 기준과 설치신고, 설치·운영자가 준수하여야
할 사항, 그 밖에 필요한 사항은 보건복지부령으로 정한다.

〈개정 1999. 2. 8., 2007. 8. 3., 2008. 2. 29., 2010. 1. 18., 2018. 3. 13.〉

제33조의2 노인복지주택의 입소자격 등

① 노인복지주택에 입소할 수 있는 자는 60세 이상의 노인(이하 "입소자격자"라 한다)으로 한다.
다만, 다음 각 호의 어느 하나에 해당하는 경우에는 입소자격자와 함께 입소할 수 있다.

〈개정 2015. 1. 28.〉

1. 입소자격자의 배우자

2. 입소자격자가 부양을 책임지고 있는 19세 미만의 자녀·손자녀

② 노인복지주택을 설치하거나 설치하려는 자는 노인복지주택을 입소자격자에게 임대하여야 한
다. 〈개정 2015. 1. 28.〉

③ 제2항에 따라 노인복지주택을 임차한 자는 해당 노인주거시설을 입소자격자가 아닌 자에게 다
시 임대할 수 없다. 〈개정 2015. 1. 28.〉

④ 삭제 〈2015. 1. 28.〉

⑤ 시장·군수·구청장은 지역 내 노인 인구, 노인주거복지시설의 수요와 공급실태 및 노인복지
주택의 효율적인 이용 등을 고려하여 노인복지주택의 공급가구수와 가구별 건축면적(주거의
용도로만 쓰이는 면적에 한한다)을 일정규모 이하로 제한할 수 있다.

⑥ 제33조제2항에 따라 노인복지주택을 설치한 자는 해당 노인복지주택의 전부 또는 일부 시설을
시장·군수·구청장의 확인을 받아 대통령령으로 정하는 자에게 위탁하여 운영할 수 있다.

〈개정 2019. 1. 15.〉

⑦ 입소자격자가 사망하거나 노인복지주택에 거주하지 아니하는 경우 제1항에 따라 노인복지주택에 입소한 입소자격자의 배우자 및 자녀·손자녀는 보건복지부령으로 정하는 기간 내에 퇴소하여야 한다. 다만, 입소자격자의 해외 체류 등 보건복지부령으로 정하는 부득이한 사유가 있는 경우에는 그러하지 아니하다. 〈신설 2017. 10. 24.〉

⑧ 시장·군수·구청장은 필요한 경우 제1항에 따른 입소자격 여부 및 제7항에 따른 입소자격자의 사망 또는 실제 거주 여부를 조사할 수 있다. 〈신설 2017. 10. 24.〉

⑨ 시장·군수·구청장은 제8항에 따른 조사 결과 입소부자격자가 발견되면 퇴소하도록 하는 등 적절한 조치를 취하여야 한다. 〈신설 2017. 10. 24.〉

[본조신설 2007. 8. 3.]

제33조의3 삭제 〈2015. 1. 28.〉

제34조 노인의료복지시설

① 노인의료복지시설은 다음 각 호의 시설로 한다. 〈개정 2007. 8. 3.〉

1. 노인요양시설 : 치매·중풍 등 노인성질환 등으로 심신에 상당한 장애가 발생하여 도움을 필요로 하는 노인을 입소시켜 급식·요양과 그 밖에 일상생활에 필요한 편의를 제공함을 목적으로 하는 시설

2. 노인요양공동생활가정 : 치매·중풍 등 노인성질환 등으로 심신에 상당한 장애가 발생하여 도움을 필요로 하는 노인에게 가정과 같은 주거여건과 급식·요양, 그 밖에 일상생활에 필요한 편의를 제공함을 목적으로 하는 시설

3. 삭제 〈2011. 6. 7.〉

② 노인의료복지시설의 입소대상·입소비용 및 입소절차와 설치·운영자의 준수사항 등에 관하여 필요한 사항은 보건복지부령으로 정한다. 〈개정 2007. 8. 3., 2008. 2. 29., 2010. 1. 18.〉

제35조 노인의료복지시설의 설치

① 국가 또는 지방자치단체는 노인의료복지시설을 설치할 수 있다.

② 국가 또는 지방자치단체외의 자가 노인의료복지시설을 설치하고자 하는 경우에는 시장·군수·구청장에게 신고하여야 한다. 〈개정 2005. 3. 31., 2011. 6. 7.〉

③ 시장·군수·구청장은 제2항에 따른 신고를 받은 경우 그 내용을 검토하여 이 법에 적합하면 신고를 수리하여야 한다. 〈신설 2018. 3. 13.〉

④ 노인의료복지시설의 시설, 인력 및 운영에 관한 기준과 설치신고 및 설치허가 등에 관하여 필요

한 사항은 보건복지부령으로 정한다.

〈개정 1999. 2. 8., 2007. 4. 11., 2008. 2. 29., 2010. 1. 18., 2011. 6. 7., 2018. 3. 13.〉

제36조 노인여가복지시설

① 노인여가복지시설은 다음 각 호의 시설로 한다. 〈개정 2007. 8. 3.〉

1. 노인복지관 : 노인의 교양 · 취미생활 및 사회참여활동 등에 대한 각종 정보와 서비스를 제공하고, 건강증진 및 질병예방과 소득보장 · 재가복지, 그 밖에 노인의 복지증진에 필요한 서비스를 제공함을 목적으로 하는 시설

2. 경로당 : 지역노인들이 자율적으로 친목도모 · 취미활동 · 공동작업장 운영 및 각종 정보교환과 기타 여가활동을 할 수 있도록 하는 장소를 제공함을 목적으로 하는 시설

3. 노인교실 : 노인들에 대하여 사회활동 참여욕구를 충족시키기 위하여 건전한 취미생활 · 노인건강유지 · 소득보장 기타 일상생활과 관련한 학습프로그램을 제공함을 목적으로 하는 시설

4. 삭제 〈2011. 6. 7.〉

② 노인여가복지시설의 이용대상 및 이용절차 등에 관하여 필요한 사항은 보건복지부령으로 정한다. 〈개정 2008. 2. 29., 2010. 1. 18.〉

제37조 노인여가복지시설의 설치

① 국가 또는 지방자치단체는 노인여가복지시설을 설치할 수 있다.

② 국가 또는 지방자치단체외의 자가 노인여가복지시설을 설치하고자 하는 경우에는 시장 · 군수 · 구청장에게 신고하여야 한다.

③ 시장 · 군수 · 구청장은 제2항에 따른 신고를 받은 경우 그 내용을 검토하여 이 법에 적합하면 신고를 수리하여야 한다. 〈신설 2018. 3. 13.〉

④ 국가 또는 지방자치단체는 경로당의 활성화를 위하여 지역별 · 기능별 특성을 갖춘 표준 모델 및 프로그램을 개발 · 보급하여야 한다. 〈신설 2011. 6. 7., 2018. 3. 13.〉

⑤ 노인여가복지시설의 시설, 인력 및 운영에 관한 기준과 설치신고 등에 관하여 필요한 사항은 보건복지부령으로 정한다. 〈개정 1999. 2. 8., 2008. 2. 29., 2010. 1. 18., 2011. 6. 7., 2018. 3. 13.〉

제37조의2 경로당에 대한 양곡구입비 등의 보조

① 국가 또는 지방자치단체는 경로당에 대하여 예산의 범위에서 양곡(「양곡관리법」에 따른 정부관리양곡을 포함한다)구입비의 전부 또는 일부를 보조할 수 있다. 〈개정 2018. 12. 11.〉

② 국가 또는 지방자치단체는 예산의 범위에서 경로당의 냉난방 비용의 전부 또는 일부를 보조할 수 있다.

[본조신설 2012. 2. 1.]

제37조의3 경로당에 대한 공과금 감면

① 「전기사업법」에 따른 전기판매사업자, 「전기통신사업법」에 따른 전기통신사업자 및 「도시가스사업법」에 따른 도시가스사업자는 경로당에 대하여 각각 전기요금·전기통신요금 및 도시가스요금을 감면할 수 있다.

② 「수도법」에 따른 수도사업자(수도사업자가 지방자치단체인 경우에는 해당 지방자치단체의 장을 말한다)는 경로당에 대하여 수도요금을 감면할 수 있다.

[본조신설 2012. 2. 1.]

제38조 재가노인복지시설

① 재가노인복지시설은 다음 각 호의 어느 하나 이상의 서비스를 제공함을 목적으로 하는 시설을 말한다.

1. 방문요양서비스 : 가정에서 일상생활을 영위하고 있는 노인(이하 "재가노인"이라 한다)으로서 신체적·정신적 장애로 어려움을 겪고 있는 노인에게 필요한 각종 편의를 제공하여 지역사회안에서 건전하고 안정된 노후를 영위하도록 하는 서비스

2. 주·야간보호서비스 : 부득이한 사유로 가족의 보호를 받을 수 없는 심신이 허약한 노인과 장애노인을 주간 또는 야간 동안 보호시설에 입소시켜 필요한 각종 편의를 제공하여 이들의 생활안정과 심신기능의 유지·향상을 도모하고, 그 가족의 신체적·정신적 부담을 덜어주기 위한 서비스

3. 단기보호서비스 : 부득이한 사유로 가족의 보호를 받을 수 없어 일시적으로 보호가 필요한 심신이 허약한 노인과 장애노인을 보호시설에 단기간 입소시켜 보호함으로써 노인 및 노인가정의 복지증진을 도모하기 위한 서비스

4. 방문 목욕서비스 : 목욕장비를 갖추고 재가노인을 방문하여 목욕을 제공하는 서비스

5. 그 밖의 서비스 : 그 밖에 재가노인에게 제공하는 서비스로서 보건복지부령이 정하는 서비스

② 제1항에 따른 재가노인복지시설의 이용대상·비용부담 및 이용절차 등에 관하여 필요한 사항은 보건복지부령으로 정한다. 〈개정 2010. 1. 18.〉

[전문개정 2007. 8. 3.]

제39조 재가노인복지시설의 설치

① 국가 또는 지방자치단체는 재가노인복지시설을 설치할 수 있다.

② 국가 또는 지방자치단체외의 자가 재가노인복지시설을 설치하고자 하는 경우에는 시장·군수·구청장에게 신고하여야 한다.

③ 시장·군수·구청장은 제2항에 따른 신고를 받은 경우 그 내용을 검토하여 이 법에 적합하면 신고를 수리하여야 한다. 〈신설 2018. 3. 13.〉

④ 재가노인복지시설의 시설, 인력 및 운영에 관한 기준과 설치신고 등에 관하여 필요한 사항은 보건복지부령으로 정한다. 〈개정 1999. 2. 8., 2008. 2. 29., 2010. 1. 18., 2018. 3. 13.〉

제39조의2 요양보호사의 직무·자격증의 교부 등

① 노인복지시설의 설치·운영자는 보건복지부령으로 정하는 바에 따라 노인 등의 신체활동 또는 가사활동 지원 등의 업무를 전문적으로 수행하는 요양보호사를 두어야 한다.

〈개정 2008. 2. 29., 2010. 1. 18.〉

② 요양보호사가 되려는 사람은 제39조의3에 따라 요양보호사를 교육하는 기관(이하 "요양보호사 교육기관"이라 한다)에서 교육과정을 마치고 시·도지사가 실시하는 요양보호사 자격시험에 합격하여야 한다. 〈개정 2010. 1. 25.〉

③ 시·도지사는제2항에 따라 요양보호사 자격시험에 합격한 사람에게 요양보호사 자격증을 교부하여야 한다. 다만, 요양보호사 자격증 교부 신청일을 기준으로 제39조의13에 따른 결격사유에 해당하는 사람에게는 자격증을 교부해서는 아니 된다. 〈개정 2010. 1. 25., 2019. 12. 3.〉

④ 시·도지사는 제2항에 따라 요양보호사 자격시험에 응시하고자 하는 사람과 제3항에 따라 자격증을 교부 또는 재교부 받고자 하는 사람에게 보건복지부령으로 정하는 바에 따라 수수료를 납부하게 할 수 있다. 〈신설 2010. 1. 25.〉

⑤ 요양보호사의 교육과정, 요양보호사 자격시험 실시 및 자격증 교부 등에 관하여 필요한 사항은 보건복지부령으로 정한다. 〈개정 2010. 1. 25.〉

⑥ 제3항에 따라 자격증을 교부받은 사람은 다른 사람에게 그 자격증을 빌려주어서는 아니 되고, 누구든지 그 자격증을 빌려서는 아니 된다. 〈신설 2020. 4. 7.〉

⑦ 누구든지 제6항에 따라 금지된 행위를 알선하여서는 아니 된다. 〈신설 2020. 4. 7.〉

[전문개정 2007. 8. 3.]

제39조의3 요양보호사교육기관의 지정 등

① 시·도지사는 요양보호사의 양성을 위하여 보건복지부령으로 정하는 지정기준에 적합한 시설

을 요양보호사교육기관으로 지정 · 운영하여야 한다. 〈개정 2010. 1. 25.〉

② 시 · 도지사는 요양보호사교육기관이 다음 각 호의 어느 하나에 해당하는 경우 사업의 정지를 명하거나 그 지정을 취소할 수 있다. 다만, 제1호에 해당하는 경우 지정을 취소하여야 한다. 〈신설 2010. 1. 25., 2019. 4. 30.〉

1. 거짓이나 그 밖의 부정한 방법으로 요양보호사교육기관으로 지정을 받은 경우

2. 제1항에 따른 지정기준에 적합하지 아니하게 된 경우

3. 교육과정을 1년 이상 운영하지 아니하는 경우

4. 정당한 사유 없이 제42조에 따른 보고 또는 자료제출을 하지 아니하거나 거짓으로 한 경우 또는 조사 · 검사를 거부 · 방해하거나 기피한 경우

5. 요양보호사교육기관을 설치 · 운영하는 자가 교육 이수 관련 서류를 거짓으로 작성한 경우

③ 시 · 도지사는 제2항에 따라 지정취소를 하는 경우 청문을 실시하여야 한다. 〈신설 2010. 1. 25.〉

④ 제1항에 따른 요양보호사교육기관의 지정절차, 제2항에 따른 행정처분의 세부적인 기준 및 절차 등에 관하여 필요한 사항은 보건복지부령으로 정한다. 〈개정 2010. 1. 25.〉

[전문개정 2007. 8. 3.]

[제목개정 2010. 1. 25.]

제39조의4 긴급전화의 설치 등

① 국가및 지방자치단체는 노인학대를 예방하고 수시로 신고를 받을 수 있도록 긴급전화를 설치하여야 한다.

② 제1항의 규정에 의한 긴급전화의 설치 · 운영에 관하여 필요한 사항은 대통령령으로 정한다.

[본조신설 2004. 1. 29.]

제39조의5 노인보호전문기관의 설치 등

① 국가는 지역 간의 연계체계를 구축하고 노인학대를 예방하기 위하여 다음 각 호의 업무를 담당하는 중앙노인보호전문기관을 설치 · 운영하여야 한다. 〈개정 2015. 12. 29.〉

1. 노인인권보호 관련 정책제안

2. 노인인권보호를 위한 연구 및 프로그램의 개발

3. 노인학대 예방의 홍보, 교육자료의 제작 및 보급

4. 노인보호전문사업 관련 실적 취합, 관리 및 대외자료 제공

5. 지역노인보호전문기관의 관리 및 업무지원

6. 지역노인보호전문기관 상담원의 심화교육

7. 관련 기관 협력체계의 구축 및 교류

8. 노인학대 분쟁사례 조정을 위한 중앙노인학대사례판정위원회 운영

9. 그 밖에 노인의 보호를 위하여 대통령령으로 정하는 사항

② 학대받는 노인의 발견·보호·치료 등을 신속히 처리하고 노인학대를 예방하기 위하여 다음 각 호의 업무를 담당하는 지역노인보호전문기관을 특별시·광역시·도·특별자치도(이하 "시·도"라 한다)에 둔다. 〈개정 2015. 12. 29.〉

1. 노인학대 신고전화의 운영 및 사례접수

2. 노인학대 의심사례에 대한 현장조사

3. 피해노인 및 노인학대자에 대한 상담

4. 피해노인가족 관련자와 관련 기관에 대한 상담

5. 상담 및 서비스제공에 따른 기록과 보관

6. 일반인을 대상으로 한 노인학대 예방교육

7. 노인학대행위자를 대상으로 한 재발방지 교육

8. 노인학대사례 판정을 위한 지역노인학대사례판정위원회 운영 및 자체사례회의 운영

9. 그 밖에 노인의 보호를 위하여 보건복지부령으로 정하는 사항

③ 보건복지부장관 및 시·도지사는 노인학대예방사업을 목적으로 하는 비영리법인을 지정하여 제1항에 따른 중앙노인보호전문기관과 제2항에 따른 지역노인보호전문기관의 운영을 위탁할 수 있다.

④ 제1항에 따른 중앙노인보호전문기관과 제2항에 따른 지역노인보호전문기관의 설치기준과 운영, 상담원의 자격과 배치기준 및 제3항에 따른 위탁기관의 지정 등에 필요한 사항은 대통령령으로 정한다.

[전문개정 2011. 6. 7.]

제39조의6 노인학대 신고의무와 절차 등

① 누구든지 노인학대를 알게 된 때에는 노인보호전문기관 또는 수사기관에 신고할 수 있다.

〈개정 2007. 4. 11.〉

② 다음 각 호의 어느 하나에 해당하는 자는 그 직무상 65세 이상의 사람에 대한 노인학대를 알게 된 때에는 즉시 노인보호전문기관 또는 수사기관에 신고하여야 한다.

〈개정 2011. 6. 7., 2015. 12. 29., 2016. 12. 2., 2017. 10. 24., 2018. 3. 13., 2018. 12. 11.〉

1. 의료법 제3조제1항의 의료기관에서 의료업을 행하는 의료인 및 의료기관의 장

2. 제27조의2에 따른 방문요양과 돌봄이나 안전확인 등의 서비스 종사자, 제31조에 따른 노

인복지시설의 장과 그 종사자 및 제7조에 따른 노인복지상담원

3. 「장애인복지법」 제58조의 규정에 의한 장애인복지시설에서 장애노인에 대한 상담·치료·훈련 또는 요양업무를 수행하는 사람

4. 「가정폭력방지 및 피해자보호 등에 관한 법률」 제5조 및 제7조에 따른 가정폭력 관련 상담소 및 가정폭력피해자 보호시설의 장과 그 종사자

5. 「사회복지사업법」 제14조에 따른 사회복지전담공무원 및 같은 법 제34조에 따른 사회복지관, 부랑인 및 노숙인보호를 위한 시설의 장과 그 종사자

6. 「노인장기요양보험법」 제31조에 따른 장기요양기관의 장과 그 종사자

7. 「119구조·구급에 관한 법률」 제10조에 따른 119구급대의 구급대원

8. 「건강가정기본법」 제35조에 따른 건강가정지원센터의 장과 그 종사자

9. 「다문화가족지원법」 제12조에 따른 다문화가족지원센터의 장과 그 종사자

10. 「성폭력방지 및 피해자보호 등에 관한 법률」 제10조에 따른 성폭력피해상담소 및 같은 법 제12조에 따른 성폭력피해자보호시설의 장과 그 종사자

11. 「응급의료에 관한 법률」 제36조에 따른 응급구조사

12. 「의료기사 등에 관한 법률」 제1조의2제1호에 따른 의료기사

13. 「국민건강보험법」에 따른 국민건강보험공단 소속 요양직 직원

14. 「지역보건법」 제2조에 따른 지역보건의료기관의 장과 종사자

15. 제31조에 따른 노인복지시설 설치 및 관리 업무 담당 공무원

③신고인의 신분은 보장되어야 하며 그 의사에 반하여 신분이 노출되어서는 아니된다.

④관계 중앙행정기관의 장은 제2항 각 호의 어느 하나에 해당하는 사람의 자격취득 교육과정이나 보수교육 과정에 노인학대 예방 및 신고의무와 관련된 교육 내용을 포함하도록 하여야 하며, 그 결과를 보건복지부장관에게 제출하여야 한다.　　　　　〈신설 2012. 10. 22., 2018. 3. 13.〉

⑤제2항에 따른 노인학대 신고의무자가 소속된 다음 각 호의 기관의 장은 소속 노인학대 신고의무자에게 노인학대예방 및 신고의무에 관한 교육을 실시하고 그 결과를 보건복지부장관에게 제출하여야 한다.　　　　　〈신설 2018. 3. 13.〉

1. 제31조에 따른 노인복지시설

2. 「의료법」 제3조제2항제3호라목 및 마목에 따른 요양병원 및 종합병원

3. 「노인장기요양보험법」 제2조제4호에 따른 장기요양기관

⑥제4항 및 제5항에 따른 교육 내용·시간 및 방법 등에 관하여 필요한 사항은 보건복지부령으로 정한다.　　　　　〈신설 2012. 10. 22., 2018. 3. 13.〉

[본조신설 2004. 1. 29.]

[제목개정 2012. 10. 22.]

제39조의7 응급조치의무 등

① 제39조의6의 규정에 의하여 노인학대신고를 접수한 노인보호전문기관의 직원이나 사법경찰관리는 지체없이 노인학대의 현장에 출동하여야 한다. 이 경우 노인보호전문기관의 장이나 수사기관의 장은 서로 동행하여 줄 것을 요청할 수 있고, 그 요청을 받은 때에는 정당한 사유가 없으면 소속 직원이나 사법경찰관리를 현장에 동행하도록 하여야 한다.　　　〈개정 2015. 1. 28.〉

② 제1항에 따라 출동한 노인보호전문기관의 직원이나 사법경찰관리는 피해자를 보호하기 위하여 신고된 현장에 출입하여 관계인에 대하여 조사를 하거나 질문을 할 수 있다. 이 경우 노인보호전문기관의 직원은 피해노인의 보호를 위한 범위에서만 조사 또는 질문을 할 수 있다.

〈신설 2015. 1. 28.〉

③ 제2항에 따라 출입, 조사 또는 질문을 하는 노인보호전문기관의 직원이나 사법경찰관리는 그 권한을 표시하는 증표를 지니고 이를 관계인에게 보여주어야 한다.　　　〈신설 2015. 1. 28.〉

④ 제2항에 따라 조사 또는 질문을 하는 노인보호전문기관의 직원이나 사법경찰관리는 피해자·신고자·목격자 등이 자유롭게 진술할 수 있도록 노인학대행위자로부터 분리된 곳에서 조사하는 등 필요한 조치를 하여야 한다.　　　〈신설 2015. 1. 28.〉

⑤ 제1항의 규정에 의하여 현장에 출동한 자는 학대받은 노인을 노인학대행위자로부터 분리하거나 치료가 필요하다고 인정할 때에는 노인보호전문기관 또는 의료기관에 인도하여야 한다.

〈개정 2015. 1. 28.〉

⑥ 누구든지 정당한 사유 없이 노인학대 현장에 출동한 자에 대하여 현장조사를 거부하거나 업무를 방해하여서는 아니 된다.　　　〈신설 2011. 6. 7., 2015. 1. 28.〉

⑦ 국가 및 지방자치단체는 제39조의5에 따른 노인보호전문기관의 장이 학대받은 노인의 보호, 치료 등의 업무를 수행함에 있어서 피해노인, 그 보호자 또는 노인학대행위자에 대한 신분조회 등 필요한 조치의 협조를 요청할 경우 정당한 사유가 없으면 이에 적극 협조하여야 한다.

〈신설 2015. 12. 29.〉

⑧ 제7항의 신분조회 요청 절차·범위 등에 관한 사항은 대통령령으로 정한다. 〈신설 2015. 12. 29.〉

[본조신설 2004. 1. 29.]

제39조의8 보조인의 선임 등

① 학대받은 노인의 법정대리인, 직계친족, 형제자매, 노인보호전문기관의 상담원 또는 변호사는 노인학대사건의 심리에 있어서 보조인이 될 수 있다. 다만, 변호사가 아닌 경우에는 법원의 허

가를 받아야 한다.

② 법원은 학대받은 노인을 증인으로 신문하는 경우 본인·검사 또는 노인보호전문기관의 신청이 있는 때에는 본인과 신뢰관계에 있는 자의 동석을 허가할 수 있다.

③ 수사기관이 학대받은 노인을 조사하는 경우에도 제1항 및 제2항의 절차를 준용한다.

[본조신설 2004. 1. 29.]

제39조의9 금지행위

누구든지 65세 이상의 사람(이하 이 조에서 "노인"이라 한다)에 대하여 다음 각 호의 어느 하나에 해당하는 행위를 하여서는 아니된다. 〈개정 2016. 12. 2.〉

1. 노인의 신체에 폭행을 가하거나 상해를 입히는 행위

2. 노인에게 성적 수치심을 주는 성폭행·성희롱 등의 행위

3. 자신의 보호·감독을 받는 노인을 유기하거나 의식주를 포함한 기본적 보호 및 치료를 소홀히 하는 방임행위

4. 노인에게 구걸을 하게 하거나 노인을 이용하여 구걸하는 행위

5. 노인을 위하여 증여 또는 급여된 금품을 그 목적외의 용도에 사용하는 행위

6. 폭언, 협박, 위협 등으로 노인의 정신건강에 해를 끼치는 정서적 학대행위

[본조신설 2004. 1. 29.]

제39조의10 실종노인에 관한 신고의무 등

① 누구든지 정당한 사유 없이 사고 등의 사유로 인하여 보호자로부터 이탈된 노인(이하 "실종노인"이라 한다)을 경찰관서 또는 지방자치단체의 장에게 신고하지 아니하고 보호하여서는 아니된다. 〈개정 2013. 6. 4.〉

② 제31조에 따른 노인복지시설(「사회복지사업법」 제2조제4호에 따른 사회복지시설 및 사회복지시설에 준하는 시설로서 인가·신고 등을 하지 아니하고 노인을 보호하는 시설을 포함한다. 이하 "보호시설"이라 한다)의 장 또는 그 종사자는 그 직무를 수행하면서 실종노인임을 알게 된 때에는 지체 없이 보건복지부령으로 정하는 신상카드를 작성하여 지방자치단체의 장과 제3항 제2호의 업무를 수행하는 기관의 장에게 제출하여야 한다. 〈개정 2011. 8. 4.〉

③ 보건복지부장관은 실종노인의 발생예방, 조속한 발견과 복귀를 위하여 다음 각 호의 업무를 수행하여야 한다. 이 경우 보건복지부장관은 노인복지 관련 법인이나 단체에 그 업무의 전부 또는 일부를 위탁할 수 있다.

1. 실종노인과 관련된 조사 및 연구

2. 실종노인의 데이터베이스 구축 · 운영

3. 그 밖에 실종노인의 보호 및 지원에 필요한 사항

④ 경찰청장은 실종노인의 조속한 발견과 복귀를 위하여 다음 각 호의 사항을 시행하여야 한다.

〈신설 2011. 6. 7., 2013. 6. 4.〉

1. 실종노인에 대한 신고체계의 구축 및 운영

2. 그 밖에 실종노인의 발견과 복귀를 위하여 필요한 사항

3. 삭제 〈2013. 6. 4.〉

⑤ 삭제 〈2013. 6. 4.〉

[본조신설 2007. 8. 3.]

[종전 제39조의10은 제39조의11로 이동 〈2007. 8. 3.〉]

제39조의11 조사 등

① 보건복지부장관, 시 · 도지사 또는 시장 · 군수 · 구청장은 필요하다고 인정하는 때에는 관계공무원 또는 노인복지상담원으로 하여금 노인복지시설과 노인의 주소 · 거소, 노인의 고용장소 또는 제39조의9의 금지행위를 위반할 우려가 있는 장소에 출입하여 노인 또는 관계인에 대하여 필요한 조사를 하거나 질문을 하게 할 수 있다.

② 경찰청장, 시 · 도지사 또는 시장 · 군수 · 구청장은 실종노인의 발견을 위하여 필요한 때에는 보호시설의 장 또는 그 종사자에게 필요한 보고 또는 자료제출을 명하거나 소속 공무원으로 하여금 보호시설에 출입하여 관계인 또는 노인에 대하여 필요한 조사 또는 질문을 하게 할 수 있다. 〈신설 2007. 8. 3.〉

③ 제1항 및 제2항의 경우 관계공무원, 노인복지상담원은 그 권한을 표시하는 증표 및 조사기간, 조사범위, 조사담당자, 관계 법령 등 보건복지부령으로 정하는 사항이 기재된 서류를 지니고 이를 노인 또는 관계인에게 내보여야 한다. 〈개정 2007. 8. 3., 2015. 12. 29.〉

④ 제1항 및 제2항에 따른 조사 또는 질문의 절차 · 방법 등에 관하여는 이 법에서 정하는 사항을 제외하고는 「행정조사기본법」에서 정하는 바에 따른다. 〈개정 2015. 12. 29.〉

[본조신설 2004. 1. 29.]

[제39조의10에서 이동, 종전의 제39조의11은 제39조의12로 이동 〈2007. 8. 3.〉]

제39조의12 비밀누설의 금지

이 법에 의한 학대노인의 보호와 관련된 업무에 종사하였거나 종사하는 자는 그 직무상 알게 된 비밀을 누설하지 못한다.

[본조신설 2004. 1. 29.]

[제39조의11에서 이동 〈2007. 8. 3.〉]

제39조의13 요양보호사의 결격사유

다음 각 호의 어느 하나에 해당하는 사람은 요양보호사가 될 수 없다.

〈개정 2015. 1. 28., 2018. 3. 13., 2018. 12. 11.〉

1. 「정신건강증진 및 정신질환자 복지서비스 지원에 관한 법률」 제3조제1호에 따른 정신질환자. 다만, 전문의가 요양보호사로서 적합하다고 인정하는 사람은 그러하지 아니하다.

2. 마약 · 대마 또는 향정신성의약품 중독자

3. 피성년후견인

4. 금고 이상의 형을 선고받고 그 형의 집행이 종료되지 아니하였거나 그 집행을 받지 아니하기로 확정되지 아니한 사람

5. 법원의 판결에 따라 자격이 정지 또는 상실된 사람

6. 제39조의14에 따라 요양보호사의 자격이 취소(이 조 제3호에 해당하여 자격이 취소된 경우는 제외한다)된 날부터 1년이 경과되지 아니한 사람

[본조신설 2010. 1. 25.]

제39조의14 요양보호사 자격의 취소

① 시 · 도지사는 요양보호사가 다음 각 호의 어느 하나에 해당하는 경우 그 자격을 취소할 수 있다. 다만, 제1호부터 제3호까지의 경우 자격을 취소하여야 한다.

1. 제39조의13 각 호의 어느 하나에 해당하게 된 경우

2. 제39조의9를 위반하여 제55조의2부터 제55조의4까지의 규정에 따른 처벌을 받은 경우

3. 거짓이나 그 밖의 부정한 방법으로 자격증을 취득한 경우

4. 영리를 목적으로 노인 등에게 불필요한 요양서비스를 알선 · 유인하거나 이를 조장한 경우

5. 자격증을 대여 · 양도 또는 위조 · 변조한 경우

② 시 · 도지사는 제1항에 따라 요양보호사의 자격을 취소하는 경우 청문을 실시하여야 한다.

③ 제1항의 자격취소의 절차 등에 관하여 필요한 사항은 보건복지부령으로 정한다.

[본조신설 2010. 1. 25.]

제39조의15 노인학대 등의 통보

① 사법경찰관리는 노인 사망 및 상해사건, 가정폭력 사건 등에 관한 직무를 행하는 경우 노인학대

가 있었다고 의심할만한 사유가 있는 때에는 노인보호전문기관에 그 사실을 통보하여야 한다.

② 제1항의 통보를 받은 노인보호전문기관은 피해노인 보호조치 등 필요한 조치를 하여야 한다.

[본조신설 2015. 12. 29.]

제39조의16 노인학대행위자에 대한 상담·교육 등의 권고

① 노인보호전문기관의 장은 노인학대행위자에 대하여 상담·교육 및 심리적 치료 등 필요한 지원을 받을 것을 권고할 수 있다. 〈개정 2017. 3. 14.〉

② 노인학대행위자는 노인보호전문기관의 장이 제1항에 따른 상담·교육 및 심리적 치료 등을 권고하는 경우에는 이에 협조하여 상담·교육 및 심리적 치료 등을 성실히 받아야 한다.

〈신설 2017. 3. 14.〉

[본조신설 2015. 12. 29.]

제39조의17 노인관련기관의 취업제한 등

① 법원은 노인학대관련범죄로 형 또는 치료감호를 선고하는 경우에는 판결(약식명령을 포함한다. 이하 같다)로 그 형 또는 치료감호의 전부 또는 일부의 집행을 종료하거나 집행이 유예·면제된 날(벌금형을 선고받은 경우에는 그 형이 확정된 날을 말한다)부터 일정기간(이하 "취업제한기간"이라 한다) 동안 다음 각 호에 따른 시설 또는 기관(이하 "노인관련기관"이라 한다)을 운영하거나 노인관련기관에 취업 또는 사실상 노무를 제공할 수 없도록 하는 명령(이하 "취업제한명령"이라 한다)을 판결과 동시에 선고(약식명령의 경우에는 고지를 말한다)하여야 한다. 다만, 재범의 위험성이 현저히 낮은 경우, 그 밖에 취업을 제한하여서는 아니 되는 특별한 사정이 있다고 판단하는 경우에는 그러하지 아니하다. 〈개정 2016. 5. 29., 2018. 12. 11.〉

1. 제31조의 노인복지시설

2. 「노인장기요양보험법」 제31조에 따른 장기요양기관

3. 「가정폭력방지 및 피해자보호 등에 관한 법률」 제4조의6의 긴급전화센터, 같은 법 제5조의 가정폭력 관련 상담소 및 같은 법 제7조의2의 가정폭력피해자 보호시설

4. 「건강가정기본법」 제35조의 건강가정지원센터

5. 「다문화가족지원법」 제12조의 다문화가족지원센터

6. 「성폭력방지 및 피해자보호 등에 관한 법률」 제10조의 성폭력피해상담소 및 같은 법 제12조의 성폭력피해자보호시설 및 같은 법 제18조의 성폭력피해자통합지원센터

7. 「의료법」 제3조의 의료기관

8. 「장애인복지법」 제58조의 장애인복지시설

9. 「정신건강증진 및 정신질환자 복지서비스 지원에 관한 법률」 제3조에 따른 정신건강복지센터 및 정신건강증진시설

② 제1항에 따른 취업제한기간은 10년을 초과하지 못한다. 〈신설 2018. 12. 11.〉

③ 법원은 제1항에 따라 취업제한명령을 선고하려는 경우에는 정신건강의학과 의사, 심리학자, 사회복지학자, 노인학대 관련 전문가, 그 밖의 관련 전문가로부터 취업제한명령 대상자의 재범 위험성 등에 관한 의견을 들을 수 있다. 〈신설 2018. 12. 11.〉

④ 제1항 각 호의 노인관련기관의 설치 신고 · 인가 · 허가 등을 관할하는 행정기관의 장(이하 이 조에서 "관할행정기관의 장"이라 한다)은 노인관련기관을 운영하려는 자에 대하여 본인의 동의를 받아 관계 기관의 장에게 노인학대관련범죄 경력 조회를 요청하여야 한다. 다만, 노인관련기관을 운영하려는 자가 노인학대관련범죄 경력 조회 회신서를 관할행정기관의 장에게 직접 제출한 경우에는 노인학대관련범죄 경력 조회를 한 것으로 본다. 〈개정 2018. 12. 11.〉

⑤ 노인관련기관의 장은 그 기관에 취업 중이거나 사실상 노무를 제공 중인 사람 또는 취업하려 하거나 사실상 노무를 제공하려는 사람(이하 "취업자등"이라 한다)에 대하여 노인학대관련범죄 경력을 확인하여야 하며, 이 경우 본인의 동의를 받아 관계 기관의 장에게 노인학대관련범죄 경력 조회를 요청하여야 한다. 다만, 취업자등이 노인학대관련범죄 경력 조회 회신서를 노인관련기관의 장에게 직접 제출한 경우에는 노인학대관련범죄 경력 조회를 한 것으로 본다.
〈개정 2018. 12. 11.〉

⑥ 관할행정기관의 장은 취업제한명령을 선고받은 사람이 노인관련기관을 운영하거나 노인관련기관에 취업 또는 사실상 노무를 제공하고 있는지를 직접 또는 관계 기관 조회 등의 방법으로 연 1회 이상 점검 · 확인하고 그 결과를 관계 중앙행정기관의 장에게 제출하여야 한다.
〈개정 2018. 12. 11.〉

⑦ 관할행정기관의 장은 제6항에 따른 점검 · 확인을 위하여 필요한 경우에는 노인관련기관의 장에게 관련 자료의 제출을 요구할 수 있다. 〈신설 2018. 12. 11.〉

⑧ 노인관련기관의 장은 취업제한명령을 선고받은 사람이 노인관련기관에 취업 또는 사실상 노무를 제공하고 있는 것을 알게 된 때에는 즉시 해임하여야 한다. 〈신설 2018. 12. 11.〉

⑨ 관할행정기관의 장은 취업제한명령을 위반하여 노인관련기관을 운영 중인 노인관련기관의 장에게 운영 중인 노인관련기관의 폐쇄를 요구하여야 하며, 취업제한명령을 위반하여 노인관련기관에 취업하거나 사실상 노무를 제공하고 있는 사람이 있으면 해당 노인관련기관의 장에게 그의 해임을 요구하여야 한다. 〈개정 2018. 12. 11.〉

⑩ 관할행정기관의 장은 노인관련기관의 장이 정당한 사유 없이 제9항에 따른 폐쇄요구를 거부하거나 3개월 이내에 요구사항을 이행하지 아니하는 경우에는 대통령령으로 정하는 바에 따라 해

당 노인관련기관을 폐쇄하거나 그 허가 · 인가 등을 취소하거나 관계 행정기관의 장에게 이를 요구할 수 있다. 〈개정 2018. 12. 11.〉

⑪ 제4항부터 제6항까지에 따라 노인학대관련범죄 경력 조회 요청을 받은 관계 기관의 장은 노인 학대관련범죄 경력 조회 회신서를 발급하여야 한다. 〈개정 2018. 12. 11.〉

⑫ 제4항부터 제6항까지에 따른 노인학대관련범죄 경력 조회의 요청 절차 · 범위 및 확인 · 점검 결과의 제출방법 등에 필요한 사항은 대통령령으로 정한다. 〈개정 2018. 12. 11.〉

[본조신설 2015. 12. 29.]

제39조의18 위반사실의 공표

① 보건복지부장관, 시 · 도지사 또는 시장 · 군수 · 구청장은 제39조의9의 금지행위로 제60조에 따른 처벌을 받은 법인 등이 운영하는 시설에 대하여 그 위반행위, 처벌내용, 해당 법인 또는 시설의 명칭, 대표자 성명, 시설장 성명(대표자와 동일인이 아닌 경우만 해당한다) 및 그 밖에 다른 시설과의 구별에 필요한 사항으로서 대통령령으로 정하는 사항을 공표할 수 있다. 이 경우 공표 여부를 결정할 때에는 그 위반행위의 동기, 정도, 횟수 및 결과 등을 고려하여야 한다.

② 보건복지부장관, 시 · 도지사 또는 시장 · 군수 · 구청장은 제39조의14에 따른 처분을 받거나 제55조의2 · 제55조의3제1항제2호 또는 제55조의4제1호에 따른 처벌을 받은 자로서 제39조의9에 따른 금지행위로 노인의 생명을 해치거나 신체 또는 정신에 중대한 피해를 입힌 노인복지시설의 장과 종사자에 대하여 법 위반 이력과 명단, 그 밖에 대통령령으로 정하는 사항을 공표할 수 있다. 이 경우 공표여부를 결정할 때에는 그 위반행위의 동기, 정도, 횟수 및 결과 등을 고려하여야 한다. 〈개정 2016. 12. 2.〉

③ 보건복지부장관, 시 · 도지사 또는 시장 · 군수 · 구청장은 제1항 및 제2항에 따른 공표를 실시하기 전에 공표대상자에게 그 사실을 통지하여 소명자료를 제출하거나 출석하여 의견진술을 할 수 있는 기회를 부여하여야 한다.

④ 제1항 및 제2항에 따른 공표의 절차 · 방법, 그 밖에 필요한 사항은 대통령령으로 정한다.

[본조신설 2015. 12. 29.]

제39조의19 학대피해노인 전용쉼터의 설치

① 국가와 지방자치단체는 노인학대로 인하여 피해를 입은 노인(이하 이 조에서 "학대피해노인"이라 한다)을 일정기간 보호하고 심신 치유 프로그램을 제공하기 위하여 학대피해노인 전용쉼터(이하 "쉼터"라 한다)를 설치 · 운영할 수 있다.

② 쉼터의 업무는 다음 각 호와 같다.

1. 학대피해노인의 보호와 숙식제공 등의 쉼터생활 지원

2. 학대피해노인의 심리적 안정을 위한 전문심리상담 등 치유프로그램 제공

3. 학대피해노인에게 학대로 인한 신체적, 정신적 치료를 위한 기본적인 의료비 지원

4. 학대 재발 방지와 원가정 회복을 위하여 노인학대행위자 등에게 전문상담서비스 제공

5. 그 밖에 쉼터에 입소하거나 쉼터를 이용하는 학대피해노인을 위하여 보건복지부령으로 정하는 사항

③ 국가와 지방자치단체는 쉼터의 운영업무를 제39조의5제1항 및 제2항에 따른 노인보호전문기관에 위탁할 수 있다. 이 경우 국가와 지방자치단체는 위탁에 소요되는 비용을 지원할 수 있다.

④ 제3항에 따른 쉼터 운영의 위탁과 위탁비용 지원에 관한 사항은 대통령령으로 정한다.

⑤ 쉼터의 설치기준 · 운영 및 인력에 관한 사항과 쉼터의 입소 · 이용 대상, 기간 및 절차 등에 관한 사항은 보건복지부령으로 정한다.

[본조신설 2017. 3. 14.]

제39조의20 노인학대의 사후관리 등

① 노인보호전문기관의 장은 노인학대가 종료된 후에도 가정방문, 시설방문, 전화상담 등을 통하여 노인학대의 재발 여부를 확인하여야 한다.

② 노인보호전문기관의 장은 노인학대가 종료된 후에도 노인학대의 재발 방지를 위하여 필요하다고 인정하는 경우 피해노인 및 보호자를 포함한 피해노인의 가족에게 상담, 교육 및 의료적 · 심리적 치료 등의 지원을 하여야 한다.

③ 노인보호전문기관의 장은 제2항에 따른 지원을 하기 위하여 관계 기관 · 법인 · 단체 · 시설에 협조를 요청할 수 있다.

④ 피해노인의 보호자 · 가족은 제2항에 따른 노인보호전문기관의 지원에 성실히 참여하여야 한다.

[본조신설 2018. 3. 13.]

제40조 변경 · 폐지 등

① 제33조제2항의 규정에 의하여 노인주거복지시설을 설치한 자 또는 제35조제2항의 규정에 의하여 노인의료복지시설을 설치한 자가 그 설치신고사항중 보건복지부령이 정하는 사항을 변경하거나 그 시설을 폐지 또는 휴지하고자 할 때에는 대통령령이 정하는 바에 의하여 시장 · 군수 · 구청장에게 미리 신고하여야 한다.

〈개정 1999. 2. 8., 2005. 3. 31., 2008. 2. 29., 2010. 1. 18., 2011. 6. 7.〉

② 삭제 〈2011. 6. 7.〉

③ 제37조제2항에 의하여 노인여가복지시설을 설치한 자 또는 제39조제2항의 규정에 의하여 재가 노인복지시설을 설치한 자가 그 설치신고사항중 보건복지부령이 정하는 사항을 변경하거나 그 시설을 폐지 또는 휴지하고자 할 때에는 대통령령이 정하는 바에 의하여 시장·군수·구청장 에게 미리 신고하여야 한다. 〈개정 1999. 2. 8., 2008. 2. 29., 2010. 1. 18.〉

④ 시장·군수·구청장은 제1항 또는 제3항에 따른 변경신고를 받은 경우 그 내용을 검토하여 이 법에 적합하면 신고를 수리하여야 한다. 〈신설 2018. 3. 13.〉

⑤ 노인주거복지시설의 장, 노인의료복지시설의 장, 노인여가복지시설의 장 또는 재가노인복지시 설의 장은 해당 시설을 폐지 또는 휴지하는 경우에는 보건복지부령으로 정하는 바에 따라 해당 시설을 이용하는 사람이 다른 시설을 이용할 수 있도록 조치계획을 수립하고 이행하는 등 시설 이용자의 권익을 보호하기 위한 조치를 취하여야 한다. 〈신설 2015. 12. 29.〉

⑥ 시장·군수·구청장은 제1항 또는 제3항에 따라 노인복지시설의 폐지 또는 휴지의 신고를 받 은 경우 해당 시설의 장이 제5항에 따른 시설 이용자의 권익을 보호하기 위한 조치를 취하였는 지 여부를 확인하는 등 보건복지부령으로 정하는 조치를 하고, 신고 내용이 이 법에 적합하면 신고를 수리하여야 한다. 〈신설 2015. 12. 29., 2018. 3. 13.〉

[제목개정 1999. 2. 8.]

제41조 수탁의무

제32조제1항의 규정에 의한 양로시설, 노인공동생활가정 및 노인복지주택, 제34조제1항의 규정에 의한 노인요양시설 및 노인요양공동생활가정 또는 제38조제1항의 규정에 의한 재가노인복지시설을 설치·운영하는 자가 복지실시기관으로부터 제28조제1항제2호 및 제3호, 동조제2항 또는 제3항의 규정에 의하여 노인의 입소·장례를 위탁받은 때에는 정당한 이유없이 이를 거부하여서는 아니된 다. 〈개정 2007. 8. 3.〉

제42조 감독

① 복지실시기관은 제31조에 따른 노인복지시설 또는 제39조의3제1항에 따른 요양보호사교육기 관을 설치·운영하는 자로 하여금 해당 시설 또는 사업에 관하여 필요한 보고를 하게 하거나 관 계공무원으로 하여금 해당 시설 또는 사업의 운영상황을 조사하게 하거나 장부, 그 밖의 관계서 류를 검사하게 할 수 있다. 〈개정 2019. 1. 15.〉

② 제31조의 규정에 의한 노인복지시설을 설치·운영하는 자는 보건복지부령이 정하는 바에 따라 매년도 입소자 또는 이용자 현황 등에 관한 자료를 복지실시기관에 제출하여야 한다.

〈신설 1999. 2. 8., 2008. 2. 29., 2010. 1. 18.〉

③ 제1항의 규정에 의하여 조사·검사를 행하는 자는 그 권한을 표시하는 증표를 지니고 이를 관계인에게 내보여야 한다.

[제목개정 2019. 1. 15.]

제43조 사업의 정지 등

① 시·도지사 또는 시장·군수·구청장은 노인주거복지시설, 노인의료복지시설 또는 제23조의2 제1항제2호의 노인일자리지원기관이 다음 각 호의 어느 하나에 해당하는 때에는 1개월의 범위에서 사업의 정지 또는 폐지를 명할 수 있다.
〈개정 1999. 2. 8., 2005. 3. 31., 2007. 8. 3., 2010. 1. 25., 2013. 6. 4., 2013. 8. 13., 2018. 3. 13., 2019. 4. 30.〉

1. 제23조의2제4항, 제33조제4항 또는 제35조제4항에 따른 시설 등에 관한 기준에 미달하게 된 때

2. 제41조의 규정에 위반하여 수탁을 거부한 때

3. 정당한 이유없이 제42조의 규정에 의한 보고 또는 자료제출을 하지 아니하거나 허위로 한 때 또는 조사·검사를 거부·방해하거나 기피한 때

4. 제46조제5항의 규정에 위반한 때

5. 해당 시설이나 기관을 설치·운영하는 자 또는 그 종사자가 입소자나 이용자를 학대한 때

② 시장·군수·구청장은 노인여가복지시설 또는 재가노인복지시설이 다음 각 호의 어느 하나에 해당하는 때에는 1개월의 범위에서 사업의 정지 또는 폐지를 명할 수 있다.
〈개정 1999. 2. 8., 2007. 8. 3., 2013. 8. 13., 2018. 3. 13., 2019. 4. 30.〉

1. 제37조제4항 또는 제39조제4항의 시설 등에 관한 기준에 미달하게 된 때

2. 제41조의 규정에 위반하여 수탁을 거부한 때(재가노인복지시설의 경우로 한정한다)

3. 정당한 이유없이 제42조의 규정에 의한 보고 또는 자료제출을 하지 아니하거나 허위로 한 때 또는 조사·검사를 거부·방해하거나 기피한 때

4. 제46조제7항의 규정에 위반한 때

5. 해당 시설을 설치·운영하는 자 또는 그 종사자가 입소자나 이용자를 학대한 때

③ 시·도지사 또는 시장·군수·구청장은 노인주거복지시설 또는 노인의료복지시설이 제1항에 따라 사업이 정지 또는 폐지되거나 노인여가복지시설 또는 재가노인복지시설이 제2항에 따라 사업이 정지 또는 폐지되는 경우에는 해당 시설의 이용자를 다른 시설로 옮기도록 하는 등 시설 이용자의 권익을 보호하기 위하여 필요한 조치를 하여야 한다. 〈신설 2015. 12. 29.〉

④ 제1항 및 제2항에 따른 행정처분의 세부적인 기준은 위반의 정도 등을 참작하여 보건복지부령으로 정한다. 〈개정 2008. 2. 29., 2010. 1. 18., 2015. 12. 29., 2018. 3. 13.〉

제44조 청문

시장·군수·구청장은 제43조의 규정에 의한 사업의 폐지를 명하고자 하는 경우에는 청문을 실시하여야 한다. 〈개정 2005. 3. 31.〉

제5장 비용

제45조 비용의 부담

① 삭제 〈2007. 4. 25.〉

② 다음 각 호의 어느 하나에 해당하는 비용은 대통령령이 정하는 바에 따라 국가 또는 지방자치단체가 부담한다. 〈개정 2005. 7. 13., 2011. 4. 7.〉

　1. 제23조의2제2항에 따른 노인일자리전담기관의 설치·운영 또는 위탁에 소요되는 비용

　2. 제27조 및 제28조의 규정에 따른 건강진단 등과 상담·입소 등의 조치에 소요되는 비용

　3. 제33조제1항·제35조제1항·제37조제1항 및 제39조제1항의 규정에 따른 노인복지시설의 설치·운영에 소요되는 비용

제46조 비용의 수납 및 청구

① 제27조 및 제28조에 따른 복지조치에 필요한 비용을 부담한 복지실시기관은 해당 노인 또는 그 부양의무자로부터 대통령령으로 정하는 바에 따라 그 부담한 비용의 전부 또는 일부를 수납하거나 청구할 수 있다. 〈개정 2019. 1. 15.〉

② 부양의무가 없는 자가 제28조의 규정에 의한 복지조치에 준하는 보호를 행하는 경우 즉시 그 사실을 부양의무자 및 복지실시기관에 알려야 한다.

③ 제2항의 보호를 행한 자는 부양의무자에게 보호비용의 전부 또는 일부를 청구할 수 있다.

④ 제1항 또는 제3항의 규정에 의한 부담비용의 청구 등에 관하여 필요한 사항은 보건복지부령으로 정한다. 〈개정 2008. 2. 29., 2010. 1. 18.〉

⑤ 제32조제1항에 따른 양로시설, 노인공동생활가정 및 노인복지주택, 제34조제1항에 따른 노인요양시설 및 노인요양공동생활가정을 설치한 자는 그 시설에 입소하거나 그 시설을 이용하는 「국민기초생활 보장법」 제7조제1항제1호에 따른 생계급여 수급자 또는 같은 항 제3호

에 따른 의료급여 수급자외의 자로부터 그에 소요되는 비용을 수납하고자 할 때에는 시장·군수·구청장에게 신고하여야 한다. 다만, 보건복지부령이 정한 비용수납 한도액의 범위 안에서 수납할 때에는 그러하지 아니하다.

〈개정 1999. 2. 8., 2005. 3. 31., 2007. 8. 3., 2008. 2. 29., 2010. 1. 18., 2015. 12. 29.〉

⑥ 삭제 〈1999. 2. 8.〉

⑦ 제36조제1항의 규정에 의한 노인여가복지시설 또는 제38조제1항의 규정에 의하여 재가노인복지시설을 설치한 자 또는 편의를 제공하는 자가 그 시설을 이용하는 자로부터 그에 소요되는 비용을 수납하고자 할 때에는 미리 시장·군수·구청장에게 신고하여야 한다.

⑧ 제28조제2항에 따른 복지실시기관과 제31조에 따른 노인복지시설을 설치한 자 또는 편의를 제공한 자는 제1항 또는 제3항에 따른 비용을 현금이나 「여신전문금융업법」 제2조에 따른 신용카드, 직불카드 또는 선불카드에 의한 결제로 납부받을 수 있다. 〈신설 2019. 12. 3.〉

[제목개정 2019. 1. 15.]

제47조 비용의 보조

국가 또는 지방자치단체는 대통령령이 정하는 바에 의하여 노인복지시설의 설치·운영에 필요한 비용을 보조할 수 있다.

제48조 유류물품의 처분

복지실시기관 또는 노인복지시설의 장은 제28조제3항의 규정에 의한 장례를 행함에 있어서 사망자가 유류한 금전 또는 유가증권을 그 장례에 필요한 비용에 충당할 수 있으며, 부족이 있을 때에는 유류물품을 처분하여 그 대금을 이에 충당할 수 있다.

제49조 조세감면

제31조의 규정에 의한 노인복지시설에서 노인을 위하여 사용하는 건물·토지 등에 대하여는 조세감면규제법 등 관계법령이 정하는 바에 의하여 조세 기타 공과금을 감면할 수 있다. 〈개정 2007. 4. 25.〉

제6장 보칙

제50조 이의신청 등

① 노인 또는 그 부양의무자는 이 법에 따른 복지조치에 대하여 이의가 있을 때에는 해당 복지실시기관에 이의를 신청할 수 있다. 〈개정 2017. 10. 24.〉

② 제1항에 따른 이의신청은 해당 복지조치가 있음을 안 날부터 90일 이내에 문서로 하여야 한다. 다만, 정당한 사유로 인하여 그 기간 이내에 이의신청을 할 수 없었음을 증명한 때에는 그 사유가 소멸한 날부터 60일 이내에 이의신청을 할 수 있다. 〈신설 2017. 10. 24.〉

③ 제1항의 이의신청을 받은 복지실시기관은 그 신청을 받은 날부터 30일 이내에 이를 심사·결정하여 청구인에게 통보하여야 한다. 〈개정 2017. 10. 24.〉

④ 제3항의 심사·결정에 이의가 있는 자는 그 통보를 받은 날부터 90일 이내에 행정심판을 제기할 수 있다. 〈개정 1999. 2. 8., 2017. 10. 24.〉

⑤ 제46조제3항의 규정에 의하여 부양의무자가 부담하여야 할 보호비용에 대하여 보호를 행한 자와 부양의무자 사이에 합의가 이루어지지 아니하는 경우로서 시장·군수·구청장은 당사자로부터 조정요청을 받은 경우에는 이를 조정할 수 있다. 〈개정 2004. 1. 29., 2017. 10. 24.〉

⑥ 시장·군수·구청장은 제5항의 조정을 위하여 필요하다고 인정하는 경우 부양의무자에게 소득·재산 등에 관한 자료의 제출을 요구할 수 있다. 〈개정 2017. 10. 24.〉

[제목개정 2017. 10. 24.]

제51조 노인복지명예지도원

① 복지실시기관은 양로시설, 노인공동생활가정, 노인복지주택, 노인요양시설 및 노인요양공동생활가정의 입소노인의 보호를 위하여 노인복지명예지도원을 둘 수 있다. 〈개정 2007. 8. 3.〉

② 노인복지명예지도원의 위촉방법·업무범위 등 기타 필요한 사항은 대통령령으로 정한다.

제52조 삭제 〈1999. 2. 8.〉

제53조 권한의 위임·위탁

① 보건복지부장관 또는 시·도지사는 이 법에 의한 권한의 일부를 대통령령이 정하는 바에 의하여 각각 시·도지사 또는 시장·군수·구청장에게 위임할 수 있다.

② 보건복지부장관, 시 · 도지사 또는 시장 · 군수 · 구청장은 이 법에 의한 업무의 일부를 대통령령이 정하는 바에 의하여 법인 또는 단체에 위탁할 수 있다. 〈개정 2008. 2. 29., 2010. 1. 18.〉

제54조 국 · 공유재산의 대부 등

국가 또는 지방자치단체는 노인보건복지관련 연구시설이나 사업의 육성을 위하여 필요하다고 인정하는 경우에는 국유재산법 또는 지방재정법의 규정에 불구하고 국 · 공유재산을 무상으로 대부하거나 사용 · 수익하게 할 수 있다.

제55조 「건축법」에 대한 특례

① 이 법에 의한 재가노인복지시설, 노인공동생활가정, 노인요양공동생활가정 및 학대피해노인 전용쉼터는 「건축법」 제19조의 규정에 불구하고 단독주택 또는 공동주택에 설치할 수 있다.

〈개정 2007. 8. 3., 2008. 3. 21., 2018. 3. 13.〉

② 이 법에 의한 노인복지주택의 건축물의 용도는 건축관계법령에 불구하고 노유자시설로 본다.

〈신설 1999. 2. 8., 2007. 8. 3.〉

[제목개정 2007. 8. 3.]

제7장 벌칙

제55조의2 벌칙

제39조의9제1호(상해에 한한다)의 행위를 한 자는 7년 이하의 징역 또는 7천만원 이하의 벌금에 처한다. 〈개정 2016. 12. 2.〉

[본조신설 2004. 1. 29.]

제55조의3 벌칙

① 다음 각 호의 어느 하나에 해당하는 자는 5년 이하의 징역 또는 5천만원 이하의 벌금에 처한다.

〈개정 2016. 12. 2.〉

1. 제39조의7제2항 또는 제5항에 따른 업무를 수행 중인 노인보호전문기관의 직원에 대하여 폭행 또는 협박하거나 위계 또는 위력으로써 그 업무를 방해한 자
2. 제39조의9제1호(폭행에 한정한다)부터 제4호까지 또는 같은 조 제6호에 해당하는 행위를 한 자

② 삭제 〈2016. 12. 2.〉

③ 단체 또는 다중의 위력을 보이거나 위험한 물건을 휴대하고 제1항제1호의 죄를 범하여 노인보호전문기관의 직원을 상해에 이르게 한 때에는 3년 이상의 유기징역에 처한다. 사망에 이르게 한 때에는 무기 또는 5년 이상의 징역에 처한다. 〈개정 2016. 12. 2.〉

[전문개정 2015. 12. 29.]

제55조의4 벌칙

다음 각 호의 어느 하나에 해당하는 자는 3년 이하의 징역 또는 3천만원 이하의 벌금에 처한다.

〈개정 2016. 12. 2., 2020. 4. 7.〉

1. 제39조의9제5호에 해당하는 행위를 한 자
1의2. 제39조의10제1항을 위반하여 정당한 사유 없이 신고하지 아니하고 실종노인을 보호한 자
2. 위계 또는 위력을 행사하여 제39조의11제2항에 따른 관계 공무원의 출입 또는 조사를 거부하거나 방해한 자
3. 제39조의12를 위반하여 직무상 알게 된 비밀을 누설한 자

[전문개정 2007. 8. 3.]

제56조 벌칙

① 제33조의2제2항을 위반하여 입소자격자 아닌 자에게 노인복지주택을 임대한 자는 2년 이하의 징역에 처하거나 위법하게 임대한 세대의 수에 1천만원을 곱한 금액 이하의 벌금에 처한다.

〈개정 2015. 1. 28.〉

② 삭제 〈2015. 1. 28.〉

[전문개정 2007. 8. 3.]

제56조의2 삭제 〈2016. 12. 2.〉

제57조 벌칙

다음 각 호의 어느 하나에 해당하는 자는 1년 이하의 징역 또는 1천만원 이하의 벌금에 처한다.

〈개정 2020. 4. 7.〉

1. 제33조제2항, 제35조제2항, 제37조제2항 또는 제39조제2항에 따른 신고를 하지 아니하고 양로시설·노인공동생활가정·노인복지주택·노인요양시설·노인요양공동생활가정·노인여가복지시설 또는 재가노인복지시설을 설치하거나 운영한 자
2. 제33조의2제3항을 위반하여 임대한 자

2의2. 제39조의2제6항을 위반하여 다른 사람에게 자격증을 빌려주거나 빌린 자

2의3. 제39조의2제7항을 위반하여 자격증을 빌려주거나 빌리는 것을 알선한 자

3. 제39조의3제1항에 따른 지정을 받지 아니하고 요양보호사교육기관을 설치하거나 운영한 자
4. 제39조의6제3항에 따른 신고인의 신분 보호 및 신원 노출 금지 의무를 위반한 자
5. 삭제 〈2020. 4. 7.〉
6. 정당한 사유 없이 제40조제5항에 따라 권익보호조치를 하지 아니한 자

[전문개정 2016. 12. 2.]

제58조 벌칙 적용에서 공무원 의제

제53조제2항에 따라 위탁받은 법인 또는 단체의 임직원은 「형법」 제129조부터 제132조까지의 규정에 따른 벌칙을 적용할 때에는 공무원으로 본다.

[본조신설 2018. 12. 11.]

제59조 벌칙

제41조를 위반하여 수탁을 거부한 자는 50만원 이하의 벌금에 처한다. 〈개정 2007. 8. 3.〉

1. 삭제 〈2007. 8. 3.〉
2. 삭제 〈2007. 8. 3.〉

제59조의2 가중처벌

상습적으로 또는 제31조에 따른 노인복지시설 종사자가 제55조의2, 제55조의3제1항제2호 또는 제55조의4제1호의 죄를 범한 경우 각 그 죄에서 정한 형의 2분의 1까지 가중한다. 〈개정 2016. 12. 2.〉

[본조신설 2015. 12. 29.]

제60조 양벌규정

법인의 대표자나 법인 또는 개인의 대리인, 사용인, 그 밖의 종업원이 그 법인 또는 개인의 업무에 관하여 제55조의2, 제55조의3, 제55조의4제1호의2 · 제3호, 제56조, 제57조(같은 조 제2호는 제외한다) 또는 제59조의 위반행위를 하면 그 행위자를 벌하는 외에 그 법인 또는 개인에게도 해당 조문의 벌금형을 과(科)한다. 다만, 법인 또는 개인이 그 위반행위를 방지하기 위하여 해당 업무에 관하여 상당한 주의와 감독을 게을리하지 아니한 경우에는 그러하지 아니하다.

〈개정 2015. 1. 28., 2016. 12. 2., 2020. 4. 7.〉

[전문개정 2010. 1. 25.]

제61조 삭제 〈2007. 4. 25.〉

제61조의2 과태료

① 제39조의17제9항에 따른 해임요구를 정당한 사유 없이 거부하거나 1개월 이내에 이행하지 아니하는 노인관련기관의 장에게는 1천만원 이하의 과태료를 부과한다. 〈신설 2018. 12. 11.〉

② 다음 각 호의 어느 하나에 해당하는 자에게는 500만원 이하의 과태료를 부과한다.

〈개정 2015. 12. 29., 2018. 12. 11.〉

1. 제39조의11제2항에 따른 명령을 위반하여 보고 또는 자료제출을 하지 아니하거나 거짓으로 보고하거나 거짓 자료를 제출한 자

2. 제39조의6제2항을 위반하여 노인학대를 신고하지 아니한 사람

3. 제39조의17제5항을 위반하여 취업자등에 대하여 노인학대관련범죄 경력을 확인하지 아니한 노인관련기관의 장

③ 다음 각 호의 어느 하나에 해당하는 자는 200만원 이하의 과태료를 부과한다.

〈개정 2011. 6. 7., 2012. 10. 22., 2015. 1. 28.〉

1. 삭제 〈2015. 12. 29.〉

2. 제39조의10제2항을 위반하여 신상카드를 제출하지 아니한 자

3. 제40조를 위반하여 신고하지 아니하고 노인복지시설을 폐지 또는 휴지한 자

④ 제1항부터 제3항까지의 규정에 따른 과태료는 대통령령으로 정하는 바에 따라 보건복지부장관, 시 · 도지사, 시장 · 군수 · 구청장이 부과 · 징수한다. 〈개정 2012. 10. 22.〉

⑤ 삭제 〈2012. 10. 22.〉

⑥ 삭제 〈2012. 10. 22.〉

[본조신설 2007. 8. 3.]

제62조 삭제 〈2015. 1. 28.〉

부칙 〈제17199호, 2020. 4. 7.〉

이 법은 공포 후 3개월이 경과한 날부터 시행한다. 다만, 제6조의2의 개정규정은 공포한 날부터 시행한다.

노인복지법 시행령

[시행 2019. 7. 2]
[대통령령 제29950호, 2019. 7. 2, 타법개정]

제1조 목적

이 영은 「노인복지법」에서 위임된 사항과 그 시행에 관하여 필요한 사항을 규정함을 목적으로 한다. 〈개정 2005. 12. 27.〉

제2조 안전사고 예방

「노인복지법」(이하 "법"이라 한다) 제4조의2제1항에 따른 안전사고 예방 시책(이하 "안전사고 예방 시책"이라 한다)에는 다음 각 호의 사항이 포함되어야 한다.

1. 낙상 예방 등 노인의 생활 안전관리에 관한 사항
2. 교통사고 예방 등 노인의 교통 안전관리에 관한 사항
3. 노인이 이용하는 시설의 안전관리에 관한 사항

[본조신설 2019. 6. 11.]

제3조 삭제 〈1999. 8. 7.〉

제4조 삭제 〈1999. 8. 7.〉

제5조 삭제 〈1999. 8. 7.〉

제6조 삭제 〈1999. 8. 7.〉

제7조 삭제 〈1999. 8. 7.〉

제8조 삭제 〈1999. 8. 7.〉

제9조 삭제 〈1999. 8. 7.〉

제10조 삭제 〈1999. 8. 7.〉

제11조 노인의 날 등의 행사

보건복지부장관, 특별시장·광역시장·특별자치시장·도지사·특별자치도지사(이하 "시·도지사"라 한다) 및 시장·군수·구청장(자치구의 구청장을 말한다. 이하 같다)은 매년 법 제6조에

따른 노인의 날, 경로의 달 및 어버이날에 실시해야 할 행사에 관한 계획을 수립ㆍ시행해야 한다.

〈개정 2004. 7. 30., 2005. 12. 27., 2007. 12. 13., 2008. 2. 29., 2010. 3. 15., 2016. 12. 30., 2019. 6. 11.〉

제11조의2 노인복지시설 중 인권교육 대상 시설

법 제6조의3제1항 및 제2항에서 "대통령령으로 정하는 시설"이란 법 제31조에 따른 노인복지시설(이하 "노인복지시설"이라 한다) 중 같은 법 제36조제1항제2호 및 제3호에 따른 경로당 및 노인교실을 제외한 시설을 말한다.

[본조신설 2018. 4. 24.]

제12조 노인복지상담원의 임용

① 법 제7조에 따른 노인복지상담원(이하 이 조부터 제14조까지에서 "상담원"이라 한다)은 「사회복지사업법」 제11조에 따른 사회복지사 3급이상의 자격증 소지자중에서 특별자치시장ㆍ특별자치도지사ㆍ시장ㆍ군수ㆍ구청장이 공무원으로 임용한다. 다만, 부득이한 경우에는 공무원외의 자로 위촉할 수 있다. 〈개정 2005. 12. 27., 2007. 12. 13., 2011. 12. 8., 2016. 12. 30.〉

②위촉한 상담원의 임기는 3년으로 하되, 연임할 수 있다.

③특별자치시장ㆍ특별자치도지사ㆍ시장ㆍ군수ㆍ구청장은 필요하다고 인정하는 때에는 「아동복지법」 제13조에 따른 아동복지전담공무원, 「장애인복지법」 제33조에 따른 장애인복지상담원 또는 사회복지에 관한 업무를 담당하는 공무원으로 하여금 상담원을 겸직하게 할 수 있다. 〈개정 1999. 12. 31., 2002. 3. 9., 2005. 12. 27., 2007. 10. 15., 2012. 8. 3., 2016. 12. 30.〉

제13조 상담원의 직무

상담원은 다음 각호의 직무를 담당한다.

1. 노인 및 그 가족 또는 관계인에 대한 상담 및 지도
2. 노인복지에 필요한 가정환경 및 생활실태에 관한 조사
3. 법 제28조의 규정에 의한 조치에 필요한 상담 및 지도
4. 노인의 단체활동 및 취업의 상담
5. 기타 노인의 복지증진에 관한 사항

제14조 상담원의 보수

상담원(공무원인 상담원과 보수없이 봉사할 것을 자원한 상담원을 제외한다)에 대하여는 예산의 범위안에서 지방공무원중 일반직 8급 공무원에 상당하는 보수(직무수당ㆍ기말수당ㆍ정근수당

및 기타수당을 포함한다)를 지급한다.

제15조 삭제 〈2007. 9. 28.〉

제16조 삭제 〈2007. 9. 28.〉

제17조 삭제 〈2007. 9. 28.〉

제17조의2 삭제 〈2007. 9. 28.〉

제17조의3 노인일자리전담기관의 설치 · 운영 등

① 법 제23조의2제2항의 규정에 의하여 보건복지부장관은 중앙노인일자리전담기관을, 지방자치단체의 장은 지역노인일자리전담기관을 설치 · 운영할 수 있다.

〈개정 2008. 2. 29., 2010. 3. 15.〉

② 중앙노인일자리전담기관의 업무는 다음 각 호와 같다.　　〈개정 2008. 2. 29., 2010. 3. 15.〉

1. 노인일자리의 개발 및 보급

2. 노인일자리사업 종사자의 교육훈련

3. 노인일자리에 관한 조사 및 연구

4. 노인일자리 종합정보시스템 및 노인인력 데이터베이스의 구축 및 운영

5. 지역노인일자리전담기관에 대한 지원 및 평가

6. 그 밖에 보건복지부장관이 노인일자리사업에 관하여 위탁한 사항

③ 지역노인일자리전담기관의 업무는 다음 각 호와 같다.

1. 지역 특성에 적합한 노인일자리의 개발 및 보급

2. 노인일자리사업에 참여하는 노인의 교육훈련

3. 노인일자리 및 참여자에 대한 사후관리

4. 노인인력 데이터베이스의 구축 지원

5. 그 밖에 지방자치단체의 장이 노인일자리사업에 관하여 위탁한 사항

④ 노인일자리전담기관의 운영에 관하여 필요한 세부사항은 보건복지부장관이 정한다.

〈개정 2008. 2. 29., 2010. 3. 15.〉

[본조신설 2005. 12. 27.]

제17조의4 노인일자리전담기관의 운영위탁 등

① 보건복지부장관 및 지방자치단체의 장은 법 제23조의2의 규정에 의하여 노인일자리전담기관 운영의 전부 또는 일부를 노인일자리사업을 실시한 경험이 있고 노인일자리 관련 전담인력 등을 갖춘 법인·단체에 위탁할 수 있다. 〈개정 2008. 2. 29., 2010. 3. 15.〉

② 제1항의 규정에 의하여 노인일자리전담기관의 운영의 전부 또는 일부를 위탁하고자 하는 경우에는 위탁할 사무·위탁조건·수탁기관 선정방법·위탁신청 절차 및 신청서류 등을 위탁기관의 인터넷 홈페이지 등에 2주 이상 공고하여야 한다.

③ 노인일자리전담기관의 운영위탁 등에 관하여 필요한 세부사항은 보건복지부장관이 정한다. 〈개정 2008. 2. 29., 2010. 3. 15.〉

[본조신설 2005. 12. 27.]

제18조 지역봉사지도원의 활동지원 등

① 국가 또는 지방자치단체는 법 제24조제1항의 규정에 의하여 위촉한 지역봉사지도원의 활동을 지원하고 예산의 범위안에서 활동비 등을 지급할 수 있다.

② 시장·군수·구청장은 위촉한 지역봉사지도원이 다음 각호의 1에 해당하는 때에는 해촉하여야 한다.

1. 업무와 관련하여 부정한 행위를 한 때
2. 질병·부상 등의 사유로 인하여 업무수행이 어려운 때
3. 기타 지역봉사지도원으로서의 품위를 손상한 때

③ 법 제24조제2항제5호에서 "기타 대통령령이 정하는 업무"라 함은 다음 각호의 업무를 말한다. 〈개정 2008. 7. 24., 2018. 4. 24.〉

1. 국가 또는 지방자치단체가 시행하는 노인복지정책의 홍보 및 안내
2. 노인복지시설에 입소한 노인에 대한 생활지도
3. 자원봉사활동 기타 시장·군수·구청장이 필요하다고 인정하는 업무

제18조의2 생업지원

① 법 제25조제1항 및 제2항에서 "대통령령으로 정하는 기관"이란 각각 다음 각 호의 어느 하나에 해당하는 기관을 말한다.

1. 「공공기관의 운영에 관한 법률」 제4조에 따른 공공기관
2. 「지방공기업법」 제49조에 따른 지방공사 및 같은 법 제76조에 따른 지방공단
3. 특별법에 따라 설립된 법인

② 법 제25조제2항에 따른 위탁사업의 종류는 다음 각 호와 같다.　　　　　〈개정 2019. 7. 2.〉

　　1. 청소, 소독, 병충해 예방 및 해충 제거

　　2. 주차관리, 경비 및 장치·시설 등의 점검·유지·수리

　　3. 조경관리

　　4. 매표

　　5. 그 밖에 국가, 지방자치단체 및 제1항에 따른 기관의 장이 노인의 생업지원을 위하여 적합
　　　하다고 인정하는 사업

③ 법 제25조제2항에 따른 65세 이상 노인의 채용 비율은 최근 3개월 이상 계속 고용된 65세 이
　상 근로자 수를 최근 3개월간의 월 평균 근로자 수로 나누어 산정한다. 이 경우 65세 이상 근
　로자 수와 월 평균 근로자 수에서 일용근로자의 수는 제외되며 산정의 기준 시점은 매월 말
　일로 한다.

[본조신설 2018. 6. 12.]

제19조 경로우대시설의 종류 등

① 법 제26조제1항의 규정에 의하여 65세이상의 자에 대하여 그 이용요금을 할인할 수 있는 공
　공시설(이하 "경로우대시설"이라 한다)의 종류와 그 할인율은 별표 1과 같다.

〈개정 2003. 5. 29.〉

② 65세이상의 자가 경로우대시설의 이용요금을 할인하여 이용하고자 하는 때에는 당해 시설
　의 관리자에게 주민등록증 등 나이를 확인할 수 있는 신분증을 보여주어야 한다.

〈개정 2018. 4. 24.〉

제20조 건강진단 등

① 법 제27조제1항의 규정에 의한 건강진단은 보건복지부장관, 시·도지사 또는 시장·군
　수·구청장(이하 "복지실시기관"이라 한다)이 2년에 1회이상 국·공립병원, 보건소 또는 보
　건복지부령이 정하는 건강진단기관에서 대상자의 건강상태에 따라 1차 및 2차로 구분하여
　실시한다.　　　　　　　　　　　　　　　　　　　　　　〈개정 2008. 2. 29., 2010. 3. 15.〉

② 법 제27조제1항의 규정에 의한 보건교육은 복지실시기관이 보건소 또는 보건·의료관련 기
　관·단체로 하여금 실시하게 할 수 있다.

③ 복지실시기관은 제2항의 규정에 의하여 보건교육을 실시한 보건·의료관련 기관·단체에
　대하여 예산의 범위안에서 교육실시에 소요되는 비용을 지원할 수 있다.

제20조의2 노인성 질환의 범위, 의료지원의 대상·기준 및 방법 등

① 법 제27조의4제1항에 따른 노인성 질환의 범위는 다음 각 호와 같다.

1. 안 질환

2. 무릎관절증

3. 전립선 질환

② 법 제27조의4제1항에 따른 의료지원의 대상은 다음 각 호의 어느 하나에 해당하는 사람 중에서 보건복지부장관이 정하여 고시하는 나이 이상인 사람으로 한다.

1. 「국민기초생활 보장법」에 따른 수급자 또는 차상위계층

2. 「한부모가족지원법」에 따른 지원대상자

③ 법 제27조의4제1항에 따른 의료지원을 받으려는 사람은 관할 보건소장에게 신청을 하여야 한다.

④ 제3항에 따른 의료지원 신청을 받은 관할 보건소장은 신청인이 지원 대상에 해당하는지 여부를 확인하기 위해 필요한 서류를 「전자정부법」 제36조제1항에 따른 행정정보의 공동이용을 통하여 확인한 후, 신청을 받은 날부터 10일 이내에 지원 여부를 결정하여 신청인에게 알려주어야 한다. 다만, 신청인이 확인에 동의하지 않는 경우에는 지원 대상에 해당함을 증명하는 서류를 제출하도록 해야 한다.　　　　　　　　　　　　　　〈개정 2019. 6. 11.〉

⑤ 제1항부터 제4항까지에서 규정한 사항 외에 의료지원의 한도 및 신청 방법 등에 관한 사항은 보건복지부장관이 정하여 고시한다.

[본조신설 2018. 4. 24.]

[종전 제20조의2는 제20조의3으로 이동 〈2018. 4. 24.〉]

제20조의3 노인복지주택 운영의 위탁

법 제33조의2제6항에 따라 노인복지주택을 설치한 자로부터 해당 노인복지주택의 전부 또는 일부 시설의 운영을 위탁받을 수 있는 자는 다음 각 호의 요건을 모두 갖춘 법인 또는 단체로 한다.

1. 노인복지주택사업을 실시한 경험이 있을 것

2. 노인복지주택의 운영업무를 담당할 전담인력 및 전담조직을 갖출 것

[본조신설 2007. 12. 13.]

[제20조의2에서 이동, 종전 제20조의3은 제20조의4로 이동 〈2018. 4. 24.〉]

제20조의4 긴급전화의 설치 · 운영

① 법 제39조의4제2항의 규정에 의하여 국가 및 지방자치단체는 법 제39조의5제1항 및 제2항에 따른 노인보호전문기관에 전국적으로 통일된 번호로 매일 24시간 동안 운영되는 긴급전화를 설치하여야 한다. 〈개정 2011. 12. 8.〉

② 긴급전화를 통한 노인학대 신고의 접수 및 상담방법과 그 밖의 세부운영 등에 관하여 필요한 사항은 보건복지부장관이 정한다. 〈개정 2007. 12. 13., 2008. 12. 31., 2010. 3. 15.〉

[본조신설 2004. 7. 30.]

[제20조의3에서 이동, 종전 제20조의4는 제20조의5로 이동 〈2018. 4. 24.〉]

제20조의5 노인보호전문기관의 설치기준 등

법 제39조의5제1항 및 제2항에 따른 노인보호전문기관의 설치 · 운영 기준은 별표 1의2와 같다. 〈개정 2018. 4. 24.〉

[전문개정 2011. 12. 8.]

[제20조의4에서 이동, 종전 제20조의5는 제20조의6으로 이동 〈2018. 4. 24.〉]

제20조의6 중앙노인보호전문기관의 업무

법 제39조의5제1항제9호에서 "대통령령으로 정하는 사항"이란 다음 각 호의 사항을 말한다. 〈개정 2016. 12. 30.〉

1. 삭제 〈2017. 9. 5.〉

2. 노인인권보호를 위하여 보건복지부장관이 위탁하는 사항

[전문개정 2011. 12. 8.]

[제20조의5에서 이동, 종전 제20조의6은 제20조의7로 이동 〈2018. 4. 24.〉]

제20조의7 노인보호전문기관의 위탁기관 지정

① 법 제39조의5제3항에 따라 노인보호전문기관의 운영을 위탁받으려는 자는 같은 조 제1항에 따른 중앙노인보호전문기관(이하 "중앙노인보호전문기관"이라 한다)의 경우에는 보건복지부장관에게, 같은 조 제2항에 따른 지역노인보호전문기관(이하 "지역노인보호전문기관"이라 한다)의 경우에는 시 · 도지사에게 위탁기관 지정을 신청하여야 한다. 〈개정 2017. 9. 5.〉

② 제1항에 따라 위탁기관 지정을 신청하려는 자는 별표 1의2에 따른 기준에 적합하여야 한다.

③ 제1항에 따른 신청을 받은 보건복지부장관 또는 시 · 도지사는 해당 지역의 노인인구, 신청인의 업무수행능력 등을 고려하여 위탁기관을 지정하여야 한다.

④ 제3항에 따라 지정받은 자는 지정받은 사항 중 보건복지부령으로 정하는 사항을 변경하려면 보건복지부장관 또는 시·도지사에게 변경지정을 신청하여야 한다.

⑤ 위탁기관의 지정, 변경지정 등의 절차에 관한 세부사항은 보건복지부령으로 정한다.

[본조신설 2011. 12. 8.]

[제20조의6에서 이동, 종전 제20조의7은 제20조의8로 이동 〈2018. 4. 24.〉]

제20조의8 신분조회 요청 절차

① 중앙노인보호전문기관과 지역노인보호전문기관의 장은 법 제39조의7제7항에 따라 다음 각 호의 어느 하나에 해당하는 신분조회 등 필요한 조치에 대한 협조를 요청하려면 노인학대관련 신분조회 요청서를 관계 중앙행정기관의 장, 시·도지사 또는 시장·군수·구청장에게 제출하여야 한다.　　　　　　　　　　　　　　　　　　　　　　　　　〈개정 2017. 9. 5.〉

1. 「출입국관리법」 제88조제2항에 따른 외국인등록 사실증명의 열람 및 발급

2. 「가족관계의 등록 등에 관한 법률」 제15조제1항제1호부터 제4호까지에 따른 증명서의 발급

3. 주민등록표 등본·초본의 열람 및 발급

4. 「국민기초생활 보장법」 제2조제2호에 따른 수급자 여부의 확인

5. 「장애인복지법」 제32조제1항에 따른 장애인등록증의 열람 및 발급

② 제1항에서 규정한 사항 외에 노인학대관련 신분조회 요청에 필요한 사항은 보건복지부령으로 정한다.

[본조신설 2016. 12. 30.]

[제20조의7에서 이동, 종전 제20조의8은 제20조의9로 이동 〈2018. 4. 24.〉]

제20조의9 노인학대관련범죄 경력 조회 요청 절차

① 법 제39조의17제1항 각 호에 따른 시설 또는 기관(이하 "노인관련기관"이라 한다)의 설치 신고·인가·허가 등을 관할하는 행정기관의 장(이하 "관할행정기관의 장"이라 한다) 및 노인관련기관의 장은 같은 조 제4항 본문 및 같은 조 제5항 본문에 따라 노인학대관련범죄 경력 조회를 요청하려면 노인학대관련범죄 경력 조회 요청서에 다음 각 호의 구분에 따른 서류를 첨부하여 관할 경찰관서의 장에게 제출해야 한다.　　　　　　　　　　　　〈개정 2019. 6. 11.〉

1. 관할행정기관의 장이 요청하는 경우: 노인학대관련범죄 경력 조회 대상자의 동의서

2. 노인관련기관의 장이 요청하는 경우

　가. 노인관련기관의 장임을 증명하는 서류

나. 노인학대관련범죄 경력 조회 대상자의 동의서

② 노인관련기관을 운영하려는 자 및 노인관련기관에 취업 중이거나 사실상 노무를 제공 중인 사람 또는 취업하려 하거나 사실상 노무를 제공하려는 사람(이하 "취업자등"이라 한다)은 법 제39조의17제4항 단서 및 같은 조 제5항 단서에 따른 노인학대관련범죄 경력 조회 회신서의 발급을 요청하려면 노인학대관련범죄 경력 조회 요청서에 다음 각 호의 구분에 따른 서류를 첨부하여 관할 경찰관서의 장에게 제출해야 한다.　　　　　　　　　　〈신설 2019. 6. 11.〉

　1. 노인관련기관을 운영하려는 자가 요청하는 경우

　　　가. 운영하려는 기관이 노인관련기관임을 증명하는 서류

　　　나. 본인의 신분을 증명하는 서류

　2. 취업자등이 요청하는 경우

　　　가. 노인관련기관의 취업자등임을 증명하는 서류

　　　나. 본인의 신분을 증명하는 서류

③ 제1항 및 제2항에 따라 노인학대관련범죄 경력 조회를 요청받은 경찰관서의 장은 노인학대관련범죄 경력 조회 대상자가 노인관련기관을 운영하거나 노인관련기관에 취업 또는 사실상 노무를 제공할 수 없는 사람(이하 "취업제한등대상자"라 한다)인지 여부를 확인하여 회신해야 한다.　　　　　　　　　　　　　　　　　〈개정 2019. 6. 11.〉

④ 제1항 및 제2항에 따른 노인학대관련범죄 경력 조회 요청서, 노인학대관련범죄 경력 조회 대상자의 동의서 및 노인학대관련범죄 경력 조회 회신서의 서식 등에 관한 사항은 보건복지부령으로 정한다.　　　　　　　　　　　　　　　　　　〈개정 2019. 6. 11.〉

[본조신설 2016. 12. 30.]

[제목개정 2019. 6. 11.]

[제20조의8에서 이동, 종전 제20조의9는 제20조의10으로 이동 〈2018. 4. 24.〉]

제20조의10 폐쇄 또는 해임의 요구

① 관할행정기관의 장은 법 제39조의17제9항에 따라 노인관련기관의 장에게 노인관련기관의 폐쇄 또는 취업제한등대상자의 해임을 요구하려면 그 위반사실, 요구내용 및 이행기한 등을 명시한 서면으로 해야 한다. 이 경우 취업제한등대상자의 해임을 요구하는 때에는 그 사실을 해당 취업제한등대상자에게도 서면으로 통지해야 한다.　　　　　　　〈개정 2019. 6. 11.〉

② 제1항에 따른 요구를 받은 노인관련기관의 장과 해임 요구 사실을 통지받은 취업제한등대상자는 요구를 받거나 요구 사실을 통지받은 날부터 10일 이내에 해당 관할행정기관의 장에게 이의신청을 할 수 있다.

③ 제2항에 따른 이의신청을 받은 관할행정기관의 장은 이의신청을 받은 날부터 14일 이내에 이의신청 결과를 해당 노인관련기관의 장과 취업제한등대상자에게 통지하여야 한다.

④ 관할행정기관의 장은 법 제39조의17제9항에 따라 노인관련기관이 폐쇄되는 경우에는 해당 노인관련기관을 이용하는 사람을 다른 노인관련기관으로 옮기도록 하는 등 보건복지부령으로 정하는 조치를 해야 한다. 〈개정 2019. 6. 11.〉

[본조신설 2016. 12. 30.]

[제20조의9에서 이동, 종전 제20조의10은 제20조의11로 이동 〈2018. 4. 24.〉]

제20조의11 폐쇄 또는 허가 · 인가 등의 취소

① 관할행정기관의 장 또는 관할행정기관의 장으로부터 폐쇄 또는 허가 · 인가 등의 취소를 요구받은 관계 행정기관의 장(이하 "관할행정기관의 장등"이라 한다)은 법 제39조의17제10항에 따라 노인관련기관을 폐쇄하거나 그 허가 · 인가 등을 취소하려면 미리 그 사실을 해당 노인관련기관의 장에게 알려야 한다. 〈개정 2019. 6. 11.〉

② 관할행정기관의 장등은 법 제39조의17제10항에 따라 노인관련기관을 폐쇄하거나 그 허가 · 인가 등을 취소하는 경우에는 해당 노인관련기관을 이용하는 사람을 다른 노인관련기관으로 옮기도록 하는 등 보건복지부령으로 정하는 조치를 해야 한다. 〈개정 2019. 6. 11.〉

[본조신설 2016. 12. 30.]

[제20조의10에서 이동, 종전 제20조의11은 제20조의12로 이동 〈2018. 4. 24.〉]

제20조의12 위반사실의 공표 사항

① 법 제39조의18제1항 전단에서 "그 밖에 다른 시설과의 구별에 필요한 사항으로서 대통령령으로 정하는 사항"이란 다음 각 호의 사항을 말한다.

1. 「사회복지사업법」 제16조에 따른 사회복지법인의 주소 및 법인등록번호

2. 「사회복지사업법」 제34조에 따른 사회복지시설의 주소 및 사업자등록번호

② 법 제39조의18제2항 전단에서 "그 밖에 대통령령으로 정하는 사항"이란 다음 각 호의 사항을 말한다.

1. 해당 노인복지시설의 장과 종사자의 성별 및 나이

2. 해당 위반행위로 받은 형벌과 행정처분의 내용

[본조신설 2016. 12. 30.]

[제20조의11에서 이동, 종전 제20조의12는 제20조의13으로 이동 〈2018. 4. 24.〉]

제20조의13 공표의 절차 및 방법

① 보건복지부장관, 시·도지사 또는 시장·군수·구청장은 법 제39조의18제1항 또는 제2항에 따라 위반사실을 공표하는 경우에는 해당 기관의 인터넷 홈페이지에 3년 동안 공표하여야 한다. 이 경우 보건복지부장관, 시·도지사 또는 시장·군수·구청장은 법 제39조의5에 따른 노인보호전문기관의 인터넷 홈페이지, 「공공기관의 정보공개에 관한 법률」에 따른 정보공개시스템 또는 「국민건강보험법」에 따른 국민건강보험공단의 인터넷 홈페이지에도 이를 공표하게 할 수 있다.

② 보건복지부장관, 시·도지사 또는 시장·군수·구청장은 공표 대상 위반행위가 법 제39조의9에 따른 금지행위로서 노인의 생명을 해치거나 신체 또는 정신에 중대한 피해를 입혀 노인을 장애 또는 난치의 질병에 이르게 하여 추가 공표가 필요하다고 인정하는 경우에는 제1항에 따른 기간 중에 같은 항에 따른 공표 외에 「신문 등의 진흥에 관한 법률」에 따른 신문 또는 「방송법」에 따른 방송에 추가로 공표할 수 있다.

③ 제1항 및 제2항에서 규정한 사항 외에 공표 절차 등에 관하여 필요한 사항은 보건복지부령으로 정한다.

[본조신설 2016. 12. 30.]

[제20조의12에서 이동, 종전 제20조의13은 제20조의14로 이동 〈2018. 4. 24.〉]

제20조의14 학대피해노인 전용쉼터 운영업무의 위탁

① 시·도지사는 법 제39조의19제3항 전단에 따라 학대피해노인 전용쉼터의 운영업무를 위탁하려면 지역노인보호전문기관의 신청을 받아 위탁받을 기관을 지정하여야 한다. 이 경우 시·도지사는 해당 지역의 노인인구, 해당 지역노인보호전문기관의 업무수행능력 등을 고려하여야 한다.

② 시·도지사는 제1항에 따라 학대피해노인 전용쉼터의 운영업무를 위탁한 경우에는 위탁받은 기관의 명칭, 소재지, 위탁 업무의 내용 등을 고시하여야 한다.

③ 제1항에 따라 운영업무를 위탁받은 지역노인보호전문기관은 위탁받은 사항 중 보건복지부령으로 정하는 사항을 변경하려면 시·도지사에게 그 변경을 신청하여야 한다.

④ 제1항부터 제3항까지에서 규정한 사항 외에 운영업무의 위탁에 필요한 세부사항은 보건복지부령으로 정한다.

[본조신설 2017. 9. 5.]

[제20조의13에서 이동 〈2018. 4. 24.〉]

제21조 노인주거복지시설 등의 변경신고 등

① 법 제40조제1항 또는 제3항에 따라 노인주거복지시설 · 노인의료복지시설 · 노인여가복지시설 · 재가노인복지시설의 설치신고사항을 변경하거나 그 시설의 폐지 또는 휴지의 신고를 하고자 하는 자는 변경 또는 폐지 · 휴지 3개월 전까지 보건복지부령이 정하는 바에 따라 변경 또는 폐지 · 휴지신고서에 관련 서류를 첨부하여 특별자치시장 · 특별자치도지사 · 시장 · 군수 · 구청장에게 제출하여야 한다.

〈개정 1999. 8. 7., 2007. 12. 13., 2008. 2. 29., 2010. 3. 15., 2011. 12. 8., 2016. 12. 30.〉

② 삭제 〈2011. 12. 8.〉

제22조 비용의 부담

① 법 제45조제2항의 규정에 의하여 법 제23조의2제1항의 규정에 의한 노인일자리전담기관의 설치 · 운영 또는 위탁에 소요되는 비용은 당해 노인일자리전담기관을 설치 · 운영하거나 운영을 위탁한 국가 또는 지방자치단체가 이를 부담한다. 〈신설 2005. 12. 27.〉

② 법 제45조제2항의 규정에 의하여 법 제27조 및 제28조의 규정에 의한 건강진단 등과 상담 · 입소 등의 조치에 소요되는 비용은 예산의 범위안에서 국가 및 지방자치단체가 이를 부담하되, 그 부담비율은 「보조금 관리에 관한 법률 시행령」 별표 1이 정하는 바에 의한다.

〈개정 2005. 12. 27., 2011. 10. 26.〉

③ 법 제45조제2항의 규정에 의하여 법 제33조제1항 · 제35조제1항 · 제37조제1항 및 제39조제1항의 규정에 의한 노인복지시설의 설치 · 운영에 소요되는 비용은 당해 노인복지시설을 설치한 국가 또는 지방자치단체가 이를 부담한다. 〈개정 2005. 12. 27.〉

제23조 비용의 수납

법 제46조제1항에 따라 복지실시기관이 복지조치에 소요된 비용을 수납 또는 청구하는 경우에는 해당 노인 또는 그 부양의무자로부터 실비에 해당하는 금액을 수납하거나 청구한다. 다만, 해당 노인이 다음 각 호의 어느 하나에 해당하는 경우에는 그 비용을 수납 또는 청구하지 아니할 수 있다.

1. 「국민기초생활 보장법」 제7조제1항제1호에 따른 생계급여 수급자인 경우
2. 「국민기초생활 보장법」 제7조제1항제3호에 따른 의료급여 수급자인 경우
3. 그 밖에 부양의무자가 있어도 그 부양의무자로부터 적절한 부양을 받지 못하는 경우

[전문개정 2015. 11. 30.]

제24조 비용의 보조

① 법 제47조의 규정에 의하여 국가 또는 지방자치단체가 그 설치·운영에 소요되는 비용을 보조할 수 있는 노인복지시설은 다음 각 호와 같다.

〈개정 2004. 7. 30., 2007. 12. 13., 2011. 12. 8., 2017. 9. 5.〉

　　1. 법 제32조제1항에 따른 노인주거복지시설

　　2. 법 제34조제1항제1호·제2호에 따른 노인요양시설·노인요양공동생활가정

　　3. 법 제36조제1항 각호의 규정에 의한 노인여가복지시설

　　4. 법 제38조제1항 각호의 규정에 의한 재가노인복지시설

　　5. 법 제39조의5제1항 및 제2항에 따른 노인보호전문기관

　　6. 법 제39조의19제1항에 따른 학대피해노인 전용쉼터

② 국가 또는 지방자치단체가 법 제47조의 규정에 의하여 노인복지시설의 설치·운영에 소요되는 비용을 보조하는 경우의 부담비율은 「보조금 관리에 관한 법률 시행령」 별표 1이 정하는 바에 의한다.　　　　　　　　　　　　　　　　　　〈개정 2005. 12. 27., 2011. 10. 26.〉

③ 제1항의 규정에 의하여 국가 또는 지방자치단체가 노인복지시설의 운영에 소요되는 비용을 보조하는 때에는 「사회복지사업법」 제43조의2에 따른 시설평가의 결과 등 당해 노인복지시설의 운영실적을 고려하여 차등하여 보조할 수 있다.　　　〈개정 2005. 12. 27., 2012. 8. 3.〉

제25조 노인복지명예지도원

① 복지실시기관은 법 제51조의 규정에 의한 노인복지명예지도원을 위촉하는 때에는 당해 지역사회의 실정에 밝고 노인복지에 관한 학식과 경험이 풍부한 자중에서 위촉하여야 한다.

② 노인복지명예지도원의 업무는 다음 각호와 같다.　　　　　　　　　〈개정 2007. 12. 13.〉

　　1. 양로시설·노인공동생활가정·노인복지주택·노인요양시설 및 노인요양공동생활가정 입소노인의 의견수렴 및 수렴된 의견의 복지실시기관에의 건의

　　2. 제1호에 따른 시설 운영에 관련된 위법사항의 복지실시기관에의 신고

③ 복지실시기관은 제1항의 규정에 의하여 노인복지명예지도원을 위촉한 때에는 보건복지부령이 정하는 바에 따라 노인복지명예지도원증을 교부하여야 한다. 〈개정 2008. 2. 29., 2010. 3. 15.〉

제25조의2 청문

관할행정기관의 장등은 법 제39조의17제10항에 따라 노인관련기관을 폐쇄하거나 그 허가·인가를 취소하려면 청문을 실시해야 한다.　　　　　　　　　　　　　　〈개정 2019. 6. 11.〉

[본조신설 2016. 12. 30.]

제26조 민감정보 및 고유식별정보의 처리

국가(법 제27조의2제2항에 따라 같은 조 제1항에 따른 사업을 위탁받은 자, 법 제39조의5제3항에 따라 같은 조 제1항 각 호의 업무를 위탁받은 자 및 법 제39조의10제3항 후단에 따라 같은 항 각 호의 업무를 위탁받은 자를 포함한다), 지방자치단체(법 제39조의5제3항에 따라 같은 조 제2항 각 호의 업무를 위탁받은 자 및 법 제39조의19제3항에 따라 같은 조 제2항 각 호의 업무를 위탁받은 자를 포함한다), 법 제23조의2에 따른 노인일자리전담기관(같은 조 제2항에 따라 노인일자리전담기관의 운영 업무를 위탁받은 자를 포함한다) 또는 법 제27조의3에 따른 독거노인종합지원센터(같은 조 제2항에 따라 독거노인종합지원센터의 운영 업무를 위탁받은 자를 포함한다)는 다음 각 호의 사무를 수행하기 위하여 불가피한 경우 「개인정보 보호법」 제23조에 따른 건강에 관한 정보, 같은 법 시행령 제18조제2호에 따른 범죄경력자료에 해당하는 정보, 같은 영 제19조에 따른 주민등록번호 또는 외국인등록번호가 포함된 자료를 처리할 수 있다.

〈개정 2016. 12. 30., 2017. 3. 27., 2017. 9. 5., 2018. 4. 24.〉

1. 법 제26조에 따른 경로우대에 관한 사무

1의2. 법 제27조의2에 따른 홀로 사는 노인에 대한 지원에 관한 사무

1의3. 법 제27조의4에 따른 노인성 질환에 대한 의료지원에 관한 사무

1의4. 법 제28조에 따른 상담ㆍ입소 등의 조치에 관한 사무

2. 법 제33조에 따른 노인주거복지시설의 설치신고에 관한 사무

3. 법 제35조에 따른 노인의료복지시설의 설치신고에 관한 사무

4. 법 제37조에 따른 노인여가복지시설의 설치신고에 관한 사무

5. 법 제39조에 따른 재가노인복지시설의 설치신고에 관한 사무

6. 법 제39조의2에 따른 요양보호사 자격시험의 관리, 합격자 발표 및 자격증 교부 등에 관한 사무

7. 법 제39조의3에 따른 요양보호사교육기관의 지정, 지정취소 및 청문에 관한 사무

8. 법 제39조의5에 따른 노인보호전문기관의 지정 등에 관한 사무

9. 법 제39조의7에 따른 관계인에 대한 조사 및 피해노인 등에 대한 신분조회에 관한 사무

10. 법 제39조의10에 따른 실종노인의 신고에 관한 사무

11. 법 제39조의11에 따른 조사 등에 관한 사무

12. 법 제39조의13에 따른 요양보호사 결격사유의 확인에 관한 사무

13. 법 제39조의17에 따른 노인관련기관의 취업제한 등에 관한 사무

14. 법 제39조의18에 따른 위반사실의 공표에 관한 사무

15. 법 제39조의19에 따른 학대피해노인 전용쉼터의 설치ㆍ운영에 관한 사무

16. 법 제40조에 따른 노인복지시설의 변경 등 신고에 관한 사무

17. 법 제44조에 따른 청문에 관한 사무

18. 법 제50조에 따른 이의신청 등에 관한 사무

19. 삭제 〈2018. 4. 24.〉

20. 제17조의3에 따른 노인일자리전담기관의 업무에 관한 사무

[본조신설 2012. 1. 6.]

제26조의2 규제의 재검토

보건복지부장관은 제20조의5 및 별표 1의2에 따른 노인보호전문기관의 설치·운영 기준에 대하여 2014년 7월 1일을 기준으로 3년마다(매 3년이 되는 해의 7월 1일 전까지를 말한다) 그 타당성을 검토하여 개선 등의 조치를 하여야 한다.　　　　　　　　　　　　　　　　〈개정 2018. 4. 24.〉

[본조신설 2015. 1. 6.]

제27조 과태료의 부과기준

법 제61조의2에 따른 과태료의 부과기준은 별표 2와 같다.

[전문개정 2008. 7. 24.]

부칙 〈제29950호, 2019. 7. 2.〉

이 영은 공포한 날부터 시행한다. 〈단서 생략〉

노인복지법 시행규칙

[시행 2020. 6. 19]
[보건복지부령 제735호, 2020. 6. 19, 일부개정]

제1조 목적

이 규칙은 「노인복지법」 및 같은 법 시행령에서 위임된 사항과 그 시행에 관하여 필요한 사항을 규정함을 목적으로 한다. 〈개정 2007. 5. 8., 2015. 6. 2.〉

제1조의2 노인실태조사

① 「노인복지법」 (이하 "법"이라 한다) 제5조에 따른 노인실태조사의 내용은 다음 각 호와 같다.

1. 노인과 생계를 같이 하는 가구의 가구구성, 소득 · 재산 등 경제상태 및 주택에 관한 사항
2. 노인의 부양 실태 및 가족관계에 관한 사항
3. 노인의 소득 · 재산 등 경제상태 및 경제활동에 관한 사항
4. 노인의 보건의료 및 사회활동 실태에 관한 사항
5. 정부 또는 민간에서 제공하는 노인복지서비스 이용 현황 및 이용 욕구에 관한 사항
6. 노후준비 상황 및 노후준비 주체 등 노후생활의 인식에 관한 사항
7. 그 밖에 노인보건복지정책에 관한 사항

② 보건복지부장관은 제1항에 따른 노인실태조사를 전문연구기관 · 단체나 관계 전문가에게 의뢰하여 실시할 수 있다. 〈개정 2008. 3. 3., 2010. 3. 19.〉

[본조신설 2007. 5. 8.]

제1조의3 인권교육

① 법 제6조의3제1항에 따른 인권에 관한 교육(이하 "인권교육"이라 한다)에 포함되어야 하는 내용은 다음 각 호와 같다.

1. 노인의 인권과 관련된 법령 · 제도 및 국내외 동향
2. 노인복지시설에서 발생하는 인권침해 사례
3. 노인복지시설에서 인권침해가 발생했을 경우의 신고 요령 및 절차
4. 그 밖에 노인의 인권 보호 및 증진을 위하여 필요하다고 보건복지부장관이 인정하는 사항

② 「노인복지법 시행령」 (이하 "영"이라 한다) 제11조의2에 따른 시설을 설치 · 운영하는 자와 그 종사자는 대면 교육 또는 인터넷 교육을 통하여 매년 4시간 이상의 인권교육을 받아야 한다.

③ 보건복지부장관은 법 제6조의3제3항에 따라 다음 각 호의 어느 하나에 해당하는 기관 · 법인 또는 단체를 인권교육기관으로 지정할 수 있다.

1. 「국가인권위원회법」 에 따른 국가인권위원회

2. 법 제39조의5에 따른 노인보호전문기관

3. 「한국보건복지인력개발원법」에 따른 한국보건복지인력개발원

4. 그 밖에 인권교육을 실시할 수 있는 전문 인력과 시설을 갖추었다고 보건복지부장관이 인 정하는 기관·법인 또는 단체

④ 법 제6조의3제4항에 따른 인권교육기관의 지정취소·업무정지 처분의 기준은 별표 1과 같 다.

⑤ 제1항부터 제4항까지에서 규정한 사항 외에 인권교육의 실시 방법, 인권교육기관의 지정 절 차 및 교육 경비 등에 필요한 세부적인 사항은 보건복지부장관이 정하여 고시한다.

[본조신설 2018. 4. 25.]

제2조 노인일자리지원기관의 시설 및 인력 기준

법 제23조의2제4항에 따른 노인일자리지원기관의 시설 및 인력 기준은 별표 1의2와 같다.

〈개정 2018. 4. 25.〉

[본조신설 2013. 12. 4.]

제3조 **삭제 〈2007. 10. 16.〉**

제4조 **삭제 〈2007. 10. 16.〉**

제5조 **삭제 〈2007. 10. 16.〉**

제6조 **삭제 〈2007. 10. 16.〉**

제7조 **지역봉사지도원의 위촉**

① 법 제24조제1항에 따라 지역봉사지도원으로 위촉받고자 하는 자는 이력서를 주소지를 관할 하는 특별자치시장·특별자치도지사·시장·군수·구청장(자치구의 구청장을 말한다. 이 하 같다)에게 제출하여야 한다. 〈개정 2002. 12. 20., 2008. 1. 28., 2008. 7. 1., 2016. 12. 30.〉

② 제1항에 따라 위촉신청을 받은 특별자치시장·특별자치도지사·시장·군수·구청장은 신 청일부터 10일이내에 그 위촉여부를 신청자에게 통보하여야 한다. 이 경우 지역봉사지도원 으로 위촉하기로 결정한 때에는 별지 제9호서식의 지역봉사지도원증을 발급하여야 한다.

〈개정 2008. 1. 28., 2008. 7. 1., 2016. 12. 30.〉

제8조 건강진단기관

영 제20조제1항에서 "보건복지부령이 정하는 건강진단기관"이란 다음 각 호의 기관을 말한다.

1. 「국민건강보험법」 제42조제1항제1호·제4호·제5호의 요양기관

2. 「의료급여법」 제2조제2호에 따른 의료급여기관

[전문개정 2019. 7. 5.]

제9조 건강진단 등

① 보건복지부장관, 특별시장·광역시장·특별자치시장·도지사·특별자치도지사 또는 시장·군수·구청장(이하 "복지실시기관"이라 한다)은 영 제20조제1항에 따라 건강진단을 실시하려는 경우에는 그 실시기간, 실시장소, 진단기관 및 대상자의 범위 등을 정하여 건강진단 실시 예정일 14일 전까지 공고하여야 한다. 〈개정 2016. 12. 30.〉

② 법 제27조제1항 전단에 따라 실시하는 건강진단과 보건교육에는 매년 「국민건강보험법」 제13조 및 제62조에 따른 국민건강보험공단과 건강보험심사평가원이 「통계법」 제18조에 따라 승인을 받아 작성하는 건강보험통계에 포함된 성별 다빈도질환 등을 반영하여야 한다.

[전문개정 2015. 6. 2.]

제9조의2 독거노인종합지원센터의 설치·운영 기준 등

① 법 제27조의3제1항에 따른 독거노인종합지원센터의 설치 및 운영 기준은 별표 1의3과 같다.

② 보건복지부장관은 법 제27조의3제2항에 따라 독거노인종합지원센터의 운영을 다음 각 호의 법인 또는 단체로서 노인에 대한 지원을 목적으로 하는 법인 또는 단체에 위탁할 수 있다.

1. 「공공기관의 운영에 관한 법률」 제4조에 따라 지정된 공공기관

2. 「민법」 제32조에 따라 보건복지부장관의 허가를 받아 설립된 비영리법인

3. 「비영리민간단체 지원법」 제4조에 따라 등록된 비영리민간단체

③ 보건복지부장관은 독거노인종합지원센터의 운영을 위탁하려면 미리 위탁의 기준, 절차 및 방법 등을 30일 이상 공고하여야 한다.

④ 독거노인종합지원센터의 운영을 위탁받으려는 자는 별지 제9호의2서식의 운영 위탁 신청서(전자문서로 된 신청서를 포함한다)에 다음 각 호의 서류(전자문서를 포함한다)를 첨부하여 보건복지부장관에게 제출하여야 한다.

1. 정관의 사본

2. 노인 지원에 관한 사업 실적을 증명할 수 있는 서류

3. 독거노인종합지원센터의 운영계획서

4. 종사할 직원의 성명, 생년월일 및 직급이 포함된 명단과 자격증 사본(자격증이 필요한 직원만 해당한다)

⑤ 보건복지부장관은 위탁할 법인 또는 단체를 선정한 경우 그 명칭·대표자 및 소재지와 위탁업무의 내용 등을 관보에 고시하여야 한다.

⑥ 독거노인종합지원센터의 운영 위탁기간은 위탁받은 날부터 5년으로 하고, 보건복지부장관은 위탁기간 동안의 운영성과를 평가하여 그 위탁기간을 연장할 수 있다.

[본조신설 2018. 4. 25.]

제10조 입소조치

① 복지실시기관은 법 제28조제1항제2호 및 제3호의 규정에 의하여 노인을 노인주거복지시설 등에 입소시키거나 입소를 위탁하고자 하는 때에는 별지 제10호서식에 의한 입소의뢰서를 해당시설의 장에게 송부하고 그 사실을 당해노인 및 그 부양의무자에게 통지하여야 한다.

② 노인주거복지시설·노인의료복지시설 및 재가노인복지시설의 장은 긴급히 보호하여야 할 필요가 있는 노인을 발견한 때에는 당해노인을 입소조치할 수 있다. 이 경우 당해시설의 장은 지체없이 그 사실을 특별자치시장·특별자치도지사·시장·군수·구청장에게 보고하여야 한다. ⟨개정 2008. 1. 28., 2016. 12. 30.⟩

③ 특별자치시장·특별자치도지사·시장·군수·구청장은 제2항 후단의 규정에 의한 보고를 받은 때에는 지체없이 그 사실을 확인하여 당해시설의 장에게 별지 제10호서식에 의한 입소의뢰서를 교부하거나 직접 법 제28조제1항제1호의 규정에 의한 조치를 하여야 한다. ⟨개정 2008. 1. 28., 2016. 12. 30.⟩

제11조 삭제 ⟨2012. 2. 3.⟩

제12조 삭제 ⟨2012. 2. 3.⟩

제13조 노인재활요양사업의 지원

① 복지실시기관은 법 제30조의 규정에 의하여 보건소 또는 노인복지시설에 대하여 노인건강증진 및 노인성질환예방등 노인재활요양에 필요한 전문인력 및 장비를 지원할 수 있다.

② 복지실시기관은 노인건강증진 및 노인성질환예방등 노인재활요양을 위한 프로그램을 개발·보급하여야 한다.

제14조 노인주거복지시설의 입소대상자 등

① 법 제32조에 따른 노인주거복지시설의 입소대상자는 다음 각 호와 같다. 〈개정 2015. 12. 29.〉

　　1. 양로시설 · 노인공동생활가정 : 다음 각 목의 어느 하나에 해당하는 자로서 일상생활에 지장이 없는 자

　　　가. 「국민기초생활 보장법」 제7조제1항제1호에 따른 생계급여 수급자 또는 같은 항 제3호에 따른 의료급여 수급자로서 65세 이상의 자

　　　나. 부양의무자로부터 적절한 부양을 받지 못하는 65세 이상의 자

　　　다. 본인 및 본인과 생계를 같이 하고 있는 부양의무자의 월소득을 합산한 금액을 가구원수로 나누어 얻은 1인당 월평균 소득액이 통계청장이 「통계법」 제17조제3항에 따라 고시하는 전년도(본인 등에 대한 소득조사일이 속하는 해의 전년도를 말한다)의 도시근로자가구 월평균 소득을 전년도의 평균 가구원수로 나누어 얻은 1인당 월평균 소득액이하인 자로서 65세 이상의 자(이하 "실비보호대상자"라 한다)

　　　라. 입소자로부터 입소비용의 전부를 수납하여 운영하는 양로시설 또는 노인공동생활가정의 경우는 60세 이상의 자

　　2. 노인복지주택 : 단독취사 등 독립된 주거생활을 하는 데 지장이 없는 60세 이상의 자

② 제1항제1호에 따른 입소대상자의 65세 미만인 배우자(제1항제1호라목의 경우에는 60세 미만인 배우자)는 해당 입소대상자와 함께 양로시설 · 노인공동생활가정에 입소할 수 있다.

〈개정 2015. 6. 2.〉

③ 제1항제2호에 따른 입소대상자의 60세 미만인 배우자 및 제1항제2호에 따른 입소대상자가 부양을 책임지고 있는 19세 미만의 자녀 · 손자녀는 해당 입소대상자와 함께 노인복지주택에 입소할 수 있다.　　　　　　　　　　　　　　　　　　　　〈신설 2015. 6. 2.〉

[전문개정 2008. 1. 28.]

제15조 양로시설 등의 입소절차 등

① 삭제 〈2008. 1. 28.〉

② 제14조제1항제1호가목 및 나목에 해당하는 자가 해당 양로시설 또는 노인공동생활가정에 입소하려는 경우에는 입소신청서에 입소신청사유서 및 관련 증빙자료를 첨부하여 주소지를 관할하는 특별자치시장 · 특별자치도지사 · 시장 · 군수 · 구청장에게 제출하여야 한다. 다만, 「국민기초생활 보장법」 제7조제1항제1호에 따른 생계급여 수급자 또는 같은 항 제3호에 따른 의료급여 수급자는 입소신청사유서 및 관련 증빙자료를 첨부하지 아니한다.

〈개정 2001. 2. 10., 2008. 1. 28., 2015. 12. 29., 2016. 12. 30.〉

③ 제2항의 규정에 의한 신청을 받은 특별자치시장·특별자치도지사·시장·군수·구청장은 신청일부터 10일이내에 입소대상자의 건강상태와 부양의무자의 부양능력등을 심사하여 입소여부와 입소시설을 결정한 후 이를 신청인 및 당해시설의 장에게 통지하여야 한다.

〈개정 2008. 1. 28., 2016. 12. 30.〉

④ 특별자치시장·특별자치도지사·시장·군수·구청장은 양로시설 입소자중 제14조제1항제1호 나목에 해당하는 자에 대하여는 1년마다 부양의무자의 부양능력등을 심사하여 입소여부를 재결정하여야 한다.

〈개정 2008. 1. 28., 2016. 12. 30.〉

⑤ 제14조제1항제1호다목 및 라목에 해당하는 자가 양로시설 또는 노인공동생활가정에 입소하려는 경우에는 당사자 간의 계약에 따른다.

〈개정 2008. 1. 28., 2015. 6. 2.〉

⑥ 노인복지주택의 입소는 임대차계약에 따른다. 이 경우 임대차계약 신청자가 해당 시설의 정원을 초과하는 경우에는 다음 각 호의 순위에 따르되, 같은 순위자가 있는 경우에는 신청순위에 따른다.

〈개정 2007. 5. 8., 2015. 6. 2.〉

1. 부양의무자가 없는 자

2. 「주민등록법」상 연령이 많은 자

3. 배우자와 함께 입소하는 자

4. 19세 미만의 자녀·손자녀와 함께 입소하는 자

⑦ 입소대상자가 계약을 체결할 수 없는 부득이한 사유가 있다고 특별자치시장·특별자치도지사·시장·군수·구청장이 인정하는 경우에는 입소대상자의 부양의무자가 입소대상자를 대신하여 계약당사자가 될 수 있다.

〈개정 2008. 1. 28., 2016. 12. 30.〉

⑧ 입소자로부터 입소비용의 전부를 수납하여 운영하는 양로시설 및 노인공동생활가정의 설치자는 시설을 설치할 토지의 소유권 또는 사용권을 확보하고 시설의 건축공정이 별표 1의4에 따른 기준공정에 도달한 후에 입소자를 모집할 수 있다.

〈개정 1999. 8. 25., 2008. 1. 28., 2013. 12. 4., 2018. 4. 25.〉

[제목개정 2015. 6. 2.]

제15조의2 양로시설 등의 입소비용

법 제32조제2항에 따라 노인주거복지시설의 입소비용은 다음 각 호에 정하는 바에 따른다.

1. 제14조제1항제1호가목 및 나목에 해당하는 자 : 국가 및 지방자치단체가 전액 부담한다.

2. 제14조제1항제1호다목에 해당하는 자 : 국가 및 지방자치단체가 일부 부담한다.

3. 제14조제1항제1호라목에 해당하는 자 : 입소자 본인이 전부 부담한다.

4. 제14조제1항제2호에 해당하는 자 : 입소자 본인이 전부 부담한다.

[본조신설 2008. 1. 28.]

제16조 노인주거복지시설의 설치신고 등

① 법 제33조제2항에 따라 노인주거복지시설을 설치하려는 자는 별지 제13호서식의 노인주거
복지시설 설치신고서(전자문서를 포함한다)에 다음 각 호의 서류(전자문서를 포함한다)를
첨부하여 특별자치시장·특별자치도지사·시장·군수·구청장에게 제출해야 한다. 〈개
정 2002. 12. 20., 2005. 6. 8., 2005. 10. 17., 2006. 7. 3., 2008. 1. 28., 2010. 9. 1., 2015. 1. 16., 2016. 12. 30.,
2019. 7. 5.〉

1. 설치하려는 자가 법인인 경우에는 정관 1부

2. 위치도·평면도 및 설비구조내역서 각1부

3. 입소보증금·이용료 기타 입소자의 비용부담 관계서류 1부

4. 사업계획서(제공되는 서비스의 내용과 입소자로부터 입소비용의 전부를 수납하여 운영하
려는 양로시설, 노인공동생활가정 및 노인복지주택의 경우에는 의료기관과의 연계에 관
한 사항을 포함한다) 1부

5. 시설을 설치할 토지 및 건물의 소유권을 증명할 수 있는 서류(입소자로부터 입소비용의
전부를 수납하여 운영하려는 양로시설 및 노인공동생활가정의 경우에는 사용권을 증명할
수 있는 서류로 갈음할 수 있으며, 특별자치시장·특별자치도지사·시장·군수·구청장
이 「전자정부법」 제36조제1항에 따른 행정정보의 공동이용을 통하여 소유권 또는 사용
권에 대한 정보를 확인할 수 있는 경우에는 그 확인으로 첨부서류를 갈음한다) 각 1부

6. 삭제 〈2019. 7. 5.〉

② 제1항에 따라 신고서를 제출받은 특별자치시장·특별자치도지사·시장·군수·구청장은
「전자정부법」 제36조제1항에 따른 행정정보의 공동이용을 통하여 법인 등기사항증명서
(법인인 경우만 해당한다)·건물등기부등본·토지등기부 등본 및 「전기사업법 시행규칙」
제38조제3항에 따른 전기안전점검확인서(이하 "전기안전점검확인서"라 한다)를 확인해야
한다. 〈신설 2006. 7. 3., 2008. 1. 28., 2010. 2. 24., 2010. 9. 1., 2016. 12. 30., 2019. 7. 5.〉

③ 특별자치시장·특별자치도지사·시장·군수·구청장은 제1항에 따른 노인주거복지시설의
설치신고를 수리한 때에는 별지 제15호서식의 노인복지시설 설치신고확인증을 신고인에게
발급해야 한다. 〈개정 1999. 8. 25., 2008. 1. 28., 2016. 12. 30., 2019. 7. 5., 2019. 9. 27.〉

제17조 노인주거복지시설의 시설기준등

① 법 제33조의 규정에 의한 노인주거복지시설의 시설기준 및 직원배치기준은 별표 2와 같다.

② 법 제33조의 규정에 의한 노인주거복지시설의 운영기준은 별표 3과 같다.

제17조의2 노인복지주택 입소자의 퇴소

① 법 제33조의2제7항 본문에서 "보건복지부령으로 정하는 기간"이란 90일을 말한다.

② 법 제33조의2제7항 단서에서 "보건복지부령으로 정하는 부득이한 사유"란 다음 각 호의 사유를 말한다.

    1. 입소자격자가 90일 미만의 기간 동안 해외 체류 중인 경우

    2. 입소자격자가 건강상의 이유로 의료기관에 입원 중인 경우

    3. 그 밖에 입소자격자의 배우자 및 자녀·손자녀의 건강이나 경제적인 사정 등을 고려하여 90일 내에 퇴소하는 것이 어렵다고 보건복지부장관이 인정하는 경우

[본조신설 2018. 4. 25.]

제18조 노인의료복지시설의 입소대상자 등

① 법 제34조에 따른 노인의료복지시설의 입소대상자는 다음 각 호와 같다. 〈개정 2015. 12. 29.〉

    1. 노인요양시설·노인요양공동생활가정 : 다음 각 목의 어느 하나에 해당하는 자로서 노인성질환 등으로 요양을 필요로 하는 자

        가. 「노인장기요양보험법」 제15조에 따른 수급자(이하 "장기요양급여수급자"라 한다)

        나. 「국민기초생활 보장법」 제7조제1항제1호에 따른 생계급여 수급자 또는 같은 항 제3호에 따른 의료급여 수급자로서 65세 이상의 자

        다. 부양의무자로부터 적절한 부양을 받지 못하는 65세 이상의 자

        라. 입소자로부터 입소비용의 전부를 수납하여 운영하는 노인요양시설 또는 노인요양공동생활가정의 경우는 60세 이상의 자

    2. 삭제 〈2011. 12. 8.〉

② 제1항제1호에도 불구하고 입소대상자의 배우자는 65세 미만(입소자로부터 입소비용의 전부를 수납하여 운영하는 노인요양시설 또는 노인요양공동생활가정의 경우에는 60세 미만)인 경우에도 입소대상자와 함께 입소할 수 있다.

[전문개정 2008. 1. 28.]

제19조 노인의료복지시설의 입소절차등

① 삭제 〈2008. 1. 28.〉

② 제18조제1항제1호나목 및 다목에 해당하는 자가 당해 시설에 입소하고자 하는 때에는 입소

신청서에 다음 각호의 서류를 첨부하여 주소지를 관할하는 특별자치시장·특별자치도지사·시장·군수·구청장에게 제출하여야 한다.
〈개정 2001. 2. 10., 2008. 1. 28., 2015. 12. 29., 2016. 12. 30.〉

1. 건강진단서 1부
2. 입소신청사유서 및 관련 증빙자료 각 1부(「국민기초생활 보장법」 제7조제1항제1호에 따른 생계급여 수급자 또는 같은 항 제3호에 따른 의료급여 수급자의 경우에는 제외한다)

③ 제2항의 규정에 의한 신청을 받은 특별자치시장·특별자치도지사·시장·군수·구청장은 신청일부터 10일이내에 입소대상자의 건강상태와 부양의무자의 부양능력등을 심사하여 입소여부와 입소시설을 결정한 후 이를 신청인 및 당해시설의 장에게 통지하여야 한다.
〈개정 2008. 1. 28., 2016. 12. 30.〉

④ 특별자치시장·특별자치도지사·시장·군수·구청장은 제18조제1항제1호다목에 해당하는 입소자에 대하여는 1년마다 입소자의 건강상태 또는 부양의무자의 부양능력 등을 심사하여 입소여부를 재결정하여야 한다.
〈개정 2008. 1. 28., 2016. 12. 30.〉

⑤ 제18조제1항제1호가목·라목에 해당하는 자의 해당 시설에의 입소는 당사자간의 계약(분양계약은 제외한다)에 의한다.
〈개정 2008. 1. 28., 2011. 12. 8.〉

⑥ 제15조제7항은 제5항의 규정에 의한 계약에 관하여 이를 준용한다.
〈개정 2008. 1. 28.〉

⑦ 입소자로부터 입소비용의 전부를 수납하여 운영하는 노인요양시설과 노인요양공동생활가정의 설치자는 시설을 설치할 토지의 소유권 또는 사용권을 확보하고 시설의 건축공정이 별표 1의4에 따른 기준공정에 도달한 후에 입소자를 모집하여야 한다.
〈개정 2008. 1. 28., 2013. 12. 4., 2018. 4. 25.〉

⑧ 노인요양시설 또는 노인요양공동생활가정에 입소하고자 하는 자는 국·공립병원, 보건소 또는 제8조의 규정에 의한 건강진단기관이 발행한 건강진단서를 당해시설의 장에게 제출하여야 한다.
〈개정 2008. 1. 28.〉

제19조의2 노인의료복지시설의 입소비용

법 제34조제2항에 따라 노인의료복지시설의 입소비용은 다음 각 호에 정하는 바에 따른다.
〈개정 2011. 12. 8.〉

1. 장기요양급여수급자 : 노인장기요양보험법령이 정하는 바에 따른다.
2. 제18조제1항제1호나목 및 다목에 해당하는 자 : 국가 및 지방자치단체가 전액 부담한다.
3. 제18조제1항제1호라목에 해당하는 자 : 입소자 본인이 전액 부담한다.

[본조신설 2008. 1. 28.]

제20조 노인의료복지시설의 설치신고 등

① 법 제35조제2항에 따라 노인의료복지시설을 설치하려는 자는 별지 제16호서식의 노인의료 복지시설 설치신고서(전자문서를 포함한다)에 다음 각 호의 서류(전자문서를 포함한다)를 첨부하여 특별자치시장·특별자치도지사·시장·군수·구청장에게 제출해야 한다.

〈개정 2002. 12. 20., 2005. 6. 8., 2005. 10. 17., 2006. 7. 3., 2008. 1. 28., 2010. 2. 24., 2010. 3. 19., 2010. 9. 1., 2011. 12. 8., 2015. 1. 16., 2016. 12. 30., 2019. 7. 5.〉

1. 설치하려는 자가 법인인 경우에는 정관 1부

2. 위치도·평면도 및 설비구조내역서 각 1부

3. 입소보증금·이용료 기타 입소자의 비용부담 관계서류 1부

4. 사업계획서(제공되는 서비스의 내용 및 의료기관과의 연계에 관한 사항을 포함한다) 1부

5. 시설을 설치할 토지 및 건물의 소유권을 증명할 수 있는 서류(노인요양공동생활가정, 입 소자로부터 입소비용의 전부를 수납하여 운영하려는 노인요양시설 및 보건복지부장관 이 지정하여 고시하는 지역에 설치하는 입소자 30명 미만의 노인요양시설의 경우에는 사 용권을 증명할 수 있는 서류로 갈음할 수 있으며, 특별자치시장·특별자치도지사·시 장·군수·구청장이 「전자정부법」 제36조제1항에 따른 행정정보의 공동이용을 통하여 소유권 또는 사용권에 대한 정보를 확인할 수 있는 경우에는 그 확인으로 첨부서류를 갈음 한다) 각 1부

6. 삭제 〈2019. 7. 5.〉

② 제1항에 따라 신고서를 제출받은 특별자치시장·특별자치도지사·시장·군수·구청장은 「전자정부법」 제36조제1항에 따른 행정정보의 공동이용을 통하여 법인 등기사항증명서 (법인인 경우만 해당한다)·건물등기부등본·토지등기부 등본 및 전기안전점검확인서를 확 인해야 한다. 〈신설 2006. 7. 3., 2008. 1. 28., 2010. 2. 24., 2010. 9. 1., 2016. 12. 30., 2019. 7. 5.〉

③ 특별자치시장·특별자치도지사·시장·군수·구청장은 제1항에 따른 노인의료복지시설의 설치신고를 수리한 때에는 별지 제15호서식의 노인복지시설 설치신고확인증을 신고인에게 발급해야 한다. 〈개정 1999. 8. 25., 2006. 7. 3., 2008. 1. 28., 2016. 12. 30., 2019. 7. 5., 2019. 9. 27.〉

제21조 삭제 〈2011. 12. 8.〉

제22조 노인의료복지시설의 시설기준등

① 법 제35조의 규정에 의한 노인의료복지시설의 시설기준 및 직원배치기준은 별표 4와 같다.

〈개정 2011. 12. 8.〉

② 법 제35조의 규정에 의한 노인의료복지시설의 운영기준은 별표 5와 같다. 〈개정 2011. 12. 8.〉

③ 삭제 〈2011. 12. 8.〉

제23조 다른 시설로의 입소조치

① 특별자치시장·특별자치도지사·시장·군수·구청장은 입소자의 건강상태를 고려하여 필요하다고 인정하는 경우에는 제14조제1항제1호가목 및 나목에 따라 양로시설 또는 노인공동생활가정에 입소한 자를 노인요양시설 또는 노인요양공동생활가정에 입소시키거나 제18조제1항제1호나목 및 다목에 따라 노인요양시설 또는 노인요양공동생활가정에 입소한 자를 양로시설 또는 노인공동생활가정에 입소시킬 수 있다. 〈개정 2008. 1. 28., 2016. 12. 30.〉

② 특별자치시장·특별자치도지사·시장·군수·구청장은 제1항의 조치를 하고자 하는 때에는 입소자의 건강상태에 대하여 시설의 장 및 의사(한의사를 포함한다)의 의견을 들어야 한다. 〈개정 2008. 1. 28., 2016. 12. 30.〉

제24조 노인여가복지시설의 이용대상자 및 이용절차

① 법 제36조의 규정에 의한 노인여가복지시설의 이용대상자는 다음 각호와 같다.

〈개정 2008. 1. 28.〉

1. 노인복지관 및 노인교실 : 60세이상의 자

2. 경로당 : 65세이상의 자

3. 삭제 〈2011. 12. 8.〉

② 제1항제1호의 규정에 불구하고 노인복지관 및 노인교실 이용대상자의 배우자는 60세미만인 때에도 이용대상자와 함께 이용할 수 있다. 〈개정 2008. 1. 28.〉

③ 노인여가복지시설의 이용은 시설별 운영규정이 정하는 바에 의한다.

제25조 노인여가복지시설의 설치신고 등

① 법 제37조제2항에 따라 노인여가복지시설을 설치하려는 자는 별지 제19호서식의 노인여가복지시설 설치신고서(전자문서를 포함한다)에 다음 각 호의 서류(전자문서를 포함한다)를 첨부하여 특별자치시장·특별자치도지사·시장·군수·구청장에게 제출해야 한다.

〈개정 2002. 12. 20., 2005. 6. 8., 2005. 10. 17., 2006. 7. 3., 2008. 1. 28., 2010. 9. 1., 2015. 1. 16., 2016. 12. 30., 2019. 7. 5.〉

1. 설치하려는 자가 법인인 경우에는 정관 1부

2. 위치도·평면도 및 설비구조내역서 각 1부(경로당 및 노인교실을 제외한다)

3. 이용료 기타 이용자의 비용부담 관계서류 1부(경로당을 제외한다)

4. 사업계획서 1부(경로당은 제외한다)

5. 시설을 설치할 토지 및 건물의 소유권을 증명할 수 있는 서류(경로당 및 노인교실의 경우에는 사용권을 증명할 수 있는 서류로 갈음할 수 있으며, 특별자치시장·특별자치도지사·시장·군수·구청장이 「전자정부법」 제36조제1항에 따른 행정정보의 공동이용을 통하여 소유권 또는 사용권에 대한 정보를 확인할 수 있는 경우에는 그 확인으로 첨부서류를 갈음한다) 각 1부

6. 삭제 〈2019. 7. 5.〉

② 제1항에 따라 신고서를 제출받은 특별자치시장·특별자치도지사·시장·군수·구청장은 「전자정부법」 제36조제1항에 따른 행정정보의 공동이용을 통하여 법인 등기사항증명서(법인인 경우만 해당한다)·건물등기부 등본·토지등기부 등본 및 전기안전점검확인서를 확인해야 한다. 〈신설 2006. 7. 3., 2008. 1. 28., 2010. 2. 24., 2010. 9. 1., 2016. 12. 30., 2019. 7. 5.〉

③ 특별자치시장·특별자치도지사·시장·군수·구청장은 제1항에 따른 노인여가복지시설의 설치신고를 수리한 때에는 별지 제15호서식의 노인복지시설 설치신고확인증을 신고인에게 발급해야 한다. 〈개정 1999. 8. 25., 2006. 7. 3., 2008. 1. 28., 2016. 12. 30., 2019. 7. 5., 2019. 9. 27.〉

제26조 노인여가복지시설의 시설기준등

① 법 제37조의 규정에 의한 노인여가복지시설의 시설기준 및 직원배치기준은 별표 7과 같다.

② 법 제37조의 규정에 의한 노인여가복지시설의 운영기준은 별표 8과 같다.

제26조의2 재가노인지원서비스 등

법 제38조제1항제5호에서 "보건복지부령이 정하는 서비스"란 다음 각 호의 서비스를 말한다.

〈개정 2019. 12. 12.〉

1. 재가노인지원서비스: 재가노인에게 노인생활 및 신상에 관한 상담을 제공하고, 재가노인 및 가족 등 보호자를 교육하며 각종 편의를 제공하여 지역사회 안에서 건전하고 안정된 노후생활을 영위하도록 하는 서비스

2. 방문간호서비스: 간호사 등이 의사, 한의사 또는 치과의사의 지시서에 따라 재가노인의 가정 등을 방문하여 간호, 진료의 보조, 요양에 관한 상담 또는 구강위생 등을 제공하는 서비스

3. 복지용구지원서비스: 「노인장기요양보험법 시행규칙」 제19조제1항에 따른 복지용구(이하 "복지용구"라 한다)를 제공하거나 대여하는 서비스

제27조 재가노인복지시설의 이용대상자 및 이용절차

① 법 제38조에 따른 재가노인복지시설의 이용대상자는 다음 각 호와 같다.

〈개정 2010. 2. 24., 2016. 6. 30., 2019. 12. 12.〉

1. 장기요양급여수급자

2. 심신이 허약하거나 장애가 있는 65세 이상인 사람(이용자로부터 이용비용의 전부를 수납받아 운영하는 시설의 경우에는 60세 이상인 사람으로 한다)로서 다음 각 목에 해당하는 사람

　가. 방문요양서비스 : 1일 중 일정시간 동안 가정에서의 보호가 필요한 사람

　나. 주 · 야간보호서비스 : 주간 또는 야간 동안의 보호가 필요한 사람

　다. 단기보호서비스 : 월 1일 이상 15일 이하 단기간의 보호가 필요한 사람

　라. 방문 목욕서비스 : 가정에서의 목욕이 필요한 사람

　마. 재가노인지원서비스 : 가목부터 라목까지 및 바목의 서비스 이외의 서비스로서 상담 · 교육 및 각종 지원 서비스가 필요한 사람

　바. 방문간호서비스: 가정 등에서 간호, 진료의 보조, 요양에 관한 상담 또는 구강위생 등이 필요한 사람

　사. 복지용구지원서비스: 복지용구가 필요한 사람

② 제1항에 따른 재가노인복지시설의 이용은 당사자간 계약에 의한다.

③ 제15조제7항은 제2항에 따른 계약에 관하여 준용한다.

[전문개정 2008. 1. 28.]

제27조의2 재가노인복지시설의 이용비용

① 법 제38조제2항에 따른 재가노인복지시설의 이용비용은 다음 각 호에 정하는 바에 따른다.

〈개정 2015. 12. 29.〉

1. 장기요양급여수급자 : 노인장기요양보험법령이 정하는 바에 따른다.

2. 제27조제1항제2호에 해당하는 자 중 「국민기초생활 보장법」 제7조제1항제1호에 따른 생계급여 수급자 또는 같은 항 제3호에 따른 의료급여 수급자 : 국가 및 지방자치단체가 전액 부담한다.

3. 제27조제1항제2호에 해당하는 자 중 부양의무자로부터 적절한 부양을 받지 못하는 자 : 국가 및 지방자치단체가 전액 부담한다.

4. 제27조제1항제2호에 해당하는 자 중 제2호 및 제3호 외의 자 : 이용자 본인이 전액 부담한다.

[본조신설 2008. 1. 28.]

제28조 재가노인복지시설의 설치신고 등

① 법 제39조에 따라 재가노인복지시설을 설치하려는 자는 별지 제20호서식의 재가노인복지시설설치신고서(전자문서로 된 신고서를 포함한다)에 다음 각 호의 서류(전자문서를 포함한다)를 첨부하여 특별자치시장 · 특별자치도지사 · 시장 · 군수 · 구청장에게 제출해야 한다. 〈개정 2002. 12. 20., 2005. 6. 8., 2005. 10. 17., 2006. 7. 3., 2008. 1. 28., 2008. 7. 1., 2010. 9. 1., 2015. 1. 16., 2016. 6. 30., 2016. 12. 30., 2019. 12. 12.〉

1. 설치하려는 자가 법인인 경우에는 정관 1부

2. 위치도, 평면도 및 설비구조내역서 각 1부(주 · 야간보호서비스 또는 단기보호서비스를 제공하려는 경우에만 제출한다)

3. 이용료, 그 밖에 이용자의 비용부담 관계서류 1부

4. 사업계획서(사업대상 및 서비스내용을 포함한다) 1부

5. 시설을 설치할 토지 및 건물의 소유권 또는 사용권을 증명할 수 있는 서류 각 1부(주 · 야간보호서비스 또는 단기보호서비스를 제공하려는 경우에만 제출하되, 특별자치시장 · 특별자치도지사 · 시장 · 군수 · 구청장이 「전자정부법」 제36조제1항에 따른 행정정보의 공동이용을 통하여 소유권 또는 사용권에 대한 정보를 확인할 수 있는 경우에는 그 확인으로 첨부서류를 갈음한다)

6. 「전기사업법 시행규칙」 제38조제3항에 따른 전기안전점검확인서(방문요양서비스, 방문목욕서비스, 방문간호서비스 및 복지용구지원서비스를 제공하려는 경우는 제외한다)

7. 「의료기기법 시행규칙」 제37조제2항에 따른 의료기기 판매(임대)업 신고증 사본 1부(복지용구지원서비스를 제공하려는 경우에만 제출한다)

② 제1항에 따라 신고서를 제출받은 특별자치시장 · 특별자치도지사 · 시장 · 군수 · 구청장은 「전자정부법」 제36조제1항에 따른 행정정보의 공동이용을 통하여 법인 등기사항증명서(법인인 경우만 해당한다) · 건물등기부 등본 및 토지등기부 등본을 확인하여야 한다. 〈신설 2006. 7. 3., 2008. 1. 28., 2010. 2. 24., 2010. 9. 1., 2016. 12. 30.〉

③ 특별자치시장 · 특별자치도지사 · 시장 · 군수 · 구청장은 제1항에 따라 재가노인복지시설의 설치신고를 수리한 때에는 별지 제15호서식의 노인복지시설 설치신고확인증을 신고인에게 발급해야 한다. 〈개정 1999. 8. 25., 2006. 7. 3., 2008. 1. 28., 2008. 7. 1., 2016. 12. 30., 2019. 9. 27.〉

제29조 재가노인복지시설의 시설기준등

① 법 제39조의 규정에 의한 재가노인복지시설의 시설기준 및 직원배치기준은 별표 9와 같다.

② 법 제39조의 규정에 의한 재가노인복지시설의 운영기준은 별표 10과 같다.

제29조의2 요양보호사 자격시험 응시자격 등

① 법 제39조의2제2항에 따른 요양보호사 자격시험(이하 "자격시험"이라 한다)에 응시하려는 자는 법 제39조의3에 따른 요양보호사를 교육하는 교육기관(이하 "요양보호사교육기관"이라 한다)에서 제2항에 따른 소정의 교육과정을 이수해야 한다. 다만, 다음 각 호의 어느 하나에 해당하는 경우에는 제2항에 따른 교육과정 중 현장실습은 보건복지부장관이 정하여 고시하는 바에 따라 자격시험에 응시한 후에도 이수할 수 있다.　　　　　　　　〈개정 2020. 6. 19.〉

1. 국민의 건강에 위해가 되는 감염병 확산으로 인하여 「재난 및 안전관리 기본법」 제38조제2항에 따른 주의 이상의 위기경보가 발령된 경우

2. 그 밖에 현장실습이 정상적으로 운영되기 어려운 경우로서 보건복지부장관이 정하는 경우

② 법 제39조의2제2항에 따른 요양보호사의 교육과정은 별표 10의2와 같다.

[전문개정 2010. 4. 26.]

제29조의3 자격시험의 실시기관

① 자격시험은 특별시장 · 광역시장 · 도지사 · 특별자치시장 · 특별자치도지사(이하 "시 · 도지사"라 한다)가 매년 2회 이상 실시한다. 이 경우 시 · 도지사는 자격시험의 관리를 다음 각 호의 요건을 갖춘 기관 중에서 보건복지부장관이 시험관리능력이 있다고 인정하여 지정 · 고시하는 관계 전문기관(이하 "시험관리수탁기관"이라 한다)에 위탁할 수 있다.

　　　　　　　　　　　　　　　　　　　〈개정 2011. 12. 8., 2016. 12. 30.〉

1. 정부가 설립하고, 운영비용의 일부를 출연한 비영리법인

2. 자격시험에 관한 조사 · 연구 등을 통하여 자격시험에 관한 전문적인 능력을 갖춘 비영리법인

② 시 · 도지사 또는 시험관리수탁기관의 장(이하 "시험실시기관"이라 한다)은 자격시험을 실시할 때에는 시험마다 전문지식을 갖춘 자 중에서 시험위원을 위촉하여야 한다.

[전문개정 2010. 4. 26.]

제29조의4 자격시험 과목 등

자격시험은 필기시험과 실기시험으로 구분하며 필기시험의 시험과목은 요양보호론(요양보호

개론, 요양보호관련 기초지식, 기본요양보호각론 및 특수요양보호각론을 말한다)으로 한다.

　[본조신설 2010. 4. 26.]

　[종전 제29조의4는 제29조의13으로 이동 〈2010. 4. 26.〉]

제29조의5 자격시험 실시 공고

① 시험실시기관은 시험예정일ㆍ시험방법 등 시험시행에 관한 개략적인 사항을 시험 실시 직전 연도의 12월 31일까지 공고하여야 한다.

② 시험실시기관은 자격시험을 실시하려는 때에는 시험일시, 시험장소, 응시원서의 제출기간, 합격자 발표의 예정일 및 방법, 응시수수료의 금액 및 납부방법과 그 밖에 시험에 필요한 사항을 시험 실시 30일 전까지 공고하여야 한다.

　[본조신설 2010. 4. 26.]

　[종전 제29조의5는 제29조의14로 이동 〈2010. 4. 26.〉]

제29조의6 자격시험의 응시원서 및 수수료

① 자격시험에 응시하려는 자는 별지 제20호의2서식의 응시원서(전자문서로 된 응시원서를 포함한다)를 시험실시기관에 제출하여야 한다.

② 제1항에 따라 응시원서를 제출할 때에는 응시 수수료 3만2천원을 다음 각 호의 구분에 따라 납부하여야 한다.　　　　　　　　　　　　　　　　　　　〈개정 2017. 11. 3.〉

　1. 시ㆍ도지사가 자격시험을 실시하는 경우: 수입증지 또는 정보통신망을 이용한 전자화폐ㆍ전자결제 등의 방법으로 시ㆍ도지사에게 납부하여야 한다.

　2. 시험관리수탁기관이 자격시험을 실시하는 경우: 현금 또는 정보통신망을 이용한 전자화폐ㆍ전자결제 등의 방법으로 시험관리수탁기관에 납부하여야 한다.

　[본조신설 2010. 4. 26.]

　[종전 제29조의6은 제29조의15로 이동 〈2010. 4. 26.〉]

제29조의7 부정행위자에 대한 조치

대리 시험 등 부정한 방법으로 자격시험에 응시한 자나 자격시험에서 부정행위를 한 자에 대하여는 그 시험의 응시를 정지시키고 시험을 무효로 한다.

　[본조신설 2010. 4. 26.]

　[종전 제29조의7은 제29조의16으로 이동 〈2010. 4. 26.〉]

제29조의8 자격시험의 합격자 결정 등

① 자격시험 합격자는 필기시험과 실기시험에서 각각 만점의 60퍼센트 이상을 득점한 자로 한다.

② 시험실시기관은 시험을 실시한 경우 합격자를 결정·발표하고, 그 합격자가 수료한 요양보호사교육기관을 관할하는 시·도지사에게 합격자의 인적사항 등을 통보하여야 한다.

[본조신설 2010. 4. 26.]

제29조의9 요양보호사 자격증 발급 및 재발급 등

① 요양보호사 자격증을 발급 받으려는 자는 별지 제20호의3서식의 요양보호사 자격증 발급 신청서(전자문서로 된 신청서를 포함한다)에 다음 각 호의 서류(전자문서를 포함한다)를 첨부하여 본인이 수료한 요양보호사교육기관을 관할하는 시·도지사에게 제출하여야 한다.

〈개정 2015. 1. 16.〉

1. 요양보호사교육기관의 장이 발행한 별지 제20호의4서식의 요양보호사 교육수료증명서

2. 별표 10의2의 제2호에 따른 현장실습기관의 장과 요양보호사교육기관의 장이 공동으로 확인하여 발행한 별지 제20호의5서식의 실습확인서(별표 10의2의 제1호다목에 따라 현장 실습시간을 면제 받는 경우는 제외한다)

3. 별표 10의2의 제1호다목3)에 따른 경력인정기관이 발행한 경력증명서(별표 10의2의 제1호 다목에 따라 실기연습시간 또는 현장실습시간을 감경 또는 면제 받는 경우에만 해당한다)

4. 자격증 또는 면허증 사본(별표 10의2의 제1호나목에 따른 자격 또는 면허를 소지한 자만 해당한다)

5. 법 제39조의13제1호 및 제2호에 해당하지 아니함을 증명하는 의사의 진단서

6. 사진(제출일 기준 6개월 이내에 모자를 벗은 상태에서 배경 없이 촬영된 상반신 컬러사진으로 규격은 가로 3센티미터, 세로 4센티미터로 한다. 이하 같다) 1장

② 시·도지사는 자격시험에 합격한 자가 제1항에 따른 서류를 제출한 날부터 30일 이내에 별지 제20호의6서식의 자격증을 발급하고 별지 제20호의7서식의 자격증 발급대장에 기재하여야 한다.

③ 제2항에 따라 자격증을 발급받은 자가 그 자격증을 분실 또는 훼손하거나 그 자격증의 기재사항 변경 등의 사유로 이를 재발급 받으려는 경우에는 별지 제20호의3서식의 요양보호사 자격증 재발급 신청서(전자문서로 된 신청서를 포함한다)에 다음 각 호의 서류(전자문서를 포함한다)를 첨부하여 제2항의 자격증을 발급한 시·도지사에게 제출하여야 한다.

〈개정 2011. 4. 15., 2015. 1. 16.〉

1. 자격증(훼손되거나 기재사항의 변경이 필요한 경우에만 해당한다)

2. 사진 1장

3. 기재사항을 변경할 필요가 있음을 증명하는 서류(기재사항 변경의 경우만 해당한다) 1부

④ 요양보호사 자격증을 발급 또는 재발급받으려는 자는 다음 각 호의 구분에 따른 수수료를 납부하여야 한다. 〈개정 2015. 1. 16.〉

1. 자격증 발급 수수료: 1만원

2. 자격증 재발급 수수료: 2천원

[본조신설 2010. 4. 26.]

제29조의10 요양보호사교육기관의 지정기준 등

① 법 제39조의3제1항에 의한 요양보호사교육기관의 지정기준은 별표 10의3과 같다.

② 법 제39조의3제1항에 따라 요양보호사교육기관의 지정을 받으려는 자는 별지 제20호의8 서식의 요양보호사교육기관 지정신청서(전자문서로 된 신청서를 포함한다)에 사업장의 위치·시설개요 및 사업계획서(전자문서를 포함한다)를 첨부하여 관할 시·도지사에게 제출하여야 한다.

③ 제2항의 신청을 받은 시·도지사는 제출된 신청서류를 검토한 후 요양보호사교육기관의 지역별 분포와 요양보호사의 수요 등을 고려할 때 당해 지정신청이 적합하다고 인정되는 때에는 그 뜻을 신청인에게 통지하여야 한다.

④ 시·도지사는 제3항에 따른 통지를 하는 때에는 통지를 받는 자에 대하여 당해 통지일로부터 6개월 내에 별표 10의3에 따른 지정기준을 갖추고 다음 각 호의 서류를 제출하도록 하되, 부득이한 경우에는 한 차례에 한정하여 3월의 범위 내에서 그 기간을 연장할 수 있다. 이 경우 시·도지사는 「전자정부법」 제36조제1항에 따른 행정정보의 공동이용을 통하여 법인등기사항증명서(법인인 경우만 해당한다)·건물등기부 등본 및 토지등기부 등본을 확인하여야 한다. 〈개정 2010. 9. 1.〉

1. 요양보호사교육기관 지정을 받으려는 자가 법인인 경우에는 법인의 정관 1부

2. 별표 10의2의 제2호에 따른 현장실습기관과의 실습연계 계약서

3. 시설의 구조별 면적이 표시된 평면도와 시설 및 설비의 목록(별표 10의3의 제2호에 따른 학습교구 목록을 포함한다)

4. 시설을 설치할 토지 및 건물의 소유권 또는 사용권을 증명할 수 있는 서류(시·도지사가 「전자정부법」 제36조제1항에 따른 행정정보의 공동이용을 통하여 소유권 또는 사용권에 대한 정보를 확인할 수 있는 경우에는 그 확인으로 첨부서류를 갈음한다) 각 1부

5. 별표 10의3의 제3호에 따른 교수요원의 자격 및 경력을 증명하는 서류

⑤ 시ㆍ도지사는 제3항에 따른 통지를 받은 자가 별표 10의3에 따른 지정기준에 적합한 시설을 갖춘 때에는 별지 제20호의9서식의 요양보호사교육기관 지정서를 신청인에게 교부하여야 한다.

[본조신설 2010. 4. 26.]

제29조의11 요양보호사교육기관 변경지정 신청 등

① 요양보호사교육기관을 운영하는 자가 기관의 명칭ㆍ소재지 또는 기관의 장을 변경할 경우에는 별지 제20호의10서식의 요양보호사교육기관 변경지정 신청서에 요양보호사교육기관 지정서 및 변경사항을 증명할 수 있는 서류를 첨부하여 시ㆍ도지사에게 제출하여야 한다.

〈개정 2011. 4. 15.〉

② 요양보호사교육기관을 운영하는 자가 기관의 업무를 휴지하거나 폐지하려는 때에는 별지 제20호의11서식의 요양보호사교육기관 휴지ㆍ폐지신고서에 다음 각 호의 서류를 첨부하여 시ㆍ도지사에게 제출하여야 한다.

1. 기관의 휴지 또는 폐지 의결서(법인만 해당한다) 1부

2. 교육 중인 교육생에 대한 조치계획서 1부

3. 요양보호사교육기관 지정서(폐지하는 경우에만 해당한다)

③ 시ㆍ도지사는 제1항에 따른 요양보호사교육기관의 변경지정 신청이 적합하다고 인정되는 때에는 변경지정을 하고, 요양보호사교육기관 지정서에 변경사항을 적어 신청인에게 내주어야 한다.

④ 법 제39조의3제2항에 따라 요양보호사교육기관이 사업정지 또는 지정취소의 처분을 받은 때에는 교육 중인 교육생에 대한 조치 계획서를 시ㆍ도지사에게 제출하여야 한다.

[본조신설 2010. 4. 26.]

제29조의12 요양보호사의 자격취소절차 등

① 시ㆍ도지사는 법 제39조의14에 따라 요양보호사의 자격을 취소한 때에는 그 사실을 해당 요양보호사가 종사하는 시설을 관할하는 시장ㆍ군수ㆍ구청장에게 이를 통보하여야 한다.

② 요양보호사는 법 제39조의14에 따라 자격이 취소된 때에는 자격증을 지체없이 시ㆍ도지사에게 반납하여야 한다.

[본조신설 2010. 4. 26.]

제29조의13 실종노인 신상카드

법 제39조의10제2항의 신상카드는 별지 제20호의12서식에 따른다. 〈개정 2010. 4. 26.〉

[본조신설 2008. 1. 28.]

[제29조의4에서 이동 〈2010. 4. 26.〉]

제29조의14 지역노인보호전문기관의 업무

법 제39조의5제2항제9호에서 "그 밖에 노인의 보호를 위하여 보건복지부령으로 정하는 사항"이란 다음 각 호의 사항을 말한다. 〈개정 2016. 12. 30., 2018. 4. 25.〉

1. 삭제 〈2017. 9. 15.〉

2. 피해노인의 의료기관 치료의뢰 및 노인복지시설 입소의뢰

3. 지역사회의 보건복지서비스가 피해노인 등에게 제공될 수 있도록 관련 기관과의 협력체계 구축

4. 노인학대신고의무자 등에 대한 노인학대 예방교육 실시

5. 노인학대 예방을 위한 홍보

6. 노인의 인권 보호, 노인학대 예방 및 방지 등을 위해 보건복지부장관 또는 시 · 도지사가 위탁한 사업의 수행

[전문개정 2011. 12. 8.]

제29조의1 노인보호전문기관의 지정절차

① 보건복지부장관 또는 시 · 도지사는 법 제39조의5제3항에 따라 비영리법인을 중앙노인보호전문기관 또는 지역노인보호전문기관(이하 "노인보호전문기관"이라 한다)으로 지정하려는 경우에는 지정대상의 수, 지정기간, 신청절차 그 밖에 지정에 관하여 필요한 사항을 정한 노인보호전문기관지정운영계획을 미리 수립하여 이를 공고하여야 한다.

〈개정 2008. 2. 29., 2008. 3. 3., 2010. 3. 19., 2011. 12. 8.〉

② 법 제39조의5제3항에 따라 노인보호전문기관으로 지정받으려는 자는 별지 제20호의13서식의 노인보호전문기관 지정신청서(전자문서를 포함한다)에 다음 각 호의 서류를 첨부하여 보건복지부장관 또는 시 · 도지사에게 제출해야 한다.

〈개정 2008. 1. 28., 2008. 2. 29., 2008. 3. 3., 2010. 3. 19., 2010. 4. 26., 2011. 12. 8., 2015. 1. 16., 2019. 7. 5.〉

1. 비영리법인의 정관 사본

2. 노인복지업무 수행실적을 기재한 서류

3. 노인보호전문기관 사업계획서

4. 삭제 〈2015. 1. 16.〉

5. 직원의 명단과 자격증 사본(자격증이 필요한 직원으로 한정하고, 자격증을 확인한 경우에는 이를 첨부하지 않는다)

6. 삭제 〈2019. 7. 5.〉

③ 제2항에 따라 신청서를 제출받은 보건복지부장관 또는 시·도지사는 「전자정부법」 제36조제1항에 따른 행정정보의 공동이용을 통하여 전기안전점검확인서를 확인해야 한다.
〈신설 2019. 7. 5.〉

④ 보건복지부장관 또는 시·도지사는 제2항의 신청에 따라 노인보호전문기관을 지정한 경우에는 별지 제20호의14서식의 노인보호전문기관 지정서를 신청인에게 발급해야 한다.
〈개정 2008. 1. 28., 2008. 2. 29., 2008. 3. 3., 2010. 3. 19., 2010. 4. 26., 2011. 12. 8., 2019. 7. 5.〉

⑤ 제3항에 따라 노인보호전문기관으로 지정받은 자가 기관의 장, 사업계획, 소재지 또는 시설의 구조를 변경한 때에는 별지 제20호의15서식의 변경신고서에 노인보호전문기관 지정서와 다음 각 호의 구분에 따른 서류를 첨부하여 보건복지부장관 또는 관할 시·도지사에게 제출해야 한다. 〈개정 2008. 1. 28., 2008. 2. 29., 2008. 3. 3., 2010. 3. 19., 2010. 4. 26., 2019. 7. 5.〉

1. 기관의 장 변경의 경우 : 사유서(법인인 경우에는 기관의 장 변경을 결의한 이사회의 회의록 사본을 말한다) 및 변경된 기관의 장의 이력서

2. 사업계획 변경의 경우 : 사유서(법인인 경우에는 사업계획 변경을 결의한 이사회의 회의록 사본을 말한다) 및 변경된 사업계획서

3. 소재지 또는 시설의 구조 변경의 경우 : 사유서(법인인 경우에는 소재지 변경을 결의한 이사회의 회의록 사본을 말한다) 및 변경된 시설의 평면도

[본조신설 2004. 8. 7.]

[제29조의6에서 이동 〈2010. 4. 26.〉]

제29조의16 노인학대 신고의무자에 대한 교육 내용 등

① 법 제39조의6제4항 및 제5항에 따른 교육(이하 "노인학대 예방 교육"이라 한다)에는 다음 각 호의 사항이 포함되어야 한다. 〈개정 2019. 7. 5.〉

1. 노인학대 예방 및 신고의무에 관한 법령

2. 노인학대 발견 시 신고 요령

3. 피해노인 보호 절차

② 노인학대 예방 교육은 1시간 이상이어야 한다.

③ 노인학대 예방 교육은 집합 교육 또는 인터넷 강의 등을 활용하여 할 수 있다.

[본조신설 2013. 4. 23.]

[종전 제29조의16은 제29조의17로 이동 〈2013. 4. 23.〉]

제29조의17 응급조치의무 등

① 법 제39조의7제1항 후단에 따른 동행 요청은 별지 제20호의16서식에 따른 노인학대현장 동행 요청서로 하여야 한다. 다만, 해당 노인학대신고가 긴급을 요하는 것으로 판단되는 경우에는 전화 또는 구두로 요청하고 난 후에 별지 제20호의16서식에 따른 노인학대현장 동행 요청서를 보낼 수 있다.

② 영 제20조의7제1항에 따른 노인학대관련 신분조회 요청서는 별지 제20호의17서식에 따른다.

[본조신설 2016. 12. 30.]

[종전 제29조의17은 제29조의18로 이동 〈2016. 12. 30.〉]

제29조의18 증표 및 현장조사서

① 법 제39조의7제3항 및 제39조의11제3항에 따른 증표는 별지 제20호의18서식에 따른다.

〈개정 2008. 1. 28., 2010. 4. 26., 2016. 5. 25., 2016. 6. 30., 2016. 12. 30.〉

② 법 제39조의11제3항에서 "보건복지부령으로 정하는 사항이 기재된 서류"란 다음 각 호의 사항이 기재된 현장조사서를 말한다.   〈신설 2016. 5. 25.〉

1. 조사기간

2. 조사범위

3. 조사담당자

4. 관계법령

5. 제출자료

6. 그 밖에 해당 현장조사와 관련하여 필요한 사항

[본조신설 2004. 8. 7.]

[제29조의17에서 이동 〈2016. 12. 30.〉]

제29조의19 노인학대관련범죄 경력 조회 및 회신

① 영 제20조의9제1항에 따른 노인학대관련범죄 경력 조회 요청서는 별지 제20호의19서식에 따른다.   〈개정 2019. 7. 5.〉

② 영 제20조의9제1항제1호 및 같은 항 제2호나목에 따른 노인학대관련범죄 경력 조회 대상자

의 동의서는 별지 제20호의20서식에 따른다. 〈개정 2019. 7. 5.〉

③ 영 제20조의9제2항에 따른 노인학대관련범죄 경력 조회 요청서는 별지 제20호의21서식에 따른다. 〈개정 2019. 7. 5.〉

④ 영 제20조의9제1항에 따른 노인학대관련범죄 경력 조회 요청에 대한 회신서는 별지 제20호의22서식에 따르고, 같은 조 제2항에 따른 노인학대관련범죄 경력 조회 요청에 대한 회신서는 별지 제20호의23서식에 따른다. 〈신설 2019. 7. 5., 2019. 12. 12.〉

[본조신설 2016. 12. 30.]

[제목개정 2019. 7. 5.]

제29조의20 폐쇄 등에 따른 조치

영 제20조의10제4항 및 제20조의11제2항에서 "보건복지부령으로 정하는 조치"란 다음 각 호와 같다. 〈개정 2019. 7. 5.〉

1. 이용자가 다른 시설을 이용할 수 있도록 하고 그 이행을 확인하는 조치
2. 이용자가 납부한 이용료 등의 비용 중 사용하지 아니한 금액을 반환하게 하고 그 이행을 확인하는 조치
3. 보조금·후원금의 사용 실태 확인과 이를 재원으로 조성한 재산 중 남은 재산의 회수조치
4. 그 밖에 이용자의 권익 보호를 위하여 필요하다고 인정되는 조치

[본조신설 2016. 12. 30.]

제29조의21 학대피해노인 전용쉼터의 업무

법 제39조의19제2항제5호에서 "보건복지부령으로 정하는 사항"이란 다음 각 호의 사항을 말한다.

1. 상담 및 서비스제공에 따른 기록과 그 보관
2. 노인학대로 인하여 피해를 입은 노인(이하 "학대피해노인"이라 한다)의 건강검진 지원

[본조신설 2017. 9. 15.]

제29조의22 학대피해노인 전용쉼터 위탁의 지정절차

① 시·도지사는 영 제20조의13제1항 전단에 따라 학대피해노인 전용쉼터(이하 "쉼터"라 한다)의 운영업무를 위탁하려면 다음 각 호의 사항이 포함된 위탁지정계획을 수립하여 미리 공고하여야 한다.

1. 위탁받을 기관의 수

2. 위탁 기간

3. 위탁 신청 절차

4. 그 밖에 위탁에 필요하다고 인정되는 사항

② 영 제20조의13제1항 전단에 따라 쉼터의 운영업무를 위탁받으려는 지역노인보호전문기관은 별지 제20호의24서식의 지정신청서에 다음 각 호의 서류를 첨부하여 시 · 도지사에게 제출해야 한다. 〈개정 2020. 2. 5.〉

1. 별지 제20호의14서식의 노인보호전문기관 지정서

2. 노인복지업무 수행실적

3. 사업계획서 및 예산서

4. 종사할 직원의 명단과 자격증 사본(자격증이 필요한 직원에 한정한다)

5. 「전기사업법 시행규칙」 제38조제3항에 따른 전기안전점검확인서

③ 시 · 도지사는 쉼터의 운영업무를 위탁받을 기관을 지정한 경우에는 해당 기관에 별지 제20호의25서식의 지정서를 발급해야 한다. 〈개정 2020. 2. 5.〉

④ 쉼터의 운영업무를 위탁받은 자가 쉼터의 장, 사업계획, 소재지 또는 시설의 구조를 변경한 경우에는 별지 제20호의26서식의 변경신고서에 별지 제20호의25서식의 지정서와 다음 각 호의 구분에 따른 서류를 첨부하여 시 · 도지사에게 제출해야 한다. 〈개정 2020. 2. 5.〉

1. 쉼터의 장 변경의 경우: 변경 사유서(법인인 경우에는 변경을 결의한 이사회의 회의록 사본을 말한다. 이하 이 조에서 같다) 및 변경된 쉼터의 장의 이력서

2. 사업계획 변경의 경우: 변경 사유서 및 변경된 사업계획서

3. 소재지 또는 시설 구조 변경의 경우: 변경 사유서 및 변경된 시설의 평면도

[본조신설 2017. 9. 15.]

제29조의23 쉼터의 설치기준 등

① 법 제39조의19제5항에 따른 쉼터의 설치기준은 별표 12와 같다.

② 법 제39조의19제5항에 따른 쉼터의 운영기준은 별표 13과 같다.

③ 법 제39조의19제5항에 따른 쉼터의 인력기준은 별표 14와 같다.

[본조신설 2017. 9. 15.]

제29조의24 쉼터의 입소 대상 등

① 법 제39조의19제5항에 따른 쉼터의 입소 대상은 다음 각 호의 어느 하나에 해당하는 경우로서 지역노인보호전문기관의 장이 쉼터에의 입소가 필요하다고 인정하는 사람으로 한다.

1. 학대피해노인이 입소를 희망하는 경우

2. 지역노인보호전문기관의 장의 입소 요청에 학대피해노인이 동의(학대피해노인의 의사능력이 불완전하여 노인학대행위자가 아닌 학대피해노인의 보호자 또는 후견인이 입소에 동의하는 경우를 포함한다. 이하 이 조에서 같다)하는 경우

② 지역노인보호전문기관의 장은 학대재발의 우려 등으로 학대피해노인의 재입소가 필요하다고 인정하는 경우에는 학대피해노인의 동의 및 시 · 도지사의 승인을 받아 해당 학대피해노인을 재입소시킬 수 있다.

③ 법 제39조의19제5항에 따른 쉼터의 입소기간은 4개월 이내로 한다. 다만, 제2항에 따라 재입소하는 경우를 포함하여 연간 총 입소기간은 6개월 이내로 한다.

④ 쉼터의 장은 제3항에 따른 입소기간이 끝나지 아니한 때에도 다음 각 호의 어느 하나에 해당하는 경우에는 해당 학대피해노인의 퇴소를 결정할 수 있다.

1. 학대피해노인이 퇴소를 희망하거나 다른 쉼터로의 입소를 희망하는 경우

2. 쉼터에 입소한 목적이 달성된 경우

3. 다른 입소자의 안전을 위협하거나 질서를 문란하게 하는 경우

4. 「감염병의 예방 및 관리에 관한 법률」 제2조제1호에 따른 감염병의 감염, 「치매관리법」 제2조제1호에 따른 치매 증상의 악화 등으로 격리 또는 의료기관으로의 이송이 필요한 경우

⑤ 쉼터의 장은 제4항에 따라 입소한 학대피해노인의 퇴소를 결정하는 경우에는 보건복지부장관이 정하는 바에 따라 퇴소 절차를 진행하고, 퇴소한 학대피해노인이 필요한 의료 · 주거 서비스를 받을 수 있도록 지역사회 보건복지서비스와의 연계 등 필요한 조치를 하여야 한다.

[본조신설 2017. 9. 15.]

제29조의25 쉼터의 이용 대상

법 제39조의19제5항에 따른 쉼터의 이용 대상은 학대피해노인 및 노인학대행위자 중 지역노인보호전문기관의 장이 쉼터의 이용이 필요하다고 인정하는 사람으로 한다.

[본조신설 2017. 9. 15.]

제30조 노인주거복지시설등의 변경신고등

① 법 제40조 및 영 제21조에 따라 노인주거복지시설 · 노인의료복지시설 · 노인여가복지시설 및 재가노인복지시설의 폐지 또는 휴지의 신고를 하려는 자는 별지 제21호서식에 따른 폐지 · 휴지신고서에 다음 각 호의 서류를 첨부하여 특별자치시장 · 특별자치도지사 · 시

장 · 군수 · 구청장에게 제출하여야 한다.

〈개정 1999. 8. 25., 2008. 1. 28., 2011. 12. 8., 2016. 6. 30., 2016. 12. 30., 2019. 9. 27.〉

1. 시설(기관)의 폐지 또는 휴지 의결서(법인의 경우에 한한다) 1부

2. 입소자 또는 이용자가 다른 시설을 이용할 수 있도록 하는 조치계획서 1부

3. 입소자 또는 이용자가 납부한 이용료 등의 비용 중 사용하지 아니한 금액의 반환조치계획서 1부

4. 보조금 · 후원금 등의 사용결과보고서와 이를 재원으로 조성한 잔여재산 반환조치계획서 1부

5. 시설(기관) 설치신고확인증(폐지의 경우로 한정한다)

② 제1항의 서류를 제출한 해당 시설의 장은 폐지 또는 휴지 시까지 제1항 각 호의 계획을 이행하고 그 결과를 특별자치시장 · 특별자치도지사 · 시장 · 군수 · 구청장에게 보고하여야 한다. 〈신설 2016. 6. 30., 2016. 12. 30.〉

③ 특별자치시장 · 특별자치도지사 · 시장 · 군수 · 구청장은 법 제40조제6항에 따라 시설의 폐지 또는 휴지의 신고를 받은 경우 입소자 또는 이용자의 권익 보호를 위하여 다음 각 호의 조치를 하여야 한다. 〈신설 2016. 6. 30., 2016. 12. 30.〉

1. 제1항 각 호에 따른 조치계획의 이행 여부 확인

2. 보조금 · 후원금 등의 사용실태 및 결과 확인

3. 그 밖에 입소자 또는 이용자의 권익 보호를 위하여 필요한 조치

④ 법 제40조제1항 및 제3항에 따라 노인주거복지시설 · 노인의료복지시설 · 노인여가복지시설 및 재가노인복지시설의 설치신고를 한 자가 시설의 명칭 · 소재지 · 입소(이용)정원, 시설의 종류, 시설의 장 또는 법인 대표자를 변경하려는 때에는 별지 제21호의2서식에 의한 변경신고서에 다음 각 호의 서류를 첨부하여 특별자치시장 · 특별자치도지사 · 시장 · 군수 · 구청장에게 제출하여야 한다. 이 경우 특별자치시장 · 특별자치도지사 · 시장 · 군수 · 구청장은 「전자정부법」 제36조제1항에 따른 행정정보의 공동이용을 통하여 건물등기부 등본 및 토지등기부 등본을 확인(시설의 소재지 및 입소 또는 이용정원을 변경하는 경우만 해당한다)하여야 한다. 〈신설 1999. 8. 25., 2005. 6. 8., 2008. 1. 28., 2010. 2. 24., 2010. 9. 1., 2011. 12. 8., 2016. 6. 30., 2016. 12. 30., 2019. 9. 27.〉

1. 토지 및 건물의 소유권 또는 사용권을 증명할 수 있는 서류 1부(시설의 소재지 및 입소 또는 이용정원을 변경하는 경우만 해당하며, 특별자치시장 · 특별자치도지사 · 시장 · 군수 · 구청장이 「전자정부법」 제36조제1항에 따른 행정정보의 공동이용을 통하여 소유권 또는 사용권에 대한 정보를 확인할 수 있는 경우에는 그 확인으로 첨부서류를 갈음한다)

2. 시설 설치신고확인증 1부

⑤ 특별자치시장·특별자치도지사·시장·군수·구청장은 제4항에 따른 변경신고를 수리한 때에는 별지 제15호서식에 따른 신고확인증에 그 변경사항을 기재하여 신고인에게 발급해야 한다. 〈신설 1999. 8. 25., 2008. 1. 28., 2016. 6. 30., 2016. 12. 30., 2019. 9. 27.〉

⑥ 삭제 〈2010. 4. 26.〉

[제목개정 1999. 8. 25.]

제30조의2 보고

① 법 제31조의 규정에 의한 노인복지시설을 설치·운영하는 자는 법 제42조제2항의 규정에 의하여 별지 제21호의5서식의 현황보고서를 다음해 1월 10일까지 특별자치시장·특별자치도지사·시장·군수·구청장에게 제출하여야 한다. 〈개정 2008. 1. 28., 2016. 12. 30.〉

② 제1항의 규정에 의하여 현황보고서를 제출받은 특별자치시장·특별자치도지사·시장·군수·구청장은 1월 20일까지 시·도지사에게 이를 제출(특별자치시장·특별자치도지사는 제외한다)하여야 하며, 시·도지사는 별지 제21호의6서식의 현황보고서를 1월 30일까지 보건복지부장관에게 제출하여야 한다. 〈개정 2008. 1. 28., 2008. 2. 29., 2008. 3. 3., 2010. 3. 19., 2016. 12. 30.〉

[본조신설 1999. 8. 25.]

제31조 행정처분의 기준

① 법 제39조의3제4항 및 법 제43조제4항에 따른 행정처분의 세부적인 기준은 별표 11과 같다. 〈개정 2010. 4. 26., 2018. 4. 25.〉

② 처분관청이 제1항의 규정에 의하여 행정처분을 한 때에는 별지 제22호서식의 행정처분기록대장에 그 처분내용을 기록·관리하여야 한다.

제32조 부양의무자에 대한 보호비용의 청구

① 복지실시기관 또는 부양의무가 없는 자는 법 제46조제1항 및 제3항의 규정에 의하여 복지조치에 소요된 비용등을 청구하고자 하는 때에는 법 제27조 및 법 제28조의 규정에 의한 복지조치 또는 이에 준하는 보호조치를 한 사실과 그 조치로 인한 비용부담사실을 입증할 수 있는 자료를 제시하여야 한다.

② 부양의무가 없는 자는 제1항의 규정에 의하여 보호비용을 청구한 때에는 지체없이 보호조치를 받은 자의 주소지를 관할하는 특별자치시장·특별자치도지사·시장·군수·구청장에게

그 사실을 통보하여야 한다. 〈개정 2008. 1. 28., 2016. 12. 30.〉

제33조 비용수납의 신고등

① 양로시설 · 노인공동생활가정 및 노인복지주택, 노인요양시설 및 노인요양공동생활가정을 설치한 자는 법 제46조제5항 본문에 따라 비용수납의 신고를 하려는 때에는 별지 제23호서식의 비용수납신고서에 수납하려는 비용의 산출내역서를 첨부하여 특별자치시장 · 특별자치도지사 · 시장 · 군수 · 구청장에게 제출하여야 한다. 〈개정 2016. 12. 30.〉

② 법 제46조제5항 단서의 규정에 의한 비용수납한도액은 국가 및 지방자치단체가 각 시설의 입소자 1인에 대하여 지원하는 시설운영비에 생계보호비(주식비 · 부식비 · 취사용연료비 및 피복 · 신발비 등을 합산하되, 1천원미만의 금액은 버린다)를 합산한 금액으로 하되, 월을 기준으로 하여 산출한 금액으로 한다. 〈개정 1999. 8. 25., 2015. 1. 16.〉

[제목개정 1999. 8. 25.]

제34조 비용의 수납신고

① 삭제 〈1999. 8. 25.〉

② 노인여가복지시설 또는 재가노인복지시설을 설치한 자는 법 제46조제7항의 규정에 의하여 비용수납의 신고를 하고자 하는 때에는 별지 제25호서식에 의한 비용수납신고서에 수납하고자 하는 비용의 산출내역서를 첨부하여 특별자치시장 · 특별자치도지사 · 시장 · 군수 · 구청장에게 제출하여야 한다. 〈개정 1999. 8. 25., 2008. 1. 28., 2016. 12. 30.〉

제35조 노인복지명예지도원증의 발급

영 제25조제3항의 규정에 의한 노인복지명예지도원증은 별지 제26호서식과 같다.

제36조 서식

제15조제2항 및 제19조제2항의 규정에 따른 입소신청서와 제29조의17제2항에 따른 현장조사서는 사회보장급여와 관련하여 보건복지부장관이 정하여 고시하는 공통서식에 따른다.

[전문개정 2016. 5. 25.]

제36조의2 규제의 재검토

① 보건복지부장관은 다음 각 호의 사항에 대하여 다음 각 호의 기준일을 기준으로 3년마다(매 3년이 되는 해의 기준일과 같은 날 전까지를 말한다) 그 타당성을 검토하여 개선 등의 조치

를 하여야 한다. 〈개정 2015. 1. 5., 2017. 3. 17.〉

1. 노인의료복지시설이 갖추어야 하는 직원의 배치기준 중 노인의료복지시설의 모든 종사자는 시설의 장과 근로계약이 체결된 사람이도록 한 별표 4 제6호의 비고(7): 2014년 1월 1일

2. 방문요양서비스를 제공하는 재가노인복지시설이 갖추어야 하는 인력기준 중 요양보호사를 15명 이상(농어촌지역의 경우 5명 이상) 두도록 한 별표 9 제4호가목1)과 요양보호사의 20퍼센트 이상을 상근하는 자로 두도록 한 같은 표 제4호다목: 2014년 1월 1일

3. 제29조의9에 따른 요양보호사 자격증 발급 및 재발급 시 제출서류: 2017년 1월 1일

② 보건복지부장관은 다음 각 호의 사항에 대하여 다음 각 호의 기준일을 기준으로 2년마다(매 2년이 되는 해의 기준일과 같은 날 전까지를 말한다) 그 타당성을 검토하여 개선 등의 조치를 해야 한다. 〈신설 2015. 1. 5., 2019. 7. 5.〉

1. 제16조제1항에 따른 신고서 첨부서류의 범위: 2015년 1월 1일

2. 제17조 및 별표 2·별표 3에 따른 노인주거복지시설의 시설기준·직원배치기준 및 운영기준: 2015년 1월 1일

3. 제20조제1항에 따른 신고서 첨부서류의 범위: 2015년 1월 1일

4. 제22조제1항 및 별표 4에 따른 노인의료복지시설의 시설기준 및 직원배치기준: 2015년 1월 1일

5. 제25조에 따른 노인여가복지시설의 설치신고 시 제출서류: 2015년 1월 1일

6. 삭제 〈2017. 3. 17.〉

7. 제29조의10에 따른 요양보호사교육기관의 지정기준: 2021년 1월 1일

8. 제29조의11에 따른 요양보호사교육기관 변경지정 신청 시 제출서류: 2015년 1월 1일

9. 제29조15에 따른 노인보호전문기관의 지정절차: 2015년 1월 1일

10. 제29조16에 따른 노인학대 신고의무자에 대한 교육 내용: 2015년 1월 1일

11. 제31조 및 별표 11에 따른 행정처분의 기준: 2015년 1월 1일

12. 삭제 〈2020. 2. 5.〉

[전문개정 2013. 12. 31.]

제37조 삭제 〈2018. 4. 25.〉

제38조 삭제 〈2007. 10. 16.〉

부칙 〈제735호, 2020. 6. 19.〉

제1조 시행일

이 규칙은 공포한 날부터 시행한다.

제2조 현장실습의 이수에 관한 적용례

제29조의2제1항단서 및 각 호의 개정규정은 이 규칙 시행 이후 실시하는 자격시험의 경우부터 적용한다.

제5부

국민건강보험법

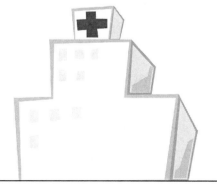

제1장 총칙

제1조 목적

이 법은 국민의 질병·부상에 대한 예방·진단·치료·재활과 출산·사망 및 건강증진에 대하여 보험급여를 실시함으로써 국민보건 향상과 사회보장 증진에 이바지함을 목적으로 한다.

제2조 관장

이 법에 따른 건강보험사업은 보건복지부장관이 맡아 주관한다.

제3조 정의

이 법에서 사용하는 용어의 뜻은 다음과 같다.

1. "근로자"란 직업의 종류와 관계없이 근로의 대가로 보수를 받아 생활하는 사람(법인의 이사와 그 밖의 임원을 포함한다)으로서 공무원 및 교직원을 제외한 사람을 말한다.
2. "사용자"란 다음 각 목의 어느 하나에 해당하는 자를 말한다.
   가. 근로자가 소속되어 있는 사업장의 사업주
   나. 공무원이 소속되어 있는 기관의 장으로서 대통령령으로 정하는 사람
   다. 교직원이 소속되어 있는 사립학교(「사립학교교직원 연금법」 제3조에 규정된 사립학교를 말한다. 이하 이 조에서 같다)를 설립·운영하는 자
3. "사업장"이란 사업소나 사무소를 말한다.
4. "공무원"이란 국가나 지방자치단체에서 상시 공무에 종사하는 사람을 말한다.
5. "교직원"이란 사립학교나 사립학교의 경영기관에서 근무하는 교원과 직원을 말한다.

제3조의2 국민건강보험종합계획의 수립 등

① 보건복지부장관은 이 법에 따른 건강보험(이하 "건강보험"이라 한다)의 건전한 운영을 위하여 제4조에 따른 건강보험정책심의위원회(이하 이 조에서 "건강보험정책심의위원회"라 한다)의 심의를 거쳐 5년마다 국민건강보험종합계획(이하 "종합계획"이라 한다)을 수립하여야 한다. 수립된 종합계획을 변경할 때도 또한 같다.

② 종합계획에는 다음 각 호의 사항이 포함되어야 한다.

1. 건강보험정책의 기본목표 및 추진방향

2. 건강보험 보장성 강화의 추진계획 및 추진방법

3. 건강보험의 중장기 재정 전망 및 운영

4. 보험료 부과체계에 관한 사항

5. 요양급여비용에 관한 사항

6. 건강증진 사업에 관한 사항

7. 취약계층 지원에 관한 사항

8. 건강보험에 관한 통계 및 정보의 관리에 관한 사항

9. 그 밖에 건강보험의 개선을 위하여 필요한 사항으로 대통령령으로 정하는 사항

③ 보건복지부장관은 종합계획에 따라 매년 연도별 시행계획(이하 "시행계획"이라 한다)을 건강보험정책심의위원회의 심의를 거쳐 수립·시행하여야 한다.

④ 보건복지부장관은 매년 시행계획에 따른 추진실적을 평가하여야 한다.

⑤ 보건복지부장관은 다음 각 호의 사유가 발생한 경우 관련 사항에 대한 보고서를 작성하여 지체 없이 국회 소관 상임위원회에 보고하여야 한다.

1. 제1항에 따른 종합계획의 수립 및 변경

2. 제3항에 따른 시행계획의 수립

3. 제4항에 따른 시행계획에 따른 추진실적의 평가

⑥ 보건복지부장관은 종합계획의 수립, 시행계획의 수립·시행 및 시행계획에 따른 추진실적의 평가를 위하여 필요하다고 인정하는 경우 관계 기관의 장에게 자료의 제출을 요구할 수 있다. 이 경우 자료의 제출을 요구받은 자는 특별한 사유가 없으면 이에 따라야 한다.

⑦ 그 밖에 제1항에 따른 종합계획의 수립 및 변경, 제3항에 따른 시행계획의 수립·시행 및 제4항에 따른 시행계획에 따른 추진실적의 평가 등에 필요한 사항은 대통령령으로 정한다.

[본조신설 2016. 2. 3.]

제4조 건강보험정책심의위원회

① 건강보험정책에 관한 다음 각 호의 사항을 심의·의결하기 위하여 보건복지부장관 소속으로 건강보험정책심의위원회(이하 "심의위원회"라 한다)를 둔다.　　　〈개정 2016. 2. 3.〉

1. 제3조의2제1항 및 제3항에 따른 종합계획 및 시행계획에 관한 사항(심의에 한정한다)

2. 제41조제3항에 따른 요양급여의 기준

3. 제45조제3항 및 제46조에 따른 요양급여비용에 관한 사항

4. 제73조제1항에 따른 직장가입자의 보험료율

5. 제73조제3항에 따른 지역가입자의 보험료부과점수당 금액

6. 그 밖에 건강보험에 관한 주요 사항으로서 대통령령으로 정하는 사항

② 심의위원회는 위원장 1명과 부위원장 1명을 포함하여 25명의 위원으로 구성한다.

③ 심의위원회의 위원장은 보건복지부차관이 되고, 부위원장은 제4항제4호의 위원 중에서 위원장이 지명하는 사람이 된다.

④ 심의위원회의 위원은 다음 각 호에 해당하는 사람을 보건복지부장관이 임명 또는 위촉한다.

1. 근로자단체 및 사용자단체가 추천하는 각 2명

2. 시민단체(「비영리민간단체지원법」 제2조에 따른 비영리민간단체를 말한다. 이하 같다), 소비자단체, 농어업인단체 및 자영업자단체가 추천하는 각 1명

3. 의료계를 대표하는 단체 및 약업계를 대표하는 단체가 추천하는 8명

4. 다음 각 목에 해당하는 8명

가. 대통령령으로 정하는 중앙행정기관 소속 공무원 2명

나. 국민건강보험공단의 이사장 및 건강보험심사평가원의 원장이 추천하는 각 1명

다. 건강보험에 관한 학식과 경험이 풍부한 4명

⑤ 심의위원회 위원(제4항제4호가목에 따른 위원은 제외한다)의 임기는 3년으로 한다. 다만, 위원의 사임 등으로 새로 위촉된 위원의 임기는 전임위원 임기의 남은 기간으로 한다.

⑥ 심의위원회의 운영 등에 필요한 사항은 대통령령으로 정한다.

제2장 가입자

제5조 적용 대상 등

① 국내에 거주하는 국민은 건강보험의 가입자(이하 "가입자"라 한다) 또는 피부양자가 된다. 다만, 다음 각 호의 어느 하나에 해당하는 사람은 제외한다. 〈개정 2016. 2. 3.〉

1. 「의료급여법」에 따라 의료급여를 받는 사람(이하 "수급권자"라 한다)

2. 「독립유공자예우에 관한 법률」 및 「국가유공자 등 예우 및 지원에 관한 법률」에 따라 의료보호를 받는 사람(이하 "유공자등 의료보호대상자"라 한다). 다만, 다음 각 목의 어느 하나에 해당하는 사람은 가입자 또는 피부양자가 된다.

가. 유공자등 의료보호대상자 중 건강보험의 적용을 보험자에게 신청한 사람

나. 건강보험을 적용받고 있던 사람이 유공자등 의료보호대상자로 되었으나 건강보험의
　　　　적용배제신청을 보험자에게 하지 아니한 사람

② 제1항의 피부양자는 다음 각 호의 어느 하나에 해당하는 사람 중 직장가입자에게 주로 생계를
　의존하는 사람으로서 소득 및 재산이 보건복지부령으로 정하는 기준 이하에 해당하는 사람을
　말한다.　　　　　　　　　　　　　　　　　　　　　　　　　　　　　　　〈개정 2017. 4. 18.〉

　1. 직장가입자의 배우자

　2. 직장가입자의 직계존속(배우자의 직계존속을 포함한다)

　3. 직장가입자의 직계비속(배우자의 직계비속을 포함한다)과 그 배우자

　4. 직장가입자의 형제 · 자매

③ 제2항에 따른 피부양자 자격의 인정 기준, 취득 · 상실시기 및 그 밖에 필요한 사항은 보건복지
　부령으로 정한다.

제6조 가입자의 종류

① 가입자는 직장가입자와 지역가입자로 구분한다.

② 모든 사업장의 근로자 및 사용자와 공무원 및 교직원은 직장가입자가 된다. 다만, 다음 각 호의
　어느 하나에 해당하는 사람은 제외한다.　　　　　　　　　　　　　　　　〈개정 2016. 5. 29.〉

　1. 고용 기간이 1개월 미만인 일용근로자

　2. 「병역법」에 따른 현역병(지원에 의하지 아니하고 임용된 하사를 포함한다), 전환복무된
　　사람 및 군간부후보생

　3. 선거에 당선되어 취임하는 공무원으로서 매월 보수 또는 보수에 준하는 급료를 받지 아니
　　하는 사람

　4. 그 밖에 사업장의 특성, 고용 형태 및 사업의 종류 등을 고려하여 대통령령으로 정하는 사
　　업장의 근로자 및 사용자와 공무원 및 교직원

③ 지역가입자는 직장가입자와 그 피부양자를 제외한 가입자를 말한다.

④ 삭제〈2018. 12. 11.〉

제7조 사업장의 신고

　사업장의 사용자는 다음 각 호의 어느 하나에 해당하게 되면 그 때부터 14일 이내에 보건복지부령
으로 정하는 바에 따라 보험자에게 신고하여야 한다. 제1호에 해당되어 보험자에게 신고한 내용이
변경된 경우에도 또한 같다.

　1. 제6조제2항에 따라 직장가입자가 되는 근로자 · 공무원 및 교직원을 사용하는 사업장(이

하 "적용대상사업장"이라 한다)이 된 경우

2. 휴업·폐업 등 보건복지부령으로 정하는 사유가 발생한 경우

제8조 자격의 취득 시기 등

① 가입자는 국내에 거주하게 된 날에 직장가입자 또는 지역가입자의 자격을 얻는다. 다만, 다음 각 호의 어느 하나에 해당하는 사람은 그 해당되는 날에 각각 자격을 얻는다.

1. 수급권자이었던 사람은 그 대상자에서 제외된 날

2. 직장가입자의 피부양자이었던 사람은 그 자격을 잃은 날

3. 유공자등 의료보호대상자이었던 사람은 그 대상자에서 제외된 날

4. 제5조제1항제2호가목에 따라 보험자에게 건강보험의 적용을 신청한 유공자등 의료보호대상자는 그 신청한 날

② 제1항에 따라 자격을 얻은 경우 그 직장가입자의 사용자 및 지역가입자의 세대주는 그 명세를 보건복지부령으로 정하는 바에 따라 자격을 취득한 날부터 14일 이내에 보험자에게 신고하여야 한다.

제9조 자격의 변동 시기 등

① 가입자는 다음 각 호의 어느 하나에 해당하게 된 날에 그 자격이 변동된다.

1. 지역가입자가 적용대상사업장의 사용자로 되거나, 근로자·공무원 또는 교직원(이하 "근로자등"이라 한다)으로 사용된 날

2. 직장가입자가 다른 적용대상사업장의 사용자로 되거나 근로자등으로 사용된 날

3. 직장가입자인 근로자등이 그 사용관계가 끝난 날의 다음 날

4. 적용대상사업장에 제7조제2호에 따른 사유가 발생한 날의 다음 날

5. 지역가입자가 다른 세대로 전입한 날

② 제1항에 따라 자격이 변동된 경우 직장가입자의 사용자와 지역가입자의 세대주는 다음 각 호의 구분에 따라 그 명세를 보건복지부령으로 정하는 바에 따라 자격이 변동된 날부터 14일 이내에 보험자에게 신고하여야 한다.

1. 제1항제1호 및 제2호에 따라 자격이 변동된 경우: 직장가입자의 사용자

2. 제1항제3호부터 제5호까지의 규정에 따라 자격이 변동된 경우: 지역가입자의 세대주

③ 법무부장관 및 국방부장관은 직장가입자나 지역가입자가 제54조 제3호 또는 제4호에 해당하면 보건복지부령으로 정하는 바에 따라 그 사유에 해당된 날부터 1개월 이내에 보험자에게 알려야 한다.

제9조의2 자격 취득·변동 사항의 고지

공단은 제96조제1항에 따라 제공받은 자료를 통하여 가입자 자격의 취득 또는 변동 여부를 확인하는 경우에는 자격 취득 또는 변동 후 최초로 제79조에 따른 납부의무자에게 보험료 납입 고지를 할 때 보건복지부령으로 정하는 바에 따라 자격 취득 또는 변동에 관한 사항을 알려야 한다.

[본조신설 2019. 1. 15.]

제10조 자격의 상실 시기 등

① 가입자는 다음 각 호의 어느 하나에 해당하게 된 날에 그 자격을 잃는다.

　　1. 사망한 날의 다음 날

　　2. 국적을 잃은 날의 다음 날

　　3. 국내에 거주하지 아니하게 된 날의 다음 날

　　4. 직장가입자의 피부양자가 된 날

　　5. 수급권자가 된 날

　　6. 건강보험을 적용받고 있던 사람이 유공자등 의료보호대상자가 되어 건강보험의 적용배제 신청을 한 날

② 제1항에 따라 자격을 잃은 경우 직장가입자의 사용자와 지역가입자의 세대주는 그 명세를 보건복지부령으로 정하는 바에 따라 자격을 잃은 날부터 14일 이내에 보험자에게 신고하여야 한다.

제11조 자격취득 등의 확인

① 가입자 자격의 취득·변동 및 상실은 제8조부터 제10조까지의 규정에 따른 자격의 취득·변동 및 상실의 시기로 소급하여 효력을 발생한다. 이 경우 보험자는 그 사실을 확인할 수 있다.

② 가입자나 가입자이었던 사람 또는 피부양자나 피부양자이었던 사람은 제1항에 따른 확인을 청구할 수 있다.

제12조 건강보험증

① 국민건강보험공단은 가입자 또는 피부양자가 신청하는 경우 건강보험증을 발급하여야 한다.

〈개정 2018. 12. 11.〉

② 가입자 또는 피부양자가 요양급여를 받을 때에는 제1항의 건강보험증을 제42조제1항에 따른 요양기관(이하 "요양기관"이라 한다)에 제출하여야 한다. 다만, 천재지변이나 그 밖의 부득이한 사유가 있으면 그러하지 아니하다.

③ 가입자 또는 피부양자는 제2항 본문에도 불구하고 주민등록증, 운전면허증, 여권, 그 밖에 보건

복지부령으로 정하는 본인 여부를 확인할 수 있는 신분증명서(이하 "신분증명서"라 한다)로 요양기관이 그 자격을 확인할 수 있으면 건강보험증을 제출하지 아니할 수 있다.

④ 가입자·피부양자는 제10조제1항에 따라 자격을 잃은 후 자격을 증명하던 서류를 사용하여 보험급여를 받아서는 아니 된다. 〈신설 2013. 5. 22.〉

⑤ 누구든지 건강보험증이나 신분증명서를 다른 사람에게 양도(讓渡)하거나 대여하여 보험급여를 받게 하여서는 아니 된다. 〈신설 2013. 5. 22.〉

⑥ 누구든지 건강보험증이나 신분증명서를 양도 또는 대여를 받거나 그 밖에 이를 부정하게 사용하여 보험급여를 받아서는 아니 된다. 〈개정 2013. 5. 22.〉

⑦ 제1항에 따른 건강보험증의 신청 절차와 방법, 서식과 그 교부 및 사용 등에 필요한 사항은 보건복지부령으로 정한다. 〈개정 2013. 5. 22., 2018. 12. 11.〉

제3장 국민건강보험공단

제13조 보험자

건강보험의 보험자는 국민건강보험공단(이하 "공단"이라 한다)으로 한다.

제14조 업무 등

① 공단은 다음 각 호의 업무를 관장한다. 〈개정 2017. 2. 8.〉

1. 가입자 및 피부양자의 자격 관리

2. 보험료와 그 밖에 이 법에 따른 징수금의 부과·징수

3. 보험급여의 관리

4. 가입자 및 피부양자의 질병의 조기발견·예방 및 건강관리를 위하여 요양급여 실시 현황과 건강검진 결과 등을 활용하여 실시하는 예방사업으로서 대통령령으로 정하는 사업

5. 보험급여 비용의 지급

6. 자산의 관리·운영 및 증식사업

7. 의료시설의 운영

8. 건강보험에 관한 교육훈련 및 홍보

9. 건강보험에 관한 조사연구 및 국제협력

10. 이 법에서 공단의 업무로 정하고 있는 사항

11. 「국민연금법」, 「고용보험 및 산업재해보상보험의 보험료징수 등에 관한 법률」, 「임금채권보장법」 및 「석면피해구제법」(이하 "징수위탁근거법"이라 한다)에 따라 위탁받은 업무

12. 그 밖에 이 법 또는 다른 법령에 따라 위탁받은 업무

13. 그 밖에 건강보험과 관련하여 보건복지부장관이 필요하다고 인정한 업무

② 제1항제6호에 따른 자산의 관리·운영 및 증식사업은 안정성과 수익성을 고려하여 다음 각 호의 방법에 따라야 한다.

1. 체신관서 또는 「은행법」에 따른 은행에의 예입 또는 신탁

2. 국가·지방자치단체 또는 「은행법」에 따른 은행이 직접 발행하거나 채무이행을 보증하는 유가증권의 매입

3. 특별법에 따라 설립된 법인이 발행하는 유가증권의 매입

4. 「자본시장과 금융투자업에 관한 법률」에 따른 신탁업자가 발행하거나 같은 법에 따른 집합투자업자가 발행하는 수익증권의 매입

5. 공단의 업무에 사용되는 부동산의 취득 및 일부 임대

6. 그 밖에 공단 자산의 증식을 위하여 대통령령으로 정하는 사업

③ 공단은 특정인을 위하여 업무를 제공하거나 공단 시설을 이용하게 할 경우 공단의 정관으로 정하는 바에 따라 그 업무의 제공 또는 시설의 이용에 대한 수수료와 사용료를 징수할 수 있다.

④ 공단은 「공공기관의 정보공개에 관한 법률」에 따라 건강보험과 관련하여 보유·관리하고 있는 정보를 공개한다.

제15조 법인격 등

① 공단은 법인으로 한다.

② 공단은 주된 사무소의 소재지에서 설립등기를 함으로써 성립한다.

제16조 사무소

① 공단의 주된 사무소의 소재지는 정관으로 정한다.

② 공단은 필요하면 정관으로 정하는 바에 따라 분사무소를 둘 수 있다.

제17조 정관

① 공단의 정관에는 다음 각 호의 사항을 적어야 한다.

    1. 목적

    2. 명칭

    3. 사무소의 소재지

    4. 임직원에 관한 사항

    5. 이사회의 운영

    6. 재정운영위원회에 관한 사항

    7. 보험료 및 보험급여에 관한 사항

    8. 예산 및 결산에 관한 사항

    9. 자산 및 회계에 관한 사항

    10. 업무와 그 집행

    11. 정관의 변경에 관한 사항

    12. 공고에 관한 사항

② 공단은 정관을 변경하려면 보건복지부장관의 인가를 받아야 한다.

제18조 등기

공단의 설립등기에는 다음 각 호의 사항을 포함하여야 한다.

    1. 목적

    2. 명칭

    3. 주된 사무소 및 분사무소의 소재지

    4. 이사장의 성명 · 주소 및 주민등록번호

제19조 해산

공단의 해산에 관하여는 법률로 정한다.

제20조 임원

① 공단은 임원으로서 이사장 1명, 이사 14명 및 감사 1명을 둔다. 이 경우 이사장, 이사 중 5명 및 감사는 상임으로 한다.

② 이사장은 「공공기관의 운영에 관한 법률」 제29조에 따른 임원추천위원회(이하 "임원추천위원회"라 한다)가 복수로 추천한 사람 중에서 보건복지부장관의 제청으로 대통령이 임명한다.

③ 상임이사는 보건복지부령으로 정하는 추천 절차를 거쳐 이사장이 임명한다.

④ 비상임이사는 다음 각 호의 사람을 보건복지부장관이 임명한다.

    1. 노동조합·사용자단체·시민단체·소비자단체·농어업인단체 및 노인단체가 추천하는 각 1명

    2. 대통령령으로 정하는 바에 따라 추천하는 관계 공무원 3명

⑤ 감사는 임원추천위원회가 복수로 추천한 사람 중에서 기획재정부장관의 제청으로 대통령이 임명한다.

⑥ 제4항에 따른 비상임이사는 정관으로 정하는 바에 따라 실비변상(實費辨償)을 받을 수 있다.

⑦ 이사장의 임기는 3년, 이사(공무원인 이사는 제외한다)와 감사의 임기는 각각 2년으로 한다.

제21조 징수이사

① 상임이사 중 제14조제1항제2호 및 제11호의 업무를 담당하는 이사(이하 "징수이사"라 한다)는 경영, 경제 및 사회보험에 관한 학식과 경험이 풍부한 사람으로서 보건복지부령으로 정하는 자격을 갖춘 사람 중에서 선임한다.

② 징수이사 후보를 추천하기 위하여 공단에 이사를 위원으로 하는 징수이사추천위원회(이하 "추천위원회"라 한다)를 둔다. 이 경우 추천위원회의 위원장은 이사장이 지명하는 이사로 한다.

③ 추천위원회는 주요 일간신문에 징수이사 후보의 모집 공고를 하여야 하며, 이와 별도로 적임자로 판단되는 징수이사 후보를 조사하거나 전문단체에 조사를 의뢰할 수 있다.

④ 추천위원회는 제3항에 따라 모집한 사람을 보건복지부령으로 정하는 징수이사 후보 심사기준에 따라 심사하여야 하며, 징수이사 후보로 추천될 사람과 계약 조건에 관하여 협의하여야 한다.

⑤ 이사장은 제4항에 따른 심사와 협의 결과에 따라 징수이사 후보와 계약을 체결하여야 하며, 이 경우 제20조제3항에 따른 상임이사의 임명으로 본다.

⑥ 제4항에 따른 계약 조건에 관한 협의, 제5항에 따른 계약 체결 등에 필요한 사항은 보건복지부령으로 정한다.

제22조 임원의 직무

① 이사장은 공단을 대표하고 업무를 총괄하며, 임기 중 공단의 경영성과에 대하여 책임을 진다.

② 상임이사는 이사장의 명을 받아 공단의 업무를 집행한다.

③ 이사장이 부득이한 사유로 그 직무를 수행할 수 없을 때에는 정관으로 정하는 바에 따라 상임이사 중 1명이 그 직무를 대행하고, 상임이사가 없거나 그 직무를 대행할 수 없을 때에는 정관으로

정하는 임원이 그 직무를 대행한다.

④ 감사는 공단의 업무, 회계 및 재산 상황을 감사한다.

제23조 임원 결격사유

다음 각 호의 어느 하나에 해당하는 사람은 공단의 임원이 될 수 없다.

1. 대한민국 국민이 아닌 사람

2. 「공공기관의 운영에 관한 법률」 제34조제1항 각 호의 어느 하나에 해당하는 사람

제24조 임원의 당연퇴임 및 해임

① 임원이 제23조 각 호의 어느 하나에 해당하게 되거나 임명 당시 그에 해당하는 사람으로 확인되면 그 임원은 당연퇴임한다.

② 임명권자는 임원이 다음 각 호의 어느 하나에 해당하면 그 임원을 해임할 수 있다.

1. 신체장애나 정신장애로 직무를 수행할 수 없다고 인정되는 경우

2. 직무상 의무를 위반한 경우

3. 고의나 중대한 과실로 공단에 손실이 생기게 한 경우

4. 직무 여부와 관계없이 품위를 손상하는 행위를 한 경우

5. 이 법에 따른 보건복지부장관의 명령을 위반한 경우

제25조 임원의 겸직 금지 등

① 공단의 상임임원과 직원은 그 직무 외에 영리를 목적으로 하는 사업에 종사하지 못한다.

② 공단의 상임임원이 임명권자 또는 제청권자의 허가를 받거나 공단의 직원이 이사장의 허가를 받은 경우에는 비영리 목적의 업무를 겸할 수 있다.

제26조 이사회

① 공단의 주요 사항(「공공기관의 운영에 관한 법률」 제17조제1항 각 호의 사항을 말한다)을 심의·의결하기 위하여 공단에 이사회를 둔다.

② 이사회는 이사장과 이사로 구성한다.

③ 감사는 이사회에 출석하여 발언할 수 있다.

④ 이사회의 의결 사항 및 운영 등에 필요한 사항은 대통령령으로 정한다.

제27조 직원의 임면

이사장은 정관으로 정하는 바에 따라 직원을 임면(任免)한다.

제28조 벌칙 적용 시 공무원 의제

공단의 임직원은 「형법」 제129조부터 제132조까지의 규정을 적용할 때 공무원으로 본다.

제29조 규정 등

공단의 조직·인사·보수 및 회계에 관한 규정은 이사회의 의결을 거쳐 보건복지부장관의 승인을 받아 정한다.

제30조 대리인의 선임

이사장은 공단 업무에 관한 모든 재판상의 행위 또는 재판 외의 행위를 대행하게 하기 위하여 공단의 이사 또는 직원 중에서 대리인을 선임할 수 있다.

제31조 대표권의 제한

① 이사장은 공단의 이익과 자기의 이익이 상반되는 사항에 대하여는 공단을 대표하지 못한다. 이 경우 감사가 공단을 대표한다.

② 공단과 이사장 사이의 소송은 제1항을 준용한다.

제32조 이사장 권한의 위임

이 법에 규정된 이사장의 권한 중 급여의 제한, 보험료의 납입고지 등 대통령령으로 정하는 사항은 정관으로 정하는 바에 따라 분사무소의 장에게 위임할 수 있다.

제33조 재정운영위원회

① 제45조제1항에 따른 요양급여비용의 계약 및 제84조에 따른 결손처분 등 보험재정에 관련된 사항을 심의·의결하기 위하여 공단에 재정운영위원회를 둔다.

② 재정운영위원회의 위원장은 제34조제1항제3호에 따른 위원 중에서 호선(互選)한다.

제34조 재정운영위원회의 구성 등

① 재정운영위원회는 다음 각 호의 위원으로 구성한다.

　　1. 직장가입자를 대표하는 위원 10명

2. 지역가입자를 대표하는 위원 10명

3. 공익을 대표하는 위원 10명

② 제1항에 따른 위원은 다음 각 호의 사람을 보건복지부장관이 임명하거나 위촉한다.

　　1. 제1항제1호의 위원은 노동조합과 사용자단체에서 추천하는 각 5명

　　2. 제1항제2호의 위원은 대통령령으로 정하는 바에 따라 농어업인 단체 · 도시자영업자단체 및 시민단체에서 추천하는 사람

　　3. 제1항제3호의 위원은 대통령령으로 정하는 관계 공무원 및 건강보험에 관한 학식과 경험이 풍부한 사람

③ 재정운영위원회 위원(공무원인 위원은 제외한다)의 임기는 2년으로 한다. 다만, 위원의 사임 등으로 새로 위촉된 위원의 임기는 전임위원 임기의 남은 기간으로 한다.

④ 재정운영위원회의 운영 등에 필요한 사항은 대통령령으로 정한다.

제35조 회계

① 공단의 회계연도는 정부의 회계연도에 따른다.

② 공단은 직장가입자와 지역가입자의 재정을 통합하여 운영한다.

③ 공단은 건강보험사업 및 징수위탁근거법의 위탁에 따른 국민연금사업 · 고용보험사업 · 산업재해보상보험사업 · 임금채권보장사업에 관한 회계를 공단의 다른 회계와 구분하여 각각 회계처리하여야 한다. 〈개정 2018. 1. 16.〉

제36조 예산

공단은 회계연도마다 예산안을 편성하여 이사회의 의결을 거친 후 보건복지부장관의 승인을 받아야 한다. 예산을 변경할 때에도 또한 같다. 〈개정 2016. 3. 22.〉

제37조 차입금

공단은 지출할 현금이 부족한 경우에는 차입할 수 있다. 다만, 1년 이상 장기로 차입하려면 보건복지부장관의 승인을 받아야 한다.

제38조 준비금

① 공단은 회계연도마다 결산상의 잉여금 중에서 그 연도의 보험급여에 든 비용의 100분의 5 이상에 상당하는 금액을 그 연도에 든 비용의 100분의 50에 이를 때까지 준비금으로 적립하여야 한다.

② 제1항에 따른 준비금은 부족한 보험급여 비용에 충당하거나 지출할 현금이 부족할 때 외에는 사용할 수 없으며, 현금 지출에 준비금을 사용한 경우에는 해당 회계연도 중에 이를 보전(補塡)하여야 한다.

③ 제1항에 따른 준비금의 관리 및 운영 방법 등에 필요한 사항은 보건복지부장관이 정한다.

제39조 결산

① 공단은 회계연도마다 결산보고서와 사업보고서를 작성하여 다음해 2월 말일까지 보건복지부장관에게 보고하여야 한다.

② 공단은 제1항에 따라 결산보고서와 사업보고서를 보건복지부장관에게 보고하였을 때에는 보건복지부령으로 정하는 바에 따라 그 내용을 공고하여야 한다.

제39조의2 재난적의료비 지원사업에 대한 출연

공단은 「재난적의료비 지원에 관한 법률」에 따른 재난적의료비 지원사업에 사용되는 비용에 충당하기 위하여 매년 예산의 범위에서 출연할 수 있다. 이 경우 출연 금액의 상한 등에 필요한 사항은 대통령령으로 정한다.

[본조신설 2018. 1. 16.]

제40조 「민법」의 준용

공단에 관하여 이 법과 「공공기관의 운영에 관한 법률」에서 정한 사항 외에는 「민법」 중 재단법인에 관한 규정을 준용한다.

제4장 보험급여

제41조 요양급여

① 가입자와 피부양자의 질병, 부상, 출산 등에 대하여 다음 각 호의 요양급여를 실시한다.

　1. 진찰 · 검사

　2. 약제(藥劑) · 치료재료의 지급

3. 처치ㆍ수술 및 그 밖의 치료

4. 예방ㆍ재활

5. 입원

6. 간호

7. 이송(移送)

② 제1항에 따른 요양급여(이하 "요양급여"라 한다)의 범위(이하 "요양급여대상"이라 한다)는 다음 각 호와 같다. 〈신설 2016. 2. 3.〉

    1. 제1항 각 호의 요양급여(제1항제2호의 약제는 제외한다): 제4항에 따라 보건복지부장관이 비급여대상으로 정한 것을 제외한 일체의 것

    2. 제1항제2호의 약제: 제41조의3에 따라 요양급여대상으로 보건복지부장관이 결정하여 고시한 것

③ 요양급여의 방법ㆍ절차ㆍ범위ㆍ상한 등의 기준은 보건복지부령으로 정한다. 〈개정 2016. 2. 3.〉

④ 보건복지부장관은 제3항에 따라 요양급여의 기준을 정할 때 업무나 일상생활에 지장이 없는 질환에 대한 치료 등 보건복지부령으로 정하는 사항은 요양급여대상에서 제외되는 사항(이하 "비급여대상"이라 한다)으로 정할 수 있다. 〈개정 2016. 2. 3.〉

제41조의2 약제에 대한 요양급여비용 상한금액의 감액 등

① 보건복지부장관은 「약사법」 제47조제2항의 위반과 관련된 제41조제1항제2호의 약제에 대하여는 요양급여비용 상한금액(제41조제3항에 따라 약제별 요양급여비용의 상한으로 정한 금액을 말한다. 이하 같다)의 100분의 20을 넘지 아니하는 범위에서 그 금액의 일부를 감액할 수 있다. 〈신설 2018. 3. 27.〉

② 보건복지부장관은 제1항에 따라 요양급여비용의 상한금액이 감액된 약제가 감액된 날부터 5년의 범위에서 대통령령으로 정하는 기간 내에 다시 제1항에 따른 감액의 대상이 된 경우에는 요양급여비용 상한금액의 100분의 40을 넘지 아니하는 범위에서 요양급여비용 상한금액의 일부를 감액할 수 있다. 〈신설 2018. 3. 27.〉

③ 보건복지부장관은 제2항에 따라 요양급여비용의 상한금액이 감액된 약제가 감액된 날부터 5년의 범위에서 대통령령으로 정하는 기간 내에 다시 「약사법」 제47조제2항의 위반과 관련된 경우에는 해당 약제에 대하여 1년의 범위에서 기간을 정하여 요양급여의 적용을 정지할 수 있다. 〈개정 2018. 3. 27.〉

④ 제1항부터 제3항까지의 규정에 따른 요양급여비용 상한금액의 감액 및 요양급여 적용 정지의 기준, 절차, 그 밖에 필요한 사항은 대통령령으로 정한다. 〈개정 2018. 3. 27.〉

[본조신설 2014. 1. 1.]

[제목개정 2018. 3. 27.]

제41조의3 행위·치료재료 및 약제에 대한 요양급여대상 여부의 결정

① 제42조에 따른 요양기관, 치료재료의 제조업자·수입업자 등 보건복지부령으로 정하는 자는 요양급여대상 또는 비급여대상으로 결정되지 아니한 제41조제1항제1호·제3호·제4호의 요양급여에 관한 행위 및 제41조제1항제2호의 치료재료(이하 "행위·치료재료"라 한다)에 대하여 요양급여대상 여부의 결정을 보건복지부장관에게 신청하여야 한다.

② 「약사법」에 따른 약제의 제조업자·수입업자 등 보건복지부령으로 정하는 자는 요양급여대상에 포함되지 아니한 제41조제1항제2호의 약제(이하 이 조에서 "약제"라 한다)에 대하여 보건복지부장관에게 요양급여대상 여부의 결정을 신청할 수 있다.

③ 제1항 및 제2항에 따른 신청을 받은 보건복지부장관은 정당한 사유가 없으면 보건복지부령으로 정하는 기간 이내에 요양급여대상 또는 비급여대상의 여부를 결정하여 신청인에게 통보하여야 한다.

④ 보건복지부장관은 제1항 및 제2항에 따른 신청이 없는 경우에도 환자의 진료상 반드시 필요하다고 보건복지부령으로 정하는 경우에는 직권으로 행위·치료재료 및 약제의 요양급여대상의 여부를 결정할 수 있다.

⑤ 제1항 및 제2항에 따른 요양급여대상 여부의 결정 신청의 시기, 절차, 방법 및 업무의 위탁 등에 필요한 사항과 제3항과 제4항에 따른 요양급여대상 여부의 결정 절차 및 방법 등에 관한 사항은 보건복지부령으로 정한다.

[본조신설 2016. 2. 3.]

제41조의4 선별급여

① 요양급여를 결정함에 있어 경제성 또는 치료효과성 등이 불확실하여 그 검증을 위하여 추가적인 근거가 필요하거나, 경제성이 낮아도 가입자와 피부양자의 건강회복에 잠재적 이득이 있는 등 대통령령으로 정하는 경우에는 예비적인 요양급여인 선별급여로 지정하여 실시할 수 있다.

② 보건복지부장관은 대통령령으로 정하는 절차와 방법에 따라 제1항에 따른 선별급여(이하 "선별급여"라 한다)에 대하여 주기적으로 요양급여의 적합성을 평가하여 요양급여 여부를 다시 결정하고, 제41조제3항에 따른 요양급여의 기준을 조정하여야 한다.

[본조신설 2016. 3. 22.]

제41조의5 방문요양급여

가입자 또는 피부양자가 질병이나 부상으로 거동이 불편한 경우 등 보건복지부령으로 정하는 사유에 해당하는 경우에는 가입자 또는 피부양자를 직접 방문하여 제41조에 따른 요양급여를 실시할 수 있다.

[본조신설 2018. 12. 11.]

제42조 요양기관

① 요양급여(간호와 이송은 제외한다)는 다음 각 호의 요양기관에서 실시한다. 이 경우 보건복지부장관은 공익이나 국가정책에 비추어 요양기관으로 적합하지 아니한 대통령령으로 정하는 의료기관 등은 요양기관에서 제외할 수 있다. 〈개정 2018. 3. 27.〉

　　1. 「의료법」에 따라 개설된 의료기관
　　2. 「약사법」에 따라 등록된 약국
　　3. 「약사법」 제91조에 따라 설립된 한국희귀 · 필수의약품센터
　　4. 「지역보건법」에 따른 보건소 · 보건의료원 및 보건지소
　　5. 「농어촌 등 보건의료를 위한 특별조치법」에 따라 설치된 보건진료소

② 보건복지부장관은 효율적인 요양급여를 위하여 필요하면 보건복지부령으로 정하는 바에 따라 시설 · 장비 · 인력 및 진료과목 등 보건복지부령으로 정하는 기준에 해당하는 요양기관을 전문요양기관으로 인정할 수 있다. 이 경우 해당 전문요양기관에 인정서를 발급하여야 한다.

③ 보건복지부장관은 제2항에 따라 인정받은 요양기관이 다음 각 호의 어느 하나에 해당하는 경우에는 그 인정을 취소한다.

　　1. 제2항 전단에 따른 인정기준에 미달하게 된 경우
　　2. 제2항 후단에 따라 발급받은 인정서를 반납한 경우

④ 제2항에 따라 전문요양기관으로 인정된 요양기관 또는 「의료법」 제3조의4에 따른 상급종합병원에 대하여는 제41조제3항에 따른 요양급여의 절차 및 제45조에 따른 요양급여비용을 다른 요양기관과 달리 할 수 있다. 〈개정 2016. 2. 3.〉

⑤ 제1항 · 제2항 및 제4항에 따른 요양기관은 정당한 이유 없이 요양급여를 거부하지 못한다.

제42조의2 요양기관의 선별급여 실시에 대한 관리

① 제42조제1항에도 불구하고, 선별급여 중 자료의 축적 또는 의료 이용의 관리가 필요한 경우에는 보건복지부장관이 해당 선별급여의 실시 조건을 사전에 정하여 이를 충족하는 요양기관만이 해당 선별급여를 실시할 수 있다.

② 제1항에 따라 선별급여를 실시하는 요양기관은 제41조의4제2항에 따른 해당 선별급여의 평가를 위하여 필요한 자료를 제출하여야 한다.

③ 보건복지부장관은 요양기관이 제1항에 따른 선별급여의 실시 조건을 충족하지 못하거나 제2항에 따른 자료를 제출하지 아니할 경우에는 해당 선별급여의 실시를 제한할 수 있다.

④ 제1항에 따른 선별급여의 실시 조건, 제2항에 따른 자료의 제출, 제3항에 따른 선별급여의 실시 제한 등에 필요한 사항은 보건복지부령으로 정한다.

[본조신설 2016. 3. 22.]

제43조 요양기관 현황에 대한 신고

① 요양기관은 제47조에 따라 요양급여비용을 최초로 청구하는 때에 요양기관의 시설·장비 및 인력 등에 대한 현황을 제62조에 따른 건강보험심사평가원(이하 "심사평가원"이라 한다)에 신고하여야 한다.

② 요양기관은 제1항에 따라 신고한 내용(제45조에 따른 요양급여비용의 증감에 관련된 사항만 해당한다)이 변경된 경우에는 그 변경된 날부터 15일 이내에 보건복지부령으로 정하는 바에 따라 심사평가원에 신고하여야 한다.

③ 제1항 및 제2항에 따른 신고의 범위, 대상, 방법 및 절차 등에 필요한 사항은 보건복지부령으로 정한다.

제44조 비용의 일부부담

① 요양급여를 받는 자는 대통령령으로 정하는 바에 따라 비용의 일부(이하 "본인일부부담금"이라 한다)를 본인이 부담한다. 이 경우 선별급여에 대해서는 다른 요양급여에 비하여 본인일부부담금을 상향 조정할 수 있다. 〈개정 2016. 3. 22.〉

② 제1항에 따라 본인이 연간 부담하는 본인일부부담금의 총액이 대통령령으로 정하는 금액(이하 이 조에서 "본인부담상한액"이라 한다)을 초과한 경우에는 공단이 그 초과 금액을 부담하여야 한다. 〈신설 2016. 3. 22.〉

③ 제2항에 따른 본인부담상한액은 가입자의 소득수준 등에 따라 정한다. 〈신설 2016. 3. 22.〉

④ 제2항에 따른 본인일부부담금 총액 산정 방법, 본인부담상한액을 넘는 금액의 지급 방법 및 제3항에 따른 가입자의 소득수준 등에 따른 본인부담상한액 설정 등에 필요한 사항은 대통령령으로 정한다. 〈신설 2016. 3. 22.〉

제45조 요양급여비용의 산정 등

① 요양급여비용은 공단의 이사장과 대통령령으로 정하는 의약계를 대표하는 사람들의 계약으로 정한다. 이 경우 계약기간은 1년으로 한다.

② 제1항에 따라 계약이 체결되면 그 계약은 공단과 각 요양기관 사이에 체결된 것으로 본다.

③ 제1항에 따른 계약은 그 직전 계약기간 만료일이 속하는 연도의 5월 31일까지 체결하여야 하며, 그 기한까지 계약이 체결되지 아니하는 경우 보건복지부장관이 그 직전 계약기간 만료일이 속하는 연도의 6월 30일까지 심의위원회의 의결을 거쳐 요양급여비용을 정한다. 이 경우 보건복지부장관이 정하는 요양급여비용은 제1항 및 제2항에 따라 계약으로 정한 요양급여비용으로 본다.　　　　　　　　　　　　　　　　　　　　　　　　　　　　〈개정 2013. 5. 22.〉

④ 제1항 또는 제3항에 따라 요양급여비용이 정해지면 보건복지부장관은 그 요양급여비용의 명세를 지체 없이 고시하여야 한다.

⑤ 공단의 이사장은 제33조에 따른 재정운영위원회의 심의 · 의결을 거쳐 제1항에 따른 계약을 체결하여야 한다.

⑥ 심사평가원은 공단의 이사장이 제1항에 따른 계약을 체결하기 위하여 필요한 자료를 요청하면 그 요청에 성실히 따라야 한다.

⑦ 제1항에 따른 계약의 내용과 그 밖에 필요한 사항은 대통령령으로 정한다.

제46조 약제 · 치료재료에 대한 요양급여비용의 산정

제41조제1항제2호의 약제 · 치료재료(이하 "약제 · 치료재료"라 한다)에 대한 요양급여비용은 제45조에도 불구하고 요양기관의 약제 · 치료재료 구입금액 등을 고려하여 대통령령으로 정하는 바에 따라 달리 산정할 수 있다.

제47조 요양급여비용의 청구와 지급 등

① 요양기관은 공단에 요양급여비용의 지급을 청구할 수 있다. 이 경우 제2항에 따른 요양급여비용에 대한 심사청구는 공단에 대한 요양급여비용의 청구로 본다.

② 제1항에 따라 요양급여비용을 청구하려는 요양기관은 심사평가원에 요양급여비용의 심사청구를 하여야 하며, 심사청구를 받은 심사평가원은 이를 심사한 후 지체 없이 그 내용을 공단과 요양기관에 알려야 한다.

③ 제2항에 따라 심사 내용을 통보받은 공단은 지체 없이 그 내용에 따라 요양급여비용을 요양기관에 지급한다. 이 경우 이미 낸 본인일부부담금이 제2항에 따라 통보된 금액보다 더 많으면 요양기관에 지급할 금액에서 더 많이 낸 금액을 공제하여 해당 가입자에게 지급하여야 한다.

④ 공단은 제3항에 따라 가입자에게 지급하여야 하는 금액을 그 가입자가 내야 하는 보험료와 그 밖에 이 법에 따른 징수금(이하 "보험료등"이라 한다)과 상계(相計)할 수 있다.

⑤ 공단은 심사평가원이 제63조에 따른 요양급여의 적정성을 평가하여 공단에 통보하면 그 평가 결과에 따라 요양급여비용을 가산하거나 감액 조정하여 지급한다. 이 경우 평가 결과에 따라 요양급여비용을 가산하거나 감액하여 지급하는 기준은 보건복지부령으로 정한다.

⑥ 요양기관은 제2항에 따른 심사청구를 다음 각 호의 단체가 대행하게 할 수 있다.

1. 「의료법」 제28조제1항에 따른 의사회 · 치과의사회 · 한의사회 · 조산사회 또는 같은 조 제6항에 따라 신고한 각각의 지부 및 분회

2. 「의료법」 제52조에 따른 의료기관 단체

3. 「약사법」 제11조에 따른 약사회 또는 같은 법 제14조에 따라 신고한 지부 및 분회

⑦ 제1항부터 제6항까지의 규정에 따른 요양급여비용의 청구 · 심사 · 지급 등의 방법과 절차에 필요한 사항은 보건복지부령으로 정한다.

제47조의2 요양급여비용의 지급 보류

① 제47조제3항에도 불구하고 공단은 요양급여비용의 지급을 청구한 요양기관이 「의료법」 제33조제2항 또는 「약사법」 제20조제1항을 위반하였다는 사실을 수사기관의 수사 결과로 확인한 경우에는 해당 요양기관이 청구한 요양급여비용의 지급을 보류할 수 있다.

② 공단은 제1항에 따라 요양급여비용의 지급을 보류하기 전에 해당 요양기관에 의견 제출의 기회를 주어야 한다.

③ 법원의 무죄 판결이 확정되는 등 대통령령으로 정하는 사유로 제1항에 따른 요양기관이 「의료법」 제33조제2항 또는 「약사법」 제20조제1항을 위반한 혐의가 입증되지 아니한 경우에는 공단은 지급 보류된 요양급여비용에 지급 보류된 기간 동안의 이자를 가산하여 해당 요양기관에 지급하여야 한다.

④ 제1항 및 제2항에 따른 지급 보류 절차 및 의견 제출의 절차 등에 필요한 사항, 제3항에 따른 지급 보류된 요양급여비용 및 이자의 지급 절차와 이자의 산정 등에 필요한 사항은 대통령령으로 정한다.

[본조신설 2014. 5. 20.]

제48조 요양급여 대상 여부의 확인 등

① 가입자나 피부양자는 본인일부부담금 외에 자신이 부담한 비용이 제41조제4항에 따라 요양급여 대상에서 제외되는 비용인지 여부에 대하여 심사평가원에 확인을 요청할 수 있다.

② 제1항에 따른 확인 요청을 받은 심사평가원은 그 결과를 요청한 사람에게 알려야 한다. 이 경우 확인을 요청한 비용이 요양급여 대상에 해당되는 비용으로 확인되면 그 내용을 공단 및 관련 요양기관에 알려야 한다.

③ 제2항 후단에 따라 통보받은 요양기관은 받아야 할 금액보다 더 많이 징수한 금액(이하 "과다본인부담금"이라 한다)을 지체 없이 확인을 요청한 사람에게 지급하여야 한다. 다만, 공단은 해당 요양기관이 과다본인부담금을 지급하지 아니하면 해당 요양기관에 지급할 요양급여비용에서 과다본인부담금을 공제하여 확인을 요청한 사람에게 지급할 수 있다.

제49조 요양비

① 공단은 가입자나 피부양자가 보건복지부령으로 정하는 긴급하거나 그 밖의 부득이한 사유로 요양기관과 비슷한 기능을 하는 기관으로서 보건복지부령으로 정하는 기관(제98조제1항에 따라 업무정지기간 중인 요양기관을 포함한다)에서 질병·부상·출산 등에 대하여 요양을 받거나 요양기관이 아닌 장소에서 출산한 경우에는 그 요양급여에 상당하는 금액을 보건복지부령으로 정하는 바에 따라 가입자나 피부양자에게 요양비로 지급한다.

② 제1항에 따라 요양을 실시한 기관은 보건복지부장관이 정하는 요양비 명세서나 요양 명세를 적은 영수증을 요양을 받은 사람에게 내주어야 하며, 요양을 받은 사람은 그 명세서나 영수증을 공단에 제출하여야 한다.

제50조 부가급여

공단은 이 법에서 정한 요양급여 외에 대통령령으로 정하는 바에 따라 임신·출산 진료비, 장제비, 상병수당, 그 밖의 급여를 실시할 수 있다. 〈개정 2013. 5. 22.〉

제51조 장애인에 대한 특례

① 공단은 「장애인복지법」에 따라 등록한 장애인인 가입자 및 피부양자에게는 「장애인·노인 등을 위한 보조기기 지원 및 활용촉진에 관한 법률」 제3조제2호에 따른 보조기기(이하 이 조에서 "보조기기"라 한다)에 대하여 보험급여를 할 수 있다. 〈개정 2019. 4. 23.〉

② 제1항에 따른 보조기기에 대한 보험급여의 범위·방법·절차와 그 밖에 필요한 사항은 보건복지부령으로 정한다. 〈개정 2019. 4. 23.〉

제52조 건강검진

① 공단은 가입자와 피부양자에 대하여 질병의 조기 발견과 그에 따른 요양급여를 하기 위하여 건강검진을 실시한다.

② 제1항에 따른 건강검진의 종류 및 대상은 다음 각 호와 같다. 〈신설 2018. 12. 11.〉

　1. 일반건강검진: 직장가입자, 세대주인 지역가입자, 20세 이상인 지역가입자 및 20세 이상인 피부양자

　2. 암검진: 「암관리법」 제11조제2항에 따른 암의 종류별 검진주기와 연령 기준 등에 해당하는 사람

　3. 영유아건강검진: 6세 미만의 가입자 및 피부양자

③ 제1항에 따른 건강검진의 검진항목은 성별, 연령 등의 특성 및 생애 주기에 맞게 설계되어야 한다. 〈신설 2018. 12. 11.〉

④ 제1항에 따른 건강검진의 횟수ㆍ절차와 그 밖에 필요한 사항은 대통령령으로 정한다.

〈개정 2018. 12. 11.〉

제53조 급여의 제한

① 공단은 보험급여를 받을 수 있는 사람이 다음 각 호의 어느 하나에 해당하면 보험급여를 하지 아니한다.

　1. 고의 또는 중대한 과실로 인한 범죄행위에 그 원인이 있거나 고의로 사고를 일으킨 경우

　2. 고의 또는 중대한 과실로 공단이나 요양기관의 요양에 관한 지시에 따르지 아니한 경우

　3. 고의 또는 중대한 과실로 제55조에 따른 문서와 그 밖의 물건의 제출을 거부하거나 질문 또는 진단을 기피한 경우

　4. 업무 또는 공무로 생긴 질병ㆍ부상ㆍ재해로 다른 법령에 따른 보험급여나 보상(報償) 또는 보상(補償)을 받게 되는 경우

② 공단은 보험급여를 받을 수 있는 사람이 다른 법령에 따라 국가나 지방자치단체로부터 보험급여에 상당하는 급여를 받거나 보험급여에 상당하는 비용을 지급받게 되는 경우에는 그 한도에서 보험급여를 하지 아니한다.

③ 공단은 가입자가 대통령령으로 정하는 기간 이상 다음 각 호의 보험료를 체납한 경우 그 체납한 보험료를 완납할 때까지 그 가입자 및 피부양자에 대하여 보험급여를 실시하지 아니할 수 있다. 다만, 월별 보험료의 총체납횟수(이미 납부된 체납보험료는 총체납횟수에서 제외하며, 보험료의 체납기간은 고려하지 아니한다)가 대통령령으로 정하는 횟수 미만이거나 가입자 및 피부양자의 소득ㆍ재산 등이 대통령령으로 정하는 기준 미만인 경우에는 그러하지 아니하다.

1. 제69조제4항제2호에 따른 소득월액보험료

2. 제69조제5항에 따른 세대단위의 보험료

④ 공단은 제77조제1항제1호에 따라 납부의무를 부담하는 사용자가 제69조제4항제1호에 따른 보수월액보험료를 체납한 경우에는 그 체납에 대하여 직장가입자 본인에게 귀책사유가 있는 경우에 한하여 제3항의 규정을 적용한다. 이 경우 해당 직장가입자의 피부양자에게도 제3항의 규정을 적용한다. 〈개정 2019. 4. 23.〉

⑤ 제3항 및 제4항에도 불구하고 제82조에 따라 공단으로부터 분할납부 승인을 받고 그 승인된 보험료를 1회 이상 낸 경우에는 보험급여를 할 수 있다. 다만, 제82조에 따른 분할납부 승인을 받은 사람이 정당한 사유 없이 5회(같은 조 제1항에 따라 승인받은 분할납부 횟수가 5회 미만인 경우에는 해당 분할납부 횟수를 말한다. 이하 이 조에서 같다) 이상 그 승인된 보험료를 내지 아니한 경우에는 그러하지 아니하다. 〈개정 2019. 4. 23.〉

⑥ 제3항 및 제4항에 따라 보험급여를 하지 아니하는 기간(이하 이 항에서 "급여제한기간"이라 한다)에 받은 보험급여는 다음 각 호의 어느 하나에 해당하는 경우에만 보험급여로 인정한다.

〈개정 2019. 4. 23.〉

1. 공단이 급여제한기간에 보험급여를 받은 사실이 있음을 가입자에게 통지한 날부터 2개월이 지난 날이 속한 달의 납부기한 이내에 체납된 보험료를 완납한 경우

2. 공단이 급여제한기간에 보험급여를 받은 사실이 있음을 가입자에게 통지한 날부터 2개월이 지난 날이 속한 달의 납부기한 이내에 제82조에 따라 분할납부 승인을 받은 체납보험료를 1회 이상 낸 경우. 다만, 제82조에 따른 분할납부 승인을 받은 사람이 정당한 사유 없이 5회 이상 그 승인된 보험료를 내지 아니한 경우에는 그러하지 아니하다.

제54조 급여의 정지

보험급여를 받을 수 있는 사람이 다음 각 호의 어느 하나에 해당하면 그 기간에는 보험급여를 하지 아니한다. 다만, 제3호 및 제4호의 경우에는 제60조에 따른 요양급여를 실시한다. 〈개정 2020. 4. 7.〉

1. 삭제 〈2020. 4. 7.〉

2. 국외에 체류하는 경우

3. 제6조제2항제2호에 해당하게 된 경우

4. 교도소, 그 밖에 이에 준하는 시설에 수용되어 있는 경우

제55조 급여의 확인

공단은 보험급여를 할 때 필요하다고 인정되면 보험급여를 받는 사람에게 문서와 그 밖의 물건을 제출하도록 요구하거나 관계인을 시켜 질문 또는 진단하게 할 수 있다.

제56조 요양비 등의 지급

공단은 이 법에 따라 지급의무가 있는 요양비 또는 부가급여의 청구를 받으면 지체 없이 이를 지급하여야 한다.

제56조의2 요양비등수급계좌

① 공단은 이 법에 따른 보험급여로 지급되는 현금(이하 "요양비등"이라 한다)을 받는 수급자의 신청이 있는 경우에는 요양비등을 수급자 명의의 지정된 계좌(이하 "요양비등수급계좌"라 한다)로 입금하여야 한다. 다만, 정보통신장애나 그 밖에 대통령령으로 정하는 불가피한 사유로 요양비등수급계좌로 이체할 수 없을 때에는 직접 현금으로 지급하는 등 대통령령으로 정하는 바에 따라 요양비등을 지급할 수 있다.

② 요양비등수급계좌가 개설된 금융기관은 요양비등수급계좌에 요양비등만이 입금되도록 하고, 이를 관리하여야 한다.

③ 제1항 및 제2항에 따른 요양비등수급계좌의 신청 방법·절차와 관리에 필요한 사항은 대통령령으로 정한다.

[본조신설 2014. 5. 20.]

제57조 부당이득의 징수

① 공단은 속임수나 그 밖의 부당한 방법으로 보험급여를 받은 사람이나 보험급여 비용을 받은 요양기관에 대하여 그 보험급여나 보험급여 비용에 상당하는 금액의 전부 또는 일부를 징수한다.

② 공단은 제1항에 따라 속임수나 그 밖의 부당한 방법으로 보험급여 비용을 받은 요양기관이 다음 각 호의 어느 하나에 해당하는 경우에는 해당 요양기관을 개설한 자에게 그 요양기관과 연대하여 같은 항에 따른 징수금을 납부하게 할 수 있다. 〈신설 2013. 5. 22.〉

1. 「의료법」 제33조제2항을 위반하여 의료기관을 개설할 수 없는 자가 의료인의 면허나 의료법인 등의 명의를 대여받아 개설·운영하는 의료기관

2. 「약사법」 제20조제1항을 위반하여 약국을 개설할 수 없는 자가 약사 등의 면허를 대여받아 개설·운영하는 약국

③ 사용자나 가입자의 거짓 보고나 거짓 증명(제12조제5항을 위반하여 건강보험증이나 신분증명

서를 양도·대여하여 다른 사람이 보험급여를 받게 하는 것을 포함한다) 또는 요양기관의 거짓 진단에 따라 보험급여가 실시된 경우 공단은 이들에게 보험급여를 받은 사람과 연대하여 제1항에 따른 징수금을 내게 할 수 있다. 〈개정 2013. 5. 22., 2018. 12. 11.〉

④ 공단은 속임수나 그 밖의 부당한 방법으로 보험급여를 받은 사람과 같은 세대에 속한 가입자(속임수나 그 밖의 부당한 방법으로 보험급여를 받은 사람이 피부양자인 경우에는 그 직장가입자를 말한다)에게 속임수나 그 밖의 부당한 방법으로 보험급여를 받은 사람과 연대하여 제1항에 따른 징수금을 내게 할 수 있다. 〈개정 2013. 5. 22.〉

⑤ 요양기관이 가입자나 피부양자로부터 속임수나 그 밖의 부당한 방법으로 요양급여비용을 받은 경우 공단은 해당 요양기관으로부터 이를 징수하여 가입자나 피부양자에게 지체 없이 지급하여야 한다. 이 경우 공단은 가입자나 피부양자에게 지급하여야 하는 금액을 그 가입자 및 피부양자가 내야 하는 보험료등과 상계할 수 있다. 〈개정 2013. 5. 22.〉

제57조의2 부당이득 징수금 체납자의 인적사항등 공개

① 공단은 제57조제2항 각 호의 어느 하나에 해당하여 같은 조 제1항 및 제2항에 따라 징수금을 납부할 의무가 있는 요양기관 또는 요양기관을 개설한 자가 제79조제1항에 따라 납입 고지 문서에 기재된 납부기한의 다음 날부터 1년이 경과한 징수금을 1억원 이상 체납한 경우 징수금 발생의 원인이 되는 위반행위, 체납자의 인적사항 및 체납액 등 대통령령으로 정하는 사항(이하 이 조에서 "인적사항등"이라 한다)을 공개할 수 있다. 다만, 체납된 징수금과 관련하여 제87조에 따른 이의신청, 제88조에 따른 심판청구가 제기되거나 행정소송이 계류 중인 경우 또는 그 밖에 체납된 금액의 일부 납부 등 대통령령으로 정하는 사유가 있는 경우에는 그러하지 아니하다.

② 제1항에 따른 인적사항등의 공개 여부를 심의하기 위하여 공단에 부당이득징수금체납정보공개심의위원회를 둔다.

③ 공단은 부당이득징수금체납정보공개심의위원회의 심의를 거친 인적사항등의 공개대상자에게 공개대상자임을 서면으로 통지하여 소명의 기회를 부여하여야 하며, 통지일부터 6개월이 경과한 후 체납자의 납부이행 등을 고려하여 공개대상자를 선정한다.

④ 제1항에 따른 인적사항등의 공개는 관보에 게재하거나 공단 인터넷 홈페이지에 게시하는 방법으로 한다.

⑤ 제1항부터 제4항까지에서 규정한 사항 외에 인적사항등의 공개 절차 및 부당이득징수금체납정보공개심의위원회의 구성·운영 등에 필요한 사항은 대통령령으로 정한다.

[본조신설 2019. 12. 3.]

제58조 구상권

① 공단은 제3자의 행위로 보험급여사유가 생겨 가입자 또는 피부양자에게 보험급여를 한 경우에는 그 급여에 들어간 비용 한도에서 그 제3자에게 손해배상을 청구할 권리를 얻는다.

② 제1항에 따라 보험급여를 받은 사람이 제3자로부터 이미 손해배상을 받은 경우에는 공단은 그 배상액 한도에서 보험급여를 하지 아니한다.

제59조 수급권 보호

①보험급여를 받을 권리는 양도하거나 압류할 수 없다. 〈개정 2014. 5. 20.〉

② 제56조의2제1항에 따라 요양비등수급계좌에 입금된 요양비등은 압류할 수 없다.

〈신설 2014. 5. 20.〉

제60조 현역병 등에 대한 요양급여비용 등의 지급

① 공단은 제54조제3호 및 제4호에 해당하는 사람이 요양기관에서 대통령령으로 정하는 치료 등(이하 이 조에서 "요양급여"라 한다)을 받은 경우 그에 따라 공단이 부담하는 비용(이하 이 조에서 "요양급여비용"이라 한다)과 제49조에 따른 요양비를 법무부장관 · 국방부장관 · 경찰청장 · 소방청장 또는 해양경찰청장으로부터 예탁 받아 지급할 수 있다. 이 경우 법무부장관 · 국방부장관 · 경찰청장 · 소방청장 또는 해양경찰청장은 예산상 불가피한 경우 외에는 연간(年間) 들어갈 것으로 예상되는 요양급여비용과 요양비를 대통령령으로 정하는 바에 따라 미리 공단에 예탁하여야 한다. 〈개정 2014. 11. 19., 2017. 7. 26., 2018. 12. 11.〉

② 요양급여, 요양급여비용 및 요양비 등에 관한 사항은 제41조, 제41조의4, 제42조, 제42조의2, 제44조부터 제47조까지, 제47조의2, 제48조, 제49조, 제55조, 제56조, 제56조의2 및 제59조제2항을 준용한다. 〈개정 2016. 3. 22., 2018. 12. 11.〉

[제목개정 2018. 12. 11.]

제61조 요양급여비용의 정산

공단은 「산업재해보상보험법」 제10조에 따른 근로복지공단이 이 법에 따라 요양급여를 받을 수 있는 사람에게 「산업재해보상보험법」 제40조에 따른 요양급여를 지급한 후 그 지급결정이 취소되어 해당 요양급여의 비용을 청구하는 경우에는 그 요양급여가 이 법에 따라 실시할 수 있는 요양급여에 상당한 것으로 인정되면 그 요양급여에 해당하는 금액을 지급할 수 있다.

제5장 건강보험심사평가원

제62조 설립

요양급여비용을 심사하고 요양급여의 적정성을 평가하기 위하여 건강보험심사평가원을 설립한다.

제63조 업무 등

① 심사평가원은 다음 각 호의 업무를 관장한다.

1. 요양급여비용의 심사
2. 요양급여의 적정성 평가
3. 심사기준 및 평가기준의 개발
4. 제1호부터 제3호까지의 규정에 따른 업무와 관련된 조사연구 및 국제협력
5. 다른 법률에 따라 지급되는 급여비용의 심사 또는 의료의 적정성 평가에 관하여 위탁받은 업무
6. 건강보험과 관련하여 보건복지부장관이 필요하다고 인정한 업무
7. 그 밖에 보험급여 비용의 심사와 보험급여의 적정성 평가와 관련하여 대통령령으로 정하는 업무

② 제1항제2호 및 제7호에 따른 요양급여 등의 적정성 평가의 기준·절차·방법 등에 필요한 사항은 보건복지부장관이 정하여 고시한다.

제64조 법인격 등

① 심사평가원은 법인으로 한다.
② 심사평가원은 주된 사무소의 소재지에서 설립등기를 함으로써 성립한다.

제65조 임원

① 심사평가원에 임원으로서 원장, 이사 15명 및 감사 1명을 둔다. 이 경우 원장, 이사 중 4명 및 감사는 상임으로 한다. 〈개정 2016. 2. 3.〉
② 원장은 임원추천위원회가 복수로 추천한 사람 중에서 보건복지부장관의 제청으로 대통령이 임명한다.

③ 상임이사는 보건복지부령으로 정하는 추천 절차를 거쳐 원장이 임명한다.

④ 비상임이사는 다음 각 호의 사람 중에서 10명과 대통령령으로 정하는 바에 따라 추천한 관계 공무원 1명을 보건복지부장관이 임명한다.

   1. 공단이 추천하는 1명

   2. 의약관계단체가 추천하는 5명

   3. 노동조합 · 사용자단체 · 소비자단체 및 농어업인단체가 추천하는 각 1명

⑤ 감사는 임원추천위원회가 복수로 추천한 사람 중에서 기획재정부장관의 제청으로 대통령이 임명한다.

⑥ 제4항에 따른 비상임이사는 정관으로 정하는 바에 따라 실비변상을 받을 수 있다.

⑦ 원장의 임기는 3년, 이사(공무원인 이사는 제외한다)와 감사의 임기는 각각 2년으로 한다.

제66조 진료심사평가위원회

① 심사평가원의 업무를 효율적으로 수행하기 위하여 심사평가원에 진료심사평가위원회(이하 "심사위원회"라 한다)를 둔다.

② 심사위원회는 위원장을 포함하여 90명 이내의 상근 심사위원과 1천명 이내의 비상근 심사위원으로 구성하며, 진료과목별 분과위원회를 둘 수 있다.   〈개정 2016. 2. 3.〉

③ 제2항에 따른 상근 심사위원은 심사평가원의 원장이 보건복지부령으로 정하는 사람 중에서 임명한다.

④ 제2항에 따른 비상근 심사위원은 심사평가원의 원장이 보건복지부령으로 정하는 사람 중에서 위촉한다.

⑤ 심사평가원의 원장은 심사위원이 다음 각 호의 어느 하나에 해당하면 그 심사위원을 해임 또는 해촉할 수 있다.

   1. 신체장애나 정신장애로 직무를 수행할 수 없다고 인정되는 경우

   2. 직무상 의무를 위반하거나 직무를 게을리한 경우

   3. 고의나 중대한 과실로 심사평가원에 손실이 생기게 한 경우

   4. 직무 여부와 관계없이 품위를 손상하는 행위를 한 경우

⑥ 제1항부터 제5항까지에서 규정한 사항 외에 심사위원회 위원의 자격 · 임기 및 심사위원회의 구성 · 운영 등에 필요한 사항은 보건복지부령으로 정한다.

제67조 자금의 조달 등

① 심사평가원은 제63조제1항에 따른 업무(같은 항 제5호에 따른 업무는 제외한다)를 하기 위하여

공단으로부터 부담금을 징수할 수 있다.

② 심사평가원은 제63조제1항제5호에 따라 급여비용의 심사 또는 의료의 적정성 평가에 관한 업무를 위탁받은 경우에는 위탁자로부터 수수료를 받을 수 있다.

③ 제1항과 제2항에 따른 부담금 및 수수료의 금액·징수 방법 등에 필요한 사항은 보건복지부령으로 정한다.

제68조 준용 규정

심사평가원에 관하여 제14조제3항·제4항, 제16조, 제17조(같은 조 제1항제6호 및 제7호는 제외한다), 제18조, 제19조, 제22조부터 제32조까지, 제35조제1항, 제36조, 제37조, 제39조 및 제40조를 준용한다. 이 경우 "공단"은 "심사평가원"으로, "이사장"은 "원장"으로 본다. 〈개정 2013. 5. 22.〉

제6장 보험료

제69조 보험료

① 공단은 건강보험사업에 드는 비용에 충당하기 위하여 제77조에 따른 보험료의 납부의무자로부터 보험료를 징수한다.

② 제1항에 따른 보험료는 가입자의 자격을 취득한 날이 속하는 달의 다음 달부터 가입자의 자격을 잃은 날의 전날이 속하는 달까지 징수한다. 다만, 가입자의 자격을 매월 1일에 취득한 경우 또는 제5조제1항제2호가목에 따른 건강보험 적용 신청으로 가입자의 자격을 취득하는 경우에는 그 달부터 징수한다. 〈개정 2019. 12. 3.〉

③ 제1항 및 제2항에 따라 보험료를 징수할 때 가입자의 자격이 변동된 경우에는 변동된 날이 속하는 달의 보험료는 변동되기 전의 자격을 기준으로 징수한다. 다만, 가입자의 자격이 매월 1일에 변동된 경우에는 변동된 자격을 기준으로 징수한다.

④ 직장가입자의 월별 보험료액은 다음 각 호에 따라 산정한 금액으로 한다. 〈개정 2017. 4. 18.〉

1. 보수월액보험료: 제70조에 따라 산정한 보수월액에 제73조제1항 또는 제2항에 따른 보험료율을 곱하여 얻은 금액

2. 소득월액보험료: 제71조에 따라 산정한 소득월액에 제73조제1항 또는 제2항에 따른 보험

료율을 곱하여 얻은 금액

⑤ 지역가입자의 월별 보험료액은 세대 단위로 산정하되, 지역가입자가 속한 세대의 월별 보험료액은 제72조에 따라 산정한 보험료부과점수에 제73조제3항에 따른 보험료부과점수당 금액을 곱한 금액으로 한다.

⑥ 제4항 및 제5항에 따른 월별 보험료액은 가입자의 보험료 평균액의 일정비율에 해당하는 금액을 고려하여 대통령령으로 정하는 기준에 따라 상한 및 하한을 정한다. 〈신설 2017. 4. 18.〉

제70조 보수월액

① 제69조제4항제1호에 따른 직장가입자의 보수월액은 직장가입자가 지급받는 보수를 기준으로 하여 산정한다. 〈개정 2017. 4. 18.〉

② 휴직이나 그 밖의 사유로 보수의 전부 또는 일부가 지급되지 아니하는 가입자(이하 "휴직자등"이라 한다)의 보수월액보험료는 해당 사유가 생기기 전 달의 보수월액을 기준으로 산정한다.

③ 제1항에 따른 보수는 근로자등이 근로를 제공하고 사용자·국가 또는 지방자치단체로부터 지급받는 금품(실비변상적인 성격을 갖는 금품은 제외한다)으로서 대통령령으로 정하는 것을 말한다. 이 경우 보수 관련 자료가 없거나 불명확한 경우 등 대통령령으로 정하는 사유에 해당하면 보건복지부장관이 정하여 고시하는 금액을 보수로 본다.

④ 제1항에 따른 보수월액의 산정 및 보수가 지급되지 아니하는 사용자의 보수월액의 산정 등에 필요한 사항은 대통령령으로 정한다.

제71조 소득월액

① 소득월액은 제70조에 따른 보수월액의 산정에 포함된 보수를 제외한 직장가입자의 소득(이하 "보수외소득"이라 한다)이 대통령령으로 정하는 금액을 초과하는 경우 다음의 계산식에 따라 산정한다. 〈개정 2017. 4. 18.〉

② 소득월액을 산정하는 기준, 방법 등 소득월액의 산정에 필요한 사항은 대통령령으로 정한다.

제72조 보험료부과점

① 제69조제5항에 따른 보험료부과점수는 지역가입자의 소득 및 재산을 기준으로 산정한다. 다만, 대통령령으로 정하는 지역가입자가 실제 거주를 목적으로 대통령령으로 정하는 기준 이하의 주택을 구입 또는 임차하기 위하여 「금융실명거래 및 비밀보장에 관한 법률」 제2조제1호에 따른 금융회사등(이하 "금융회사등"이라 한다)으로부터 대출을 받고 그 사실을 공단에 통보하는 경우에는 해당 대출금액을 대통령령으로 정하는 바에 따라 평가하여 보험료부과점수 산정

시 제외한다.　　　　　　　　　　　　　　　　　　　　　〈개정 2017. 4. 18., 2019. 12. 3.〉

② 제1항에 따라 보험료부과점수의 산정방법과 산정기준을 정할 때 법령에 따라 재산권의 행사가 제한되는 재산에 대하여는 다른 재산과 달리 정할 수 있다.

③ 지역가입자는 제1항 단서에 따라 공단에 통보할 때 「금융실명거래 및 비밀보장에 관한 법률」 제2조제2호에 따른 금융자산, 같은 조 제3호에 따른 금융거래의 내용에 대한 자료ㆍ정보 중 대출금액, 그 밖에 대통령령으로 정하는 자료ㆍ정보(이하 "금융정보"라 한다)를 공단에 제출하여야 하며, 제1항 단서에 따른 보험료부과점수 산정을 위하여 필요한 금융정보를 공단에 제공하는 것에 대하여 동의한다는 서면을 함께 제출하여야 한다.　　　　　　　〈신설 2019. 12. 3.〉

④ 제1항 및 제2항에 따른 보험료부과점수의 산정방법ㆍ산정기준 등에 필요한 사항은 대통령령으로 정한다.　　　　　　　　　　　　　　　　　　　　　　　〈개정 2019. 12. 3.〉

제72조의2 보험료부과제도개선위원회

① 보험료부과와 관련된 제도 개선을 위하여 보건복지부장관 소속으로 관계 중앙행정기관 소속 공무원 및 민간전문가로 구성된 보험료부과제도개선위원회(이하 "제도개선위원회"라 한다)를 둔다.

② 제도개선위원회는 다음 각 호의 사항을 심의한다.

　1. 가입자의 소득 파악 실태에 관한 조사 및 연구에 관한 사항

　2. 가입자의 소득 파악 및 소득에 대한 보험료 부과 강화를 위한 개선 방안에 관한 사항

　3. 그 밖에 보험료부과와 관련된 제도 개선 사항으로서 위원장이 회의에 부치는 사항

③ 보건복지부장관은 제1항에 따른 제도개선위원회 운영 결과를 국회에 보고하여야 한다.

④ 제도개선위원회의 구성ㆍ운영 등에 관하여 필요한 사항은 대통령령으로 정한다.

[본조신설 2017. 4. 18.]

제72조의3 보험료 부과제도에 대한 적정성 평가

① 보건복지부장관은 제5조에 따른 피부양자 인정기준(이하 이 조에서 "인정기준"이라 한다)과 제69조부터 제72조까지의 규정에 따른 보험료, 보수월액, 소득월액 및 보험료부과점수의 산정 기준 및 방법 등(이하 이 조에서 "산정기준"이라 한다)에 대하여 적정성을 평가하고, 이 법 시행일로부터 4년이 경과한 때 이를 조정하여야 한다.

② 보건복지부장관은 제1항에 따른 적정성 평가를 하는 경우에는 다음 각 호를 종합적으로 고려하여야 한다.

　1. 제72조의2제2항제2호에 따라 제도개선위원회가 심의한 가입자의 소득 파악 현황 및 개선

방안

2. 공단의 소득 관련 자료 보유 현황

3. 「소득세법」 제4조에 따른 종합소득(종합과세되는 종합소득과 분리과세되는 종합소득을 포함한다) 과세 현황

4. 직장가입자에게 부과되는 보험료와 지역가입자에게 부과되는 보험료 간 형평성

5. 제1항에 따른 인정기준 및 산정기준의 조정으로 인한 보험료 변동

6. 그 밖에 적정성 평가 대상이 될 수 있는 사항으로서 보건복지부장관이 정하는 사항

③ 제1항에 따른 적정성 평가의 절차, 방법 및 그 밖에 적정성 평가를 위하여 필요한 사항은 대통령령으로 정한다.

[본조신설 2017. 4. 18.]

제73조 보험료율 등

① 직장가입자의 보험료율은 1천분의 80의 범위에서 심의위원회의 의결을 거쳐 대통령령으로 정한다.

② 국외에서 업무에 종사하고 있는 직장가입자에 대한 보험료율은 제1항에 따라 정해진 보험료율의 100분의 50으로 한다.

③ 지역가입자의 보험료부과점수당 금액은 심의위원회의 의결을 거쳐 대통령령으로 정한다.

제74조 보험료의 면제

① 공단은 직장가입자가 제54조제2호부터 제4호까지의 어느 하나에 해당하는 경우(같은 조 제2호에 해당하는 경우에는 1개월 이상의 기간으로서 대통령령으로 정하는 기간 이상 국외에 체류하는 경우에 한정한다. 이하 이 조에서 같다) 그 가입자의 보험료를 면제한다. 다만, 제54조제2호에 해당하는 직장가입자의 경우에는 국내에 거주하는 피부양자가 없을 때에만 보험료를 면제한다. 〈개정 2020. 4. 7.〉

② 지역가입자가 제54조제2호부터 제4호까지의 어느 하나에 해당하면 그 가입자가 속한 세대의 보험료를 산정할 때 그 가입자의 제72조에 따른 보험료부과점수를 제외한다.

③ 제1항에 따른 보험료의 면제나 제2항에 따라 보험료의 산정에서 제외되는 보험료부과점수에 대하여는 제54조제2호부터 제4호까지의 어느 하나에 해당하는 급여정지 사유가 생긴 날이 속하는 달의 다음 달부터 사유가 없어진 날이 속하는 달까지 적용한다. 다만, 다음 각 호의 어느 하나에 해당하는 경우에는 그 달의 보험료를 면제하지 아니하거나 보험료의 산정에서 보험료부과점수를 제외하지 아니한다. 〈개정 2020. 4. 7.〉

1. 급여정지 사유가 매월 1일에 없어진 경우

2. 제54조제2호에 해당하는 가입자 또는 그 피부양자가 국내에 입국하여 입국일이 속하는 달에 보험급여를 받고 그 달에 출국하는 경우

제75조 보험료의 경감 등

① 다음 각 호의 어느 하나에 해당하는 가입자 중 보건복지부령으로 정하는 가입자에 대하여는 그 가입자 또는 그 가입자가 속한 세대의 보험료의 일부를 경감할 수 있다.

1. 섬 · 벽지(僻地) · 농어촌 등 대통령령으로 정하는 지역에 거주하는 사람

2. 65세 이상인 사람

3. 「장애인복지법」에 따라 등록한 장애인

4. 「국가유공자 등 예우 및 지원에 관한 법률」 제4조제1항제4호, 제6호, 제12호, 제15호 및 제17호에 따른 국가유공자

5. 휴직자

6. 그 밖에 생활이 어렵거나 천재지변 등의 사유로 보험료를 경감할 필요가 있다고 보건복지부장관이 정하여 고시하는 사람

② 제77조에 따른 보험료 납부의무자가 다음 각 호의 어느 하나에 해당하는 경우에는 대통령령으로 정하는 바에 따라 보험료를 감액하는 등 재산상의 이익을 제공할 수 있다.

〈신설 2013. 5. 22., 2019. 4. 23.〉

1. 제79조제2항에 따라 보험료의 납입 고지를 전자문서로 받는 경우

2. 보험료를 계좌 또는 신용카드 자동이체의 방법으로 내는 경우

③ 제1항에 따른 보험료 경감의 방법 · 절차 등에 필요한 사항은 보건복지부장관이 정하여 고시한다.

〈개정 2013. 5. 22.〉

[제목개정 2013. 5. 22.]

제76조 보험료의 부담

① 직장가입자의 보수월액보험료는 직장가입자와 다음 각 호의 구분에 따른 자가 각각 보험료액의 100분의 50씩 부담한다. 다만, 직장가입자가 교직원으로서 사립학교에 근무하는 교원이면 보험료액은 그 직장가입자가 100분의 50을, 제3조제2호다목에 해당하는 사용자가 100분의 30을, 국가가 100분의 20을 각각 부담한다.

〈개정 2014. 1. 1.〉

1. 직장가입자가 근로자인 경우에는 제3조제2호가목에 해당하는 사업주

2. 직장가입자가 공무원인 경우에는 그 공무원이 소속되어 있는 국가 또는 지방자치단체

3. 직장가입자가 교직원(사립학교에 근무하는 교원은 제외한다)인 경우에는 제3조제2호다목에 해당하는 사용자

② 직장가입자의 소득월액보험료는 직장가입자가 부담한다.

③ 지역가입자의 보험료는 그 가입자가 속한 세대의 지역가입자 전원이 연대하여 부담한다.

④ 직장가입자가 교직원인 경우 제3조제2호다목에 해당하는 사용자가 부담액 전부를 부담할 수 없으면 그 부족액을 학교에 속하는 회계에서 부담하게 할 수 있다. 〈신설 2014. 1. 1.〉

제77조 보험료 납부의무

① 직장가입자의 보험료는 다음 각 호의 구분에 따라 그 각 호에서 정한 자가 납부한다.

　1. 보수월액보험료: 사용자. 이 경우 사업장의 사용자가 2명 이상인 때에는 그 사업장의 사용자는 해당 직장가입자의 보험료를 연대하여 납부한다.

　2. 소득월액보험료: 직장가입자

② 지역가입자의 보험료는 그 가입자가 속한 세대의 지역가입자 전원이 연대하여 납부한다. 다만, 소득 및 재산이 없는 미성년자와 소득 및 재산 등을 고려하여 대통령령으로 정하는 기준에 해당하는 미성년자는 납부의무를 부담하지 아니한다. 〈개정 2017. 4. 18.〉

③ 사용자는 보수월액보험료 중 직장가입자가 부담하여야 하는 그 달의 보험료액을 그 보수에서 공제하여 납부하여야 한다. 이 경우 직장가입자에게 공제액을 알려야 한다.

제77조의2 제2차 납부의무

① 법인의 재산으로 그 법인이 납부하여야 하는 보험료, 연체금 및 체납처분비를 충당하여도 부족한 경우에는 해당 법인에게 보험료의 납부의무가 부과된 날 현재의 무한책임사원 또는 과점주주(「국세기본법」 제39조 각 호의 어느 하나에 해당하는 자를 말한다)가 그 부족한 금액에 대하여 제2차 납부의무를 진다. 다만, 과점주주의 경우에는 그 부족한 금액을 그 법인의 발행주식 총수(의결권이 없는 주식은 제외한다) 또는 출자총액으로 나눈 금액에 해당 과점주주가 실질적으로 권리를 행사하는 주식 수(의결권이 없는 주식은 제외한다) 또는 출자액을 곱하여 산출한 금액을 한도로 한다.

② 사업이 양도 · 양수된 경우에 양도일 이전에 양도인에게 납부의무가 부과된 보험료, 연체금 및 체납처분비를 양도인의 재산으로 충당하여도 부족한 경우에는 사업의 양수인이 그 부족한 금액에 대하여 양수한 재산의 가액을 한도로 제2차 납부의무를 진다. 이 경우 양수인의 범위 및 양수한 재산의 가액은 대통령령으로 정한다.

[본조신설 2016. 2. 3.]

제78조 보험료의 납부기한

① 제77조제1항 및 제2항에 따라 보험료 납부의무가 있는 자는 가입자에 대한 그 달의 보험료를 그 다음 달 10일까지 납부하여야 한다. 다만, 직장가입자의 소득월액보험료 및 지역가입자의 보험료는 보건복지부령으로 정하는 바에 따라 분기별로 납부할 수 있다. 〈개정 2013. 5. 22.〉

② 공단은 제1항에도 불구하고 납입 고지의 송달 지연 등 보건복지부령으로 정하는 사유가 있는 경우 납부의무자의 신청에 따라 제1항에 따른 납부기한부터 1개월의 범위에서 납부기한을 연장할 수 있다. 이 경우 납부기한 연장을 신청하는 방법, 절차 등에 필요한 사항은 보건복지부령으로 정한다. 〈신설 2013. 5. 22.〉

제78조의2 가산금

① 사업장의 사용자가 대통령령으로 정하는 사유에 해당되어 직장가입자가 될 수 없는 자를 제8조제2항 또는 제9조제2항을 위반하여 거짓으로 보험자에게 직장가입자로 신고한 경우 공단은 제1호의 금액에서 제2호의 금액을 뺀 금액의 100분의 10에 상당하는 가산금을 그 사용자에게 부과하여 징수한다.

1. 사용자가 직장가입자로 신고한 사람이 직장가입자로 처리된 기간 동안 그 가입자가 제69조제5항에 따라 부담하여야 하는 보험료의 총액

2. 제1호의 기간 동안 공단이 해당 가입자에 대하여 제69조제4항에 따라 산정하여 부과한 보험료의 총액

② 제1항에도 불구하고, 공단은 가산금이 소액이거나 그 밖에 가산금을 징수하는 것이 적절하지 아니하다고 인정되는 등 대통령령으로 정하는 경우에는 징수하지 아니할 수 있다.

[본조신설 2016. 3. 22.]

제79조 보험료등의 납입 고지

① 공단은 보험료등을 징수하려면 그 금액을 결정하여 납부의무자에게 다음 각 호의 사항을 적은 문서로 납입 고지를 하여야 한다.

1. 징수하려는 보험료등의 종류

2. 납부해야 하는 금액

3. 납부기한 및 장소

② 공단은 제1항에 따른 납입 고지를 할 때 납부의무자의 신청이 있으면 전자문서교환방식 등에 의하여 전자문서로 고지할 수 있다. 이 경우 전자문서 고지에 대한 신청 방법 · 절차 등에 필요한 사항은 보건복지부령으로 정한다. 〈개정 2016. 2. 3.〉

③ 공단이 제2항에 따라 전자문서로 고지하는 경우에는 전자문서가 보건복지부령으로 정하는 정보통신망에 저장되거나 납부의무자가 지정한 전자우편주소에 입력된 때에 납입 고지가 그 납부의무자에게 도달된 것으로 본다.

④ 직장가입자의 사용자가 2명 이상인 경우 또는 지역가입자의 세대가 2명 이상으로 구성된 경우 그 중 1명에게 한 고지는 해당 사업장의 다른 사용자 또는 세대 구성원인 다른 지역가입자 모두에게 효력이 있는 것으로 본다.

⑤ 휴직자등의 보험료는 휴직 등의 사유가 끝날 때까지 보건복지부령으로 정하는 바에 따라 납입 고지를 유예할 수 있다.

⑥ 공단은 제77조의2에 따른 제2차 납부의무자에게 납입의 고지를 한 경우에는 해당 법인인 사용자 및 사업 양도인에게 그 사실을 통지하여야 한다. 〈개정 2016. 2. 3.〉

제79조의2 신용카드등으로 하는 보험료등의 납부

① 공단이 납입 고지한 보험료등을 납부하는 자는 보험료등의 납부를 대행할 수 있도록 대통령령으로 정하는 기관 등(이하 이 조에서 "보험료등납부대행기관"이라 한다)을 통하여 신용카드, 직불카드 등(이하 이 조에서 "신용카드등"이라 한다)으로 납부할 수 있다. 〈개정 2017. 2. 8.〉

② 제1항에 따라 신용카드등으로 보험료등을 납부하는 경우에는 보험료등납부대행기관의 승인일을 납부일로 본다.

③ 보험료등납부대행기관은 보험료등의 납부자로부터 보험료등의 납부를 대행하는 대가로 수수료를 받을 수 있다.

④ 보험료등납부대행기관의 지정 및 운영, 수수료 등에 필요한 사항은 대통령령으로 정한다.

[본조신설 2014. 5. 20.]

제80조 연체금

① 공단은 보험료등의 납부의무자가 납부기한까지 보험료등을 내지 아니하면 그 납부기한이 지난 날부터 매 1일이 경과할 때마다 다음 각 호에 해당하는 연체금을 징수한다.

〈개정 2016. 2. 3., 2019. 1. 15.〉

1. 제69조에 따른 보험료 또는 제53조제3항에 따른 보험급여 제한 기간 중 받은 보험급여에 대한 징수금을 체납한 경우: 해당 체납금액의 1천500분의 1에 해당하는 금액. 이 경우 연체금은 해당 체납금액의 1천분의 20을 넘지 못한다.

2. 제1호 외에 이 법에 따른 징수금을 체납한 경우: 해당 체납금액의 1천분의 1에 해당하는 금액. 이 경우 연체금은 해당 체납금액의 1천분의 30을 넘지 못한다.

② 공단은 보험료등의 납부의무자가 체납된 보험료등을 내지 아니하면 납부기한 후 30일이 지난 날부터 매 1일이 경과할 때마다 다음 각 호에 해당하는 연체금을 제1항에 따른 연체금에 더하여 징수한다. 〈개정 2016. 2. 3., 2019. 1. 15.〉

1. 제69조에 따른 보험료 또는 제53조제3항에 따른 보험급여 제한 기간 중 받은 보험급여에 대한 징수금을 체납한 경우: 해당 체납금액의 6천분의 1에 해당하는 금액. 이 경우 연체금은 해당 체납금액의 1천분의 50을 넘지 못한다.

2. 제1호 외에 이 법에 따른 징수금을 체납한 경우: 해당 체납금액의 3천분의 1에 해당하는 금액. 이 경우 연체금은 해당 체납금액의 1천분의 90을 넘지 못한다.

③ 공단은 제1항 및 제2항에도 불구하고 천재지변이나 그 밖에 보건복지부령으로 정하는 부득이한 사유가 있으면 제1항 및 제2항에 따른 연체금을 징수하지 아니할 수 있다.

제81조 보험료등의 독촉 및 체납처분

① 공단은 제57조, 제77조, 제77조의2, 제78조의2 및 제101조에 따라 보험료등을 내야 하는 자가 보험료등을 내지 아니하면 기한을 정하여 독촉할 수 있다. 이 경우 직장가입자의 사용자가 2명 이상인 경우 또는 지역가입자의 세대가 2명 이상으로 구성된 경우에는 그 중 1명에게 한 독촉은 해당 사업장의 다른 사용자 또는 세대 구성원인 다른 지역가입자 모두에게 효력이 있는 것으로 본다. 〈개정 2016. 2. 3., 2016. 3. 22.〉

② 제1항에 따라 독촉할 때에는 10일 이상 15일 이내의 납부기한을 정하여 독촉장을 발부하여야 한다.

③ 공단은 제1항에 따른 독촉을 받은 자가 그 납부기한까지 보험료등을 내지 아니하면 보건복지부장관의 승인을 받아 국세 체납처분의 예에 따라 이를 징수할 수 있다.

④ 공단은 제3항에 따라 체납처분을 하기 전에 보험료등의 체납 내역, 압류 가능한 재산의 종류, 압류 예정 사실 및 「국세징수법」 제31조제14호에 따른 소액금융재산에 대한 압류금지 사실 등이 포함된 통보서를 발송하여야 한다. 다만, 법인 해산 등 긴급히 체납처분을 할 필요가 있는 경우로서 대통령령으로 정하는 경우에는 그러하지 아니하다. 〈신설 2018. 3. 27.〉

⑤ 공단은 제3항에 따른 국세 체납처분의 예에 따라 압류한 재산의 공매에 대하여 전문지식이 필요하거나 그 밖에 특수한 사정으로 직접 공매하는 것이 적당하지 아니하다고 인정하는 경우에는 「한국자산관리공사 설립 등에 관한 법률」에 따라 설립된 한국자산관리공사(이하 "한국자산관리공사"라 한다)에 공매를 대행하게 할 수 있다. 이 경우 공매는 공단이 한 것으로 본다. 〈개정 2018. 3. 27., 2019. 11. 26.〉

⑥ 공단은 제5항에 따라 한국자산관리공사가 공매를 대행하면 보건복지부령으로 정하는 바에 따

라 수수료를 지급할 수 있다. 〈개정 2018. 3. 27.〉

제81조의2 체납 또는 결손처분 자료의 제공

① 공단은 보험료 징수 또는 공익목적을 위하여 필요한 경우에 「신용정보의 이용 및 보호에 관한 법률」 제25조제2항제1호의 종합신용정보집중기관이 다음 각 호의 어느 하나에 해당하는 체납자 또는 결손처분자의 인적사항·체납액 또는 결손처분액에 관한 자료(이하 이 조에서 "체납등 자료"라 한다)를 요구할 때에는 그 자료를 제공할 수 있다. 다만, 체납된 보험료나 이 법에 따른 그 밖의 징수금과 관련하여 행정심판 또는 행정소송이 계류 중인 경우, 그 밖에 대통령령으로 정하는 사유가 있을 때에는 그러하지 아니하다.

1. 이 법에 따른 납부기한의 다음 날부터 1년이 지난 보험료, 이 법에 따른 그 밖의 징수금과 체납처분비의 총액이 500만원 이상인 자

2. 제84조에 따라 결손처분한 금액의 총액이 500만원 이상인 자

② 체납등 자료의 제공절차에 필요한 사항은 대통령령으로 정한다.

③ 제1항에 따라 체납등 자료를 제공받은 자는 이를 업무 외의 목적으로 누설하거나 이용하여서는 아니 된다.

[본조신설 2013. 5. 22.]

제81조의3 보험료의 납부증명

① 제77조에 따른 보험료의 납부의무자(이하 이 조에서 "납부의무자"라 한다)는 국가, 지방자치단체 또는 「공공기관의 운영에 관한 법률」 제4조에 따른 공공기관(이하 이 조에서 "공공기관"이라 한다)으로부터 공사·제조·구매·용역 등 대통령령으로 정하는 계약의 대가를 지급받는 경우에는 보험료와 그에 따른 연체금 및 체납처분비의 납부사실을 증명하여야 한다. 다만, 납부의무자가 계약대금의 전부 또는 일부를 체납한 보험료로 납부하려는 경우 등 대통령령으로 정하는 경우에는 그러하지 아니하다.

② 납부의무자가 제1항에 따라 납부사실을 증명하여야 할 경우 제1항의 계약을 담당하는 주무관서 또는 공공기관은 납부의무자의 동의를 받아 공단에 조회하여 보험료와 그에 따른 연체금 및 체납처분비의 납부여부를 확인하는 것으로 제1항에 따른 납부증명을 갈음할 수 있다.

[본조신설 2016. 2. 3.]

제81조의4 서류의 송달

제79조 및 제81조에 관한 서류의 송달에 관하여는 「국세기본법」 제8조(같은 조 제2항 단서는 제

외한다)부터 제12조까지의 규정을 준용한다. 다만, 우편송달에 의하는 경우 그 방법은 대통령령으로 정하는 바에 따른다.

[본조신설 2019. 4. 23.]

제82조 체납보험료의 분할납부

① 공단은 보험료를 3회 이상 체납한 자가 신청하는 경우 보건복지부령으로 정하는 바에 따라 분할납부를 승인할 수 있다. 〈개정 2018. 3. 27.〉

② 공단은 보험료를 3회 이상 체납한 자에 대하여 제81조제3항에 따른 체납처분을 하기 전에 제1항에 따른 분할납부를 신청할 수 있음을 알리고, 보건복지부령으로 정하는 바에 따라 분할납부 신청의 절차 · 방법 등에 관한 사항을 안내하여야 한다. 〈신설 2018. 3. 27.〉

③ 공단은 제1항에 따라 분할납부 승인을 받은 자가 정당한 사유 없이 5회(제1항에 따라 승인받은 분할납부 횟수가 5회 미만인 경우에는 해당 분할납부 횟수를 말한다) 이상 그 승인된 보험료를 납부하지 아니하면 그 분할납부의 승인을 취소한다. 〈개정 2018. 3. 27., 2019. 4. 23.〉

④ 분할납부의 승인과 취소에 관한 절차 · 방법 · 기준 등에 필요한 사항은 보건복지부령으로 정한다. 〈개정 2018. 3. 27.〉

제83조 고액 · 상습체납자의 인적사항 공개

① 공단은 이 법에 따른 납부기한의 다음 날부터 1년이 경과한 보험료, 연체금과 체납처분비(제84조에 따라 결손처분한 보험료, 연체금과 체납처분비로서 징수권 소멸시효가 완성되지 아니한 것을 포함한다)의 총액이 1천만원 이상인 체납자가 납부능력이 있음에도 불구하고 체납한 경우 그 인적사항 · 체납액 등(이하 이 조에서 "인적사항등"이라 한다)을 공개할 수 있다. 다만, 체납된 보험료, 연체금과 체납처분비와 관련하여 제87조에 따른 이의신청, 제88조에 따른 심판청구가 제기되거나 행정소송이 계류 중인 경우 또는 그 밖에 체납된 금액의 일부 납부 등 대통령령으로 정하는 사유가 있는 경우에는 그러하지 아니하다. 〈개정 2019. 4. 23.〉

② 제1항에 따른 체납자의 인적사항등에 대한 공개 여부를 심의하기 위하여 공단에 보험료정보공개심의위원회를 둔다.

③ 공단은 보험료정보공개심의위원회의 심의를 거친 인적사항등의 공개대상자에게 공개대상자임을 서면으로 통지하여 소명의 기회를 부여하여야 하며, 통지일부터 6개월이 경과한 후 체납액의 납부이행 등을 감안하여 공개대상자를 선정한다.

④ 제1항에 따른 체납자 인적사항등의 공개는 관보에 게재하거나 공단 인터넷 홈페이지에 게시하는 방법에 따른다.

⑤ 제1항부터 제4항까지의 규정에 따른 체납자 인적사항등의 공개와 관련한 납부능력의 기준, 공개절차 및 위원회의 구성·운영 등에 필요한 사항은 대통령령으로 정한다.

제84조 결손처분

① 공단은 다음 각 호의 어느 하나에 해당하는 사유가 있으면 재정운영위원회의 의결을 받아 보험료등을 결손처분할 수 있다.

1. 체납처분이 끝나고 체납액에 충당될 배분금액이 그 체납액에 미치지 못하는 경우
2. 해당 권리에 대한 소멸시효가 완성된 경우
3. 그 밖에 징수할 가능성이 없다고 인정되는 경우로서 대통령령으로 정하는 경우

② 공단은 제1항제3호에 따라 결손처분을 한 후 압류할 수 있는 다른 재산이 있는 것을 발견한 때에는 지체 없이 그 처분을 취소하고 체납처분을 하여야 한다.

제85조 보험료등의 징수 순위

보험료등은 국세와 지방세를 제외한 다른 채권에 우선하여 징수한다. 다만, 보험료등의 납부기한 전에 전세권·질권·저당권 또는 「동산·채권 등의 담보에 관한 법률」에 따른 담보권의 설정을 등기 또는 등록한 사실이 증명되는 재산을 매각할 때에 그 매각대금 중에서 보험료등을 징수하는 경우 그 전세권·질권·저당권 또는 「동산·채권 등의 담보에 관한 법률」에 따른 담보권으로 담보된 채권에 대하여는 그러하지 아니하다.

제86조 보험료등의 충당과 환급

① 공단은 납부의무자가 보험료등·연체금 또는 체납처분비로 낸 금액 중 과오납부(過誤納付)한 금액이 있으면 대통령령으로 정하는 바에 따라 그 과오납금을 보험료등·연체금 또는 체납처분비에 우선 충당하여야 한다.　　　　　　　　　　　　　　　　　　〈개정 2019. 12. 3.〉

② 공단은 제1항에 따라 충당하고 남은 금액이 있는 경우 대통령령으로 정하는 바에 따라 납부의무자에게 환급하여야 한다.　　　　　　　　　　　　　　　　　　〈개정 2019. 12. 3.〉

③ 제1항 및 제2항의 경우 과오납금에 대통령령으로 정하는 이자를 가산하여야 한다.
　　　　　　　　　　　　　　　　　　　　　　　　　　　　　〈신설 2019. 12. 3.〉

제87조 이의신청

① 가입자 및 피부양자의 자격, 보험료등, 보험급여, 보험급여 비용에 관한 공단의 처분에 이의가 있는 자는 공단에 이의신청을 할 수 있다.

② 요양급여비용 및 요양급여의 적정성 평가 등에 관한 심사평가원의 처분에 이의가 있는 공단, 요양기관 또는 그 밖의 자는 심사평가원에 이의신청을 할 수 있다.

③ 제1항 및 제2항에 따른 이의신청(이하 "이의신청"이라 한다)은 처분이 있음을 안 날부터 90일 이내에 문서(전자문서를 포함한다)로 하여야 하며 처분이 있은 날부터 180일을 지나면 제기하지 못한다. 다만, 정당한 사유로 그 기간에 이의신청을 할 수 없었음을 소명한 경우에는 그러하지 아니하다.

④ 제3항 본문에도 불구하고 요양기관이 제48조에 따른 심사평가원의 확인에 대하여 이의신청을 하려면 같은 조 제2항에 따라 통보받은 날부터 30일 이내에 하여야 한다.

⑤ 제1항부터 제4항까지에서 규정한 사항 외에 이의신청의 방법·결정 및 그 결정의 통지 등에 필요한 사항은 대통령령으로 정한다.

제88조 심판청구

① 이의신청에 대한 결정에 불복하는 자는 제89조에 따른 건강보험분쟁조정위원회에 심판청구를 할 수 있다. 이 경우 심판청구의 제기기간 및 제기방법에 관하여는 제87조제3항을 준용한다.

② 제1항에 따라 심판청구를 하려는 자는 대통령령으로 정하는 심판청구서를 제87조제1항 또는 제2항에 따른 처분을 한 공단 또는 심사평가원에 제출하거나 제89조에 따른 건강보험분쟁조정위원회에 제출하여야 한다.

③ 제1항 및 제2항에서 규정한 사항 외에 심판청구의 절차·방법·결정 및 그 결정의 통지 등에 필요한 사항은 대통령령으로 정한다.

제89조 건강보험분쟁조정위원회

① 제88조에 따른 심판청구를 심리·의결하기 위하여 보건복지부에 건강보험분쟁조정위원회(이하 "분쟁조정위원회"라 한다)를 둔다.

② 분쟁조정위원회는 위원장을 포함하여 60명 이내의 위원으로 구성하고, 위원장을 제외한 위원

중 1명은 당연직위원으로 한다. 이 경우 공무원이 아닌 위원이 전체 위원의 과반수가 되도록 하여야 한다. 〈개정 2014. 1. 1., 2018. 12. 11.〉

③ 분쟁조정위원회의 회의는 위원장, 당연직위원 및 위원장이 매 회의마다 지정하는 7명의 위원을 포함하여 총 9명으로 구성하되, 공무원이 아닌 위원이 과반수가 되도록 하여야 한다. 〈개정 2018. 12. 11.〉

④ 분쟁조정위원회는 제3항에 따른 구성원 과반수의 출석과 출석위원 과반수의 찬성으로 의결한다.

⑤ 분쟁조정위원회를 실무적으로 지원하기 위하여 분쟁조정위원회에 사무국을 둔다. 〈신설 2014. 1. 1.〉

⑥ 제1항부터 제5항까지에서 규정한 사항 외에 분쟁조정위원회 및 사무국의 구성 및 운영 등에 필요한 사항은 대통령령으로 정한다. 〈개정 2014. 1. 1.〉

⑦ 분쟁조정위원회의 위원 중 공무원이 아닌 사람은 「형법」 제129조부터 제132조까지의 규정을 적용할 때 공무원으로 본다. 〈신설 2016. 2. 3.〉

제90조 행정소송

공단 또는 심사평가원의 처분에 이의가 있는 자와 제87조에 따른 이의신청 또는 제88조에 따른 심판청구에 대한 결정에 불복하는 자는 「행정소송법」에서 정하는 바에 따라 행정소송을 제기할 수 있다.

제8장 보 칙

제91조 시효

① 다음 각 호의 권리는 3년 동안 행사하지 아니하면 소멸시효가 완성된다. 〈개정 2016. 3. 22.〉

1. 보험료, 연체금 및 가산금을 징수할 권리
2. 보험료, 연체금 및 가산금으로 과오납부한 금액을 환급받을 권리
3. 보험급여를 받을 권리
4. 보험급여 비용을 받을 권리

5. 제47조제3항 후단에 따라 과다납부된 본인일부부담금을 돌려받을 권리

6. 제61조에 따른 근로복지공단의 권리

② 제1항에 따른 시효는 다음 각 호의 어느 하나의 사유로 중단된다.

  1. 보험료의 고지 또는 독촉

  2. 보험급여 또는 보험급여 비용의 청구

③ 휴직자등의 보수월액보험료를 징수할 권리의 소멸시효는 제79조제5항에 따라 고지가 유예된 경우 휴직 등의 사유가 끝날 때까지 진행하지 아니한다.

④ 제1항에 따른 소멸시효기간, 제2항에 따른 시효 중단 및 제3항에 따른 시효 정지에 관하여 이 법에서 정한 사항 외에는 「민법」에 따른다.

제92조 기간 계산

이 법이나 이 법에 따른 명령에 규정된 기간의 계산에 관하여 이 법에서 정한 사항 외에는 「민법」의 기간에 관한 규정을 준용한다.

제93조 근로자의 권익 보호

제6조제2항 각 호의 어느 하나에 해당하지 아니하는 모든 사업장의 근로자를 고용하는 사용자는 그가 고용한 근로자가 이 법에 따른 직장가입자가 되는 것을 방해하거나 자신이 부담하는 부담금이 증가되는 것을 피할 목적으로 정당한 사유 없이 근로자의 승급 또는 임금 인상을 하지 아니하거나 해고나 그 밖의 불리한 조치를 할 수 없다.

제94조 신고 등

① 공단은 사용자, 직장가입자 및 세대주에게 다음 각 호의 사항을 신고하게 하거나 관계 서류(전자적 방법으로 기록된 것을 포함한다. 이하 같다)를 제출하게 할 수 있다. 〈개정 2013. 5. 22.〉

  1. 가입자의 거주지 변경

  2. 가입자의 보수 · 소득

  3. 그 밖에 건강보험사업을 위하여 필요한 사항

② 공단은 제1항에 따라 신고한 사항이나 제출받은 자료에 대하여 사실 여부를 확인할 필요가 있으면 소속 직원이 해당 사항에 관하여 조사하게 할 수 있다.

③ 제2항에 따라 조사를 하는 소속 직원은 그 권한을 표시하는 증표를 지니고 관계인에게 보여주어야 한다.

제95조 소득 축소 · 탈루 자료의 송부 등

① 공단은 제94조제1항에 따라 신고한 보수 또는 소득 등에 축소 또는 탈루(脫漏)가 있다고 인정하는 경우에는 보건복지부장관을 거쳐 소득의 축소 또는 탈루에 관한 사항을 문서로 국세청장에게 송부할 수 있다.

② 국세청장은 제1항에 따라 송부받은 사항에 대하여 「국세기본법」 등 관련 법률에 따른 세무조사를 하면 그 조사 결과 중 보수 · 소득에 관한 사항을 공단에 송부하여야 한다.

③ 제1항 및 제2항에 따른 송부 절차 등에 필요한 사항은 대통령령으로 정한다.

제96조 자료의 제공

① 공단은 국가, 지방자치단체, 요양기관, 「보험업법」에 따른 보험회사 및 보험료율 산출 기관, 「공공기관의 운영에 관한 법률」에 따른 공공기관, 그 밖의 공공단체 등에 대하여 다음 각 호의 업무를 수행하기 위하여 주민등록 · 가족관계등록 · 국세 · 지방세 · 토지 · 건물 · 출입국관리 등의 자료로서 대통령령으로 정하는 자료를 제공하도록 요청할 수 있다. 〈개정 2014. 5. 20.〉

1. 가입자 및 피부양자의 자격 관리, 보험료의 부과 · 징수, 보험급여의 관리 등 건강보험사업의 수행

2. 제14조제1항제11호에 따른 업무의 수행

② 심사평가원은 국가, 지방자치단체, 요양기관, 「보험업법」에 따른 보험회사 및 보험료율 산출 기관, 「공공기관의 운영에 관한 법률」에 따른 공공기관, 그 밖의 공공단체 등에 대하여 요양급여비용을 심사하고 요양급여의 적정성을 평가하기 위하여 주민등록 · 출입국관리 · 진료기록 · 의약품공급 등의 자료로서 대통령령으로 정하는 자료를 제공하도록 요청할 수 있다.

〈개정 2014. 5. 20.〉

③ 보건복지부장관은 관계 행정기관의 장에게 제41조의2에 따른 약제에 대한 요양급여비용 상한금액의 감액 및 요양급여의 적용 정지를 위하여 필요한 자료를 제공하도록 요청할 수 있다.

〈신설 2018. 3. 27.〉

④ 제1항부터 제3항까지의 규정에 따라 자료 제공을 요청받은 자는 성실히 이에 따라야 한다.

〈개정 2018. 3. 27.〉

⑤ 공단 또는 심사평가원은 요양기관, 「보험업법」에 따른 보험회사 및 보험료율 산출 기관에 제1항 또는 제2항에 따른 자료의 제공을 요청하는 경우 자료 제공 요청 근거 및 사유, 자료 제공 대상자, 대상기간, 자료 제공 기한, 제출 자료 등이 기재된 자료제공요청서를 발송하여야 한다.

〈신설 2016. 3. 22., 2018. 3. 27.〉

⑥ 제1항 및 제2항에 따른 국가, 지방자치단체, 요양기관, 「보험업법」에 따른 보험료율 산출 기

관 그 밖의 공공기관 및 공공단체가 공단 또는 심사평가원에 제공하는 자료에 대하여는 사용료와 수수료 등을 면제한다. 〈개정 2016. 3. 22., 2018. 3. 27.〉

제96조의2 금융정보의 제공 등

① 공단은 제72조제1항 단서에 따른 지역가입자의 보험료부과점수 산정을 위하여 필요한 경우 「금융실명거래 및 비밀보장에 관한 법률」 제4조제1항에도 불구하고 지역가입자가 제72조제3항에 따라 제출한 동의 서면을 전자적 형태로 바꾼 문서에 의하여 금융회사등의 장에게 금융정보를 제공하도록 요청할 수 있다.

② 제1항에 따라 금융정보의 제공을 요청받은 금융회사등의 장은 「금융실명거래 및 비밀보장에 관한 법률」 제4조에도 불구하고 명의인의 금융정보를 제공하여야 한다.

③ 제2항에 따라 금융정보를 제공한 금융회사등의 장은 금융정보의 제공 사실을 명의인에게 통보하여야 한다. 다만, 명의인이 동의한 경우에는 「금융실명거래 및 비밀보장에 관한 법률」 제4조의2제1항에도 불구하고 통보하지 아니할 수 있다.

④ 제1항부터 제3항까지에서 규정한 사항 외에 금융정보의 제공 요청 및 제공 절차 등에 필요한 사항은 대통령령으로 정한다.

[본조신설 2019. 12. 3.]

[종전 제96조의2는 제96조의3으로 이동 〈2019. 12. 3.〉]

제96조의3 서류의 보존

① 요양기관은 요양급여가 끝난 날부터 5년간 보건복지부령으로 정하는 바에 따라 제47조에 따른 요양급여비용의 청구에 관한 서류를 보존하여야 한다. 다만, 약국 등 보건복지부령으로 정하는 요양기관은 처방전을 요양급여비용을 청구한 날부터 3년간 보존하여야 한다.

② 사용자는 3년간 보건복지부령으로 정하는 바에 따라 자격 관리 및 보험료 산정 등 건강보험에 관한 서류를 보존하여야 한다.

[본조신설 2013. 5. 22.]

[제96조의2에서 이동 〈2019. 12. 3.〉]

제97조 보고와 검사

① 보건복지부장관은 사용자, 직장가입자 또는 세대주에게 가입자의 이동·보수·소득이나 그 밖에 필요한 사항에 관한 보고 또는 서류 제출을 명하거나, 소속 공무원이 관계인에게 질문하게 하거나 관계 서류를 검사하게 할 수 있다.

② 보건복지부장관은 요양기관(제49조에 따라 요양을 실시한 기관을 포함한다)에 대하여 요양 · 약제의 지급 등 보험급여에 관한 보고 또는 서류 제출을 명하거나, 소속 공무원이 관계인에게 질문하게 하거나 관계 서류를 검사하게 할 수 있다.

③ 보건복지부장관은 보험급여를 받은 자에게 해당 보험급여의 내용에 관하여 보고하게 하거나, 소속 공무원이 질문하게 할 수 있다.

④ 보건복지부장관은 제47조제6항에 따라 요양급여비용의 심사청구를 대행하는 단체(이하 "대행청구단체"라 한다)에 필요한 자료의 제출을 명하거나, 소속 공무원이 대행청구에 관한 자료 등을 조사 · 확인하게 할 수 있다.

⑤ 보건복지부장관은 제41조의2에 따른 약제에 대한 요양급여비용 상한금액의 감액 및 요양급여의 적용 정지를 위하여 필요한 경우에는 「약사법」 제47조제2항에 따른 의약품공급자에 대하여 금전, 물품, 편익, 노무, 향응, 그 밖의 경제적 이익등 제공으로 인한 의약품 판매 질서 위반 행위에 관한 보고 또는 서류 제출을 명하거나, 소속 공무원이 관계인에게 질문하게 하거나 관계 서류를 검사하게 할 수 있다. 〈신설 2018. 3. 27.〉

⑥ 제1항부터 제5항까지의 규정에 따라 질문 · 검사 · 조사 또는 확인을 하는 소속 공무원은 그 권한을 표시하는 증표를 지니고 관계인에게 보여주어야 한다. 〈개정 2018. 3. 27.〉

제98조 업무정지

① 보건복지부장관은 요양기관이 다음 각 호의 어느 하나에 해당하면 그 요양기관에 대하여 1년의 범위에서 기간을 정하여 업무정지를 명할 수 있다. 〈개정 2016. 2. 3.〉

1. 속임수나 그 밖의 부당한 방법으로 보험자 · 가입자 및 피부양자에게 요양급여비용을 부담하게 한 경우

2. 제97조제2항에 따른 명령에 위반하거나 거짓 보고를 하거나 거짓 서류를 제출하거나, 소속 공무원의 검사 또는 질문을 거부 · 방해 또는 기피한 경우

3. 정당한 사유 없이 요양기관이 제41조의3제1항에 따른 결정을 신청하지 아니하고 속임수나 그 밖의 부당한 방법으로 행위 · 치료재료를 가입자 또는 피부양자에게 실시 또는 사용하고 비용을 부담시킨 경우

② 제1항에 따라 업무정지 처분을 받은 자는 해당 업무정지기간 중에는 요양급여를 하지 못한다.

③ 제1항에 따른 업무정지 처분의 효과는 그 처분이 확정된 요양기관을 양수한 자 또는 합병 후 존속하는 법인이나 합병으로 설립되는 법인에 승계되고, 업무정지 처분의 절차가 진행 중인 때에는 양수인 또는 합병 후 존속하는 법인이나 합병으로 설립되는 법인에 대하여 그 절차를 계속 진행할 수 있다. 다만, 양수인 또는 합병 후 존속하는 법인이나 합병으로 설립되는 법인이 그 처

분 또는 위반사실을 알지 못하였음을 증명하는 경우에는 그러하지 아니하다.

④ 제1항에 따른 업무정지 처분을 받았거나 업무정지 처분의 절차가 진행 중인 자는 행정처분을 받은 사실 또는 행정처분절차가 진행 중인 사실을 보건복지부령으로 정하는 바에 따라 양수인 또는 합병 후 존속하는 법인이나 합병으로 설립되는 법인에 지체 없이 알려야 한다.

⑤ 제1항에 따른 업무정지를 부과하는 위반행위의 종류, 위반 정도 등에 따른 행정처분기준이나 그 밖에 필요한 사항은 대통령령으로 정한다.

제99조 과징금

① 보건복지부장관은 요양기관이 제98조제1항제1호 또는 제3호에 해당하여 업무정지 처분을 하여야 하는 경우로서 그 업무정지 처분이 해당 요양기관을 이용하는 사람에게 심한 불편을 주거나 보건복지부장관이 정하는 특별한 사유가 있다고 인정되면 업무정지 처분을 갈음하여 속임수나 그 밖의 부당한 방법으로 부담하게 한 금액의 5배 이하의 금액을 과징금으로 부과 · 징수할 수 있다. 이 경우 보건복지부장관은 12개월의 범위에서 분할납부를 하게 할 수 있다.

〈개정 2016. 2. 3.〉

② 보건복지부장관은 제41조의2제3항에 따라 약제를 요양급여에서 적용 정지하는 경우 국민 건강에 심각한 위험을 초래할 것이 예상되는 등 특별한 사유가 있다고 인정되는 때에는 요양급여의 적용 정지에 갈음하여 대통령령으로 정하는 바에 따라 해당 약제에 대한 요양급여비용 총액의 100분의 60을 넘지 아니하는 범위에서 과징금을 부과 · 징수할 수 있다. 이 경우 보건복지부장관은 12개월의 범위에서 분할납부를 하게 할 수 있다. 〈신설 2014. 1. 1., 2018. 3. 27.〉

③ 보건복지부장관은 제2항 전단에 따라 과징금 부과 대상이 된 약제가 과징금이 부과된 날부터 5년의 범위에서 대통령령으로 정하는 기간 내에 다시 제2항 전단에 따른 과징금 부과 대상이 되는 경우에는 대통령령으로 정하는 바에 따라 해당 약제에 대한 요양급여비용 총액의 100분의 100을 넘지 아니하는 범위에서 과징금을 부과 · 징수할 수 있다. 〈신설 2018. 3. 27.〉

④ 제2항 및 제3항에 따라 대통령령으로 해당 약제에 대한 요양급여비용 총액을 정할 때에는 그 약제의 과거 요양급여 실적 등을 고려하여 1년간의 요양급여 총액을 넘지 않는 범위에서 정하여야 한다. 〈신설 2014. 1. 1., 2018. 3. 27.〉

⑤ 보건복지부장관은 제1항에 따른 과징금을 납부하여야 할 자가 납부기한까지 이를 내지 아니하면 대통령령으로 정하는 절차에 따라 그 과징금 부과 처분을 취소하고 제98조제1항에 따른 업무정지 처분을 하거나 국세 체납처분의 예에 따라 이를 징수한다. 다만, 요양기관의 폐업 등으로 제98조제1항에 따른 업무정지 처분을 할 수 없으면 국세 체납처분의 예에 따라 징수한다.

〈개정 2016. 3. 22., 2018. 3. 27.〉

⑥ 보건복지부장관은 제2항 또는 제3항에 따른 과징금을 납부하여야 할 자가 납부기한까지 이를 내지 아니하면 국세 체납처분의 예에 따라 징수한다. 〈신설 2016. 3. 22., 2018. 3. 27.〉

⑦ 보건복지부장관은 과징금을 징수하기 위하여 필요하면 다음 각 호의 사항을 적은 문서로 관할 세무관서의 장 또는 지방자치단체의 장에게 과세정보의 제공을 요청할 수 있다.

〈개정 2014. 1. 1., 2016. 3. 22., 2018. 3. 27.〉

1. 납세자의 인적사항

2. 사용 목적

3. 과징금 부과 사유 및 부과 기준

⑧ 제1항부터 제3항까지의 규정에 따라 징수한 과징금은 다음 각 호 외의 용도로는 사용할 수 없다. 〈개정 2014. 1. 1., 2016. 3. 22., 2018. 1. 16., 2018. 3. 27.〉

1. 제47조제3항에 따라 공단이 요양급여비용으로 지급하는 자금

2. 「응급의료에 관한 법률」에 따른 응급의료기금의 지원

3. 「재난적의료비 지원에 관한 법률」에 따른 재난적의료비 지원사업에 대한 지원

⑨ 제1항부터 제3항까지의 규정에 따른 과징금의 금액과 그 납부에 필요한 사항 및 제8항에 따른 과징금의 용도별 지원 규모, 사용 절차 등에 필요한 사항은 대통령령으로 정한다.

〈개정 2014. 1. 1., 2016. 3. 22., 2018. 3. 27.〉

제100조 위반사실의 공표

① 보건복지부장관은 관련 서류의 위조·변조로 요양급여비용을 거짓으로 청구하여 제98조 또는 제99조에 따른 행정처분을 받은 요양기관이 다음 각 호의 어느 하나에 해당하면 그 위반 행위, 처분 내용, 해당 요양기관의 명칭·주소 및 대표자 성명, 그 밖에 다른 요양기관과의 구별에 필요한 사항으로서 대통령령으로 정하는 사항을 공표할 수 있다. 이 경우 공표 여부를 결정할 때에는 그 위반행위의 동기, 정도, 횟수 및 결과 등을 고려하여야 한다.

1. 거짓으로 청구한 금액이 1천 500만원 이상인 경우

2. 요양급여비용 총액 중 거짓으로 청구한 금액의 비율이 100분의 20 이상인 경우

② 보건복지부장관은 제1항에 따른 공표 여부 등을 심의하기 위하여 건강보험공표심의위원회(이하 이 조에서 "공표심의위원회"라 한다)를 설치·운영한다.

③ 보건복지부장관은 공표심의위원회의 심의를 거친 공표대상자에게 공표대상자인 사실을 알려 소명자료를 제출하거나 출석하여 의견을 진술할 기회를 주어야 한다.

④ 보건복지부장관은 공표심의위원회가 제3항에 따라 제출된 소명자료 또는 진술된 의견을 고려하여 공표대상자를 재심의한 후 공표대상자를 선정한다.

⑤ 제1항부터 제4항까지에서 규정한 사항 외에 공표의 절차 · 방법, 공표심의위원회의 구성 · 운영 등에 필요한 사항은 대통령령으로 정한다.

제101조 제조업자 등의 금지행위 등

① 「약사법」에 따른 의약품의 제조업자 · 위탁제조판매업자 · 수입자 · 판매업자 및 「의료기기법」에 따른 의료기기 제조업자 · 수입업자 · 수리업자 · 판매업자 · 임대업자(이하 "제조업자 등"이라 한다)는 약제 · 치료재료와 관련하여 제41조의3에 따라 요양급여대상 여부를 결정하거나 제46조에 따라 요양급여비용을 산정할 때에 다음 각 호의 행위를 하여 보험자 · 가입자 및 피부양자에게 손실을 주어서는 아니 된다. 〈개정 2016. 2. 3.〉

1. 제98조제1항제1호에 해당하는 요양기관의 행위에 개입

2. 보건복지부, 공단 또는 심사평가원에 거짓 자료의 제출

3. 그 밖에 속임수나 보건복지부령으로 정하는 부당한 방법으로 요양급여대상 여부의 결정과 요양급여비용의 산정에 영향을 미치는 행위

② 보건복지부장관은 제조업자등이 제1항에 위반한 사실이 있는지 여부를 확인하기 위하여 그 제조업자등에게 관련 서류의 제출을 명하거나, 소속 공무원이 관계인에게 질문을 하게 하거나 관계 서류를 검사하게 하는 등 필요한 조사를 할 수 있다. 이 경우 소속 공무원은 그 권한을 표시하는 증표를 지니고 이를 관계인에게 보여주어야 한다.

③ 공단은 제1항을 위반하여 보험자 · 가입자 및 피부양자에게 손실을 주는 행위를 한 제조업자등에 대하여 손실에 상당하는 금액(이하 이 조에서 "손실 상당액"이라 한다)을 징수한다. 〈신설 2016. 2. 3.〉

④ 공단은 제3항에 따라 징수한 손실 상당액 중 가입자 및 피부양자의 손실에 해당되는 금액을 그 가입자나 피부양자에게 지급하여야 한다. 이 경우 공단은 가입자나 피부양자에게 지급하여야 하는 금액을 그 가입자 및 피부양자가 내야하는 보험료등과 상계할 수 있다. 〈신설 2016. 2. 3.〉

⑤ 제3항에 따른 손실 상당액의 산정, 부과 · 징수절차 및 납부방법 등에 관하여 필요한 사항은 대통령령으로 정한다. 〈신설 2016. 2. 3.〉

제102조 정보의 유지 등

공단, 심사평가원 및 대행청구단체에 종사하였던 사람 또는 종사하는 사람은 다음 각 호의 행위를 하여서는 아니 된다. 〈개정 2016. 3. 22., 2019. 4. 23.〉

1. 가입자 및 피부양자의 개인정보(「개인정보 보호법」 제2조제1호의 개인정보를 말한다. 이하 "개인정보"라 한다)를 누설하거나 직무상 목적 외의 용도로 이용 또는 정당한 사유

없이 제3자에게 제공하는 행위

2. 업무를 수행하면서 알게 된 정보(제1호의 개인정보는 제외한다)를 누설하거나 직무상 목적 외의 용도로 이용 또는 제3자에게 제공하는 행위

[제목개정 2016. 3. 22.]

제103조 공단 등에 대한 감독 등

① 보건복지부장관은 공단과 심사평가원의 경영목표를 달성하기 위하여 다음 각 호의 사업이나 업무에 대하여 보고를 명하거나 그 사업이나 업무 또는 재산상황을 검사하는 등 감독을 할 수 있다.

1. 제14조제1항제1호부터 제13호까지의 규정에 따른 공단의 업무 및 제63조제1항제1호부터 제7호까지의 규정에 따른 심사평가원의 업무

2. 「공공기관의 운영에 관한 법률」 제50조에 따른 경영지침의 이행과 관련된 사업

3. 이 법 또는 다른 법령에서 공단과 심사평가원이 위탁받은 업무

4. 그 밖에 관계 법령에서 정하는 사항과 관련된 사업

② 보건복지부장관은 제1항에 따른 감독상 필요한 경우에는 정관이나 규정의 변경 또는 그 밖에 필요한 처분을 명할 수 있다.

제104조 포상금 등의 지급

① 공단은 속임수나 그 밖의 부당한 방법으로 보험급여를 받은 사람이나 보험급여 비용을 지급받은 요양기관을 신고한 사람에 대하여 포상금을 지급할 수 있다. 〈개정 2018. 12. 11.〉

② 공단은 건강보험 재정을 효율적으로 운영하는 데에 이바지한 요양기관에 대하여 장려금을 지급할 수 있다. 〈신설 2013. 5. 22.〉

③ 제1항 및 제2항에 따른 포상금 및 장려금의 지급 기준과 범위, 절차 및 방법 등에 필요한 사항은 대통령령으로 정한다. 〈개정 2013. 5. 22.〉

[제목개정 2013. 5. 22.]

제105조 유사명칭의 사용금지

① 공단이나 심사평가원이 아닌 자는 국민건강보험공단, 건강보험심사평가원 또는 이와 유사한 명칭을 사용하지 못한다.

② 이 법으로 정하는 건강보험사업을 수행하는 자가 아닌 자는 보험계약 또는 보험계약의 명칭에 국민건강보험이라는 용어를 사용하지 못한다.

제106조 소액 처리

공단은 징수하여야 할 금액이나 반환하여야 할 금액이 1건당 2천원 미만인 경우(제47조제4항, 제57조제5항 후단 및 제101조제4항 후단에 따라 각각 상계 처리할 수 있는 본인일부부담금 환급금 및 가입자나 피부양자에게 지급하여야 하는 금액은 제외한다)에는 징수 또는 반환하지 아니한다.

〈개정 2013. 5. 22., 2016. 2. 3.〉

제107조 끝수 처리

보험료등과 보험급여에 관한 비용을 계산할 때 「국고금관리법」 제47조에 따른 끝수는 계산하지 아니한다.

제108조 보험재정에 대한 정부지원

① 국가는 매년 예산의 범위에서 해당 연도 보험료 예상 수입액의 100분의 14에 상당하는 금액을 국고에서 공단에 지원한다.

② 공단은 「국민건강증진법」에서 정하는 바에 따라 같은 법에 따른 국민건강증진기금에서 자금을 지원받을 수 있다.

③ 공단은 제1항에 따라 지원된 재원을 다음 각 호의 사업에 사용한다.   〈개정 2013. 5. 22.〉

1. 가입자 및 피부양자에 대한 보험급여

2. 건강보험사업에 대한 운영비

3. 제75조 및 제110조제4항에 따른 보험료 경감에 대한 지원

④ 공단은 제2항에 따라 지원된 재원을 다음 각 호의 사업에 사용한다.

1. 건강검진 등 건강증진에 관한 사업

2. 가입자와 피부양자의 흡연으로 인한 질병에 대한 보험급여

3. 가입자와 피부양자 중 65세 이상 노인에 대한 보험급여

[법률 제11141호(2011. 12. 31.) 부칙 제2조의 규정에 의하여 이 조는 2022년 12월 31일까지 유효함]

제109조 외국인 등에 대한 특례

① 정부는 외국 정부가 사용자인 사업장의 근로자의 건강보험에 관하여는 외국 정부와 한 합의에 따라 이를 따로 정할 수 있다.

② 국내에 체류하는 재외국민 또는 외국인(이하 "국내체류 외국인등"이라 한다)이 적용대상사업장의 근로자, 공무원 또는 교직원이고 제6조제2항 각 호의 어느 하나에 해당하지 아니하면서 다

음 각 호의 어느 하나에 해당하는 경우에는 제5조에도 불구하고 직장가입자가 된다.

〈개정 2016. 3. 22.〉

1. 「주민등록법」 제6조제1항제3호에 따라 등록한 사람

2. 「재외동포의 출입국과 법적 지위에 관한 법률」 제6조에 따라 국내거소신고를 한 사람

3. 「출입국관리법」 제31조에 따라 외국인등록을 한 사람

③ 제2항에 따른 직장가입자에 해당하지 아니하는 국내체류 외국인등이 다음 각 호의 요건을 모두 갖춘 경우에는 제5조에도 불구하고 지역가입자가 된다. 〈신설 2016. 3. 22., 2019. 1. 15.〉

1. 보건복지부령으로 정하는 기간 동안 국내에 거주하였거나 해당 기간 동안 국내에 지속적으로 거주할 것으로 예상할 수 있는 사유로서 보건복지부령으로 정하는 사유에 해당될 것

2. 다음 각 목의 어느 하나에 해당할 것

   가. 제2항제1호 또는 제2호에 해당하는 사람

   나. 「출입국관리법」 제31조에 따라 외국인등록을 한 사람으로서 보건복지부령으로 정하는 체류자격이 있는 사람

④ 제2항 각 호의 어느 하나에 해당하는 국내체류 외국인등이 다음 각 호의 요건을 모두 갖춘 경우에는 제5조에도 불구하고 공단에 신청하면 피부양자가 될 수 있다. 〈신설 2016. 3. 22.〉

1. 직장가입자와의 관계가 제5조제2항 각 호의 어느 하나에 해당할 것

2. 제5조제3항에 따른 피부양자 자격의 인정 기준에 해당할 것

⑤ 제2항부터 제4항까지의 규정에도 불구하고 다음 각 호에 해당되는 경우에는 가입자 및 피부양자가 될 수 없다. 〈신설 2016. 3. 22., 2019. 1. 15.〉

1. 국내체류가 법률에 위반되는 경우로서 대통령령으로 정하는 사유가 있는 경우

2. 국내체류 외국인등이 외국의 법령, 외국의 보험 또는 사용자와의 계약 등에 따라 제41조에 따른 요양급여에 상당하는 의료보장을 받을 수 있어 사용자 또는 가입자가 보건복지부령으로 정하는 바에 따라 가입 제외를 신청한 경우

⑥ 제2항부터 제5항까지의 규정에서 정한 사항 외에 국내체류 외국인등의 가입자 또는 피부양자 자격의 취득 및 상실에 관한 시기ㆍ절차 등에 필요한 사항은 제5조부터 제11조까지의 규정을 준용한다. 다만, 국내체류 외국인등의 특성을 고려하여 특별히 규정해야 할 사항은 대통령령으로 다르게 정할 수 있다. 〈신설 2016. 3. 22.〉

⑦ 가입자인 국내체류 외국인등이 매월 2일 이후 지역가입자의 자격을 취득하고 그 자격을 취득한 날이 속하는 달에 보건복지부장관이 고시하는 사유로 해당 자격을 상실한 경우에는 제69조제2항 본문에도 불구하고 그 자격을 취득한 날이 속하는 달의 보험료를 부과하여 징수한다. 〈신설 2016. 3. 22.〉

⑧ 국내체류 외국인등(제9항 단서의 적용을 받는 사람에 한정한다)에 해당하는 지역가입자의 보험료는 제78조제1항 본문에도 불구하고 그 직전 월 25일까지 납부하여야 한다. 다만, 다음 각호에 해당되는 경우에는 공단이 정하는 바에 따라 납부하여야 한다.

〈신설 2016. 3. 22., 2019. 1. 15.〉

1. 자격을 취득한 날이 속하는 달의 보험료를 징수하는 경우

2. 매월 26일 이후부터 말일까지의 기간에 자격을 취득한 경우

⑨ 제7항과 제8항에서 정한 사항 외에 가입자인 국내체류 외국인등의 보험료 부과·징수에 관한 사항은 제69조부터 제86조까지의 규정을 준용한다. 다만, 대통령령으로 정하는 국내체류 외국인등의 보험료 부과·징수에 관한 사항은 그 특성을 고려하여 보건복지부장관이 다르게 정하여 고시할 수 있다.

〈신설 2016. 3. 22.〉

⑩ 공단은 지역가입자인 국내체류 외국인등(제9항 단서의 적용을 받는 사람에 한정한다)이 보험료를 체납한 경우에는 제53조제3항에도 불구하고 체납일부터 체납한 보험료를 완납할 때까지 보험급여를 하지 아니한다. 이 경우 제53조제3항 각 호 외의 부분 단서 및 같은 조 제5항·제6항은 적용하지 아니한다.

〈신설 2019. 1. 15.〉

제110조 실업자에 대한 특례

① 사용관계가 끝난 사람 중 직장가입자로서의 자격을 유지한 기간이 보건복지부령으로 정하는 기간 동안 통산 1년 이상인 사람은 지역가입자가 된 이후 최초로 제79조에 따라 지역가입자 보험료를 고지받은 날부터 그 납부기한에서 2개월이 지나기 이전까지 공단에 직장가입자로서의 자격을 유지할 것을 신청할 수 있다.

〈개정 2013. 5. 22., 2018. 1. 16.〉

② 제1항에 따라 공단에 신청한 가입자(이하 "임의계속가입자"라 한다)는 제9조에도 불구하고 대통령령으로 정하는 기간 동안 직장가입자의 자격을 유지한다. 다만, 제1항에 따른 신청 후 최초로 내야 할 직장가입자 보험료를 그 납부기한부터 2개월이 지난 날까지 내지 아니한 경우에는 그 자격을 유지할 수 없다.

〈신설 2013. 5. 22.〉

③ 임의계속가입자의 보수월액은 보수월액보험료가 산정된 최근 12개월간의 보수월액을 평균한 금액으로 한다.

〈개정 2013. 5. 22., 2018. 1. 16.〉

④ 임의계속가입자의 보험료는 보건복지부장관이 정하여 고시하는 바에 따라 그 일부를 경감할 수 있다.

〈개정 2013. 5. 22.〉

⑤ 임의계속가입자의 보수월액보험료는 제76조제1항 및 제77조제1항제1호에도 불구하고 그 임의계속가입자가 전액을 부담하고 납부한다.

〈개정 2013. 5. 22.〉

⑥ 임의계속가입자가 보험료를 납부기한까지 내지 아니하는 경우 그 급여제한에 관하여는 제53

조제3항 · 제5항 및 제6항을 준용한다. 이 경우 "제69조제5항에 따른 세대단위의 보험료"는 "제110조제5항에 따른 보험료"로 본다. 〈개정 2013. 5. 22.〉

⑦ 임의계속가입자의 신청 방법 · 절차 등에 필요한 사항은 보건복지부령으로 정한다.

〈개정 2013. 5. 22.〉

제111조 권한의 위임 및 위탁

① 이 법에 따른 보건복지부장관의 권한은 대통령령으로 정하는 바에 따라 그 일부를 특별시장 · 광역시장 · 도지사 또는 특별자치도지사에게 위임할 수 있다.

② 제97조제2항에 따른 보건복지부장관의 권한은 대통령령으로 정하는 바에 따라 공단이나 심사평가원에 위탁할 수 있다.

제112조 업무의 위탁

① 공단은 대통령령으로 정하는 바에 따라 다음 각 호의 업무를 체신관서, 금융기관 또는 그 밖의 자에게 위탁할 수 있다.

1. 보험료의 수납 또는 보험료납부의 확인에 관한 업무

2. 보험급여비용의 지급에 관한 업무

3. 징수위탁근거법의 위탁에 따라 징수하는 연금보험료, 고용보험료, 산업재해보상보험료, 부담금 및 분담금 등(이하 "징수위탁보험료등"이라 한다)의 수납 또는 그 납부의 확인에 관한 업무

② 공단은 그 업무의 일부를 국가기관, 지방자치단체 또는 다른 법령에 따른 사회보험 업무를 수행하는 법인이나 그 밖의 자에게 위탁할 수 있다. 다만, 보험료와 징수위탁보험료등의 징수 업무는 그러하지 아니하다. 〈개정 2016. 2. 3.〉

③ 제2항에 따라 공단이 위탁할 수 있는 업무 및 위탁받을 수 있는 자의 범위는 보건복지부령으로 정한다.

제113조 징수위탁보험료등의 배분 및 납입 등

① 공단은 자신이 징수한 보험료와 그에 따른 징수금 또는 징수위탁보험료등의 금액이 징수하여야 할 총액에 부족한 경우에는 대통령령으로 정하는 기준, 방법에 따라 이를 배분하여 납부 처리하여야 한다. 다만, 납부의무자가 다른 의사를 표시한 때에는 그에 따른다.

② 공단은 징수위탁보험료등을 징수한 때에는 이를 지체 없이 해당 보험별 기금에 납입하여야 한다.

제114조 출연금의 용도 등

① 공단은 「국민연금법」, 「산업재해보상보험법」, 「고용보험법」 및 「임금채권보장법」에 따라 국민연금기금, 산업재해보상보험및예방기금, 고용보험기금 및 임금채권보장기금으로부터 각각 지급받은 출연금을 제14조제1항제11호에 따른 업무에 소요되는 비용에 사용하여야 한다.

② 제1항에 따라 지급받은 출연금의 관리 및 운용 등에 필요한 사항은 대통령령으로 정한다.

제114조의2 벌칙 적용에서 공무원 의제

제4조제1항에 따른 심의위원회 및 제100조제2항에 따른 건강보험공표심의위원회 위원 중 공무원이 아닌 사람은 「형법」 제127조 및 제129조부터 제132조까지의 규정을 적용할 때에는 공무원으로 본다.

[본조신설 2019. 1. 15.]

제9장 벌칙

제115조 벌칙

① 제102조제1호를 위반하여 가입자 및 피부양자의 개인정보를 누설하거나 직무상 목적 외의 용도로 이용 또는 정당한 사유 없이 제3자에게 제공한 자는 5년 이하의 징역 또는 5천만원 이하의 벌금에 처한다. 〈신설 2016. 3. 22., 2019. 4. 23.〉

② 다음 각 호의 어느 하나에 해당하는 자는 3년 이하의 징역 또는 3천만원 이하의 벌금에 처한다. 〈개정 2016. 3. 22., 2019. 4. 23.〉

　　1. 대행청구단체의 종사자로서 거짓이나 그 밖의 부정한 방법으로 요양급여비용을 청구한 자

　　2. 제102조제2호를 위반하여 업무를 수행하면서 알게 된 정보를 누설하거나 직무상 목적 외의 용도로 이용 또는 제3자에게 제공한 자

③ 거짓이나 그 밖의 부정한 방법으로 보험급여를 받거나 타인으로 하여금 보험급여를 받게 한 사람은 2년 이하의 징역 또는 2천만원 이하의 벌금에 처한다. 〈신설 2019. 4. 23.〉

④ 다음 각 호의 어느 하나에 해당하는 자는 1년 이하의 징역 또는 1천만원 이하의 벌금에 처한다.

1. 제42조의2제1항 및 제3항을 위반하여 선별급여를 제공한 요양기관의 개설자

2. 제47조제6항을 위반하여 대행청구단체가 아닌 자로 하여금 대행하게 한 자

3. 제93조를 위반한 사용자

4. 제98조제2항을 위반한 요양기관의 개설자

5. 삭제 〈2019. 4. 23.〉

제116조 벌칙

제97조제2항을 위반하여 보고 또는 서류 제출을 하지 아니한 자, 거짓으로 보고하거나 거짓 서류를 제출한 자, 검사나 질문을 거부·방해 또는 기피한 자는 1천만원 이하의 벌금에 처한다.

제117조 벌칙

제42조제5항을 위반한 자 또는 제49조제2항을 위반하여 요양비 명세서나 요양 명세를 적은 영수증을 내주지 아니한 자는 500만원 이하의 벌금에 처한다.

제118조 양벌 규정

① 법인의 대표자나 법인 또는 개인의 대리인, 사용인, 그 밖의 종사자가 그 법인 또는 개인의 업무에 관하여 제115조부터 제117조까지의 규정 중 어느 하나에 해당하는 위반행위를 하면 그 행위자를 벌하는 외에 그 법인 또는 개인에게도 해당 조문의 벌금형을 과(科)한다. 다만, 법인 또는 개인이 그 위반행위를 방지하기 위하여 해당 업무에 관하여 상당한 주의와 감독을 게을리하지 아니한 경우에는 그러하지 아니하다.

제119조 과태료

① 삭제 〈2013. 5. 22.〉

② 삭제 〈2013. 5. 22.〉

③ 다음 각 호의 어느 하나에 해당하는 자에게는 500만원 이하의 과태료를 부과한다.

〈개정 2016. 3. 22., 2018. 3. 27.〉

1. 제7조를 위반하여 신고를 하지 아니하거나 거짓으로 신고한 사용자

2. 정당한 사유 없이 제94조제1항을 위반하여 신고·서류제출을 하지 아니하거나 거짓으로 신고·서류제출을 한 자

3. 정당한 사유 없이 제97조제1항, 제3항, 제4항, 제5항을 위반하여 보고·서류제출을 하지

아니하거나 거짓으로 보고 · 서류제출을 한 자

  4. 제98조제4항을 위반하여 행정처분을 받은 사실 또는 행정처분절차가 진행 중인 사실을 지체 없이 알리지 아니한 자

  5. 정당한 사유 없이 제101조제2항을 위반하여 서류를 제출하지 아니하거나 거짓으로 제출한 자

④ 다음 각 호의 어느 하나에 해당하는 자에게는 100만원 이하의 과태료를 부과한다.

〈개정 2013. 5. 22., 2019. 12. 3.〉

  1. 삭제 〈2016. 3. 22.〉

  2. 삭제 〈2018. 12. 11.〉

  3. 삭제 〈2016. 3. 22.〉

  4. 제96조의3을 위반하여 서류를 보존하지 아니한 자

  5. 제103조에 따른 명령을 위반한 자

  6. 제105조를 위반한 자

⑤ 제3항 및 제4항에 따른 과태료는 대통령령으로 정하는 바에 따라 보건복지부장관이 부과 · 징수한다.

〈개정 2013. 5. 22.〉

부칙 〈제17196호, 2020. 4. 7.〉

제1조 시행일

이 법은 공포 후 3개월이 경과한 날부터 시행한다.

제2조 보험료 면제의 예외에 관한 적용례

제74조제3항제2호의 개정규정은 가입자 또는 그 피부양자가 이 법 시행일이 속하는 달에 최초로 입국하는 경우부터 적용한다.

국민건강보험법
시행령

[시행 2020. 7. 8]
[대통령령 제30824호, 2020. 7. 7, 일부개정]

제1장 총칙

제1조 목적

이 영은 「국민건강보험법」에서 위임된 사항과 그 시행에 필요한 사항을 규정함을 목적으로 한다.

제2조 사용자인 기관장

「국민건강보험법」(이하 "법"이라 한다) 제3조제2호나목에서 "대통령령으로 정하는 사람"이란 별표 1에 따른 기관장을 말한다. 다만, 법 제13조에 따른 국민건강보험공단(이하 "공단"이라 한다)은 소관 업무를 능률적으로 처리하기 위하여 필요하다고 인정할 때에는 기관의 소재지, 인원, 그 밖의 사정을 고려하여 별표 1에 따른 기관장에게 소속되어 있는 기관의 장을 사용자인 기관의 장으로 따로 지정할 수 있다.

제2조의2 국민건강보험종합계획의 수립 등

① 보건복지부장관은 법 제3조의2제1항 전단에 따른 국민건강보험종합계획(이하 "종합계획"이라 한다) 및 같은 조 제3항에 따른 연도별 시행계획(이하 "시행계획"이라 한다)을 수립하는 경우에는 다음 각 호의 구분에 따른 시기까지 수립하여야 한다.

1. 종합계획: 시행 연도 전년도의 9월 30일까지
2. 시행계획: 시행 연도 전년도의 12월 31일까지

② 보건복지부장관은 종합계획 및 시행계획을 수립하거나 변경한 경우에는 다음 각 호의 구분에 따른 방법으로 공표하여야 한다.

1. 종합계획: 관보에 고시
2. 시행계획: 보건복지부 인터넷 홈페이지에 게시

③ 보건복지부장관은 종합계획 및 시행계획을 수립하거나 변경한 경우에는 관계 중앙행정기관의 장, 공단의 이사장 및 법 제62조에 따른 건강보험심사평가원(이하 "심사평가원"이라 한다)의 원장에게 그 내용을 알려야 한다.

④ 보건복지부장관은 법 제3조의2제4항에 따라 시행계획에 따른 추진실적을 평가한 경우에는 그 평가결과를 다음에 수립하는 종합계획 및 시행계획에 각각 반영하여야 한다.

⑤ 제1항부터 제4항까지에서 규정한 사항 외에 종합계획 또는 시행계획의 수립ㆍ시행ㆍ평가 등에 필요한 세부사항은 보건복지부장관이 정하여 고시한다.

[본조신설 2016. 8. 2.]

제2조의3 종합계획에 포함될 사항

법 제3조의2제2항제9호에서 "대통령령으로 정하는 사항"이란 다음 각 호의 사항을 말한다.

1. 건강보험의 제도적 기반 조성에 관한 사항

2. 건강보험과 관련된 국제협력에 관한 사항

3. 그 밖에 건강보험의 개선을 위하여 보건복지부장관이 특히 필요하다고 인정하는 사항

[본조신설 2016. 8. 2.]

제3조 심의위원회의 심의·의결사항

법 제4조제1항제6호에서 "대통령령으로 정하는 사항"이란 다음 각 호의 사항을 말한다.

〈개정 2016. 8. 2.〉

1. 제21조제2항에 따른 요양급여 각 항목에 대한 상대가치점수

2. 제22조에 따른 약제·치료재료별 요양급여비용의 상한

3. 그 밖에 제23조에 따른 부가급여에 관한 사항 등 법 제5조제1항에 따른 건강보험에 관한 주요사항으로서 법 제4조에 따른 건강보험정책심의위원회(이하 "심의위원회"라 한다)의 위원장이 회의에 부치는 사항

제4조 공무원인 위원

법 제4조제4항제4호가목에서 "대통령령으로 정하는 중앙행정기관 소속 공무원"이란 기획재정부와 보건복지부 소속의 3급 공무원 또는 고위공무원단에 속하는 일반직공무원 중에서 그 소속기관의 장이 1명씩 지명하는 사람을 말한다.

제4조의2 심의위원회 위원의 해임 및 해촉

보건복지부장관은 법 제4조제4항 각 호에 따른 심의위원회 위원이 다음 각 호의 어느 하나에 해당하는 경우에는 해당 심의위원회 위원을 해임하거나 해촉(解囑)할 수 있다.

1. 심신장애로 인하여 직무를 수행할 수 없게 된 경우

2. 직무와 관련된 비위사실이 있는 경우

3. 직무태만, 품위손상이나 그 밖의 사유로 인하여 위원으로 적합하지 아니하다고 인정되는 경우

4. 위원 스스로 직무를 수행하는 것이 곤란하다고 의사를 밝히는 경우

[본조신설 2015. 12. 31.]

제5조 심의위원회의 위원장 등

① 심의위원회의 위원장은 심의위원회를 대표하며, 그 업무를 총괄한다.

② 심의위원회의 부위원장은 위원장을 보좌하며, 위원장이 부득이한 사유로 직무를 수행할 수 없을 때에는 그 직무를 대행한다.

제6조 심의위원회의 회의

① 심의위원회의 위원장은 심의위원회의 회의를 소집하고, 그 의장이 된다.

② 심의위원회의 회의는 재적위원 3분의 1 이상이 요구할 때 또는 위원장이 필요하다고 인정할 때에 소집한다.

③ 심의위원회의 회의는 재적위원 과반수의 출석으로 개의(開議)하고, 출석위원 과반수의 찬성으로 의결한다.

④ 심의위원회의 위원장은 제3항에 따른 의결에 참여하지 아니한다. 다만, 가부동수(可否同數)일 때에는 위원장이 정한다.

⑤ 심의위원회는 효율적인 심의를 위하여 필요한 경우에는 분야별로 소위원회를 구성할 수 있다.

⑥ 제1항부터 제5항까지에서 규정한 사항 외에 심의위원회와 소위원회의 운영 등에 필요한 사항은 심의위원회의 의결을 거쳐 위원장이 정한다.

제7조 심의위원회의 간사

① 심의위원회의 사무를 처리하기 위하여 심의위원회에 간사 1명을 둔다.

② 간사는 보건복지부 소속 4급 이상 공무원 또는 고위공무원단에 속하는 일반직공무원 중에서 위원장이 지명한다.

제8조 심의위원회 위원의 수당 등

심의위원회의 회의에 출석한 위원에 게는 예산의 범위에서 수당·여비, 그 밖에 필요한 경비를 지급할 수 있다. 다만, 공무원인 위원이 소관 업무와 직접 관련하여 출석하는 경우에는 그러하지 아니하다.

제2장 가입자

제9조 직장가입자에서 제외되는 사람

법 제6조제2항제4호에서 "대통령령으로 정하는 사업장의 근로자 및 사용자와 공무원 및 교직원"이란 다음 각 호의 어느 하나에 해당하는 사람을 말한다.

1. 비상근 근로자 또는 1개월 동안의 소정(所定)근로시간이 60시간 미만인 단시간근로자
2. 비상근 교직원 또는 1개월 동안의 소정근로시간이 60시간 미만인 시간제공무원 및 교직원
3. 소재지가 일정하지 아니한 사업장의 근로자 및 사용자
4. 근로자가 없거나 제1호에 해당하는 근로자만을 고용하고 있는 사업장의 사업주

제3장 국민건강보험공단

제9조의2 공단의 업무

법 제14조제1항제4호에서 "대통령령으로 정하는 사업"이란 다음 각 호의 사업을 말한다.

1. 가입자 및 피부양자의 건강관리를 위한 전자적 건강정보시스템의 구축·운영
2. 생애주기별·사업장별·직능별 건강관리 프로그램 또는 서비스의 개발 및 제공
3. 연령별·성별·직업별 주요 질환에 대한 정보 수집, 분석·연구 및 관리방안 제공
4. 고혈압·당뇨 등 주요 만성질환에 대한 정보 제공 및 건강관리 지원
5. 「지역보건법」 제2조제1호에 따른 지역보건의료기관과의 연계·협력을 통한 지역별 건강관리 사업 지원
6. 그 밖에 제1호부터 제5호까지에 준하는 사업으로서 가입자 및 피부양자의 건강관리를 위하여 보건복지부장관이 특히 필요하다고 인정하는 사업

[본조신설 2017. 8. 1.]

제10조 공무원인 임원

법 제20조제4항제2호에 따라 기획재정부장관, 보건복지부장관 및 인사혁신처장은 해당 기관 소속의 3급 공무원 또는 고위공무원단에 속하는 일반직공무원 중에서 각 1명씩을 지명하는 방법으로 공단의 비상임이사를 추천한다. 〈개정 2013. 3. 23., 2014. 11. 19., 2015. 6. 30.〉

제11조 이사회의 심의·의결사항

법 제26조제4항에 따라 다음 각 호의 사항은 공단의 이사회(이하 "이사회"라 한다)의 심의·의결을 거쳐야 한다. 다만, 법 제4조제1항에 따른 심의위원회의 심의·의결사항 및 법 제33조에 따른 재정운영위원회(이하 "재정운영위원회"라 한다)의 심의·의결사항은 제외한다.

    1. 사업운영계획 등 공단 운영의 기본방침에 관한 사항

    2. 예산 및 결산에 관한 사항

    3. 정관 변경에 관한 사항

    4. 규정의 제정·개정 및 폐지에 관한 사항

    5. 보험료와 그 밖의 법에 따른 징수금(이하 "보험료등"이라 한다) 및 보험급여에 관한 사항

    6. 법 제37조에 따른 차입금에 관한 사항

    7. 법 제38조에 따른 준비금, 그 밖에 중요재산의 취득·관리 및 처분에 관한 사항

    8. 그 밖에 공단 운영에 관한 중요 사항

제12조 이사회의 회의

① 이사회의 회의는 정기회의와 임시회의로 구분한다.

② 정기회의는 매년 2회 정관으로 정하는 시기에 이사회의 의장이 소집한다.

③ 임시회의는 재적이사(이사장을 포함한다. 이하 같다) 3분의 1 이상이 요구할 때 또는 이사장이 필요하다고 인정할 때에 이사회의 의장이 소집한다.

④ 이사회의 회의는 재적이사 과반수의 출석으로 개의하고, 재적이사 과반수의 찬성으로 의결한다.

⑤ 이사회의 의장은 이사장이 된다.

⑥ 이사회의 회의 소집 절차 등 이사회 운영에 필요한 그 밖의 사항은 공단의 정관으로 정한다.

제13조 이사장 권한의 위임

법 제32조에서 "대통령령으로 정하는 사항"이란 다음 각 호의 권한을 말한다.

    1. 법 제5조 및 제8조부터 제10조까지의 규정에 따른 자격 관리에 관한 권한

    2. 법 제7조에 따른 사업장 관리에 관한 권한

    3. 법 제53조에 따른 보험급여의 제한에 관한 권한

    4. 법 제57조·제69조·제79조 및 제81조에 따른 보험료 등의 부과·징수, 납입 고지, 독촉 및 국세체납 처분의 예에 따른 징수에 관한 권한

    5. 법 제58조에 따른 손해배상을 청구할 권리의 행사에 관한 권한

6. 법 제75조에 따른 보험료의 경감에 관한 권한

7. 법 제82조에 따른 분할납부 승인 및 승인취소에 관한 권한

8. 법 제109조 및 제110조에 따른 가입자 및 피부양자의 자격관리, 보험급여 제한 및 보험료의 부과 · 징수에 관한 권한

9. 「국민연금법」, 「고용보험 및 산업재해보상보험의 보험료징수 등에 관한 법률」, 「임금채권보장법」 및 「석면피해구제법」 (이하 "징수위탁근거법"이라 한다)에 따라 위탁받은 연금보험료, 고용보험료, 산업재해보상보험료, 부담금 및 분담금 등(이하 "징수위탁보험료등"이라 한다)의 납입 고지 및 독촉 · 체납처분 등 징수에 관한 권한

10. 그 밖에 법에 따른 공단 업무의 효율적인 수행을 위하여 공단의 정관으로 정하는 권한

제14조 재정운영위원회의 구성

① 법 제34조제2항제2호에 따라 농어업인 단체, 도시자영업자단체 및 시민단체는 다음 각 호의 구분에 따라 같은 조 제1항제2호에 따른 위원을 추천한다.

1. 농어업인 단체 및 도시자영업자단체: 각각 3명씩 추천

2. 시민단체: 4명 추천

② 법 제34조제2항제3호에서 "대통령령으로 정하는 관계 공무원"이란 기획재정부장관 및 보건복지부장관이 해당 기관 소속의 4급 이상 공무원 또는 고위공무원단에 속하는 일반직공무원 중에서 각각 1명씩 지명하는 사람을 말한다.

제15조 재정운영위원회의 운영

① 재정운영위원회의 회의는 정기회의와 임시회의로 구분한다.

② 정기회의는 매년 1회 정관으로 정하는 시기에 재정운영위원회의 위원장이 소집한다.

③ 임시회의는 공단 이사장 또는 재적위원 3분의 1 이상이 요구할 때 또는 재정운영위원회의 위원장이 필요하다고 인정할 때에 위원장이 소집한다.

④ 재정운영위원회의 위원장은 재정운영위원회 회의의 의장이 되며, 회의는 재적위원 과반수의 출석으로 개의하고, 출석위원 과반수의 찬성으로 의결한다.

⑤ 재정운영위원회의 회의 소집 절차 등 재정운영위원회 운영에 필요한 그 밖의 사항은 공단의 정관으로 정한다.

제16조 재정운영위원회의 간사

① 재정운영위원회의 사무를 처리하기 위하여 재정운영위원회에 간사 1명을 둔다.

② 간사는 공단 소속 직원 중에서 위원장이 지명한다.

제17조 재정운영위원회의 회의록

① 위원장은 재정운영위원회의 회의록을 작성하여 보관하여야 한다.

② 제1항에 따른 회의록에는 회의 경과, 심의사항 및 의결사항을 기록하고 위원장과 출석한 위원이 서명하거나 날인하여야 한다.

제4장 보험급여

제18조 요양기관에서 제외되는 의료기관 등

① 법 제42조제1항 각 호 외의 부분 후단에서 "대통령령으로 정하는 의료기관 등"이란 다음 각 호의 의료기관 또는 약국을 말한다. 〈개정 2017. 3. 20.〉

1. 「의료법」 제35조에 따라 개설된 부속 의료기관

2. 「사회복지사업법」 제34조에 따른 사회복지시설에 수용된 사람의 진료를 주된 목적으로 개설된 의료기관

3. 제19조제1항에 따른 본인일부부담금을 받지 아니하거나 경감하여 받는 등의 방법으로 가입자나 피부양자를 유인(誘引)하는 행위 또는 이와 관련하여 과잉 진료행위를 하거나 부당하게 많은 진료비를 요구하는 행위를 하여 다음 각 목의 어느 하나에 해당하는 업무정지 처분 등을 받은 의료기관

   가. 법 제98조에 따른 업무정지 또는 법 제99조에 따른 과징금 처분을 5년 동안 2회 이상 받은 의료기관

   나. 「의료법」 제66조에 따른 면허자격정지 처분을 5년 동안 2회 이상 받은 의료인이 개설 · 운영하는 의료기관

4. 법 제98조에 따른 업무정지 처분 절차가 진행 중이거나 업무정지 처분을 받은 요양기관의 개설자가 개설한 의료기관 또는 약국

② 제1항제1호 및 제2호에 따른 의료기관은 요양기관에서 제외되려면 보건복지부장관이 정하는 바에 따라 요양기관 제외신청을 하여야 한다.

③ 의료기관 등이 요양기관에서 제외되는 기간은 제1항제3호의 경우에는 1년 이하로 하고, 제1항제4호의 경우에는 해당 업무정지기간이 끝나는 날까지로 한다.

제18조의2 약제에 대한 요양급여비용 상한금액의 감액 및 요양급여의 적용 정지 기준 등

① 보건복지부장관은 법 제41조의2에 따라 약제에 대한 요양급여비용의 상한금액(법 제41조제3항에 따라 약제별 요양급여비용의 상한으로 정한 금액을 말한다. 이하 "상한금액"이라 한다)을 감액하거나 요양급여의 적용을 정지한 경우에는 그 사실을 공단과 심사평가원에 통보하여 상한금액 감액 및 요양급여의 적용 정지 내역을 기록·관리하도록 하여야 한다.

② 법 제41조의2제2항 및 제3항에서 "대통령령으로 정하는 기간"이란 각각 5년을 말한다.

〈개정 2019. 6. 11.〉

③ 보건복지부장관은 법 제41조의2제1항 또는 제2항에 따른 상한금액 감액의 대상이 되는 약제 중 다음 각 호의 어느 하나에 해당하는 약제에 대해서는 상한금액을 감액하지 아니할 수 있다.

1. 퇴장방지의약품(환자의 진료에 반드시 필요하나 경제성이 없어 「약사법」에 따른 제조업자·위탁제조판매업자·수입자가 생산 또는 수입을 기피하는 약제로서 보건복지부장관이 지정·고시하는 의약품을 말한다. 이하 같다)

2. 희귀의약품(적절한 대체의약품이 없어 긴급히 생산 또는 수입하여야 하는 약제로서 식품의약품안전처장이 정하는 의약품을 말한다. 이하 같다)

3. 저가의약품(상한금액이 보건복지부장관이 정하여 고시하는 기준금액 이하인 약제로서 보건복지부장관이 정하여 고시하는 의약품을 말한다)

④ 법 제41조의2제1항부터 제3항까지의 규정에 따른 약제에 대한 상한금액의 감액 및 요양급여의 적용 정지 기준은 별표 4의2와 같다.

[전문개정 2018. 9. 28.]

제18조의3 삭제 〈2018. 9. 28.〉

제18조의4 선별급여

① 법 제41조의4제1항에 따른 선별급여(이하 "선별급여"라 한다)를 실시할 수 있는 경우는 다음 각 호와 같다.

1. 경제성 또는 치료효과성 등이 불확실하여 그 검증을 위하여 추가적인 근거가 필요한 경우

2. 경제성이 낮아도 가입자와 피부양자의 건강회복에 잠재적 이득이 있는 경우

3. 제1호 또는 제2호에 준하는 경우로서 요양급여에 대한 사회적 요구가 있거나 국민건강 증진의 강화를 위하여 보건복지부장관이 특히 필요하다고 인정하는 경우

② 법 제41조의4제2항에 따른 선별급여의 적합성평가(이하 "적합성평가"라 한다)는 다음 각 호의 구분에 따른다.

1. 평가주기: 선별급여를 실시한 날부터 5년마다 평가할 것. 다만, 보건복지부장관은 해당 선별급여의 내용·성격 또는 효과 등을 고려하여 신속한 평가가 필요하다고 인정하는 경우에는 그 평가주기를 달리 정할 수 있다.

2. 평가항목: 다음 각 목의 사항을 평가할 것
   가. 치료 효과 및 치료 과정의 개선에 관한 사항
   나. 비용 효과에 관한 사항
   다. 다른 요양급여와의 대체가능성에 관한 사항
   라. 국민건강에 대한 잠재적 이득에 관한 사항
   마. 그 밖에 가목부터 라목까지의 규정에 준하는 사항으로서 보건복지부장관이 적합성평가를 위하여 특히 필요하다고 인정하는 사항

3. 평가방법: 서면평가의 방법으로 실시할 것. 다만, 보건복지부장관이 필요하다고 인정하는 경우에는 현장조사·문헌조사 또는 설문조사 등의 방법을 추가하여 실시할 수 있다.

③ 보건복지부장관은 적합성평가와 관련하여 전문적·심층적 검토가 필요하다고 인정하는 경우에는 보건의료 관련 연구기관·단체 또는 전문가 등에게 그 평가를 의뢰하여 실시할 수 있다.

④ 보건복지부장관은 적합성평가를 위하여 필요하다고 인정하는 경우에는 관계 중앙행정기관, 지방자치단체, 「공공기관의 운영에 관한 법률」에 따른 공공기관 또는 보건의료 관련 법인·단체·전문가 등에게 필요한 자료 또는 의견의 제출을 요청할 수 있다.

⑤ 제2항부터 제4항까지에서 규정한 사항 외에 적합성평가의 절차 및 방법 등에 필요한 사항은 보건복지부장관이 정하여 고시한다.

[본조신설 2017. 3. 20.]

제19조 비용의 본인부담

① 법 제44조제1항에 따른 본인일부부담금(이하 "본인일부부담금"이라 한다)의 부담률 및 부담액은 별표 2와 같다.

② 본인일부부담금은 요양기관의 청구에 따라 요양급여를 받는 사람이 요양기관에 납부한다. 이 경우 요양기관은 법 제41조제3항 및 제4항에 따라 보건복지부령으로 정하는 요양급여사항 또는 비급여사항 외에 입원보증금 등 다른 명목으로 비용을 청구해서는 아니 된다.

③ 법 제44조제2항에 따른 본인일부부담금의 총액은 요양급여를 받는 사람이 연간 부담하는 본

인일부부담금을 모두 더한 금액으로 한다. 다만, 다음 각 호의 어느 하나에 해당하는 본인일부부담금은 더하지 않는다. 〈개정 2018. 6. 26., 2019. 4. 2., 2019. 6. 11., 2019. 10. 22.〉

1. 별표 2 제1호가목1)에 따라 상급종합병원 · 종합병원 · 병원 · 한방병원 · 요양병원(「정신건강증진 및 정신질환자 복지서비스 지원에 관한 법률」 제3조제5호에 따른 정신의료기관 중 정신병원인 요양병원 및 「장애인복지법」 제58조제1항제4호에 따른 의료재활시설로서 「의료법」 제3조의2의 요건을 갖춘 의료기관인 요양병원으로 한정한다) 일반입원실의 2인실 · 3인실 및 정신과 폐쇄병실의 2인실 · 3인실을 이용한 경우 그 입원료로 부담한 금액

2. 별표 2 제3호라목5) · 6) · 9) 및 10)에 따라 부담한 금액

3. 별표 2 제3호사목 및 거목에 따라 부담한 금액

4. 별표 2 제4호에 따라 부담한 금액

5. 별표 2 제6호에 따라 부담한 금액

④ 법 제44조제2항에 따른 본인부담상한액(이하 "본인부담상한액"이라 한다)은 별표 3의 산정방법에 따라 산정된 금액을 말한다.

⑤ 법 제44조제2항에 따라 공단이 본인부담상한액을 넘는 금액을 지급하는 경우에는 요양급여를 받은 사람이 지정하는 예금계좌(「우체국예금 · 보험에 관한 법률」 에 따른 체신관서 및 「은행법」 에 따른 은행에서 개설된 예금계좌 등 보건복지부장관이 정하는 예금계좌를 말한다)로 지급해야 한다. 다만, 해당 예금계좌로 입금할 수 없는 불가피한 사유가 있는 경우에는 보건복지부장관이 정하는 방법으로 지급할 수 있다. 〈개정 2019. 6. 11.〉

⑥ 제2항 및 제5항에서 정한 사항 외에 본인일부부담금의 납부방법이나 본인부담상한액을 넘는 금액의 지급방법 등에 필요한 사항은 보건복지부장관이 정하여 고시한다.

[전문개정 2017. 3. 20.]

제20조 요양급여비용계약의 당사자

법 제45조제1항에 따른 요양급여비용의 계약 당사자인 의약계를 대표하는 사람은 다음 각 호와 같다. 〈개정 2018. 6. 26.〉

1. 「의료법」 제3조제2항제1호가목에 따른 의원에 대한 요양급여비용: 같은 법 제28조제1항에 따른 의사회의 장

2. 「의료법」 제3조제2항제1호나목 및 제3호나목에 따른 치과의원 및 치과병원에 대한 요양급여비용: 같은 법 제28조제1항에 따른 치과의사회의 장

3. 「의료법」 제3조제2항제1호다목 및 제3호다목에 따른 한의원 및 한방병원에 대한 요양

급여비용: 같은 법 제28조제1항에 따른 한의사회의 장

4. 「의료법」 제3조제2항제2호에 따른 조산원에 대한 요양급여비용: 같은 법 제28조제1항
   에 따른 조산사회 또는 간호사회의 장 중 1명

5. 「의료법」 제3조제2항제3호가목·라목 및 마목에 따른 병원·요양병원 및 종합병원에
   대한 요양급여비용: 같은 법 제52조에 따른 단체의 장

6. 「약사법」 제2조제3호에 따른 약국 및 같은 법 제91조에 따른 한국희귀·필수의약품센
   터에 대한 요양급여비용: 같은 법 제11조제1항에 따른 대한약사회의 장

7. 「지역보건법」에 따른 보건소·보건의료원 및 보건지소와 「농어촌 등 보건의료를 위한
   특별조치법」에 따라 설치된 보건진료소에 대한 요양급여비용: 보건복지부장관이 지정하
   는 사람

제21조 계약의 내용 등

① 법 제45조제1항에 따른 계약은 공단의 이사장과 제20조 각 호에 따른 사람이 유형별 요양기
   관을 대표하여 체결하며, 계약의 내용은 요양급여의 각 항목에 대한 상대가치점수의 점수당
   단가를 정하는 것으로 한다.

② 제1항에 따른 요양급여 각 항목에 대한 상대가치점수는 요양급여에 드는 시간·노력 등 업
   무량, 인력·시설·장비 등 자원의 양, 요양급여의 위험도 및 요양급여에 따른 사회적 편익
   등을 고려하여 산정한 요양급여의 가치를 각 항목 사이에 상대적인 점수로 나타낸 것으로 하
   며, 보건복지부장관이 심의위원회의 심의·의결을 거쳐 보건복지부령으로 정하는 바에 따라
   고시한다.   〈개정 2017. 3. 20.〉

③ 제2항에도 불구하고 다음 각 호의 경우에는 다음 각 호의 구분에 따른 방법으로 요양급여의
   상대가치점수를 산정할 수 있다.   〈개정 2015. 6. 30., 2015. 11. 18., 2017. 7. 24., 2019. 7. 2.〉

1. 「의료법」 제3조제2항제3호라목에 따른 요양병원에서 입원진료를 받는 경우: 해당 진료
   에 필요한 요양급여 각 항목의 점수와 약제·치료재료의 비용을 합산하여 증세의 경중도
   (輕重度)의 구분에 따른 1일당 상대가치점수로 산정

2. 「의료법」 제3조제2항제1호가목에 따른 의원, 같은 항 제3호가목에 따른 병원, 같은 호
   라목에 따른 요양병원, 같은 호 마목에 따른 종합병원, 같은 법 제3조의4에 따른 상급종합
   병원 또는 「지역보건법」 제12조에 따른 보건의료원에서 보건복지부장관이 정하여 고시
   하는 질병군[진단명, 시술명, 중증도(重症度), 나이 등을 기준으로 분류한 환자집단을 말
   한다]에 대하여 입원진료를 받는 경우: 해당 진료에 필요한 요양급여 각 항목의 점수와 약
   제·치료재료의 비용을 포괄하여 입원 건당 하나의 상대가치점수로 산정

3. 「호스피스·완화의료 및 임종과정에 있는 환자의 연명의료결정에 관한 법률」 제28조에 따라 호스피스·완화의료를 받는 경우: 해당 진료에 필요한 요양급여 각 항목의 점수와 약제·치료재료의 비용을 합산하여 1일당 상대가치점수로 산정

④ 제1항에 따라 계약을 체결할 때 상대가치점수가 고시되지 아니한 새로운 요양급여 항목의 비용에 대한 계약은 제2항에 따라 보건복지부장관이 같은 항목의 상대가치점수를 고시하는 날에 체결된 것으로 본다. 이 경우 그 계약은 그 고시일 이후 최초로 실시된 해당 항목의 요양급여부터 적용한다.

제22조 약제·치료재료의 요양급여비용

① 법 제46조에 따라 법 제41조제1항제2호의 약제·치료재료(제21조제2항 및 제3항에 따른 상대가치점수가 적용되는 약제·치료재료는 제외한다. 이하 이 조에서 같다)에 대한 요양급여비용은 다음 각 호의 구분에 따라 결정한다. 이 경우 구입금액(요양기관이 해당 약제 및 치료재료를 구입한 금액을 말한다. 이하 이 조에서 같다)이 상한금액(보건복지부장관이 심의위원회의 심의를 거쳐 해당 약제 및 치료재료별 요양급여비용의 상한으로 고시하는 금액을 말한다. 이하 같다)보다 많을 때에는 구입금액은 상한금액과 같은 금액으로 한다.

〈개정 2013. 1. 28., 2013. 3. 23., 2014. 8. 29.〉

1. 한약제: 상한금액

2. 한약제 외의 약제: 구입금액

3. 삭제 〈2014. 8. 29.〉

4. 치료재료: 구입금액

② 제1항에 따른 약제 및 치료재료에 대한 요양급여비용의 결정 기준·절차, 그 밖에 필요한 사항은 보건복지부장관이 정하여 고시한다.

제22조의2 요양급여비용의 지급 보류 등

① 공단은 법 제47조의2제1항에 따라 요양급여비용의 지급을 보류하려는 경우에는 해당 요양기관에 미리 다음 각 호의 사항을 적은 문서로 통지하여야 한다.

1. 해당 요양기관의 명칭, 대표자 및 주소

2. 지급 보류의 원인이 되는 사실과 지급 보류의 대상이 되는 요양급여비용 및 법적 근거

3. 제2호의 사항에 대하여 의견을 제출할 수 있다는 뜻과 의견을 제출하지 아니하는 경우의 처리방법

② 제1항에 따라 통지를 받은 요양기관은 지급 보류에 이의가 있는 경우에는 통지를 받은 날부

터 7일 이내에 요양급여비용의 지급 보류에 대한 의견서에 이의 신청의 취지와 이유를 적고 필요한 자료를 첨부하여 공단에 제출하여야 한다.

③ 공단은 제2항에 따라 요양기관이 제출한 의견서를 검토한 후 그 결과를 문서로 통보하여야 한다.

④ 법 제47조의2제3항에서 "법원의 무죄 판결이 확정되는 등 대통령령으로 정하는 사유"란 다음 각 호의 어느 하나에 해당하는 사유를 말한다.

1. 무죄 판결의 확정

2. 불기소처분(혐의없음 또는 죄가 안됨 처분에 한정한다. 이하 같다)

⑤ 법 제47조의2제1항에 따라 요양급여비용의 지급 보류 결정을 받은 요양기관은 무죄판결 또는 불기소처분을 받은 경우 그 사실을 공단에 통지하여야 한다.

⑥ 제5항에 따라 통지를 받은 공단은 지체 없이 지급 보류된 요양급여비용과 지급 보류된 기간 동안의 이자를 지급하여야 한다. 이 경우 이자는 지급 보류된 요양급여비용에 지급 보류한 날부터 지급하는 날까지의 기간에 대한 「국세기본법 시행령」 제43조의3제2항에 따른 국세환급가산금의 이자율을 곱하여 산정한 금액으로 한다.

⑦ 제1항부터 제6항까지에서 규정한 사항 외에 요양급여비용의 지급 보류 등에 필요한 해당 요양기관에 통지할 의견서 서식과 의견이 제출된 경우의 처리방법 등 세부사항은 공단이 정한다.

[본조신설 2014. 11. 20.]

제23조 부가급여

① 법 제50조에 따른 부가급여는 임신·출산(유산 및 사산을 포함한다. 이하 같다) 진료비로 한다. 〈개정 2017. 9. 19.〉

② 제1항에 따른 임신·출산 진료비 지원 대상은 다음 각 호와 같다. 〈개정 2018. 12. 24.〉

1. 임신·출산한 가입자 또는 피부양자

2. 1세 미만인 가입자 또는 피부양자(이하 "1세 미만 영유아"라 한다)의 법정대리인(출산한 가입자 또는 피부양자가 사망한 경우에 한정한다)

③ 공단은 제2항 각 호의 어느 하나에 해당하는 사람에게 다음 각 호의 구분에 따른 비용을 결제할 수 있는 임신·출산 진료비 이용권(이하 "이용권"이라 한다)을 발급할 수 있다.
〈개정 2018. 12. 24., 2020. 6. 2.〉

1. 임신·출산과 관련된 진료에 드는 비용

2. 임신·출산과 관련하여 처방된 약제·치료재료의 구입에 드는 비용

3. 1세 미만 영유아의 진료에 드는 비용

4. 1세 미만 영유아에게 처방된 약제·치료재료의 구입에 드는 비용

④ 이용권을 발급받으려는 사람(이하 이 조에서 "신청인"이라 한다)은 보건복지부령으로 정하는 발급 신청서에 제2항 각 호의 어느 하나에 해당한다는 사실을 확인할 수 있는 증명서를 첨부해 공단에 제출해야 한다. 〈개정 2018. 12. 24.〉

⑤ 제4항에 따라 이용권 발급 신청을 받은 공단은 신청인이 제2항 각 호의 어느 하나에 해당하는지를 확인한 후 신청인에게 이용권을 발급해야 한다. 〈개정 2018. 12. 24.〉

⑥ 이용권을 사용할 수 있는 기간은 제5항에 따라 이용권을 발급받은 날부터 다음 각 호의 구분에 따른 날까지로 한다. 〈개정 2018. 12. 24.〉

1. 임신·출산한 가입자 또는 피부양자: 출산일(유산 및 사산의 경우 그 해당일)부터 1년이 되는 날

2. 1세 미만 영유아의 법정대리인: 1세 미만 영유아의 출생일부터 1년이 되는 날

⑦ 이용권으로 결제할 수 있는 금액의 상한은 다음 각 호의 구분에 따른다. 다만, 보건복지부장관이 필요하다고 인정하여 고시하는 경우에는 다음 각 호의 상한을 초과하여 결제할 수 있다. 〈개정 2018. 12. 24.〉

1. 하나의 태아를 임신·출산한 경우: 60만원

2. 둘 이상의 태아를 임신·출산한 경우: 100만원

⑧ 제2항부터 제7항까지에서 규정한 사항 외에 임신·출산 진료비의 지급 절차와 방법, 이용권의 발급과 사용 등에 필요한 사항은 보건복지부령으로 정한다. 〈개정 2016. 6. 30.〉

제24조 삭제 〈2018. 12. 24.〉

제25조 건강검진

① 법 제52조에 따른 건강검진(이하 "건강검진"이라 한다)은 2년마다 1회 이상 실시하되, 사무직에 종사하지 않는 직장가입자에 대해서는 1년에 1회 실시한다. 다만, 암검진은 「암관리법 시행령」에서 정한 바에 따르며, 영유아건강검진은 영유아의 나이 등을 고려하여 보건복지부장관이 정하여 고시하는 바에 따라 검진주기와 검진횟수를 다르게 할 수 있다.

② 건강검진은 「건강검진기본법」 제14조에 따라 지정된 건강검진기관(이하 "검진기관"이라 한다)에서 실시해야 한다.

③ 공단은 건강검진을 실시하려면 건강검진의 실시에 관한 사항을 다음 각 호의 구분에 따라 통보해야 한다.

1. 일반건강검진 및 암검진: 직장가입자에게 실시하는 건강검진의 경우에는 해당 사용자에게, 직장가입자의 피부양자 및 지역가입자에게 실시하는 건강검진의 경우에는 검진을 받는 사람에게 통보

2. 영유아건강검진: 직장가입자의 피부양자인 영유아에게 실시하는 건강검진의 경우에는 그 직장가입자에게, 지역가입자인 영유아에게 실시하는 건강검진의 경우에는 해당 세대주에게 통보

④ 건강검진을 실시한 검진기관은 공단에 건강검진의 결과를 통보해야 하며, 공단은 이를 건강검진을 받은 사람에게 통보해야 한다. 다만, 검진기관이 건강검진을 받은 사람에게 직접 통보한 경우에는 공단은 그 통보를 생략할 수 있다.

⑤ 건강검진의 검사항목, 방법, 그에 드는 비용, 건강검진 결과 등의 통보 절차, 그 밖에 건강검진을 실시하는 데 필요한 사항은 보건복지부장관이 정하여 고시한다.

[전문개정 2018. 12. 24.]

제26조 급여의 제한

① 법 제53조제3항 각 호 외의 부분 본문에서 "대통령령으로 정하는 기간"이란 1개월을 말한다.

② 법 제53조제3항 각 호 외의 부분 단서에서 "대통령령으로 정하는 횟수"란 6회를 말한다.

③ 법 제53조제3항 각 호 외의 부분 단서에서 "대통령령으로 정하는 기준 미만인 경우"란 다음 각 호의 요건을 모두 충족한 경우를 말한다. 이 경우 소득은 제41조제1항에 따른 소득을 말하고, 재산은 제42조제3항제1호에 따른 재산을 말한다. 〈신설 2019. 6. 11.〉

1. 법 제53조제3항제2호의 보험료를 체납한 가입자가 속한 세대의 소득이 100만원 미만이고, 그 세대의 재산에 대한 「지방세법」 제10조에 따른 과세표준(이하 "과세표준"이라 한다)이 100만원 미만일 것. 다만, 가입자가 미성년자, 65세 이상인 사람 또는 「장애인복지법」에 따라 등록한 장애인인 경우에는 그 소득 및 재산에 대한 과세표준이 각각 공단이 정하는 금액 미만일 것

2. 법 제53조제3항제2호의 보험료를 체납한 가입자가 「소득세법」 제168조제1항에 따른 사업자등록을 한 사업에서 발생하는 소득이 없을 것

④ 제3항에 따른 소득 및 재산의 확인 절차, 방법 및 시기 등에 관한 구체적인 사항은 공단이 정한다. 〈신설 2019. 6. 11.〉

[제목개정 2019. 6. 11.]

제26조의2 요양비등수급계좌의 신청 방법 및 절차 등

① 법 제56조의2제1항 본문에 따라 요양비등을 수급자 명의의 지정된 계좌(이하 "요양비등수급계좌"라 한다)로 받으려는 사람은 요양비 지급청구서와 보조기기급여비 지급청구서 등에 요양비등수급계좌의 계좌번호를 기재하고, 예금통장(계좌번호가 기록되어 있는 면을 말한다) 사본을 첨부하여 공단에 제출해야 한다. 요양비등수급계좌를 변경하는 경우에도 또한 같다.

〈개정 2019. 6. 11.〉

② 공단은 법 제56조의2제1항 단서에 따라 수급자가 요양비등수급계좌를 개설한 금융기관이 폐업 또는 업무정지나 정보통신장애 등으로 정상영업이 불가능하거나 이에 준하는 불가피한 사유로 이체할 수 없을 때에는 직접 현금으로 지급한다.

[본조신설 2014. 11. 20.]

제26조의3 부당이득 징수금 체납자의 인적사항 공개 및 공개 제외 사유 등

① 법 제57조의2제1항 본문에서 "대통령령으로 정하는 사항"이란 징수금 발생의 원인이 되는 위반행위, 체납자의 성명(법인의 대표자 성명을 포함한다), 상호(법인의 명칭을 포함한다), 나이, 주소, 체납액(체납된 징수금, 연체금 및 체납처분비를 말한다. 이하 이 조에서 같다)의 종류 · 납부기한 · 금액 및 체납요지 등을 말한다.

② 법 제57조의2제1항 단서에서 "체납된 금액의 일부 납부 등 대통령령으로 정하는 사유가 있는 경우"란 다음 각 호의 어느 하나에 해당하는 경우를 말한다.

1. 법 제57조의2제3항에 따른 통지 당시 체납액의 100분의 10 이상을 그 통지일부터 6개월 이내에 납부한 경우

2. 「채무자 회생 및 파산에 관한 법률」 제243조에 따른 회생계획인가의 결정에 따라 체납액의 징수를 유예받고 그 유예기간 중에 있거나 체납액을 회생계획의 납부일정에 따라 납부하고 있는 경우

3. 징수금 발생의 원인이 되는 위반행위로 인하여 수사가 진행 중이거나 형사재판이 계속 중인 경우

4. 재해 등으로 재산에 심한 손실을 입은 경우 등으로서 법 제57조의2제2항에 따른 부당이득징수금체납정보공개심의위원회(이하 "부당이득징수금체납정보공개심의위원회"라 한다)가 같은 조 제1항에 따른 인적사항등을 공개할 실익이 없다고 인정하는 경우

③ 공단은 법 제57조의2제3항에 따른 통지를 할 때에는 체납액의 납부를 촉구하고, 같은 조 제1항 단서에 따른 경우에 해당하면 그에 관한 소명자료를 제출하도록 안내해야 한다.

[본조신설 2020. 6. 2.]

제26조의4 부당이득징수금체납정보공개심의위원회의 구성 및 운영

① 부당이득징수금체납정보공개심의위원회는 위원장 1명을 포함한 9명의 위원으로 구성한다.

② 부당이득징수금체납정보공개심의위원회의 위원장은 공단의 임원 중 해당 업무를 담당하는 상임이사가 되고, 위원은 공단의 이사장이 임명하거나 위촉하는 다음 각 호의 사람으로 한다.

　1. 공단 소속 직원 3명

　2. 보험급여 비용의 부당이득 징수에 관한 사무를 담당하는 보건복지부 소속 4급 또는 5급 공무원 1명

　3. 법률, 회계 또는 사회보험에 관한 학식과 경험이 풍부한 사람 4명

③ 제2항제3호에 따른 위원의 임기는 2년으로 하며, 한 차례만 연임할 수 있다.

④ 부당이득징수금체납정보공개심의위원회의 회의는 위원장을 포함한 재적위원 과반수의 출석으로 개의하고, 출석위원 과반수의 찬성으로 의결한다.

⑤ 제1항부터 제4항까지에서 규정한 사항 외에 부당이득징수금체납정보공개심의위원회의 구성 및 운영에 필요한 사항은 공단이 정한다.

[본조신설 2020. 6. 2.]

제27조 현역병 등에 대한 요양급여비용 등의 지급

① 법 제60조제1항 전단에서 "대통령령으로 정하는 치료 등"이란 법 제41조제1항제1호부터 제3호까지 및 제5호에 따른 요양급여를 말한다.

② 법 제60조제1항 후단에 따라 법무부장관·국방부장관·경찰청장·소방청장 또는 해양경찰청장(이하 이 조에서 "기관장"이라 한다)은 해당 기관에서 연간 들어갈 것으로 예상되는 요양급여비용과 법 제49조에 따른 요양비(이하 "요양비"라 한다)를 공단이 지정한 계좌에 예탁해야 한다.　　　　　　　　　　　　　〈개정 2014. 11. 19., 2017. 7. 26., 2019. 6. 11.〉

③ 공단은 예탁금 집행 현황을 분기별로 보건복지부장관 및 해당 기관장에게 통보하여야 한다.

④ 공단은 제2항에 따라 기관장이 예탁한 요양급여비용과 요양비가 공단이 부담해야 할 요양급여비용과 요양비에 미치지 못할 때에는 기관장에게 이를 즉시 청구하고, 기관장은 공단의 청구에 따라 요양급여비용과 요양비를 공단에 지급해야 한다.　　　　　〈개정 2019. 6. 11.〉

⑤ 공단은 제2항에 따라 기관장이 예탁한 요양급여비용과 요양비에서 발생한 이자를 공단이 부담해야 할 요양급여비용에 사용할 수 있다.　　　　　　　　　　〈개정 2019. 6. 11.〉

[제목개정 2019. 6. 11.]

제5장 건강보험심사평가원

제28조 업무

① 법 제63조제1항제7호에서 "대통령령으로 정하는 업무"란 다음 각 호의 업무를 말한다.

〈개정 2013. 1. 28.〉

1. 법 제47조에 따른 요양급여비용의 심사청구와 관련된 소프트웨어의 개발·공급·검사 등 전산 관리
2. 법 제49조제1항에 따라 지급되는 요양비 중 보건복지부령으로 정하는 기관에서 받은 요양비에 대한 심사
3. 법 제63조제1항제2호에 따른 요양급여의 적정성 평가 결과의 공개
4. 법 제63조제1항제1호부터 제6호까지 및 이 항 제1호부터 제3호까지의 업무를 수행하기 위한 환자 분류체계의 개발·관리
5. 법 제63조제1항제1호부터 제6호까지 및 이 항 제1호부터 제4호까지의 업무와 관련된 교육·홍보

② 제1항제1호·제3호·제4호에 따른 전산 관리, 적정성 평가 결과의 공개 및 환자 분류체계의 개발·관리의 절차·기준·방법과 그 밖에 필요한 사항은 보건복지부장관이 정하여 고시한다.

〈개정 2013. 1. 28.〉

제29조 공무원인 임원

법 제65조제4항에 따라 보건복지부장관은 보건복지부의 3급 공무원 또는 고위공무원단에 속하는 공무원 중에서 1명을 지명하는 방법으로 심사평가원의 비상임이사를 추천한다.

〈개정 2016. 8. 2.〉

제30조 원장 권한의 위임

법 제68조에 따라 준용되는 법 제32조에 따라 심사평가원의 원장이 분사무소의 장에게 위임할 수 있는 사항은 다음 각 호의 요양기관을 제외한 요양기관의 법 제47조제2항에 따른 요양급여비용에 대한 심사 권한과 법 제87조제2항에 따른 이의신청에 대한 결정 권한으로 한다.

1. 「의료법」 제3조의4에 따른 상급종합병원
2. 그 밖에 심사평가원의 정관으로 정하는 요양기관

제31조 준용 규정

심사평가원 이사회의 심의·의결사항 및 회의에 관하여는 제11조(제5호는 제외한다) 및 제12조를 준용한다. 이 경우 "공단"은 "심사평가원"으로, "이사장"은 "원장"으로 본다.

제6장 보험료

제32조 월별 보험료액의 상한과 하한

법 제69조제6항에 따른 월별 보험료액의 상한 및 하한은 다음 각 호의 구분에 따른다.

1. 월별 보험료액의 상한은 다음 각 목과 같다.

   가. 직장가입자의 보수월액보험료: 보험료가 부과되는 연도의 전전년도 직장가입자 평균 보수월액보험료(이하 이 조에서 "전전년도 평균 보수월액보험료"라 한다)의 30배에 해당하는 금액을 고려하여 보건복지부장관이 정하여 고시하는 금액

   나. 직장가입자의 소득월액보험료 및 지역가입자의 월별 보험료액: 보험료가 부과되는 연도의 전전년도 평균 보수월액보험료의 15배에 해당하는 금액을 고려하여 보건복지부장관이 정하여 고시하는 금액

2. 월별 보험료액의 하한은 다음 각 목과 같다.

   가. 직장가입자의 보수월액보험료: 보험료가 부과되는 연도의 전전년도 평균 보수월액보험료의 1천분의 80 이상 1천분의 85 미만의 범위에서 보건복지부장관이 정하여 고시하는 금액

   나. 지역가입자의 월별 보험료액: 보험료가 부과되는 연도의 전전년도 평균 보수월액보험료의 1천분의 60 이상 1천분의 65 미만의 범위에서 보건복지부장관이 정하여 고시하는 금액

[전문개정 2018. 3. 6.]

제33조 보수에 포함되는 금품 등

① 법 제70조제3항 전단에서 "대통령령으로 정하는 것"이란 근로의 대가로 받은 봉급, 급료, 보수, 세비(歲費), 임금, 상여, 수당, 그 밖에 이와 유사한 성질의 금품으로서 다음 각 호의 것을 제외한 것을 말한다. 〈개정 2015. 6. 30.〉

1. 퇴직금

2. 현상금, 번역료 및 원고료

3. 「소득세법」에 따른 비과세근로소득. 다만, 「소득세법」 제12조제3호차목·파목 및 거목에 따라 비과세되는 소득은 제외한다.

② 법 제70조제3항 후단에서 "보수 관련 자료가 없거나 불명확한 경우 등 대통령령으로 정하는 사유"란 다음 각 호의 어느 하나에 해당하는 경우를 말한다.

1. 보수 관련 자료가 없거나 불명확한 경우

2. 「최저임금법」 제5조에 따른 최저임금액 등을 고려할 때 보수 관련 자료의 신뢰성이 없다고 공단이 인정하는 경우

③ 보수의 전부 또는 일부가 현물(現物)로 지급되는 경우에는 그 지역의 시가(時價)를 기준으로 공단이 정하는 가액(價額)을 그에 해당하는 보수로 본다.

④ 법 제70조제3항 후단에 따라 보건복지부장관이 고시하는 금액이 적용되는 기간 중에 사업장 근로자의 보수가 확인되는 경우에는 공단이 확인한 날이 속하는 달의 다음 달부터 그 고시금액을 적용하지 아니한다.

제34조 직장가입자에 대한 보수월액보험료 부과의 원칙

① 법 제70조제1항에 따라 직장가입자에 대한 보수월액보험료는 매년 다음 각 호의 구분에 따라 산정된 보수월액을 기준으로 하여 부과하고, 다음 해에 확정되는 해당 연도의 보수 총액을 기준으로 제39조에 따라 보수월액을 다시 산정하여 정산한다. 다만, 법 제70조제3항 후단에 따라 보건복지부장관이 고시하는 금액이 적용되는 직장가입자에 대해서는 그 고시하는 금액이 적용되는 기간 동안 부과한 보수월액보험료의 정산을 생략할 수 있다.

1. 직장가입자의 자격을 취득하거나, 다른 직장가입자로 자격이 변동되거나, 지역가입자에서 직장가입자로 자격이 변동된 사람: 제37조에 따른 자격 취득 또는 변동 시의 보수월액

2. 제1호에 해당하지 아니하는 직장가입자: 전년도에 받은 보수의 총액을 기준으로 제36조에 따라 산정한 보수월액

② 제1항 각 호에 따른 보수월액의 적용기간은 다음 각 호와 같다. 〈개정 2013. 9. 26.〉

1. 제1항제1호의 가입자: 자격 취득 또는 변동일이 속하는 달(매월 2일 이후에 자격이 변동된 경우에는 그 자격 변동일이 속한 달의 다음 달을 말한다)부터 다음 해 3월까지

2. 제1항제2호의 가입자: 매년 4월부터 다음 해 3월까지

제35조 보수월액 산정을 위한 보수 등의 통보

① 사용자는 법 제70조제1항에 따른 보수월액의 산정을 위하여 매년 3월 10일까지 전년도 직장가입자에게 지급한 보수의 총액(법 제70조 및 이 영 제33조에 따라 산정된 금액으로서 가입

자별로 1월부터 12월까지 지급한 보수의 총액을 말한다. 이하 같다)과 직장가입자가 해당 사업장·국가·지방자치단체·사립학교 또는 그 학교경영기관(이하 "사업장등"이라 한다)에 종사한 기간 등 보수월액 산정에 필요한 사항을 공단에 통보하여야 한다. 이 경우 법 제70조 제3항 후단의 적용을 받는 직장가입자에 대해서는 통보를 생략할 수 있다. 〈개정 2013. 9. 26.〉

② 사용자는 법 제70조제1항에 따른 보수월액 산정을 위하여 그 사업장이 다음 각 호의 어느 하나에 해당하면 그때까지 사용·임용 또는 채용한 모든 직장가입자(제3호의 경우에는 해당 직장가입자를 말한다)에게 지급한 보수의 총액 등 보수월액 산정에 필요한 사항을 공단에 통보하여야 한다.

1. 사업장이 폐업·도산하거나 이에 준하는 사유가 발생한 경우

2. 사립학교가 폐교된 경우

3. 일부 직장가입자가 퇴직한 경우

제36조 보수월액의 결정 등

① 공단은 제35조에 따라 통보받은 보수의 총액을 전년도 중 직장가입자가 그 사업장등에 종사한 기간의 개월수로 나눈 금액을 매년 보수월액으로 결정한다. 다만, 사용자가 그 사업장등의 해당 연도 보수의 평균 인상률 또는 인하율을 공단에 통보한 경우에는 본문에 따라 계산한 금액에 그 평균 인상률 또는 인하율을 반영하여 산정한 금액을 매년 보수월액으로 결정한다.

② 사용자는 해당 직장가입자의 보수가 인상되거나 인하되었을 때에는 공단에 보수월액의 변경을 신청할 수 있다. 다만, 상시 100명 이상의 근로자가 소속되어 있는 사업장의 사용자는 다음 각 호에 따라 공단에 그 보수월액의 변경을 신청하여야 한다. 〈개정 2015. 12. 22.〉

1. 해당 월의 보수가 14일 이전에 변경된 경우: 해당 월의 15일까지

2. 해당 월의 보수가 15일 이후에 변경된 경우: 해당 월의 다음 달 15일까지

③ 공단은 사용자가 제35조에 따른 통보를 하지 아니하거나 통보 내용이 사실과 다른 경우에는 법 제94조에 따라 그 사실을 조사하여 보수월액을 산정·변경할 수 있으며, 제2항에 따른 보수월액의 변경신청을 받은 경우에는 보수가 인상된 달 또는 인하된 달부터 보수월액을 변경할 수 있다.

④ 직장가입자가 둘 이상의 건강보험 적용 사업장에서 보수를 받고 있는 경우에는 각 사업장에서 받고 있는 보수를 기준으로 각각 보수월액을 결정한다.

⑤ 직장가입자의 보수월액을 제33조부터 제38조까지의 규정에 따라 산정하기 곤란하거나 보수를 확인할 수 있는 자료가 없는 경우 보수월액의 산정방법과 보수의 인상·인하 시 보수월액의 변경신청 등 필요한 사항은 재정운영위원회의 의결을 거쳐 공단의 정관으로 정한다.

제37조 직장가입자의 자격 취득·변동 시 보수월액의 결정

공단은 직장가입자의 자격을 취득하거나, 다른 직장가입자로 자격이 변동되거나, 지역가입자에서 직장가입자로 자격이 변동된 사람이 있을 때에는 다음 각 호의 구분에 따른 금액을 해당 직장가입자의 보수월액으로 결정한다.

1. 연·분기·월·주 또는 그 밖의 일정기간으로 보수가 정해지는 경우: 그 보수액을 그 기간의 총 일수로 나눈 금액의 30배에 상당하는 금액

2. 일(日)·시간·생산량 또는 도급(都給)으로 보수가 정해지는 경우: 직장가입자의 자격을 취득하거나 자격이 변동된 달의 전 1개월 동안에 그 사업장에서 해당 직장가입자와 같은 업무에 종사하고 같은 보수를 받는 사람의 보수액을 평균한 금액

3. 제1호 및 제2호에 따라 보수월액을 산정하기 곤란한 경우: 직장가입자의 자격을 취득하거나 자격이 변동된 달의 전 1개월 동안 같은 업무에 종사하고 있는 사람이 받는 보수액을 평균한 금액

제38조 보수가 지급되지 아니하는 사용자의 보수월액 결정

① 법 제70조제4항에 따른 보수가 지급되지 아니하는 사용자의 보수월액은 다음 각 호의 방법으로 산정한다. 이 경우 사용자는 매년 5월 31일까지[「소득세법」제70조의2에 따라 세무서장에게 성실신고확인서를 제출한 사용자(이하 이 항에서 "성실신고사용자"라 한다)인 경우에는 6월 30일까지] 수입을 증명할 수 있는 자료를 제출하거나 수입금액을 공단에 통보하여야 하며, 산정된 보수월액은 매년 6월부터 다음 해 5월까지(성실신고사용자의 경우에는 매년 7월부터 다음 해 6월까지) 적용한다.　　　　　　　　　　　　　　〈개정 2013. 9. 26.〉

1. 해당 연도 중 해당 사업장에서 발생한 보건복지부령으로 정하는 수입으로서 객관적인 자료를 통하여 확인된 금액

2. 수입을 확인할 수 있는 객관적인 자료가 없는 경우에는 사용자의 신고금액

② 보수가 지급되지 아니하는 사용자의 보수월액을 결정하거나 변경하는 절차 등에 관하여는 제34조제1항, 제35조제2항 및 제36조를 준용한다.　　　　　　　〈신설 2013. 9. 26.〉

③ 제1항 및 제2항에도 불구하고 제1항제1호 및 제2호에 따른 확인금액 또는 신고금액이 해당 사업장에서 가장 높은 보수월액을 적용받는 근로자의 보수월액보다 낮은 경우에는 그 근로자의 보수월액을 해당 사용자의 보수월액으로 한다.　　　　　　　〈개정 2013. 9. 26.〉

제39조 보수월액보험료의 정산 및 분할납부

① 공단은 원래 산정·징수한 보수월액보험료의 금액이 제34조부터 제38조까지의 규정에 따라

다시 산정한 보수월액보험료의 금액을 초과하는 경우에는 그 초과액을 사용자에게 반환하여야 하며, 부족한 경우에는 그 부족액을 사용자로부터 추가로 징수하여야 한다.

② 사용자는 직장가입자의 사용·임용·채용 관계가 끝난 경우에는 해당 직장가입자가 납부한 보수월액보험료를 다시 산정하여 근로자와 정산한 후 공단과 정산 절차를 거쳐야 한다. 다만, 법 제70조제3항 후단에 따라 보건복지부장관이 고시하는 금액이 적용되는 직장가입자에 대해서는 그 고시하는 금액이 적용되는 기간에 부과한 보수월액보험료의 정산을 생략할 수 있다.

③ 사용자는 제1항에 따라 반환받은 금액 또는 추가 납부한 금액 중 직장가입자가 반환받을 금액 및 부담하여야 할 금액에 대해서는 해당 직장가입자와 정산하여야 한다.

④ 공단은 제1항에 따라 추가로 징수하여야 할 금액(이하 "추가징수금액"이라 한다) 중 직장가입자가 부담하는 금액이 해당 직장가입자가 부담하는 보수월액보험료(추가징수금액을 고지하는 날이 속하는 달의 보수월액보험료를 말한다) 이상인 경우에는 다음 각 호의 구분에 따라 납부하게 할 수 있다. 〈개정 2018. 3. 20.〉

1. 제34조제1항 본문에 따라 다음 해에 확정되는 해당 연도의 보수 총액을 기준으로 한 정산(이하 "연말정산"이라 한다)에 따른 추가징수금액: 5회로 분할하여 납부. 다만, 사용자의 신청에 따라 1회에 전액 납부하거나 10회 이내의 범위에서 분할하여 납부할 수 있다.

2. 연말정산을 제외한 정산에 따른 추가징수금액: 1회에 전액 납부. 다만, 사용자의 신청에 따라 10회 이내의 범위에서 분할하여 납부할 수 있다.

⑤ 제1항부터 제4항까지에서 규정한 사항 외에 보수월액보험료의 정산 및 분할납부에 필요한 세부 사항은 공단의 정관으로 정한다. 〈신설 2018. 3. 20.〉

제40조 공무원의 전출 시의 보수월액보험료 납부

공무원인 직장가입자가 다른 기관으로 전출된 경우 전출된 날이 속하는 달의 보수월액보험료는 전출 전 기관의 장이 전출된 공무원에게 지급할 보수에서 이를 공제하여 납부한다. 다만, 전출한 기관의 장이 전출한 날이 속하는 달의 보수를 지급하지 아니한 경우에는 전입받은 기관의 장이 보수에서 공제하여 납부한다.

제41조 소득월액

① 법 제71조제1항에 따른 소득월액(이하 "소득월액"이라 한다) 산정에 포함되는 소득은 다음 각 호와 같다. 이 경우 「소득세법」에 따른 비과세소득은 제외한다.

1. 이자소득: 「소득세법」 제16조에 따른 소득

2. 배당소득: 「소득세법」 제17조에 따른 소득

3. 사업소득: 「소득세법」 제19조에 따른 소득

4. 근로소득: 「소득세법」 제20조에 따른 소득. 다만, 같은 법 제47조에 따른 근로소득공제
   는 적용하지 아니한다.

5. 연금소득: 「소득세법」 제20조의3에 따른 소득. 다만, 같은 법 제20조의3제2항 및 제47조
   의2는 적용하지 아니한다.

6. 기타소득: 「소득세법」 제21조에 따른 소득

② 법 제71조제1항 계산식 외의 부분 및 같은 항의 계산식에서 "대통령령으로 정하는 금액"이란
각각 연간 3,400만원을 말한다. 〈개정 2018. 3. 6.〉

③ 소득월액은 법 제71조제1항의 계산식을 적용하여 산출한 금액을 보건복지부령으로 정하는
방법에 따라 평가하여 산정한다. 〈개정 2018. 3. 6.〉

④ 제1항부터 제3항까지에서 규정한 사항 외에 소득월액의 산정에 포함되는 제1항 각 호의 소
득자료의 반영 시기 등 소득월액의 산정에 필요한 세부 사항은 공단의 정관으로 정한다.
〈개정 2018. 3. 6.〉

제42조 보험료부과점수의 산정기준

① 법 제72조제1항에 따른 보험료부과점수는 다음 각 호의 사항을 고려하여 산정하되, 구체적
인 산정방법은 별표 4와 같다.

1. 소득

2. 재산

3. 삭제 〈2018. 3. 6.〉

② 제1항제1호에 따른 소득의 구체적인 종류 및 범위에 관하여는 제41조제1항을 준용한다.

③ 제1항제2호에 따른 재산은 다음 각 호와 같다. 〈개정 2018. 3. 6., 2019. 6. 11.〉

1. 「지방세법」 제105조에 따른 재산세의 과세대상이 되는 토지, 건축물, 주택, 선박 및 항
   공기. 다만, 종중재산(宗中財産), 마을 공동재산, 그 밖에 이에 준하는 공동의 목적으로 사
   용하는 건축물 및 토지는 제외한다.

2. 주택을 소유하지 아니한 지역가입자의 경우에는 임차주택에 대한 보증금 및 월세금액

3. 「지방세법 시행령」 제123조제1호에 따른 승용자동차 및 같은 조 제2호에 따른 그 밖의
   승용자동차. 다만, 다음 각 목의 어느 하나에 해당하는 경우에는 제외한다.

   가. 사용연수가 9년 이상인 경우

   나. 배기량이 1,600시시 이하인 경우. 다만, 과세표준에 「지방세법 시행령」 제4조제1항

제3호에 따른 차량의 경과연수별 잔존가치율을 고려하여 보건복지부장관이 고시한 비율을 적용하여 산정된 차량의 가액이 4천만원 이상인 경우는 제외한다.

　　다. 「국가유공자 등 예우 및 지원에 관한 법률」 제4조·제73조 및 제74조에 따른 국가유공자 등(법률 제11041호로 개정되기 전의 「국가유공자 등 예우 및 지원에 관한 법률」 제73조의2에 따른 국가유공자 등을 포함한다)으로서 같은 법 제6조의4에 따른 상이등급 판정을 받은 사람과 「보훈보상대상자 지원에 관한 법률」 제2조에 따른 보훈보상대상자로서 같은 법 제6조에 따른 상이등급 판정을 받은 사람이 소유한 자동차

　　라. 「장애인복지법」에 따라 등록한 장애인이 소유한 자동차

　　마. 「지방세특례제한법」 제4조에 따라 과세하지 아니하는 자동차

　　바. 「지방세법 시행령」 제122조에 따른 영업용 자동차

④ 제1항부터 제3항까지에서 규정한 사항 외에 보험료부과점수의 산정에 포함되는 제1항 각 호의 사항에 관한 자료의 반영 시기 등 보험료부과점수의 산정에 필요한 세부 사항은 공단의 정관으로 정한다.　　　　　　　　　　　　　　　　　　　　　　　〈개정 2018. 3. 6.〉

제42조의2 보험료부과제도개선위원회의 구성 등

① 법 제72조의2에 따른 보험료부과제도개선위원회(이하 "제도개선위원회"라 한다)는 성별을 고려하여 위원장 1명과 부위원장 1명을 포함하여 19명 이내의 위원으로 구성한다.

② 제도개선위원회 위원장은 보건복지부차관이 되고, 부위원장은 위원 중에서 위원장이 지명하는 사람이 된다.

③ 제도개선위원회 위원장은 제도개선위원회를 대표하며, 그 업무를 총괄한다.

④ 제도개선위원회 부위원장은 위원장을 보좌하며, 위원장이 부득이한 사유로 직무를 수행할 수 없을 때에는 그 직무를 대행한다.

⑤ 제도개선위원회 위원은 다음 각 호의 구분에 따라 보건복지부장관이 임명 또는 위촉한다.

　1. 기획재정부, 보건복지부, 고용노동부, 국토교통부, 국무조정실, 인사혁신처, 금융위원회 및 국세청 소속의 3급 공무원 또는 고위공무원단에 속하는 일반직공무원 중에서 그 소속 기관의 장이 1명씩 지명하는 사람

　2. 보험료 부과체계, 조세, 주택, 금융 또는 연금제도 등에 관한 학식과 경험이 풍부한 사람 9명 이내

　3. 공단의 이사장이 추천하는 사람 1명

⑥ 제도개선위원회 위원(제5항제1호에 따른 위원은 제외한다)의 임기는 2년으로 하며, 두 차례만 연임할 수 있다.

⑦ 제도개선위원회 위원(제5항제1호에 따른 위원은 제외한다)의 사임 등으로 새로 위촉된 제도개선위원회 위원의 임기는 전임위원 임기의 남은 기간으로 한다.

[본조신설 2018. 3. 6.]

제42조의3 제도개선위원회 위원의 해임 및 해촉

보건복지부장관은 제도개선위원회 위원이 다음 각 호의 어느 하나에 해당하는 경우에는 해당 위원을 해임하거나 해촉할 수 있다.

1. 심신장애로 인하여 직무를 수행할 수 없게 된 경우
2. 직무와 관련된 비위사실이 있는 경우
3. 직무태만, 품위손상이나 그 밖의 사유로 인하여 위원으로 적합하지 아니하다고 인정되는 경우
4. 위원 스스로 직무를 수행하는 것이 곤란하다고 의사를 밝히는 경우

[본조신설 2018. 3. 6.]

제42조의4 제도개선위원회의 회의

① 제도개선위원회 위원장은 제도개선위원회의 회의를 소집하고, 그 의장이 된다.
② 제도개선위원회의 회의는 재적위원 3분의 1 이상이 요구할 때 또는 위원장이 필요하다고 인정할 때에 소집한다.
③ 제도개선위원회의 회의는 재적위원 과반수의 출석으로 개의(開議)하고 출석위원 과반수의 찬성으로 의결한다.
④ 제도개선위원회의 효율적인 심의를 위하여 필요한 경우에는 전문위원회를 구성·운영할 수 있다.
⑤ 제1항부터 제4항까지에서 규정한 사항 외에 제도개선위원회와 전문위원회의 구성·운영 등에 필요한 사항은 제도개선위원회의 의결을 거쳐 위원장이 정한다.

[본조신설 2018. 3. 6.]

제42조의5 간사

① 제도개선위원회의 사무를 처리하기 위하여 제도개선위원회에 간사 1명을 둔다.
② 간사는 보건복지부 소속 3급 또는 4급 공무원 중에서 보건복지부장관이 임명한다.

[본조신설 2018. 3. 6.]

제42조의6 보험료 부과제도에 대한 적정성 평가

① 보건복지부장관은 법 제72조의3제1항에 따른 적정성 평가(이하 "적정성 평가"라 한다)를 위한 조사 및 연구를 실시할 수 있다.

② 보건복지부장관은 제1항에 따라 실시하는 조사 및 연구를 보험료 부과제도에 관한 전문성을 갖춘 연구기관, 대학, 비영리법인 또는 단체 등에 의뢰하여 실시할 수 있다.

③ 보건복지부장관은 관계 중앙행정기관, 지방자치단체 및 「공공기관의 운영에 관한 법률」에 따른 공공기관 등에 대하여 적정성 평가에 관한 의견 또는 자료의 제출을 요청할 수 있다.

④ 보건복지부장관은 제1항에 따른 적정성 평가를 실시한 경우 그 결과를 제도개선위원회에 알려야 한다.

[본조신설 2018. 3. 6.]

제43조 지역가입자의 세대 분리

공단은 지역가입자가 다음 각 호의 어느 하나의 사람에 해당하는 경우에는 그 가입자를 해당 세대에서 분리하여 별도 세대로 구성할 수 있다. 〈개정 2013. 9. 26., 2017. 3. 20., 2020. 6. 30.〉

1. 해당 세대와 가계단위 및 생계를 달리하여 공단에 세대 분리를 신청한 사람

2. 별표 2 제3호라목에 따른 본인일부부담금의 적용을 받는 사람

3. 「병역법」 제21조 또는 제26조에 따라 소집되어 상근예비역 또는 사회복무요원으로 복무하는 사람

4. 「대체역의 편입 및 복무 등에 관한 법률」 제17조에 따라 소집되어 대체복무요원으로 복무하는 사람

제44조 보험료율 및 보험료부과점수당 금액

① 법 제73조제1항에 따른 직장가입자의 보험료율은 1만분의 667로 한다.
〈개정 2012. 12. 27., 2013. 9. 26., 2014. 11. 20., 2015. 12. 22., 2017. 12. 29., 2018. 12. 24., 2019. 12. 31.〉

② 법 제73조제3항에 따른 지역가입자의 보험료부과점수당 금액은 195.8원으로 한다.
〈개정 2012. 12. 27., 2013. 9. 26., 2014. 11. 20., 2015. 12. 22., 2017. 12. 29., 2018. 12. 24., 2019. 12. 31.〉

제44조의2 보험료가 면제되는 국외 체류기간

법 제74조제1항 본문에서 "대통령령으로 정하는 기간"이란 3개월을 말한다.

[본조신설 2020. 7. 7.]

제45조 보험료 경감 대상지역

법 제75조제1항제1호에서 "섬 · 벽지(僻地) · 농어촌 등 대통령령으로 정하는 지역"이란 다음 각 호의 어느 하나에 해당하는 지역을 말한다. 〈개정 2015. 6. 30.〉

1. 요양기관까지의 거리가 멀거나 대중교통으로 이동하는 시간이 오래 걸리는 지역으로서 보건복지부장관이 정하여 고시하는 섬 · 벽지 지역

2. 다음 각 목의 어느 하나에 해당하는 농어촌지역

   가. 군 및 도농복합 형태 시의 읍 · 면 지역

   나. 「지방자치법」 제2조제1항제2호에 따른 시와 군의 지역 중 동(洞) 지역으로서 「국토의 계획 및 이용에 관한 법률」 제36조제1항제1호에 따라 지정된 주거지역 · 상업지역 및 공업지역을 제외한 지역

   다. 「농어촌주민의 보건복지 증진을 위한 특별법」 제33조에 해당하는 지역

3. 요양기관의 이용이 제한되는 근무지의 특성을 고려하여 보건복지부장관이 인정하는 지역

제45조의2 계좌이체자 등에 대한 보험료 감액 등

공단은 법 제75조제2항에 따라 전자문서로 납입 고지를 받거나 계좌 또는 신용카드 자동이체의 방법으로 보험료를 내는 납부의무자에 대해서는 그에 따라 절감되는 우편요금 등 행정비용의 범위에서 공단의 정관으로 정하는 바에 따라 보험료를 감액하거나 감액하는 금액에 상당하는 금품을 제공할 수 있다. 〈개정 2013. 9. 26., 2019. 10. 22.〉

[제47조에서 이동 〈2013. 9. 26.〉]

제46조 지역가입자의 보험료 연대납부의무 면제 대상 미성년자

법 제77조제2항 단서에서 "대통령령으로 정하는 기준에 해당하는 미성년자"란 다음 각 호의 어느 하나에 해당하는 미성년자를 말한다. 다만, 제41조제1항제2호의 배당소득 또는 같은 항 제3호의 사업소득으로서 「소득세법」 제168조제1항에 따른 사업자등록을 한 사업에서 발생하는 소득이 있는 미성년자는 제외한다. 〈개정 2015. 12. 22., 2018. 12. 24.〉

1. 다음 각 목의 요건을 모두 갖춘 미성년자

   가. 제42조제1항제1호에 따른 소득의 합이 연간 100만원 이하일 것

   나. 제42조제1항제2호에 따른 재산 중 같은 조 제3항제1호 및 제3호에 해당하는 재산이 없을 것

2. 부모가 모두 사망한 미성년자로서 제1호가목의 요건을 갖춘 미성년자

제46조의2 사업의 양도·양수에 따른 제2차 납부의무

① 법 제77조의2제2항 후단에 따라 제2차 납부의무를 지는 사업의 양수인은 사업장별로 그 사업에 관한 모든 권리(미수금에 관한 것은 제외한다)와 모든 의무(미지급금에 관한 것은 제외한다)를 포괄적으로 승계한 자로 한다.

② 법 제77조의2제2항 후단에 따라 제2차 납부의무의 한도가 되는 사업양수 재산의 가액은 다음 각 호의 금액으로 한다. 다만, 제2호에 따른 금액은 제1호에 따른 금액이 없거나 불분명한 경우에 한정하여 적용한다.

1. 양수인이 양도인에게 지급하였거나 지급하여야 할 금액이 있는 경우에는 그 금액

2. 양수한 자산 및 부채를 공단이 「상속세 및 증여세법」 제60조부터 제66조까지의 규정을 준용하여 평가한 후 그 자산총액에서 부채총액을 뺀 가액

③ 제2항에도 불구하고 다음 각 호의 어느 하나에 해당하는 경우에 사업양수 재산의 가액은 같은 항 제1호의 방법에 따라 산정한 금액과 제2호의 방법에 따라 산정한 금액 중 큰 금액으로 한다.

1. 제2항제1호에 따른 금액과 「상속세 및 증여세법」 제60조에 따른 시가의 차액이 3억원 이상인 경우

2. 제2항제1호에 따른 금액과 「상속세 및 증여세법」 제60조에 따른 시가의 차액이 그 시가의 100분의 30에 상당하는 금액 이상인 경우

[본조신설 2016. 8. 2.]

[종전 제46조의2는 제46조의3으로 이동 〈2016. 8. 2.〉]

제46조의3 가산금

① 법 제78조의2제1항 각 호 외의 부분에서 "대통령령으로 정하는 사유"란 다음 각 호의 어느 하나에 해당하는 경우를 말한다.

1. 근로자, 공무원 또는 교직원이 아닌 경우

2. 법 제6조제2항 각 호의 어느 하나에 해당하는 경우

② 법 제78조의2제2항에서 "가산금이 소액이거나 그 밖에 가산금을 징수하는 것이 적절하지 아니하다고 인정되는 등 대통령령으로 정하는 경우"란 다음 각 호의 어느 하나에 해당하는 경우를 말한다.

1. 가산금(법 제78조의2제1항에 따른 가산금을 말한다. 이하 같다)이 3천원 미만인 경우

2. 가산금을 징수하는 것이 적절하지 아니하다고 공단이 인정하는 부득이한 사유가 있는 경우

[본조신설 2016. 9. 22.]

[종전 제46조의3은 제46조의4로 이동 〈2016. 9. 22.〉]

제46조의4 신용카드등에 의한 보험료등의 납부

① 삭제 〈2017. 3. 20.〉

② 법 제79조의2제1항에서 "대통령령으로 정하는 기관 등"이란 다음 각 호의 기관을 말한다.

  1. 「민법」 제32조에 따라 금융위원회의 허가를 받아 설립된 금융결제원

  2. 정보통신망을 이용하여 신용카드, 직불카드 등(이하 이 조에서 "신용카드등"이라 한다)에 의한 결제를 수행하는 기관 중 시설, 업무수행능력 및 자본금 규모 등을 고려하여 공단이 지정하는 기관

③ 법 제79조의2제3항에 따른 납부대행 수수료는 공단이 납부대행기관의 운영경비 등을 종합적으로 고려하여 승인한다. 이 경우 납부대행 수수료는 해당 보험료등 납부금액의 1천분의 10을 초과할 수 없다.

④ 공단은 신용카드등에 의한 보험료등의 납부에 필요한 사항을 정할 수 있다.

[본조신설 2014. 8. 29.]

[제46조의3에서 이동 〈2016. 9. 22.〉]

제46조의5 보험료등의 체납처분 전 통보 예외

법 제81조제4항 단서에서 "대통령령으로 정하는 경우"란 보험료등을 체납한 자가 다음 각 호의 어느 하나에 해당하는 경우를 말한다.

  1. 국세의 체납으로 체납처분을 받는 경우

  2. 지방세 또는 공과금의 체납으로 체납처분을 받는 경우

  3. 강제집행을 받는 경우

  4. 「어음법」 및 「수표법」에 따른 어음교환소에서 거래정지처분을 받는 경우

  5. 경매가 시작된 경우

  6. 법인이 해산한 경우

  7. 재산의 은닉·탈루, 거짓 계약이나 그 밖의 부정한 방법으로 체납처분의 집행을 면하려는 행위가 있다고 인정되는 경우

[본조신설 2018. 9. 28.]

제47조 체납 또는 결손처분 자료 제공의 제외 사유

법 제81조의2제1항 각 호 외의 부분 단서에서 "대통령령으로 정하는 사유가 있을 때"란 다음 각

호의 어느 하나에 해당하는 때를 말한다.

1. 체납자가 「채무자 회생 및 파산에 관한 법률」 제243조에 따른 회생계획인가의 결정에 따라 체납액의 징수를 유예받고 그 유예기간 중에 있거나 체납액을 회생계획의 납부일정에 따라 내고 있는 때

2. 체납자가 다음 각 목의 어느 하나에 해당하는 사유로 체납액을 낼 수 없다고 공단이 인정하는 때

가. 재해 또는 도난으로 재산이 심하게 손실되었을 때

나. 사업이 현저하게 손실을 입거나 중대한 위기에 처하였을 때

[본조신설 2013. 9. 26.]

[종전 제47조는 제45조의2로 이동 〈2013. 9. 26.〉]

제47조의2 체납 또는 결손처분 자료의 제공절차

① 「신용정보의 이용 및 보호에 관한 법률」 제25조제2항제1호의 종합신용정보집중기관(이하 "신용정보집중기관"이라 한다)은 법 제81조의2제1항에 따라 보험료등의 체납자 또는 결손처분자의 인적사항·체납액 또는 결손처분액에 관한 자료(이하 "체납등 자료"라 한다)를 공단에 요구하려면 다음 각 호의 사항을 적은 문서로 하여야 한다.

1. 신용정보집중기관의 명칭 및 주소

2. 요구하는 체납등 자료의 내용 및 용도

② 공단은 제1항의 요구에 따라 신용정보집중기관에 체납등 자료를 제공할 때에는 문서로 제공하거나 정보통신망을 이용하여 전자적인 형태의 파일(자기테이프, 자기디스크, 그 밖에 이와 유사한 매체에 체납등 자료가 기록·보관된 것을 말한다)로 제공할 수 있다.

③ 공단은 제2항에 따라 체납등 자료를 제공한 후 체납액의 납부, 결손처분의 취소 등의 사유가 발생한 경우에는 해당 사실을 그 사유가 발생한 날부터 15일 이내에 해당 체납등 자료를 제공한 신용정보집중기관에 알려야 한다.

④ 제1항부터 제3항까지에서 규정한 사항 외에 체납등 자료의 제공에 필요한 사항은 공단이 정한다.

[본조신설 2013. 9. 26.]

제47조의3 보험료의 납부증명 등

① 법 제81조의3제1항 본문에서 "공사·제조·구매·용역 등 대통령령으로 정하는 계약"이란 다음 각 호의 어느 하나에 해당하는 계약을 말한다. 〈개정 2016. 11. 29.〉

1. 「국가를 당사자로 하는 계약에 관한 법률」 제2조에 따른 계약. 다만, 「국고금 관리법 시행령」 제31조에 따른 관서운영경비로 그 대가를 지급받는 계약은 제외한다.

2. 「지방자치단체를 당사자로 하는 계약에 관한 법률」 제2조에 따른 계약. 다만, 「지방회계법 시행령」 제38조에 따른 일상경비로 그 대가를 지급받는 계약은 제외한다.

3. 「공공기관의 운영에 관한 법률」에 따른 공공기관이 체결하는 계약. 다만, 일상경비적 성격의 자금으로서 보건복지부장관이 정하여 고시하는 자금으로 그 대가를 지급받는 계약은 제외한다.

② 법 제81조의3제1항 단서에서 "납부의무자가 계약대금의 전부 또는 일부를 체납한 보험료로 납부하려는 경우 등 대통령령으로 정하는 경우"란 다음 각 호의 어느 하나에 해당하는 경우를 말한다.

1. 납부의무자가 지급받는 대가의 전부를 보험료와 그에 따른 연체금 및 체납처분비로 납부하거나 그 대가의 일부를 보험료와 그에 따른 연체금 및 체납처분비 전액으로 납부하려는 경우

2. 법 제81조에 따른 체납처분에 따라 공단이 그 계약 대가를 지급받는 경우

3. 「채무자 회생 및 파산에 관한 법률」에 따른 파산관재인이 납부증명을 하지 못하여 관할 법원이 파산절차를 원활하게 진행하기 곤란하다고 인정하는 경우로서 파산관재인이 공단에 납부증명의 예외를 요청하는 경우

4. 「채무자 회생 및 파산에 관한 법률」에 따른 회생계획에서 보험료와 그에 따른 연체금 및 체납처분비의 징수를 유예하거나 체납처분에 의한 재산의 환가를 유예하는 내용을 정한 경우. 이 경우 납부사실을 증명하지 아니하여도 되는 보험료와 그에 따른 연체금 및 체납처분비는 해당 징수유예 또는 환가유예된 금액만 해당한다.

③ 법 제77조에 따른 보험료 납부의무자가 법 제81조의3제1항 본문에 따라 보험료와 그에 따른 연체금 및 체납처분비 납부사실의 증명을 받으려는 경우에는 보건복지부장관이 정하여 고시하는 바에 따라 공단에 그 증명을 요청하여야 한다. 다만, 계약 대가를 지급받는 자가 원래의 계약자가 아닌 경우에는 다음 각 호의 구분에 따른 자가 납부사실의 증명을 요청하여야 한다.

1. 채권양도로 인한 경우: 양도인과 양수인

2. 법원의 전부명령(轉付命令)에 따르는 경우: 압류채권자

3. 「하도급거래 공정화에 관한 법률」 제14조제1항제1호 및 제2호에 따라 건설공사의 하도급대금을 직접 지급받는 경우: 수급사업자

[본조신설 2016. 8. 2.]

제47조의4 우편송달

공단이 법 제81조의4 단서에 따라 법 제79조 및 제81조에 따른 서류를 우편으로 송달할 때에는 일반우편으로 송달할 수 있다.

[본조신설 2019. 10. 22.]

제48조 고액·상습체납자의 인적사항 공개 및 공개 제외 사유 등

① 법 제83조제1항 단서에서 "체납된 금액의 일부 납부 등 대통령령으로 정하는 사유가 있는 경우"란 다음 각 호의 어느 하나에 해당하는 경우를 말한다. 〈개정 2020. 6. 2.〉

　1. 법 제83조제3항에 따른 통지 당시 체납된 보험료, 연체금 및 체납처분비(이하 이 조에서 "체납액"이라 한다)의 100분의 30 이상을 그 통지일부터 6개월 이내에 납부한 경우

　2. 「채무자 회생 및 파산에 관한 법률」 제243조에 따른 회생계획인가의 결정에 따라 체납액의 징수를 유예받고 그 유예기간 중에 있거나 체납액을 회생계획의 납부일정에 따라 내고 있는 경우

　3. 재해 등으로 재산에 심한 손실을 입었거나 사업이 중대한 위기에 처한 경우 등으로서 법 제83조제2항에 따른 보험료정보공개심의위원회(이하 "보험료정보공개심의위원회"라 한다)가 체납자의 인적사항·체납액 등(이하 "인적사항등"이라 한다)을 공개할 실익이 없다고 인정하는 경우

② 공단과 보험료정보공개심의위원회는 법 제83조제3항에 따른 인적사항등의 공개대상자를 선정할 때에는 체납자의 재산상태, 소득수준, 미성년자 여부, 그 밖의 사정을 종합적으로 고려하여 납부능력이 있는지를 판단하여야 한다.

③ 공단은 법 제83조제3항에 따라 인적사항등 공개대상자임을 통지할 때에는 체납액의 납부를 촉구하고, 같은 조 제1항 단서에 따른 인적사항등의 공개 제외 사유에 해당하면 그에 관한 소명자료를 제출하도록 안내하여야 한다.

④ 공단은 법 제83조제4항에 따라 인적사항등을 공개할 때에는 체납자의 성명, 상호(법인의 명칭을 포함한다), 나이, 주소, 체납액의 종류·납부기한·금액, 체납요지 등을 공개하여야 하고, 체납자가 법인인 경우에는 법인의 대표자를 함께 공개하여야 한다.

제49조 보험료정보공개심의위원회의 구성 및 운영

① 위원회는 위원장 1명을 포함한 11명의 위원으로 구성한다.

② 보험료정보공개심의위원회의 위원장은 공단의 임원 중 해당 업무를 담당하는 상임이사가 되고, 위원은 공단의 이사장이 임명하거나 위촉하는 다음 각 호의 사람으로 한다.

1. 공단 소속 직원 4명

2. 보험료 징수에 관한 사무를 담당하는 보건복지부 소속 3급 또는 4급 공무원 1명

3. 국세청의 3급 또는 4급 공무원 1명

4. 법률, 회계 또는 사회보험에 관한 학식과 경험이 풍부한 사람 4명

③ 제2항제4호에 따른 위원의 임기는 2년으로 한다.

④ 보험료정보공개심의위원회의 회의는 재적위원 과반수의 출석으로 개의하고, 출석위원 과반수의 찬성으로 의결한다.

⑤ 제1항부터 제4항까지에서 규정한 사항 외에 보험료정보공개심의위원회의 구성 및 운영에 필요한 사항은 공단이 정한다.

제50조 결손처분

법 제84조제1항제3호에서 "대통령령으로 정하는 경우"란 다음 각 호의 경우를 말한다.

1. 체납자의 재산이 없거나 체납처분의 목적물인 총재산의 견적가격이 체납처분비에 충당하고 나면 남을 여지가 없음이 확인된 경우

2. 체납처분의 목적물인 총재산이 보험료등보다 우선하는 국세, 지방세, 전세권·질권·저당권 또는 「동산·채권 등의 담보에 관한 법률」에 따른 담보권에 따라 담보된 채권 등의 변제에 충당하고 나면 남을 여지가 없음이 확인된 경우

3. 그 밖에 징수할 가능성이 없다고 재정운영위원회에서 의결한 경우

제51조 과오납금의 충당 순서

① 공단은 법 제86조제1항에 따라 같은 항에 따른 과오납금(이하 "과오납금"이라 한다)을 다음 각 호의 구분에 따라 각 목의 순서대로 충당해야 한다.　　　　〈개정 2016. 9. 22., 2020. 6. 2.〉

1. 보험료와 그에 따른 연체금을 과오납부(過誤納付)한 경우

　가. 체납처분비

　나. 체납된 보험료와 그에 따른 연체금

　다. 앞으로 내야 할 1개월분의 보험료(납부의무자가 동의한 경우만 해당한다)

2. 법 제57조에 따른 징수금(이하 이 호에서 "징수금"이라 한다)과 그에 따른 연체금을 과오납부한 경우

　가. 체납처분비

　나. 체납된 징수금과 그에 따른 연체금

3. 가산금과 그에 따른 연체금을 과오납부한 경우

가. 체납처분비

나. 체납된 가산금과 그에 따른 연체금

② 공단은 제1항제1호부터 제3호까지의 규정에 따라 충당한 후 남은 금액이 있는 경우에는 다음 각 호의 구분에 따라 충당할 수 있다. 〈개정 2016. 9. 22.〉

1. 제1항제1호에 따라 충당하고 남은 금액이 있는 경우: 같은 항 제2호 각 목의 순서에 따라 충당하고, 그 다음에 같은 항 제3호 각 목의 순서에 따라 충당할 것

2. 제1항제2호에 따라 충당하고 남은 금액이 있는 경우: 같은 항 제1호 각 목의 순서에 따라 충당하고, 그 다음에 같은 항 제3호 각 목의 순서에 따라 충당할 것

3. 제1항제3호에 따라 충당하고 남은 금액이 있는 경우: 같은 항 제1호 각 목의 순서에 따라 충당하고, 그 다음에 같은 항 제2호 각 목의 순서에 따라 충당할 것

[제목개정 2020. 6. 2.]

제52조 과오납금의 충당·지급 시 가산 이자 등

① 공단은 법 제86조제1항에 따라 과오납금을 보험료등·연체금 또는 체납처분비에 충당하거나 같은 조 제2항에 따라 충당하고 남은 금액을 환급하려는 경우에는 그 사실을 문서로 납부의무자에게 알려야 한다. 〈신설 2020. 6. 2.〉

② 법 제86조제3항에서 "대통령령으로 정하는 이자"란 다음 각 호의 구분에 따른 날부터 과오납금을 보험료등·연체금 또는 체납처분비에 충당하는 날(환급의 경우에는 환급통지서를 발송한 날을 말한다)까지의 기간에 대하여 과오납금에 「국세기본법 시행령」 제43조의3제2항 본문에 따른 국세환급가산금의 이자율을 곱하여 산정한 금액을 말한다.

〈개정 2013. 9. 26., 2020. 6. 2.〉

1. 보험료등, 연체금 또는 체납처분비가 2회 이상 분할 납부된 경우에는 다음 각 목의 구분에 따른 분할납부일의 다음 날

가. 해당 환급금이 최종 분할납부된 금액보다 적거나 같은 경우: 최종 분할납부일

나. 해당 환급금이 최종 분할납부된 금액보다 많은 경우: 해당 환급금이 가목의 경우에 해당될 때까지 최근 분할납부일의 순서로 소급하여 산정한 각 분할납부일

2. 공단이 제39조제1항에 따라 그 초과액을 사용자에게 반환하는 경우에는 다음 각 목의 구분에 따른 날

가. 사용자가 제35조 및 제38조에 따라 직장가입자에게 지급한 보수의 총액 등을 그 통보기한까지 공단에 통보한 경우 그 통보기한일부터 7일이 지난 날. 다만, 그 통보기한을 지나서 통보한 경우에는 통보일부터 7일이 지난 날

나. 사용자가 제36조제2항(제38조제2항에서 준용하는 경우를 포함한다)에 따라 공단에 보수월액 변경을 신청한 경우 그 신청일부터 7일이 지난 날

3. 제38조제2항에서 준용하는 제35조제2항 각 호의 사유로 사용자의 보수월액보험료를 정산하는 경우나 직장가입자의 사용·임용·채용 관계가 끝나 공단이 제39조제2항에 따라 사용자와 보수월액보험료를 다시 정산하여 반환하는 경우에는 다음 각 목의 구분에 따른 날

가. 법 제9조제1항에 따른 자격 변동이 있는 경우: 자격 변동 신고를 한 날부터 7일이 지난 날

나. 법 제10조제1항에 따른 자격 상실이 있는 경우: 자격 상실 신고를 한 날부터 7일이 지난 날

4. 제1호부터 제3호까지의 규정 외의 경우에는 과오납부한 날의 다음 날

[제목개정 2020. 6. 2.]

제7장 이의신청 및 심판청구 등

제53조 이의신청위원회

법 제87조제1항 및 제2항에 따른 이의신청을 효율적으로 처리하기 위하여 공단 및 심사평가원에 각각 이의신청위원회를 설치한다.

제54조 이의신청위원회의 구성 등

① 제53조에 따른 이의신청위원회(이하 "이의신청위원회"라 한다)는 각각 위원장 1명을 포함한 25명의 위원으로 구성한다.

② 공단에 설치하는 이의신청위원회의 위원장은 공단의 이사장이 지명하는 공단의 상임이사가 되고, 위원은 공단의 이사장이 임명하거나 위촉하는 다음 각 호의 사람으로 한다.

1. 공단의 임직원 1명

2. 사용자단체 및 근로자단체가 각각 4명씩 추천하는 8명

3. 시민단체, 소비자단체, 농어업인단체 및 자영업자단체가 각각 2명씩 추천하는 8명

4. 변호사, 사회보험 및 의료에 관한 학식과 경험이 풍부한 사람 7명

③ 심사평가원에 설치하는 이의신청위원회의 위원장은 심사평가원의 원장이 지명하는 심사평가원의 상임이사가 되고, 위원은 심사평가원의 원장이 임명하거나 위촉하는 다음 각 호의 사람으로 한다.

1. 심사평가원의 임직원 1명

2. 가입자를 대표하는 단체(시민단체를 포함한다)가 추천하는 사람 5명

3. 변호사, 사회보험에 관한 학식과 경험이 풍부한 사람 4명

4. 의약 관련 단체가 추천하는 사람 14명

④ 제2항과 제3항에 따라 위촉된 위원의 임기는 3년으로 한다.

제55조 이의신청위원회의 운영

① 이의신청위원회의 위원장은 이의신청위원회 회의를 소집하고, 그 의장이 된다. 이 경우 위원장이 부득이한 사유로 직무를 수행할 수 없을 때에는 위원장이 지명하는 위원이 그 직무를 대행한다.

② 이의신청위원회의 회의는 위원장과 위원장이 회의마다 지명하는 6명의 위원으로 구성한다.

③ 이의신청위원회의 회의는 제2항에 따른 구성원 과반수의 출석으로 개의하고, 출석위원 과반수의 찬성으로 의결한다.

④ 이의신청위원회의 회의에 출석한 위원장 및 소속 임직원을 제외한 나머지 위원에게는 예산의 범위에서 수당과 여비, 그 밖에 필요한 경비를 지급할 수 있다.

⑤ 이의신청위원회의 회의에 부치는 안건의 범위, 그 밖에 이의신청위원회의 운영에 필요한 사항은 이의신청위원회의 의결을 거쳐 위원장이 정한다.

제56조 이의신청 등의 방식

법 제87조제1항 및 제2항에 따른 이의신청 및 그에 대한 결정은 보건복지부령으로 정하는 서식에 따른다.

제57조 이의신청 결정의 통지

공단과 심사평가원은 이의신청에 대한 결정을 하였을 때에는 지체 없이 신청인에게 결정서의 정본(正本)을 보내고, 이해관계인에게는 그 사본을 보내야 한다.

제58조 이의신청 결정기간

① 공단과 심사평가원은 이의신청을 받은 날부터 60일 이내에 결정을 하여야 한다. 다만, 부득이한 사정이 있는 경우에는 30일의 범위에서 그 기간을 연장할 수 있다.

② 공단과 심사평가원은 제1항 단서에 따라 결정기간을 연장하려면 결정기간이 끝나기 7일 전까지 이의신청을 한 자에게 그 사실을 알려야 한다.

제59조 심판청구서의 제출 등

① 법 제88조제1항에 따라 심판청구를 하려는 자는 다음 각 호의 사항을 적은 심판청구서를 공단, 심사평가원 또는 법 제89조에 따른 건강보험분쟁조정위원회(이하 "분쟁조정위원회"라 한다)에 제출하여야 한다. 이 경우 정당한 권한이 없는 자에게 심판청구서가 제출되었을 때에는 심판청구서를 받은 자는 그 심판청구서를 정당한 권한이 있는 자에게 보내야 한다.

1. 청구인과 처분을 받은 자의 성명·주민등록번호 및 주소(법인인 경우에는 법인의 명칭, 법인등록번호 및 주사무소의 소재지를 말한다. 이하 제60조제1호에서 같다)

2. 처분을 한 자(공단 이사장 또는 심사평가원 원장의 위임을 받아 분사무소의 장이 처분을 한 경우에는 그 분사무소의 장을 말한다. 이하 같다)

3. 처분의 요지 및 처분이 있음을 안 날

4. 심판청구의 취지 및 이유

5. 청구인이 처분을 받은 자가 아닌 경우에는 처분을 받은 자와의 관계

6. 첨부서류의 표시

7. 심판청구에 관한 고지의 유무 및 그 내용

② 공단과 심사평가원은 제1항에 따라 심판청구서를 받으면 그 심판청구서를 받은 날부터 10일 이내에 그 심판청구서에 처분을 한 자의 답변서 및 이의신청 결정서 사본을 첨부하여 분쟁조정위원회에 제출하여야 한다.

③ 분쟁조정위원회는 제1항에 따라 심판청구서를 받으면 지체 없이 그 사본 또는 부본(副本)을 공단 또는 심사평가원 및 이해관계인에게 보내고, 공단 또는 심사평가원은 그 사본 또는 부본을 받은 날부터 10일 이내에 처분을 한 자의 답변서 및 이의신청 결정서 사본을 분쟁조정위원회에 제출하여야 한다.

④ 제1항 후단에 따라 심판청구서를 정당한 권한이 있는 자에게 보냈을 때에는 지체 없이 그 사실을 청구인에게 알려야 한다.

⑤ 법 제88조제1항 후단에 따른 심판청구 제기기간을 계산할 때에는 제1항에 따라 공단, 심사평가원, 분쟁조정위원회 또는 정당한 권한이 없는 자에게 심판청구서가 제출된 때에 심판청구가 제기된 것으로 본다.

제60조 심판청구 결정의 통지

분쟁조정위원회의 위원장은 심판청구에 대하여 결정을 하였을 때에는 다음 각 호의 사항을 적은 결정서에 서명 또는 기명날인하여 지체 없이 청구인에게는 결정서의 정본을 보내고, 처분을 한 자 및 이해관계인에게는 그 사본을 보내야 한다.

1. 청구인의 성명·주민등록번호 및 주소

2. 처분을 한 자

3. 결정의 주문(主文)

4. 심판청구의 취지

5. 결정 이유

6. 결정 연월일

제61조 심판청구 결정기간

① 분쟁조정위원회는 제59조제1항에 따라 심판청구서가 제출된 날부터 60일 이내에 결정을 하여야 한다. 다만, 부득이한 사정이 있는 경우에는 30일의 범위에서 그 기간을 연장할 수 있다.

② 제1항 단서에 따라 결정기간을 연장하려면 결정기간이 끝나기 7일 전까지 청구인에게 그 사실을 알려야 한다.

제62조 분쟁조정위원회의 구성 등

① 분쟁조정위원회의 위원장은 보건복지부장관의 제청으로 대통령이 임명하고, 위원은 다음 각 호의 사람 중에서 보건복지부장관이 임명하거나 위촉한다.　　　　　　　〈개정 2014. 6. 30.〉

1. 4급 이상 공무원 또는 고위공무원단에 속하는 일반직공무원으로 재직 중이거나 재직하였던 사람

2. 판사·검사 또는 변호사 자격이 있는 사람

3. 「고등교육법」 제2조제1호부터 제3호까지의 규정에 따른 학교에서 사회보험 또는 의료와 관련된 분야에 부교수 이상으로 재직하고 있는 사람

4. 사회보험 또는 의료에 관한 학식과 경험이 풍부한 사람

② 법 제89조제2항에 따른 당연직위원은 제1항제1호의 위원 중 법 제88조에 따른 심판청구에 관한 업무를 담당하는 공무원으로 한다.

제62조의2 분쟁조정위원회 위원의 해임 및 해촉

보건복지부장관은 제62조제1항 각 호에 따른 분쟁조정위원회 위원이 다음 각 호의 어느 하나에 해당하는 경우에는 해당 분쟁조정위원회 위원을 해임하거나 해촉할 수 있다.

1. 심신장애로 인하여 직무를 수행할 수 없게 된 경우

2. 직무와 관련된 비위사실이 있는 경우

3. 직무태만, 품위손상이나 그 밖의 사유로 인하여 위원으로 적합하지 아니하다고 인정되는 경우

4. 제65조의2제1항 각 호의 어느 하나에 해당하는 데에도 불구하고 회피하지 아니한 경우

5. 위원 스스로 직무를 수행하는 것이 곤란하다고 의사를 밝히는 경우

[본조신설 2015. 12. 31.]

제63조 분쟁조정위원회 위원장의 직무

① 분쟁조정위원회의 위원장은 분쟁조정위원회를 대표하고, 분쟁조정위원회의 사무를 총괄한다.

② 분쟁조정위원회의 위원장이 부득이한 사유로 직무를 수행할 수 없을 때에는 위원장이 지명하는 위원이 그 직무를 대행한다.

제64조 분쟁조정위원회 위원의 임기

분쟁조정위원회 위원의 임기는 3년으로 한다. 다만, 제62조제1항제1호에 따른 위원 중 공무원인 위원의 임기는 그 직위에 재임하는 기간으로 한다.

제65조 분쟁조정위원회의 회의

① 분쟁조정위원회의 위원장은 분쟁조정위원회의 회의를 소집하고, 그 의장이 된다.

② 이 영에서 규정한 사항 외에 분쟁조정위원회 운영에 필요한 사항은 분쟁조정위원회의 의결을 거쳐 위원장이 정한다.

제65조의2 분쟁조정위원회 위원의 제척·기피·회피

① 분쟁조정위원회의 위원(이하 이 조에서 "위원"이라 한다)이 다음 각 호의 어느 하나에 해당하는 경우에는 분쟁조정위원회의 심리·의결에서 제척(除斥)된다.

1. 위원 또는 그 배우자나 배우자였던 사람이 해당 안건의 당사자가 되거나 그 안건의 당사자와 공동권리자 또는 공동의무자인 경우

2. 위원이 해당 안건의 당사자와 친족이거나 친족이었던 경우

3. 위원이 해당 안건에 대하여 증언·진술·자문·연구 또는 용역을 한 경우

4. 위원이나 위원이 속한 법인이 해당 안건의 당사자의 대리인이거나 대리인이었던 경우

5. 위원이 해당 안건의 원인이 된 처분이나 부작위에 관여하거나 관여하였던 경우

② 당사자는 위원에게 공정한 심리·의결을 기대하기 어려운 사정이 있는 경우에는 분쟁조정

위원회에 기피(忌避) 신청을 할 수 있고, 분쟁조정위원회는 의결로 이를 결정한다. 이 경우 기피 신청의 대상인 위원은 그 의결에 참여하지 못한다.

③ 위원은 제1항 각 호에 따른 제척 사유에 해당하는 경우에는 스스로 해당 안건의 심리·의결에서 회피(回避)하여야 한다.

[본조신설 2014. 6. 30.]

제66조 분쟁조정위원회의 간사

① 분쟁조정위원회의 사무를 처리하기 위하여 분쟁조정위원회에 간사 1명을 둔다.

② 간사는 보건복지부 소속 공무원 중에서 보건복지부장관이 지명한다.

제67조 분쟁조정위원회 위원의 수당

분쟁조정위원회에 출석한 위원에게는 예산의 범위에서 수당과 여비, 그 밖에 필요한 경비를 지급할 수 있다. 다만, 공무원인 위원이 소관 업무와 직접 관련하여 출석하는 경우에는 그러하지 아니하다.

제8장 보칙

제68조 소득 축소·탈루 자료의 송부 절차

① 공단은 법 제95조제1항에 따라 다음 각 호의 어느 하나에 해당하는 경우에는 제2항에 따른 소득축소탈루심사위원회의 심사를 거쳐 관련 자료를 보건복지부장관에게 제출하고 국세청장에게 송부하여야 한다.

1. 법 제94조제1항에 따라 사용자, 직장가입자 및 세대주가 신고한 보수 또는 소득 등(이하 "소득등"이라 한다)이 다음 각 목의 어느 하나에 해당하는 경우

   가. 국세청에 신고한 소득등과 차이가 있는 경우

   나. 해당 업종·직종별 평균 소득등보다 낮은 경우

   다. 임금대장이나 그 밖의 소득 관련 서류 또는 장부 등의 내용과 다른 경우

2. 다음 각 목의 어느 하나에 해당하는 경우로서 소득등의 축소 또는 탈루가 있다고 인정되는 경우

   가. 법 제94조제1항에 따른 자료 제출을 하지 아니하거나 3개월 이상 늦게 제출한 경우

   나. 법 제94조제2항에 따른 조사를 3회 이상 거부·방해·기피한 경우

② 법 제95조제1항에 따른 소득등의 축소 또는 탈루 여부에 관한 사항을 심사하기 위하여 공단에 소득축소탈루심사위원회(이하 "소득축소탈루심사위원회"라 한다)를 둔다.

③ 소득축소탈루심사위원회는 위원장 1명을 포함한 5명의 위원으로 구성한다.

④ 소득축소탈루심사위원회의 위원장은 공단 소속 임직원 중에서 공단의 이사장이 임명한다.

⑤ 소득축소탈루심사위원회의 위원은 공단의 이사장이 임명하거나 위촉하는 다음 각 호의 사람으로 한다.

   1. 공단의 직원 1명

   2. 보건복지부 및 국세청 소속의 5급 이상 공무원 또는 고위공무원단에 속하는 일반직공무원 중에서 소속 기관의 장이 각각 1명씩 지명하는 사람 2명

   3. 세무사 또는 공인회계사 1명

⑥ 제3항부터 제5항까지에서 규정한 사항 외에 소득축소탈루심사위원회 운영에 필요한 사항은 공단의 이사장이 정한다.

제69조 국세청 회신자료의 반영

  법 제95조제2항에 따라 국세청장으로부터 보수 · 소득에 관한 사항을 송부받은 공단은 그 결과를 해당 가입자의 보수 또는 소득에 반영하여야 한다.

제69조의2 제공 요청 자료 등

① 법 제96조제1항에서 "대통령령으로 정하는 자료"란 별표 4의3 제1호에 따른 자료를 말한다.

② 법 제96조제2항에서 "대통령령으로 정하는 자료"란 별표 4의3 제2호에 따른 자료를 말한다.

③ 법 제96조제1항 또는 제2항에 따라 자료의 제공을 요청받은 국가, 지방자치단체, 요양기관, 「보험업법」에 따른 보험회사 및 보험료율 산출 기관, 「공공기관의 운영에 관한 법률」에 따른 공공기관, 그 밖의 공공단체 등은 제1항 또는 제2항의 자료가 디스켓, 자기테이프, 마이크로필름, 광디스크 등 전산기록장치 또는 전산프로그램을 이용하여 저장되어 있는 경우에는 해당 형태로 자료를 제공할 수 있다.

[본조신설 2014. 11. 20.]

제70조 행정처분기준

① 법 제98조제1항 및 제99조제1항에 따른 요양기관에 대한 업무정지 처분 및 과징금 부과의 기준은 별표 5와 같다.

② 제1항에 따른 과징금의 징수 절차는 보건복지부령으로 정한다.

제70조의2 과징금의 부과기준

① 보건복지부장관은 법 제41조의2제3항에 따른 요양급여의 적용 정지 대상인 약제가 다음 각 호의 어느 하나에 해당하는 경우에는 법 제99조제2항 또는 제3항에 따라 요양급여의 적용 정지를 갈음하여 과징금을 부과할 수 있다. 〈개정 2014. 8. 29., 2016. 8. 2., 2018. 9. 28.〉

　1. 퇴장방지의약품

　2. 희귀의약품

　3. 법 제41조제3항에 따라 요양급여의 대상으로 고시한 약제가 단일 품목으로서 동일제제 (투여경로·성분·함량 및 제형이 동일한 제품을 말한다)가 없는 의약품

　4. 그 밖에 보건복지부장관이 특별한 사유가 있다고 인정한 약제

② 법 제99조제3항에서 "대통령령으로 정하는 기간"이란 5년을 말한다. 〈신설 2018. 9. 28.〉

③ 제1항에 따른 과징금의 부과기준은 별표 4의2와 같다. 〈개정 2018. 9. 28.〉

[본조신설 2014. 6. 30.]

제70조의3 과징금의 부과 및 납부

① 보건복지부장관은 법 제99조제1항부터 제3항까지의 규정에 따라 과징금을 부과하려는 때에는 과징금 부과대상이 되는 위반행위, 과징금의 금액, 납부기한 및 수납기관 등을 명시하여 이를 납부할 것을 서면으로 통지하여야 한다. 〈개정 2018. 9. 28.〉

② 제1항에 따라 통지를 받은 자는 과징금 납입고지서에 기재된 납부기한까지 과징금을 수납기관에 납부하여야 한다. 다만, 천재지변이나 그 밖에 부득이한 사유로 인하여 그 기간 내에 과징금을 납부할 수 없는 경우에는 그 사유가 해소된 날부터 7일 이내에 납부하여야 한다.

③ 제2항에 따른 수납기관은 과징금을 받은 경우 납부자에게 영수증을 내어주고, 지체 없이 납부사실을 보건복지부장관에게 통보하여야 한다.

[본조신설 2014. 6. 30.]

제70조의4 과징금 미납자에 대한 처분

① 보건복지부장관은 법 제99조제1항에 따라 과징금을 납부하여야 할 자가 납부기한까지 과징금을 내지 아니하면 같은 조 제5항 본문에 따라 납부기한이 지난 후 15일 이내에 독촉장을 발급하여야 한다. 이 경우 납부기한은 독촉장을 발급하는 날부터 10일 이내로 하여야 한다. 〈개정 2018. 9. 28.〉

② 보건복지부장관은 과징금을 납부하여야 할 자가 제1항에 따른 독촉장을 받고도 그 납부기한까지 과징금을 내지 아니하면 법 제99조제5항 본문에 따라 과징금 부과처분을 취소하고 법

제98조제1항에 따른 업무정지 처분을 하거나 국세 체납처분의 예에 따라 징수하여야 한다.

〈개정 2018. 9. 28.〉

③ 보건복지부장관은 법 제99조제5항 본문에 따라 과징금 부과처분을 취소하고 법 제98조제1항에 따른 업무정지 처분을 하는 경우에는 처분대상자에게 서면으로 그 내용을 통지하여야 한다. 이 경우 그 서면에는 처분의 변경사유와 업무정지 처분의 기간 등 업무정지 처분에 필요한 사항이 포함되어야 한다. 〈개정 2018. 9. 28.〉

[본조신설 2016. 9. 22.]

제71조 과징금의 지원 규모 등

① 법 제99조제8항에 따른 과징금의 용도별 지원 규모는 다음 각 호와 같다.

〈개정 2014. 6. 30., 2016. 9. 22., 2018. 5. 1., 2018. 9. 28.〉

1. 법 제47조제3항에 따라 공단이 요양급여비용으로 지급하는 자금 지원: 과징금 수입의 100분의 50

2. 「응급의료에 관한 법률」에 따른 응급의료기금 지원: 과징금 수입의 100분의 35

3. 「재난적의료비 지원에 관한 법률」에 따른 재난적의료비 지원사업에 대한 지원: 과징금 수입의 100분의 15

② 공단의 이사장과 「응급의료에 관한 법률」 제19조제2항에 따라 응급의료기금의 관리·운용을 위탁받은 자는 제1항에 따라 지원받은 과징금의 다음 해 운용계획서와 전년도 사용실적을 매년 4월 30일까지 보건복지부장관에게 제출하여야 한다.

③ 보건복지부장관은 제2항에 따라 제출받은 과징금 운용계획서와 과징금 사용실적을 고려하여 다음 해 과징금 지원액을 정한 후 이를 국가재정법령에서 정하는 바에 따라 예산에 반영하여야 한다.

제72조 공표 사항

법 제100조제1항 각 호 외의 부분 전단에서 "대통령령으로 정하는 사항"이란 다음 각 호의 사항을 말한다.

1. 해당 요양기관의 종류와 그 요양기관 대표자의 면허번호·성별

2. 의료기관의 개설자가 법인인 경우에는 의료기관의 장의 성명

3. 그 밖에 다른 요양기관과의 구별을 위하여 법 제100조제2항에 따른 건강보험공표심의위원회(이하 "공표심의위원회"라 한다)가 필요하다고 인정하는 사항

제73조 공표심의위원회의 구성·운영 등

① 공표심의위원회는 위원장 1명을 포함한 9명의 위원으로 구성한다.

② 공표심의위원회의 위원장은 제1호부터 제4호까지의 위원 중에서 호선(互選)하고, 위원은 보건복지부장관이 임명하거나 위촉하는 다음 각 호의 사람으로 한다.

  1. 소비자단체가 추천하는 사람 1명

  2. 언론인 1명

  3. 변호사 등 법률 전문가 1명

  4. 건강보험에 관한 학식과 경험이 풍부한 사람으로서 의약계를 대표하는 단체가 추천하는 사람 3명

  5. 보건복지부의 고위공무원단에 속하는 일반직공무원 1명

  6. 공단의 이사장 및 심사평가원의 원장이 각각 1명씩 추천하는 사람 2명

③ 공표심의위원회 위원(제2항제5호의 위원은 제외한다)의 임기는 2년으로 한다.

④ 공표심의위원회의 위원장은 공표심의위원회를 대표하고, 공표심의위원회의 업무를 총괄한다.

⑤ 공표심의위원회의 위원장이 부득이한 사유로 직무를 수행할 수 없을 때에는 위원장이 지명하는 위원이 그 직무를 대행한다.

⑥ 공표심의위원회의 회의는 재적위원 과반수의 출석으로 개의하고, 출석위원 과반수의 찬성으로 의결한다.

⑦ 제1항부터 제6항까지에서 규정한 사항 외에 공표심의위원회의 구성·운영 등에 필요한 사항은 공표심의위원회의 의결을 거쳐 위원장이 정한다.

제73조의2 공표심의위원회 위원의 해임 및 해촉

보건복지부장관은 제73조제2항 각 호에 따른 공표심의위원회 위원이 다음 각 호의 어느 하나에 해당하는 경우에는 해당 공표심의위원회 위원을 해임하거나 해촉할 수 있다.

  1. 심신장애로 인하여 직무를 수행할 수 없게 된 경우

  2. 직무와 관련된 비위사실이 있는 경우

  3. 직무태만, 품위손상이나 그 밖의 사유로 인하여 위원으로 적합하지 아니하다고 인정되는 경우

  4. 위원 스스로 직무를 수행하는 것이 곤란하다고 의사를 밝히는 경우

[본조신설 2015. 12. 31.]

제74조 공표 절차 및 방법 등

① 보건복지부장관은 법 제100조제3항에 따라 공표대상자인 사실을 통지받은 요양기관에 대하여 그 통지를 받은 날부터 20일 동안 소명자료를 제출하거나 출석하여 의견을 진술할 기회를 주어야 한다.

② 보건복지부장관은 법 제100조제4항에 따라 공표대상자로 선정된 요양기관에 대하여 보건복지부, 공단, 심사평가원, 관할 특별시·광역시·특별자치시·도·특별자치도와 시·군·자치구 및 보건소의 홈페이지에 6개월 동안 같은 조 제1항에 따른 공표 사항을 공고해야 하며, 추가로 게시판 등에도 공고할 수 있다. 〈개정 2020. 6. 2.〉

③ 보건복지부장관은 법 제100조제4항에 따라 공표대상자로 선정된 요양기관이 같은 조 제1항 각 호에 해당하는 거짓 청구를 반복적으로 하거나 그 거짓 청구가 중대한 위반행위에 해당하는 경우 등 추가 공표가 필요하다고 인정하는 경우에는 제2항에 따른 공고 외에 「신문 등의 진흥에 관한 법률」에 따른 신문 또는 「방송법」에 따른 방송에 추가로 공표할 수 있다.

④ 제2항에 따른 공고 대상인 요양기관을 관할하는 특별시장·광역시장·특별자치시장·도지사·특별자치도지사, 시장·군수·구청장 또는 보건소의 장은 「의료법」 제33조제5항에 따른 변경허가·변경신고 등으로 제2항에 따른 공고기간 중 법 제100조제1항에 따른 공표 사항이 변경된 사실이 확인되었을 때에는 지체 없이 보건복지부장관에게 그 사실을 알려야 한다. 이 경우 보건복지부장관은 그 변경 사항이 제2항에 따른 공고 내용에 즉시 반영되도록 필요한 조치를 해야 한다. 〈개정 2020. 6. 2.〉

⑤ 제1항부터 제4항까지에서 규정한 사항 외에 공표 절차 및 방법, 공표 사항의 변경 등에 필요한 사항은 보건복지부장관이 정한다.

제74조의2 손실 상당액 산정기준 등

① 법 제101조제3항에 따라 공단이 「약사법」에 따른 의약품의 제조업자·위탁제조판매업자·수입자·판매업자 및 「의료기기법」에 따른 의료기기 제조업자·수입업자·수리업자·판매업자·임대업자(이하 "제조업자등"이라 한다)에 대하여 징수하는 손실에 상당하는 금액(이하 이 조에서 "손실 상당액"이라 한다)은 같은 조 제1항제1호부터 제3호까지의 위반행위로 보험자·가입자 및 피부양자가 부당하게 부담하게 된 요양급여비용 전액으로 한다.

② 공단은 제조업자등이 동일한 약제·치료재료에 대하여 법 제101조제1항제1호부터 제3호까지의 위반행위 중 둘 이상의 위반행위를 한 경우에는 각 위반행위에 따른 손실 상당액 중 가장 큰 금액을 손실 상당액으로 징수한다.

③ 공단은 법 제101조제3항에 따라 손실 상당액을 징수하려는 경우에는 다음 각 호의 사항을 포

함한 문서로 약제 · 치료재료의 제조업자등에게 알려야 한다.

1. 위반행위의 내용 및 법적근거에 관한 사항

2. 징수금액 및 산정내역 등에 관한 사항

3. 납부기한, 납부방법 및 납부장소 등 납부에 필요한 사항

[본조신설 2016. 8. 2.]

제75조 포상금의 지급 기준 등

① 법 제104조제1항에 따라 속임수나 그 밖의 부당한 방법으로 보험급여를 받은 사람이나 보험급여 비용을 받은 요양기관을 신고하려는 사람은 공단이 정하는 바에 따라 공단에 신고해야 한다. 이 경우 2명 이상이 공동명의로 신고할 때에는 대표자를 지정해야 한다.

〈개정 2019. 6. 11.〉

② 공단은 제1항에 따라 신고를 받으면 그 내용을 확인한 후 포상금 지급 여부를 결정하여 신고인(2명 이상이 공동명의로 신고한 경우에는 제1항 후단에 따른 대표자를 말한다. 이하 이조에서 같다)에게 통보하여야 한다.

③ 제2항에 따라 포상금 지급 결정을 통보받은 신고인은 공단이 정하는 바에 따라 공단에 포상금 지급을 신청하여야 한다.

④ 공단은 제3항에 따라 포상금 지급 신청을 받은 날부터 1개월 이내에 신고인에게 별표 6의 포상금 지급 기준에 따른 포상금을 지급하여야 한다.

⑤ 제1항에 따른 신고를 받은 후에 신고된 내용과 같은 내용의 신고를 한 사람에게는 포상금을 지급하지 아니한다.

⑥ 제1항부터 제5항까지에서 규정한 사항 외에 포상금의 지급 기준과 방법 · 절차 등에 관하여 필요한 사항은 공단이 정한다.

제75조의2 장려금의 지급 등

① 공단은 법 제104조제2항에 따라 다음 각 호의 어느 하나에 해당하는 방법으로 건강보험 재정 지출을 절감하는 데에 이바지한 요양기관에 장려금을 지급한다.　　〈개정 2014. 8. 29.〉

1. 성분 또는 효능이 같아 대체사용이 가능한 약제 중 요양급여비용이 보다 저렴한 약제를 처방하거나 조제하였을 것

2. 제70조의2제1항제1호에 따라 퇴장방지의약품으로 지정 · 고시된 약제 중에서 다른 약제에 비하여 저가이면서 약제의 특성상 다른 약제를 대체하는 효과가 있는 약제를 처방하거나 조제하였을 것

3. 보건복지부장관이 정하여 고시하는 기간 동안 의약품을 상한금액보다 저렴하게 구입하거나 전년도 약제 사용량보다 사용량을 줄였을 것

② 장려금은 제1항에 따른 처방 또는 조제로 인하여 건강보험 재정 지출에서 절감된 금액의 100분의 70을 넘지 아니하는 금액으로 한다.

③ 제1항제1호 및 제2호에 따라 장려금을 지급받으려는 요양기관은 법 제47조제2항에 따라 심사평가원에 요양급여비용의 심사청구를 할 때 함께 장려금 지급을 청구하여야 한다.

〈신설 2014. 8. 29.〉

④ 제1항제3호에 따라 지급하는 장려금은 심사평가원이 그 금액을 산출하여 보건복지부장관의 승인을 받아 공단에 통보한다. 〈신설 2014. 8. 29.〉

⑤ 제1항부터 제4항까지에서 규정한 사항 외에 장려금의 지급 기준과 방법·절차 등에 관하여 필요한 사항은 보건복지부장관이 정하여 고시한다. 〈개정 2014. 8. 29.〉

[본조신설 2013. 9. 26.]

제76조 외국인 등의 가입자 및 피부양자 자격취득 제한

법 제109조제5항제1호에서 "대통령령으로 정하는 사유"란 다음 각 호의 어느 하나에 해당하는 경우를 말한다.

1. 「출입국관리법」 제25조 및 「재외동포의 출입국과 법적 지위에 관한 법률」 제10조제2항에 따라 체류기간 연장허가를 받지 아니하고 체류하는 경우
2. 「출입국관리법」 제59조제3항에 따라 강제퇴거명령서를 발급받은 경우

[전문개정 2016. 9. 22.]

제76조의2 외국인 등의 가입자 자격취득 시기 등

① 국내에 체류하는 재외국민 또는 외국인(이하 "국내체류 외국인등"이라 한다)은 법 제109조제6항 단서에 따라 다음 각 호의 구분에 따른 날에 가입자의 자격을 얻는다. 〈개정 2019. 7. 16.〉

1. 법 제109조제3항제2호에 해당하는 사람으로서 같은 항 제1호에 따른 기간 동안 국내에 거주한 경우: 해당 기간이 경과한 날
2. 법 제109조제3항제2호에 해당하는 사람으로서 같은 항 제1호에 따라 국내에 지속적으로 거주할 것으로 예상할 수 있는 사유에 해당하는 경우: 국내에 입국한 날
3. 그 밖에 보건복지부장관이 체류자격, 체류기간 및 체류경위 등을 고려하여 그 자격취득 시기를 국내거주 국민과 다르게 정할 필요가 있다고 인정하여 고시하는 경우: 해당 고시에서 정하는 날

② 국내체류 외국인등은 법 제109조제6항 본문에서 준용하는 법 제10조에 따라 같은 조 제1항 제1호 · 제4호 및 제5호에 따른 날에 가입자의 자격을 잃는다. 다만, 법 제109조제6항 단서에 따라 다음 각 호의 구분에 따른 날에도 그 자격을 잃는다. 〈개정 2019. 6. 11., 2019. 7. 16.〉

1. 직장가입자: 다음 각 목의 어느 하나에 해당하는 날

　가. 「출입국관리법」 제10조의2제1항제2호 및 「재외동포의 출입국과 법적 지위에 관한 법률」 제10조제1항에 따른 체류기간이 종료된 날의 다음 날

　나. 「출입국관리법」 제59조제3항에 따른 강제퇴거명령서를 발급받은 날의 다음 날

　다. 법 제109조제5항제2호에 따라 사용자가 직장가입자의 가입 제외를 신청한 날. 다만, 법 제8조제2항에 따라 직장가입자 자격취득 신고를 한 날부터 14일 이내에 가입 제외를 신청한 경우에는 그 자격취득일로 한다.

　라. 그 밖에 보건복지부장관이 체류자격, 체류기간 및 체류경위 등을 고려하여 그 자격상실 시기를 국내거주 국민과 다르게 정할 필요가 있다고 인정하여 고시하는 경우: 해당 고시에서 정하는 날

2. 지역가입자: 다음 각 목의 어느 하나에 해당하는 날

　가. 제1호가목 및 나목에 따른 날

　나. 재외국민 또는 체류기간이 종료되지 아니한 외국인이 출국 후 1개월이 지난 경우: 그 출국한 날의 다음 날

　다. 법 제109조제5항제2호에 따라 지역가입자가 가입 제외를 신청한 날. 다만, 보험료를 납부하지 않은 지역가입자 또는 최초로 보험료를 납부한 날부터 14일이 지나지 않은 지역가입자가 보건복지부장관이 정하여 고시하는 요건을 갖추고 가입 제외를 신청하는 경우에는 그 자격을 취득한 날로 한다.

　라. 그 밖에 보건복지부장관이 체류자격, 체류기간 및 체류경위 등을 고려하여 그 자격상실 시기를 국내 거주 국민과 다르게 정할 필요가 있다고 인정하여 고시하는 경우: 해당 고시에서 정하는 날

[본조신설 2016. 9. 22.]

제76조의3 외국인 등의 피부양자 자격취득 시기 등

① 국내체류 외국인등은 법 제109조제6항 단서에 따라 다음 각 호의 구분에 따른 날에 피부양자의 자격을 얻는다.

1. 신생아의 경우: 출생한 날

2. 법 제109조제2항 각 호에 따른 주민등록, 국내거소신고 또는 외국인등록(이하 이 조에서 "

주민등록등"이라 한다)을 한 날부터 90일 이내에 피부양자 자격취득을 신청한 경우: 해당 주민등록등을 한 날. 다만, 주민등록등을 한 이후에 직장가입이 된 경우에는 해당 직장가입이 된 날로 한다.

3. 주민등록등을 한 날부터 90일이 경과하여 피부양자 자격취득을 신청한 경우: 그 자격취득을 신청한 날. 다만, 주민등록등을 한 이후에 직장가입이 된 경우로서 해당 직장가입이 된 날부터 90일 이내에 신청이 있는 때에는 그 직장가입이 된 날로 한다.

4. 그 밖에 보건복지부장관이 체류자격, 체류기간 및 체류경위 등을 고려하여 그 자격취득 시기를 국내거주 국민과 다르게 정할 필요가 있다고 인정하여 고시하는 경우: 해당 고시에서 정하는 날

② 국내체류 외국인등은 법 제109조제6항 본문에서 준용하는 법 제5조에 따라 같은 조 제3항에서 정한 날(사망, 부양자의 직장가입자 자격상실 또는 의료급여를 받는 경우만 해당한다)에 피부양자의 자격을 잃는다. 다만, 법 제109조제6항 단서에 따라 다음 각 호의 어느 하나에 해당하는 날에도 그 자격을 잃는다. 〈개정 2019. 6. 11.〉

1. 「출입국관리법」 제10조의2제1항제2호 및 「재외동포의 출입국과 법적 지위에 관한 법률」 제10조제1항에 따른 체류기간이 종료된 날의 다음 날

2. 「출입국관리법」 제59조제3항에 따른 강제퇴거명령서를 발급받은 날의 다음 날

3. 그 밖에 보건복지부장관이 체류자격, 체류기간 및 체류경위 등을 고려하여 그 자격상실 시기를 국내거주 국민과 다르게 정할 필요가 있다고 인정하여 고시하는 경우: 해당 고시에서 정하는 날

[본조신설 2016. 9. 22.]

제76조의4 보험료 부과·징수 특례 대상 외국인

법 제109조제9항 단서에서 "대통령령으로 정하는 국내체류 외국인등"이란 지역가입자인 국내체류 외국인등 중에서 다음 각 호의 어느 하나에 해당하지 않는 사람을 말한다.

1. 「출입국관리법 시행령」 별표 1의2에 따른 결혼이민(F-6)의 체류자격이 있는 사람

2. 「출입국관리법 시행령」 별표 1의3에 따른 영주(F-5)의 체류자격이 있는 사람

3. 그 밖에 보건복지부장관이 체류경위, 체류목적 및 체류기간 등을 고려하여 국내거주 국민과 같은 보험료 부과·징수 기준을 적용할 필요가 있다고 인정하여 고시하는 체류자격이 있는 사람

[전문개정 2018. 12. 24.]

제77조 임의계속가입자 적용기간

① 법 제110조제2항 본문에서 "대통령령으로 정하는 기간"이란 사용관계가 끝난 날의 다음 날부터 기산(起算)하여 36개월이 되는 날을 넘지 아니하는 범위에서 다음 각 호의 구분에 따른 기간을 말한다.

1. 법 제110조제1항에 따라 공단에 신청한 가입자(이하 "임의계속가입자"라 한다)가 법 제9조제1항제2호에 따라 자격이 변동되기 전날까지의 기간

2. 임의계속가입자가 법 제10조제1항에 따라 그 자격을 잃기 전날까지의 기간

② 「의료급여법」 제3조제1항제2호에 따른 수급권자가 되어 법 제10조제1항제5호에 따라 가입자의 자격이 상실된 임의계속가입자가 법 제8조제1항제1호에 따라 가입자의 자격을 다시 취득한 경우로서 다시 취득한 날이 제1항에 따른 사용관계가 끝난 날의 다음 날부터 36개월 이내이면 공단이 정하는 기간 안에 임의계속가입의 재적용을 신청할 수 있다. 이 경우 신청자는 가입자의 자격을 다시 취득한 날부터 제1항에 따른 기간 동안 임의계속가입자로서의 자격을 유지한다.

③ 제2항에서 규정한 사항 외에 임의계속가입의 재적용 신청에 필요한 신청기간, 절차, 방법 등은 공단이 정하는 바에 따른다.

[전문개정 2018. 6. 26.]

제78조 업무의 위탁

공단은 법 제112조제1항에 따라 같은 항 각 호의 업무를 체신관서, 금융기관 또는 그 밖의 자에게 위탁하려면 위탁받을 기관의 선정 및 위탁계약의 내용에 관하여 공단 이사회의 의결을 거쳐야 한다.

제79조 보험료 및 징수위탁보험료등의 배분 등

공단이 납부의무자의 신청에 따라 보험료 및 징수위탁보험료등을 1개의 납입고지서로 통합하여 징수한 경우(법 제81조 및 징수위탁근거법에 따라 체납처분의 방법으로 징수한 경우는 제외한다)에 징수한 보험료와 그에 따른 징수금 또는 징수위탁보험료등의 금액이 징수하여야 할 총액에 미치지 못하는 경우로서 납부의무자가 이를 납부하는 날까지 특별한 의사를 표시하지 아니한 경우에는 법 제113조제1항 본문에 따라 공단이 징수하려는 각 보험별 금액(법 및 징수위탁근거법에 따른 연체금 및 가산금을 제외한 금액을 말한다)의 비율로 배분하여 납부 처리하여야 한다.

제80조 출연금의 관리

공단은 법 제114조제1항에 따른 출연금을 각각 별도의 계정을 설정하여 관리하여야 한다.

제81조 민감정보 및 고유식별정보의 처리

① 공단(법 제112조에 따라 공단의 업무를 위탁받은 자를 포함한다)은 다음 각 호의 사무를 수행하기 위하여 불가피한 경우 「개인정보 보호법」 제23조에 따른 건강에 관한 정보, 같은 법 시행령 제18조제2호에 따른 범죄경력자료에 해당하는 정보, 같은 영 제19조 각 호에 따른 주민등록번호, 여권번호, 운전면허의 면허번호 또는 외국인등록번호가 포함된 자료를 처리할 수 있다. 〈개정 2013. 9. 26., 2014. 11. 20.〉

1. 법 제7조에 따른 사업장의 신고에 관한 사무

2. 법 제14조제1항에 따른 업무에 관한 사무

3. 법 제60조에 따른 현역병 등에 대한 요양급여비용 지급에 관한 사무

4. 법 제61조에 따른 요양급여비용의 정산에 관한 사무

4의2. 법 제81조의2에 따른 자료의 제공에 관한 사무

5. 법 제83조에 따른 체납자 인적사항등의 공개에 관한 사무

6. 법 제87조 및 제90조에 따른 이의신청 및 행정소송에 관한 사무

7. 법 제94조에 따른 신고 등에 관한 사무

8. 법 제95조에 따른 소득 축소·탈루 자료의 송부에 관한 사무

8의2. 법 제96조에 따른 자료의 제공 요청에 관한 사무

9. 법 제104조에 따른 포상금 지급에 관한 사무

10. 법 제112조에 따른 업무의 위탁에 관한 사무

② 심사평가원은 다음 각 호의 사무를 수행하기 위하여 불가피한 경우 「개인정보 보호법」 제23조에 따른 건강에 관한 정보, 같은 법 시행령 제19조에 따른 주민등록번호, 여권번호, 운전면허의 면허번호 또는 외국인등록번호가 포함된 자료를 처리할 수 있다. 〈개정 2013. 9. 26., 2014. 11. 20., 2017. 3. 27.〉

1. 법 제43조에 따른 요양기관의 시설·장비 및 인력 등의 현황 신고에 관한 사무

1의2. 법 제48조에 따른 요양급여 대상 여부의 확인 등에 관한 사무

2. 법 제63조제1항에 따른 업무에 관한 사무

3. 법 제87조 및 제90조에 따른 이의신청 및 행정소송에 관한 사무

4. 법 제96조에 따른 자료의 제공 요청에 관한 사무

③ 요양기관(제2호의 경우에는 법 제47조제6항에 따라 요양기관을 대행하는 단체를 포함한다)

은 다음 각 호의 사무를 수행하기 위하여 불가피한 경우 「개인정보 보호법」 제23조에 따른 건강에 관한 정보나 같은 법 시행령 제19조에 따른 주민등록번호, 여권번호, 운전면허의 면허번호 또는 외국인등록번호가 포함된 자료를 처리할 수 있다. 〈신설 2017. 3. 27.〉

1. 법 제41조제1항에 따른 요양급여의 실시에 관한 사무

2. 법 제47조제1항 또는 제2항에 따른 요양급여비용의 청구에 관한 사무

④ 보건복지부장관(법 제111조에 따라 보건복지부장관의 권한을 위임받거나 위탁받은 자를 포함한다)은 다음 각 호의 사무를 수행하기 위하여 불가피한 경우 제1항에 따른 자료를 처리할 수 있다. 〈개정 2017. 3. 27.〉

1. 법 제81조제3항에 따른 체납처분 승인에 관한 사무

2. 법 제88조에 따른 심판청구에 관한 사무

3. 법 제97조에 따른 보고와 검사 등에 관한 사무

4. 법 제98조에 따른 업무정지 처분에 관한 사무

5. 법 제99조에 따른 과징금 부과 · 징수에 관한 사무

6. 법 제100조에 따른 위반사실 공표에 관한 사무

제81조의2 규제의 재검토

보건복지부장관은 별표 4의2에 대하여 2014년 7월 2일을 기준으로 5년마다(매 5년이 되는 해의 기준일과 같은 날 전까지를 말한다) 그 타당성을 검토하여 개선 등의 조치를 하여야 한다.

[본조신설 2014. 6. 30.]

제9장 벌칙

제82조 과태료의 부과기준

법 제119조에 따른 과태료의 부과기준은 별표 7과 같다.

부칙 〈제30824호, 2020. 7. 7.〉

제1조 시행일

이 영은 2020년 7월 8일부터 시행한다.

제2조 보험료가 면제되는 국외 체류기간에 관한 적용례

제44조의2의 개정규정은 이 영 시행 이후 출국하는 가입자부터 적용한다.

국민건강보험법
시행규칙

[시행 2020. 9. 8]
[보건복지부령 제748호, 2020. 9. 8, 일부개정]

제1조 목적

이 규칙은 「국민건강보험법」 및 같은 법 시행령에서 위임된 사항과 그 시행에 필요한 사항을 규정함을 목적으로 한다. ⟨개정 2015. 7. 24.⟩

제2조 피부양자 자격의 인정기준 등

① 「국민건강보험법」(이하 "법"이라 한다) 제5조제2항에 따른 피부양자 자격의 인정기준은 다음 각 호의 요건을 모두 충족하는 것으로 한다. ⟨개정 2013. 6. 28., 2018. 3. 6.⟩

1. 별표 1에 따른 부양요건에 해당할 것

2. 별표 1의2에 따른 소득 및 재산요건에 해당할 것

② 피부양자는 다음 각 호의 어느 하나에 해당하는 날에 그 자격을 취득한다.

1. 신생아의 경우: 출생한 날

2. 직장가입자의 자격 취득일 또는 가입자의 자격 변동일부터 90일 이내에 피부양자의 자격 취득 신고를 한 경우: 직장가입자의 자격 취득일 또는 해당 가입자의 자격 변동일

3. 직장가입자의 자격 취득일 또는 가입자의 자격 변동일부터 90일을 넘겨 피부양자 자격취득 신고를 한 경우: 법 제13조에 따른 국민건강보험공단(이하 "공단"이라 한다)에 별지 제1호서식의 피부양자 자격(취득 · 상실) 신고서를 제출한 날. 다만, 천재지변, 질병 · 사고 등 공단이 정하는 본인의 책임이 없는 부득이한 사유로 90일을 넘겨 피부양자 자격취득 신고를 한 경우에는 직장가입자의 자격 취득일 또는 가입자의 자격 변동일로 한다.

③ 피부양자는 다음 각 호의 어느 하나에 해당하게 된 날에 그 자격을 상실한다.

1. 사망한 날의 다음 날

2. 대한민국의 국적을 잃은 날의 다음 날

3. 국내에 거주하지 아니하게 된 날의 다음 날

4. 직장가입자가 자격을 상실한 날

5. 법 제5조제1항제1호에 따른 수급권자가 된 날

6. 법 제5조제1항제2호에 따른 유공자등 의료보호대상자인 피부양자가 공단에 건강보험의 적용배제 신청을 한 날의 다음 날

7. 직장가입자 또는 다른 직장가입자의 피부양자 자격을 취득한 경우에는 그 자격을 취득한 날

8. 피부양자 자격을 취득한 사람이 본인의 신고에 따라 피부양자 자격 상실 신고를 한 경우에는 신고한 날의 다음 날

9. 제1항에 따른 요건을 충족하지 아니하는 경우에는 공단이 그 요건을 충족하지 아니한다고 확인한 날의 다음 날

④ 직장가입자가 피부양자 자격 취득 또는 상실 신고를 하거나 피부양자가 제3항제8호에 따른 자격 상실 신고를 하려면 별지 제1호서식의 피부양자 자격(취득 · 상실) 신고서에 다음 각 호의 서류(자격 취득 신고의 경우만 해당한다)를 첨부하여 공단에 제출하여야 한다. 다만, 공단이 법 제96조에 따라 국가 등으로부터 제공받은 자료로 피부양자 자격 취득 또는 상실 대상자를 확인할 수 있는 경우에는 신고서를 제출하지 아니한다.

〈개정 2013. 6. 28., 2018. 3. 6., 2018. 6. 29.〉

1. 가족관계등록부의 증명서 1부(주민등록표 등본으로 제1항 각 호의 요건 충족 여부를 확인할 수 없는 경우만 해당한다)

2. 「장애인복지법」 제32조에 따라 등록된 장애인, 「국가유공자 등 예우 및 지원에 관한 법률」 제4조 · 제73조 및 제74조에 따른 국가유공자 등(법률 제11041호로 개정되기 전의 「국가유공자 등 예우 및 지원에 관한 법률」 제73조의2에 따른 국가유공자 등을 포함한다)으로서 같은 법 제6조의4에 따른 상이등급 판정을 받은 사람과 「보훈보상대상자 지원에 관한 법률」 제2조에 따른 보훈보상대상자로서 같은 법 제6조에 따른 상이등급 판정을 받은 사람임을 증명할 수 있는 서류 1부(장애인, 국가유공자 등 또는 보훈보상대상자의 경우만 해당한다)

3. 폐업 사실을 입증할 수 있는 서류, 「도시 및 주거환경정비법」에 따른 주택재건축사업의 사업자등록증 사본 등 별표 1의2 제1호다목에 해당하는 사실을 확인하기 위하여 공단이 요구하는 서류(피부양자가 별표 1의2 제1호다목에 따른 인정을 받으려는 경우만 해당한다)

⑤ 삭제 〈2013. 6. 28.〉

제3조 사업장의 적용 · 변경 · 탈퇴 신고

① 사용자는 해당 사업장이 법 제6조제2항에 따라 직장가입자가 되는 근로자 · 공무원 및 교직원을 사용하는 사업장이 된 경우에는 그 때부터 14일 이내에 별지 제2호서식의 사업장(기관)적용신고서에 통장 사본 1부(자동이체를 신청하는 경우만 해당한다)를 첨부하여 공단에 제출하여야 한다. 이 경우 공단은 「전자정부법」 제36조제2항에 따른 행정정보의 공동이용을 통하여 사업자등록증 및 법인 등기사항증명서를 확인하여야 하며, 신고인이 사업자등록증을 확인하는 것에 동의하지 아니하는 경우에는 그 사본을 첨부하도록 하여야 한다.

② 사용자는 제1항에 따라 공단에 신고한 내용이 변경된 경우에는 변경된 날부터 14일 이내에 별지 제3호서식의 사업장(기관)변경신고서를 공단에 제출하여야 한다. 이 경우 공단은 「전자정부법」 제36조제2항에 따른 행정정보의 공동이용을 통하여 사업자등록증 및 법인 등기

사항증명서를 확인하여야 하며, 신고인이 사업자등록증을 확인하는 것에 동의하지 아니하는 경우에는 그 사본을 첨부하도록 하여야 한다.

③ 사용자는 사업장이 다음 각 호의 어느 하나에 해당하게 된 경우에는 그 날부터 14일 이내에 별지 제4호서식의 사업장 탈퇴신고서에 사업장 탈퇴 사실을 증명할 수 있는 서류를 첨부하여 공단에 제출하여야 한다. 이 경우 공단은 「전자정부법」 제36조제2항에 따른 행정정보의 공동이용을 통하여 휴업·폐업 사실 증명원(사업장이 휴업·폐업한 경우만 해당한다) 및 법인 등기사항증명서를 확인하여야 하며, 신고인이 휴업·폐업 사실 증명원을 확인하는 것에 동의하지 아니하는 경우에는 이를 첨부하도록 하여야 한다.

1. 사업장이 휴업·폐업되는 경우

2. 사업장이 합병되는 경우

3. 사업장이 폐쇄되는 경우

4. 사업장에 근로자가 없게 되거나 「국민건강보험법 시행령」 (이하 "영"이라 한다) 제9조제1호에 따른 근로자만을 고용하게 되는 경우

제4조 가입자 자격의 취득·변동·상실의 신고

① 세대주는 그 세대의 구성원이 법 제6조제3항·제8조제1항 및 제9조제1항에 따라 지역가입자의 자격을 취득한 경우 또는 지역가입자로 자격이 변동된 경우에는 별지 제5호서식의 지역가입자 자격 취득·변동 신고서에 보험료 감면 증명자료를 첨부(법 제74조 및 제75조에 따라 보험료가 면제되거나 일부를 경감받는 사람만 해당하며, 공단이 법 제96조에 따라 국가 등으로부터 제공받은 자료로 보험료 감면 대상자임을 확인할 수 있는 경우에는 첨부하지 않는다)해 공단에 제출해야 한다. 다만, 제4항제2호에 따라 사용자가 별지 제8호서식의 직장가입자 자격상실 신고서를 공단에 제출한 경우에는 별지 제5호서식의 지역가입자자격취득·변동신고서를 제출한 것으로 본다. 〈개정 2018. 12. 18.〉

② 사용자는 법 제6조제2항·제4항, 제8조제1항 및 제9조제1항에 따라 근로자·공무원 및 교직원이 다음 각 호의 어느 하나에 해당하는 경우에는 별지 제6호서식의 직장가입자 자격취득 신고서를 공단에 제출해야 한다. 이 경우 제2조제1항 각 호의 요건을 갖추었는지 여부를 주민등록표 등본으로 확인할 수 없을 때에는 가족관계등록부의 증명서 1부를 첨부해야 한다. 〈개정 2018. 12. 18.〉

1. 직장가입자가 아닌 사람이 직장가입자인 근로자·사용자·공무원 및 교직원이 된 경우

2. 직장가입자인 근로자·사용자가 다른 사업장의 직장가입자가 되거나 직장가입자인 공무원·교직원이 된 경우

3. 직장가입자인 공무원·교직원이 직장가입자인 근로자·사용자가 되거나 소속 기관장을 달리하는 기관으로 전출된 경우

③ 법 제9조제3항에 따라 국방부장관 또는 법무부장관이 공단에 통지해야 할 사항은 다음 각 호와 같다. 〈개정 2018. 12. 18.〉

1. 국방부장관: 법 제54조제3호에 해당하는 사람의 성명·주민등록번호·입대일·전역일 및 전환복무일

2. 법무부장관: 법 제54조제4호에 해당하는 사람의 성명·주민등록번호·입소일·출소일·수용기관명칭·코드 및 신분 구분

④ 법 제10조제2항에 따른 자격상실의 신고는 다음 각 호의 구분에 따라 해야 한다. 〈개정 2018. 12. 18.〉

1. 지역가입자: 세대주가 별지 제7호서식의 지역가입자 자격상실 신고서를 공단에 제출

2. 직장가입자: 사용자가 별지 제8호서식의 직장가입자 자격상실 신고서를 공단에 제출

⑤ 사용자는 제2항에 따라 공단에 신고한 직장가입자의 내용이 변경된 경우에는 변경된 날부터 14일 이내에 별지 제9호서식의 직장가입자 내용변경 신고서를 공단에 제출해야 한다. 〈개정 2018. 12. 18.〉

제4조의2 가입자 자격의 취득·변동의 고지사항

공단은 법 제9조의2에 따라 자격 취득 또는 변동에 관한 사항을 알리는 경우에는 제48조에 따른 납입고지서에 다음 각 호의 사항을 명시해야 한다.

1. 가입자 자격의 취득 또는 변동이 발생한 가입자의 성명

2. 취득 또는 변동이 발생한 자격

[본조신설 2019. 6. 12.]

제5조 건강보험증의 발급 신청 등

① 가입자 또는 피부양자는 법 제12조제1항에 따른 건강보험증을 발급받으려면 별지 제10호서식의 건강보험증 발급 신청서를 공단에 제출해야 한다. 이 경우 「정보통신망 이용촉진 및 정보보호 등에 관한 법률」 제2조제1항제1호에 따른 정보통신망(이하 "정보통신망"이라 한다)을 통하여 해당 서류를 제출할 수 있다.

② 공단은 제1항에 따른 신청을 받으면 지체 없이 별지 제11호서식의 건강보험증을 신청인에게 발급해야 한다.

③ 공단은 법 제96조에 따라 제공받은 자료를 이용하여 가입자 또는 피부양자의 자격 취득·변

동 사실을 확인한 경우에는 제2항에도 불구하고 가입자 또는 피부양자의 신청 없이 별지 제11호서식의 건강보험증을 발급할 수 있다.

④ 제2항 또는 제3항에 따라 건강보험증을 발급받은 가입자 또는 피부양자는 건강보험증에 기재된 내용이 변경된 경우에는 변경된 날부터 30일 이내에 별지 제10호서식의 건강보험증 기재사항 변경 신청서를 공단에 제출해야 한다.

[전문개정 2019. 6. 12.]

제6조 삭제 〈2019. 6. 12.〉

제7조 건강보험증을 대체하는 신분증명서

법 제12조제3항에서 "보건복지부령으로 정하는 본인 여부를 확인할 수 있는 신분증명서"란 다음 각 호의 증명서 또는 서류를 말한다. 이 경우 그 증명서 또는 서류에 유효기간이 적혀 있는 경우에는 그 유효기간이 지나지 아니하여야 한다.

1. 행정기관이나 공공기관이 발행한 증명서로서 사진이 붙어 있어 본인임을 확인할 수 있는 공무원증, 국가유공자증, 장애인 등록증, 외국인 등록증, 국가기술자격증, 그 밖에 신분을 확인할 수 있는 증명서
2. 행정기관이나 공공기관이 기록 · 관리하는 것으로서 사진이 붙어 있어 본인을 확인할 수 있는 서류

제8조 상임이사 후보 추천 절차 등

① 법 제20조제3항에 따른 상임이사 후보를 추천하기 위하여 공단에 상임이사추천위원회(이하 "상임이사추천위원회"라 한다)를 둔다.

② 상임이사추천위원회는 위원장을 포함한 5명의 위원으로 구성한다. 이 경우 위원장은 공단의 인사업무를 담당하는 상임이사(인사업무를 담당하는 상임이사 후보를 추천하는 경우에는 이사장이 지명하는 이사)로 하고, 위원은 이사장이 위촉하는 다음 각 호의 사람으로 한다.

1. 공단의 비상임이사 2명
2. 공단의 업무에 관한 전문지식과 경험이 풍부한 사람으로서 공단의 임직원이 아닌 사람 2명

③ 제1항과 제2항에서 규정한 사항 외에 후보자 심사 및 추천 방법, 위원의 제척(除斥) · 기피 · 회피 등 상임이사추천위원회 운영 등에 필요한 사항은 공단의 정관 또는 내규(內規)로 정한다.

제9조 징수이사 후보의 자격기준 및 심사기준 등

① 법 제21조제1항에서 "보건복지부령으로 정하는 자격을 갖춘 사람"이란 법 제21조제2항에 따른 징수이사추천위원회(이하 "징수이사추천위원회"라 한다)가 정하는 단위 부서장 이상의 경력이 있는 사람으로서 법 제14조제1항제2호 및 제11호에 따른 업무에 관한 전문지식 및 경험을 갖추고 경영혁신을 추진할 수 있는 사람을 말한다.

② 법 제21조제4항에 따른 심사는 징수이사추천위원회가 징수이사 후보가 다음 각 호의 요소를 갖추고 있는지를 평가하여 이를 점수로 환산하는 방법으로 한다. 이 경우 각 호의 요소별 배점이나 그 밖에 심사에 필요한 사항은 징수이사추천위원회가 정한다.

1. 경영, 경제 및 사회보험에 관한 학식

2. 문제에 대한 예측 및 예방조치 능력

3. 조직관리 능력

4. 그 밖에 징수이사로서의 자질과 능력을 평가할 수 있는 것으로서 징수이사추천위원회가 정하는 요소

③ 징수이사추천위원회는 법 제21조제4항에 따라 징수이사 후보로 추천될 사람과 다음 각 호의 계약 조건에 대하여 협의하여야 한다.

1. 법에 따라 징수하는 보험료, 「국민연금법」, 「고용보험 및 산업재해보상보험의 보험료 징수 등에 관한 법률」, 「임금채권보장법」, 「석면피해구제법」의 위탁에 따라 징수하는 연금보험료, 고용보험료, 산업재해보상보험료, 부담금 및 분담금 등의 징수 목표 및 민원관리에 관한 사항

2. 보수와 상벌 등 근로 조건에 관한 사항

3. 해임 사유에 관한 사항

4. 그 밖에 고용관계의 성립·소멸 등에 필요한 사항

④ 징수이사추천위원회의 회의는 재적위원 과반수의 출석으로 개의(開議)하고, 출석위원 과반수의 찬성으로 의결한다.

제10조 결산보고서 등의 공고

공단은 법 제39조제2항에 따라 결산보고서 및 사업보고서를 작성하여 보건복지부장관에게 보고한 경우에는 그 개요를 「신문 등의 진흥에 관한 법률」 제9조제1항제9호에 따른 보급지역을 전국으로 하여 등록한 1개 이상의 일반일간신문에 공고하여야 한다.

제11조 요양기관의 인정 등

① 법 제42조제2항에 따른 전문요양기관의 인정기준은 별표 2와 같다.

② 법 제42조제2항에 따라 전문요양기관으로 인정받으려는 요양기관은 별지 제12호서식의 전문요양기관 인정신청서에 다음 각 호의 서류를 첨부하여 보건복지부장관에게 제출하여야 한다.

　1. 시설, 장비 및 진료과목별 인력 현황 1부

　2. 최근 6개월 동안의 입원환자 진료실적 1부

③ 보건복지부장관은 요양기관을 전문요양기관으로 인정한 경우에는 별지 제13호서식의 전문요양기관 인정서를 발급하여야 한다.

④ 제1항부터 제3항까지의 규정에 따른 인정기준의 세부 내용, 그 밖에 전문요양기관의 인정에 필요한 사항은 보건복지부장관이 정하여 고시한다.

제12조 요양기관 현황 신고 등

① 요양기관은 법 제43조제1항에 따라 시설 · 장비 및 인력 등에 대한 현황을 신고하려면 별지 제14호서식의 요양기관 현황신고서[약국 및 「약사법」 제91조제1항에 따라 설립된 한국희귀 · 필수의약품센터(이하 "한국희귀 · 필수의약품센터"라 한다)의 경우에는 별지 제15호서식의 요양기관 현황 신고서(약국 및 한국희귀 · 필수의약품센터용)를 말한다] 및 별지 제16호서식의 의료장비 현황(변경) 신고서에 다음 각 호의 구분에 따른 서류를 첨부하여 건강보험심사평가원(이하 "심사평가원"이라 한다)에 제출하여야 한다. 다만, 법 제42조제1항제4호 및 제5호에 따른 요양기관은 다음 각 호의 구분에 따른 서류를 첨부하지 아니한다.

〈개정 2018. 6. 29.〉

　1. 요양기관 현황 신고서의 경우에는 다음 각 목의 서류

　　가. 의료기관 개설신고증, 의료기관 개설허가증, 약국 개설등록증 또는 한국희귀의약품센터 설립허가증 사본 1부

　　나. 삭제 〈2018. 9. 28.〉

　　다. 요양기관의 인력에 관한 면허나 자격을 확인할 수 있는 서류

　　라. 통장 사본 1부

　2. 의료장비 현황 신고서의 경우에는 다음 각 목의 서류

　　가. 장비의 허가 · 신고 · 등록을 확인할 수 있는 서류

　　나. 장비의 검사나 검사면제에 관한 사항을 확인할 수 있는 서류

　　다. 장비를 구입하였거나 임차한 사실을 확인할 수 있는 서류

② 요양기관은 법 제43조제2항에 따라 요양기관의 인력·시설·장비 등의 내용이 변경된 경우에는 별지 16호서식의 의료장비 현황(변경) 신고서 및 별지 제17호서식의 요양기관 현황 변경신고서에 변경된 사항을 증명하는 서류를 첨부하여 심사평가원에 제출하여야 한다. 다만, 요양급여비용 수령 계좌를 변경하려는 경우에는 개설자나 대표자의 인감증명서(법인인 경우에는 법인 인감증명서를 말한다) 또는 「본인서명사실 확인 등에 관한 법률」 제2조제3호에 따른 본인서명사실확인서를 첨부하여야 하며, 별지 제17호서식의 요양기관 현황 변경신고서에 그 등록된 인감을 날인하거나 본인서명사실확인서와 동일한 서명을 하여야 한다.

〈개정 2018. 6. 29.〉

③ 제1항 및 제2항에 따른 신고서를 제출받은 심사평가원은 「전자정부법」 제36조제2항에 따른 행정정보의 공동이용을 통하여 사업자등록증(신고인이 법 제42조제1항제4호 및 제5호에 따른 요양기관인 경우는 제외한다) 및 법인 등기사항증명서(법인인 경우만 해당한다)를 확인하여야 하며, 신고인이 사업자등록증을 확인하는 것에 동의하지 아니하는 경우에는 그 사본을 첨부하도록 하여야 한다.

〈신설 2018. 9. 28.〉

④ 제1항 및 제2항에도 불구하고 심사평가원은 특별시장·광역시장·도지사·특별자치도지사(이하 "시·도지사"라 한다) 또는 시장·군수·구청장(자치구의 구청장을 말한다. 이하 같다)으로부터 다음 각 호의 사항을 통보받은 경우에는 요양기관이 별표 2의2 각 호의 구분에 따라 요양기관 현황(변경) 신고서 또는 의료장비 현황(변경) 신고서 및 첨부 서류를 심사평가원에 제출한 것으로 본다.

〈신설 2015. 7. 24., 2018. 6. 29., 2018. 9. 28.〉

1. 「의료법 시행규칙」 제30조의2제2항에 따라 처리한 사항
2. 「약사법 시행규칙」 제9조의2제2항에 따라 처리한 사항
3. 「진단용 방사선 발생장치의 안전관리에 관한 규칙」 제3조의2제2항에 따라 처리한 사항
4. 「특수의료장비의 설치 및 운영에 관한 규칙」 제4조의2제2항에 따라 처리한 사항
5. 「약사법」 제23조제5항에 따라 보건복지부장관이 정하는 의료기관이 없는 지역 또는 약국이 없는 지역에 해당한다는 사실

⑤ 심사평가원은 제2항에 따라 제출받은 요양기관 현황 변경 신고사항 중 다음 각 호의 사항을 소관 시·도지사 또는 시장·군수·구청장에게 통보하여야 한다.

〈신설 2015. 7. 24., 2018. 9. 28.〉

1. 「의료법」 제33조제5항 및 같은 법 시행규칙 제26조제1항제2호에 따른 의료기관 개설자가 입원, 해외 출장 등으로 다른 의사·치과의사·한의사 또는 조산사에게 진료하게 할 경우 그 기간 및 해당 의사 등의 인적 사항
2. 「의료법」 제33조제5항 및 같은 법 시행규칙 제26조제1항제6호에 따른 의료기관의 의료

인 수

3. 「의료법」 제33조제5항 및 같은 법 시행규칙 제28조제1항제5호에 따른 의료기관의 의료
인 수

⑥ 심사평가원은 제1항과 제2항에 따라 신고받은 사항 중 요양급여비용 지급을 위하여 필요한
다음 각 호의 사항을 공단에 통보하여야 한다.　　　　　　　　　〈개정 2015. 7. 24., 2018. 9. 28.〉

1. 요양기관의 명칭, 기호 및 소재지

2. 대표자의 성명 및 주민등록번호

3. 개설 신고(허가 · 등록)일, 폐업일

4. 사업자등록번호

5. 금융기관의 계좌명세 등

⑦ 요양기관이 제1항 및 제2항에 따라 심사평가원에 신고하여야 하는 장비 등 요양기관의 현황
을 관리하는 데에 필요한 사항은 보건복지부장관이 정하여 고시한다.

　　　　　　　　　　　　　　　　　　　　　　　　　　　　〈개정 2015. 7. 24., 2018. 9. 28.〉

제12조의2 보건의료자원 통합신고포털의 설치 · 운영

① 심사평가원은 제12조에 따른 요양기관 현황신고 등과 관련된 업무를 처리하기 위하여 「전
자정부법」 제9조제2항에 따른 전자민원창구(이하 "보건의료자원 통합신고포털"이라 한다)
를 설치하여 운영할 수 있다.

② 요양기관은 보건의료자원 통합신고포털을 통하여 제12조제1항부터 제4항까지의 규정에 따
른 요양기관 현황 등에 대하여 신고하거나 그 내역 등을 확인할 수 있다.　　〈개정 2020. 9. 8.〉

③ 보건복지부장관, 시 · 도지사, 시장 · 군수 · 구청장 및 심사평가원은 보건의료자원 통합신고
포털과 보건복지부장관 및 각 지방자치단체가 운영하는 정보시스템을 연계하여 다음 각 호
의 업무를 처리할 수 있다.　　　　　　　　　　　　　　　　　　　　　　〈개정 2020. 9. 8.〉

1. 시 · 도지사 및 시장 · 군수 · 구청장이 제12조제4항에 따라 심사평가원에 하는 통보

2. 심사평가원이 제12조제5항에 따라 시 · 도지사 및 시장 · 군수 · 구청장에 하는 통보

3. 심사평가원이 법 제96조제2항 및 영 제69조의2에 따라 요청하는 영 별표 4의3 제2호마
목 · 카목 및 타목에 해당하는 자료의 제공

4. 그 밖에 요양기관의 시설 · 장비 및 인력 등 보건의료자원의 통합신고를 위하여 필요하다
고 심사평가원이 보건복지부장관의 승인을 받아 정한 사항

④ 보건복지부장관, 시 · 도지사, 시장 · 군수 · 구청장 및 심사평가원은 제3항 각 호의 업무를
위하여 불가피한 경우 「개인정보 보호법 시행령」 제19조제1호 또는 제4호에 따른 주민등

록번호 또는 외국인등록번호가 포함된 자료를 처리할 수 있다.

⑤ 보건의료자원 통합신고포털의 설치 · 운영 방법, 정보시스템의 연계 운영 방법, 그 밖에 보건의료자원 통합신고포털을 관리하는 데에 필요한 사항은 보건복지부장관이 정하여 고시한다.

[본조신설 2015. 7. 24.]

제13조 외래진료 등의 경우 요양급여비용 총액에 관한 조건 등

① 외래진료 및 고가(高價)의 특수 의료장비를 이용한 진료의 경우에 영 별표 2 제1호나목 및 제3호파목에 따른 요양급여비용 총액에 관한 조건 및 본인부담액은 별표 3과 같다.

〈개정 2018. 6. 29.〉

② 약국 또는 한국희귀 · 필수의약품센터를 이용한 경우에 영 별표 2 제1호다목에 따른 요양급여비용 총액에 관한 조건 및 본인부담액은 별표 4와 같다. 〈개정 2018. 6. 29.〉

제14조 본인부담액 경감 인정

① 영 별표 2 제3호라목에 따라 본인부담액을 경감받을 수 있는 요건을 갖춘 희귀난치성질환자 등은 본인부담액 경감 인정을 받으려면 경감 인정 신청서(전자문서를 포함한다)에 다음 각 호의 서류(전자문서를 포함한다)를 첨부하여 특별자치도지사 · 시장 · 군수 · 구청장에게 제출하여야 한다. 〈개정 2013. 9. 30., 2015. 7. 24., 2015. 12. 31.〉

1. 영 별표 2 제3호라목에 따른 부양의무자(이하 "부양의무자"라 한다)와의 관계를 확인할 수 있는 가족관계등록부의 증명서(세대별 주민등록표 등본으로 부양의무자와의 관계를 확인할 수 없는 경우만 해당한다)

2. 임대차계약서(주택을 임대하거나 임차하고 있는 사람만 해당한다)

3. 요양기관이 발급한 진단서 1부(6개월 이상 치료를 받고 있거나 6개월 이상 치료가 필요한 사람만 해당한다)

② 제1항에 따른 신청인의 가족, 친족, 이해관계인 또는 「사회복지사업법」 제14조에 따른 사회복지 전담공무원은 신청인이 신체적 · 정신적인 이유로 신청을 할 수 없는 경우에는 신청인을 대신하여 제1항에 따른 신청을 할 수 있다. 이 경우 다음 각 호의 구분에 따른 서류를 제시하거나 제출하여야 한다.

1. 신청인의 가족 · 친족 또는 이해관계인: 신청인과의 관계를 증명하는 서류

2. 사회복지 전담공무원: 공무원임을 증명하는 신분증

③ 제1항과 제2항에 따른 신청을 받은 특별자치도지사 · 시장 · 군수 · 구청장은 신청인이 제15

조에 따른 기준에 해당하는지를 확인하여 부득이한 사유가 없으면 그 결과를 신청일부터 30일 이내에 공단에 통보하여야 한다. 다만, 다음 각 호의 어느 하나에 해당하는 경우에는 신청일부터 60일 이내에 통보할 수 있다. 〈개정 2015. 12. 31.〉

1. 부양의무자의 소득 조사에 시간이 걸리는 특별한 사유가 있는 경우
2. 제1항에 따른 경감 인정 신청서를 제출한 희귀난치성질환자등 또는 부양의무자가 같은 항 또는 관계 법령에 따른 조사나 자료제출 요구를 거부 · 방해 또는 기피하는 경우

④ 공단은 제3항에 따른 확인 결과를 통보받았을 때에는 부득이한 사유가 없으면 통보를 받은 날부터 7일 이내에 영 별표 2 제3호라목에 따른 인정 여부를 결정하여 그 결과를 신청인에게 통보하여야 한다. 〈개정 2015. 12. 31.〉

⑤ 제1항부터 제4항까지에서 규정한 사항 외에 본인부담액의 경감 인정 절차 등에 관하여 필요한 사항은 보건복지부장관이 정한다.

제15조 본인부담액 경감 대상자의 기준

영 별표 2 제3호라목에 따른 소득인정액 산정의 기준이 되는 세대의 범위, 소득 및 재산의 범위, 소득인정액 산정방법 및 부양의무자가 부양능력이 없거나 부양을 받을 수 없는 경우의 구체적인 기준은 별표 5와 같다.

제16조 요양급여비용의 본인부담

영 별표 2 제6호에 따라 본인이 요양급여비용을 부담하는 항목 및 부담률은 별표 6과 같다.

〈개정 2013. 12. 18., 2016. 12. 30.〉

제17조 본인부담액 경감 적용 시기

공단은 제14조제4항에 따라 본인부담액 경감 인정 결정을 한 사람에 대해서는 경감 인정 결정을 한 날부터 발생하는 본인부담액부터 경감한다.

제18조 요양급여비용의 가감지급 기준

법 제47조제5항 후단에 따라 요양급여의 적정성 평가 결과에 따라 요양급여비용을 가산하거나 감액하여 지급하는 금액은 평가대상 요양기관의 평가연도(평가기간이 2개년 이상인 경우에는 마지막 연도를 말한다)에 대한 심사결정 공단부담액의 100분의 10 범위에서 보건복지부장관이 정하여 고시한 기준에 따라 산정한 금액으로 한다. 〈개정 2016. 9. 23.〉

제19조 요양급여비용의 청구

① 법 제47조제1항에 따라 요양기관 또는 같은 조 제6항에 따른 대행청구단체가 요양급여비용을 청구하려면 요양급여비용 심사청구서에 급여를 받은 사람에 대한 요양급여비용 명세서를 첨부하여 심사평가원에 제출하여야 한다.

② 요양기관 또는 대행청구단체는 제1항에 따른 요양급여비용 명세서에 다음 각 호의 사항을 적어야 한다.

  1. 가입자(지역가입자의 경우에는 세대주를 말한다)의 성명 및 건강보험증 번호

  2. 요양급여를 받은 사람의 성명 및 주민등록번호

  3. 질병명 또는 부상명

  4. 요양 개시 연월일 및 요양 일수

  5. 요양급여비용의 내용

  6. 본인부담금 및 비용청구액

  7. 처방전 내용 등

③ 요양급여비용의 청구방법, 요양급여비용 심사청구서 및 요양급여비용 명세서의 서식·작성 요령, 그 밖에 요양급여비용의 청구에 필요한 사항은 보건복지부장관이 정하여 고시한다.

제20조 요양급여비용의 심사 · 지급

① 심사평가원은 요양급여비용에 대한 심사청구를 받으면 그 심사청구 내용이 법 제41조제2항부터 제4항까지에 따른 요양급여의 기준 및 법 제45조제4항에 따라 보건복지부장관이 고시한 요양급여비용의 명세에 적합한지를 보건복지부장관이 정하여 고시한 바에 따라 심사한다. 이 경우 심사평가원의 원장은 제12조, 제19조 및 법 제96조에 따라 제공받은 자료의 사실 여부를 확인할 필요가 있으면 소속 직원으로 하여금 현장 조사를 통하여 해당 사항을 확인하게 할 수 있다. 〈개정 2016. 7. 27., 2019. 10. 24.〉

② 심사평가원의 원장은 제1항에 따라 심사를 하는 경우에는 요양급여비용에 대한 심사청구를 받은 날부터 40일(정보통신망을 통하여 통보하는 경우에는 15일) 이내에 심사하여 그 내용이 기재된 요양급여비용 심사결과통보서를 공단 및 해당 요양기관에 각각 송부해야 하며, 요양급여비용 심사결과통보서를 받은 공단은 지체 없이 요양급여비용 지급명세가 기재된 요양급여비용 지급통보서에 따른 요양급여비용을 해당 요양기관에 지급해야 한다. 이 경우 심사기간을 산정할 때 심사평가원의 원장이 요양급여비용에 대한 심사를 청구한 요양기관에 심사에 필요한 자료를 요청한 경우 등 특별한 사유가 있는 경우에는 그에 걸리는 기간은 제외한다. 〈개정 2019. 6. 12.〉

③ 공단은 법 제47조제3항에 따라 요양기관에 지급할 요양급여비용에서 과다하게 납부된 본인부담액을 공제한 경우에는 그 공제 내용을 요양기관에 통보하여야 한다.

④ 요양급여비용 심사결과통보서 및 요양급여비용 지급통보서의 서식과 요양급여비용의 심사·지급에 필요한 사항은 보건복지부장관이 정하여 고시한다.

제21조 요양급여비용 지급 등의 특례

① 보건복지부장관은 제19조제1항에 따른 요양기관 또는 대행청구단체의 요양급여비용 청구가 있음에도 불구하고 천재지변·파업 등 특별한 사유로 심사평가원이 제20조제2항에 따른 기간 내에 요양급여비용 심사를 하는 것이 불가능하거나 현저히 곤란하다고 판단하는 경우에는 공단으로 하여금 요양급여비용의 전부 또는 일부를 요양기관에 우선 지급하게 할 수 있다.

② 심사평가원은 공단이 제1항에 따라 요양급여비용을 요양기관에 우선 지급한 후 그 요양급여비용에 대하여 심사한 경우에는 요양급여비용 심사결과통보서를 공단 및 해당 요양기관에 각각 송부하여야 한다. 이 경우 공단은 심사평가원의 심사결과에 따라 제1항에 따라 요양기관에 지급한 요양급여비용을 정산하여야 한다.

③ 제1항과 제2항에 따른 요양급여비용의 청구, 지급 및 정산의 방법·절차 등에 관하여 필요한 사항은 보건복지부장관이 정하여 고시한다.

제22조 정보통신망 등에 의한 통보

① 요양기관은 요양급여비용 심사청구서 및 명세서 등의 서류를 전산매체 또는 정보통신망을 통하여 공단 또는 심사평가원에 제출할 수 있다. 이 경우 영 제28조제2항에 따라 전산 관리에 관하여 보건복지부장관이 고시한 기준에 따라 적정하다고 결정된 소프트웨어를 사용해야 한다.   〈개정 2017. 9. 7., 2019. 6. 12.〉

② 심사평가원은 요양급여비용 심사결과통보서 등을, 공단은 요양급여비용 지급통보서 등을 전산매체 또는 정보통신망을 이용하여 요양기관에 송부할 수 있다.

제23조 요양비

① 법 제49조제1항에서 "보건복지부령으로 정하는 긴급하거나 그 밖의 부득이한 사유"란 다음 각 호의 어느 하나에 해당하는 경우를 말한다.

〈개정 2013. 6. 26., 2015. 11. 13., 2016. 12. 30., 2018. 6. 29., 2019. 12. 31.〉

1. 요양기관을 이용할 수 없거나 요양기관이 없는 경우

2. 만성신부전증 환자가 의사의 처방전에 따라 복막관류액 또는 자동복막투석에 사용되는 소모성 재료를 요양기관 외의 의약품판매업소에서 구입·사용한 경우

3. 산소치료를 필요로 하는 환자가 의사의 산소치료 처방전에 따라 보건복지부장관이 정하여 고시하는 방법으로 산소치료를 받는 경우

4. 당뇨병 환자가 의사의 처방전에 따라 혈당검사 또는 인슐린주사에 사용되는 소모성 재료나 당뇨병 관리기기를 요양기관 외의 의료기기판매업소에서 구입·사용한 경우

5. 신경인성 방광환자가 의사의 처방전에 따라 자가도뇨에 사용되는 소모성 재료를 요양기관 외의 의료기기판매업소에서 구입·사용한 경우

6. 보건복지부장관이 정하여 고시하는 질환이 있는 사람으로서 인공호흡기 또는 기침유발기를 필요로 하는 환자가 의사의 처방전에 따라 인공호흡기 또는 기침유발기를 대여받아 사용하는 경우

7. 수면무호흡증 환자가 의사의 처방전에 따라 양압기(수면 중 좁아진 기도에 지속적으로 공기를 불어 넣어 기도를 확보해 주는 기구를 말한다)를 대여 받아 사용하는 경우

② 법 제49조제1항에서 "보건복지부령으로 정하는 기관"이란 다음 각 호의 어느 하나에 해당하는 기관을 말한다. 〈개정 2013. 6. 26., 2015. 11. 13., 2016. 12. 30., 2018. 6. 29., 2019. 12. 31.〉

1. 법 제42조제1항 후단에 따라 요양기관에서 제외된 의료기관 등

2. 만성신부전증 환자 중 복막투석으로 요양급여를 받고 있는 사람에게 다음 각 목의 물품을 판매하는 요양기관 외의 의약품판매업소(나목의 경우 공단에 등록한 의약품판매업소만 해당한다)

　가. 복막관류액

　나. 자동복막투석에 사용되는 소모성 재료

3. 산소치료를 필요로 하는 환자에게 의료용 산소발생기 등으로 산소치료 서비스를 제공하는 요양기관 외의 기관으로서 공단에 등록한 기관(해당 환자가 제공받는 경우만 해당한다)

4. 당뇨병 환자에게 혈당검사 또는 인슐린주사에 사용되는 소모성 재료나 당뇨병 관리기기를 판매하는 요양기관 외의 의료기기판매업소로서 공단에 등록한 업소

5. 신경인성 방광환자에게 자가도뇨에 사용되는 소모성 재료를 판매하는 요양기관 외의 의료기기판매업소로서 공단에 등록한 업소

6. 인공호흡기 또는 기침유발기를 필요로 하는 환자에게 이를 대여하는 요양기관 외의 기관으로서 공단에 등록한 기관

7. 양압기를 필요로 하는 환자에게 이를 대여하는 요양기관 외의 기관으로서 공단에 등록한

기관

③ 가입자나 피부양자가 법 제49조제1항에 따른 요양비를 지급받으려면 다음 각 호의 서류를 공단에 제출해야 한다. 다만, 제1항 제3호·제6호 및 제7호에 해당하여 요양비를 지급받은 사람이 같은 종류의 요양비를 지급받으려는 경우로서 이미 제출한 처방전의 처방기간이 지나지 않은 경우에는 처방전을 제출하지 않을 수 있다.

〈개정 2013. 6. 26., 2015. 11. 13., 2016. 12. 30., 2018. 6. 29., 2019. 6. 12., 2019. 12. 31.〉

1. 제1항제1호에 해당하는 사유로 질병·부상·출산사산(死産)의 경우에는 임신 16주 이상인 경우를 말한다]에 대하여 요양을 받은 경우에는 별지 제18호서식의 요양비 지급청구서와 다음 각 목의 서류

　가. 요양비 명세서 또는 세금계산서(약국의 경우에는 처방전과 세금계산서를 말한다) 사본 1부

　나. 요양기관에서 요양을 받을 수 없었던 사유를 증명할 수 있는 서류 1부

2. 제1항제2호 또는 제5호에 해당하는 경우에는 별지 제18호서식의 요양비 지급청구서와 다음 각 목의 서류

　가. 의사의 처방전 1부

　나. 세금계산서 1부

3. 제1항제3호에 해당하는 경우에는 별지 제19호서식의 요양비 지급청구서와 다음 각 목의 서류

　가. 의사의 처방전 1부

　나. 산소치료를 하였음을 증명할 수 있는 서류 1부

　다. 세금계산서 1부

4. 제1항제4호에 해당하는 경우에는 별지 제19호의2서식 또는 별지 제19호의3서식의 요양비 지급청구서와 다음 각 목의 서류

　가. 의사의 처방전 1부

　나. 세금계산서 1부

5. 제1항제6호에 해당하는 경우에는 별지 제19호의4서식의 요양비지급청구서와 다음 각 목의 서류

　가. 의사의 처방전 1부

　나. 인공호흡기 또는 기침유발기를 대여하였음을 증명할 수 있는 서류 1부

　다. 세금계산서 1부

6. 제1항제7호에 해당하는 경우에는 별지 제19호의5서식의 요양비 지급청구서와 다음 각 목

의 서류

　　가. 의사의 처방전 1부

　　나. 양압기를 대여하였음을 증명할 수 있는 서류 1부

　　다. 세금계산서 1부

7. 요양기관 외의 장소에서 출산한 경우에는 별지 제18호서식의 요양비 지급청구서와 출산 사실을 증명할 수 있는 서류 1부

④ 요양비의 지급금액은 보건복지부장관이 정하여 고시하는 금액으로 한다.

⑤ 공단은 제3항에 따른 요양비의 지급청구를 받으면 제1항 각 호의 사유에 해당하는지 등을 지체 없이 확인한 후 요양비를 지급하여야 한다. 다만, 공단은 제2항제1호에 따른 의료기관 등 및 법 제98조제1항에 따라 업무정지 중인 요양기관에서 요양을 받은 경우의 요양비에 대해서는 심사평가원의 심사를 거쳐 지급하여야 한다.

⑥ 공단은 제3항에 따라 요양비 지급을 청구하는 사람이 제2항제2호부터 제7호까지의 규정에 따른 판매자 또는 기관에 요양비를 지급할 것을 신청한 경우에는 그 판매자 또는 기관에 요양비를 직접 지급할 수 있다.　　　　〈개정 2013. 6. 26., 2015. 11. 13., 2018. 6. 29.〉

⑦ 제1항부터 제6항까지에서 규정한 사항 외에 요양비의 지급 기준, 절차, 방법, 의약품판매업소 등의 등록기준, 등록절차, 등록취소, 그 밖에 필요한 사항은 보건복지부장관이 정하여 고시한다.

제24조 임신ㆍ출산 진료비 이용권의 신청 및 발급 등

① 영 제23조제4항에 따라 임신ㆍ출산 진료비 이용권(이하 "이용권"이라 한다)의 발급을 신청하려는 사람은 산부인과전문의 또는 「의료법」 제6조에 따른 조산사가 임신ㆍ출산 사실을 확인한 신청서를 공단에 제출해야 한다. 이 경우 임신 사실은 산부인과전문의만 확인할 수 있다.

② 영 제23조제5항에 따라 이용권을 발급받은 사람은 영 제23조제3항 각 호의 비용을 결제하려는 경우 요양기관에 이용권을 제시해야 한다.

③ 공단은 임신ㆍ출산과 관련된 진료 등의 사실을 확인한 후 지체 없이 요양기관에게 제2항에 따라 결제된 비용을 지급해야 한다.

④ 제1항부터 제3항까지에서 규정한 사항 외에 이용권의 신청 및 발급 등에 필요한 세부적인 사항은 보건복지부장관이 정하여 고시한다.

[전문개정 2018. 12. 31.]

제25조 삭제 〈2019. 6. 12.〉

제26조 장애인 보조기기에 대한 보험급여기준 등

① 법 제51조제2항에 따른 보조기기(소모품을 포함하며, 이하 "보조기기"라 한다)에 대한 보험 급여의 범위 및 공단의 부담금액 등은 별표 7과 같다. 〈개정 2019. 10. 24.〉

② 보조기기[활동형 수동휠체어, 틸팅형 수동휠체어(등받이 및 좌석 경사 조절형 수동휠체어를 말한다), 리클라이닝형 수동휠체어(등받이 경사 조절형 수동휠체어를 말한다), 전동휠체어, 전동스쿠터, 자세보조용구 및 이동식전동리프트는 제외한다]에 대한 보험급여를 받으려는 사람은 별지 제21호서식의 보조기기 급여비 지급청구서에 다음 각 호의 서류를 첨부하여 공 단에 제출해야 한다. 다만, 지팡이·목발·흰지팡이 또는 보조기기의 소모품에 대한 보험급 여를 받으려는 경우에는 제1호의 서류를 첨부하지 않고, 일반형 수동휠체어, 욕창예방방석, 욕창예방매트리스, 전·후방보행보조차, 돋보기 및 망원경에 대한 보험급여를 받으려는 경 우에는 제1호의 서류 중 별지 제23호서식을 첨부하지 않는다.

〈개정 2013. 9. 30., 2015. 11. 13., 2018. 6. 29., 2018. 12. 31., 2019. 10. 24.〉

1. 「의료법」 제77조제4항 및 「전문의의 수련 및 자격 인정 등에 관한 규정」 제3조에 따 른 전문과목 중 보조기기 유형별로 보건복지부장관이 정하여 고시하는 과목의 전문의가 발행한 별지 제22호서식 및 별지 제22호의2서식부터 별지 제22호의4서식까지에 따른 보 조기기 처방전과 해당 검사 결과 관련 서류 및 별지 제23호서식의 보조기기 검수확인서 각 1부

2. 요양기관 또는 보조기기 제조·판매자가 발행한 세금계산서 1부

3. 별표 7 제1호나목 전단에 따른 보조기기에 대한 보험급여를 받으려는 경우에는 표준코드 와 바코드를 확인할 수 있는 보조기기 사진 1장

③ 보조기기 중 활동형 수동휠체어, 틸팅형 수동휠체어, 리클라이닝형 수동휠체어, 전동휠체어, 전동스쿠터, 자세보조용구 및 이동식전동리프트에 대한 보험급여를 받으려는 사람은 별지 제24호서식의 보조기기 급여 승인 신청서에 별지 제22호서식 및 별지 제22호의2서식부터 별 지 제22호의4서식까지에 따른 보조기기 처방전과 해당 검사 결과 관련 서류를 첨부하여 공 단에 보조기기 급여 승인 신청을 해야 한다.

〈신설 2013. 9. 30., 2015. 11. 13., 2018. 6. 29., 2019. 10. 24.〉

④ 공단은 제3항에 따른 신청을 받으면 해당 처방전에 적힌 장애상태 등을 확인하여 신청인이 급여 대상에 해당하는지를 결정·통보해야 하고, 급여 대상으로 통보받은 신청인은 별지 제 21호서식의 보조기기 급여비 지급청구서에 다음 각 호의 서류를 첨부하여 공단에 제출해야

한다. 〈신설 2013. 9. 30., 2018. 12. 31., 2019. 10. 24.〉

1. 별지 제23호서식의 보조기기 검수확인서(자세보조용구만 해당한다)

2. 별표 7 제1호나목 전단에 따른 보조기기에 대한 보험급여를 받으려는 경우에는 표준코드와 바코드를 확인할 수 있는 보조기기 사진 1장

3. 별표 7 제1호다목에 따라 공단에 등록한 보조기기 업소에서 발행한 세금계산서 1부

⑤ 공단은 제2항 또는 제4항에 따라 보험급여의 지급을 청구하는 사람이 보조기기의 제조·판매자에게 지급할 것을 신청하는 경우에는 그 제조·판매자에게 해당 보조기기에 대한 급여비를 직접 지급할 수 있다. 이 경우 보험급여의 지급을 청구하는 사람은 다음 각 호의 어느 하나에 해당하는 경우를 제외하고는 해당 보조기기의 제조·판매자가 「장애인복지법」에 따라 개설된 의지(義肢)·보조기 제조·수리업자이거나 「의료기기법」에 따라 허가받은 수입·제조·판매업자[보조기기 소모품 중 전동휠체어 및 전동스쿠터용 전지(電池)의 경우는 「의료기기법」에 따라 신고한 수리업자를 말한다]임을 증명하는 서류를 제2항 각 호 또는 제4항 각 호의 서류와 함께 제출해야 한다. 〈개정 2013. 9. 30., 2019. 10. 24.〉

1. 별표 7 제1호다목에 따라 공단에 등록한 보조기기 업소에서 구입한 경우

2. 지체장애 및 뇌병변장애에 대한 보행보조를 위하여 지팡이 또는 목발을 구입하거나 시각장애에 대한 보행보조를 위하여 흰지팡이를 구입한 경우

3. 보조기기를 제조 또는 수입한 업소에서 해당 보조기기의 소모품 중 전동휠체어 및 전동스쿠터용 전지를 구입한 경우

⑥ 공단은 제2항, 제4항 및 제5항에 따른 지급청구를 받으면 장애인의 보조기기 구입 여부 등을 지체 없이 확인한 후 지급청구를 한 사람 또는 보조기기의 제조·판매자에게 제1항에 따른 공단의 부담금액을 지급해야 한다. 〈개정 2013. 9. 30., 2019. 10. 24.〉

⑦ 제1항부터 제6항까지에서 규정한 사항 외에 보조기기의 급여 기준 및 방법에 관한 세부적인 사항은 보건복지부장관이 정하여 고시한다. 〈개정 2013. 9. 30., 2019. 10. 24.〉

[제목개정 2019. 10. 24.]

제27조 급여 제한에 관한 통지

① 공단은 법 제53조에 따라 보험급여를 제한하는 경우에는 문서로 그 내용과 사유를 가입자에게 알려야 한다.

② 공단은 법 제79조에 따라 보험료의 납입고지를 할 때에는 법 제53조제3항에 따른 급여 제한의 내용을 안내하여야 한다.

제28조 제3자의 행위로 인한 급여 통보

법 제58조에 따라 가입자(지역가입자의 경우에는 세대주를 포함한다)는 자신이나 피부양자에 대한 보험급여 사유가 제3자의 행위로 인한 것인 경우에는 별지 제25호서식의 제3자의 행위로 인한 급여 통보서를 지체 없이 공단에 제출하여야 한다.

제29조 요양급여 등의 적정성 평가

① 심사평가원은 법 제63조제1항에 따른 요양급여 등의 적정성에 대한 평가를 하는 경우에는 의약학적 측면과 비용효과적 측면에서 요양급여를 적정하게 하였는지를 평가하여야 한다.

② 제1항에 따른 평가는 요양기관별 · 진료과목별 또는 상병(傷病)별로 구분하여 평가한다.

제30조 요양비의 심사 대상

영 제28조제1항제2호에서 "보건복지부령으로 정하는 기관"이란 법 제98조제1항에 따라 업무정지 중인 요양기관 및 영 제18조제1항에 따라 요양기관에서 제외된 의료기관을 말한다.

제31조 상임이사 후보의 추천 절차 등

법 제65조제3항에 따른 심사평가원의 상임이사 추천 등에 관하여는 제8조를 준용한다. 이 경우 "공단"은 "심사평가원"으로, "이사장"은 "원장"으로 본다.

제32조 심사위원회 위원의 자격

법 제66조제1항에 따른 진료심사평가위원회(이하 "심사위원회"라 한다)의 위원은 법 제23조 각 호에 해당하지 아니하는 사람으로서 다음 각 호의 어느 하나에 해당하는 사람이어야 한다.

〈개정 2018. 6. 29.〉

1. 의사 면허를 취득한 후 10년이 지난 사람으로서 의과대학 또는 의료기관에서 종사한 사람
2. 치과의사 면허를 취득한 후 10년이 지난 사람으로서 치과대학 또는 의료기관에서 종사한 사람
3. 한의사 면허를 취득한 후 10년이 지난 사람으로서 한의과대학 또는 의료기관에서 종사한 사람
4. 약사 면허를 취득한 후 10년이 지난 사람으로서 약학대학 · 의료기관 · 약국 또는 한국희귀 · 필수의약품센터에서 종사한 사람
5. 「고등교육법」 제2조제1호부터 제3호까지의 학교에서 전임강사 이상의 경력을 가진 사람으로서 보건의약관련 분야에 10년 이상 종사한 사람

6. 보건의약 또는 건강보험과 관련된 분야에 10년 이상 종사한 사람 중 보건복지부장관이 심사위원 자격이 있다고 인정하는 사람

제33조 심사위원의 임명 및 위촉

① 법 제66조제3항에서 "보건복지부령으로 정하는 사람"이란 다음 각 호의 사람을 말한다.

1. 심사평가원 원장이 공개경쟁의 방법으로 선발한 사람

2. 공단 또는 의약계단체가 추천한 사람

② 법 제66조제4항에서 "보건복지부령으로 정하는 사람"이란 관련 의약분야별 전문학회 또는 의약계단체, 공단, 소비자단체 및 심사평가원 이사회가 추천하는 사람을 말한다.

③ 제1항제1호에 따라 공개경쟁의 방법으로 상근 심사위원을 임명하는 절차 · 방법 등은 심사평가원의 정관으로 정한다.

제34조 심사위원의 임기

법 제66조제6항에 따라 심사위원의 임기는 2년으로 한다.

제35조 심사위원회의 위원장

① 심사위원회에는 위원장 1명을 둔다.

② 심사위원회의 위원장은 심사평가원의 원장이 임명한다.

③ 심사위원회의 위원장이 부득이한 사유로 그 직무를 수행할 수 없을 때에는 심사평가원의 원장이 지명하는 위원이 그 직무를 대행한다.

④ 심사위원회 위원장의 임기는 2년으로 한다. 〈신설 2017. 4. 10.〉

제36조 심사위원회의 회의 등

① 심사위원회와 법 제66조제2항에 따른 진료과목별 분과위원회의 회의는 재적위원 3분의 1 이상이 요구할 때 또는 심사평가원 원장이나 심사위원회 위원장이 요구할 때에 소집한다.

② 위원장 및 분과위원회의 위원장은 제1항에 따른 각 회의의 의장이 되며, 각 회의는 재적위원 과반수의 출석으로 개의하고, 출석위원 과반수의 찬성으로 의결한다.

③ 제1항과 제2항에서 규정한 사항 외에 심사위원회와 분과위원회의 구성 · 운영 등에 필요한 사항은 심사평가원의 정관으로 정한다.

제37조 심사위원의 보수 등

심사위원에게는 예산의 범위에서 보수·수당·여비, 그 밖에 필요한 경비를 지급할 수 있다.

제38조 부담금 등

① 법 제67조제1항에 따른 부담금(이하 이 조에서 "부담금"이라 한다)은 법 제36조 및 제68조에 따라 보건복지부장관이 승인한 심사평가원의 예산에 계상(計上)된 금액으로 하되, 공단의 전전년도 보험료 수입의 1천분의 30을 넘을 수 없다.

② 법 제67조제2항에 따른 수수료는 심사평가원 원장이 업무를 위탁한 자와 계약으로 정하는 금액으로 하되, 의료급여비용 심사에 관한 비용은 보건복지부장관이 정하는 바에 따른다.

③ 심사평가원은 부담금이 회계연도가 시작되기 전까지 확정되지 아니한 경우에는 전년도 부담금에 준하여 해당 연도 부담금을 징수하고 부담금 확정 후 정산한다.

④ 심사평가원은 부담금을 분기별로 징수하고, 제2항에 따른 수수료는 월별로 징수한다.

⑤ 부담금 및 수수료의 징수·납부 절차 및 방법 등에 관하여 필요한 사항은 보건복지부장관이 정하는 바에 따른다.

제39조 준용 규정

심사평가원의 결산보고서 등의 공고에 관하여는 제10조를 준용한다. 이 경우 "공단"은 "심사평가원"으로 본다.

제40조 보수 총액 등의 통보

사용자는 영 제35조에 따라 직장가입자의 보수 총액 및 종사기간 등을 공단에 통보할 때에는 다음 각 호의 구분에 따른 서류를 공단에 제출하여야 한다.

1. 사용관계가 계속되는 경우: 별지 제26호서식의 직장가입자 보수 총액 통보서
2. 연도 중 영 제35조제2항 각 호의 어느 하나에 해당하게 된 경우: 별지 제8호서식의 직장가입자 자격상실 신고서

제41조 보수월액의 변경신청

사용자는 영 제36조에 따라 직장가입자의 보수월액 변경을 신청하려면 별지 제27호서식의 직장가입자 보수월액 변경신청서를 공단에 제출하여야 한다.

제42조 보수월액의 결정·변경 등의 통지

공단은 영 제36조부터 제40조까지의 규정에 따라 가입자의 보수월액을 결정·변경한 경우 또는 보수월액보험료의 초과액을 반환하거나 보수월액보험료의 부족액을 추가 징수하는 경우에는 지체 없이 그 사실을 문서로 사용자에게 알려야 하며, 통지를 받은 사용자는 지체 없이 직장가입자에게 알려야 한다.

제43조 보수가 지급되지 아니하는 사용자의 소득

영 제38조제1항제1호에서 "보건복지부령으로 정하는 수입"이란 「소득세법」 제19조에 따른 사업소득을 말한다.

제44조 소득 평가기준

① 영 제41조제3항에 따라 소득월액(법 제71조제1항에 따른 소득월액을 말한다)은 다음 각 호의 구분에 따라 평가한 금액을 합산한 금액으로 한다. 이 경우 각 호의 구분에 따른 소득은 법 제71조제1항의 계산식을 적용하여 산출한 금액에 법 제71조제1항에 따른 연간 보수외소득에서 각 호의 구분에 따른 소득이 차지하는 비율을 곱하여 산출한 금액으로 한다. 〈개정 2018. 3. 6.〉

1. 영 제41조제1항제1호부터 제3호까지 및 제6호의 소득: 해당 소득 전액

2. 영 제41조제1항제4호 및 제5호의 소득: 해당 소득의 100분의 30

② 영 별표 4 제1호가목에 따라 영 제42조제2항에 따른 소득을 평가하는 방법에 관하여는 제1항 전단을 준용한다. 〈개정 2018. 3. 6.〉

제45조 보증금 및 월세금액의 평가방법

영 별표 4 제1호나목2)에서 "보건복지부령으로 정하는 기준"이란 별표 8에 따른 보증금 및 월세금액의 평가방법을 말한다.

제46조 보험료 경감 대상자

법 제75조제1항 각 호 외의 부분에서 "보건복지부령으로 정하는 가입자"란 다음 각 호의 어느 하나에 해당하는 사람을 말한다. 〈개정 2015. 6. 30.〉

1. 영 제45조제1호에 해당하는 지역에 거주하는 가입자

2. 영 제45조제2호에 해당하는 지역에 거주하는 지역가입자로서 다음 각 목의 어느 하나에 해당하는 사람. 다만, 영 제45조제2호나목 및 다목에 해당하는 지역의 경우 라목에 해당하

는 사람은 제외한다.

　　가. 「농어업 · 농어촌 및 식품산업 기본법」 제3조제2호에 따른 농어업인

　　나. 「수산업법」 제2조제12호에 따른 어업인

　　다. 「광업법」 제3조제2호에 따른 광업에 종사하는 사람

　　라. 「소득세법」 제19조에 따른 사업소득이 연간 500만원 이하인 사람

3. 영 제45조제3호에 해당하는 지역에 거주하는 직장가입자로서 보건복지부장관이 정하여 고시하는 사람

4. 법 제75조제1항제2호부터 제4호까지에 해당하는 지역가입자

5. 법 제75조제1항제5호에 해당하는 직장가입자 중 휴직기간이 1개월 이상인 사람

6. 법 제75조제1항제6호에 해당하는 가입자

제47조 보험료의 분기별 납부

① 법 제78조제1항 단서에 따라 보험료(직장가입자의 경우에는 소득월액보험료를 말한다. 이하 이 조에서 같다)를 분기별로 납부하려는 직장가입자 및 지역가입자는 분기가 시작되는 달의 전달 말일까지 별지 제28호서식의 건강보험료 분기납부 신청서를 공단에 제출하여야 한다.
〈개정 2013. 9. 30.〉

② 법 제78조제1항 단서에 따라 분기별로 납부하는 보험료의 납부기한은 해당 분기가 끝나는 달의 다음 달 10일로 한다.
〈개정 2013. 9. 30.〉

③ 공단은 분기별로 납부하는 보험료의 납부의무자가 제2항에 따른 납부기한까지 보험료를 내지 아니하면 공단의 정관으로 정하는 절차에 따라 납부 의사를 확인한 후 분기별 납부를 제한할 수 있다.

제48조 보험료등의 납입고지 기한

공단은 법 제79조에 따라 보험료와 그 밖에 법에 따른 징수금(이하 "보험료등"이라 한다)의 납입고지를 할 때에는 납부의무자에게 보험료등의 납부기한 10일 전까지 납입고지서를 발급하여야 한다.

제48조의2 납부기한의 연장

① 법 제78조제2항 전단에서 "납입 고지의 송달 지연 등 보건복지부령으로 정하는 사유가 있는 경우"란 다음 각 호의 어느 하나에 해당하는 경우를 말한다.

1. 납부의무자의 책임 없는 사유로 납입고지서가 납부기한이 지나서 송달된 경우

2. 자동 계좌이체의 방법으로 보험료를 내는 경우로서 정보통신망의 장애 등 납부의무자의 책임 없는 사유로 납부기한까지 이체되지 아니한 경우

3. 그 밖에 보건복지부장관이 인정하는 부득이한 사유가 있는 경우

② 제1항 각 호의 사유로 납부기한의 연장을 신청하려는 사람은 해당 보험료의 납부기한으로부터 1개월 이내에 별지 제28호의2서식의 보험료 납부기한 연장신청서를 공단에 제출하여야 한다.

③ 공단은 제2항에 따른 납부기한 연장 신청을 받으면 그 연장 여부를 결정하여 지체 없이 납부의무자에게 문서 등으로 통지하여야 한다.

[본조신설 2013. 9. 30.]

제49조 납입고지서의 전자고지 등

① 법 제79조제2항에 따른 전자문서를 통한 납입고지(이하 "전자고지"라 한다)를 신청 · 변경 · 해지하려는 사람은 별지 제29호서식의 전자고지 서비스 신규 · 변경 · 해지 신청서를 공단에 제출하여야 한다. 다만, 제3조제1항에 따라 사업장 적용신고를 하거나 제4조제1항에 따라 지역가입자의 자격 취득 또는 변동 신고를 할 때에 전자고지를 신청한 경우에는 신청서를 제출한 것으로 본다.

② 공단은 제1항에 따른 전자고지의 신청을 접수한 경우에는 전자고지를 받으려는 자가 적은 전자우편주소, 휴대전화번호 또는 공단이 관리하는 전자문서교환시스템이나 인터넷 홈페이지에 가입한 아이디(컴퓨터시스템이나 통신망의 정당한 이용자임을 알아보기 위한 이용자 식별부호를 말한다)로 전자고지를 하여야 한다. 다만, 공단은 정보통신망의 장애 등으로 전자고지가 불가능한 경우에는 문서로 보험료등에 대한 납입고지를 할 수 있다.

〈개정 2015. 12. 31.〉

③ 전자고지의 개시 및 해지는 제1항에 따른 신청서를 접수한 날의 다음 날부터 적용한다.

④ 전자고지의 신청을 해지한 사람은 해지한 날부터 30일이 지난 날 이후에 전자고지를 다시 신청할 수 있다.

⑤ 법 제79조제3항에서 "보건복지부령으로 정하는 정보통신망"이란 「정보통신망 이용촉진 및 정보보호 등에 관한 법률」 제2조제1항제1호에 따른 정보통신망 중 건강보험 업무를 수행하기 위하여 사용하는 정보통신망을 말한다.

제50조 보수월액보험료 납입고지 유예와 그 해지 신청 등

① 사용자는 법 제79조제5항에 따라 휴직이나 그 밖의 사유로 보수의 전부 또는 일부가 지급되

지 아니하는 직장가입자(이하 "휴직자등"이라 한다)의 보수월액보험료에 대한 납입고지를 유예받으려면 휴직 등의 사유가 발생한 날부터 14일 이내에 별지 제30호서식의 휴직자등 직장가입자 보험료 납입고지 유예(유예 해지) 신청서를 공단에 제출하여야 한다.

② 사용자는 제1항에 따른 신청서가 제출된 후 납입 고지 유예 사유가 없어진 경우에는 그 사유가 없어진 날부터 14일 이내에 별지 제30호서식의 휴직자등 직장가입자 보험료 납입고지 유예(유예 해지) 신청서를 공단에 제출하여야 한다.

③ 제1항의 신청에 따라 납입고지가 유예되는 보수월액보험료는 그 사유가 발생한 날이 속하는 달의 다음 달(사유가 발생한 날이 매월 1일인 경우에는 그 사유가 발생한 날이 속하는 달을 말한다)부터 그 사유가 없어진 날이 속하는 달(사유가 없어진 날이 매월 1일인 경우에는 그 사유가 없어진 날이 속하는 달의 직전 달을 말한다)까지에 해당하는 보수월액보험료 및 그 기간 중 영 제39조제1항에 따른 추가 징수 보수월액보험료로 한다.

④ 공단은 제3항에 따라 납입고지가 유예된 보수월액보험료를 법 제70조제2항에 따른 보수월액과 납입고지 유예기간 중의 보험료율을 적용하여 산정한다.

⑤ 사용자는 제3항에 따라 납입고지가 유예된 보수월액보험료를 그 사유가 없어진 후 보수가 지급되는 최초의 달의 보수에서 공제하여 납부하여야 한다. 다만, 납입고지가 유예된 보수월액보험료가 해당 직장가입자의 월 보수월액보험료의 3배 이상이고 해당 직장가입자가 원하는 경우에는 제2항에 따른 납입 고지 유예 해지 신청을 할 때에 해당 보수월액보험료의 분할 납부를 함께 신청하여야 한다.

⑥ 사용자가 제5항 단서에 따라 분할납부를 신청한 경우에는 10회의 범위에서 해당 보수월액보험료를 균등하게 분할하여 납부할 수 있다. 이 경우 매월 분할납부하는 금액은 해당 직장가입자의 월 보수월액보험료 이상이어야 한다.

제51조 연체금 징수의 예외

법 제80조제3항에서 "보건복지부령으로 정하는 부득이한 사유"란 다음 각 호의 어느 하나에 해당하는 경우를 말한다. 〈개정 2018. 12. 18.〉

1. 전쟁 또는 사변으로 인하여 체납한 경우
2. 연체금의 금액이 공단의 정관으로 정하는 금액 이하인 경우
3. 사업장 또는 사립학교의 폐업·폐쇄 또는 폐교로 체납액을 징수할 수 없는 경우
4. 화재로 피해가 발생해 체납한 경우
5. 그 밖에 보건복지부장관이 연체금을 징수하기 곤란한 부득이한 사유가 있다고 인정하는 경우

제52조 체납자에 대한 공매대행의 통지 등

① 공단은 법 제81조제5항에 따라 압류재산의 공매를 대행하게 하는 경우에는 다음 각 호의 사항을 적어 「금융회사부실자산 등의 효율적 처리 및 한국자산관리공사의 설립에 관한 법률」에 따라 설립된 한국자산관리공사(이하 "한국자산관리공사"라 한다)에 공매대행을 의뢰하여야 한다. 〈개정 2018. 9. 28.〉

1. 체납자의 성명, 주소 또는 거소
2. 공매할 재산의 종류 · 수량 · 품질 및 소재지
3. 압류에 관계되는 보험료등의 납부 연도 · 금액 및 납부기한
4. 그 밖에 공매대행에 필요한 사항

② 공단은 제1항에 따라 공매대행을 의뢰한 경우에는 그 사실을 체납자, 담보물 소유자 및 그 재산에 전세권 · 질권 · 저당권 또는 그 밖의 권리를 가진 자와 압류한 재산을 보관하고 있는 자에게 알려야 한다.

③ 공단이 점유하고 있거나 제3자로 하여금 보관하게 한 압류재산은 한국자산관리공사에 인도할 수 있으며, 이를 인수한 한국자산관리공사는 인계 · 인수서를 작성하여야 한다. 다만, 제3자로 하여금 보관하게 한 재산에 대해서는 그 제3자가 발행하는 그 재산의 보관증을 인도함으로써 압류재산의 인도를 갈음할 수 있다.

제53조 공매대행 수수료

법 제81조제6항에 따른 수수료 산정에 관하여는 「국세징수법 시행규칙」 제41조의5를 준용한다. 〈개정 2018. 9. 28.〉

제54조 공매대행의 세부 사항

이 규칙에서 규정한 사항 외에 한국자산관리공사가 공매를 대행하는 데에 필요한 사항은 공단이 한국자산관리공사와 협의하여 정한다.

제55조 체납보험료 분할납부의 승인 등

① 법 제82조에 따라 보험료를 3회 이상 체납한 자가 보험료 분할납부의 승인을 받으려는 경우에는 별지 제31호서식의 건강보험 체납보험료 분할납부 신청서를 공단에 제출하여야 한다.

② 공단은 법 제82조제2항에 따라 체납 보험료 분할납부 신청의 절차 · 방법 등에 관한 사항을 법 제79조에 따라 보험료등을 징수할 때 납입 고지하는 문서와 법 제81조제4항에 따라 체납처분을 하기 전에 발송하는 통보서에 적어 안내하여야 하며, 필요한 경우에는 별도의 문서에

적거나 전화 통화, 휴대전화 문자전송 등의 방법으로 추가 안내할 수 있다. 〈신설 2018. 9. 28.〉

③ 공단은 제1항에 따라 분할납부를 신청한 자가 법 제82조제3항에 따라 승인이 취소된 적이 있으면 분할납부의 승인을 하지 아니할 수 있다. 〈개정 2018. 9. 28.〉

④ 공단은 제1항에 따라 분할납부를 신청한 자가 제3항에 해당하지 아니하는 경우에는 특별한 사유가 없으면 분할납부를 승인하여야 한다. 이 경우 분할납부하는 횟수는 24회 이내로 정하고, 매월 납부할 금액(이하 "분할보험료"라 한다)은 해당 월별로 고지된 보험료(연체금을 포함한다) 이상으로 정하여 신청인에게 통보하여야 한다. 〈개정 2018. 9. 28.〉

⑤ 공단은 제4항에 따라 분할납부 승인을 받은 자(이하 "분할납부자"라 한다)에게 매회 납부기일 10일 전까지 분할보험료 납입고지서를 발급하여야 한다. 다만, 분할납부자가 분할납부 승인을 신청할 때에 분할횟수에 해당하는 납입고지서를 모두 발급해 줄 것을 요청하면 이를 한꺼번에 발급할 수 있다. 〈개정 2018. 9. 28.〉

⑥ 공단은 법 제82조제3항에 따라 분할납부의 승인을 취소한 경우에는 지체 없이 그 사실을 해당 분할납부자에게 통보하여야 한다. 〈개정 2018. 9. 28.〉

제56조 이의신청의 서식 등

법 제87조제1항·제2항 및 영 제56조에 따라 공단의 처분에 대한 이의신청과 그 결정은 별지 제32호서식 및 별지 제33호서식에 따르고, 심사평가원의 처분 중 요양급여비용의 심사에 대한 이의신청과 그 결정은 별지 제34호서식 및 별지 제35호서식, 요양급여의 적정성 평가에 대한 이의신청과 그 결정은 별지 제36호서식 및 별지 제37호서식에 따른다.

제57조(소득 축소·탈루 자료 송부의 서식 등) 공단이 법 제95조제1항에 따라 국세청장에게 소득 축소·탈루 자료를 송부할 때에는 별지 제38호서식의 소득 축소·탈루 혐의자료 통보서에 따른다. 이 경우 사용자나 세대주가 공단에 신고하거나 제출한 보수 또는 소득에 관한 자료와 공단이 조사한 증명자료를 첨부하여야 한다.

제58조 서류의 보존

① 요양기관이 법 제96조의2제1항에 따라 보존하여야 하는 서류는 다음 각 호와 같다.

〈개정 2013. 9. 30., 2018. 6. 29.〉

1. 요양급여비용 심사청구서 및 요양급여비용 명세서

2. 약제·치료재료, 그 밖의 요양급여의 구성 요소의 구입에 관한 서류

3. 개인별 투약기록 및 처방전(약국 및 한국희귀·필수의약품센터의 경우만 해당한다)

4. 그 밖에 간호관리 등급료의 산정자료 등 요양급여비용 산정에 필요한 서류 및 이를 증명하

는 서류

5. 제1호부터 제4호까지의 서류 등을 디스켓, 마그네틱테이프 등 전산기록장치를 이용하여 자기매체에 저장하고 있는 경우에는 해당 자료

② 법 제96조의2제1항 단서에서 "약국 등 보건복지부령으로 정하는 요양기관"이란 약국 및 한국희귀·필수의약품센터를 말한다. 〈개정 2013. 9. 30., 2018. 6. 29.〉

③ 사용자가 법 제96조의2제2항에 따라 보존하여야 하는 서류는 다음 각 호와 같다.

〈신설 2013. 9. 30.〉

1. 사업장의 현황, 직장가입자의 자격 취득·변동·상실 및 보험료 산정과 관련하여 관련 규정에 따라 공단에 신고 또는 통보한 내용을 입증할 수 있는 서류

2. 제1호의 서류를 디스켓, 마그네틱테이프 등 전산기록장치를 이용하여 자기매체에 저장하고 있는 경우에는 그 자료

제59조 과징금의 징수 절차

영 제70조제2항에 따른 과징금의 징수 절차에 관하여는 「국고금 관리법 시행규칙」을 준용한다.

제60조 행정처분 사실 등의 통지

법 제98조제4항에 따라 업무정지 처분을 받았거나 업무정지 처분의 절차가 진행 중인 자는 행정처분을 받은 사실 또는 행정처분절차가 진행 중인 사실을 「우편법 시행규칙」 제25조제1항제4호가목에 따른 내용증명으로 양수인 또는 합병 후 존속하는 법인이나 합병으로 설립되는 법인에 지체 없이 알려야 한다.

제61조 외국인 등의 직장가입자 자격취득 신고 등

① 사용자는 법 제109조제2항에 따라 국내에 체류하는 재외국민 또는 외국인(이하 "국내체류 외국인등"이라 한다)이 직장가입자가 되는 경우에는 그 직장가입자가 된 날부터 14일 이내에 별지 제6호서식의 건강보험 직장가입자 자격취득 신고서에 다음 각 호의 구분에 따른 서류를 첨부하여 공단에 제출하여야 한다. 다만, 공단이 법 제96조에 따라 국가 등으로부터 제공받은 자료로 주민등록, 국내거소신고 및 외국인등록 사실을 확인할 수 있는 경우에는 해당 서류를 첨부하지 아니한다.

1. 재외국민: 주민등록표 등본 1부

2. 외국인: 다음 각 목의 구분에 따른 서류

가. 「재외동포의 출입국과 법적지위에 관한 법률」 제2조제2호에 따른 외국국적동포: 국내거
　　소신고증 사본 또는 국내거소신고 사실증명 1부

나. 그 밖의 외국인: 외국인등록증 사본 또는 외국인등록 사실증명 1부

② 사용자는 법 제109조제2항에 따라 직장가입자가 된 국내체류 외국인등이 직장가입자의 자
　격을 잃은 경우에는 그 자격을 잃은 날부터 14일 이내에 별지 제8호서식의 건강보험 직장가
　입자 자격상실 신고서를 공단에 제출하여야 한다.

③ 제1항 및 제2항에 따른 국내체류 외국인등의 직장가입자 자격 취득 및 상실 신고의 절차 및
　방법 등에 필요한 세부 사항은 보건복지부장관이 정하여 고시한다.

[전문개정 2016. 9. 23.]

제61조의2 외국인 등의 지역가입자 자격취득 신고 등

① 법 제109조제3항제1호에서 "보건복지부령으로 정하는 기간"이란 6개월 이상의 기간을 말하
　고, "보건복지부령으로 정하는 사유"란 「출입국관리법 시행령」 별표 1의2 제27호에 따른
　결혼이민의 체류자격을 받은 경우를 말한다. 〈개정 2018. 12. 18., 2019. 7. 16.〉

1. 삭제 〈2019. 7. 16.〉

2. 삭제 〈2019. 7. 16.〉

② 법 제109조제3항제2호나목에서 "보건복지부령으로 정하는 체류자격"이란 별표 9에 따른 체
　류자격을 말한다.

③ 법 제109조제3항에 따라 국내체류 외국인등이 지역가입자가 된 경우에는 별지 제5호서식의
　건강보험 지역가입자 자격취득신고서에 다음 각 호의 구분에 따른 서류를 첨부하여 공단에
　제출해야 한다. 다만, 공단이 법 제96조에 따라 국가 등으로부터 제공받은 자료로 주민등록,
　국내거소신고, 외국인등록 사실 및 보험료 부과에 필요한 사항을 확인할 수 있는 경우에는
　그 확인으로 제출을 갈음한다. 〈개정 2018. 12. 31., 2019. 10. 24.〉

1. 재외국민: 다음 각 목의 서류

　가. 주민등록표 등본 1부

　나. 소득명세서 등 보험료 부과에 필요한 서류로서 보건복지부장관이 정하여 고시하는 서
　　　류 각 1부

2. 외국인: 다음 각 목의 서류

　가. 제61조제1항제2호의 서류 1부

　나. 소득명세서 등 보험료 부과에 필요한 서류로서 보건복지부장관이 정하여 고시하는 서
　　　류 각 1부

④ 법 제109조제3항에 따라 지역가입자가 된 국내체류 외국인등이 지역가입자의 자격을 잃은 경우에는 그 자격을 잃은 날부터 14일 이내에 별지 제7호서식의 건강보험 지역가입자 자격상실 신고서를 공단에 제출해야 한다. 〈개정 2019. 7. 16.〉

⑤ 제1항부터 제4항까지에서 규정한 사항 외에 외국인등의 지역가입자 자격 취득 및 상실의 신청에 필요한 세부적인 사항은 보건복지부장관이 정해 고시한다. 〈개정 2018. 12. 18.〉

[본조신설 2016. 9. 23.]

[보건복지부령 제657호(2019. 7. 16.) 부칙 제2조의 규정에 의하여 이 조 제1항은 2021년 2월 28일까지 유효함]

제61조의3 외국인 등의 피부양자 자격취득 신고 등

① 법 제109조제4항에 따라 국내체류 외국인등이 피부양자의 자격을 얻으려는 경우에는별지 제1호서식의 건강보험 피부양자 자격(취득·상실)신고서에 다음 각 호의 서류를 첨부하여 공단에 제출하여야 한다. 다만, 공단이 법 제96조에 따라 국가 등으로부터 제공받은 자료로 주민등록, 국내거소신고 및 외국인등록 사실을 확인할 수 있는 경우에는 해당 서류를 첨부하지 아니한다.

1. 제61조제1항 각 호의 구분에 따른 서류 1부

2. 직장가입자와의 관계를 확인할 수 있는 서류로서 보건복지부장관이 정하여 고시하는 서류 1부

② 법 제109조제4항에 따라 피부양자의 자격을 얻은 국내체류 외국인등이 그 자격을 잃은 경우에는 별지 제1호서식의 건강보험 피부양자 자격(취득·상실)신고서에 그 상실 사유를 입증하는 서류를 첨부하여 공단에 제출하여야 한다.

③ 제1항 및 제2항에 따른 국내체류 외국인등의 피부양자 자격취득 및 상실의 신고 절차 및 방법 등에 필요한 세부 사항은 보건복지부장관이 정하여 고시한다.

[본조신설 2016. 9. 23.]

제61조의4 외국인등의 가입 제외 신청 등

① 법 제109조제5항제2호에 해당되는 지역가입자가 가입 제외를 신청하려면 지역가입자가 별지 제7호서식의 지역가입자 자격상실 신고서에 제3항 각 호의 구분에 따른 서류를 첨부하여 공단에 제출해야 한다.

② 법 제109조제5항제2호에 해당되는 직장가입자가 가입 제외를 신청하려면 사용자가 별지 제8호서식의 직장가입자 자격상실 신고서에 제3항 각 호의 구분에 따른 서류를 첨부하여 공단

에 제출해야 한다.

③ 제1항 또는 제2항에 따라 지역가입자 또는 사용자가 공단에 제출해야 하는 서류는 다음 각
호의 구분에 따른다.

1. 외국의 법령에 따라 의료보장을 받는 경우: 다음 각 목의 서류

가. 외국 법령의 적용 대상 여부에 대한 확인서 등 의료보장을 받을 수 있음을 증명하는 서류

나. 국내체류 외국인등이 건강보험에 가입하지 않겠다는 취지를 적은 서류

2. 외국의 보험(법 제109조제2항 각 호에 따른 등록 또는 신고를 하기 전에 가입한 보험으로
한정한다)에 따라 의료보장을 받는 경우: 다음 각 목의 서류

가. 보험계약서 등 의료보장을 받을 수 있음을 증명하는 서류

나. 국내체류 외국인등이 건강보험에 가입하지 않겠다는 취지를 적은 서류

3. 사용자와의 계약 등에 따라 의료보장을 받는 경우: 다음 각 목의 서류

가. 근로계약서 등 의료보장을 받을 수 있음을 증명하는 서류

나. 사용자가 의료비를 지급한 사실을 증명하는 서류

다. 국내체류 외국인등이 건강보험에 가입하지 않겠다는 취지를 적은 서류

④ 제1항 또는 제2항에 따라 가입 제외를 신청한 사람은 보건복지부장관이 정하여 고시하는 기
간 동안 가입이 제외되며, 그 기간이 경과한 후 다시 법 제109조제5항제2호에 해당되는 경우
에는 제1항 또는 제2항에 따른 가입 제외 신청을 다시 할 수 있다.

⑤ 제1항부터 제4항까지에서 규정한 사항 외에 국내체류 외국인등의 가입 제외 신청의 절차 및
방법 등에 필요한 세부 사항은 보건복지부장관이 정하여 고시한다.

[전문개정 2019. 7. 16.]

제62조 임의계속가입을 위한 직장가입자 자격 유지 기간

법 제110조제1항에서 "보건복지부령으로 정하는 기간"이란 사용관계가 끝난 날 이전 18개월간
을 말한다.

[전문개정 2018. 6. 29.]

제63조 임의계속가입 · 탈퇴 및 자격 변동 시기 등

① 법 제110조제2항에 따른 임의계속가입자(이하 "임의계속가입자"라 한다)가 되려는 사람은
별지 제39호서식의 임의계속가입 신청서에 다음 각 호의 서류를 첨부하여 공단에 제출하여
야 한다. 〈개정 2013. 6. 28., 2013. 9. 30., 2018. 3. 6.〉

1. 제2조제4항제1호에 따른 서류(주민등록표 등본으로 피부양자와 해당 임의계속가입자의

관계를 확인할 수 없는 경우만 해당한다)

2. 제2조제4항제2호에 따른 서류(피부양자가 장애인, 국가유공자 등 또는 보훈보상대상자의 경우만 해당한다)

3. 제2조제4항제3호에 따른 서류(피부양자가 별표 1의2 제1호다목에 따른 인정을 받으려는 경우만 해당한다)

4. 제61조제1항제1호 또는 제2호에 따른 서류 1부(재외국민 또는 외국인인 경우만 해당한다)

② 임의계속가입자로서의 자격을 더 이상 유지하지 않으려는 사람은 별지 제39호서식의 임의계속탈퇴 신청서를 공단에 제출하여야 한다. 〈신설 2013. 9. 30.〉

③ 임의계속가입자는 다음 각 호의 어느 하나에 해당하는 날에 지역가입자 또는 직장가입자로 그 자격이 변동된다. 〈개정 2013. 9. 30.〉

1. 영 제77조에 따른 기간이 끝나는 날의 다음 날

2. 제2항에 따른 임의계속탈퇴 신청서가 접수된 날의 다음 날

3. 직장가입자인 사용자, 근로자, 공무원 또는 교직원이 된 날

[제목개정 2013. 9. 30.]

제64조 업무의 위탁

① 공단은 법 제112조제2항에 따라 국가기관·지방자치단체·심사평가원 및 「국민연금법」에 따른 국민연금공단에 다음 각 호의 업무를 위탁할 수 있다. 〈개정 2016. 7. 27., 2018. 12. 18.〉

1. 가입자의 자격 취득·변경 및 상실 신고의 접수 및 처리

2. 건강보험증의 발급 및 가입자의 민원접수 및 처리

3. 요양급여비용의 지급에 관한 업무

4. 체납된 보험료등, 연체금 및 체납처분비의 조회 및 납부 사실 확인에 관한 업무

② 공단은 제1항에 따라 업무를 위탁하려면 수탁 기관 및 위탁 업무에 대하여 보건복지부장관의 승인을 받아야 한다.

③ 공단은 법 제112조제2항에 따라 임신·출산 진료비의 신청과 지급에 관한 업무를 다음 각 호의 구분에 따라 위탁한다. 〈개정 2015. 6. 30., 2017. 9. 19., 2018. 12. 31.〉

1. 영 제23조제4항 및 제5항에 따른 이용권의 발급 신청 접수 및 발급에 관한 업무: 「금융산업의 구조개선에 관한 법률」 제2조제1호에 따른 금융기관 또는 「우체국예금·보험에 관한 법률」에 따른 체신관서

2. 제24조제3항에 따른 비용의 지급 및 정산에 관한 업무: 「사회보장급여의 이용·제공 및 수급권자 발굴에 관한 법률」 제29조에 따른 사회보장정보원 및 보건복지부장관이 정하

여 고시하는 기관 또는 단체

④ 공단은 부득이한 경우를 제외하고는 매년 임신·출산 진료비의 지급에 들어갈 것으로 예상되는 비용을 제3항제2호에 따른 기관 또는 단체에 미리 예탁(預託)하여야 한다.

제65조 전자문서를 이용한 업무 처리 등

① 공단 및 심사평가원은 법·영 및 이 규칙에 따른 청구·신청·신고 등을 전자문서로 하도록 할 수 있고, 통지 등의 업무를 전산매체 또는 정보통신망을 이용하여 전자문서로 처리할 수 있다.

② 제1항에 따라 전자문서로 처리하는 경우에는 「전자정부법」 제2조제7호 및 제7조를 준용한다.

제66조 규제의 재검토

① 보건복지부장관은 제2조에 따른 피부양자 자격의 인정기준 등에 대하여 2014년 1월 1일을 기준으로 3년마다(매 3년이 되는 해의 1월 1일 전까지를 말한다) 그 타당성을 검토하여 개선 등의 조치를 하여야 한다. 〈개정 2015. 1. 5.〉

② 보건복지부장관은 제5조에 따른 건강보험증 발급(기재사항 변경) 신청서의 내용에 대하여 2015년 1월 1일을 기준으로 2년마다(매 2년이 되는 해의 기준일과 같은 날 전까지를 말한다) 그 타당성을 검토하여 개선 등의 조치를 해야 한다. 〈개정 2019. 6. 12.〉

[본조신설 2013. 12. 31.]

부칙 〈제748호, 2020. 9. 8.〉

이 규칙은 공포한 날부터 시행한다.

물리치료사를 위한 의료관계법규

초판 인쇄 2021년 4월 11일
초판 발행 2021년 4월 15일

펴낸이　진수진
펴낸곳　메디컬스타

주소　　경기도 고양시 일산서구 대산로 53
출판등록 2013년 5월 30일 제2013-000078호
전화　　031-911-3416
팩스　　031-911-3417
전자우편 meko7@paran.com